汕頭

新嘉坡

專用收批

鼎盛信局

餘事不准

鼎

封

麦保尔捐赠侨批档案萃编

（二）

汕头市档案馆 编
黄海燕 主编

汕头市档案馆侨批资料丛编 之二

暨南大学出版社
JINAN UNIVERSITY PRESS
中国·广州

图书在版编目（CIP）数据

麦保尔捐赠侨批档案萃编．二/汕头市档案馆编；黄海燕主编．—广州：暨南大学出版社，2021.12
（汕头市档案馆侨批资料丛编）
ISBN 978-7-5668-3297-9

Ⅰ.①麦…　Ⅱ.①汕…②黄…　Ⅲ.①华侨—档案资料—汇编—汕头　Ⅳ.①D634.3

中国版本图书馆 CIP 数据核字(2021)第 246378 号

麦保尔捐赠侨批档案萃编（二）
MAI BAO'ER JUANZENG QIAOPI DANG'AN CUIBIAN（ER）
编　者：汕头市档案馆　主　编：黄海燕

出 版 人：张晋升
策　　划：黄圣英
责任编辑：颜　彦
责任校对：林　琼
责任印制：周一丹　郑玉婷

出版发行：暨南大学出版社（510630）
电　　话：总编室（8620）85221601
营销部（8620）85225284　85228291　85228292　85226712
传　　真：（8620）85221583（办公室）　85223774（营销部）
网　　址：http：//www.jnupress.com
排　　版：广州市天河星辰文化发展部照排中心
印　　刷：深圳市新联美术印刷有限公司
开　　本：787mm×1092mm　1/16
印　　张：21
字　　数：370 千
版　　次：2021 年 12 月第 1 版
印　　次：2021 年 12 月第 1 次
定　　价：138.00 元

总　序

“一溪目汁（泪水）一船人，一条浴布去过番。火船驶过七洋洲，回头不见俺家乡。是好是劫全凭命，未知何时能回还。”一首潮汕民谣唱出了当年漂泊海外侨民的艰辛。许许多多的华侨虽然在异国他乡历尽艰辛、艰苦创业，但在站稳脚跟后，仍时时刻刻心系祖国，牵挂自己的家乡和亲人。由于当时东南亚等国金融邮讯机构尚未建立或极不完善，海外侨胞捎回家乡的款项和信息，只能通过专门往来国内外的“水客”和侨批局，把对家国的情怀、对眷属的思念以及赡养家人的钱物递送到家乡，从而产生了大量的侨批。从19世纪末至20世纪初一直存在于潮汕乃至闽西、赣南地区的特色侨批，被认为是海外交通史、移民史、华侨史的珍贵资料。

侨批，是海外侨胞通过民间渠道寄回国内、连带家书或简单附言的汇款凭证。由于侨批的特殊价值和世界意义，2010年2月，侨批档案入选第三批“中国档案文献遗产名录”；2012年5月，侨批档案入选“世界记忆亚太地区名录”；2013年6月，侨批档案成功入选“世界记忆名录”，是我国13个进入“世界记忆名录”的项目之一，也是广东省第一个进入“世界记忆名录”的项目。

2020年10月13日，习近平总书记参观了具有潮汕侨乡特色的侨批文物馆，听取了侨批历史和潮汕华侨文化的介绍。他强调，侨批记载了老一辈海外侨胞艰难的创业史和浓厚的家国情怀，也是中华民族讲信誉、守承诺的重要体现。要保护好这些侨批文物，加强研究，教育引导人们不忘近代我国经历的屈辱史和老一辈侨胞艰难的创业史，并推动全社会加强诚信建设。

习近平总书记关于侨批工作的重要指示，在社会各界引起强烈反响，提升了全社会对侨批作为世界记忆遗产、作为反映广大侨胞创业史和体现家国情怀的重要意义的认识。众多收藏家、社会人士以具体行动贯彻落实习近平总书记的重要讲话、重要指示精神，纷纷向侨批文物馆捐赠侨批原件及相关文物。其中，广东省美容美发化妆品行业协会会长马娅女士携其女儿麦琳琳女士无偿捐赠了其丈夫麦保尔先生生前收藏的侨批原件40 121封，揭阳市侨批业经营者后代陈元列等捐赠侨批原件103封及相关文物，侨批业经营者后代曾宗勇捐赠祖辈经营振盛兴批局的工作设备德国造显微镜，侨批业经营者后代芮永平捐赠有信批局创办人照片1张、侨批总包封6件，侨批收藏家张美生捐赠华侨银行票据152件，珠海市郭哲敏、澄海王家涛等侨眷来信来电表示捐赠意愿。目前，汕头市档案馆侨批分馆（侨批文物馆）馆藏量达到7.74万封，藏量国内最大。

为从更高的站位、更广的视野、更深的维度开展侨批档案的研究和开发利用，挖掘华侨华人爱国爱家的情怀和艰苦创业的奋斗精神，汕头市档案馆从馆藏侨批档案中选取精品，汇编出版“汕头市档案馆侨批资料丛编”，以飨读者。

人品的“底色”很重要

我拿到沉甸甸的书稿时，心里如沐春风，惊喜之余更带着释怀。

逾 600 页的《麦保尔捐赠侨批档案萃编》（一）（二）由汕头市档案馆编纂，也是汕头市档案馆侨批资料丛编首批出版的两卷。这套书得以付梓，居功至伟者当属我的先生同时也是我的良师益友麦保尔，他经年辗转收集，耗费精力巨资，终于让这些已有百年历史的尘封瑰宝，能够让更多人研究和瞻仰。

侨批，是史海烟尘中潮汕人的信用证，是潮汕人对家的情怀和海外奋斗的记录，它既有邮品实寄封的属性，也是一个记名的汇款凭证。侨批之所以珍贵，关键在于随着早期社会的离乱和变迁，大量侨批规模化湮没，流散于民间的侨批越来越稀少。侨批是历史文化遗迹，总得有人为传承挺身而出。为了抢救侨批，保尔耗尽了大半生精力与钱财，一直默默孜孜以求，将侨批收集、抢救、整理、捐赠给国家，他生前没有来得及做完的事，在我和女儿麦琳琳以及汕头市政府的接力下得以赓续，这应该是对保尔此生最大的慰藉了。

与保尔夫妻一场 40 余年，有两件事印象最深。

我与保尔的相识相知相爱，始于我 17 岁时的上山下乡。那时的年轻人关心国家大事，心志高远，谈哲学、话文学。那时，我对保尔的第一印象就是：英俊帅哥，满脸“侦察排长”的英气；每次话题讨论，总是他的结论最有见地；特别爱好学习，尤其是他笔下生花的文章，惹得当年还是小姑娘的我爱慕不已，什么《俄共布党史》《反杜林论》等，这些书当时我只是听说过书名，他却能侃侃而谈。到后来，他进了广东省委宣传部理论研究小组做研究及撰写文章，而我从医后的人生，也在他的影响下，从仅仅是对文学的热爱，逐渐有了更多的对哲学的思考，也有机会听保尔畅谈一些理论上“深奥”的见解。他是研究马克思列宁主义和毛泽东思想哲学体系及国际共产主义运动史的，且颇有造诣，带给我很多教益和启发，有的理念甚至贯穿了我整个人生历程。有一次，保尔和我说：“我们党是一个特别讲政策的党，所以看干部主要就是看他政策水平的高低。但是政策水平如何定义？它的定义内容又是什么？这个东西，有深入思考的人不多。”这个似乎耳熟能详的话题，一下把我惊到了：好像还真是这么回事！

我忙不迭道：“快、快，立即马上现在，细细说来——”

保尔说：“所谓政策水平，具体是干部做事、做研究、思考问题的时候要有改革开放的观念，要有法制国家的观念，要有科学发展的观念，要有主动服务社会的观念。这四个观念的前提就是必须符合党的十一届三中全会以来的决议和路线。”这之后，我一直用他的这个理论概括去观察社会，观察人。虽然年代久远，但现在我仍能一字不差地默写出来，也常与人分享或探讨。

再一件事就是，保尔和我都曾经上过“广东好人榜”，但他最突出的是做什么事都能成“大家”，这一点让我和他的熟人朋友不得不啧啧称奇和佩服。比如集邮能成全国集邮和邮品鉴定专家；做好事、善事也是不让群英，助养边穷地区的儿童千余名；连献血也能成为“状元”受到全国表彰；收集侨批则成全国之最……他是一个做什么事都能做到极致的人。我常和女儿琳琳说：“你爸爸做了一辈子的好事，你知道为什么这会成为一个自觉行动吗？因为人品的‘底色’很重要——我‘总结’了一下，这也许得益于他的哲学思维和高度概括提炼的能力吧，再加上一条：持续学习 + 深度思考。”

到汕头，别忘记去汕头市档案馆侨批分馆看看侨批的原件：斑驳的字里行间充满了让人追思的历史情怀。

2021 年 7 月 1 日

麦保尔先生事迹

麦保尔（1951—2018），广东广州人，毕业于华南师范大学中文系。1969年参加工作，从基层到广东省社会科学院、广东省委宣传部理论研究小组，一直研究马克思列宁主义、毛泽东思想哲学体系及国际共产主义运动史，并多有著述。20 世纪 90 年代，麦保尔先生供职于汕头电信部门期间，接触了解潮汕侨批后，意识到侨批档案文献是潮汕历史文化的瑰宝。从此，便钟情于侨批的收集、整理、研究，并和女儿麦琳琳一起将收集到的侨批分类、编号并录制光盘，形成了“潮汕侨批”第一个数字化资料库，高峰期收集的侨批逾 10 万封。正是由于麦家父女的不懈努力，部分散佚于民间的侨批才得以汇集并保存至今。**2021 年 1 月，麦保尔先生遗孀马娅女士将麦保尔先生收藏的 40 121 封侨批原件无偿捐赠给汕头市档案馆，希望让更多的后人了解潮汕华侨的创业史、奋斗史，体会华侨的家国情怀和责任担当。**

麦保尔先生毕生致力于公益事业。参与过西藏、青海、新疆及海南等边远地区的助学活动，连续 12 年偕同家人助养千余名留守儿童。连续义务献血至 61 岁，献全血和机采血小板数量汕头市最多。2004 年曾荣获卫生部、中国红十字总会、中国人民解放军总后勤部联合颁发的“中国无偿献血奉献奖”金奖。麦保尔伉俪皆被列入“广东好人榜”。

麦保尔先生还是一位国内颇有影响力的集邮及邮品鉴定专家。其从七岁开始集邮，藏品涵盖自清代以来各个不同历史时期的珍贵邮品，堪称中国集邮界大家。麦保尔先生作为中华全国集邮联合会国家级邮展评审员，其集藏分别参加第 16、第 17 届亚洲国际邮展并获奖，作品被录入《中国集邮人物风采录（第一卷）》。

凡　例

2021年1月，马娅女士以其丈夫——已故著名收藏家麦保尔先生名义无偿捐赠给汕头市档案馆逾4万封侨批原件，极大地丰富了汕头市档案馆侨批馆藏。麦保尔先生是著名民间收藏家，毕生钟情于侨批的收集、整理和研究工作。他和女儿麦琳琳一起对收集到的侨批进行分类、编号整理并刻录光盘，形成“潮汕侨批”第一个数字化资料库。正是由于他的不懈努力，这些散佚于民间的侨批才得以留存至今。为弘扬麦保尔先生的无私奉献精神，我们从其捐赠的侨批中遴选出6个家庭314件实寄批，这些侨批都是一个家族或家庭持续联系的见证，其中反映的信息内容再现华侨家庭在不同历史时期发展生息的过程。这些家庭侨批的整理，可以帮助学者开展华侨家族史的研究。我们编辑成《麦保尔捐赠侨批档案萃编（二）》，原汁原味呈献给大家。这既是对侨批文化的传承，也是对麦保尔先生的深切纪念。

《麦保尔捐赠侨批档案萃编（二）》按下列原则编排：

一、编排次序

同一寄批人以写（寄）批时间先后为序排列；未见写（寄）批时间者，参考收批时间；无法判断具体时间的，参考寄批款货币类别，列于同一时期之后。

二、题名

每一封侨批题名的标准格式为：时间/寄批地/寄批人/收批地/收批人。题名上的每一元素原批照录。如：丁（丑）年五月廿日（1937年6月28日）叻坡（新加坡）黄坤保寄潮安江东仙洲乡黄美深。

三、目录编写

根据侨批提供的原始信息，分列出寄批地、寄批人、收批地、收批人、批款、写（寄）批日期、收批地日戳、档案类别和页码9项，以表格形式著录。

（一）寄批地

著录当前使用的国家或地区名称。辑录时原批照录，但同一寄批人所寄侨批首次出现的不规范地名则以“（　）”标示规范名称，如：“叻（新加坡）”“暹（泰国）”。也有直接写侨居国地名的，本书原批照录，但用“（　）”标注该地所属国家。如：“柔佛（马来西亚）”“占碑（印尼）”。

（二）寄批人

原批照录。若因同音、近音一个人名有几种写法的，仍按原批照录。如：沈如财、沈如才。

（三）收批地

因历史年代不同，建置沿革，地名变更，尤其是区、镇一级，从明、清的都，到后来的区、乡、公社、镇，名称及其归属多有改变。县，旧称“邑”，而同一地方，民间或称“乡”，或称“村”，村名又有雅、俗之异。故题名及目录仅保留县、乡、村关键名称。村（乡）名后面的详细地址也不予著录。如：“潮安江东都仙洲乡头社”著录为“潮安江东仙洲乡”；“汕头潮安古楼乡铺巷”著录为“潮安古楼乡”。

（四）收批人

按批封的姓名著录，不涉及亲属关系称谓。只有亲属关系称谓而缺姓名的，著录称谓；遇“慈亲”“严亲”“贤妻”等则统一著录为“母亲”“父亲”“妻子”。

（五）批款

用阿拉伯数字著录批封上记录的款项。如：“叁拾元”，著录为“30元”；“肆拾万元”，著录为“40万元”。

币类：侨批批款涉及的货币种类，不同时期法定货币的规范名称不同。1936年至1948年8月一般寄国币（法币），侨批中的“国银”“国票”“中央票”“纸币”统一著录为“国币”；1948年8月至1949年7月一般寄金圆券，侨批中的“金圆”“金券”统一著录为“金圆券”；1949年以后一般寄港币，侨批中的“香港币”“香港银”“香港票”“港纸”“港银”“港票”统一著录为“港币”。其余情况则原批照录。无法分析币类的不著录。

（六）写（寄）批日期

在"目录"中以公元纪年辑录。

（1）因时代不同，侨批的落款时间采用干支、年号、公元等不同纪年方式纪年，也有用阳历、阴（农）历署写月、日，甚至同一寄批人阳历、阴历混用的，一般按原批照录，再用公元纪年析出。析出时参考收批地日戳判定。

（2）1949 年 10 月 1 日中华人民共和国成立后，侨批中仍写"民国 × × 年"者，则径改为公元纪年。

（3）落款时间阿拉伯数字与中文、花码混用的，一律以阿拉伯数字著录。

（4）采用干支、年号纪年者，参考相关元素析出公元纪年，用"（　）"标示；采用干支纪年而只写天干缺地支者，参考相关元素补齐，用"（　）"标示。如：丁（丑）五月廿日（1937 年 6 月 28 日）。

（5）写（寄）批时间采用的依据顺序为：①内信落款时间（用公元纪年落款者一律用阿拉伯数字著录）；②批封上的寄批地批局日戳（若内信落款时间只以农历署写月、日，则优先选用该日戳）；③寄批地邮戳（若用佛历，则径改为公元纪年）；④几个元素相互参考推定。

侨批没写年份，而邮戳又模糊不清，难以辨明，无法判断时间的，不著录。

（七）收批地日戳

采用民国纪年的，径改为公元纪年。收批时间采用的依据顺序为：①收批地邮戳；②收批地银行结汇日戳；③收批人标注于批封上的日期。收批时间模糊不清、难以辨明的，不著录。

（八）档案类别

（1）封、信（批封、批信配套齐全）。

（2）封（只有批封而缺批信）。

（3）信（只有批信而缺批封）。

（4）侨批通知书。

目录

寄批地	寄批人	收批地	收批人	批款	写（寄）批日期	收批地日戳	档案类别	页码
叻坡（新加坡）	黄坤保	潮安江东仙洲乡	黄美深	国币2元	1937年6月28日		封、信	001
	黄坤保	潮安江东仙洲乡	黄美深	国币10元	1937年7月30日		封、信	002
叻（新加坡）	黄坤保	潮安江东仙洲乡	黄美深	国币4元	1937年8月10日	1937年8月20日	封、信	003
叻	黄坤保	潮安江东仙洲乡	黄美深	国币2元	1937年9月15日		封、信	004
叻	黄坤保	潮安江东仙洲乡	黄美深	国币10元		1938年1月19日	封	005
叻	黄坤保	潮安江东仙洲乡	黄美深	国币30元	1938年3月6日		封、信	006
叻	黄坤保	潮安江东仙洲乡	黄美深	国币40元	1938年4月8日		封、信	007
叻	黄坤保	潮安江东仙洲乡	黄美深	国币60元	1938年7月5日		封、信	008
叻	黄坤保	潮安江东仙洲乡	黄美深	国币30元	1938年9月30日	1938年10月7日	封、信	009
	黄坤保		美深	国币50元	1938年10月29日		信	010
叻	黄坤保	潮安江东仙洲乡	黄美深	国币20元	1938年12月31日	1939年1月28日	封、信	011
叻	黄坤保	潮安江东仙洲乡	黄美深	国币30元	1939年1月27日		封、信	012
叻	黄坤保	潮安江东仙洲乡	黄美深	国币30元	1939年6月21日	1939年6月27日	封、信	013
叻	黄坤保	潮安江东仙洲乡	黄美深	国币50元	1939年11月28日		封、信	014
叻	黄坤保	潮安江东仙洲乡	黄美深	国币100元	1940年4月9日		封、信	015
叻	黄坤保	潮安江东仙洲乡	黄美深	国币100元	1940年8月9日		封、信	016
叻	黄坤保	潮安江东仙洲乡	黄美深	国币200元	1941年2月1日		封、信	017
叻	黄坤保	潮安江东仙洲乡	黄美深	国币200元	1941年2月3日		封、信	018
叻	黄坤保	潮安江东仙洲乡	黄美深	国币200元	1941年3月5日	1941年3月20日	封、信	019
叻	黄坤保	潮安江东仙洲乡	黄美深	国币200元	1941年6月2日		封、信	020
叻	黄坤保	潮安江东仙洲乡	黄美深	国币2万元	1946年7月6日		封	021
叻	黄坤保	潮安江东仙洲乡	黄美深	国币4万元	1946年10月14日		封、信	022
叻	黄坤保	潮安江东仙洲乡	黄美深	国币6万元	1946年12月24日		封、信	023
叻	黄坤保	潮安江东仙洲乡	黄美深	国币2万元	1947年1月27日	1947年2月4日	封、信	024
新嘉坡（新加坡）	黄坤保	潮安江东仙洲乡	黄炽深	国币100万元	1947年2月17日		封、信	025

寄批地	寄批人	收批地	收批人	批款	写（寄）批日期	收批地日戳	档案类别	页码
叻	黄坤保	潮安江东仙洲乡	黄美深	国币 18 万元	1947 年 3 月 26 日	1947 年 4 月 7 日	封	026
新嘉坡	黄坤保	潮安江东仙洲乡	黄美深	国币 20 万元	1947 年 5 月 5 日		封、信	027
叻	黄坤保	潮安江东仙洲乡	黄美深	国币 20 万元	1947 年 8 月 4 日		封、信	028
新嘉坡	黄坤保	潮安江东仙洲乡	黄炽深	国币 100 万元	1948 年 2 月 10 日		封、信	029
新嘉坡	黄坤保	潮安江东仙洲乡	黄炽深	国币 400 万元	1948 年 4 月 27 日		封、信	030
新嘉坡	黄坤保	潮安江东仙洲乡	黄炽深	国币 400 万元	1948 年 5 月 28 日		封、信	031
叻坡	坤保	潮安江东仙洲乡	黄美深	国币 8 元			封	032
叻	黄坤保	潮安江东仙洲乡	黄美深	国币 20 元			封	033
叻	黄坤保	潮安江东仙洲乡	黄美深	国币 30 元			封	034
叻	黄坤保	潮安江东仙洲乡	黄美深	国币 3 万元			封	035
星洲（新加坡）	黄坤保	潮安江东仙洲乡	黄美深	国币 3 万元			封	036
叻	黄坤保	潮安江东仙洲乡	黄美深	国币 5 万元			封	037
叻	黄坤保	潮安江东仙洲乡	黄美深	国币 40 元			封	038
叻	黄坤保	潮安江东仙洲乡	黄炽深	金圆券 25 元	1948 年 9 月 2 日	1948 年 9 月 7 日	封	039
叻	黄坤保	潮安江东仙洲乡	黄炽深	金圆券 1 000 元	1948 年 12 月 24 日		封、信	040
叻	黄美深	潮安江东仙洲乡	双亲	金圆券 2 000 元	1949 年 2 月 2 日		封、信	041
叻	黄坤保	潮安江东仙洲乡	黄炽深	金圆券 2 万元	1949 年 3 月 3 日		封、信	042
叻	黄坤保	潮安江东仙洲乡	黄炽深	金圆券 10 万元	1949 年 3 月 29 日	1949 年 4 月 6 日	封、信	043
叻	黄坤保	潮安江东仙洲乡	黄炽深	金圆券 6 000 元			封	044
	黄坤保		妻子	港币 50 元	1950 年 4 月 26 日		信	045
新嘉坡	黄坤保	潮安江东仙洲乡	黄炽深	港币 50 元		1950 年 5 月 8 日	封	046
新嘉坡	黄坤保	潮安江东仙洲乡	黄炽深	港币 60 元	1950 年 5 月 20 日	1950 年 6 月 16 日	封、信	047
叻	黄美深	潮安江东仙洲乡	双亲	港币 50 元	1950 年 8 月 14 日	1950 年 8 月 26 日	封、信	048
	黄坤保	潮安江东仙洲乡	黄炽深	港币 50 元		1950 年 12 月 30 日	封	049
叻	黄美深	潮安江东仙洲乡	母亲	港币 70 元		1951 年 1 月 21 日	封	050
叻	黄美深	潮安江东仙洲乡	双亲	港币 50 元	1951 年 2 月 12 日	1951 年 3 月 4 日	封、信	051
叻	黄坤保	潮安江东仙洲乡	黄炽深	港币 60 元	1951 年 4 月 19 日	1951 年 4 月 24 日	封、信	052
叻坡	黄坤保	潮安江东仙洲乡	黄炽深	港币 70 元	1951 年 6 月 14 日	1951 年 6 月 29 日	封、信	053
叻	黄坤保	潮安江东仙洲乡	黄炽深	港币 70 元	1951 年 7 月 12 日	1951 年 7 月 23 日	封、信	054
叻	黄汉深	潮安江东仙洲乡	母亲	港币 70 元	1951 年 8 月 9 日	1951 年 8 月	封、信	055
叻	黄汉深	潮安江东仙洲乡	母亲	港币 70 元	1951 年 9 月 3 日	1951 年 9 月 11 日	封、信	056

寄批地	寄批人	收批地	收批人	批款	写（寄）批日期	收批地日戳	档案类别	页码
叻	黄汉深	潮安江东仙洲乡	母亲	港币 60 元	1951 年 10 月 4 日	1951 年 11 月 7 日	封、信	057
叻	黄汉深	潮安江东仙洲乡	母亲	港币 60 元		1951 年 10 月 10 日	封	058
	黄汉深		母亲	港币 60 元	1951 年 11 月 1 日		信	059
叻	黄美深	潮安江东仙洲乡	黄炽深	港币 30 元	1952 年 1 月 5 日	1952 年 1 月 16 日	封、信	060
叻	黄汉深	潮安江东仙洲乡	母亲	港币 60 元		1952 年 3 月 17 日	封	061
叻	黄汉深	潮安江东仙洲乡	双亲	港币 60 元	1952 年 3 月 30 日		封、信	062
叻	黄美深	潮安江东仙洲乡	母亲	港币 60 元		1952 年 7 月 15 日	封	063
叻	黄汉深	潮安江东仙洲乡	双亲	港币 75 元		1952 年 8 月 18 日	封	064
叻	黄汉深	潮安江东仙洲乡	母亲	港币 60 元	1952 年 9 月 1 日	1952 年 9 月 9 日	封、信	065
	黄汉深		母亲	港币 75 元	1952 年 9 月 22 日		信	066
叻	黄汉深	潮安江东仙洲乡	双亲	港币 60 元	1952 年 10 月 9 日	1952 月 10 月 14 日	封、信	067
	黄汉深	潮安江东仙洲乡	双亲	港币 65 元	1952 年 12 月 1 日	1952 年 12 月 9 日	封、信	068
	黄汉深	潮安江东仙洲乡	双亲	港币 60 元	1953 年 3 月 23 日	1953 年 3 月 31 日	封、信	069
叻	黄汉深	潮安江东仙洲乡	双亲	港币 60 元	1953 年 4 月 20 日	1953 年 4 月 28 日	封、信	070
叻	黄汉深	潮安江东仙洲乡	母亲	港币 50 元		1953 年 6 月 26 日	封	071
叻	黄汉深	潮安江东仙洲乡	双亲	港币 65 元	1953 年 7 月 14 日	1953 年 7 月 20 日	封、信	072
	黄汉深	潮安江东仙洲乡	母亲	港币 60 元	1953 年 8 月 10 日	1953 年 8 月 18 日	封、信	073
叻	黄汉深	潮安江东仙洲乡	双亲	港币 60 元		1953 年 9 月 22 日	封	074
叻	黄汉深	潮安江东仙洲乡	母亲	港币 75 元	1953 年 10 月 21 日	1953 年 11 月 12 日	封、信	075
	美深		母亲	港币 60 元	1954 年 3 月 7 日		信	076
叻	黄汉深	潮安江东仙洲乡	双亲	港币 60 元		1954 年 3 月 18 日	封	077
叻	黄汉深	潮安江东仙洲乡	双亲	港币 60 元	1954 年 4 月 3 日	1954 年 4 月 13 日	封、信	078
叻	黄美深	潮安江东仙洲乡	双亲	港币 60 元	1954 年 5 月 7 日	1954 年 5 月 18 日	封、信	079
叻	黄汉深	潮安江东仙洲乡	双亲	港币 40 元	1954 年 6 月 6 日	1954 年 6 月 16 日	封、信	080
叻	黄汉深	潮安江东仙洲乡	双亲	港币 30 元	1954 年 7 月 3 日	1954 年 7 月 12 日	封、信	081
叻	黄汉深	潮安江东仙洲乡	双亲	港币 30 元	1954 年 8 月 1 日	1954 年 8 月 11 日	封、信	082
叻	黄汉深	潮安江东仙洲乡	双亲	港币 30 元	1954 年 10 月 31 日	1954 年 11 月 8 日	封、信	083
叻	黄汉深	潮安江东仙洲乡	双亲	港币 30 元	1954 年 11 月 27 日	1954 年 12 月 6 日	封、信	084
叻	黄汉深	潮安江东仙洲乡	双亲	港币 60 元	1954 年 12 月 31 日	1955 年 1 月 10 日	封、信	085
叻	黄汉深	潮安江东仙洲乡	双亲	港币 30 元	1955 年 1 月 25 日		封、信	086
叻	黄汉深	潮安江东仙洲乡	双亲	港币 60 元	1955 年 1 月 31 日	1955 年 2 月 16 日	封、信	087
叻	黄汉深	潮安江东仙洲乡	双亲	港币 40 元	1955 年 3 月 6 日	1955 年 3 月 13 日	封、信	088
叻	黄汉深	潮安江东仙洲乡	双亲	港币 30 元	1955 年 8 月 18 日	1955 年 8 月 29 日	封、信	089
	美深		母亲	港币 30 元	1955 年 10 月 15 日		信	090
叻	黄美深	潮安江东仙洲乡	双亲	港币 30 元		1955 年 12 月 21 日	封	091
叻	黄美深	潮安江东仙洲乡	双亲	港币 50 元	1955 年 12 月 25 日	1956 年 1 月 16 日	封、信	092
叻	黄美深	潮安江东仙洲乡	双亲	港币 50 元	1956 年 1 月 23 日	1956 年 1 月 30 日	封、信	093

寄批地	寄批人	收批地	收批人	批款	写（寄）批日期	收批地日戳	档案类别	页码
叻	黄美深	潮安江东仙洲乡	双亲	港币 50 元	1956 年 2 月 17 日		封、信	094
	黄汉深		双亲	港币 20 元	1956 年 2 月 24 日		信	095
叻	黄美深	潮安江东仙洲乡	双亲	港币 50 元	1956 年 4 月 16 日	1956 年 5 月 2 日	封、信	096
叻	黄美深	潮安江东仙洲乡	双亲	港币 50 元	1956 年 7 月 14 日	1956 年 7 月 24 日	封、信	097
叻	黄美深	潮安江东仙洲乡	双亲	港币 40 元	1956 年 10 月 4 日	1956 年 10 月 16 日	封、信	098
叻	黄汉深	潮安江东仙洲乡	双亲	港币 40 元	1956 年 12 月 10 日	1956 年 12 月 17 日	封、信	099
叻	黄汉深	潮安江东仙洲乡	双亲	港币 20 元		1957 年 3 月 4 日	封	100
	黄汉深	潮安江东仙洲乡	双亲	港币 20 元	1957 年 3 月 12 日	1957 年 3 月 18 日	封、信	101
叻	黄美深	潮安江东仙洲乡	双亲	港币 30 元	1957 年 5 月 12 日	1957 年 5 月 13 日	封、信	102
叻	黄美深	潮安江东仙洲乡	双亲	港币 20 元	1957 年 7 月 6 日	1957 年 7 月 9 日	封、信	103
叻	黄美深	潮安江东仙洲乡	双亲	港币 30 元	1957 年 9 月 28 日	1957 年 10 月 8 日	封、信	104
叻	黄美深	潮安江东仙洲乡	双亲	港币 30 元	1957 年 11 月 30 日	1957 年 12 月 3 日	封、信	105
叻	黄汉深	潮安江东仙洲乡	双亲	港币 30 元	1957 年 12 月 25 日	1958 年 1 月	封、信	106
叻	黄汉深	潮安江东仙洲乡	双亲	港币□元		1958 年 5 月 30 日	封	107
新加坡	黄美深	潮安江东仙洲乡	母亲	港币 40 元	1959 年 8 月 19 日	1959 年 8 月 26 日	封、信	108
叻	黄美深	潮安江东仙洲乡	黄炽深	港币 10 元	1960 年 4 月 17 日		封、信	109
叻	黄美深	潮安江东仙洲乡	母亲	港币 50 元	1963 年 7 月 2 日		封、信	110
新加坡	黄汉深	潮安江东仙洲乡	黄炽深	港币 80 元	1969 年 1 月 26 日		封、信	111
	黄美深	潮安江东仙洲乡	双亲	港币 30 元			封	112
柔佛（马来西亚）	林琪松	潮安鹳巢乡	李祥鑫	国币 5 万元			封	113
叻（新加坡）	林松昌	潮安古楼乡	林仁告	港币 75 元	1951 年 1 月 15 日	1951 年 2 月 2 日	封、信	114
叻	林松藩	潮安古楼乡	父亲	港币 30 元	1951 年 4 月 10 日		封、信	115
柔佛	林琪松	潮安古楼乡	父亲	港币 60 元	1951 年 5 月 10 日	1951 年 5 月 17 日	封、信	116
柔佛	林琪松	潮安古楼乡	父亲	港币 60 元	1951 年 9 月 8 日	1951 年 9 月 19 日	封、信	117
柔佛	林琪松	潮安古楼乡	父亲	港币 75 元	1952 年 1 月 1 日	1952 年 1 月 11 日	封、信	118
柔佛	林琪松	潮安古楼乡	父亲	港币 70 元	1952 年 7 月 26 日	1952 年 8 月 6 日	封、信	119
柔佛	林琪松	潮安古楼乡	父亲	港币 70 元	1952 年 10 月 27 日	1952 年 11 月 6 日	封、信	120
呷（马来西亚）	廖碧珍	潮安古楼乡	仁告	港币 20 元	1952 年 12 月 12 日	1953 年 2 月 6 日	封、信	121
柔佛	林琪松	潮安古楼乡	父亲	港币 70 元	1953 年 5 月 22 日	1953 年 6 月 5 日	封、信	122
柔佛	林琪松	潮安古楼乡	父亲	港币 70 元	1953 年 8 月 16 日	1953 年 8 月 26 日	封、信	123
柔佛	林琪松	潮安古楼乡	父亲	港币 75 元	1953 年 11 月 8 日	1953 年 11 月 16 日	封、信	124
	琪松		父亲	港币 75 元	1953 年 12 月 9 日		信	125
呷	林松藩	潮安古楼乡	父亲	港币 20 元	1954 年 1 月 25 日	1954 年 1 月 30 日	封、信	126
呷	林松藩	潮安古楼乡	父亲	港币 20 元	1954 年 5 月 24 日	1954 年 5 月 30 日	封、信	127

寄批地	寄批人	收批地	收批人	批款	写（寄）批日期	收批地日戳	档案类别	页码
柔佛	林琪松	潮安古楼乡	父亲	港币 70 元	1954 年 6 月 14 日	1954 年 6 月 25 日	封、信	128
柔佛	林琪松	潮安古楼乡	父亲	港币 70 元	1954 年 11 月 29 日	1954 年 12 月 6 日	封、信	129
柔佛	林琪松	潮安古楼乡	父亲	港币 75 元	1954 年 12 月 29 日	1955 年 1 月 2 日	封、信	130
柔佛	林琪松	潮安古楼乡	父亲	港币 75 元	1956 年 2 月 19 日	1956 年 2 月 29 日	封、信	131
柔佛	林琪松	潮安古楼乡	父亲	港币 75 元	1956 年 4 月 20 日	1956 年 5 月 2 日	封、信	132
柔佛	林琪松	潮安古楼乡	父亲	港币 75 元	1956 年 11 月 12 日	1956 年 11 月 19 日	封、信	133
柔佛	林琪松	潮安古楼乡	父亲	港币 75 元	1957 年 2 月 4 日	1957 年 2 月 11 日	封、信	134
柔佛	林琪松	潮安古楼乡	父亲	港币 75 元	1957 年 4 月 4 日		封、信	135
柔佛	林琪松	潮安古楼乡	父亲	港币 75 元	1957 年 7 月 31 日		封、信	136
柔佛	林琪松	潮安古楼乡	父亲	港币 50 元	1957 年 8 月 12 日	1957 年 8 月 18 日	封、信	137
柔佛	林琪松	潮安古楼乡	父亲	港币 75 元	1957 年 9 月 30 日	1957 年 10 月 7 日	封、信	138
呷	林松藩	潮安古楼乡	父亲	港币 30 元	1958 年 1 月 7 日	1958 年 1 月 16 日	封、信	139
呷	林松藩	潮安古楼乡	父亲	港币 20 元	1958 年 2 月 5 日	1958 年 2 月 12 日	封、信	140
柔佛	林琪松	潮安古楼乡	父亲	港币 75 元	1958 年 7 月 26 日	1958 年 8 月 3 日	封、信	141
柔佛	林琪松	潮安古楼乡	父亲	港币 75 元	1958 年 8 月 24 日	1958 年 9 月 1 日	封、信	142
柔佛	林琪松	潮安古楼乡	父亲	港币 75 元	1958 年 10 月 21 日		封、信	143
呷	林松藩	潮安古楼乡	父亲	港币 20 元		1959 年 10 月 13 日	封	144
	林松藩		父亲	港币 20 元	1959 年 11 月 9 日		信	145
呷	林松藩	潮安古楼乡	父亲	港币 20 元	1960 年 2 月 29 日	1960 年 3 月 8 日	封、信	146
呷	林松藩	潮安古楼乡	父亲	港币 20 元	1960 年 8 月 8 日		封、信	147
柔佛	林琪松	潮安古楼乡	林仁告	港币 20 元	1961 年 3 月 6 日		封、信	148
柔佛	林琪松	潮安古楼乡	林仁告	港币 40 元	1961 年 4 月 29 日		封、信	149
柔佛	林琪松	潮安古楼乡	林仁告	港币 50 元	1961 年 6 月 29 日	1961 年 7 月 4 日	封、信	150
呷	林松藩	潮安古楼乡	父亲	港币 30 元	1961 年 11 月 23 日		封、信	151
柔佛	林琪松	潮安古楼乡	林汉祥	港币 50 元	1964 年 2 月 14 日	1964 年 3 月 2 日	封、信	152
柔佛	林琪松	潮安古楼乡	林汉祥	港币 70 元	1964 年 7 月 28 日	1964 年 8 月 17 日	封、信	153
柔佛	林琪松	潮安古楼乡	林汉祥	港币 70 元	1964 年 8 月 27 日	1964 年 9 月 7 日	封、信	154
柔佛	林琪松	潮安古楼乡	林汉祥	港币 70 元	1964 年 9 月 30 日	1964 年 10 月 12 日	封、信	155
柔佛	林琪松	潮安古楼乡	林汉祥	港币 75 元	1965 年 2 月 5 日		封、信	156
柔佛	林琪松	潮安古楼乡	林汉祥	港币 75 元	1965 年 4 月 11 日	1965 年 4 月 19 日	封、信	157
柔佛	林琪松	潮安古楼乡	林汉祥	港币 70 元	1965 年 9 月 11 日		封、信	158
柔佛	林琪松	潮安古楼乡	林汉祥	港币 50 元	1966 年 4 月 5 日	1966 年 4 月 11 日	封、信	159
柔佛	林琪松	潮安古楼乡	林汉祥	港币 50 元	1966 年 6 月 7 日	1966 年 6 月 13 日	封、信	160
柔佛	林琪松	潮安古楼乡	林汉祥	港币 60 元	1966 年 8 月 6 日	1966 年 8 月 15 日	封、信	161
柔佛	林琪松	潮安古楼乡	林汉祥	港币 50 元	1967 年 4 月 29 日	1967 年 5 月 9 日	封、信	162
柔佛	林琪松	潮安古楼乡	林汉祥	港币 50 元	1967 年 10 月 29 日	1967 年 11 月 14 日	封、信	163

寄批地	寄批人	收批地	收批人	批款	写（寄）批日期	收批地日戳	档案类别	页码
诗巫坡（马来西亚）	沈如财	潮安华美仙桥乡	母亲	大洋 8 元	1929 年 8 月 14 日		封、信	164
诗巫坡	沈如财	潮安华美仙桥乡	母亲	大洋 12 元	1929 年 12 月 28 日		封、信	165
诗鹅（马来西亚）	沈如财	潮安华美仙桥乡	母亲	大银 10 元	1930 年 5 月 2 日	1930 年 5 月 15 日	封、信	166
诗巫	沈如财	潮安华美仙桥乡	母亲	大银 12 元	1931 年 9 月 19 日		封、信	167
越（马来西亚）	沈如财	潮安华美仙桥乡	母亲	大银 2 元	九月廿三日		封、信	168
越	沈如财	潮安华美仙桥乡	母亲	国币 16 元	1937 年 6 月 22 日		封、信	169
越	沈如财	潮安华美仙桥乡	母亲	国币 15 元	1937 年 8 月 22 日	1937 年 9 月 4 日	封、信	170
越	沈如财	潮安华美仙桥乡	母亲	国币 20 元	九月初十		封、信	171
越	沈如财	潮安华美仙桥乡	母亲	国币 20 元	1937 年 11 月 25 日	1937 年 12 月 6 日	封、信	172
越	沈如财	潮安华美仙桥乡	母亲	国币 20 元	1937 年 12 月 17 日	1937 年	封、信	173
叻（新加坡）	杨松柳	潮安华美仙桥乡	沈如财	国币 6 元	1938 年 1 月 15 日	1938 年 1 月 20 日	封、信	174
越	沈如财	潮安华美仙桥乡	母亲	国币 30 元	1938 年 6 月 12 日	1938 年 6 月 22 日	封、信	175
越	沈如财	潮安华美仙桥乡	母亲	国币 30 元	1938 年 7 月 10 日	1938 年 7 月 21 日	封、信	176
越	沈如财	潮安华美仙桥乡	母亲	国币 30 元		1938 年	封、信	177
越	沈如财	潮安华美仙桥乡	母亲	国币 30 元	1939 年 3 月 29 日		封、信	178
越	沈如财	潮安华美仙桥乡	母亲	国币 30 元	1939 年 4 月 30 日	1939 年 5 月 11 日	封、信	179
越	沈如财	潮安华美仙桥乡	母亲	国币 100 元	1940 年 2 月 27 日		封、信	180
砂朥越（马来西亚）	沈如财	潮安华美仙桥乡	沈桂隆	国币 5 万元	1946 年 6 月 17 日		封、信	181
越	沈如财	潮安华美仙桥乡	沈桂隆	国币 10 万元	1946 年 8 月 29 日		封、信	182
越	沈如财	潮安华美仙桥乡	沈桂隆	国币 10 万元	1946 年 10 月 25 日		封、信	183
越	张永利	潮安华美仙桥乡	沈如才	国币 4 万元	1947 年 10 月 22 日	1947 年 11 月 6 日	封、信	184
越	沈如财	潮安华美仙桥乡	沈桂隆	国币 1 000 万元	1948 年 3 月 24 日	1948 年 4 月 3 日	封、信	185
越	沈如财	潮安华美仙桥乡	沈桂隆	国币 2 000 万元	1948 年 5 月 24 日		封、信	186
越	沈如财	潮安华美仙桥乡	沈桂隆	国币 1 亿元	1948 年 8 月 8 日		封、信	187
越	沈如财	潮安华美仙桥乡	沈桂隆	金圆券 15 000 元	1949 年 2 月 8 日	1949 年 2 月 14 日	封、信	188
越	沈如财	潮安华美仙桥乡	沈桂隆	金圆券 100 万元	1949 年 4 月 11 日	1949 年 4 月 17 日	封、信	189
越	沈如财	潮安华美仙桥乡	沈桂隆	金圆券 100 万元			封	190

寄批地	寄批人	收批地	收批人	批款	写（寄）批日期	收批地日戳	档案类别	页码
越	沈如财	潮安华美仙桥乡	沈传深	金圆券300万元		1949年6月10日	封	191
越	沈如财	潮安华美仙桥乡	沈桂隆	金圆券100万元			封	192
	如财		母亲	港币150元	1949年6月7日		信	193
	如财		母亲	港币100元	1949年9月8日		信	194
	如财		母亲	港币100元	1949年10月4日		信	195
越	沈如财	潮安华美仙桥乡	沈桂隆	港币100元	1950年1月25日	1950年2月5日	封、信	196
越	沈如财	潮安华美仙桥乡	沈桂隆	港币200元	1950年6月9日	1950年7月3日	封、信	197
越	沈如财	潮安华美仙桥乡	沈桂隆	港币120元	1950年12月12日	1950年12月20日	封、信	198
越	沈如才	潮安华美仙桥乡	桂南	港币68元	1951年6月21日	1951年7月13日	封、信	199
越	沈如财	潮安华美仙桥乡	沈桂南	港币50元	1951年9月24日		封、信	200
	沈如财	潮安华美仙桥乡	沈桂南	港币40元	1956年11月2日	1956年11月8日	封、信	201
叻（新加坡）	陈敦仁	潮安鳌头陇仔乡	陈立坡	金圆券10万元			封	202
占碑（印尼）	陈敦仁	潮安鳌头陇仔乡	陈立坡	港币200元	1950年6月8日	1950年6月20日	封、信	203
	陈敦仁	潮安鳌头陇仔乡	陈立坡	港币70元	1950年7月10日	1950年7月28日	封、信	204
占（印尼）	陈敦仁	潮安鳌头陇仔乡	陈立荣	港币200元	1950年7月26日	1950年8月17日	封、信	205
占碑	陈敦仁	潮安鳌头陇仔乡	陈立坡	港币200元	1950年8月9日	1950年9月4日	封、信	206
占碑	陈敦仁	潮安鳌头陇仔乡	陈立坡	港币100元	1950年9月25日	1950年10月16日	封、信	207
	陈敦仁	潮安鳌头陇仔乡	陈立荣	港币200元	1950年9月25日	1950年10月16日	封、信	208
	陈敦仁	潮安鳌头陇仔乡	陈立坡	港币300元	1951年4月19日	1951年4月27日	封、信	209
	陈敦仁	潮安鳌头陇仔乡	陈立坡	港币200元	1951年8月24日	1951年8月31日	封、信	210
	陈敦仁	潮安鳌头陇仔乡	陈立坡	港币300元	1951年12月10日	1951年12月24日	封、信	211
	陈敦仁	潮安鳌头陇仔乡	陈立坡	港币200元	1952年1月8日	1952年1月19日	封、信	212
	陈敦仁	潮安鳌头陇仔乡	陈立坡	港币100元		1952年5月2日	封	213
	陈敦仁	潮安鳌头陇仔乡	陈立坡	港币300元	四月初八		封、信	214
	陈敦仁	潮安鳌头陇仔乡	陈立坡	（烟纸100块）港币100元	1952年12月8日	1953年1月16日	封、信	215
	陈敦仁	潮安鳌头陇仔乡	陈立坡	（黄豆100斤）港币100元	1956年1月26日	1956年2月8日	封、信	216
	陈敦仁	潮安鳌头陇仔乡	陈立坡	（黄豆100斤）港币100元	1956年3月18日	1956年3月21日	封、信	217

寄批地	寄批人	收批地	收批人	批款	写（寄）批日期	收批地日戳	档案类别	页码
	陈敦仁	潮安鳌头陇仔乡	陈立坡	（门牌60号）港币60元		1956年5月2日	封、信	218
	陈敦崇	潮安鳌头陇仔乡	陈立荣	（门牌30号）港币30元		1956年5月2日	封、信	219
	陈敦仁	潮安鳌头陇仔乡	陈立坡	（门牌100号）港币100元	1956年5月27日	1956年6月13日	封、信	220
	陈敦崇	潮安鳌头陇仔乡	陈立荣	港币50元		1957年12月24日	侨批通知书、信	221
	陈敦仁	潮安鳌头陇仔乡	陈立荣	港币100元		1957年12月25日	侨批通知书	222
	陈敦仁	潮安鳌头陇仔乡	陈立荣	（门牌100号）港币100元	1958年4月4日	1958年5月19日	封、信	223
	陈敦仁	潮安鳌头陇仔乡	陈立荣	（烟纸150块）港币150元	1958年8月4日	1958年9月21日	封、信	224
叻坡（新加坡）	陈敦仁	潮安鳌头陇仔乡	陈立荣	港币50元		1959年1月	侨批通知书	225
	陈敦仁	潮安鳌头陇仔乡	陈立荣	（门牌50号）港币50元	1959年3月26日	1959年4月14日	封、信	226
叻（新加坡）	庄炳奎	潮安江东独树庄中乡	母亲	国币15元	1941年10月15日		封、信	227
峇株（马来西亚）	庄炳奎	潮安江东独树庄中乡	母亲	国币20万元	1947年6月22日	1947年7月9日	封、信	228
叻	庄炳奎	潮安江东独树庄中乡	母亲	港币75元	1951年2月20日	1951年3月2日	封、信	229
叻	庄炳奎	潮安江东独树庄中乡	庄育成	港币75元		1953年4月13日	封	230
	父亲		财进	港币75元	1954年5月10日		信	231
叻	庄炳奎	潮安江东独树庄中乡	庄财进	港币75元	1954年8月10日	1954年9月12日	封、信	232
叻	庄炳奎	潮安江东独树庄中乡	妻子	港币50元	1955年10月11日	1955年10月16日	封、信	233

寄批地	寄批人	收批地	收批人	批款	写（寄）批日期	收批地日戳	档案类别	页码
叻	庄炳奎	潮安江东独树庄中乡	妻子	港币 50 元	1956 年 2 月 21 日	1956 年 2 月 28 日	封、信	234
叻	庄炳奎	潮安江东独树庄中乡	妻子	港币 60 元	1956 年 6 月 13 日		封、信	235
叻	庄炳奎	潮安江东独树庄中乡	妻子	港币 60 元	1956 年 8 月 21 日	1956 年 8 月 27 日	封、信	236
叻	庄炳奎	潮安江东独树庄中乡	妻子	港币 50 元	1956 年 10 月 29 日	1956 年 11 月 5 日	封、信	237
叻	庄炳奎	潮安江东独树庄中乡	妻子	港币 60 元	1956 年 12 月 11 日	1956 年 12 月 17 日	封、信	238
叻	庄炳奎	潮安江东独树庄中乡	妻子	港币 50 元	1958 年 1 月	1958 年 1 月 13 日	封、信	239
叻	庄炳奎	潮安江东独树庄中乡	妻子	港币 50 元	1958 年 3 月 18 日	1958 年 3 月 23 日	封、信	240
叻	庄炳奎	潮安江东独树庄中乡	妻子	港币 50 元	1959 年 3 月 26 日	1959 年 4 月 6 日	封、信	241
叻	庄炳奎	潮安江东独树庄中乡	妻子	港币 30 元	1963 年 2 月 4 日		封、信	242
叻	庄炳奎	潮安江东独树庄中乡	妻子	港币 50 元		1963 年 4 月 6 日	封	243
叻	庄炳奎	潮安江东独树庄中乡	妻子	港币 50 元	1964 年 6 月 22 日	1964 年 6 月 29 日	封、信	244
叻	庄炳奎	潮安江东独树庄中乡	妻子	港币 50 元	1964 年 11 月 18 日	1964 年 12 月 7 日	封、信	245
叻	庄炳奎	潮安江东独树庄中乡	妻子	港币 50 元	1965 年 1 月 17 日	1965 年 1 月 24 日	封、信	246
叻	庄炳奎	潮安江东独树庄中乡	妻子	港币 50 元	1965 年 4 月 26 日	1965 年 5 月 10 日	封、信	247
叻	庄炳奎	潮安江东独树庄中乡	妻子	港币 50 元	1965 年 6 月 13 日	1965 年 6 月 21 日	封、信	248
叻	庄炳奎	潮安江东独树庄中乡	妻子	港币 50 元	1966 年 3 月 20 日	1966 年 4 月 4 日	封、信	249
叻	庄炳奎	潮安江东独树庄中乡	妻子	港币 50 元	1966 年 7 月 4 日	1966 年 7 月 25 日	封、信	250
	庄炳奎		妻子	港币 50 元	农历二月十五日		信	251
泰京（泰国）	曾哲坤	澄海本里新乡社	母亲	国币 600 万元	1948 年 5 月 3 日		封	252

寄批地	寄批人	收批地	收批人	批款	写（寄）批日期	收批地日戳	档案类别	页码
暹（泰国）	曾哲坤	澄海图濠新乡社	母亲	国币 5 000 万元	1948 年 6 月		封、信	253
暹	曾哲坤	澄海本里新乡社	母亲	金圆券 300 元	1949 年 1 月 2 日		封、信	254
泰	曾哲坤	澄海本里新乡社	母亲	港币 40 元		1951 年 2 月 23 日	封	255
泰京	曾哲坤	澄海本里新乡社	母亲	港币 30 元		1951 年 4 月 12 日	封	256
泰	曾哲坤	澄海本里新乡社	母亲	港币 40 元	1954 年 3 月 10 日	1954 年 3 月 18 日	封、信	257
泰	曾哲坤	澄海图濠	母亲	港币 20 元	1955 年 6 月 17 日	1955 年 6 月 22 日	封	258
	曾哲坤	澄海图濠新乡社	母亲	港币 100 元	1960 年 6 月 8 日	1960 年 6 月 10 日	封、信	259
	曾哲坤	澄海图濠新乡社	母亲	港币 50 元	1960 年 7 月 13 日	1960 年 7 月 20 日	封、信	260
	曾哲坤	澄海图濠新乡社	母亲	港币 100 元	1960 年 8 月 16 日	1960 年 8 月 22 日	封、信	261
泰国	曾哲坤	澄海图濠新乡社	母亲	港币 110 元		1961 年 2 月 14 日	封、信、侨批通知书	262
	曾哲坤	澄海图濠新乡社	母亲	港币 40 元	1961 年 9 月 13 日	1961 年 9 月 22 日	封、信	263
	曾哲坤		母亲	港币 10 元	1961 年 11 月 29 日		信	264
	曾哲坤	澄海图濠新乡社	母亲	港币 10 元	1962 年 1 月 24 日		封、信	265
	曾哲坤	澄海图濠新乡社	母亲	港币 10 元	1962 年 3 月 8 日		封、信	266
	曾哲坤	澄海图濠新乡社	母亲	港币 50 元	1963 年 2 月 19 日		封、信	267
	曾哲坤	澄海图濠新乡社	母亲	港币 40 元	1963 年 4 月 23 日		封、信	268
	曾哲坤	澄海图濠新乡社	母亲	港币 50 元	1963 年 9 月 7 日		封、信	269
	曾哲坤	澄海图濠新乡社	母亲	港币 50 元	1963 年 10 月 1 日		封、信	270
	曾哲坤	澄海图濠新乡社	母亲	港币 50 元	1963 年 12 月 10 日		封、信	271
	曾哲坤	澄海图濠新乡社	母亲	港币 60 元	1964 年 1 月 14 日	1964 年 1 月 21 日	封、信	272
	曾哲坤	澄海图濠新乡社	母亲	港币 100 元	1964 年 1 月 28 日	1964 年 2 月 6 日	封、信	273
	曾哲坤	澄海图濠新乡社	母亲	港币 60 元	1964 年 3 月 3 日	1964 年 3 月 10 日	封、信	274
	曾哲坤	澄海图濠新乡社	母亲	港币 100 元	1964 年 3 月 24 日	1964 年 3 月 30 日	封、信	275
	曾哲坤	澄海图濠新乡社	母亲	港币 60 元	1964 年 5 月 5 日	1964 年 5 月 15 日	封、信	276
	曾哲坤	澄海图濠新乡社	母亲	港币 60 元	1964 年 6 月 2 日	1964 年 6 月 10 日	封、信	277
	曾哲坤	澄海图濠新乡社	母亲	港币 60 元	1964 年 7 月 7 日	1964 年 7 月 13 日	封、信	278
	曾哲坤	澄海图濠新乡社	母亲	港币 60 元	1964 年 8 月 4 日	1964 年 8 月 11 日	封、信	279
	曾哲坤	澄海图濠新乡社	母亲	港币 60 元	1964 年 9 月 1 日	1964 年 9 月 7 日	封、信	280
	曾哲坤	澄海图濠新乡社	母亲	港币 60 元	1964 年 10 月	1964 年 10 月	封、信	281
	曾哲坤	澄海图濠新乡社	母亲	港币 60 元		1964 年 11 月 9 日	封、信	282
	曾哲坤	澄海图濠新乡社	母亲	港币 60 元	1964 年 12 月 2 日	1964 年 12 月 7 日	封、信	283
	曾哲坤	澄海图濠新乡社	母亲	港币 60 元	1965 年 1 月 12 日	1965 年 1 月 29 日	封、信	284
	曾哲坤	澄海图濠新乡社	母亲	港币 80 元	1965 年 2 月 16 日	1965 年 2 月 22 日	封、信	285

寄批地	寄批人	收批地	收批人	批款	写（寄）批日期	收批地日戳	档案类别	页码
	曾哲坤	澄海图濠新乡社	母亲	港币 60 元	1965 年 3 月 30 日	1965 年 4 月 5 日	封、信	286
	曾哲坤	澄海图濠新乡社	母亲	港币 80 元	1965 年 5 月 11 日	1965 年 5 月 17 日	封、信	287
	曾哲坤	澄海图濠新乡社	母亲	港币 60 元	1965 年 7 月 13 日	1965 年 7 月 19 日	封、信	288
	曾哲坤	澄海图濠新乡社	母亲	港币 60 元	1965 年 8 月 31 日	1965 年 9 月 2 日	封、信	289
	曾哲坤	澄海图濠新乡社	母亲	港币 100 元	1965 年 9 月 21 日	1965 年 9 月 27 日	封、信	290
	曾哲坤	澄海图濠新乡社	母亲	港币 100 元	1965 年 11 月 9 日	1965 年 11 月 15 日	封、信	291
	曾哲坤	澄海图濠新乡社	母亲	港币 100 元	1965 年 12 月 15 日	1965 年 12 月 20 日	封、信	292
	曾哲坤	澄海图濠新乡社	母亲	港币 120 元	1966 年 1 月 4 日	1966 年 1 月 11 日	封、信	293
	曾哲坤	澄海图濠新乡社	母亲	港币 80 元	1966 年 1 月 25 日	1966 年 1 月 31 日	封、信	294
	曾哲坤	澄海图濠新乡社	母亲	港币 20 元	1966 年 4 月 5 日		封、信	295
	曾哲坤	澄海图濠新乡社	母亲	港币 80 元	1966 年 4 月 13 日	1966 年 4 月 18 日	封、信	296
	曾哲坤	澄海图濠新乡社	母亲	港币 100 元	1966 年 5 月 17 日	1966 年 5 月 24 日	封、信	297
	曾哲坤	澄海图濠新乡社	母亲	港币 80 元	1966 年 6 月 14 日	1966 年 6 月 21 日	封、信	298
	曾哲坤	澄海图濠新乡社	母亲	港币 80 元	1966 年 7 月 20 日	1966 年 7 月 25 日	封、信	299
	曾哲坤	澄海图濠新乡社	母亲	港币 80 元	1966 年 9 月 14 日	1966 年 9 月 19 日	封、信	300
	曾哲坤	澄海图濠新乡社	母亲	港币 100 元	1966 年 11 月 30 日	1966 年 12 月 6 日	封、信	301
	曾哲坤	澄海图濠新乡社	母亲	港币 120 元	1967 年 1 月 25 日	1967 年 2 月 2 日	封、信	302
	曾哲坤	澄海图濠新乡社	母亲	港币 40 元	1967 年 1 月 30 日	1967 年 2 月	封、信	303
	曾哲坤	澄海图濠新乡社	母亲	港币 100 元	1967 年 4 月 25 日	1967 年 5 月 3 日	封、信	304
	曾哲坤	澄海图濠新乡社	母亲	港币 100 元	1967 年 5 月 31 日	1967 年 6 月 7 日	封、信	305
	曾哲坤	澄海图濠新乡社	母亲	港币 100 元	1967 年 7 月 17 日	1967 年 7 月 24 日	封、信	306
	曾哲坤	澄海图濠新乡社	母亲	港币 100 元	1967 年 9 月 20 日	1967 年 9 月 28 日	封、信	307
	曾哲坤	澄海图濠新乡社	母亲	港币 100 元	1968 年 1 月 2 日	1968 年 1 月 9 日	封、信	308
	曾哲坤	澄海图濠新乡社	母亲	港币 150 元	1968 年 1 月 10 日	1968 年 1 月 17 日	封、信	309
	曾哲坤	澄海图濠新乡社	母亲	港币 200 元	1968 年 5 月 8 日	1968 年 5 月 16 日	封、信	310
	曾哲坤	澄海图濠新乡社	母亲	港币 60 元		1968 年 6 月 15 日	封、信	311
	曾哲坤	澄海图濠新乡社	母亲	港币 100 元	1968 年 8 月 14 日	1968 年 8 月 26 日	封、信	312
	曾哲坤	澄海图濠新乡社	母亲	港币 100 元	1 月 11 日		封、信	313
	曾哲坤	澄海夏塘乡	陈戌添	港币 20 元	8 月 20 日		封、信	314

丁（丑）年五月廿日（1937年6月28日）叻坡（新加坡）
黄坤保寄潮安江东仙洲乡黄美深

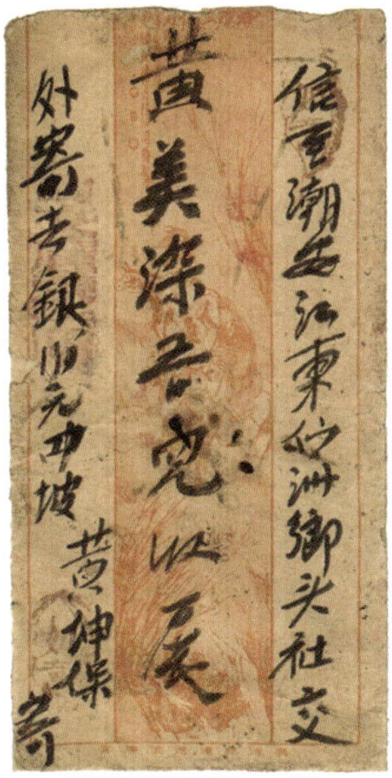

信至潮安江東仙洲鄉头社交
黄美深吾兒收展
外寄去銀卅元 叻坡
黄坤保寄

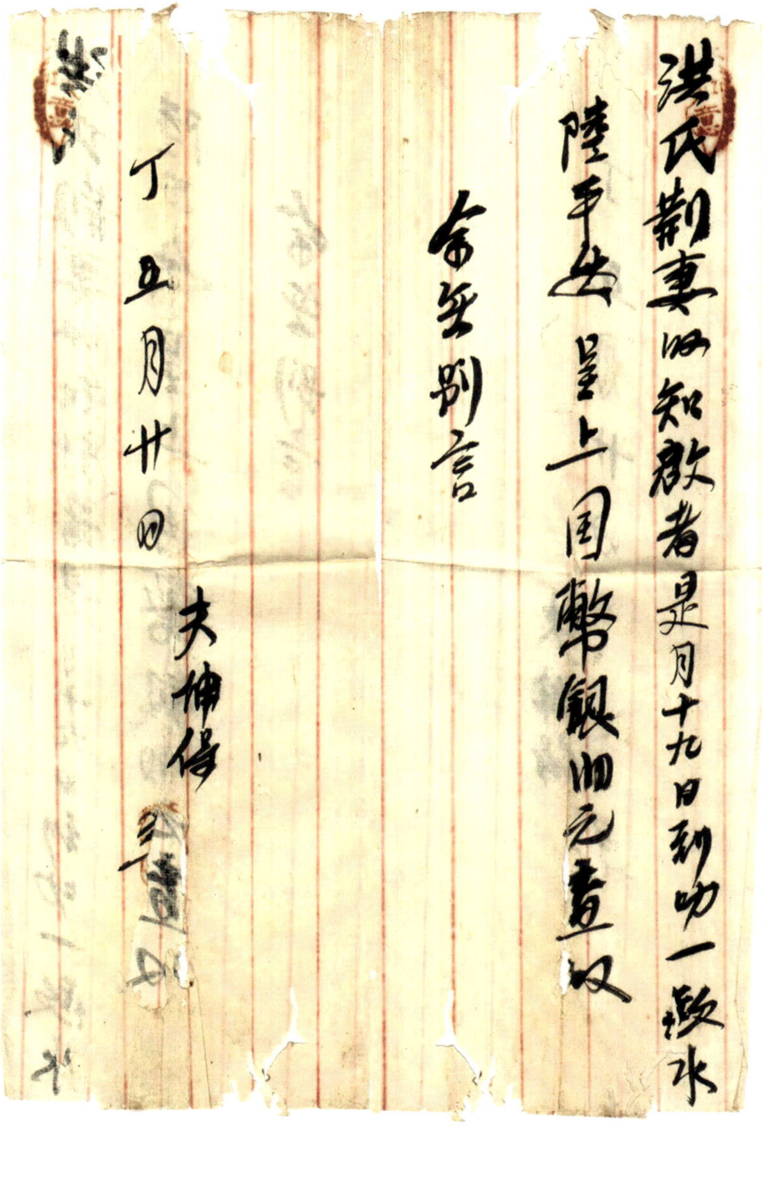

洪氏荊妻收知啟者是月十九日到叻一撥水
陸平安 呈上國幣銀卅元查收
余無別言
丁五月廿日
夫坤保

丁（丑）年六月廿三日（1937 年 7 月 30 日）
黄坤保寄潮安江东仙洲乡黄美深

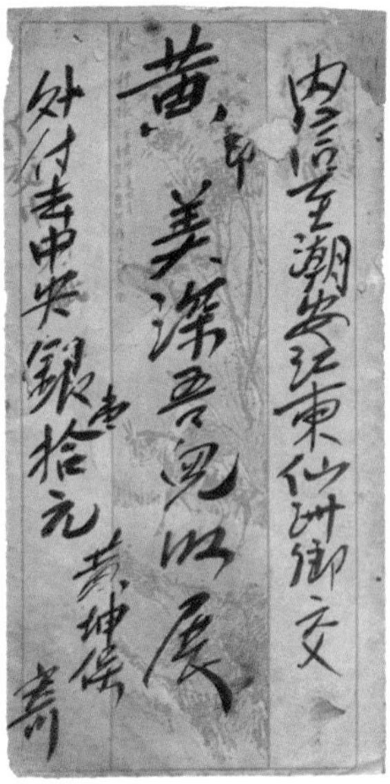
内信至潮安江東仙洲鄉交
黄印美深吾兒收展
外付去中央銀拾元
黄坤保寄

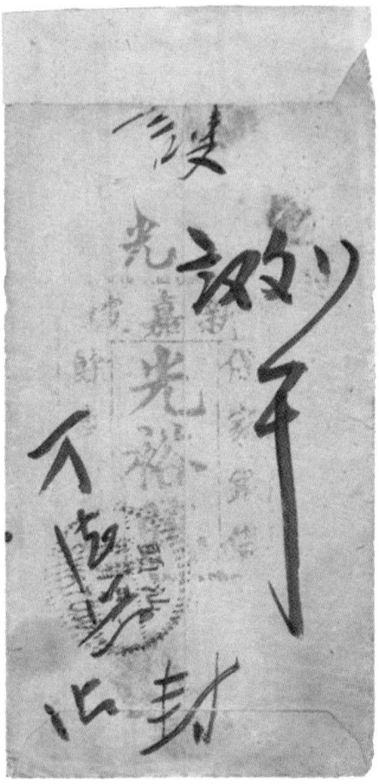

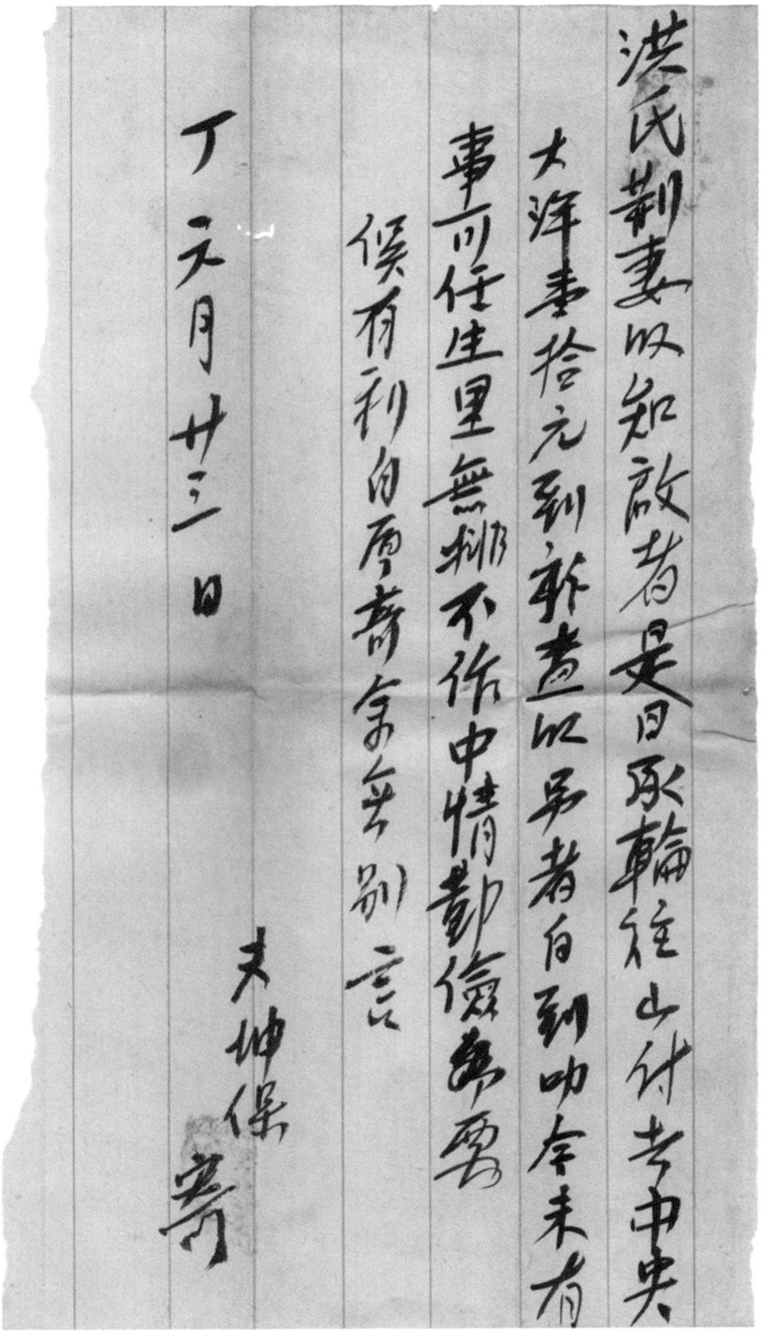
洪氏荆妻收知啟者是日承輪往山付去中央
大洋壹拾元到祈查收另者白到叻今未有
事可住生里無掛不作中情勤儉為要
候有利自原寄家無别言
丁六月廿三日
夫坤保寄

丁（丑）年七月初五（1937 年 8 月 10 日）
叻（新加坡）黄坤保寄潮安江东仙洲乡黄美深

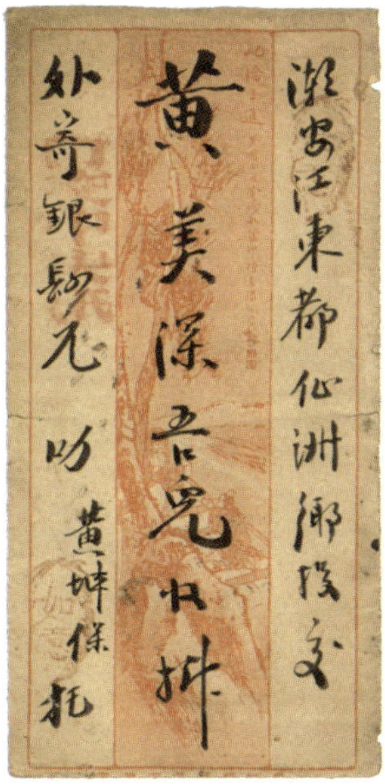

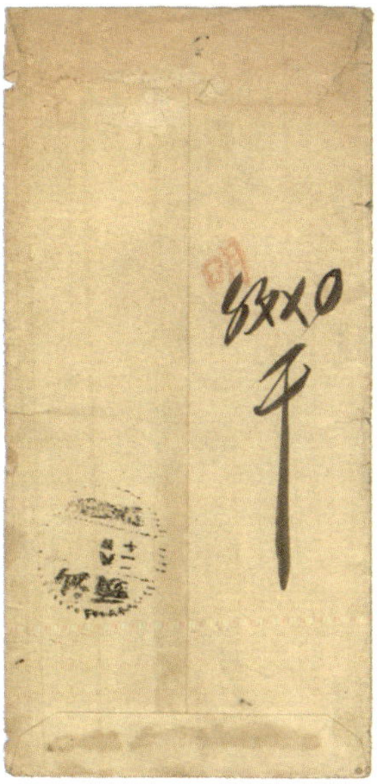

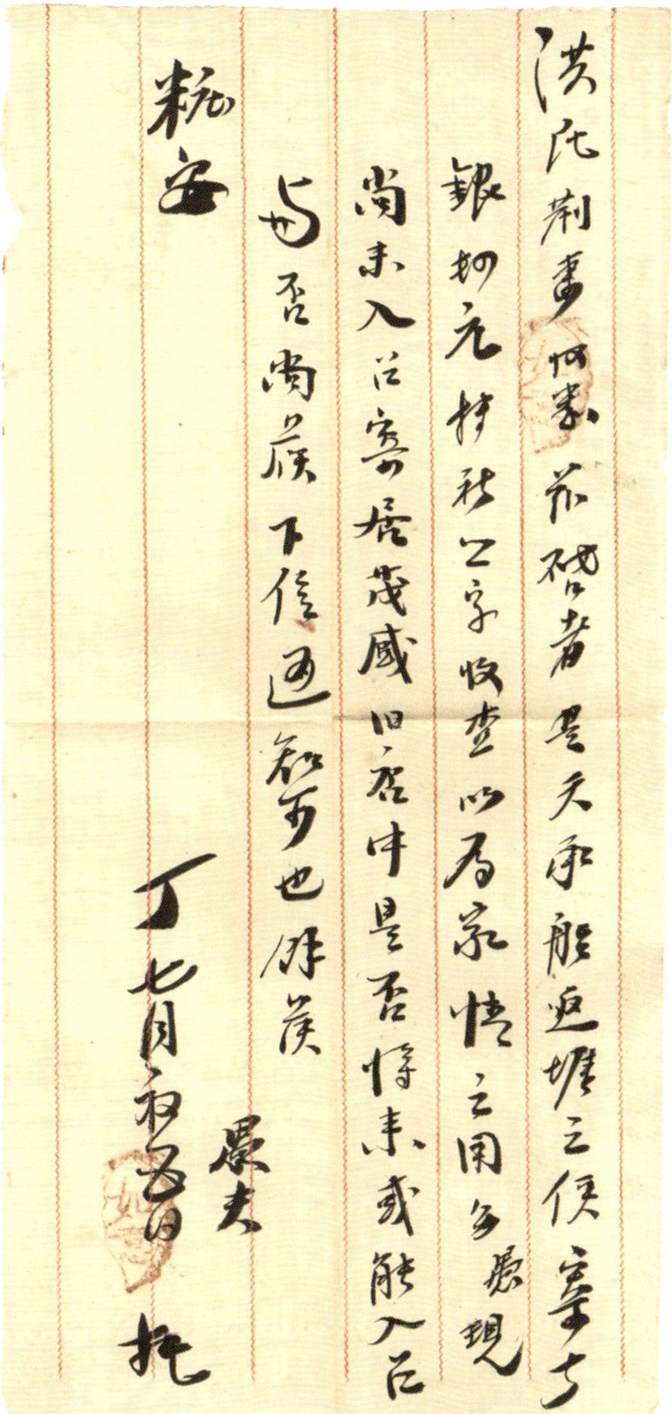
洪氏荆妻妆次 启者 是天承能通埠之便 寄去
银贰元 抵到之日 收查 以为家情之用 多思现
尚未入信 寄居茂盛旧店中 是否得来 或能入信
与否 尚候下信通知方也 仰候
祝安
愚夫
丁七月初五日
托

丁（丑）年八月十一日（1937年9月15日）
叻黄坤保寄潮安江东仙洲乡黄美深

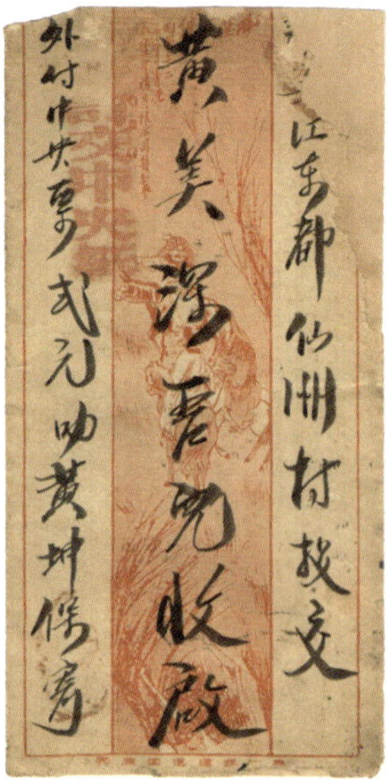

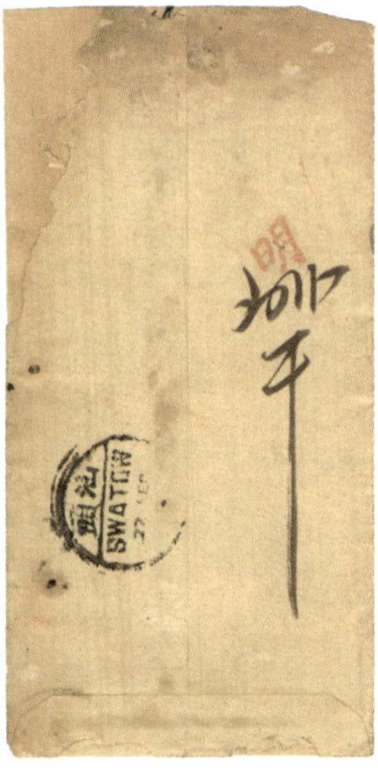

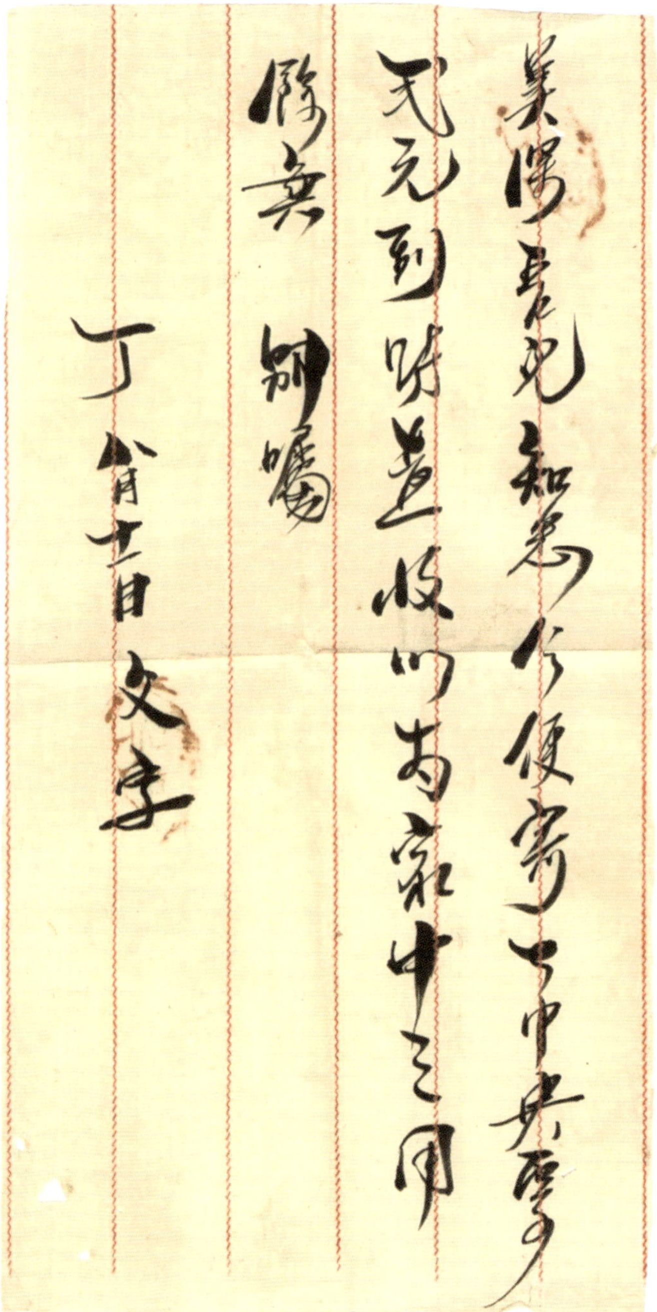
美深吾兒知悉，今便寄去中央票弍元，到時查收，以為家中之用。餘無別囑。
丁八月十一日 父字

1938 年 1 月 19 日叻黄坤保寄潮安江东仙洲乡黄美深

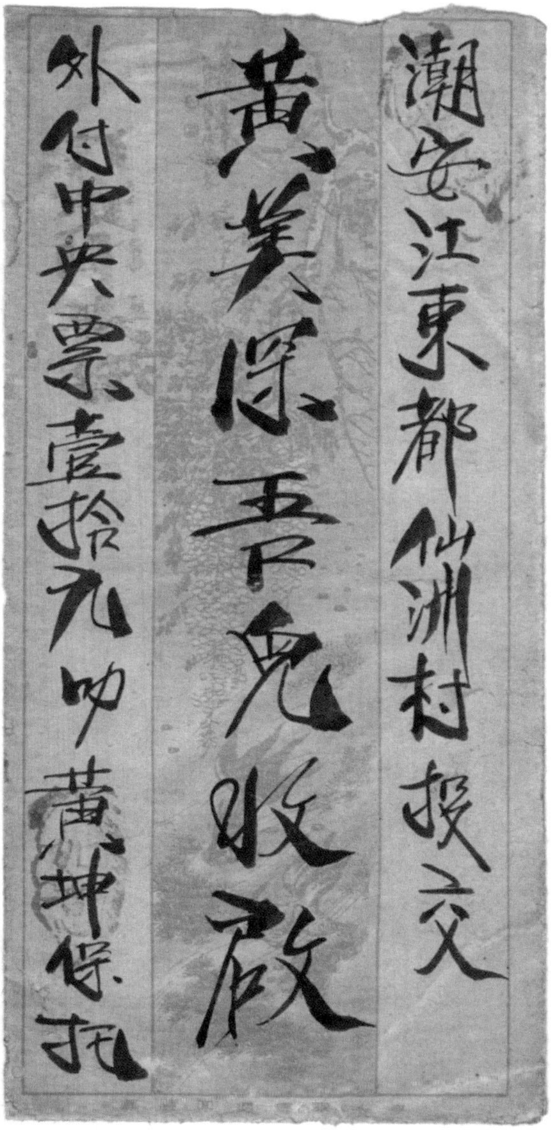

戊（寅）年二月初五（1938 年 3 月 6 日）叻黄坤保寄潮安江东仙洲乡黄美深

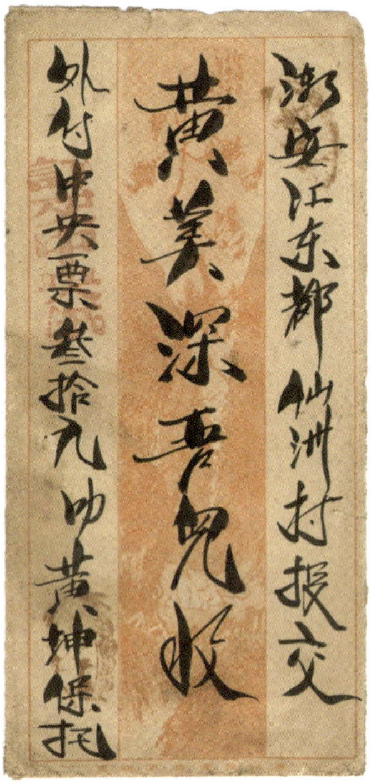

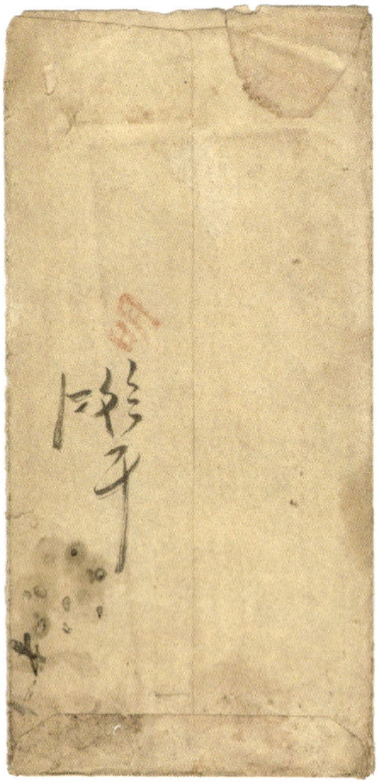

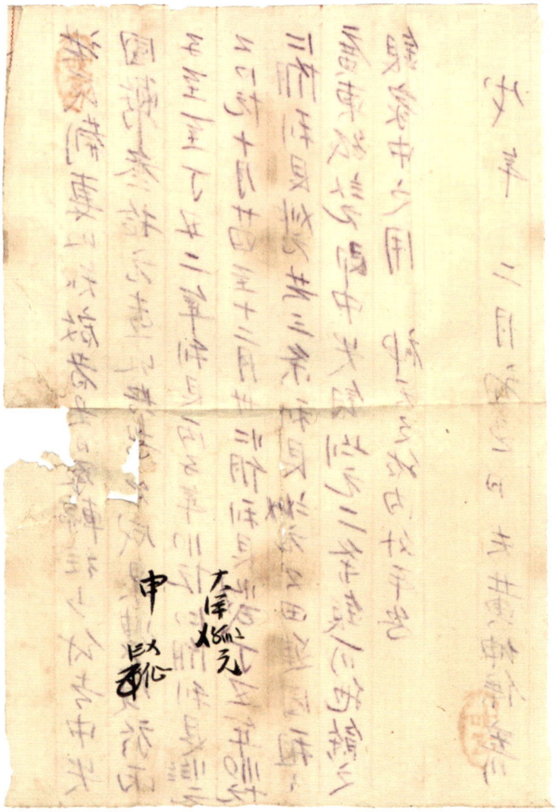

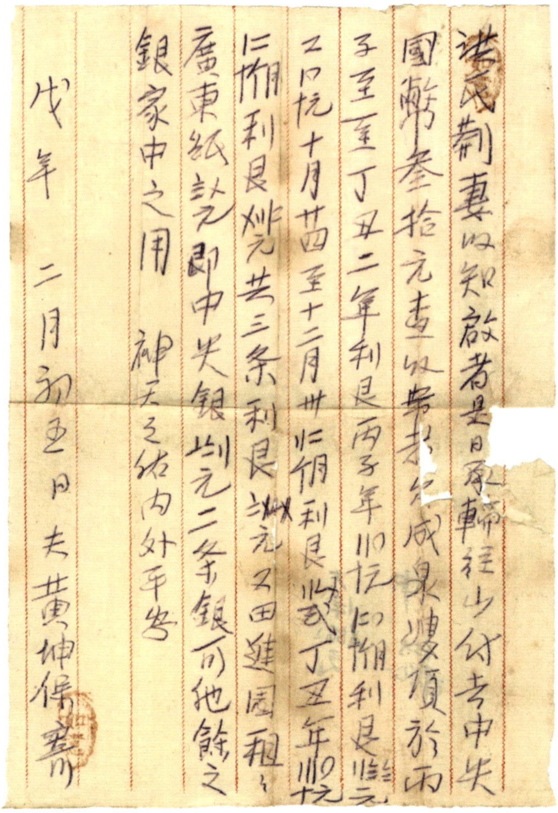

戊（寅）年三月初八（1938 年 4 月 8 日）
叻黄坤保寄潮安江东仙洲乡黄美深

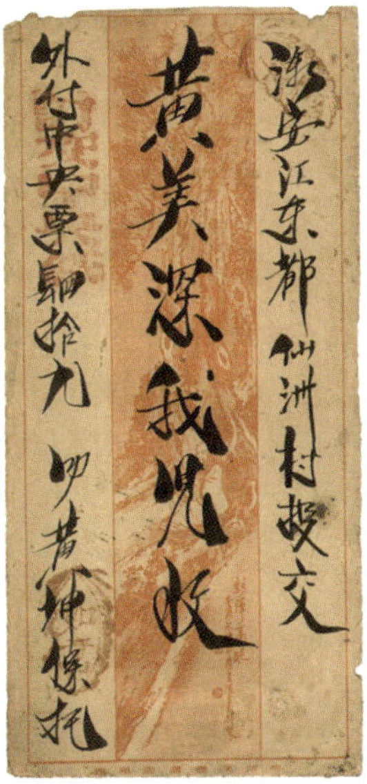

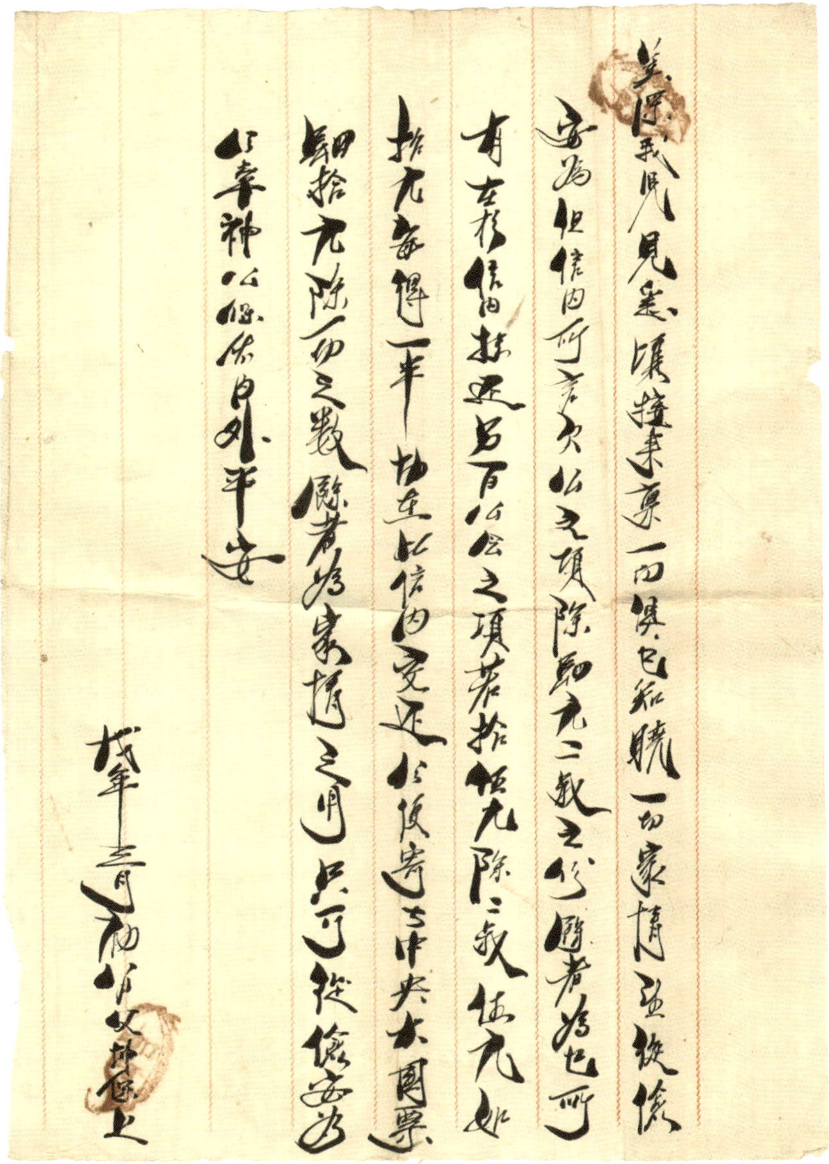

戊（寅）年六月初八（1938 年 7 月 5 日）
叻黄坤保寄潮安江东仙洲乡黄美深

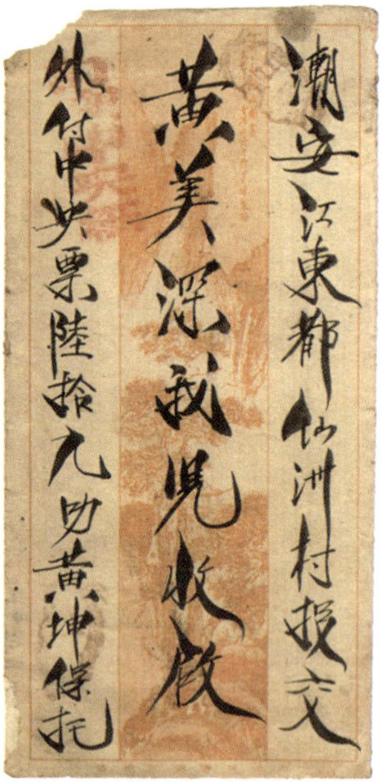

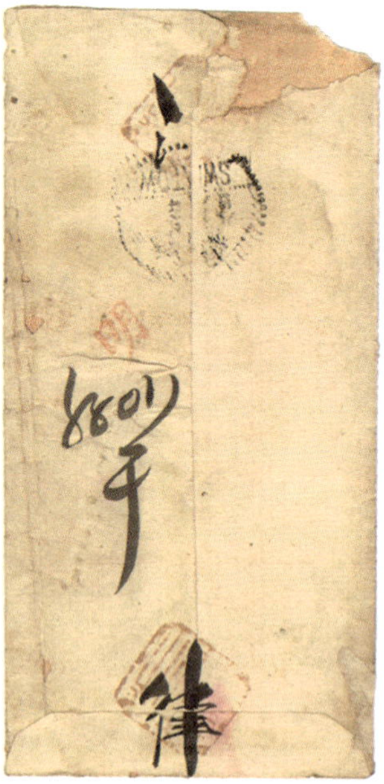

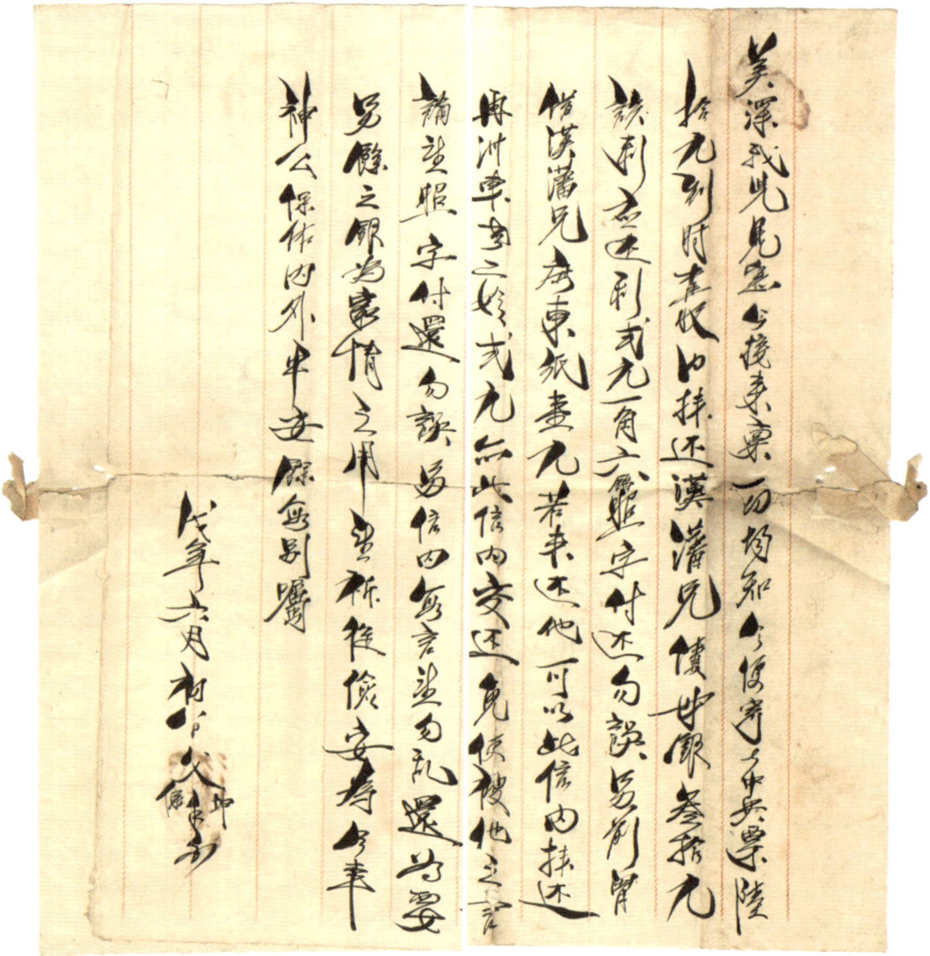

（民国）廿七年八月初七（1938 年 9 月 30 日）
叻黄坤保寄潮安江东仙洲乡黄美深

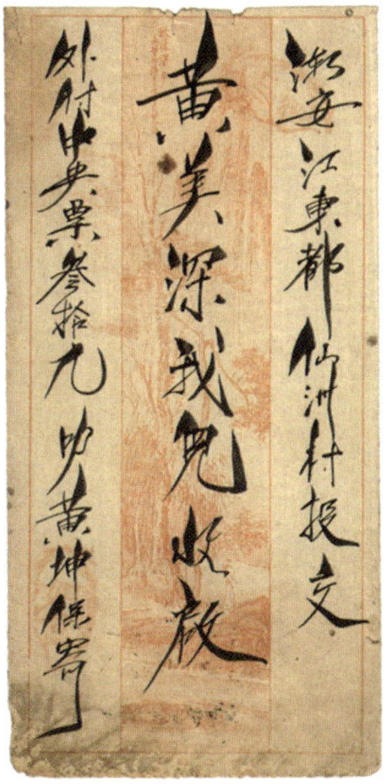
潮安江東都仙洲村投交
黃美深我兒收啟
外附中央票叁拾元 叻黃坤保寄

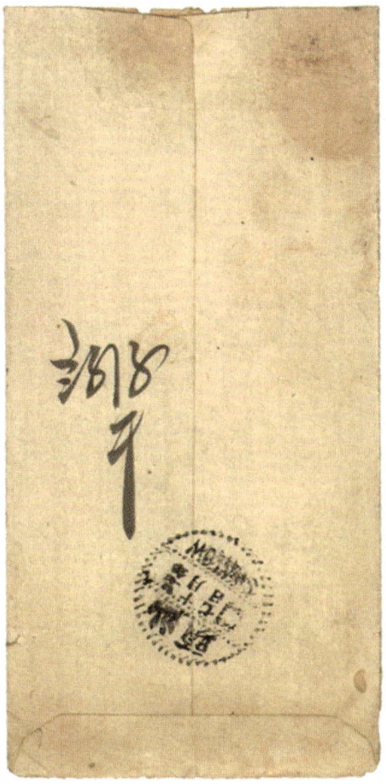

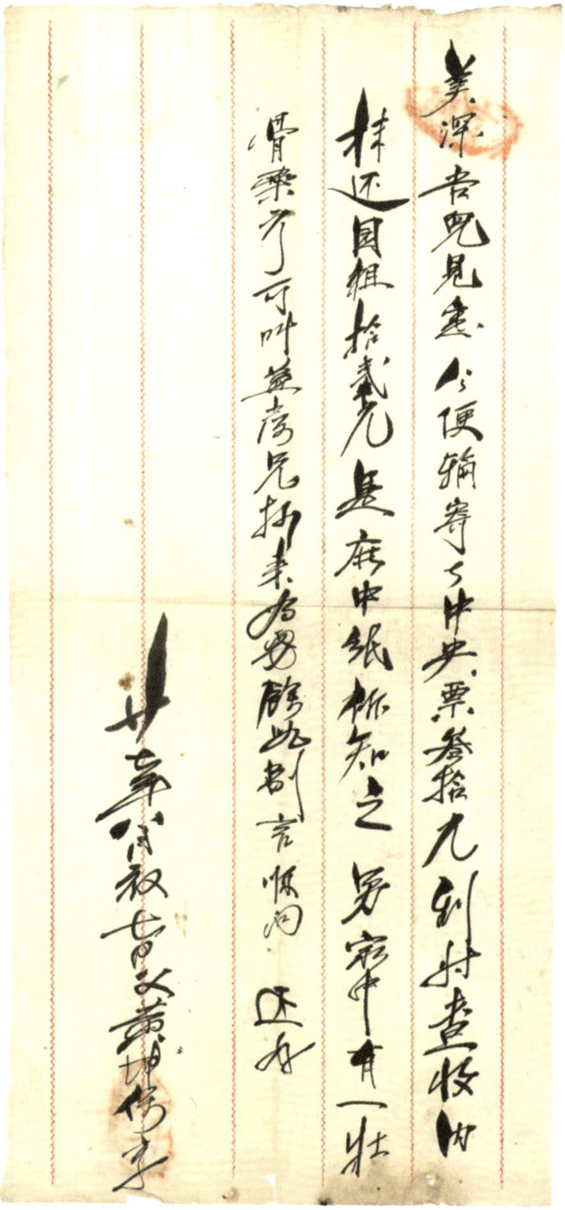
美深吾兒見悉 今便稍寄中央票叁拾元到村查收 內
抹還國銀拾貳元 是厝中紙帳知之 [illegible]
[illegible]
廿七年八月初七日 父黃坤保字

（民国）廿七年九月初七（1938 年 10 月 29 日）黄坤保寄美深

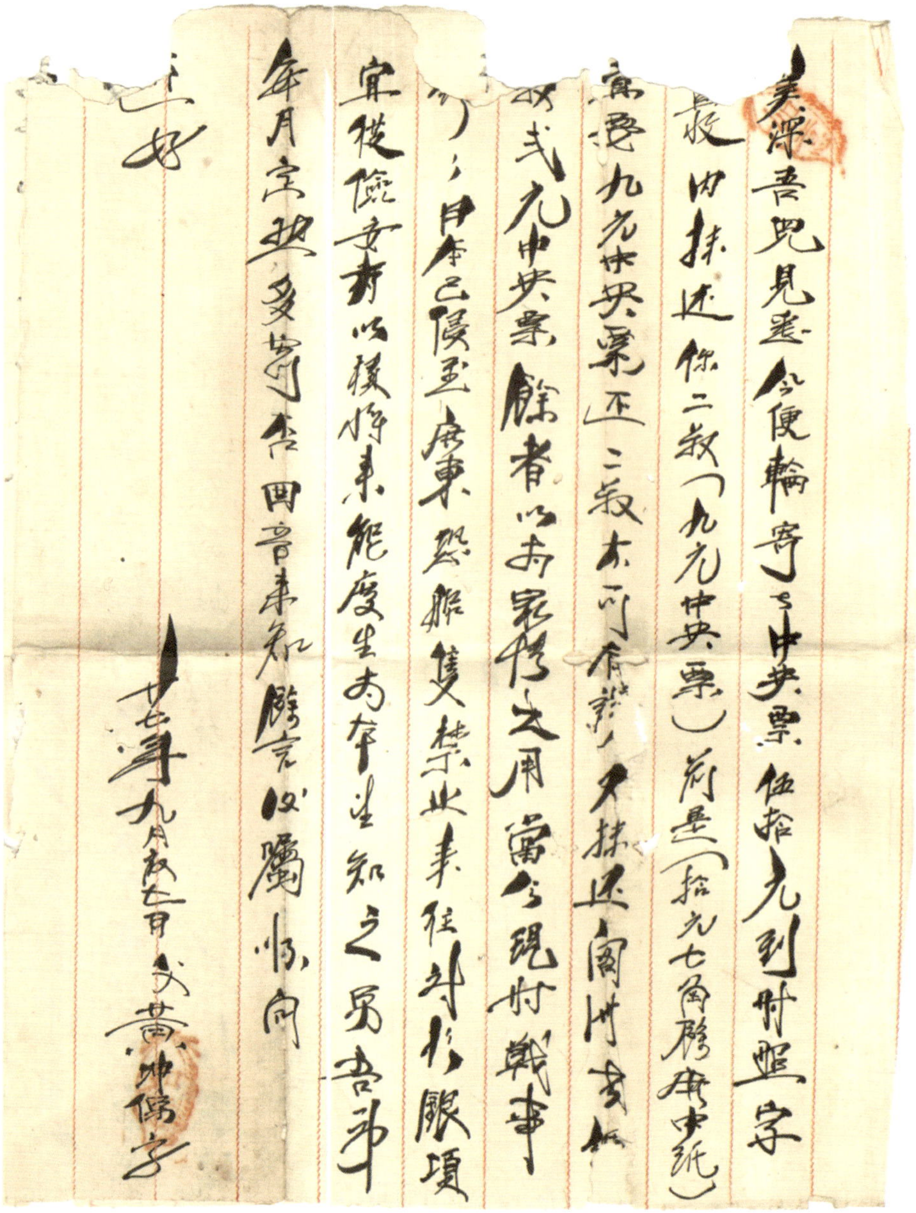

戊（寅）年十一月初十（1938 年 12 月 31 日）
叻黄坤保寄潮安江东仙洲乡黄美深

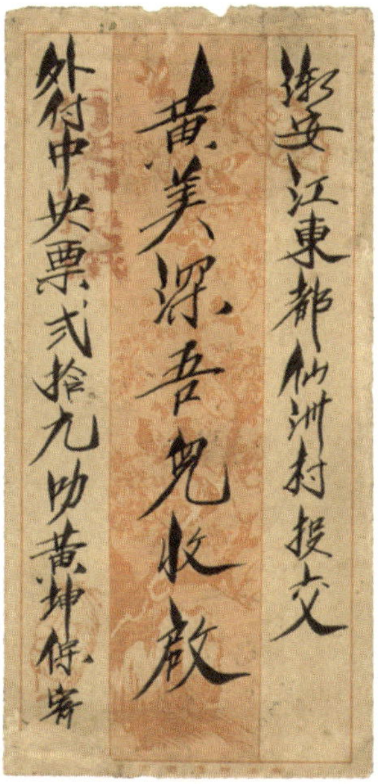
潮安江東都仙洲村投交
黃美深吾兒收啟
外付中央票弍拾元 叻黃坤保寄

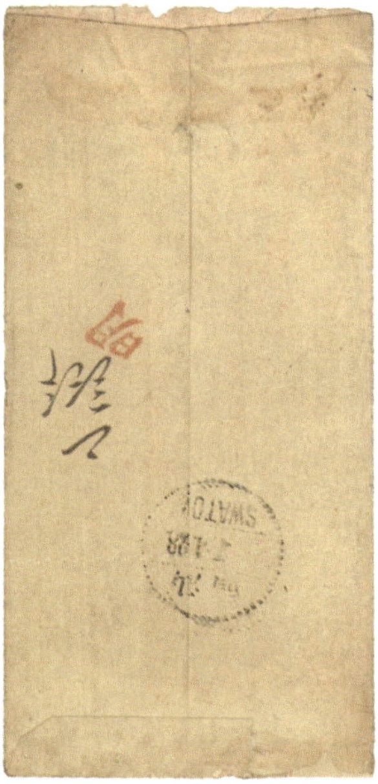

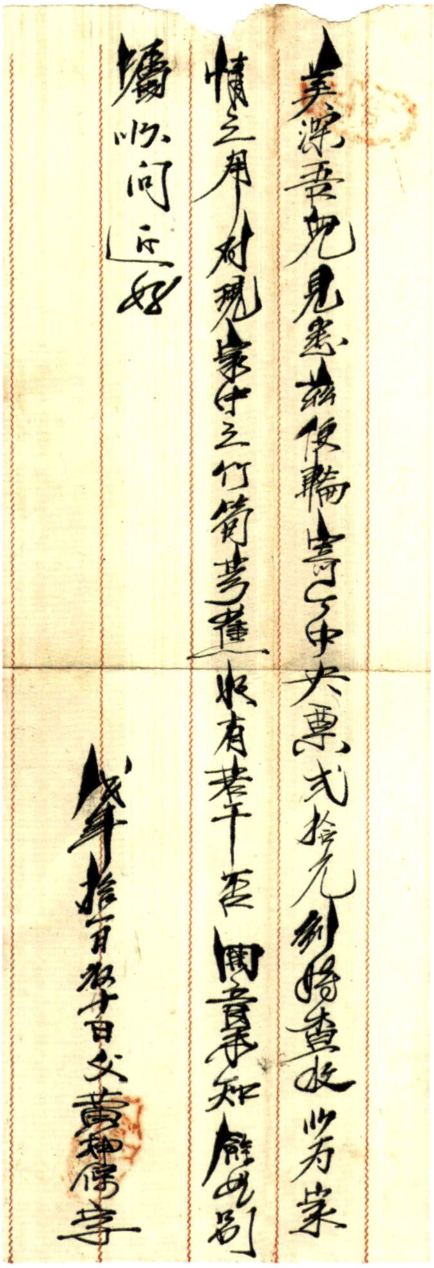

（民国）廿七年十二月初八（1939 年 1 月 27 日）
叻黄坤保寄潮安江东仙洲乡黄美深

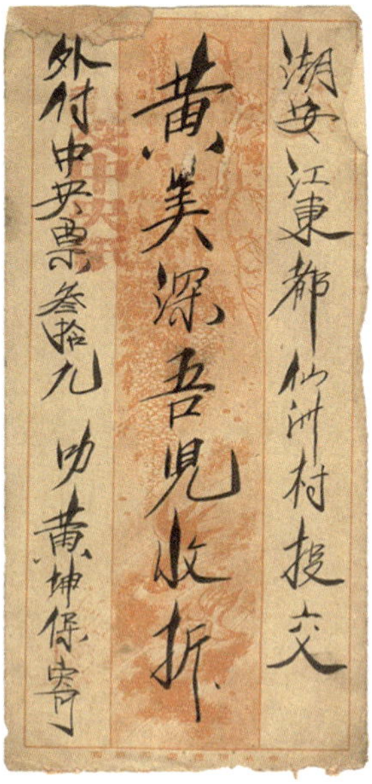

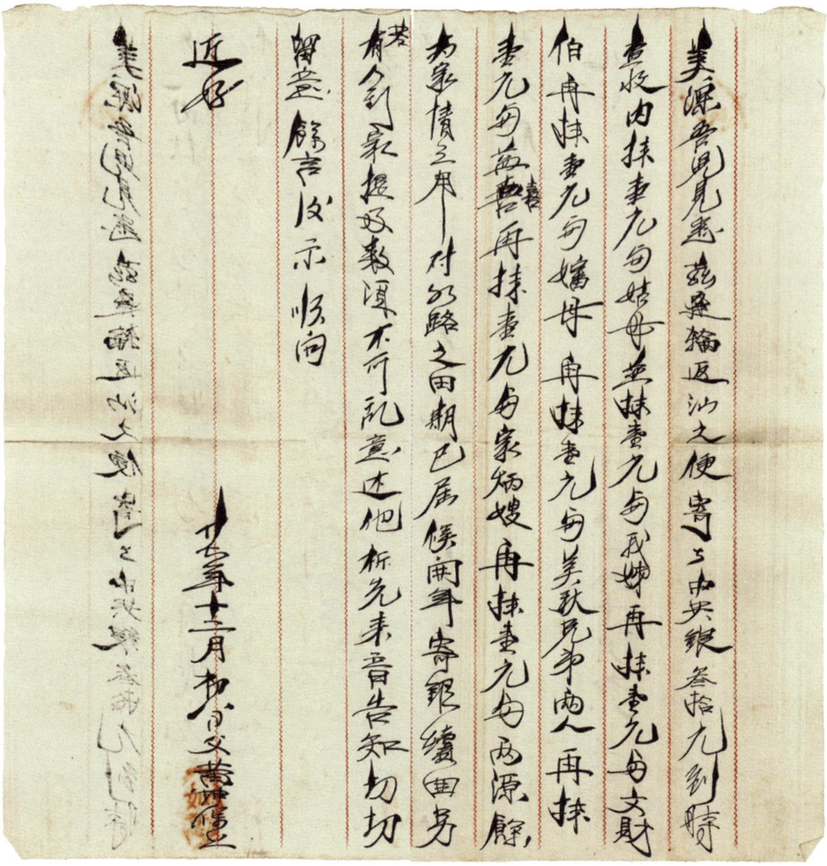

美深吾兒見悉 茲逢輪返汕之便寄上中央銀叁拾九元到時
查收內抹妻九的姑母 並抹妻九的我嬸 再抹妻九的文財
伯 再抹妻九的嬸母 再抹妻九的美秋兄弟兩人 再抹
妻九的燕香嬸 再抹妻九的家炳嫂 再抹妻九的兩源餘，
為家債之用 村外路之田期已屆 候開年寄銀續田另
有今到家投好教渠不可亂意述他 祈兄來音告知 切切
留意 餘言後示 順向
近好
廿七年十二月初八日 父 黃坤保字
美深吾兒見悉 茲逢輪返汕之便寄上中央銀叁拾九元

己（卯）年五月初五（1939 年 6 月 21 日）
叻黄坤保寄潮安江东仙洲乡黄美深

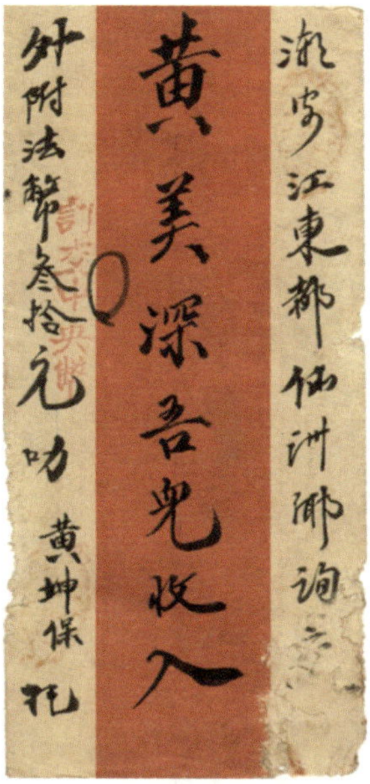

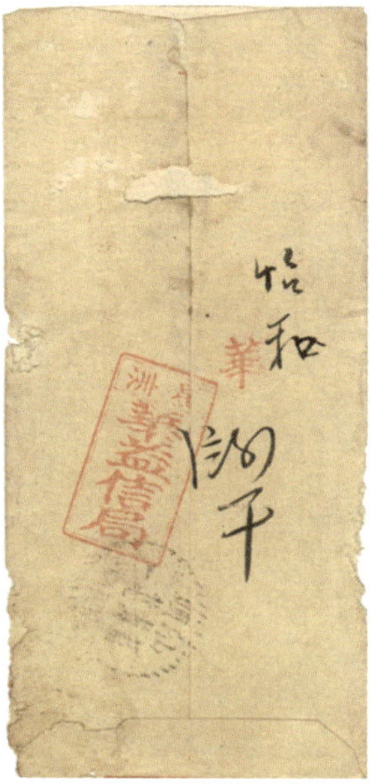

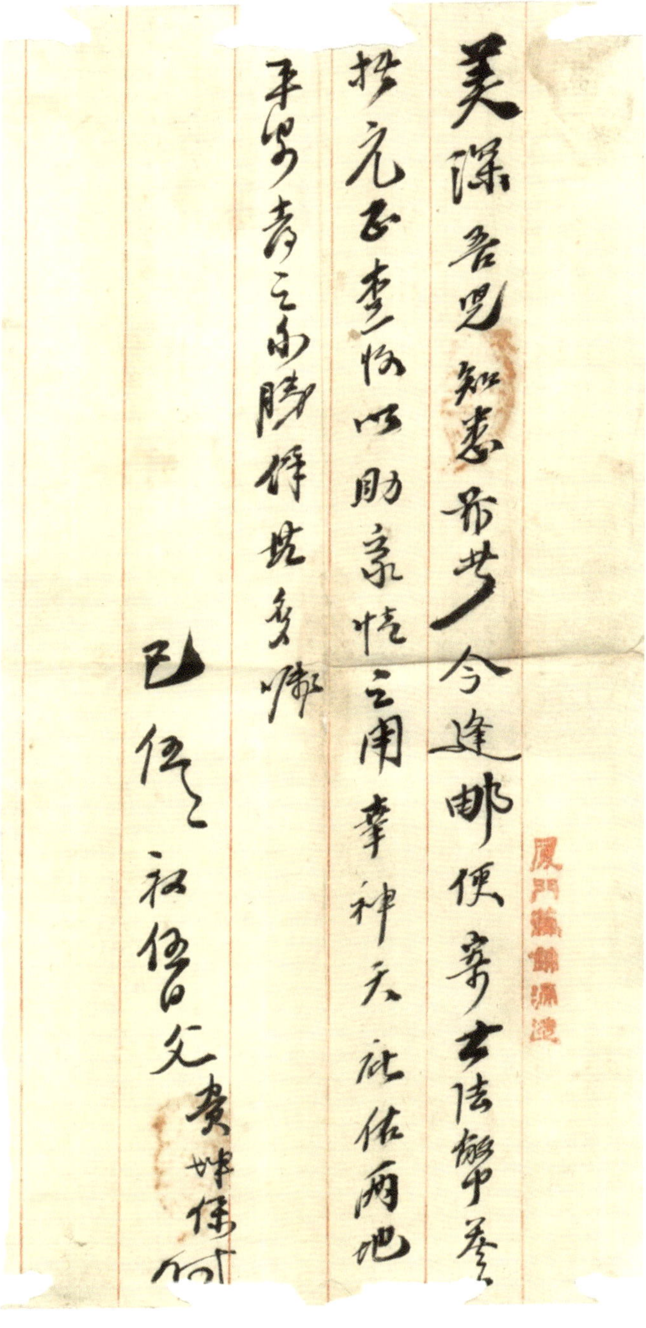

（民国）廿八年十月十八日（1939 年 11 月 28 日）
叻黄坤保寄潮安江东仙洲乡黄美深

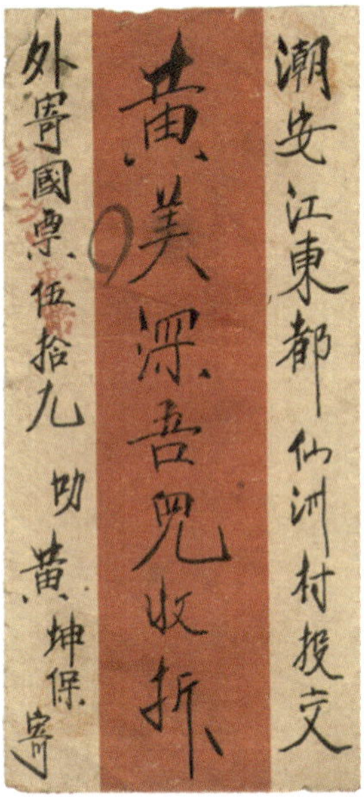
潮安江東都仙洲村投交
黃美深吾兒收拆
外寄國票伍拾元 叻黃坤保寄

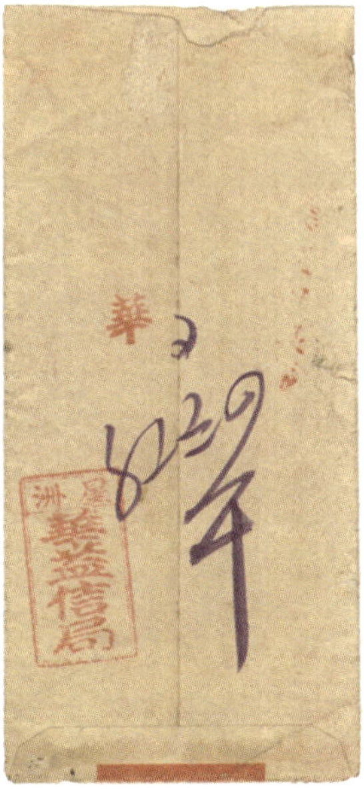

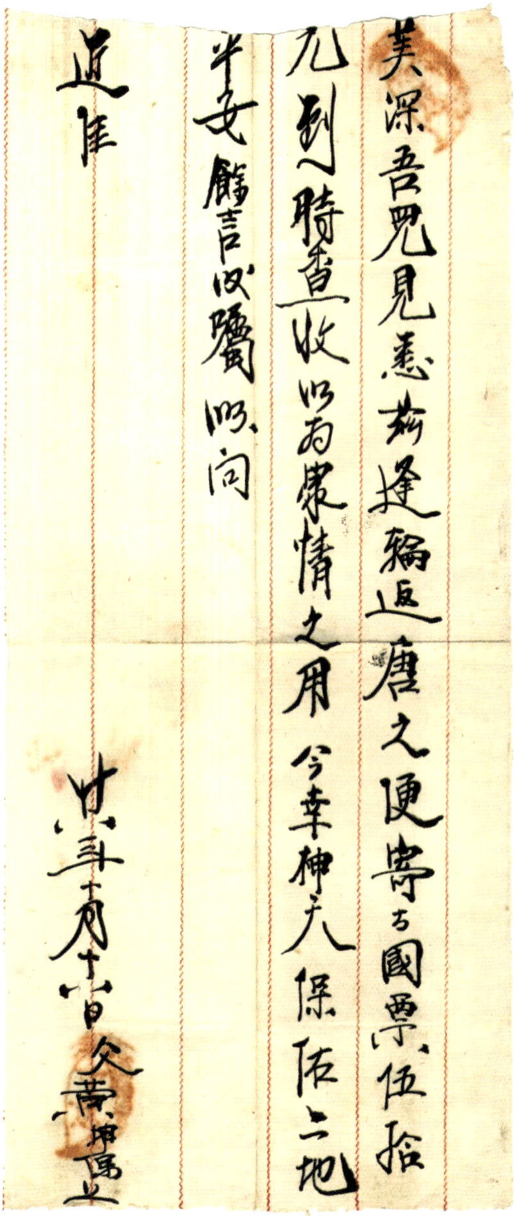
美深吾兒見悉 茲逢輪返唐之便寄去國票伍拾
元到時查收以為家情之用 今幸神天保佑二地
平安餘言以囑此問
近佳
廿八年十月十八日 父黃坤保上

（民国）廿九年三月初二（1940 年 4 月 9 日）
叻黄坤保寄潮安江东仙洲乡黄美深

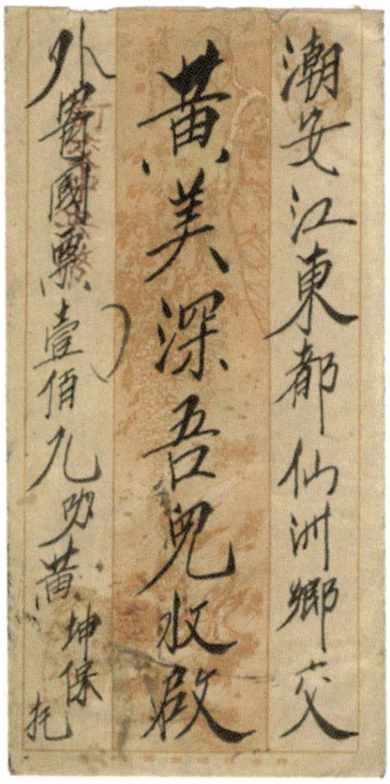

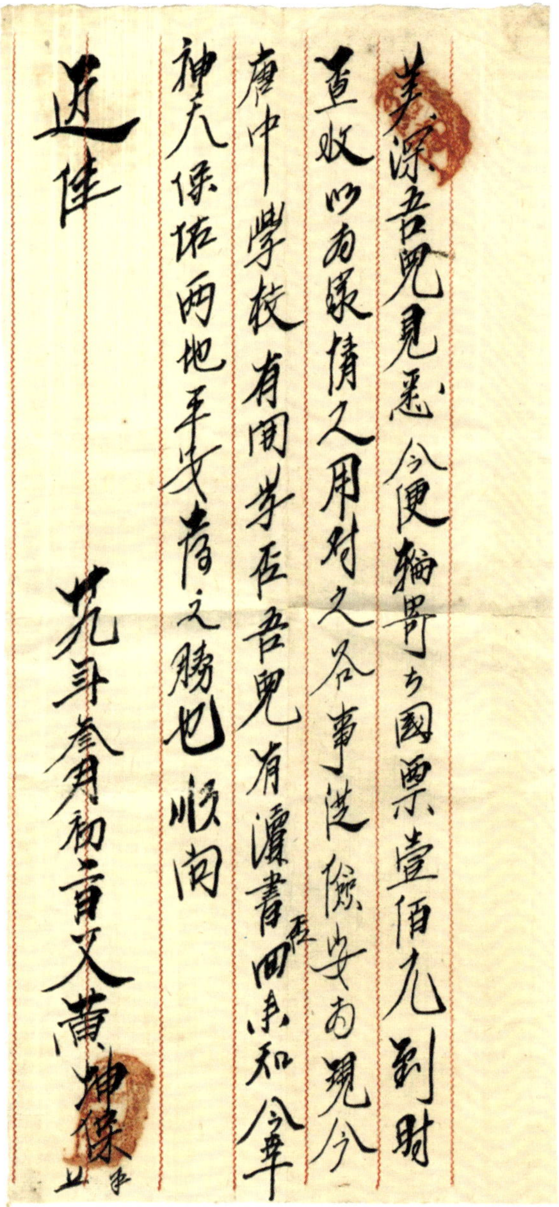

美深吾兒見悉 今便輪寄去國票壹佰元到時
查收以爲家儐之用對之各事從儉安爲現今
唐中學校有閒者在吾兒有讀書回來知 今年
神天保佑兩地平安者之勝也順詢
近佳
廿九年叁月初二日父黃坤保上

（民国）廿九年七月初六（1940 年 8 月 9 日）
叻黄坤保寄潮安江东仙洲乡黄美深

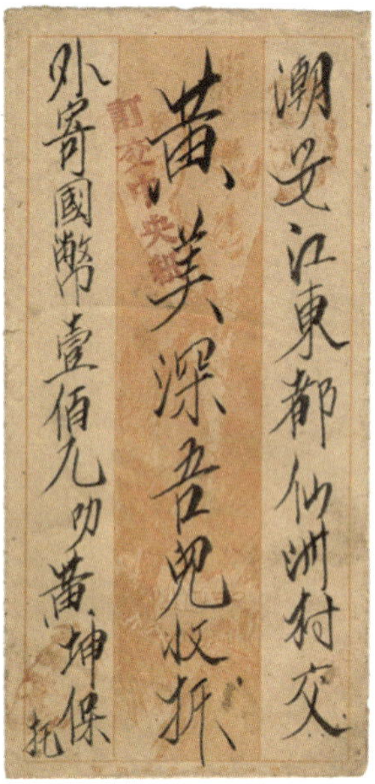

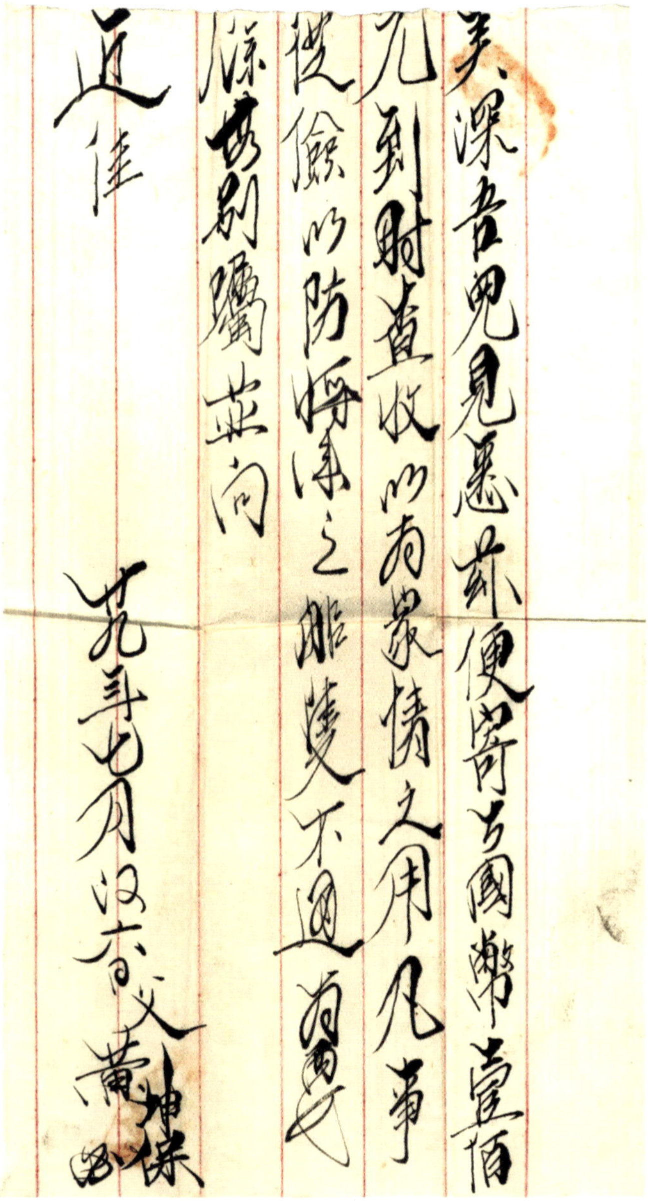
美深吾兒見悉茲便寄去國幣壹佰
元到時查收以為家[illegible]之用凡事
撙儉以防將來之需[illegible]不[illegible]為要
[illegible]此囑並問
近佳
廿九年七月初六日父黃坤保[illegible]

（民国）卅年元月初六（1941 年 2 月 1 日）
叻黄坤保寄潮安江东仙洲乡黄美深

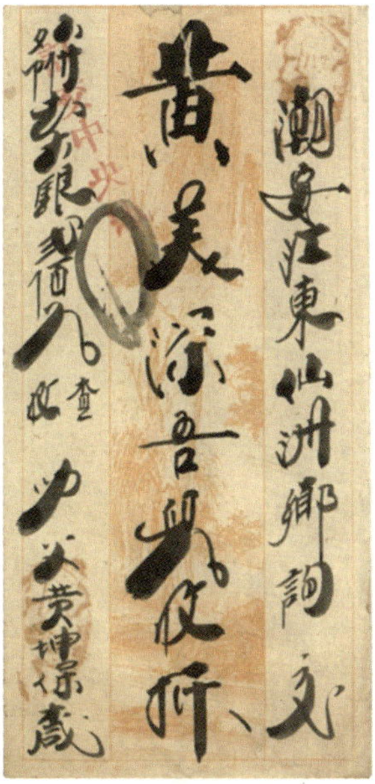

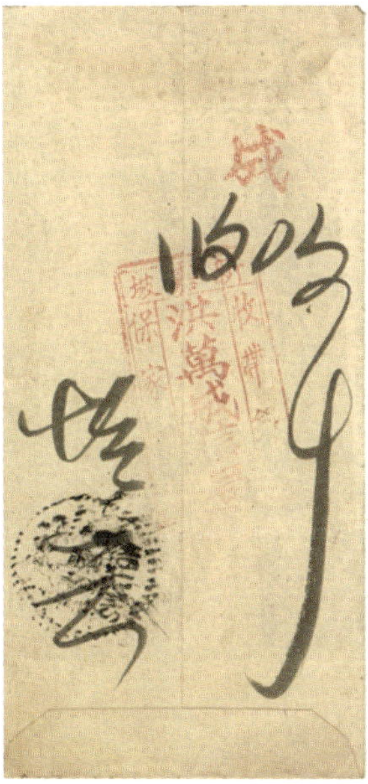

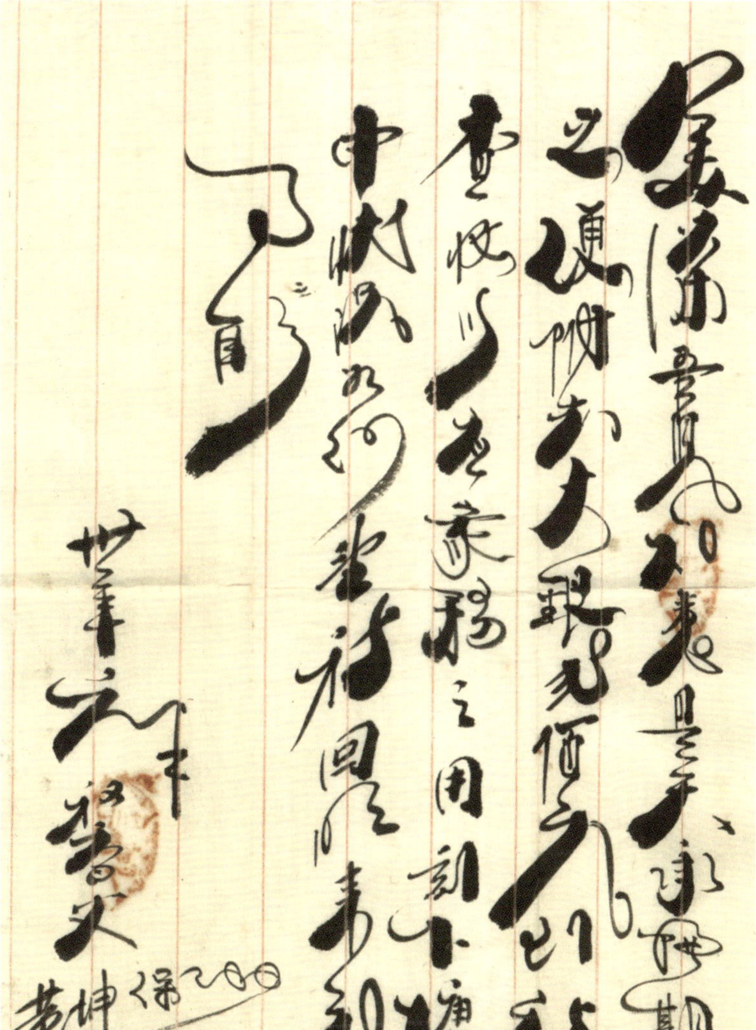

（民国）卅年元月初八（1941 年 2 月 3 日）
叻黄坤保寄潮安江东仙洲乡黄美深

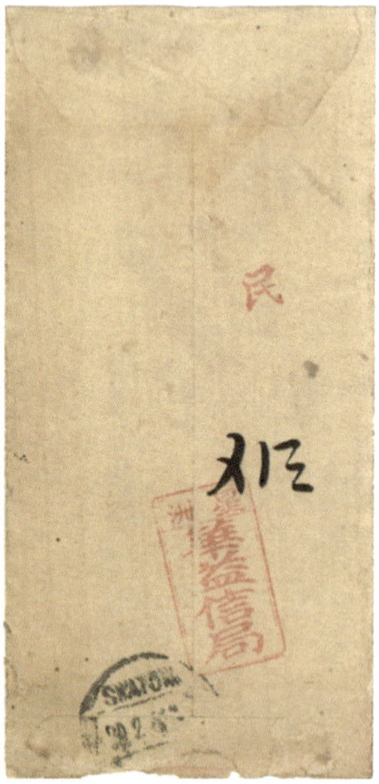

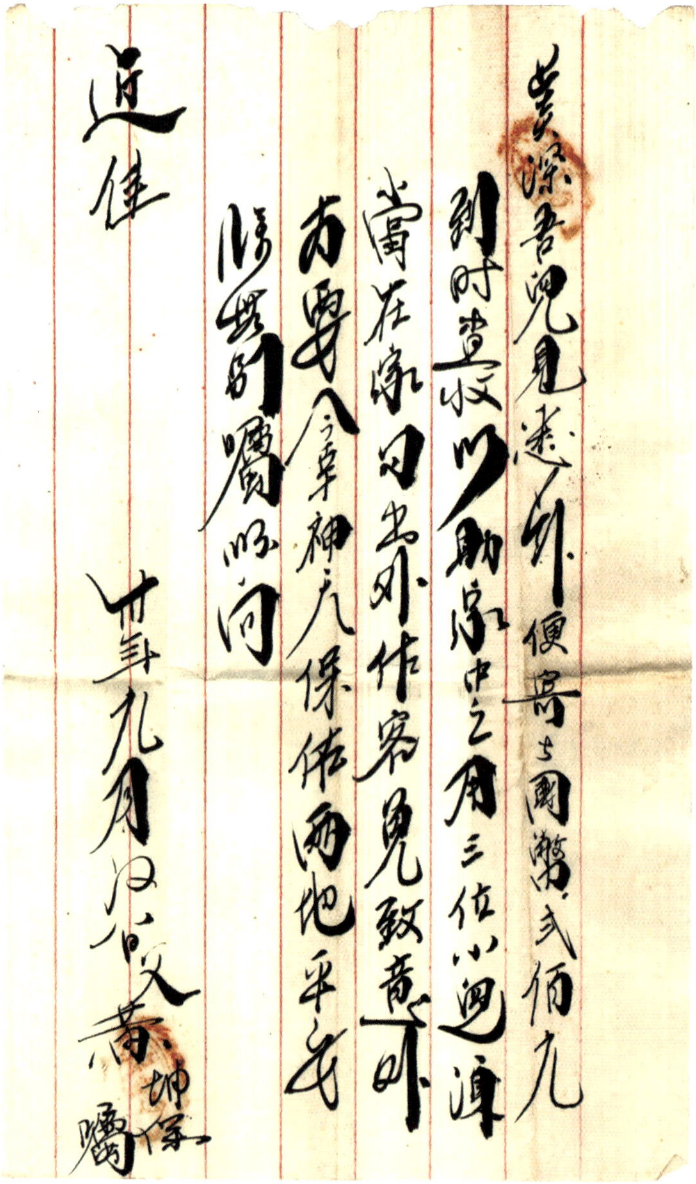

辛（巳）年二月初八（1941 年 3 月 5 日）
叻黄坤保寄潮安江东汕洲乡黄美深

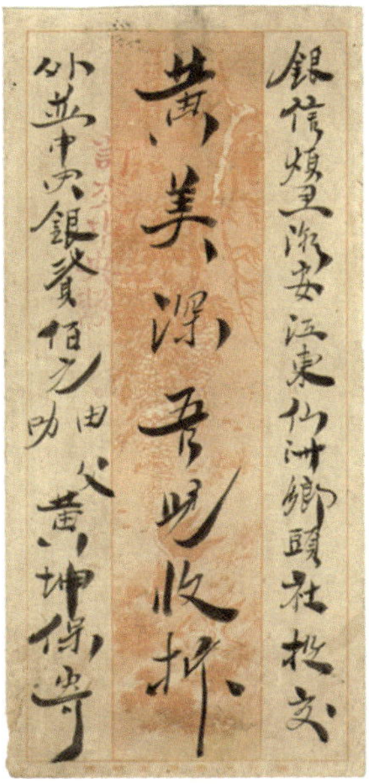

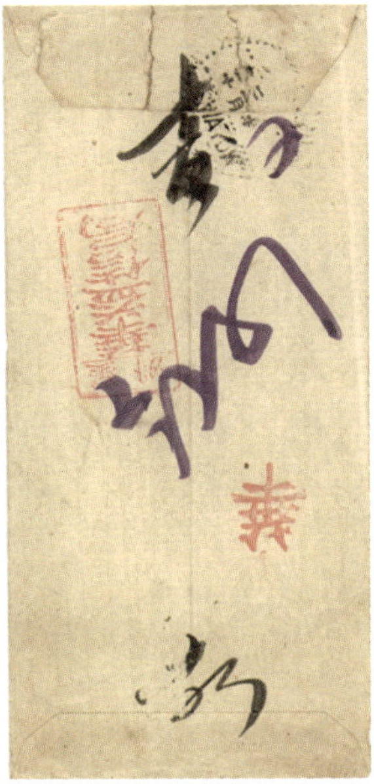

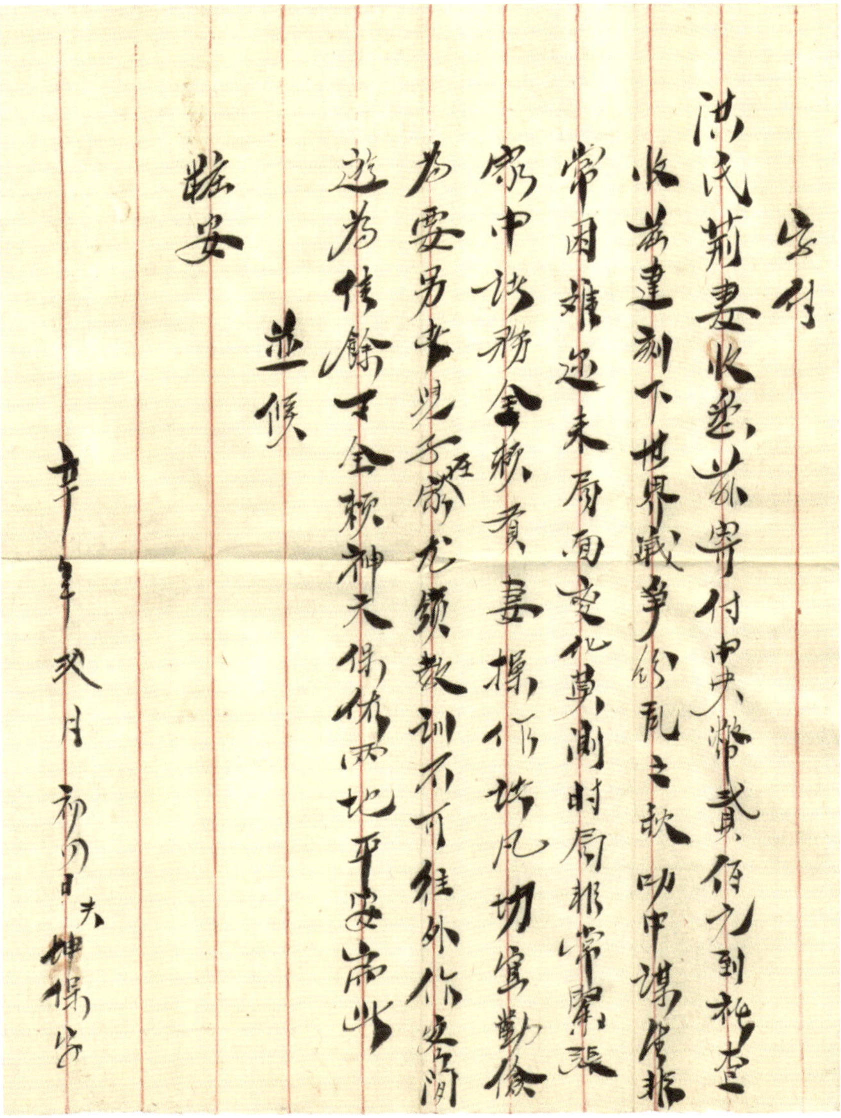

安付
洪氏荆妻收悉，兹寄付中央币贰佰元，到祈查
收。兹逢刻下世界战争紛乱之秋，叻中谋食非
常困难，迩来局面变化莫测，时局非常紧张，
家中诸务，全赖贤妻操作，诸凡切宜勤俭
为要，另者儿子在家尤须教训，不可往外作客闲
游为佳。余下全赖神天保佑两地平安，肃此
并候
时安
辛年二月初八日 夫坤保字

（民国）卅年五月初八（1941 年 6 月 2 日）
叻黄坤保寄潮安江东仙洲乡黄美深

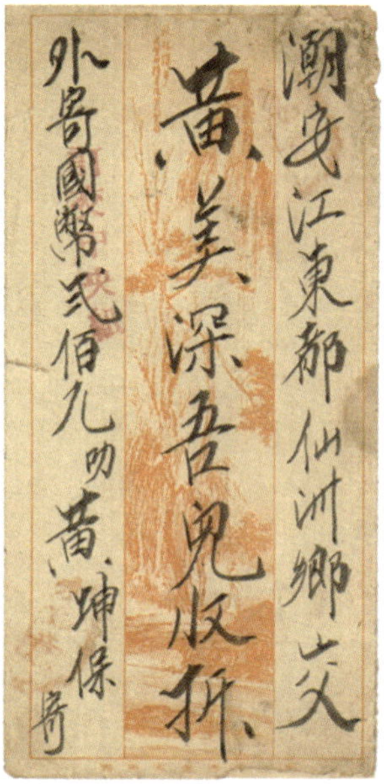
潮安江東都仙洲鄉交
黄美深吾兒收拆
外寄國幣弍佰九叻黄坤保寄

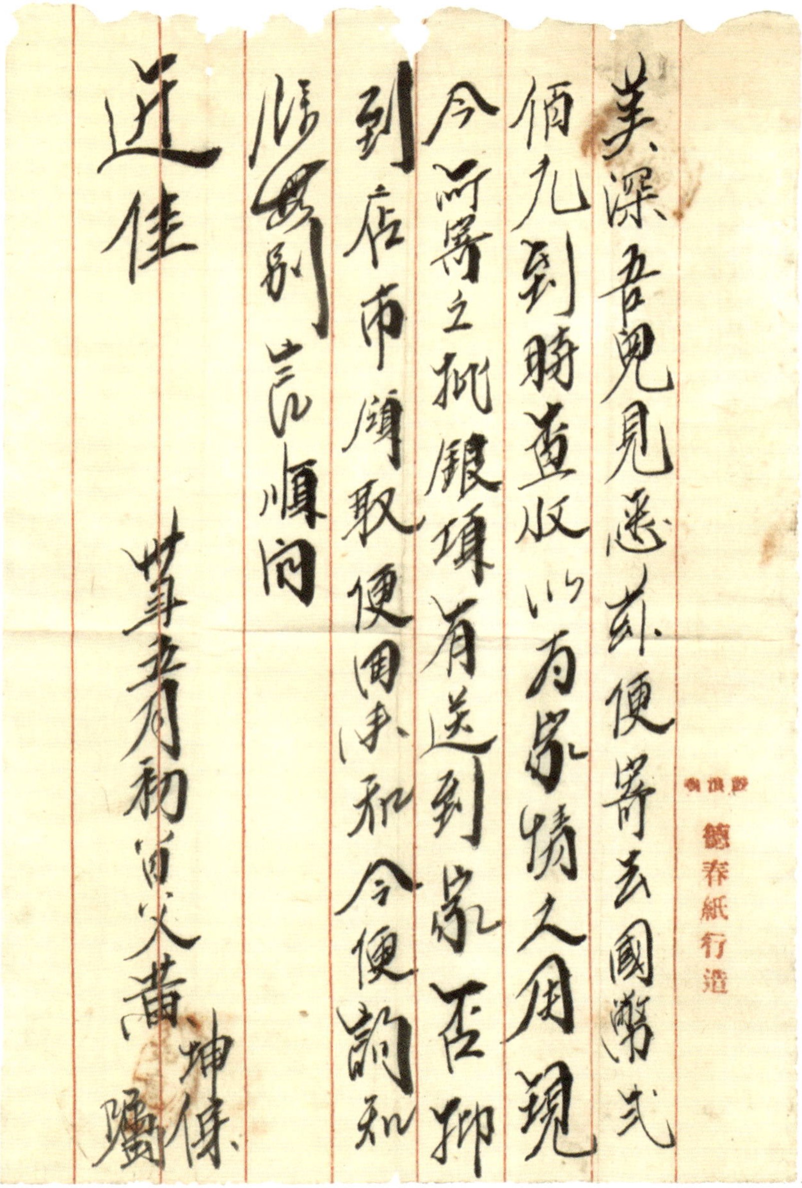
美深吾兒見悉，茲便寄去國幣弍佰九元，到時查收，以爲家情之用。現今所寄之批銀項有送到家否，抑到店市價取便，田禾和今便詢知。餘無別言，順問
近佳
卅年五月初八日父黄坤保囑

丙（戌）年六月初八（1946 年 7 月 6 日）
叻黄坤保寄潮安江东仙洲乡黄美深

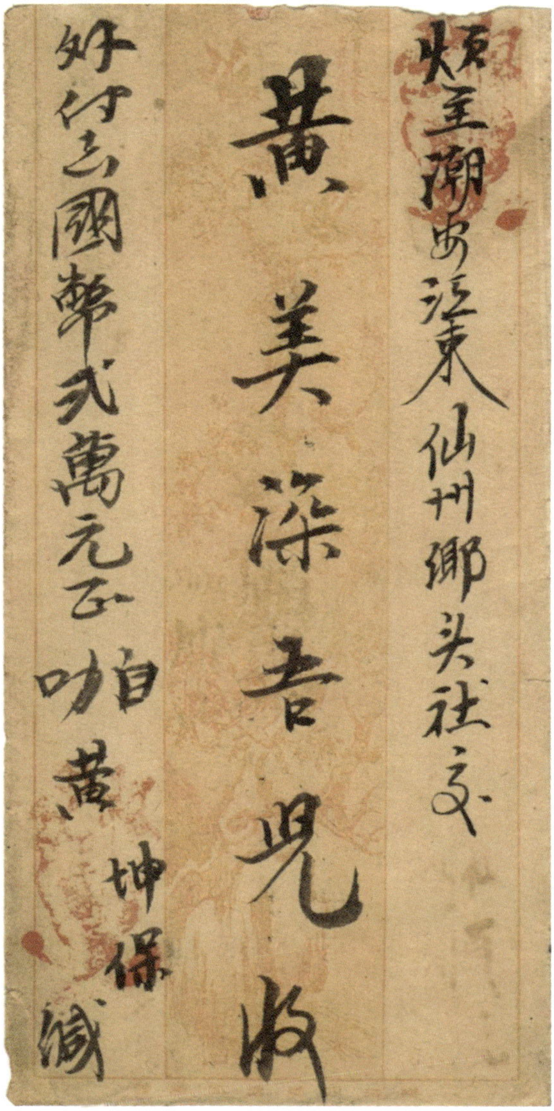

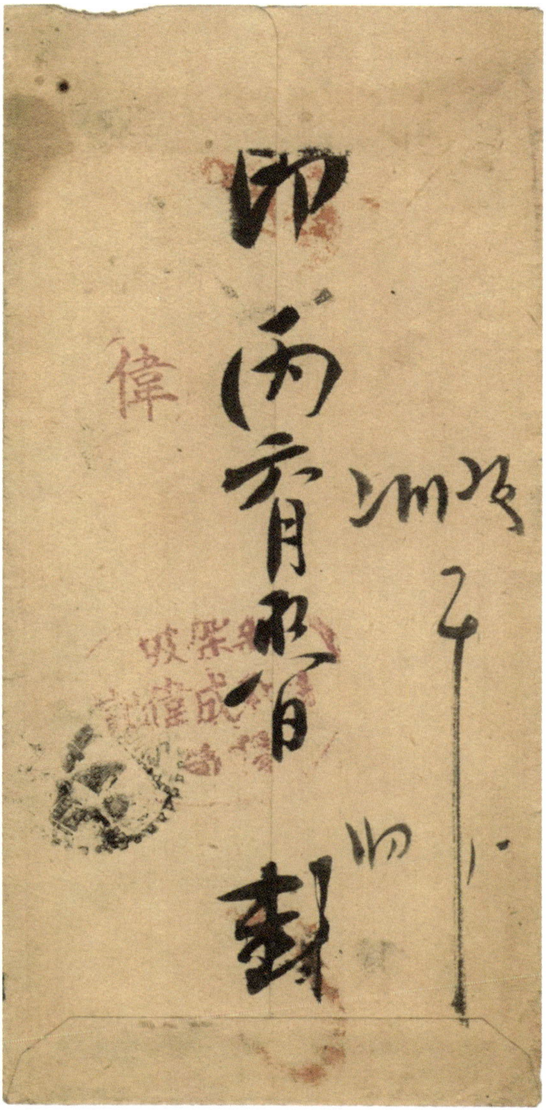

丙（戌）年九月廿日（1946 年 10 月 14 日）

叻黄坤保寄潮安江东仙洲乡黄美深

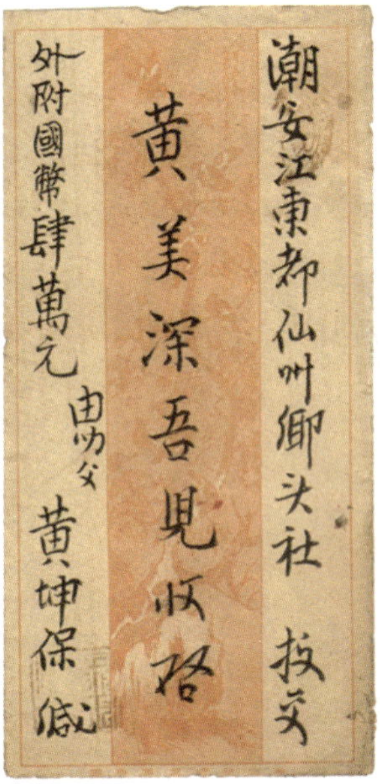
潮安江東都仙州鄉头社 投交
黄美深吾兒收啓
外附國幣肆萬元
由叻父 黄坤保 緘

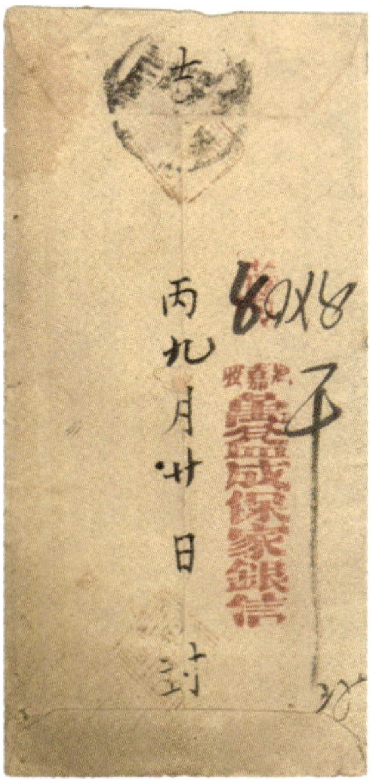

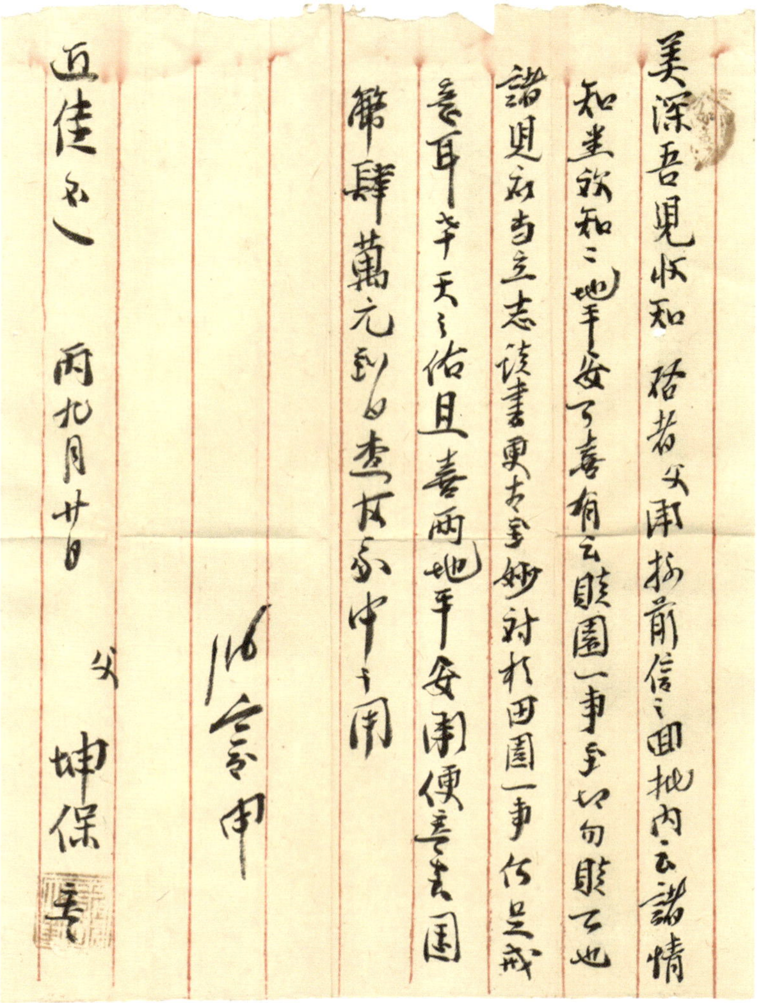
美深吾兒收知 啓者父闻於前信之田批內云諸情
知悉欲知之地平安可喜有云賍園一事至切勿賍可也
諸兒应当立志读書更当守妙对於田園一事作足戒
意耳 幸天之佑且喜兩地平安闻便寄去国
幣肆萬元到當查收家中之用
近佳 父
丙九月廿日 父 坤保 字

丙（戌）年十二月初二（1946 年 12 月 24 日）
叻黄坤保寄潮安江东仙洲乡黄美深

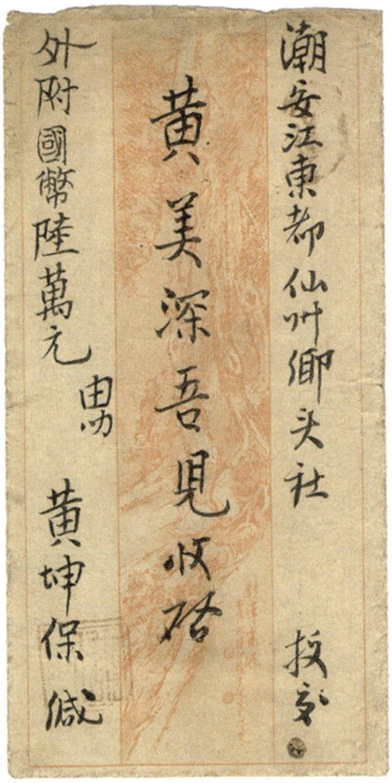

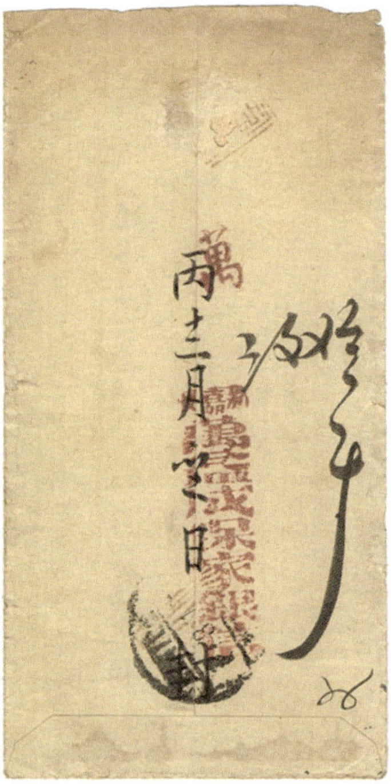

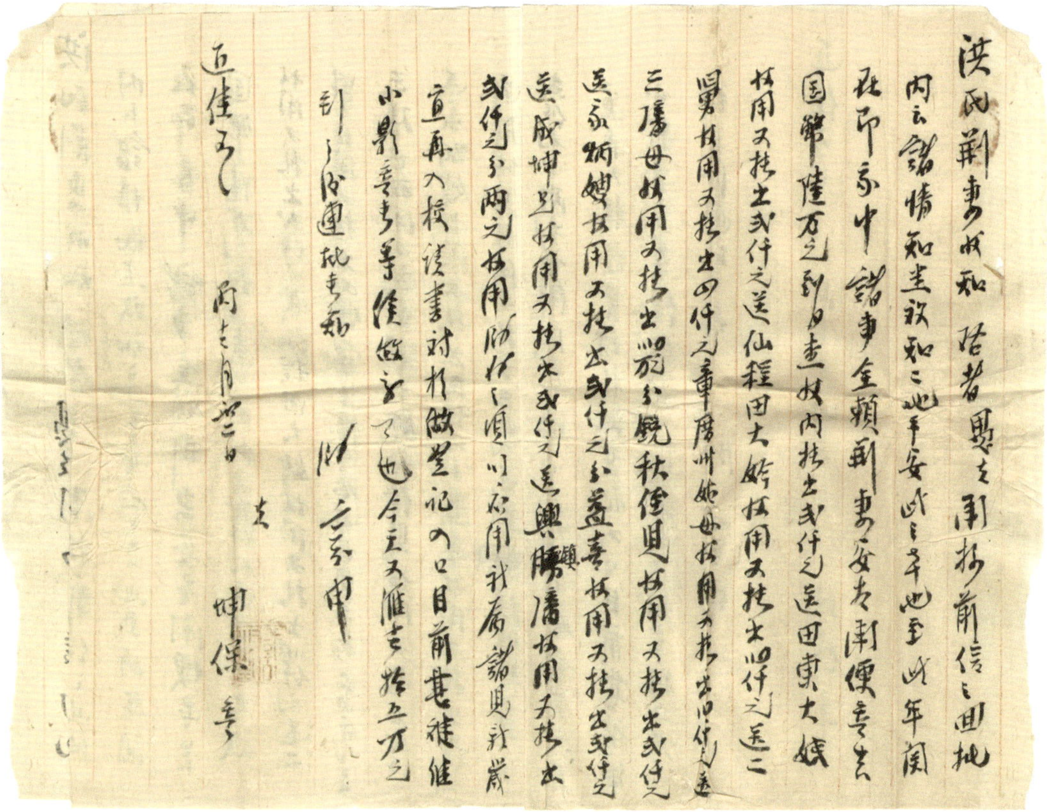

丁（亥）年元月初六（1947 年 1 月 27 日）
叻黄坤保寄潮安江东仙洲乡黄美深

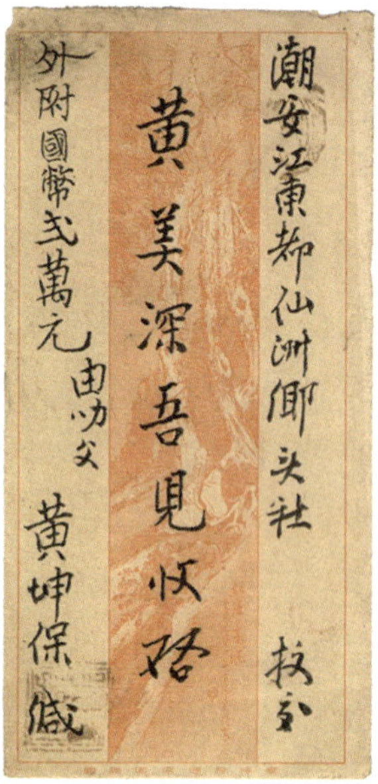
潮安江東都仙洲鄉頭社 校分
黃美深吾見收啓
外附國幣弍萬元 由叻父 黃坤保緘

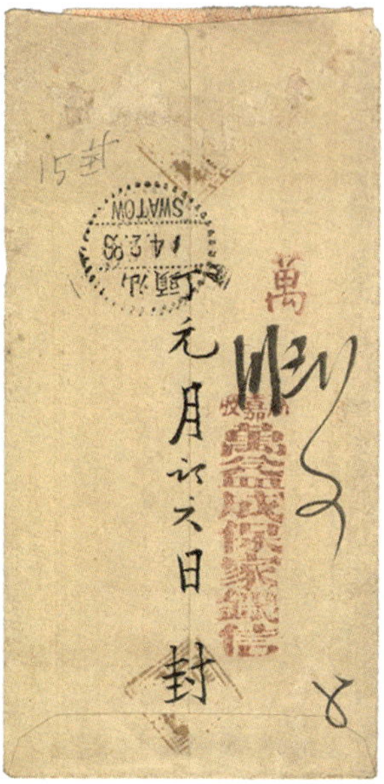
元月初六日 封

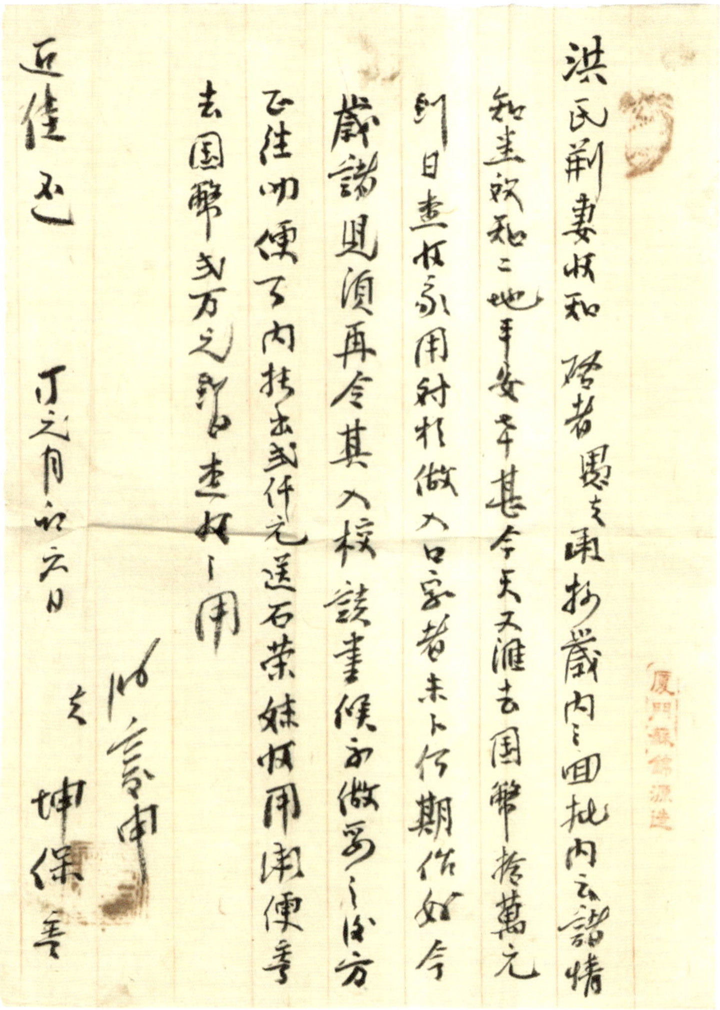
洪氏荊妻收知 啓者愚在叻拆閱內之回批內云諸情
知悉 故知之地平安 甚(?)今天又匯去国幣拾萬元
到日查收家用 對於做入口字 皆未卜何期 但如今
歲論兒須再令其入校讀書 候可做…方
正佳 叨便可內抽出弍仟元送石荣妹收用 附便寄
去国幣弍万元之數 查收之用
近佳 丕(?)之
丁亥元月初六日
叻京中 夫 坤保 手

丁（亥）年一月廿七日（1947 年 2 月 17 日）
新嘉坡（新加坡）黄坤保寄潮安江东仙洲乡黄炽深

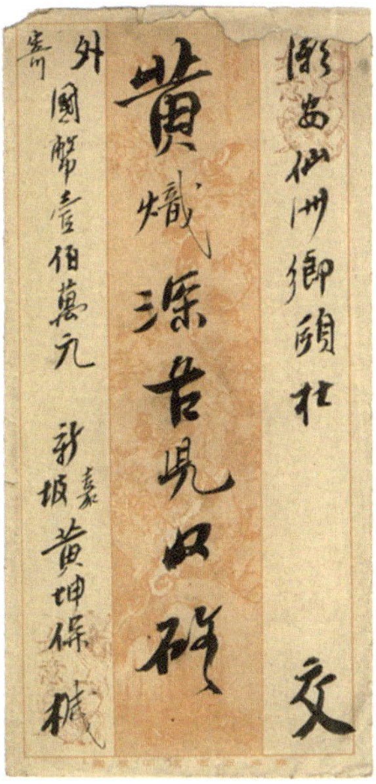

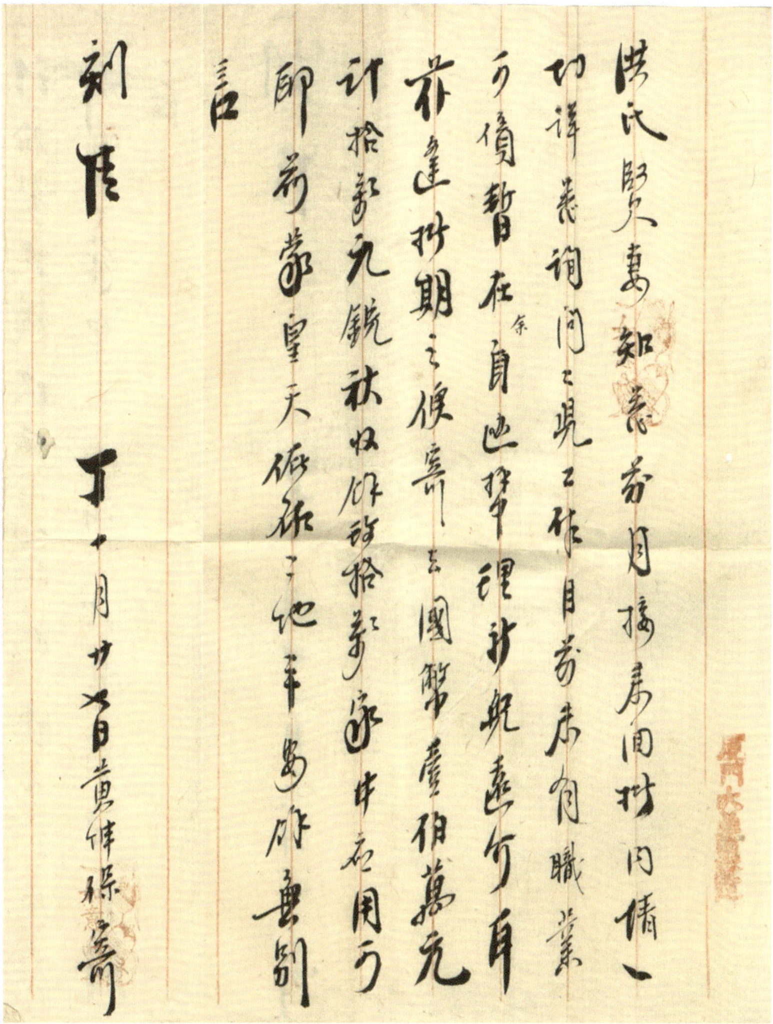
熾深吾兒知悉：前月接來回批，內情一切詳悉。詢問之児工作，目前未有職業，多債暫在家自己料理，諒必適合耳。茲逢批期之便，寄去國幣壹佰萬元，計拾貳元……收以作……家中零用。……即……蒙皇天……他年……無別言。
……
丁一月廿七日 黃坤保寄

丁（亥）年又二月初四（1947年3月26日）
叻黄坤保寄潮安江东仙洲乡黄美深

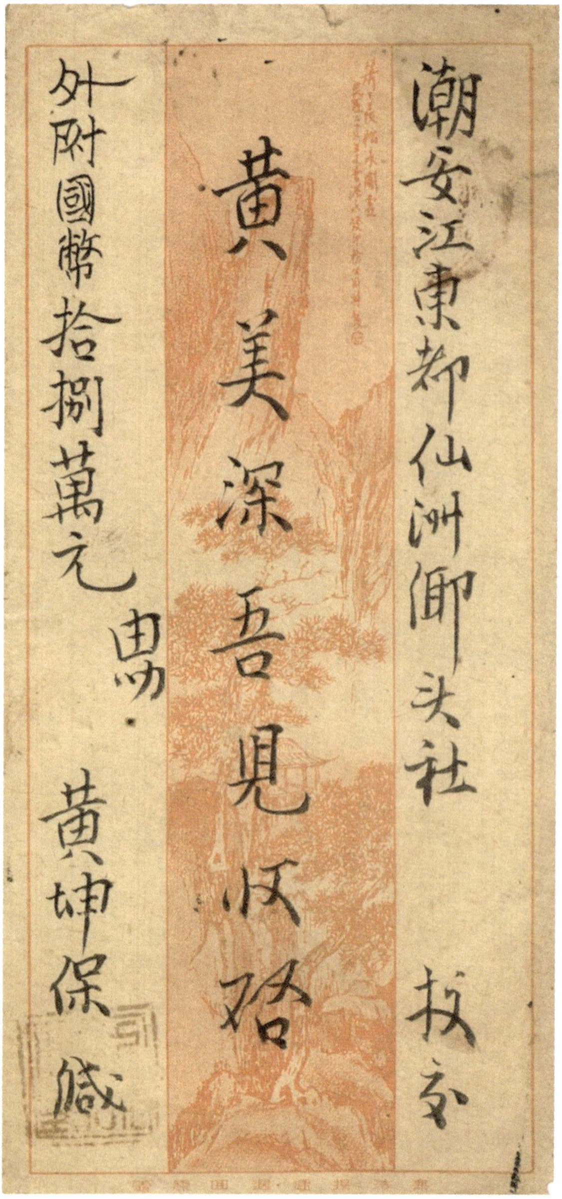

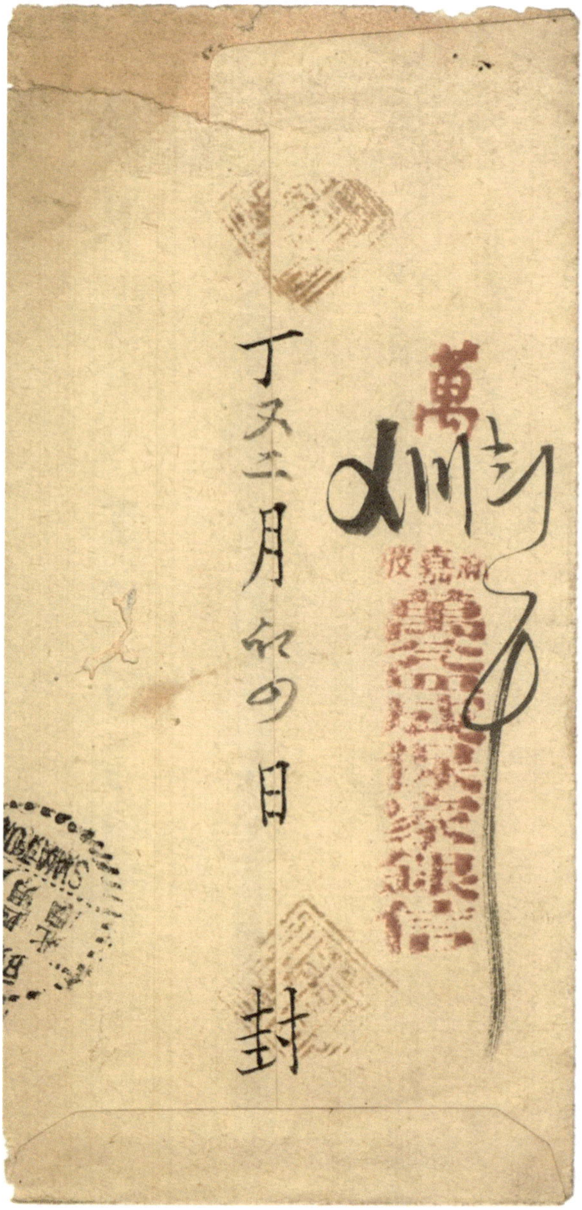

丁（亥）年三月十五日（1947 年 5 月 5 日）
新嘉坡黄坤保寄潮安江东仙洲乡黄美深

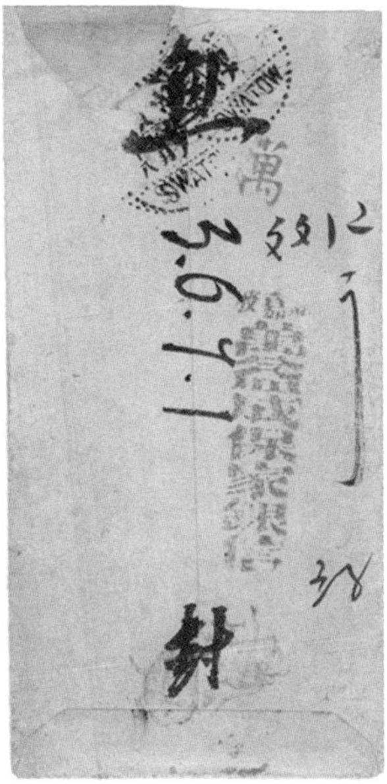

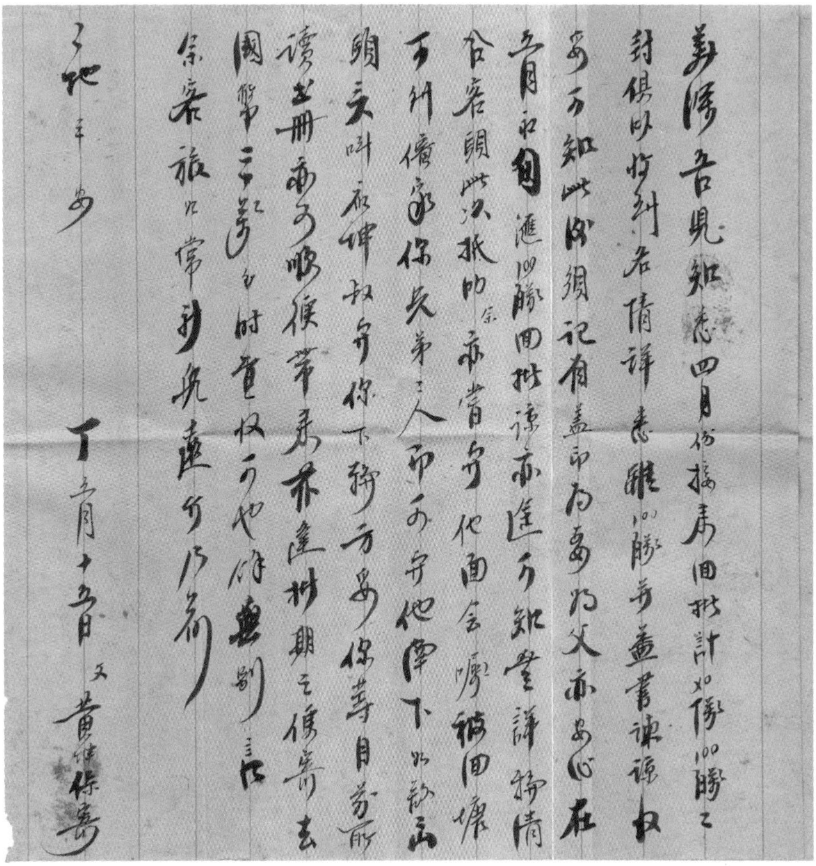

（民国）卅六年六月十八日（1947 年 8 月 4 日）
叻黄坤保寄潮安江东仙洲乡黄美深

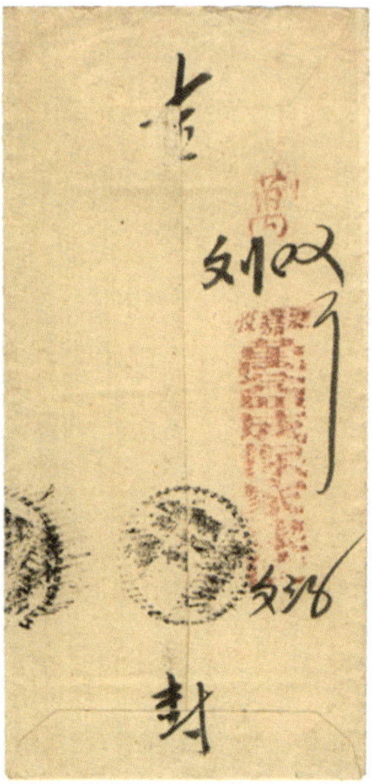

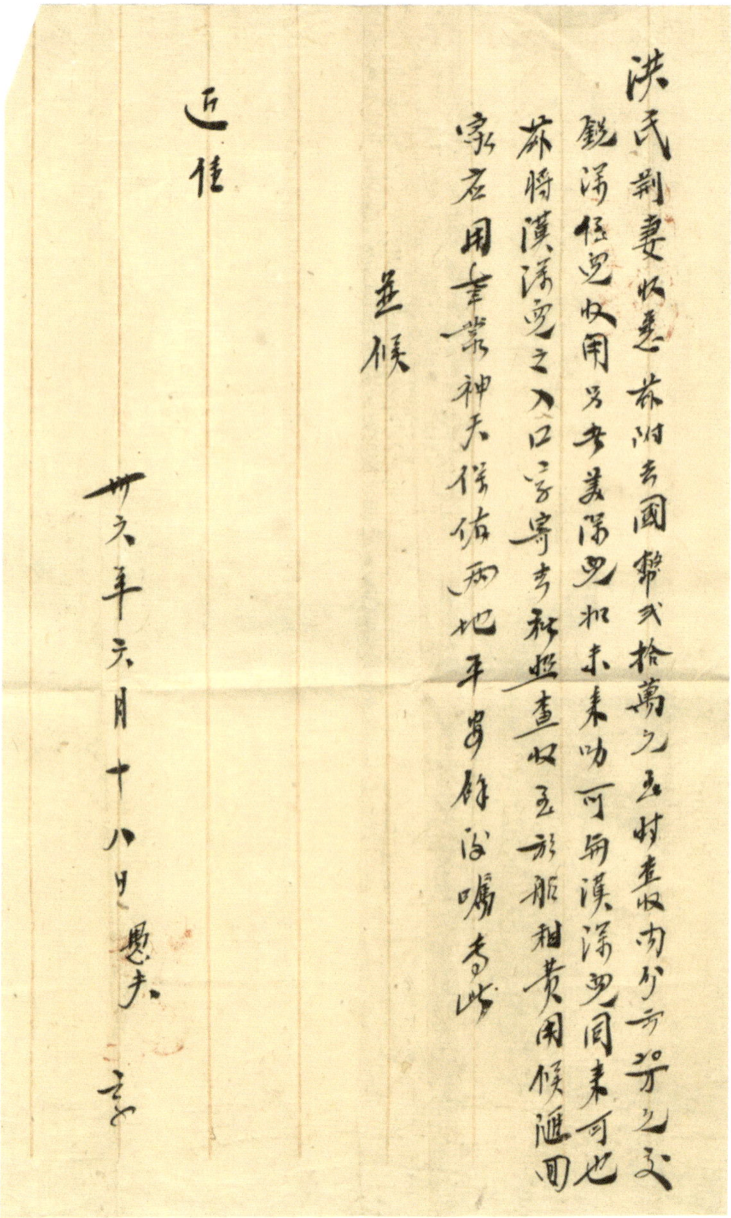

洪氏荆妻收悉 兹附去国币贰拾万元至时查收内分六万元交
锐深侄儿收用 另者美深儿如未来叻可与汉深儿同来可也
兹将汉深儿之入口字寄去祈照查收 至于船租费用候汇回
家庭用[illegible]神天保佑两地平安余[illegible]嘱专此
并候
近佳
卅六年六月十八日 愚夫 字

戊（子）年元月初一（1948 年 2 月 10 日）
新嘉坡黄坤保寄潮安江东仙洲乡黄炽深

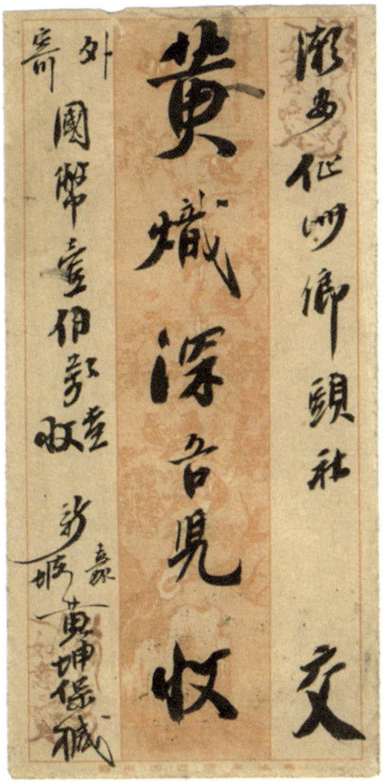

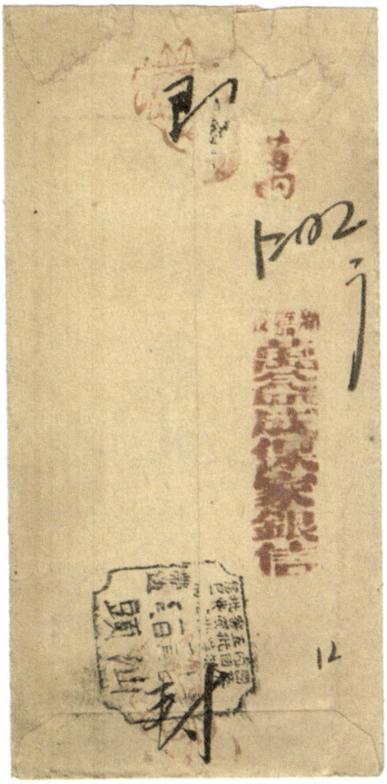

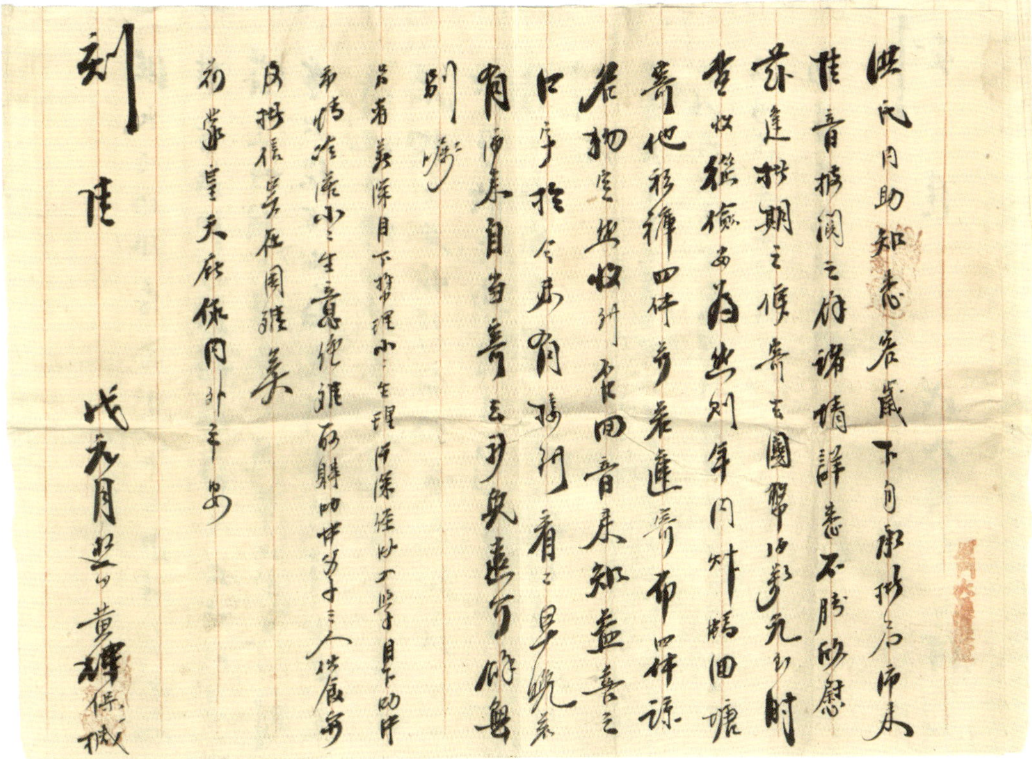

戊（子）年三月十九日（1948 年 4 月 27 日）
新嘉坡黄坤保寄潮安江东仙洲乡黄炽深

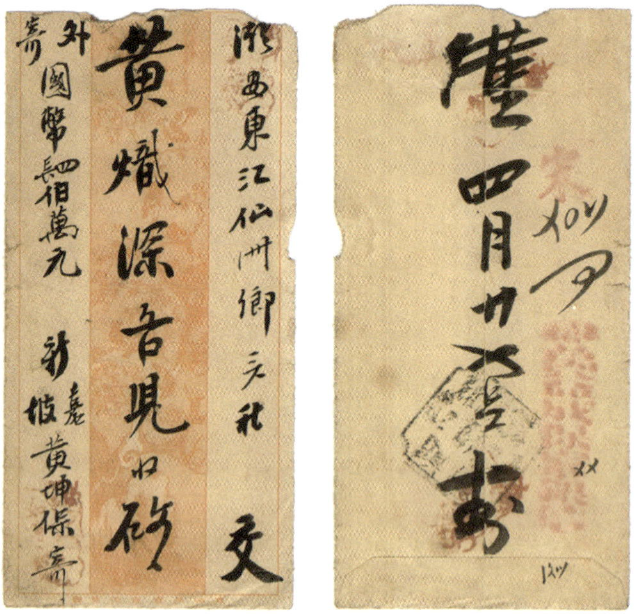

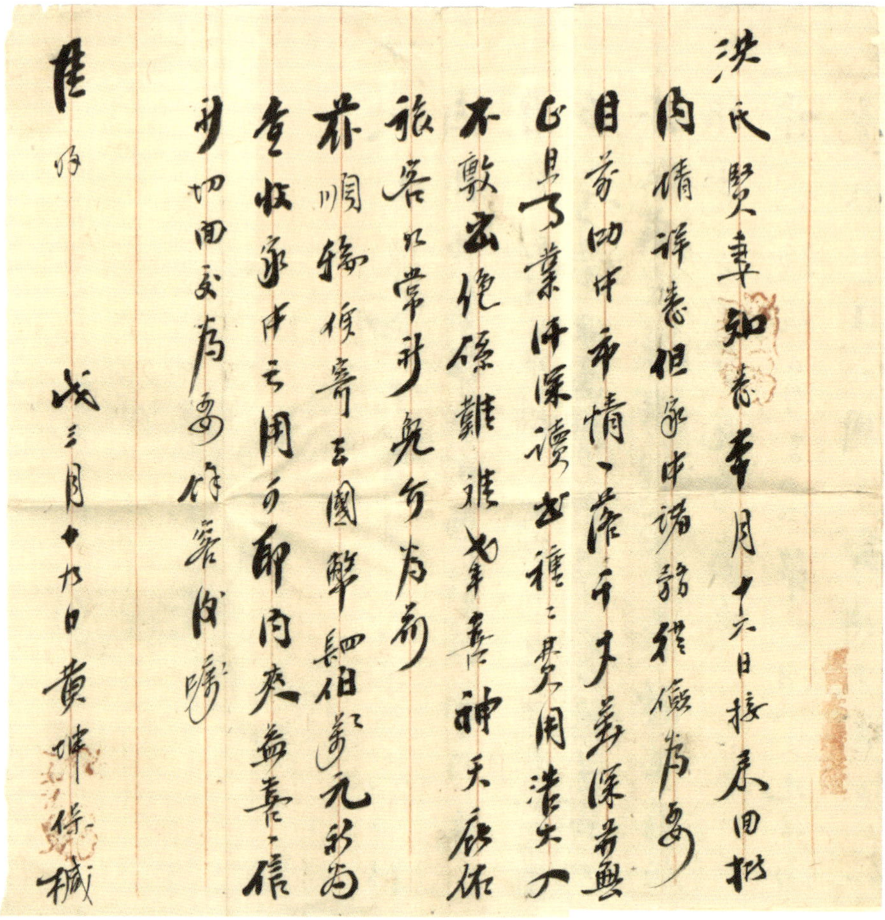

洪氏賢妻知悉：本月十六日接來回批，
內情詳悉。但家中諸務，務須儉省為要。
目前叻中市情一落千丈，第深無
正具乃業件深讀書，種種費用浩大，
不敷出，總係難維，望善神天庇佑。
旅居如常，身免介意為前。
茲順緣便寄去國幣肆佰萬元，到為
查收，家中之用。另即內來無益善一信
身切回交為要。餘容後晤。

僑好

戊三月十九日 黃坤保侍熾

戊（子）年四月廿日（1948 年 5 月 28 日）
新嘉坡黄坤保寄潮安江东仙洲乡黄炽深

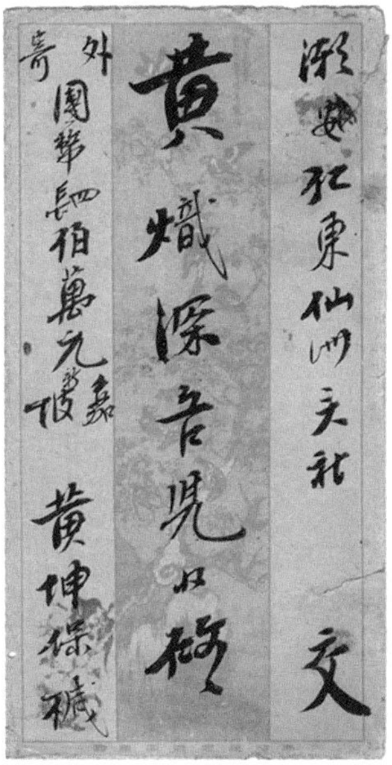

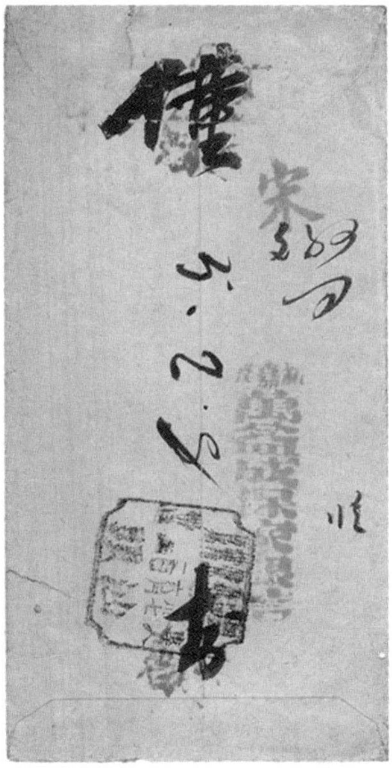

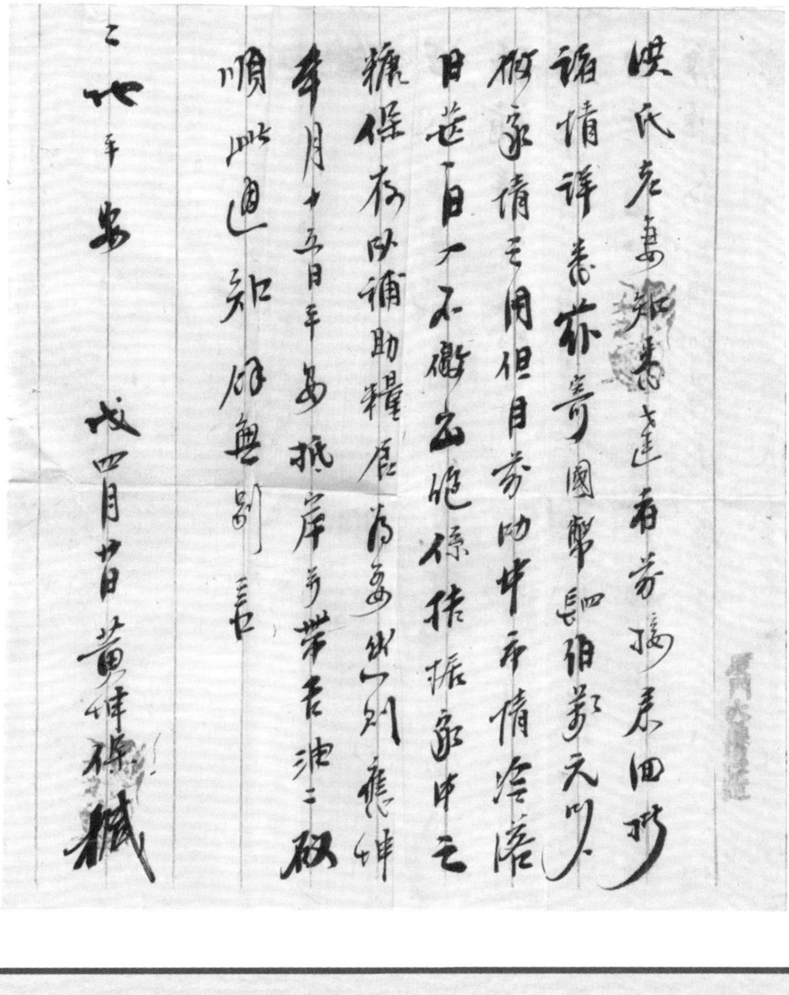

洪氏老妻知悉：连有芳腾来函，称诸情详悉。尔寄国币四伯万元以为做家请之用。但目前叻中市情冷落，日益日下，不敷应施，依循振家中之粮，保存以补助粮底，为多些。外应坤年月十五日平安抵岸，并带老油二瓶。顺此通知，余无别言。

二七平安

戊四月廿日 黄坤保缄

叻坡坤保寄潮安江东仙洲乡黄美深

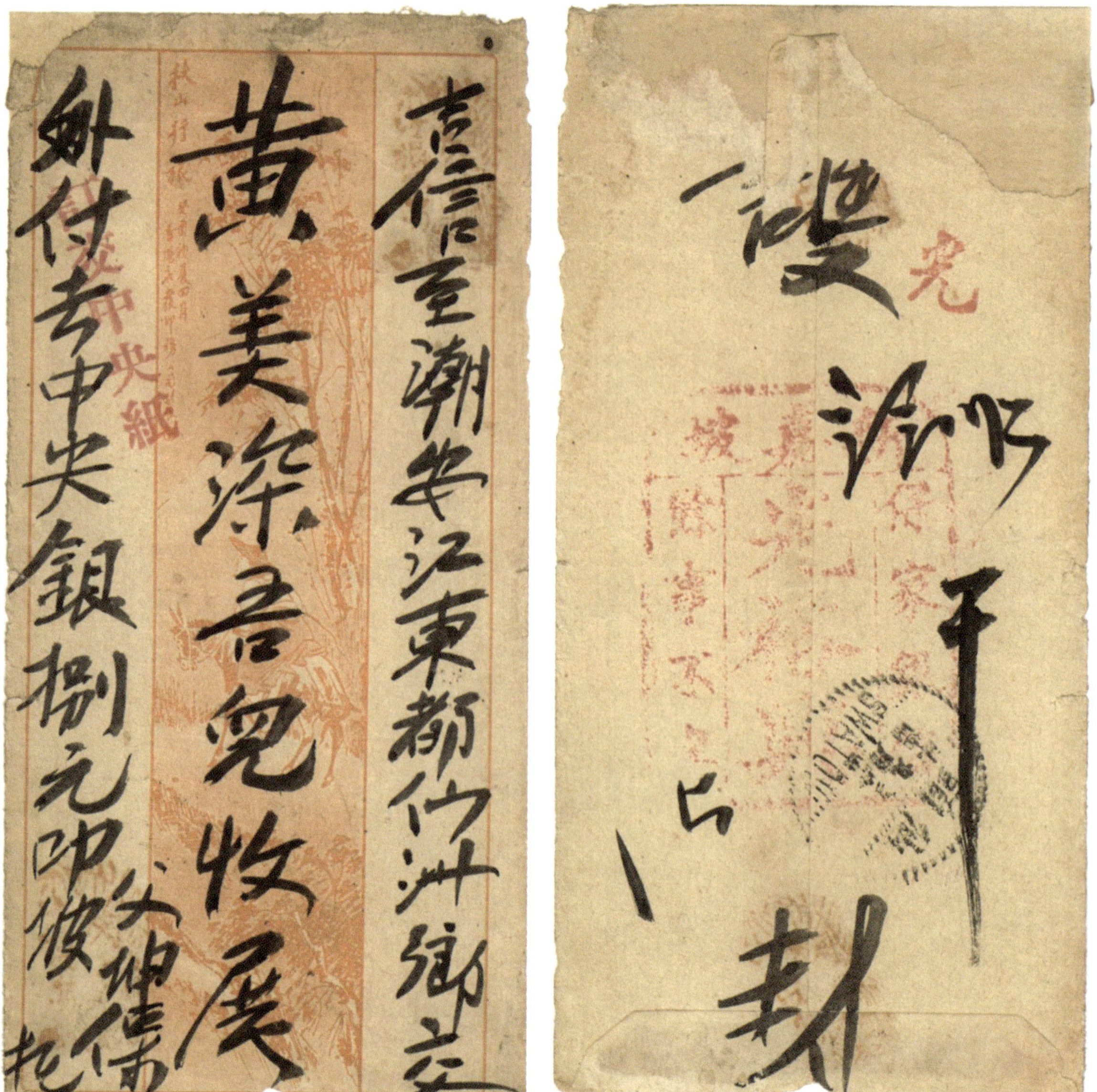

叻黄坤保寄潮安江东仙洲乡黄美深

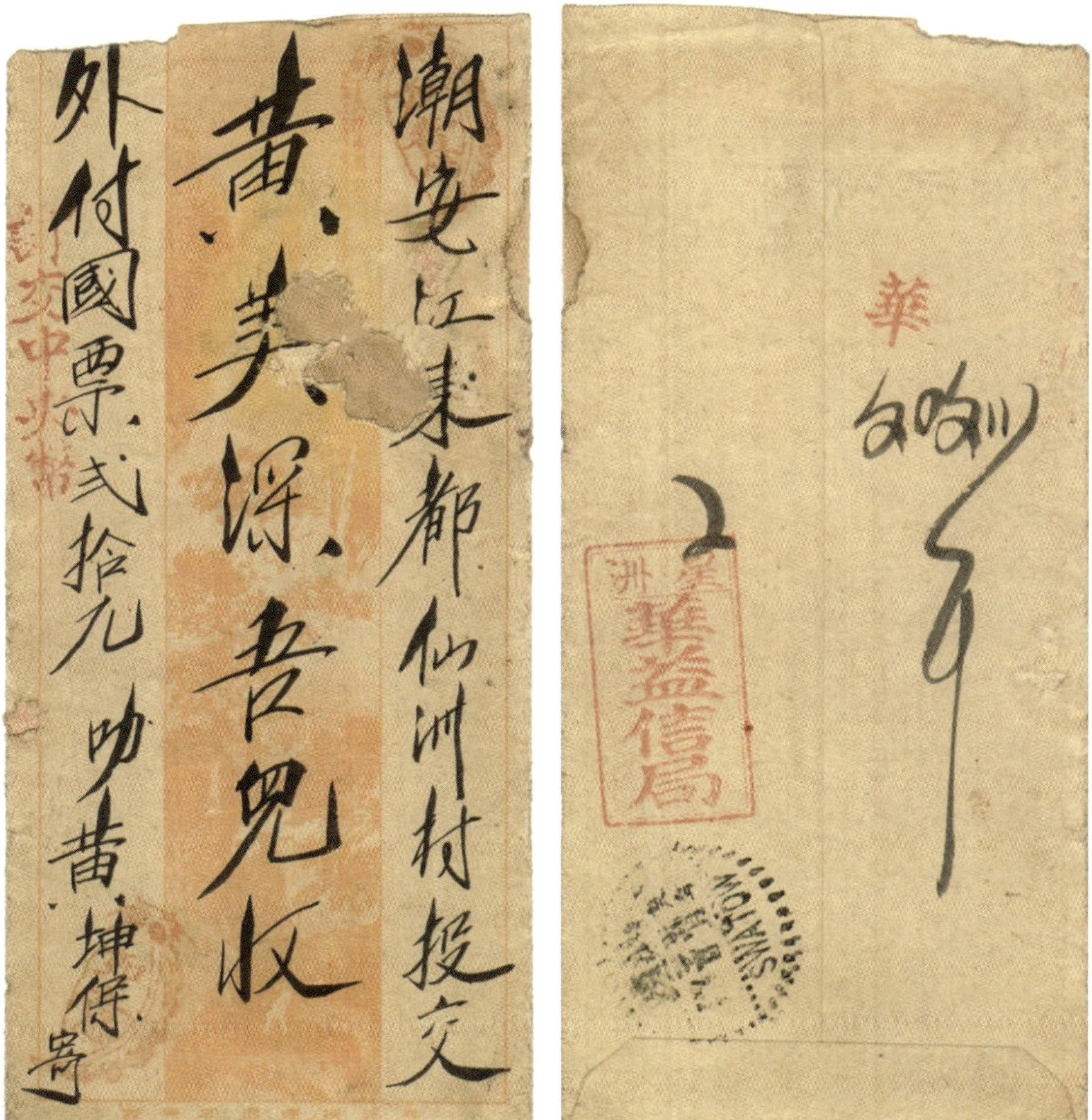

叻黄坤保寄潮安江东仙洲乡黄美深

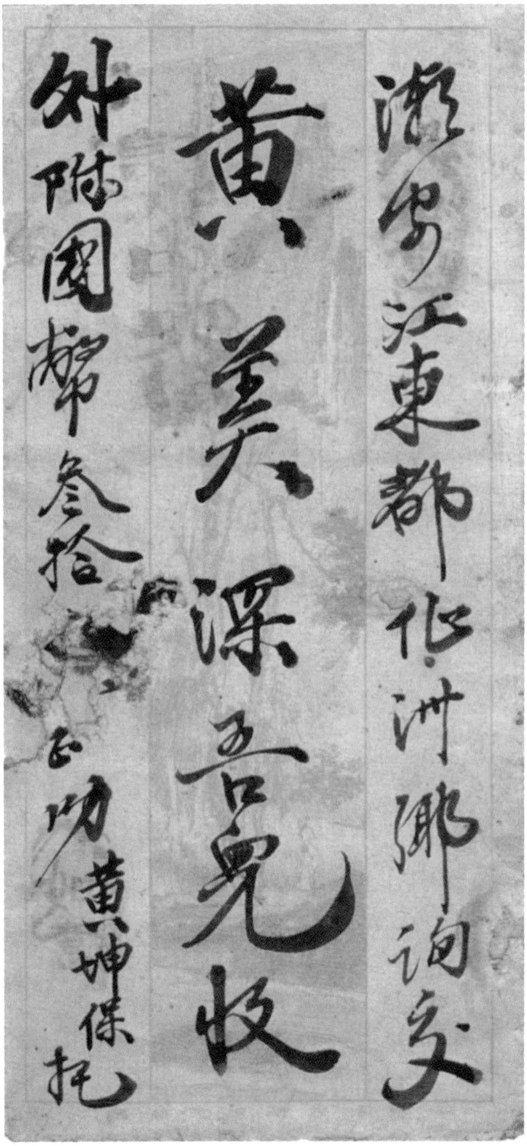

叻黄坤保寄潮安江东仙洲乡黄美深

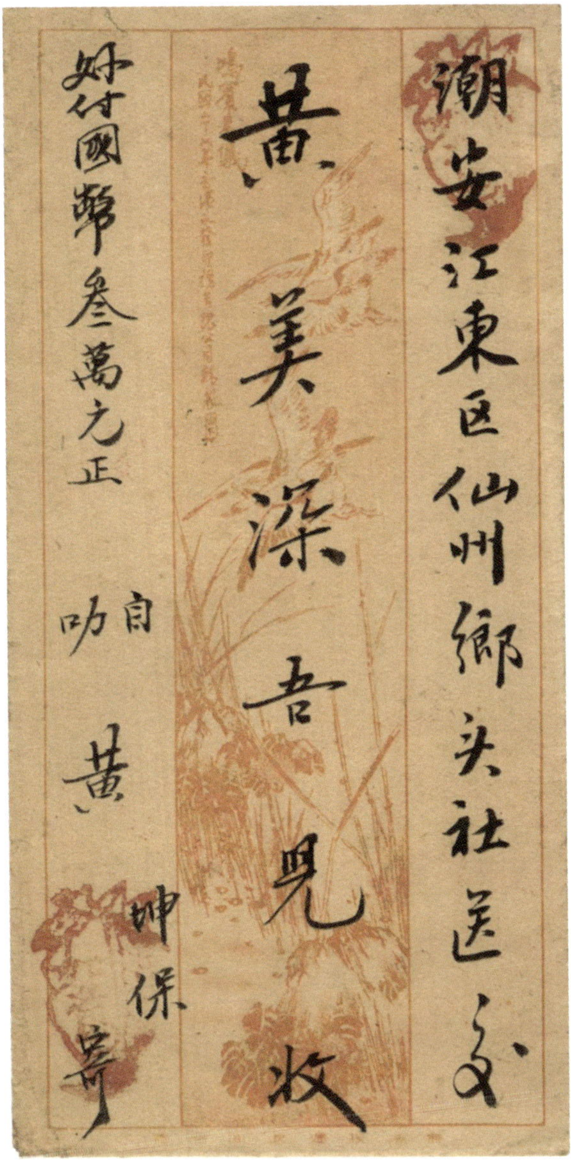

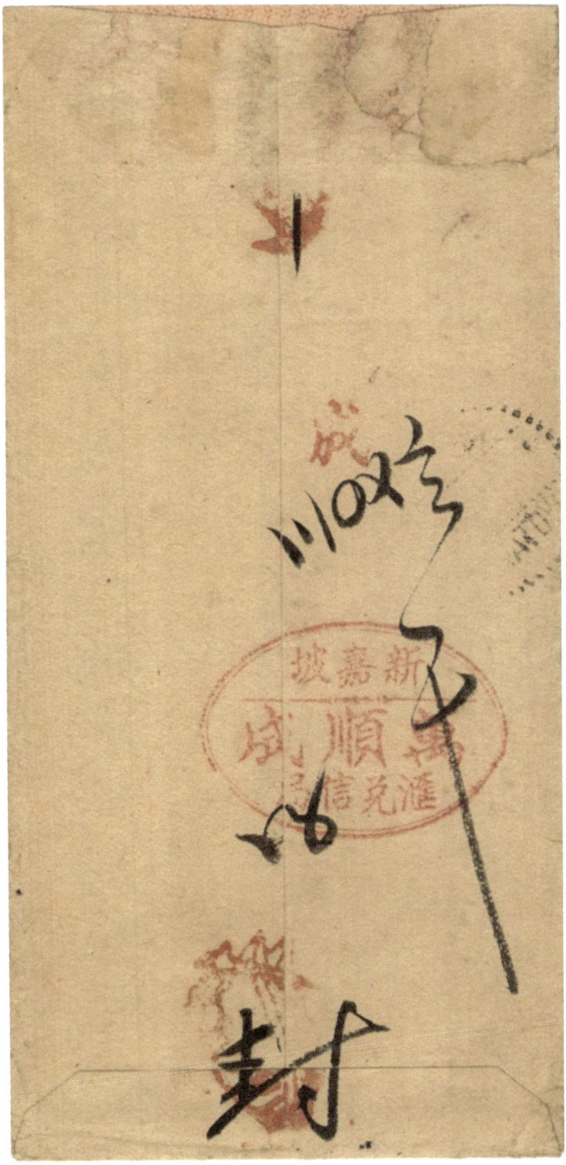

星洲（新加坡）黄坤保寄潮安江东仙洲乡黄美深

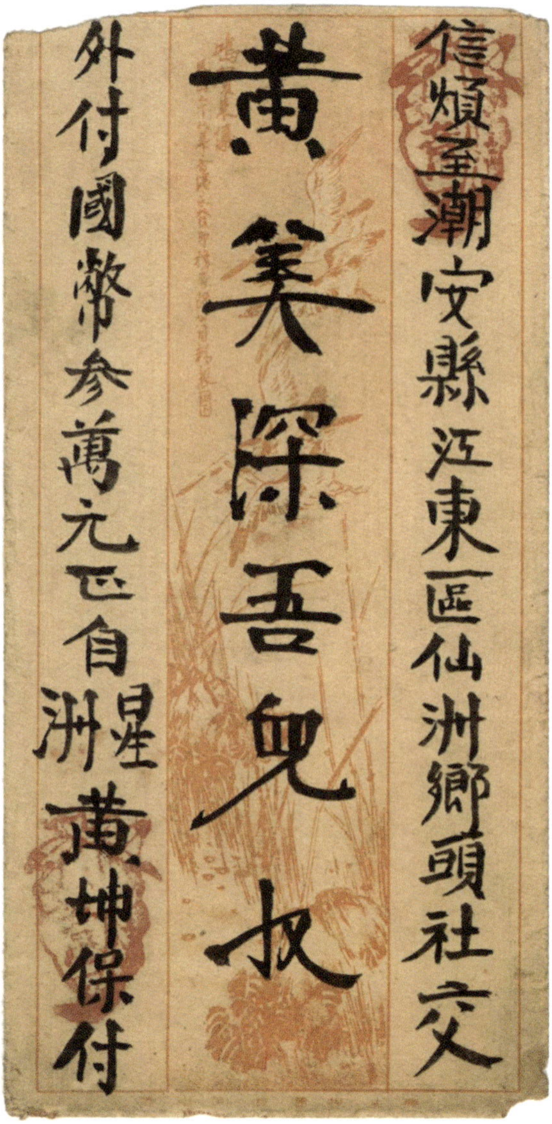

叻黄坤保寄潮安江东仙洲乡黄美深

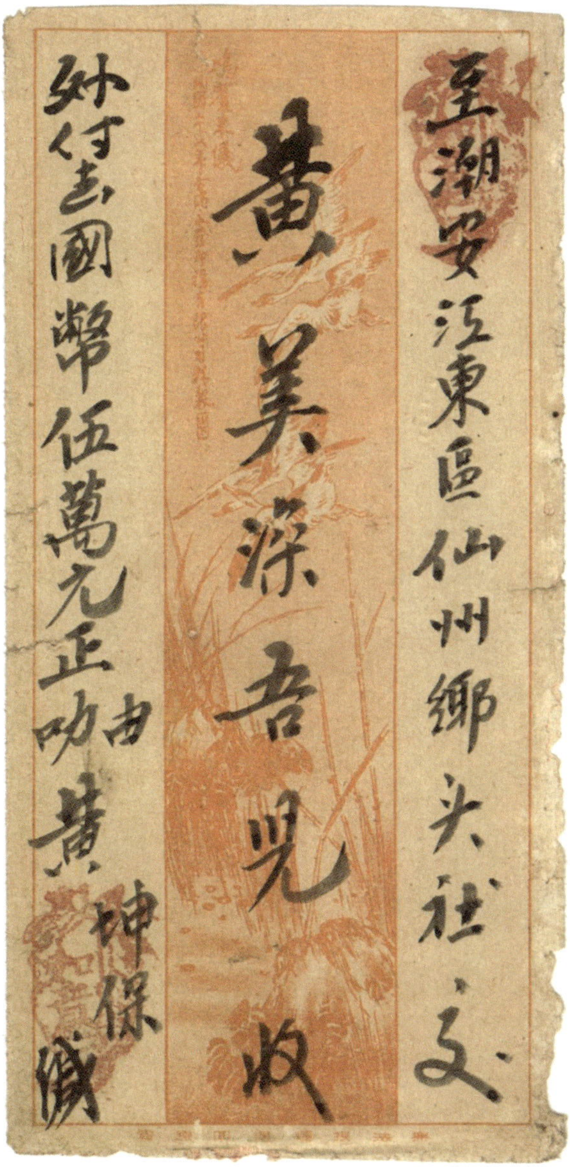

叻黄坤保寄潮安江东仙洲乡黄美深

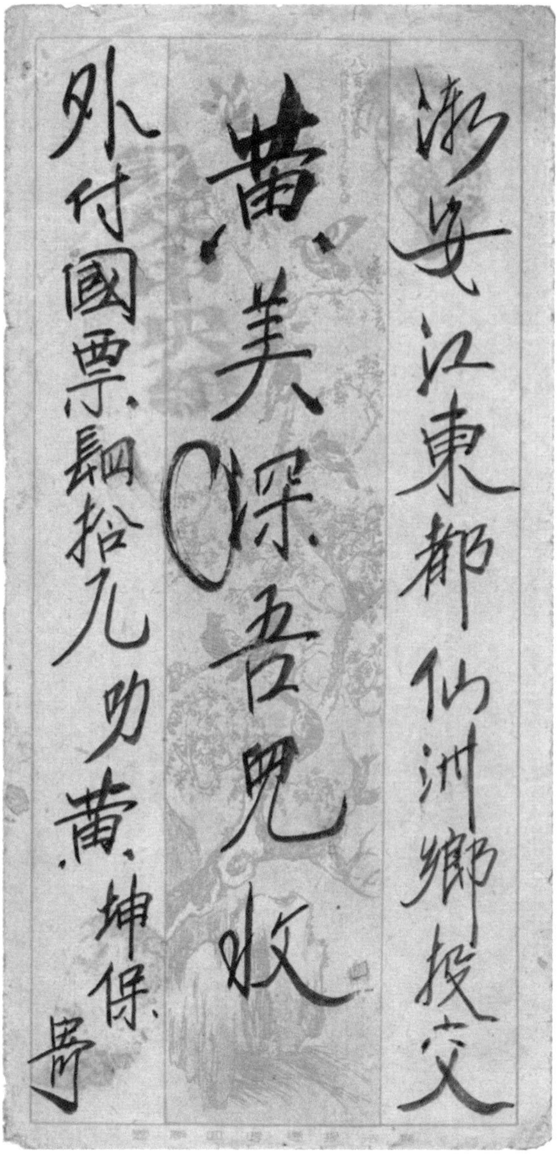

戊（子）年九月二日（1948 年 9 月 2 日）
叻黄坤保寄潮安江东仙洲乡黄炽深

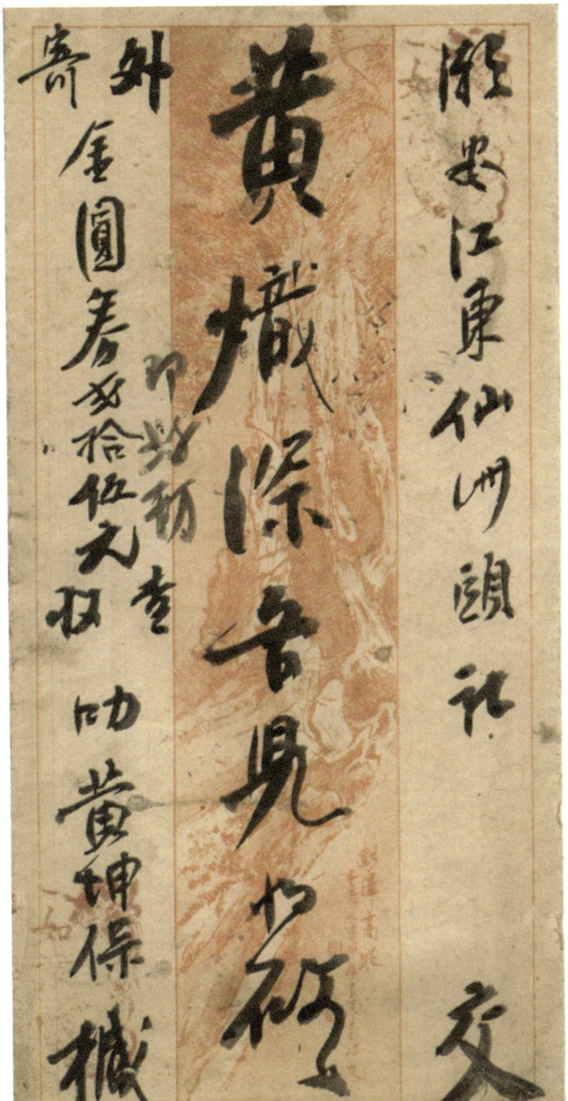

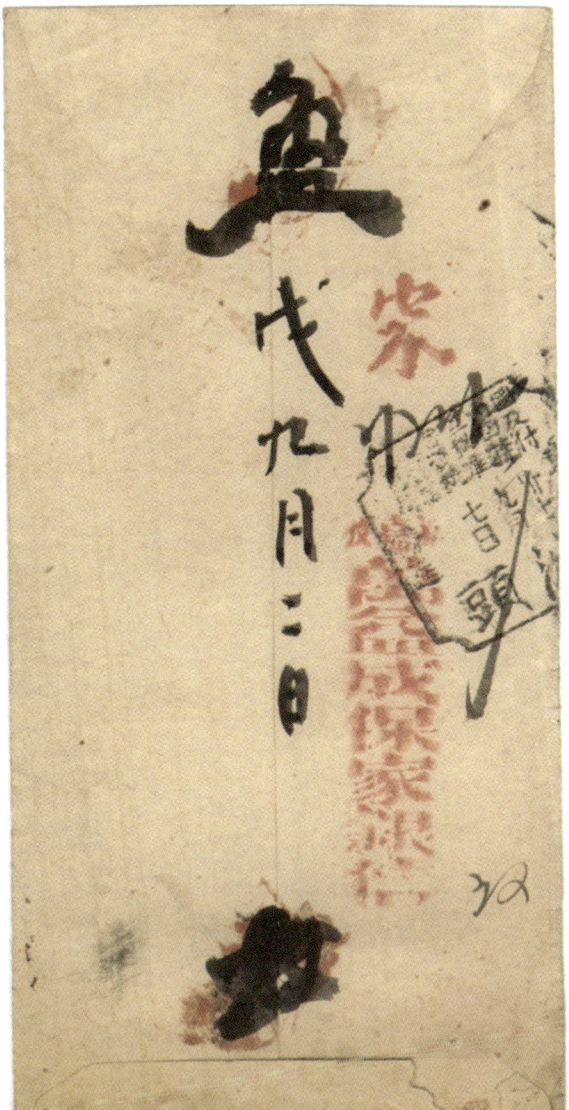

戊（子）年十一月廿四日（1948 年 12 月 24 日）

叻黄坤保寄潮安江东仙洲乡黄炽深

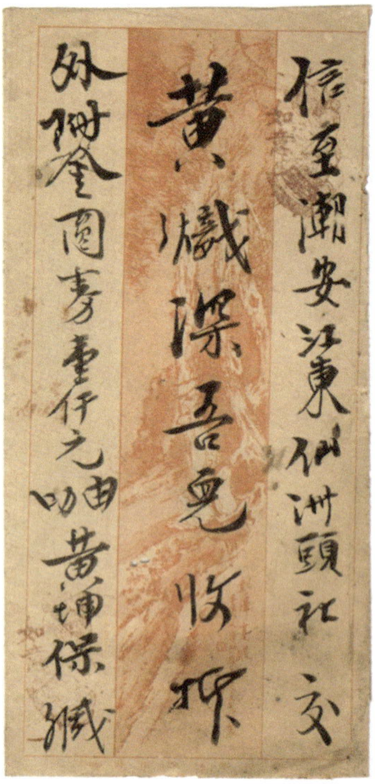
信至潮安江東仙洲頭社 交

黄熾深吾兒收拆

外附金圓券壹仟元之由叻黄坤保緘

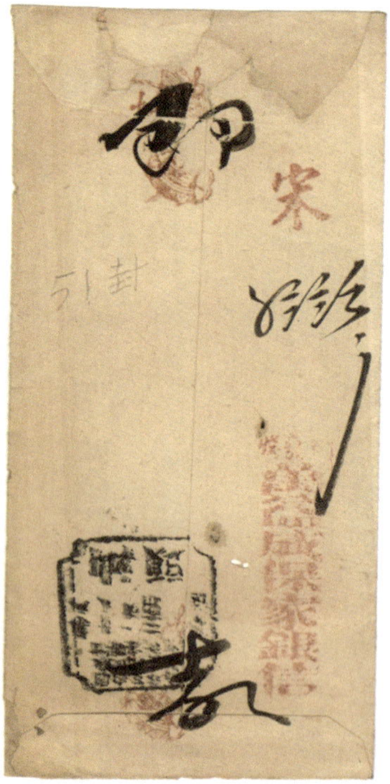

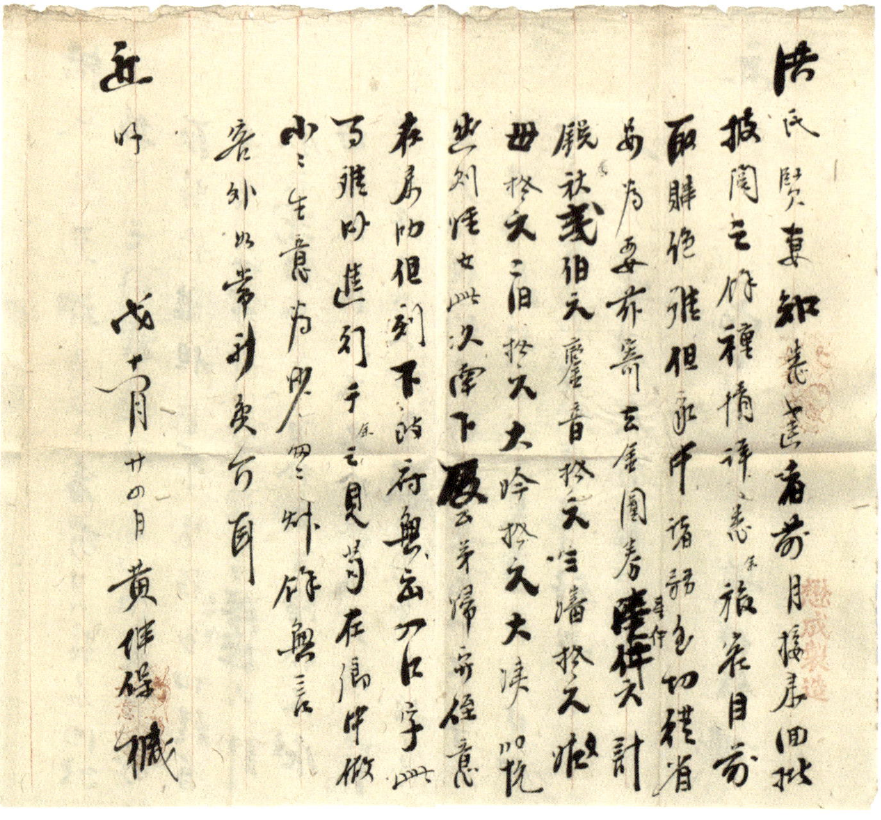

民国三十八年二月二日（1949 年 2 月 2 日）
叻黄美深寄潮安江东仙洲乡双亲

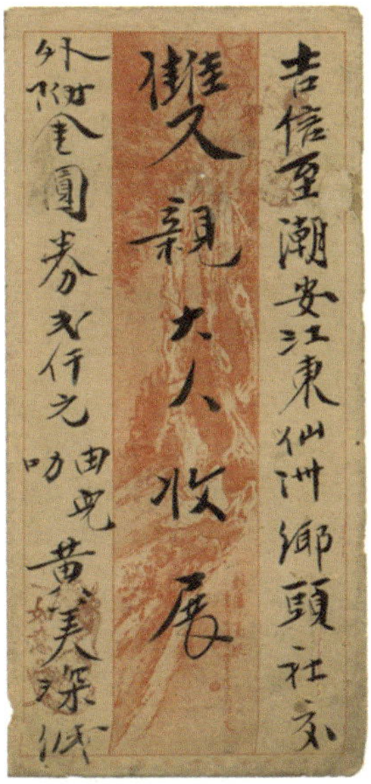
吉信至潮安江東仙洲鄉頭社交
雙親大人收展
外附金圓劵光仟元
叻由兒黄美深緘

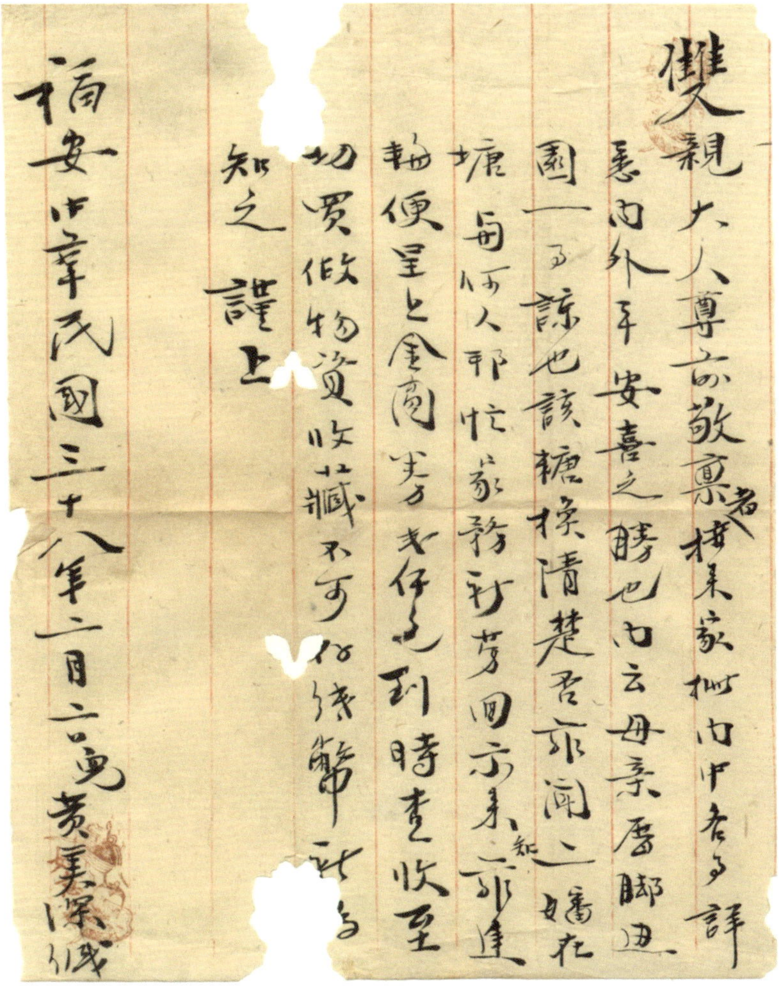
雙親大人尊前敬禀者
接来家批内中各多詳悉内外平安喜之勝也内云母亲膚脚丑
園一子諒也該糖換清楚吾亦聞之嬌在
塘毋何人耶忙家務計劳回示来知亦速
輸便呈上金圓劵光仟元到時查收至
切買做物資收藏不可存錢幣計為
知之
謹上
福安
中華民國三十八年二月二日兒黄美深緘

民国卅八年二月初四（1949 年 3 月 3 日）
叻黄坤保寄潮安江东仙洲乡黄炽深

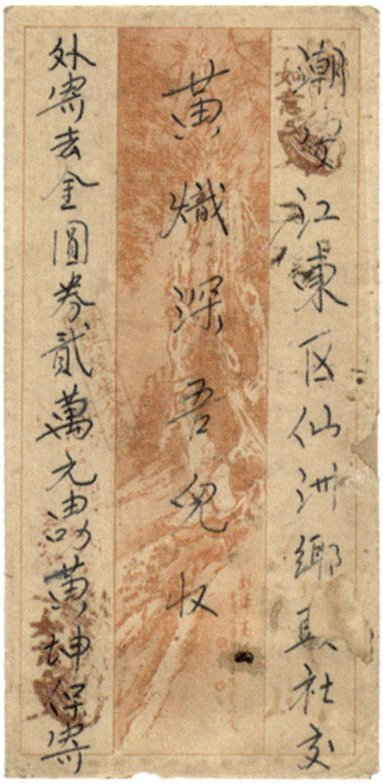

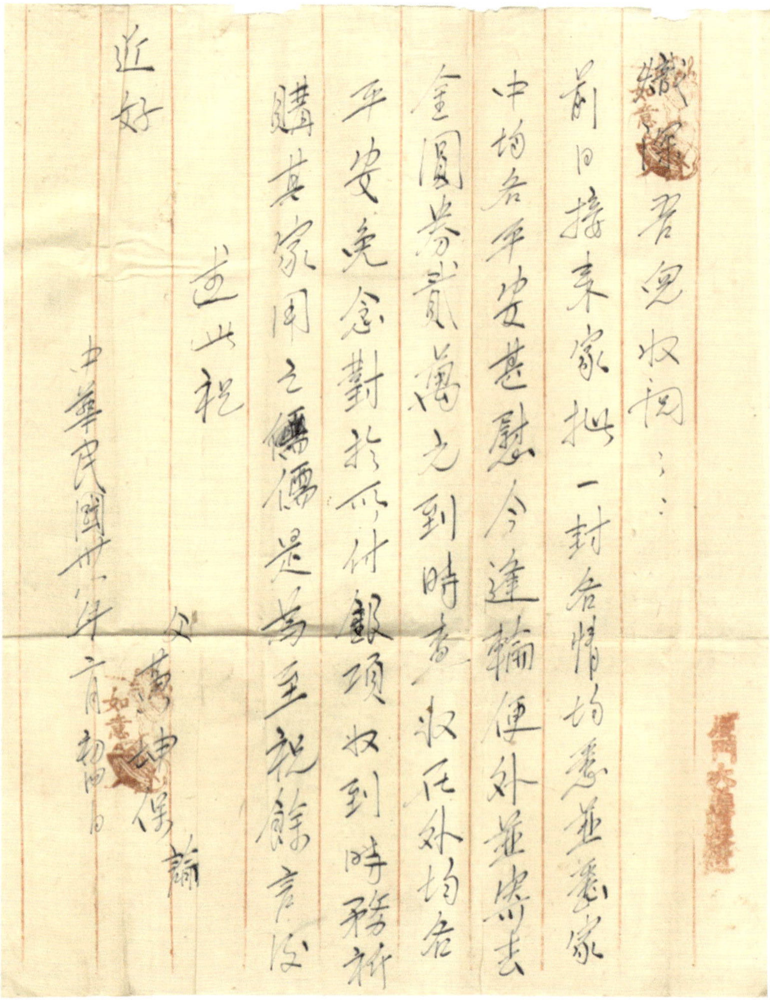
織深君兒收閱：：
前日接來家批一封，合情均悉並悉家
中均各平安，甚慰。今逢輪便，外並寄去
金圓券貳萬元，到時查收。任外均各
平安，免念。對於所付銀項，收到時務祈
購其家用之儒，儒是為至祝。餘言後
述此祝
近好
父 黃坤保 諭
中華民國卅八年二月初四日

三月初一（1949 年 3 月 29 日）
叻黄坤保寄潮安江东仙洲乡黄炽深

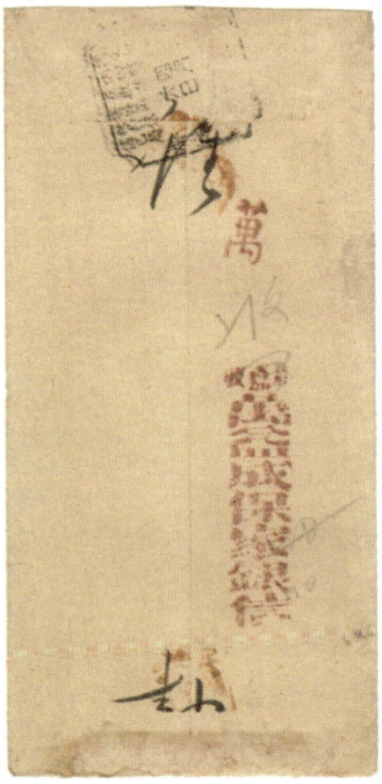

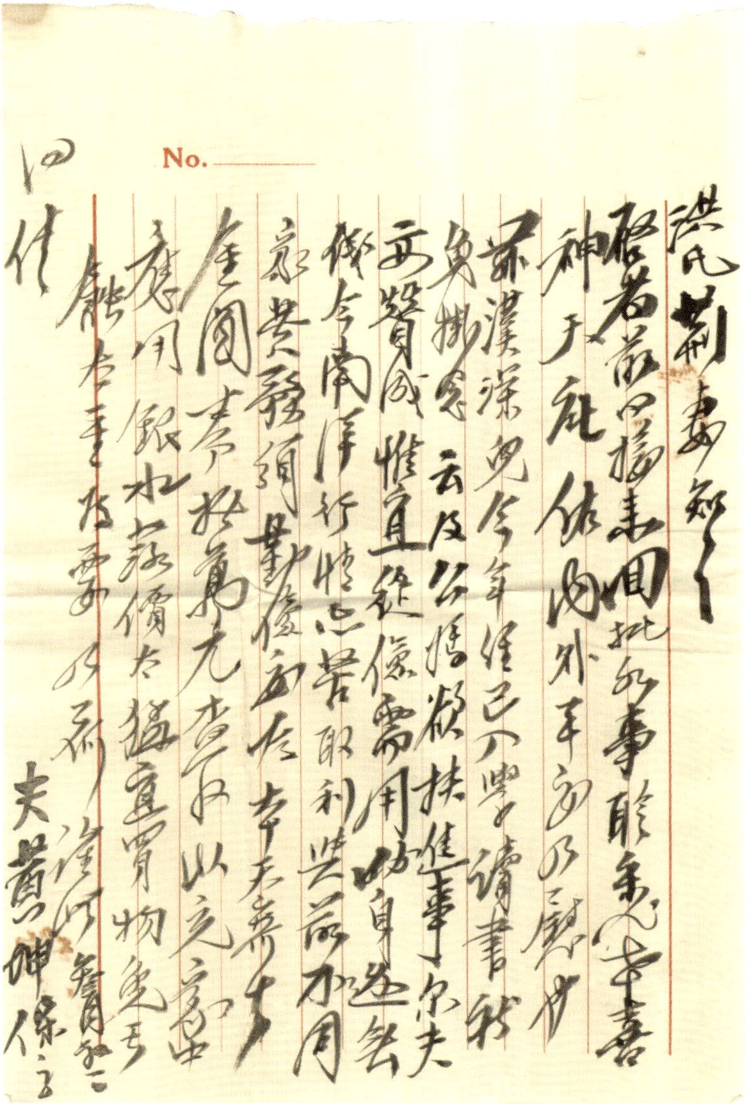

叻黄坤保寄潮安江东仙洲乡黄炽深

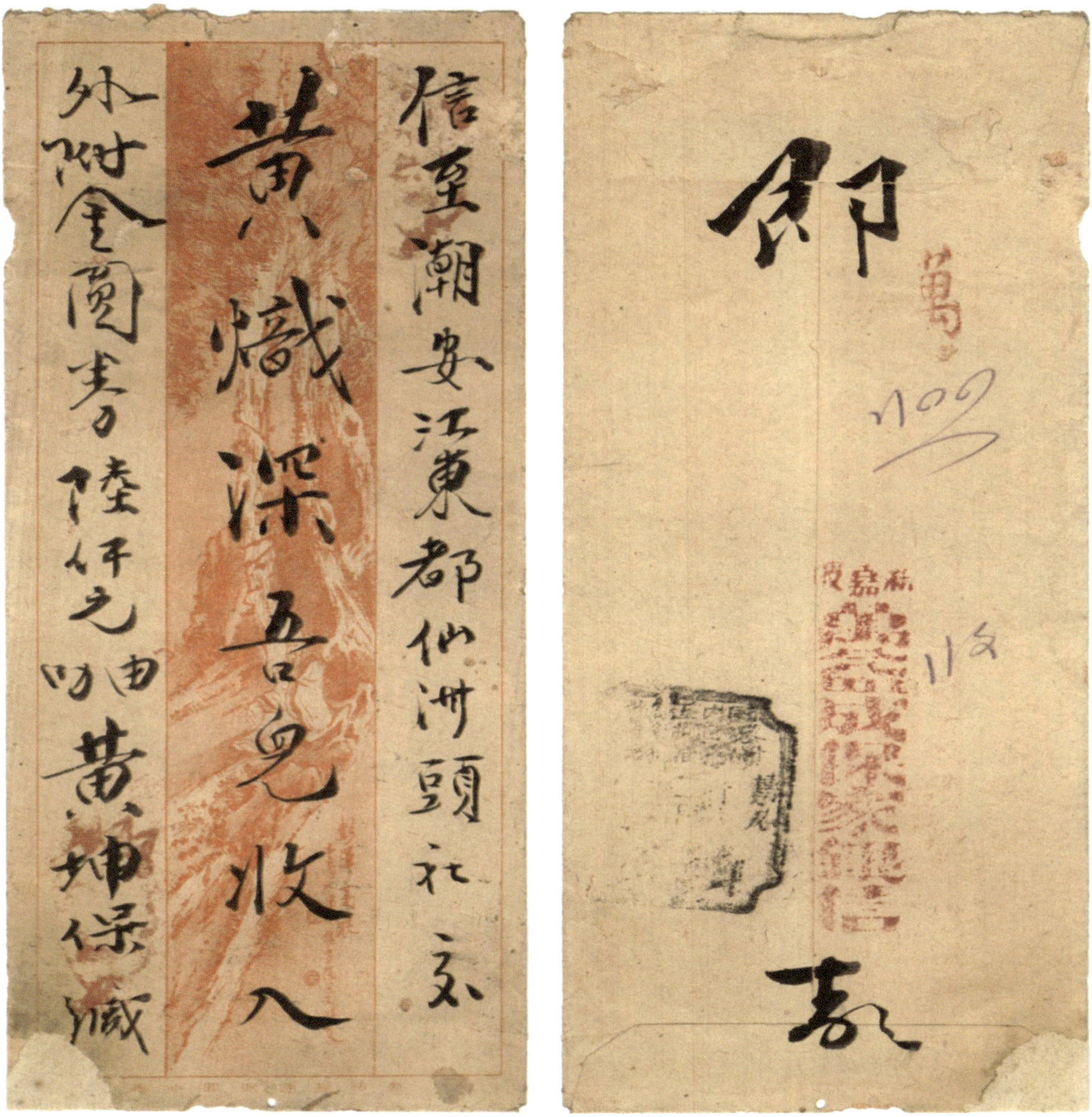

庚（寅）年三月初十（1950 年 4 月 26 日）黄坤保寄妻子

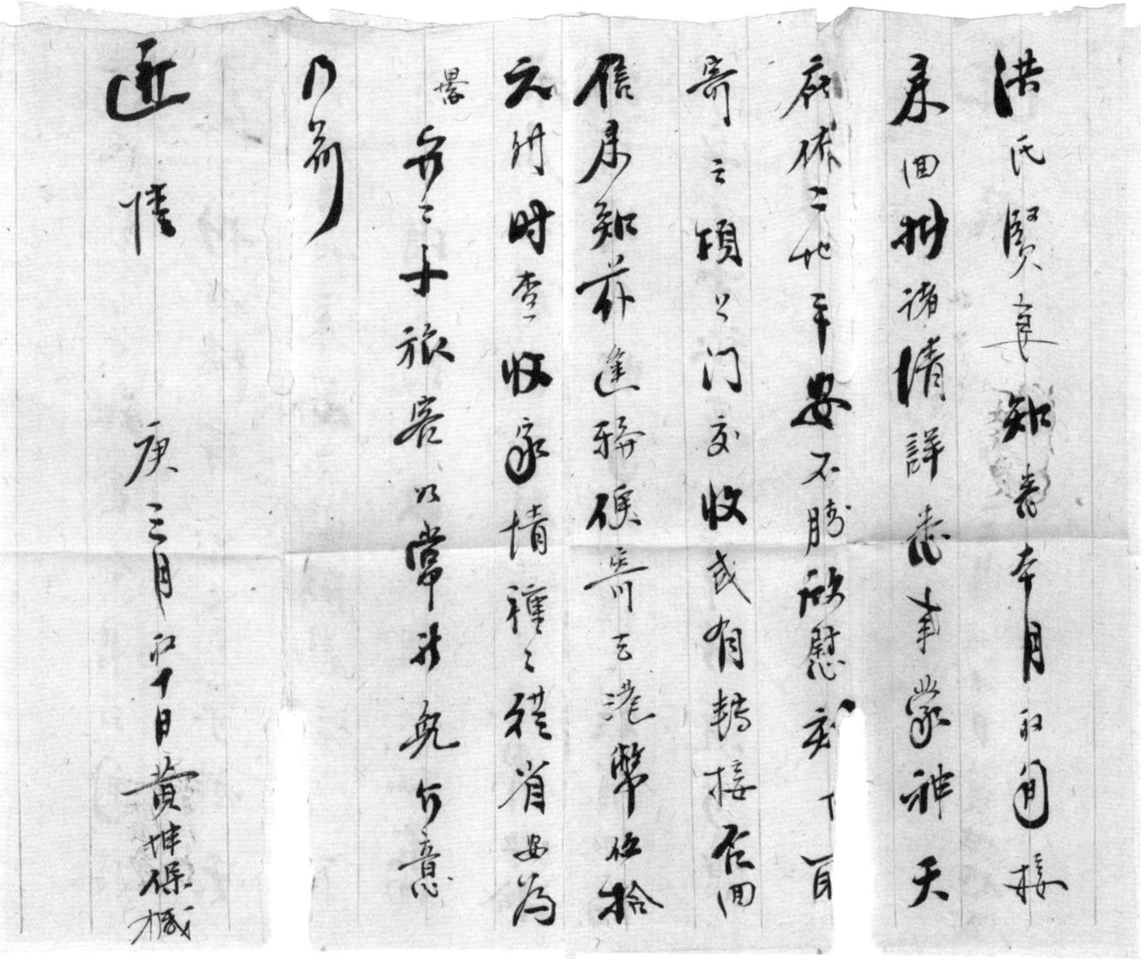
洪氏賢妻知悉：本月初四日接

來函，備悉情詳，悉本家神天

庇佑，二地平安，不勝欣慰。至下首

寄之項，已門交收，我有轉接在回

信來知。并逢船便寄去港幣伍拾

元，到時查收。家情種種，詳悉，安爲

畧。弟之十旅居以常，并免介意。

即詢

近情

庚三月初十日 黄坤保椷

1950 年 5 月 8 日新嘉坡黄坤保寄潮安江东仙洲乡黄炽深

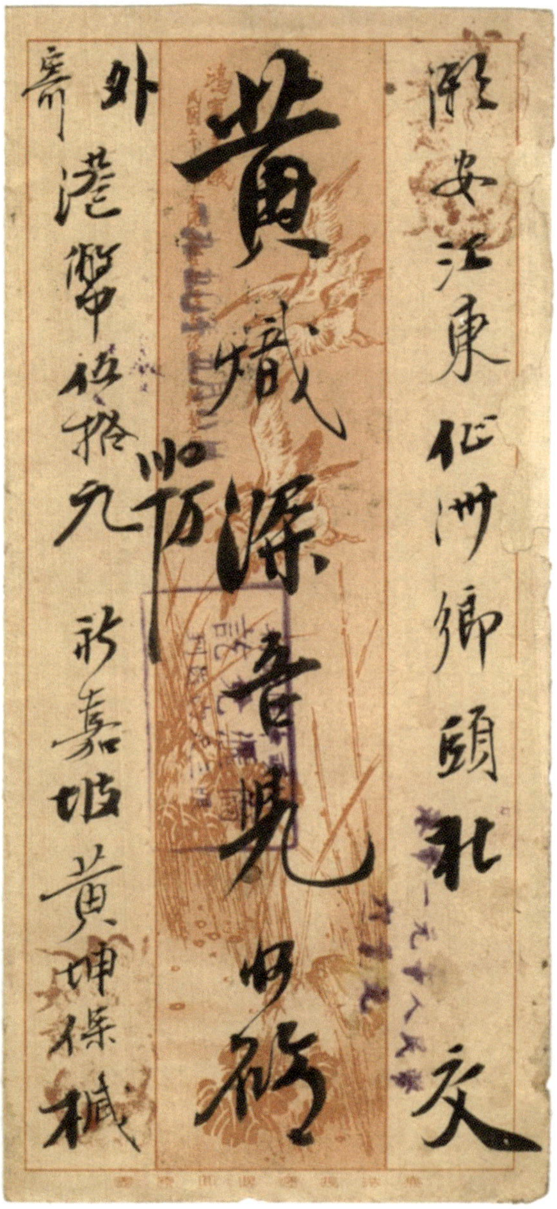

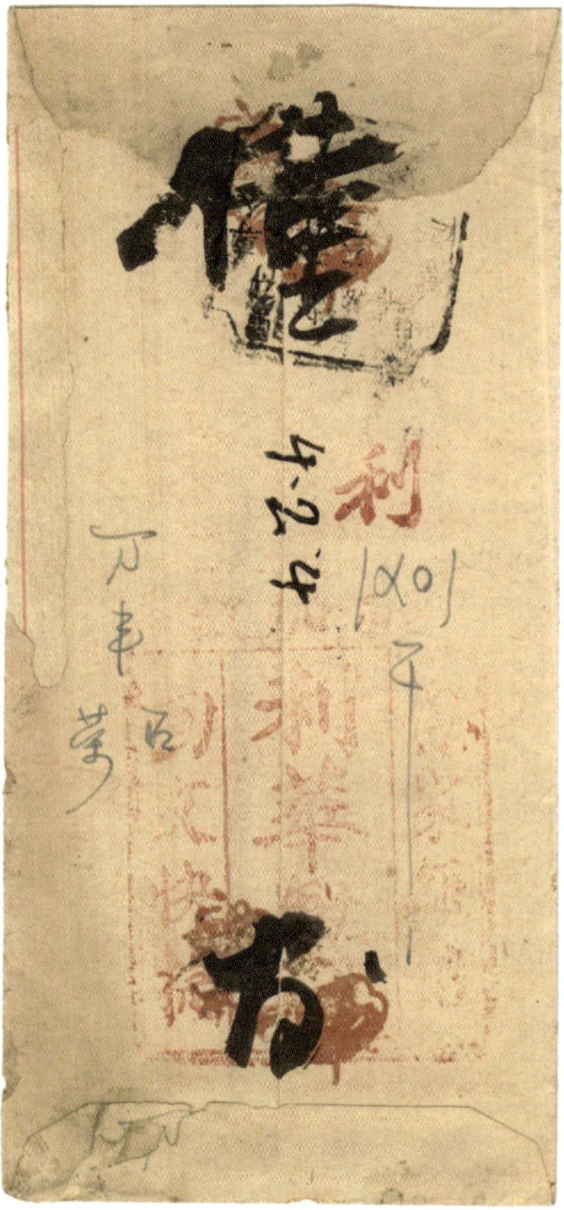

庚（寅）年四月初四（1950 年 5 月 20 日）
新嘉坡黄坤保寄潮安江东仙洲乡黄炽深

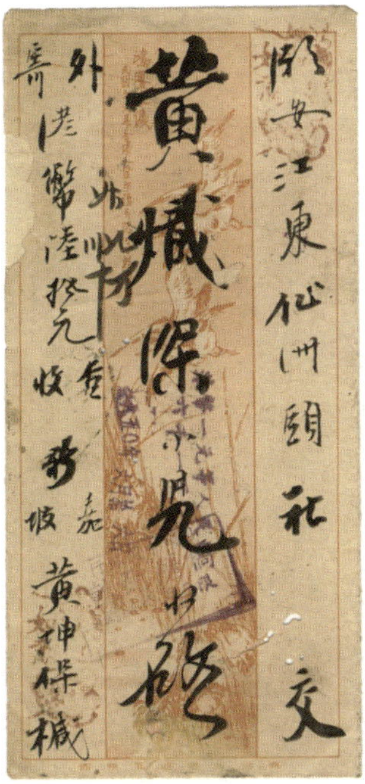

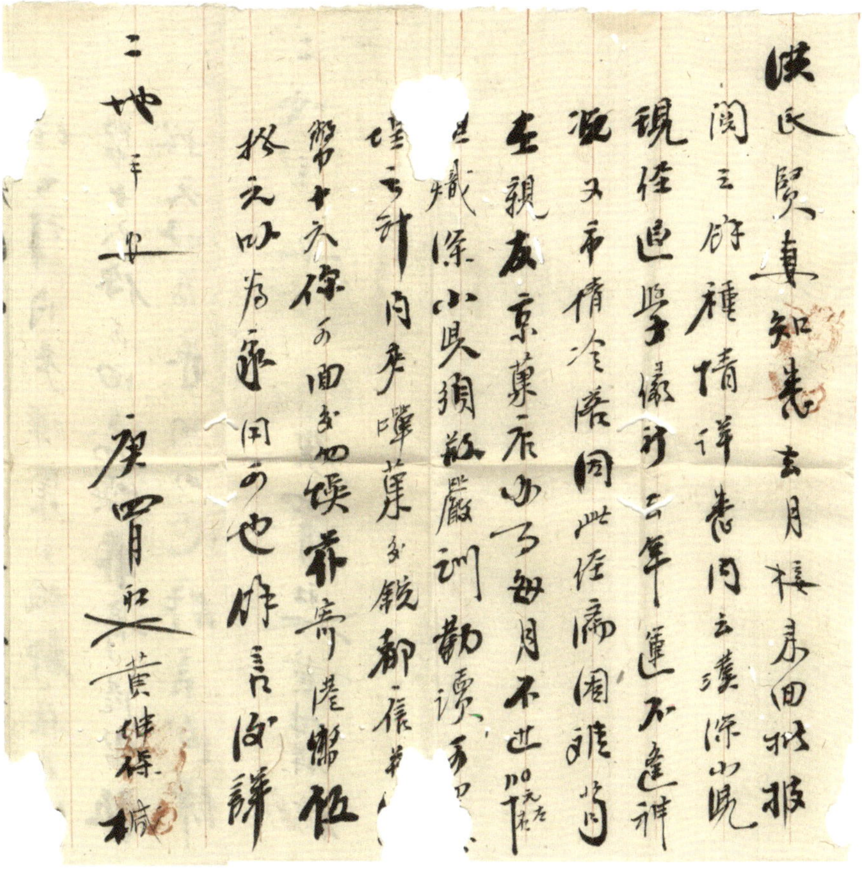

1950 年 8 月 14 日叻黄美深寄潮安江东仙洲乡双亲

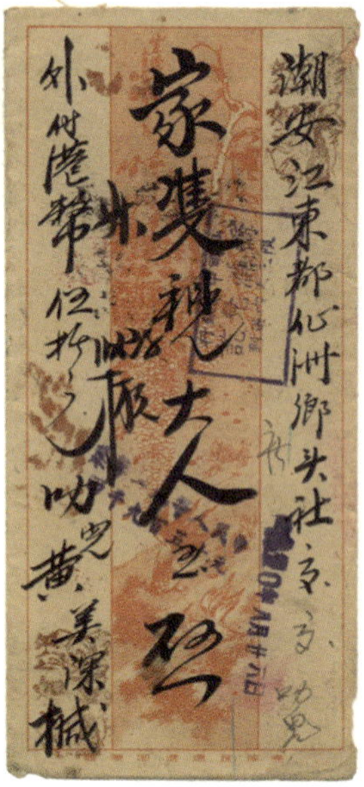

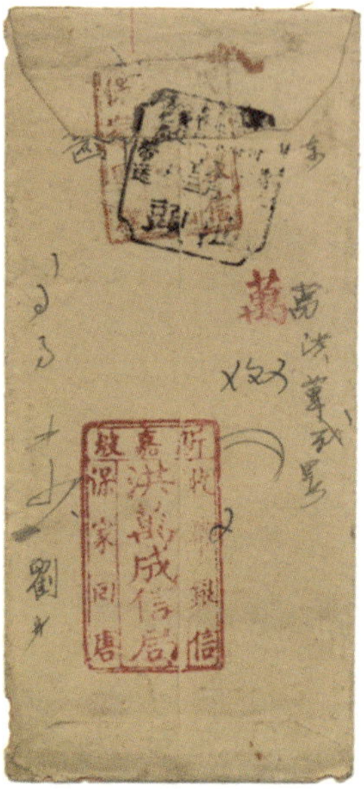

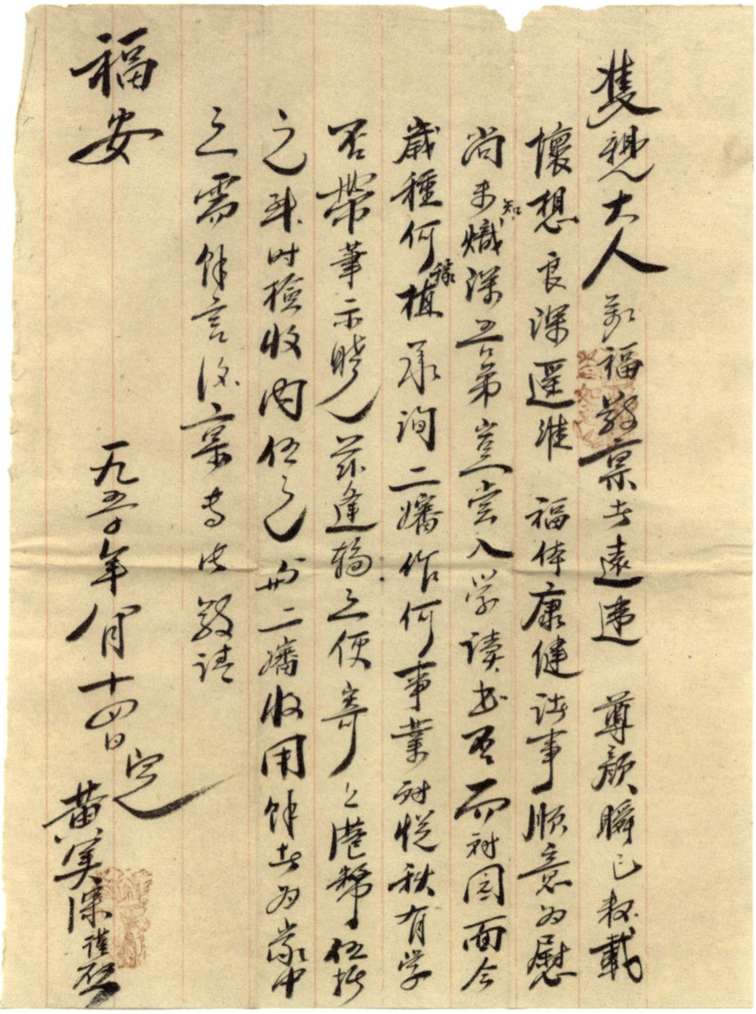

雙親大人膝下敬稟者：遠違尊顏，瞬已數載，懷想良深。遥維福体康健，諸事順意為慰。尚未知識深吾弟曾否入学讀書否，而今歲種何植，承詢二嬸作何事業，謝悦秋有学否。帶筆示明，茲逢輪之便，寄上港幣伍拾元之，到時檢收，内伍元為二嬸收用，餘者為家中之需。餘言後稟。專此敬請

福安

一九五〇年八月十四日完

黄美深謹啓

1950 年 12 月 30 日黄坤保寄潮安江东仙洲乡黄炽深

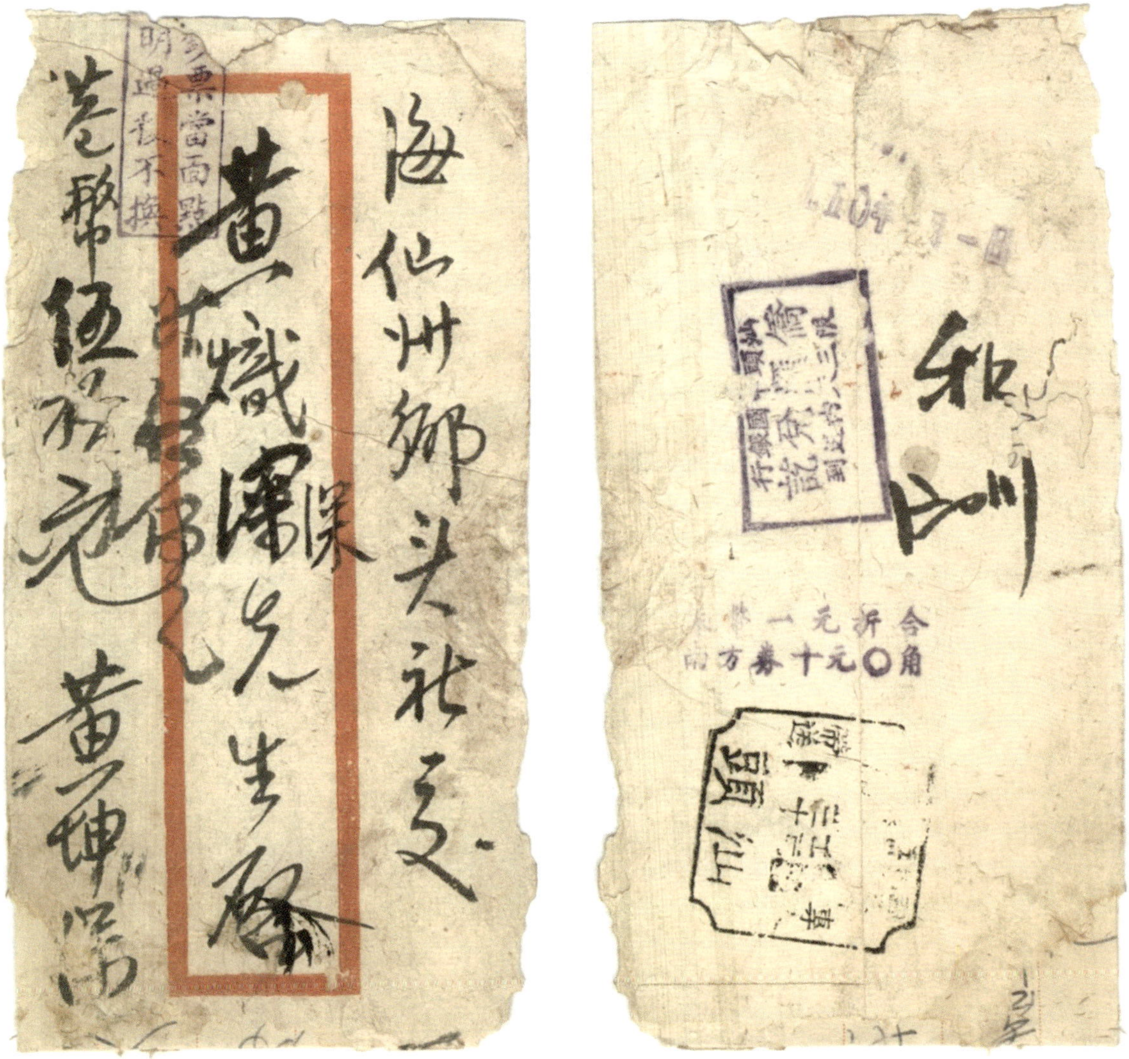

1951 年 1 月 21 日叻黄美深寄潮安江东仙洲乡母亲

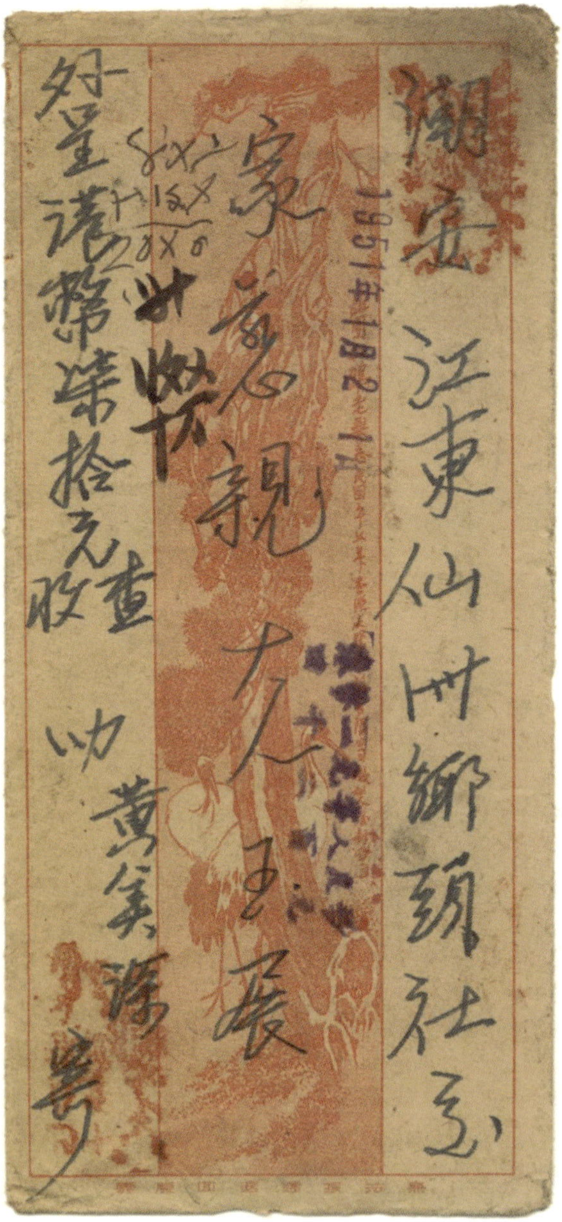

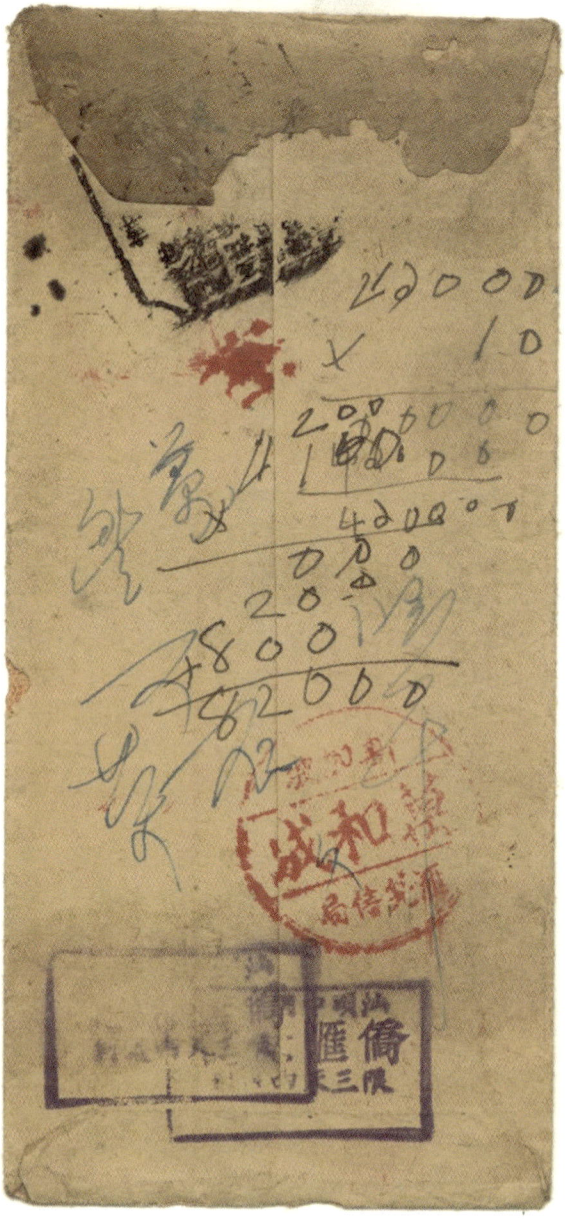

1951年2月12日叻黄美深寄潮安江东仙洲乡双亲

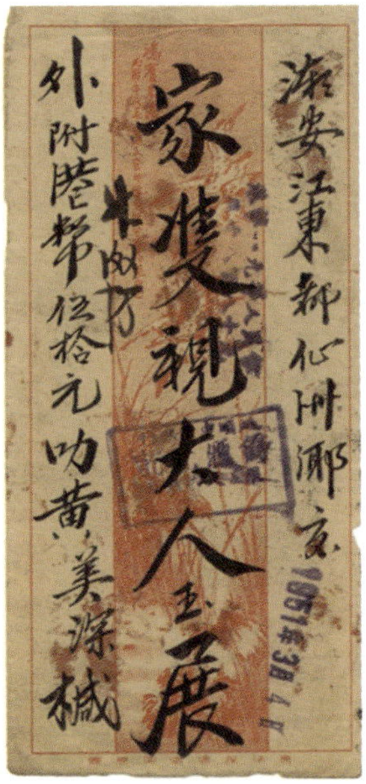

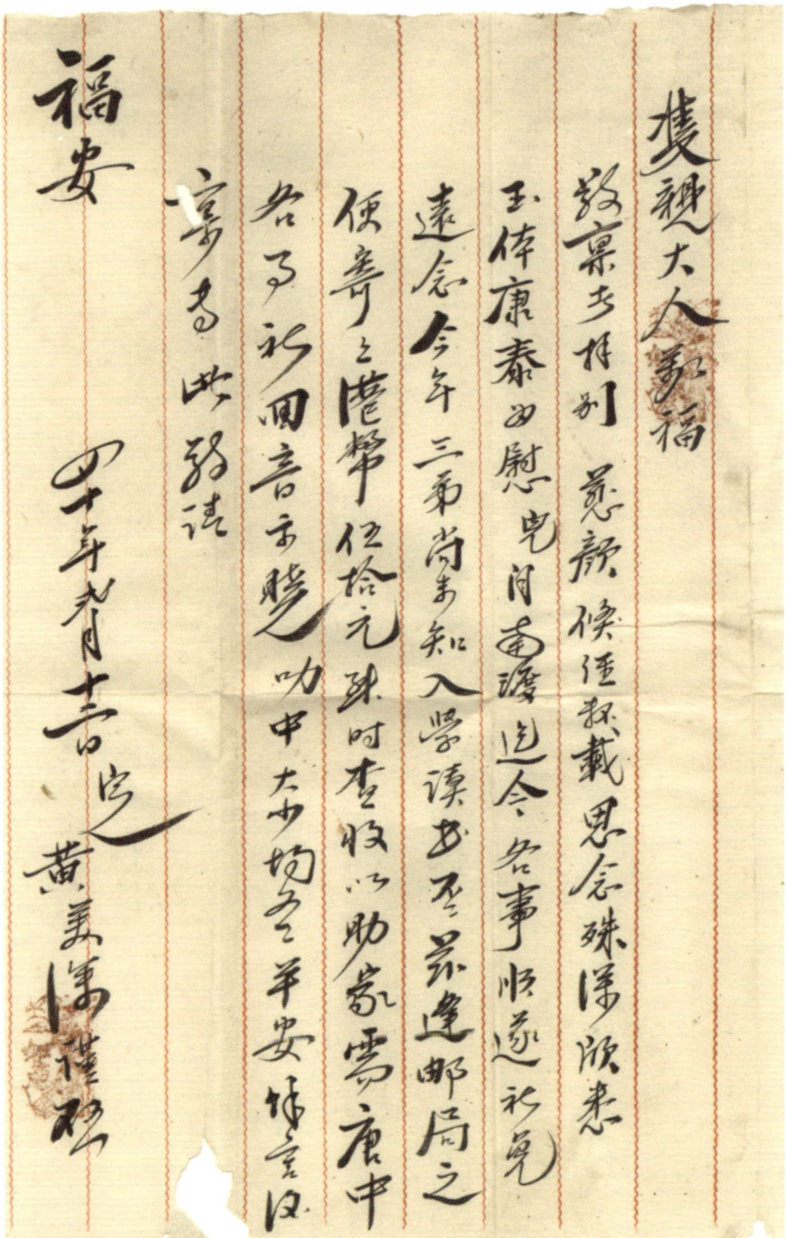
雙親大人尊福
敬稟者 拜别慈顏 倏經數載 思念殊深 敬悉
玉体康泰 以慰兒懷 南渡迄今 各事順遂 祈免
遠念 今年三弟尚未知入學讀書否 茲逢郵局之
便寄上港幣伍拾元 到時查收以助家需 唐中
各事祈回音示聆 叻中大少均告平安 請免以
寬高懷 此致敬請
福安
四十年二月十二日 寄
黃美深謹啟

三月十四日（1951 年 4 月 19 日）
叻黄坤保寄潮安江东仙洲乡黄炽深

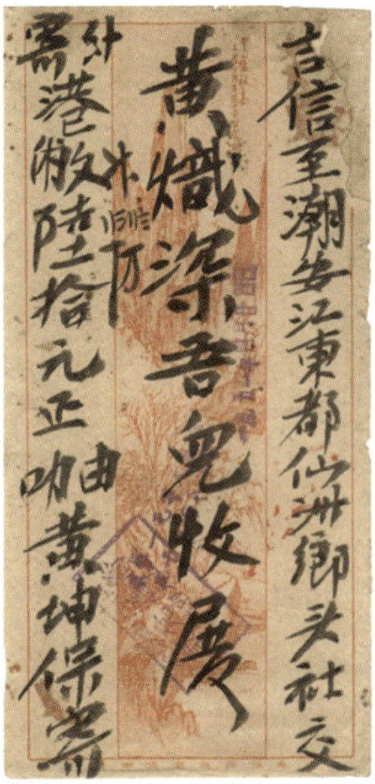

吉信至潮安江東都仙洲鄉头社交
黃熾深吾兒收展
外寄港幣陸拾元正
叻由黃坤保寄

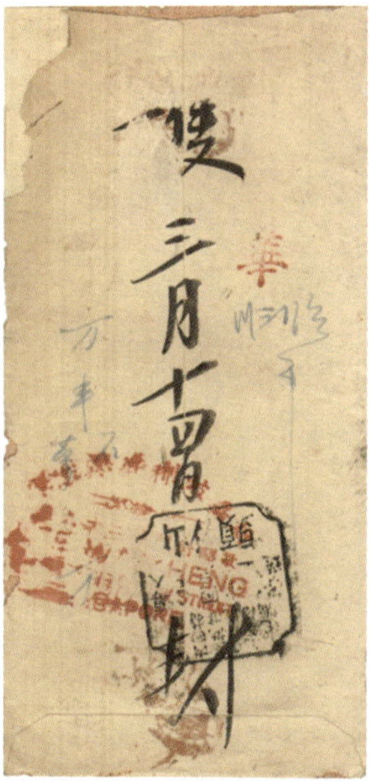

護
三月十四日
封

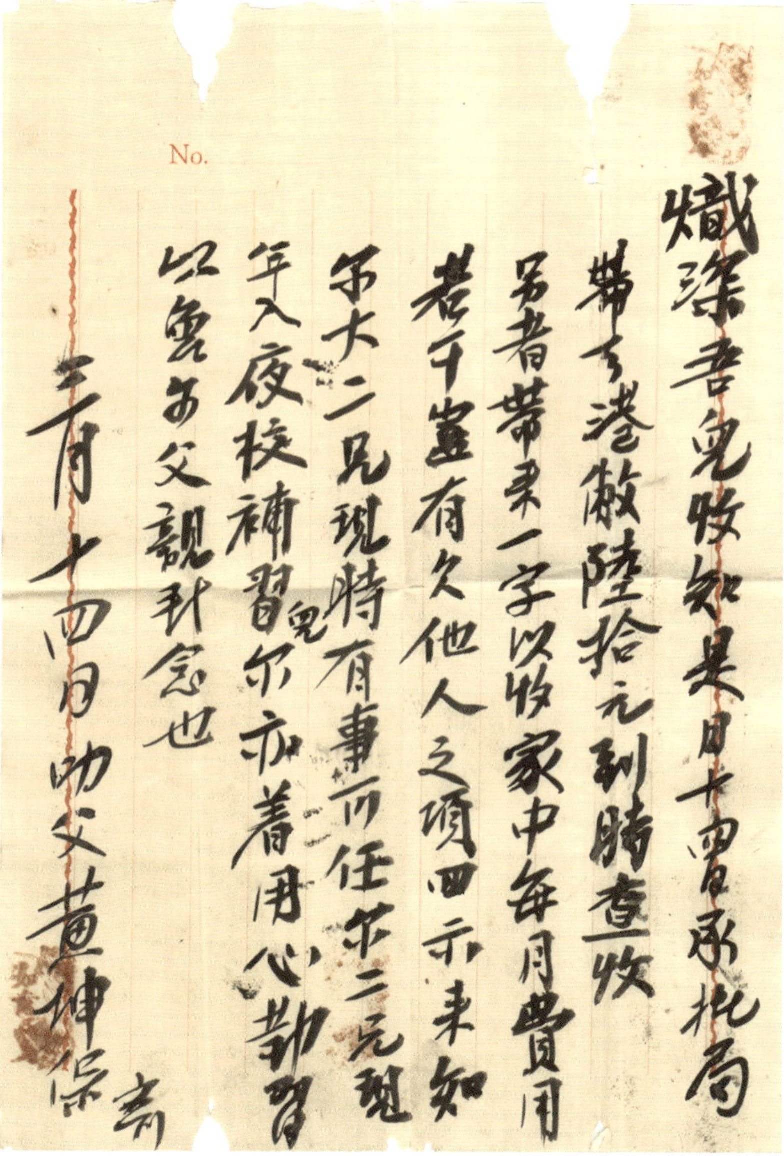

熾深吾兒收知是日十四日承批局
帶去港幣陸拾元到時查收
另者帶來一字以收家中每月費用
若干並有欠他人之項回示來知
爾大二兄現時有事而往爾二兄現
年入夜校補習兒爾亦着用心勤習
以免爾父親掛念也
三月十四日叻父黃坤保寄

辛卯年五月初十（1951 年 6 月 14 日）
叻坡黄坤保寄潮安江东仙洲乡黄炽深

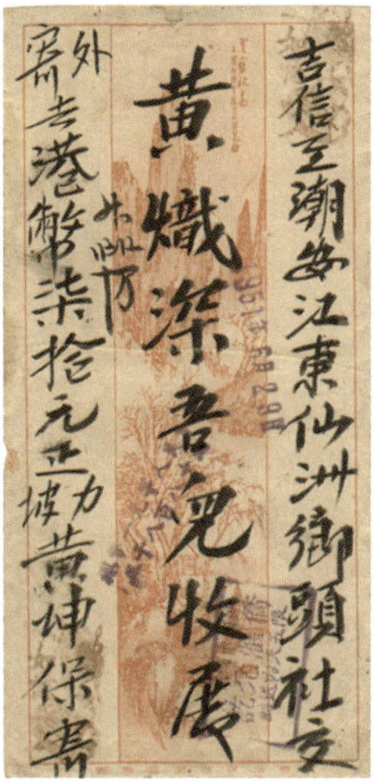

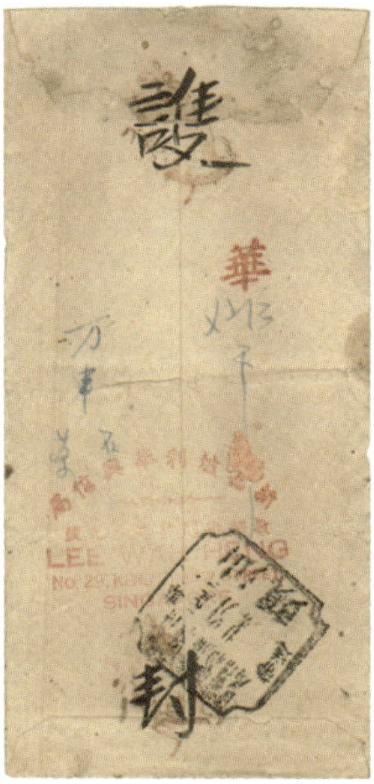

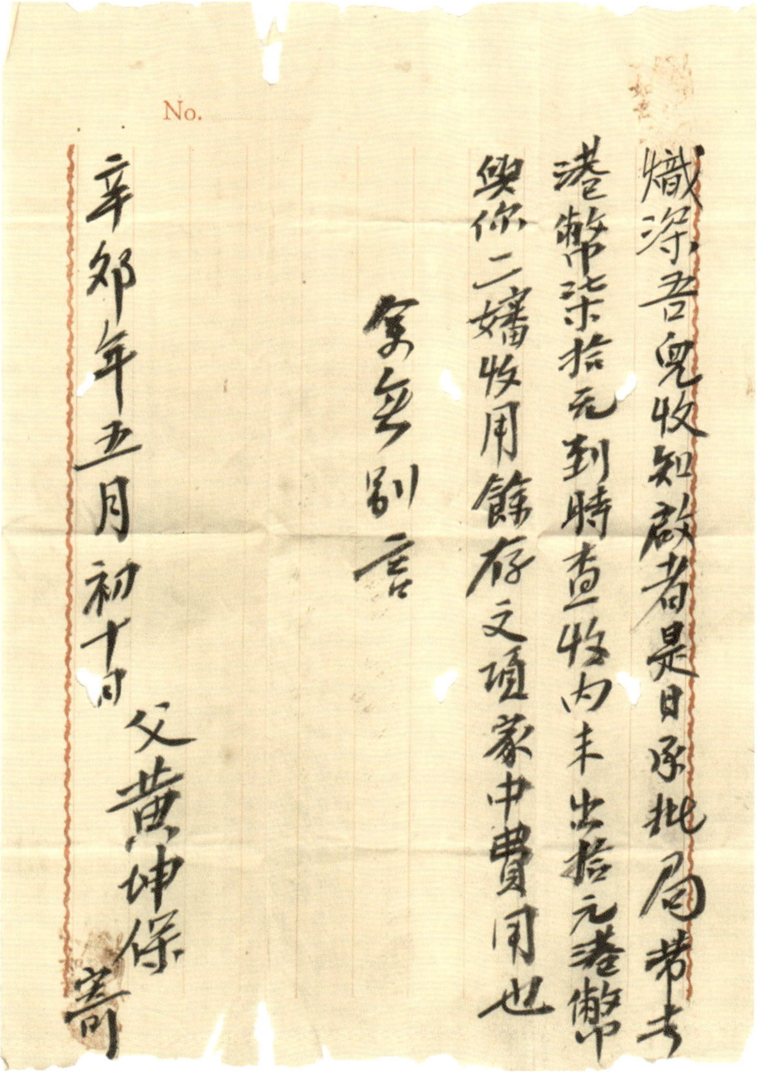

熾深吾兒收知啟者是日付批局帶去港幣柒拾元到時查收內未出拾元港幣與你二嬸收用餘存交回家中費用也

家無別言

辛卯年五月初十日

父黃坤保寄

辛卯年六月初九（1951 年 7 月 12 日）
叻黄坤保寄潮安江东仙洲乡黄炽深

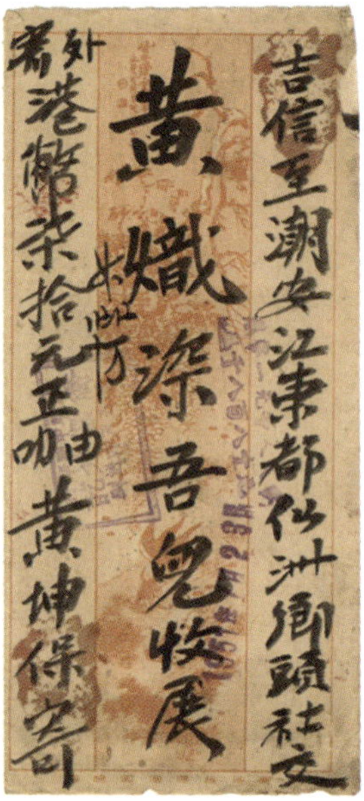

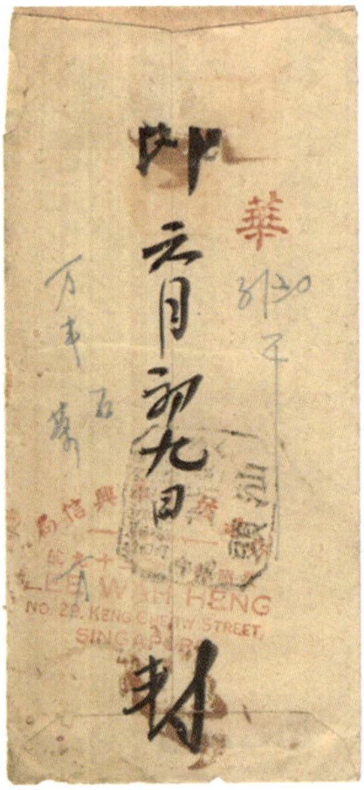

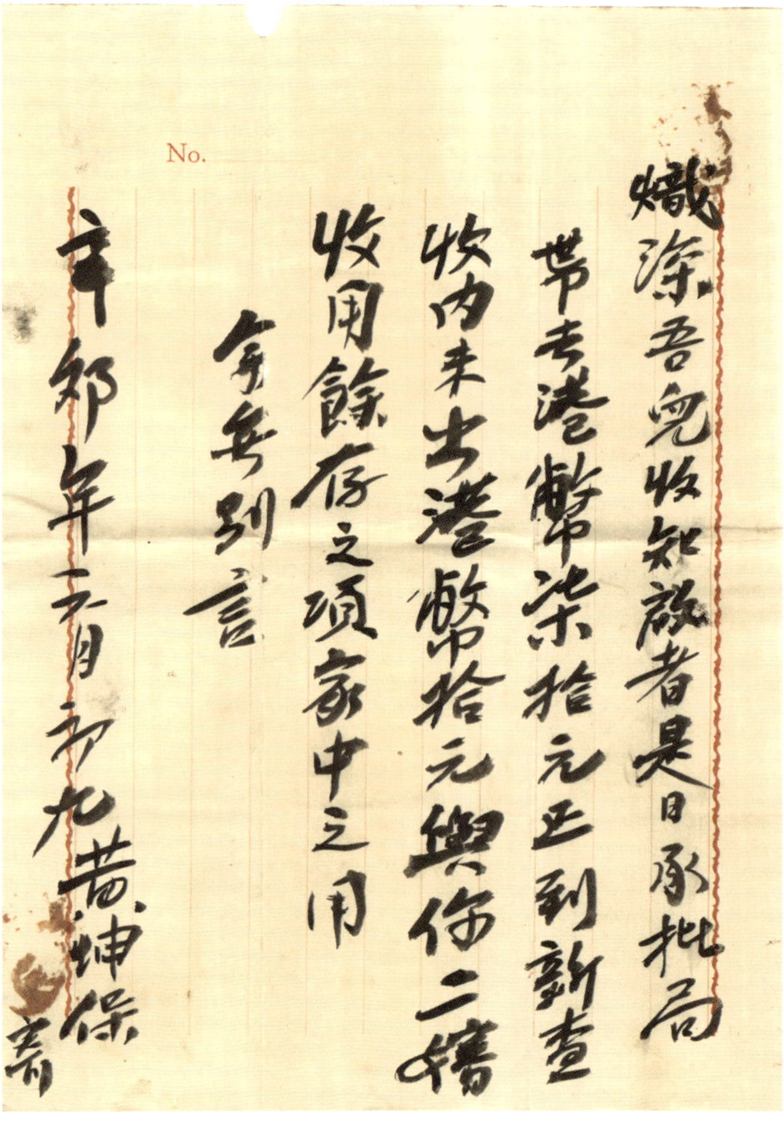
No.

熾深吾兒收知啟者是日承批局帶去港幣柒拾元正到新查收內來去港幣拾元與你二嬸收用餘存之項家中之用

餘無別言

辛卯年六月初九黃坤保寄

辛卯年七月初七（1951 年 8 月 9 日）
叻黄汉深寄潮安江东仙洲乡母亲

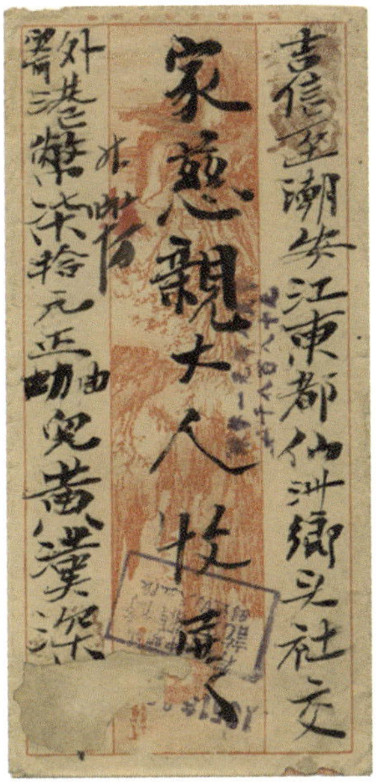

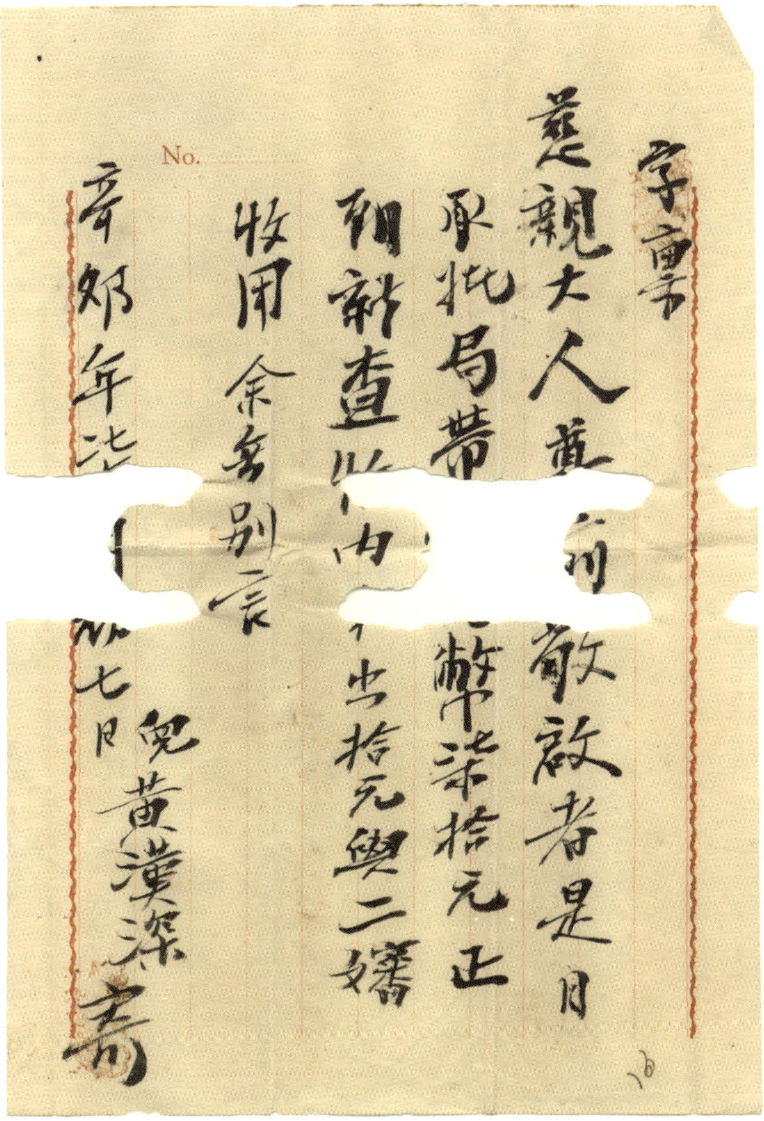
字禀
慈親大人萬[illegible]敬啟者是月
承批局帶[illegible]港幣柒拾元正
到祈查收內[illegible]出拾元與二嬸
收用余容別[illegible]
辛卯年[illegible]七日 兒黃漢深[illegible]

辛卯年八月初三（1951 年 9 月 3 日）
叻黄汉深寄潮安江东仙洲乡母亲

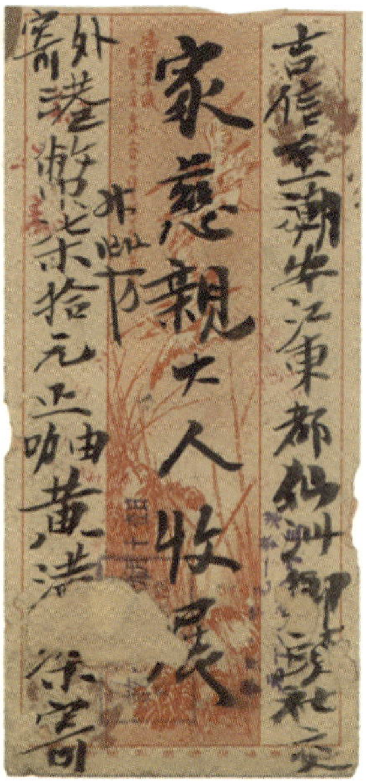

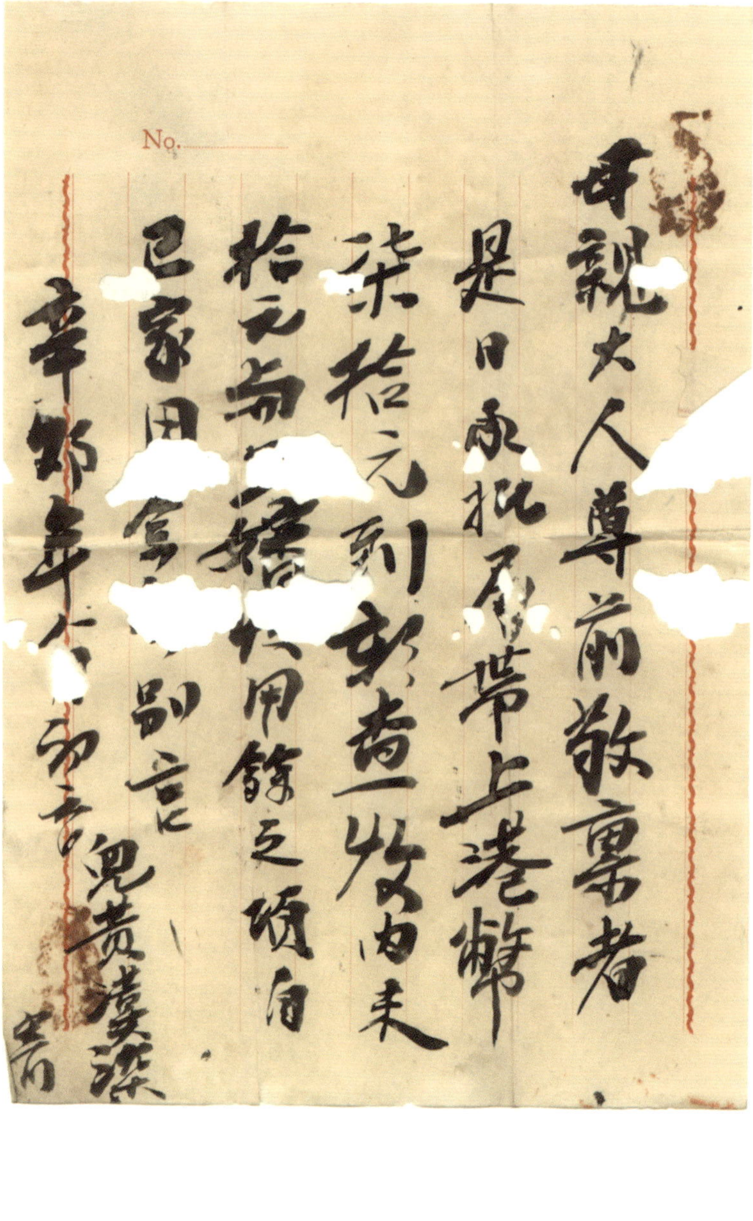
母親大人尊前敬稟者
是日承批局帶上港幣
柒拾元 列款查收 由来
拾元為[illegible]費用 餘之[illegible]自
已家用 [illegible] 別言
辛卯年八月初三
兒黃漢深 寄

辛卯年九月初四（1951 年 10 月 4 日）
叻黄汉深寄潮安江东仙洲乡母亲

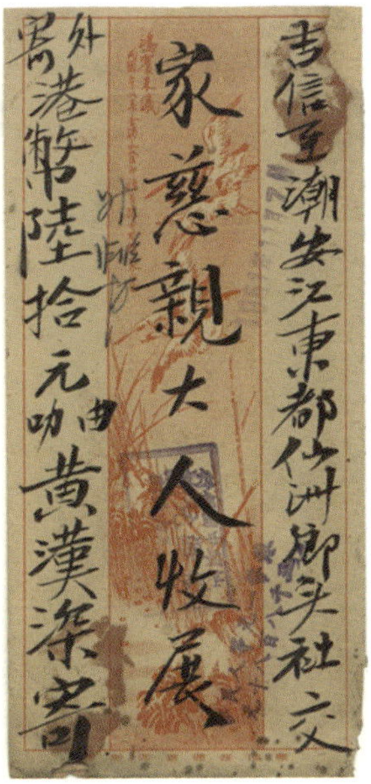

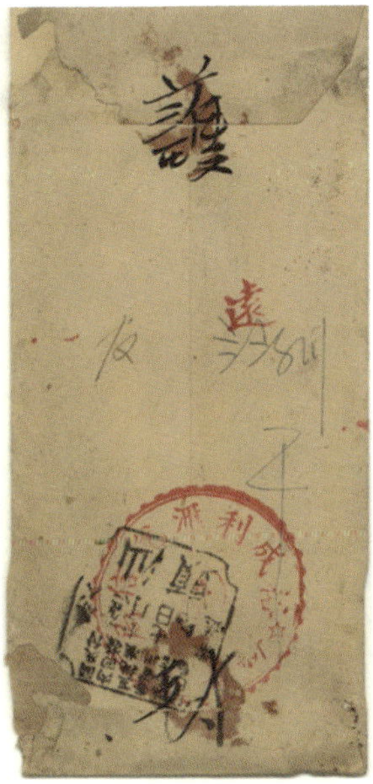

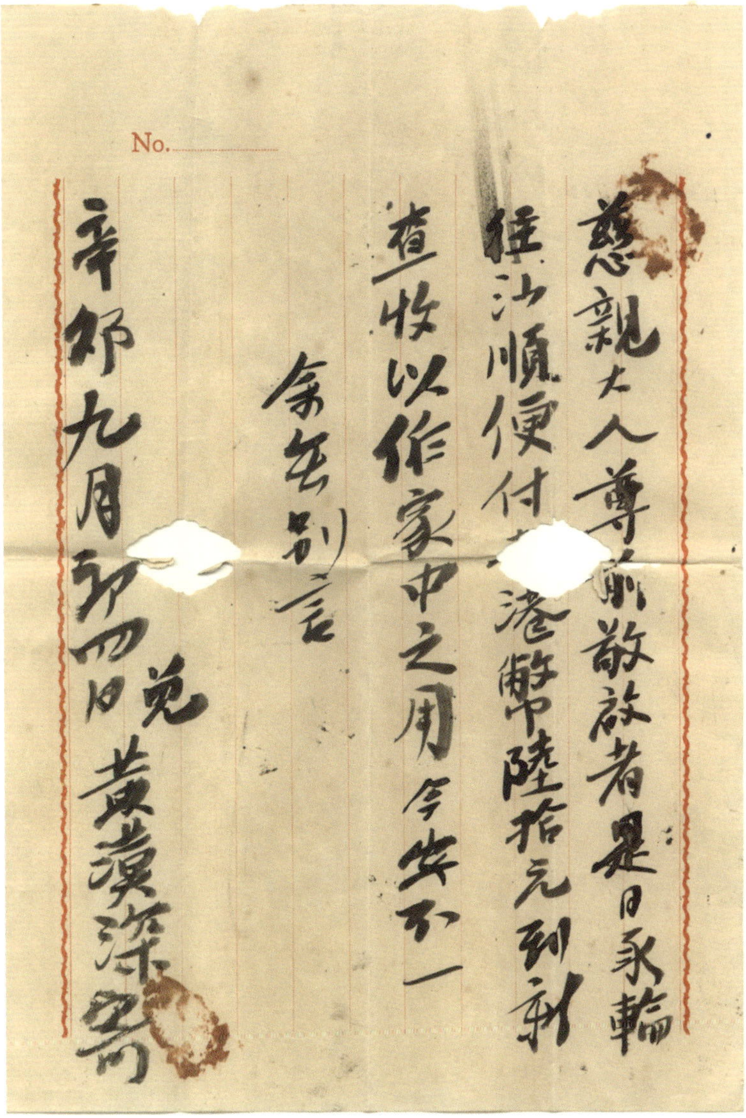
No.
慈親大人尊前敬啟者是日承輪
任江順便付去港幣陸拾元到祈
查收以作家中之用 今安不一
余無別言
辛卯九月初四日 兒黄漢深寄

1951 年 10 月 10 日叻黄汉深寄潮安江东仙洲乡母亲

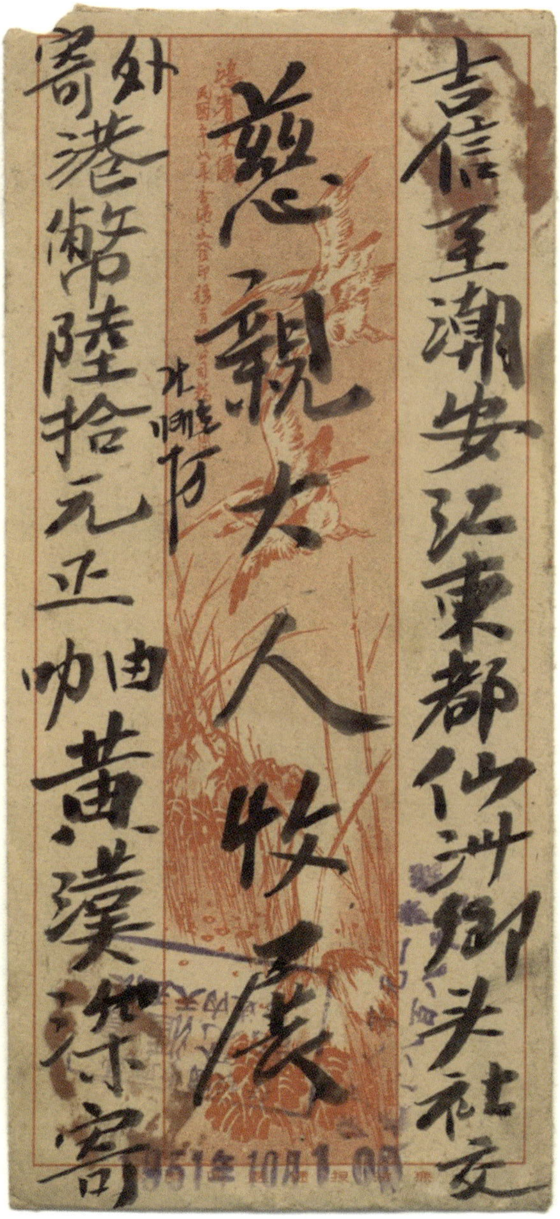

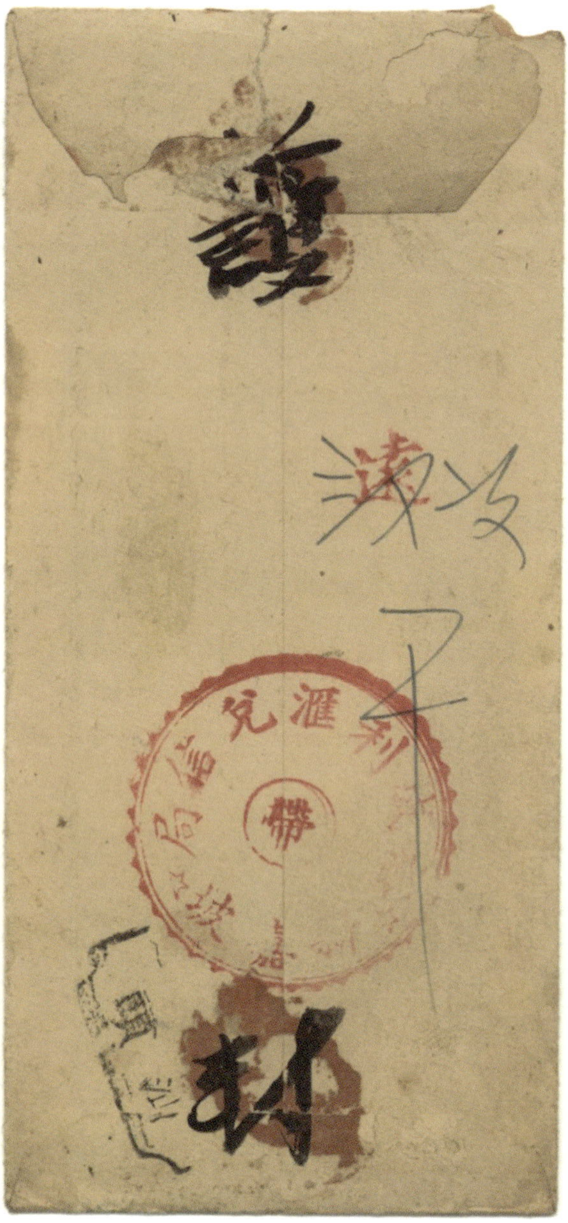

辛卯年十月初三（1951 年 11 月 1 日）黄汉深寄母亲

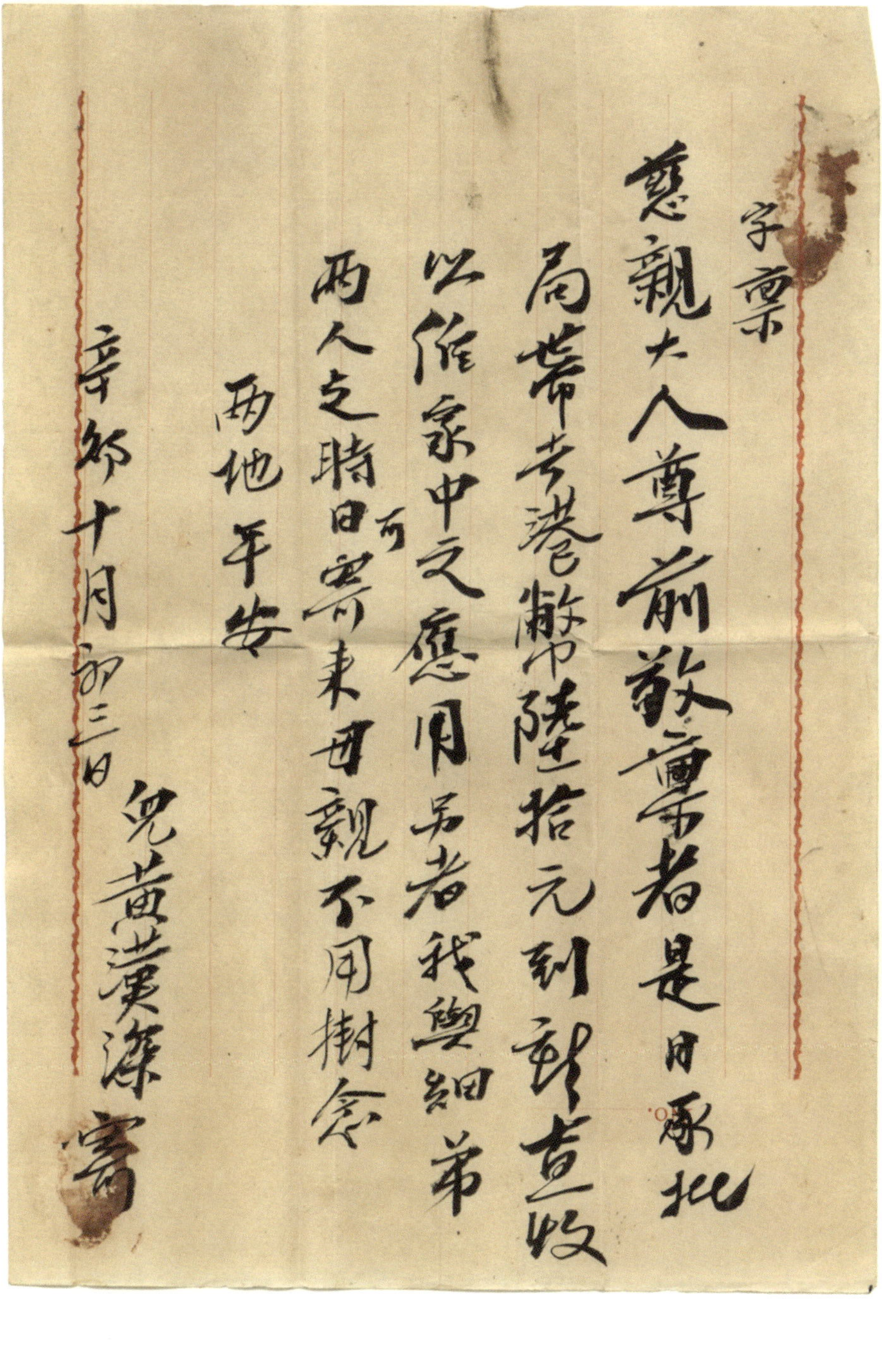
字稟
慈親大人尊前敬禀者是日承批
局帶去港幣陸拾元到祈查收
以備家中之應用另者我與細弟
兩人之將日可寄來母親不用掛念
兩地平安
辛卯十月初三日
兒黃漢深寄

1952 年 1 月 5 日叻黄美深寄潮安江东仙洲乡黄炽深

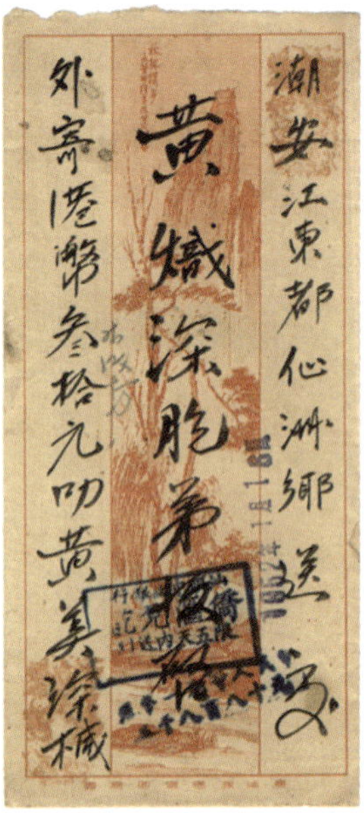

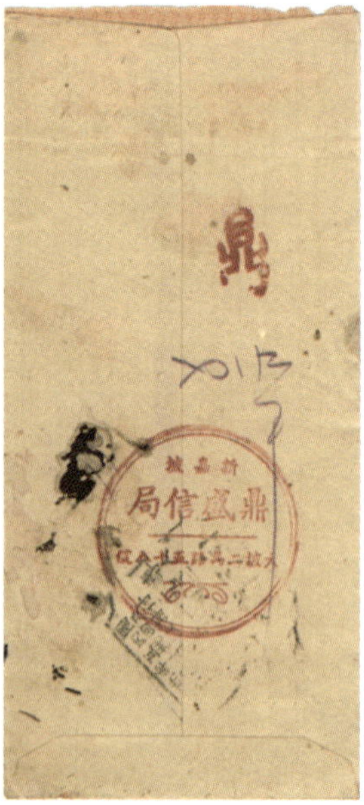

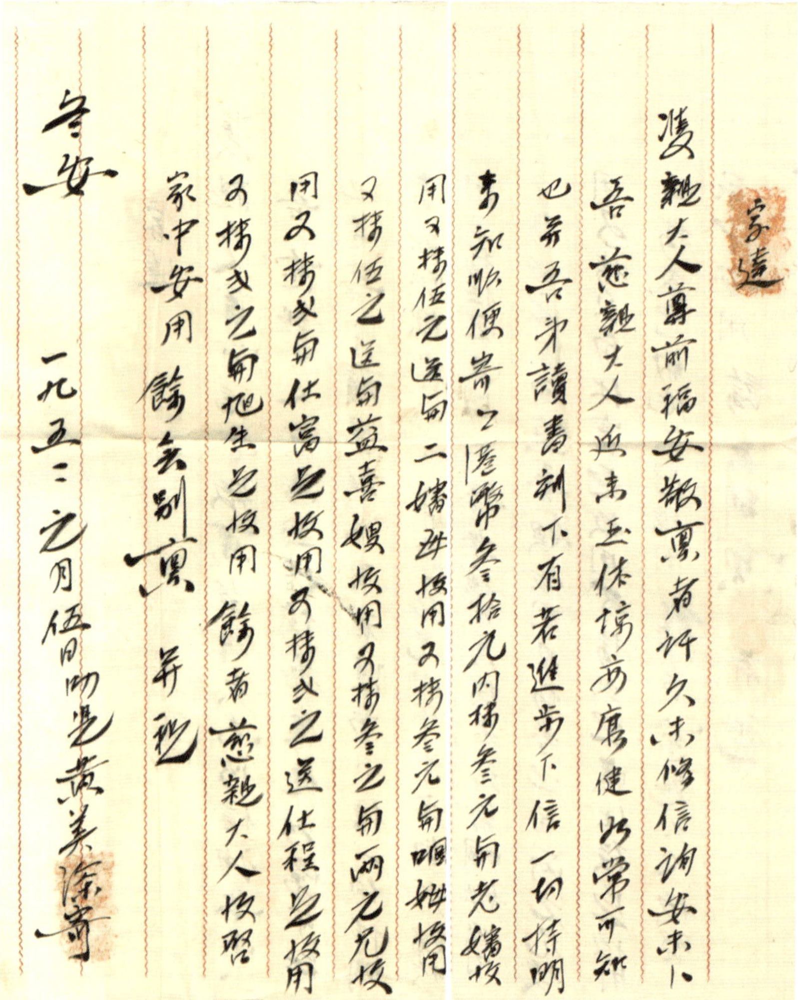

家造

双亲大人尊前福安敬禀者许久未修信询安未卜
吾慈亲大人近来玉体谅亦康健如常可知
也并吾弟读书刻下有若进步下信一切详明
来知收便寄上港币叁拾元内扣叁元与老嬷收
用又扣伍元送与二婶母收用又扣叁元与咽姆收用
又扣伍元送与益喜嫂收用又扣叁元与两元兄收
用又扣贰元与仕富兄收用又扣贰元送仕程兄收用
又扣贰元与旭生兄收用余者慈亲大人收聚
家中安用余无别禀并祝
金安
一九五二元月伍日男黄美深寄

1952 年 3 月 17 日叻黄汉深寄潮安江东仙洲乡母亲

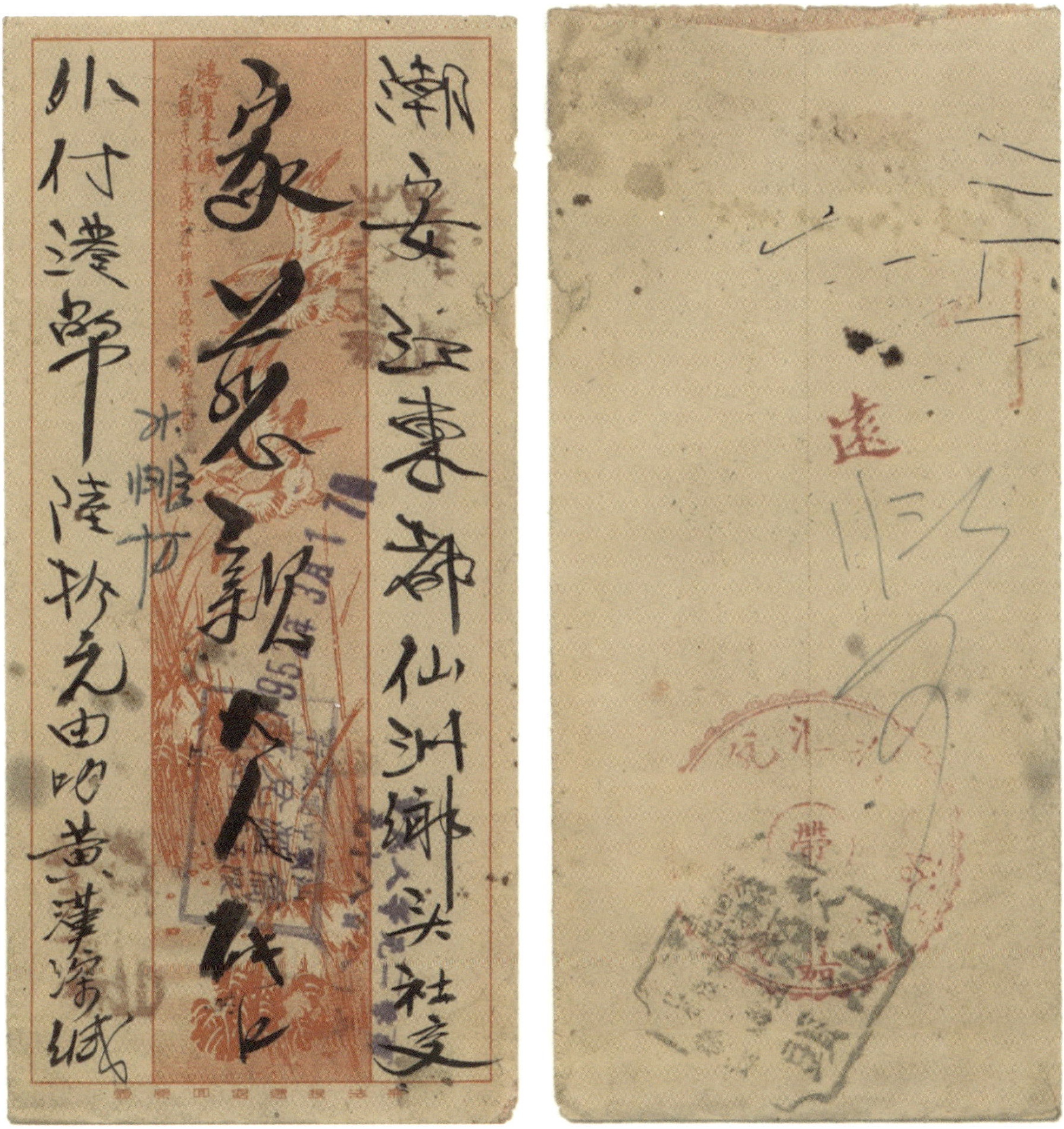

一九五二年三月初五（1952 年 3 月 30 日）
叻黄汉深寄潮安江东仙洲乡双亲

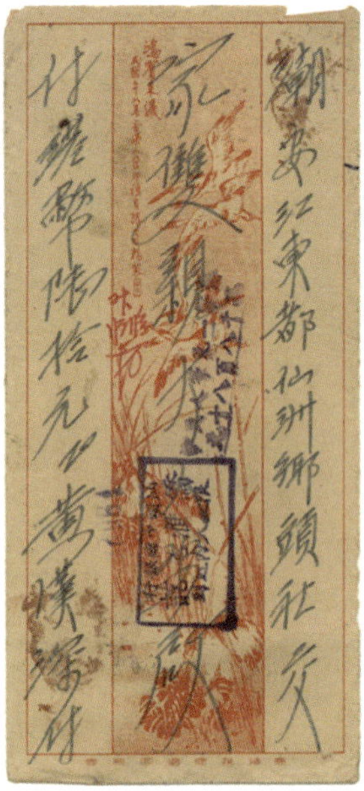

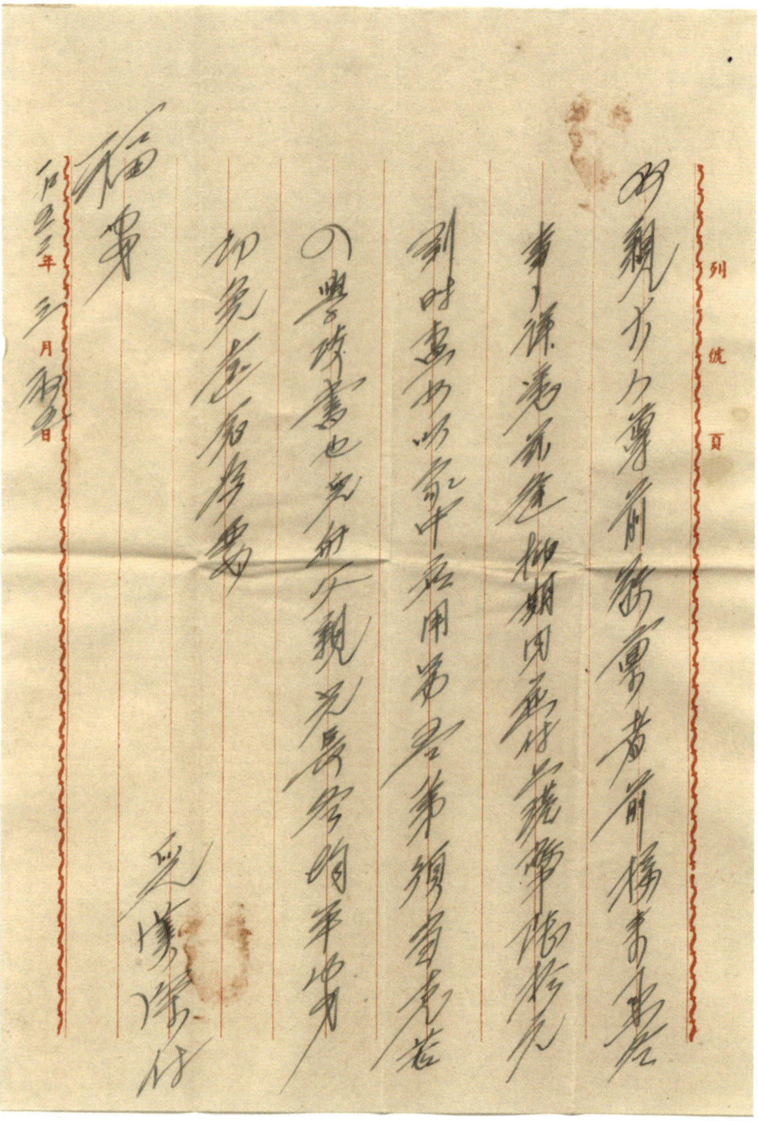

1952 年 7 月 15 日叻黄美深寄潮安江东仙洲乡母亲

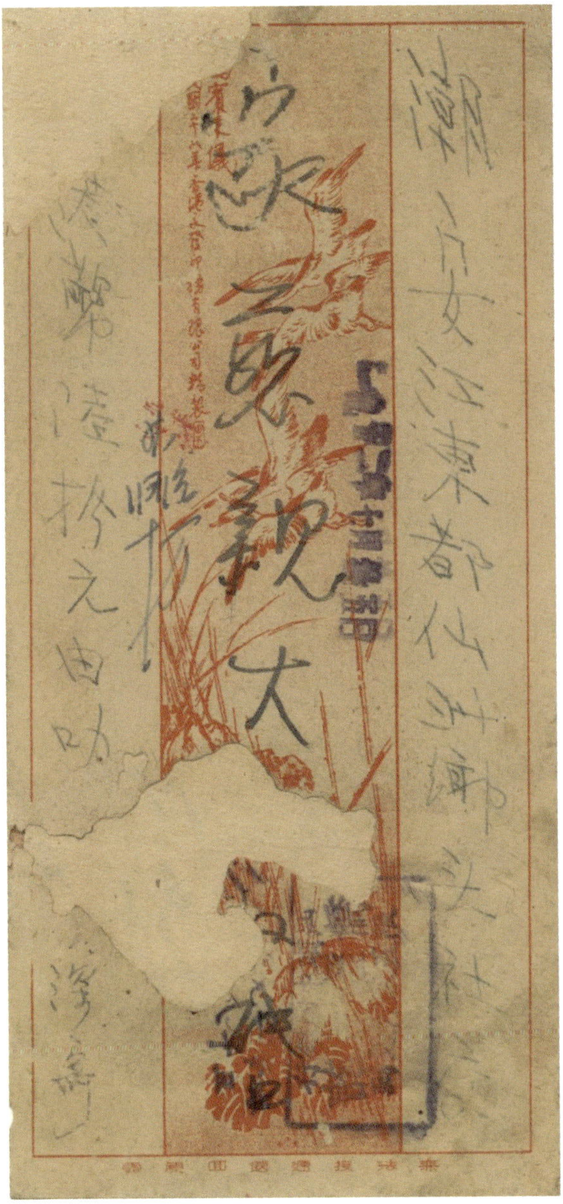

1952年8月18日叻黄汉深寄潮安江东仙洲乡双亲

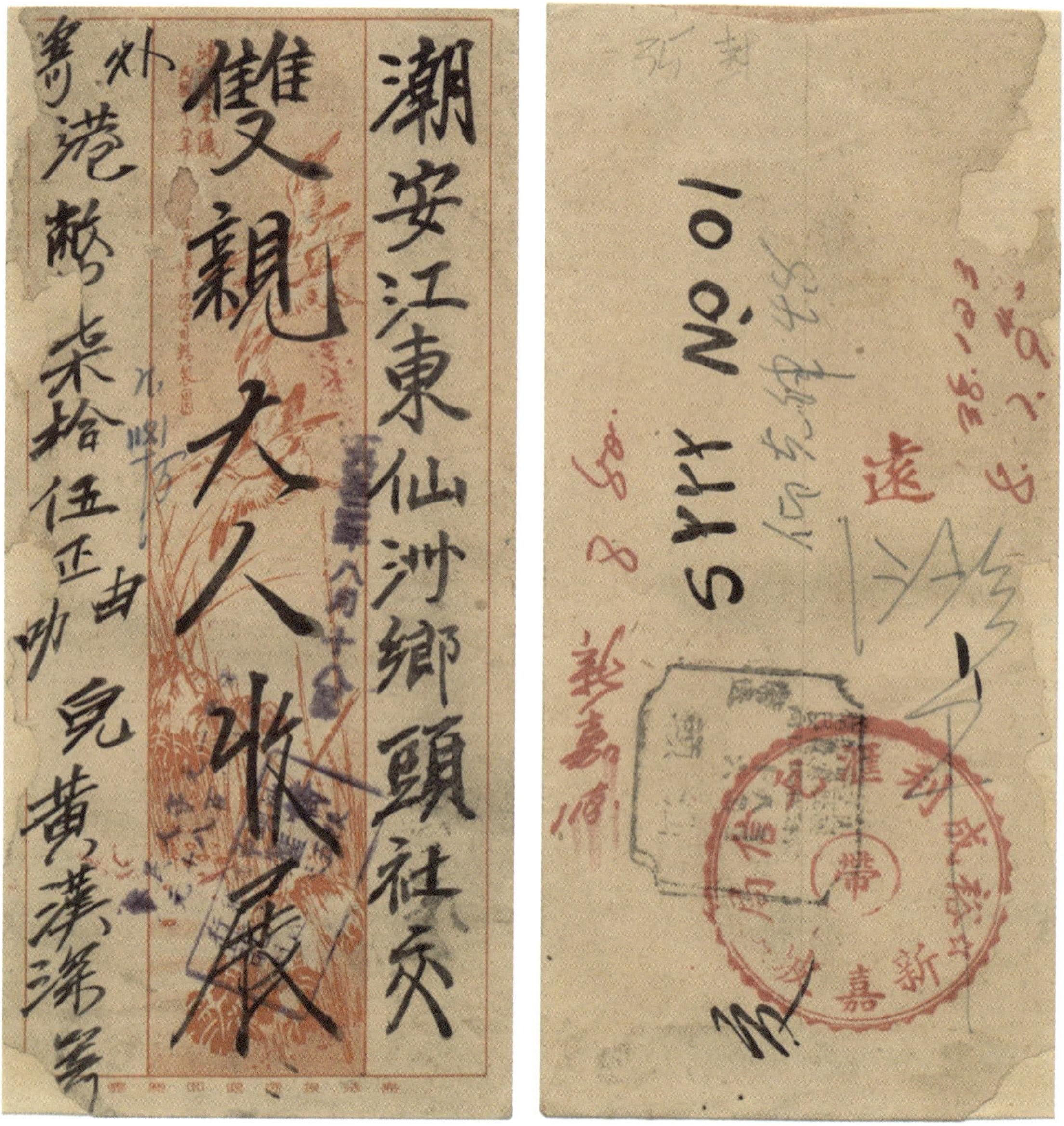

九月一日（1952 年 9 月 1 日）叻黄汉深寄潮安江东仙洲乡母亲

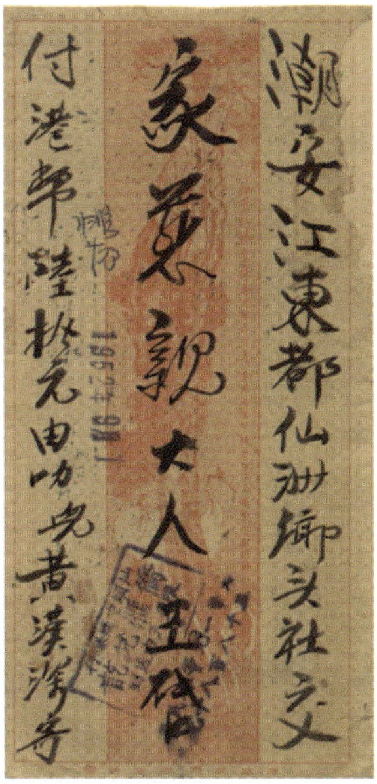

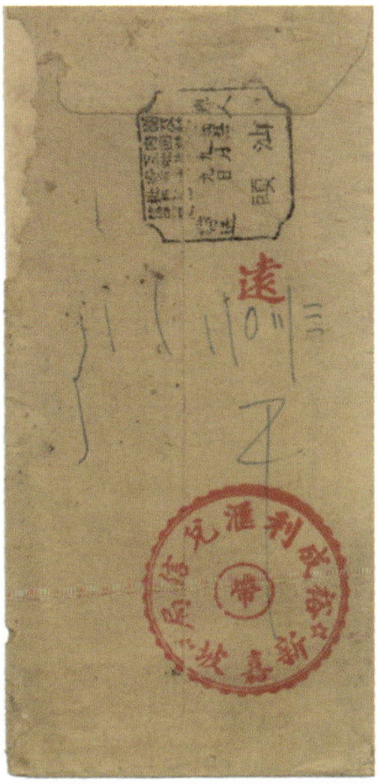

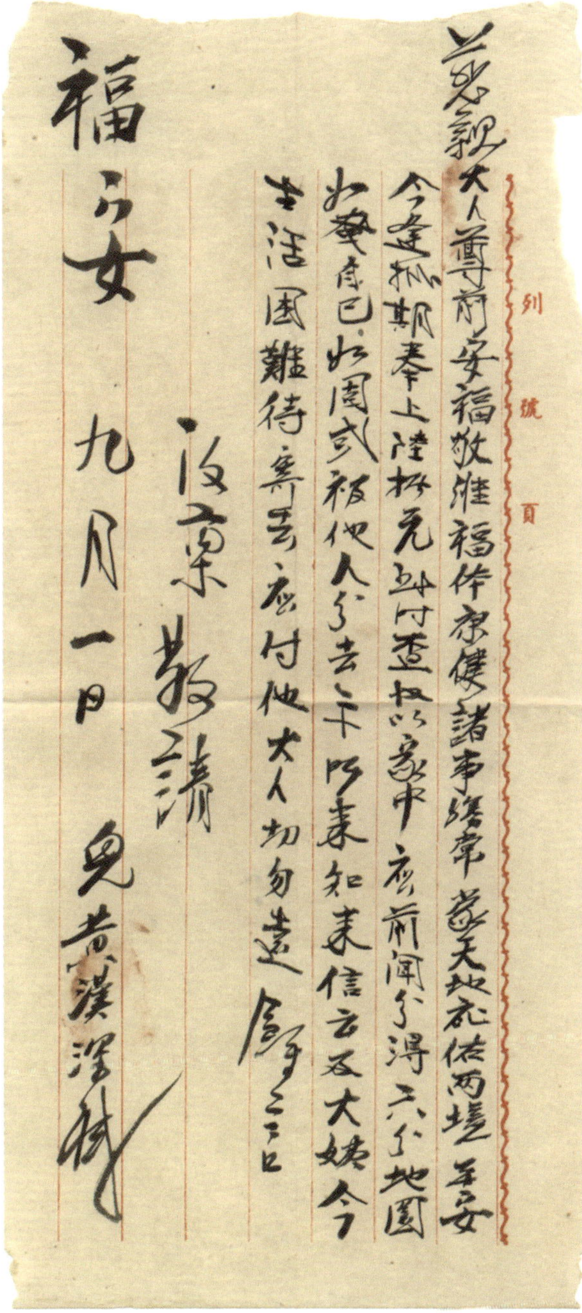
慈親大人尊前安福敬維
福体康健諸事順常 為天地祝佑兩塲 年安
今逢批期奉上陸拾元正付查收以家中應前聞了渴六个地園
必要否已如同式被他人了去干可来知来信云及大姨今
生活困難待寄去應付他大人切勿遠
此候
敬請
福安
九月一日
兒黃漢深稟

一九五二年八月初四（1952 年 9 月 22 日）
黄汉深寄母亲

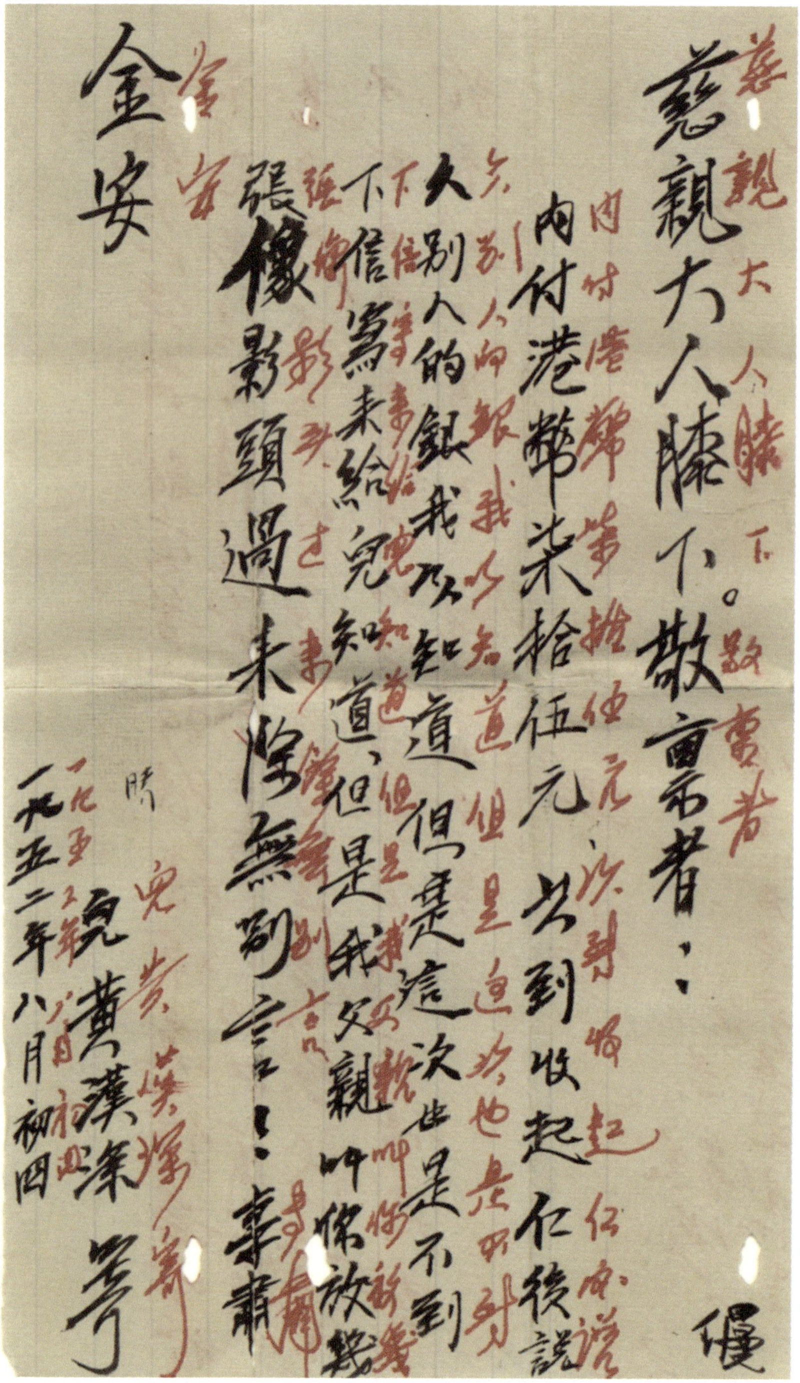
慈親大人膝下。敬禀者：優
內付港幣柒拾伍元，已到收起，仁後說
人別人的銀我不知道，但是這次也是不到
下信寫來給兒知道，但是我父親叫你放鈔
張像影頭過來，除無別言！專肅
金安
時
兒 黃漢深 寄
一九五二年八月初四

1952 年 10 月 9 日叻黄汉深寄潮安江东仙洲乡双亲

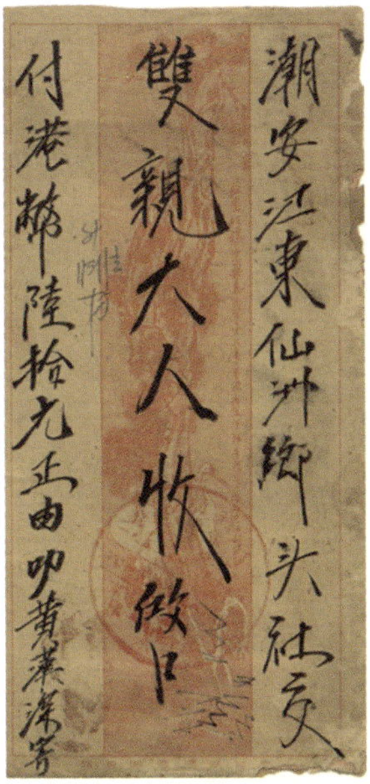
潮安江東仙洲鄉頭社交

雙親大人收啟

付港幣陸拾元正由叻黃漢深寄

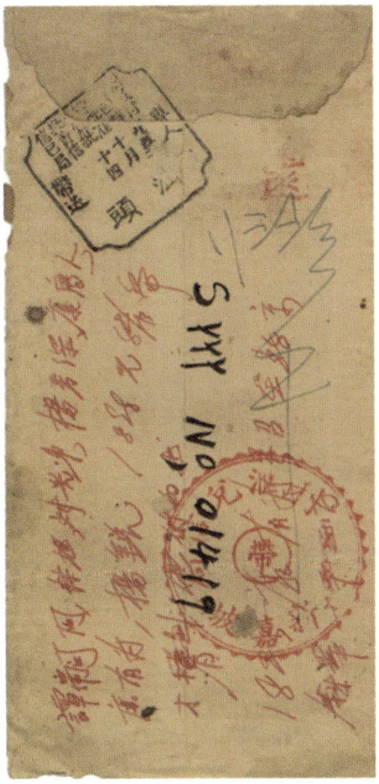

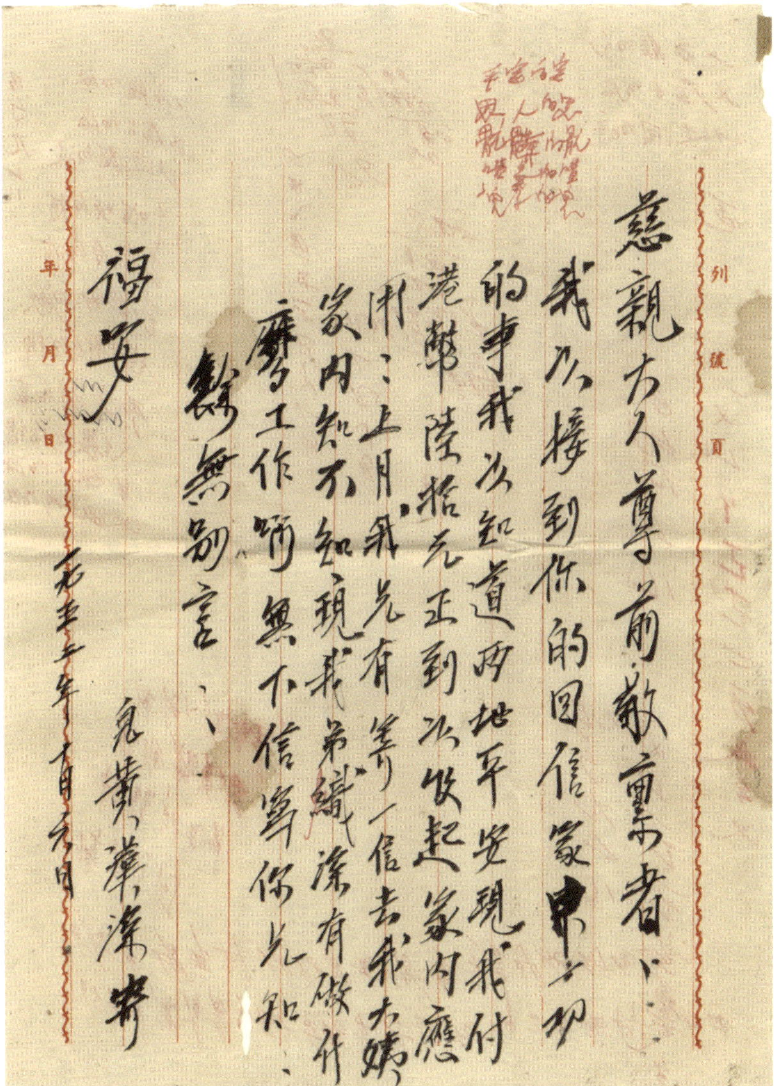
慈親大人尊前敬稟者：

我以接到你的回信家中一切的事我以知道兩地平安現我付港幣陸拾元正到以收起家內應用。上月我先有寄一信去我大姨家內知不知現我弟織深有做什麼工作何無不信與你兒知、餘無别言、

福安

兒黃漢深寄

一九五二年十月九日

1952 年 12 月 1 日黄汉深寄潮安江东仙洲乡双亲

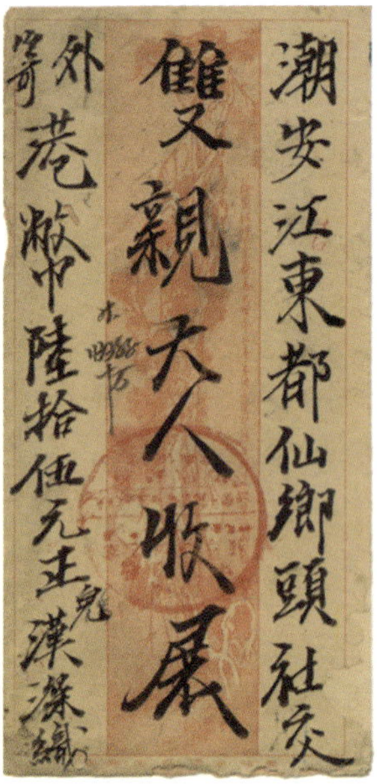

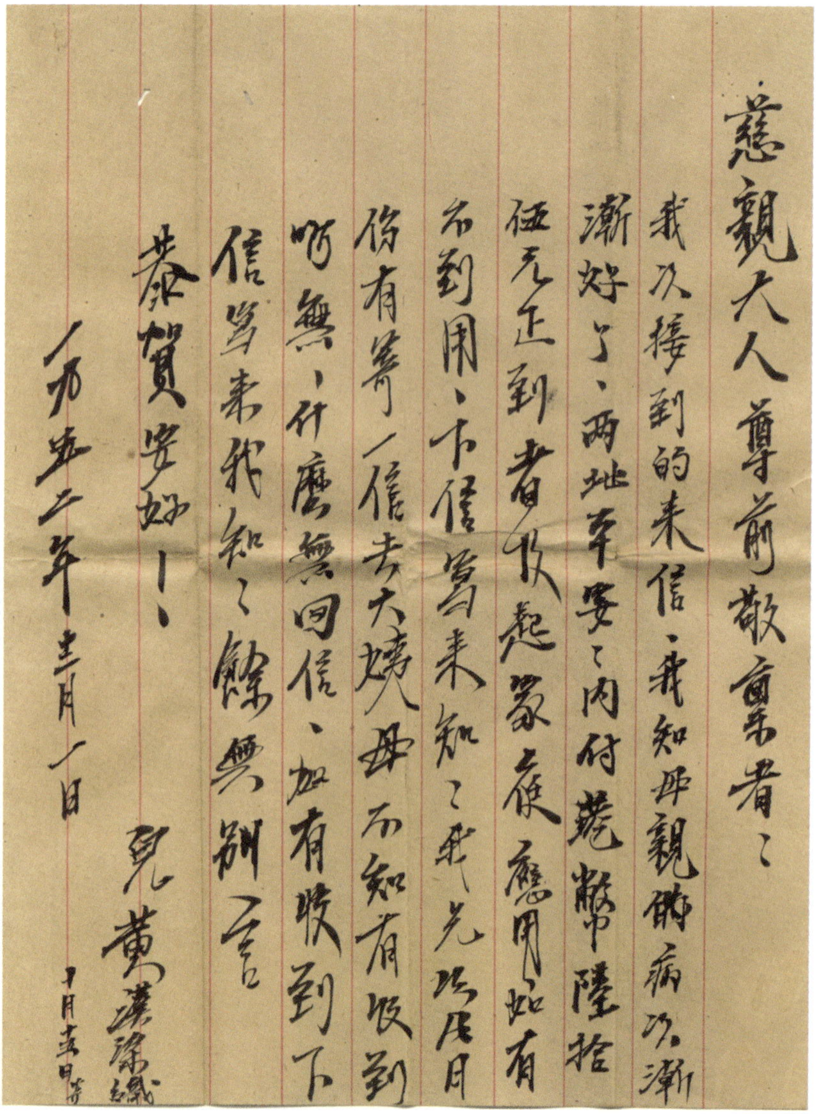
慈親大人尊前敬稟者：

我𠩤接到的來信，我知母親飾病以漸漸好了，兩地平安，內付港幣陸拾伍元正，到者收起家應用，如有不夠用，下信寫來知，我先收5月份有寄一信去大姨母不知有收到啊無，什麽無回信，如有收到下信寫來我知，餘無別言

恭賀安好！

兒黃漢深緘

一九五二年十二月一日

1953 年 3 月 23 日黄汉深寄潮安江东仙洲乡双亲

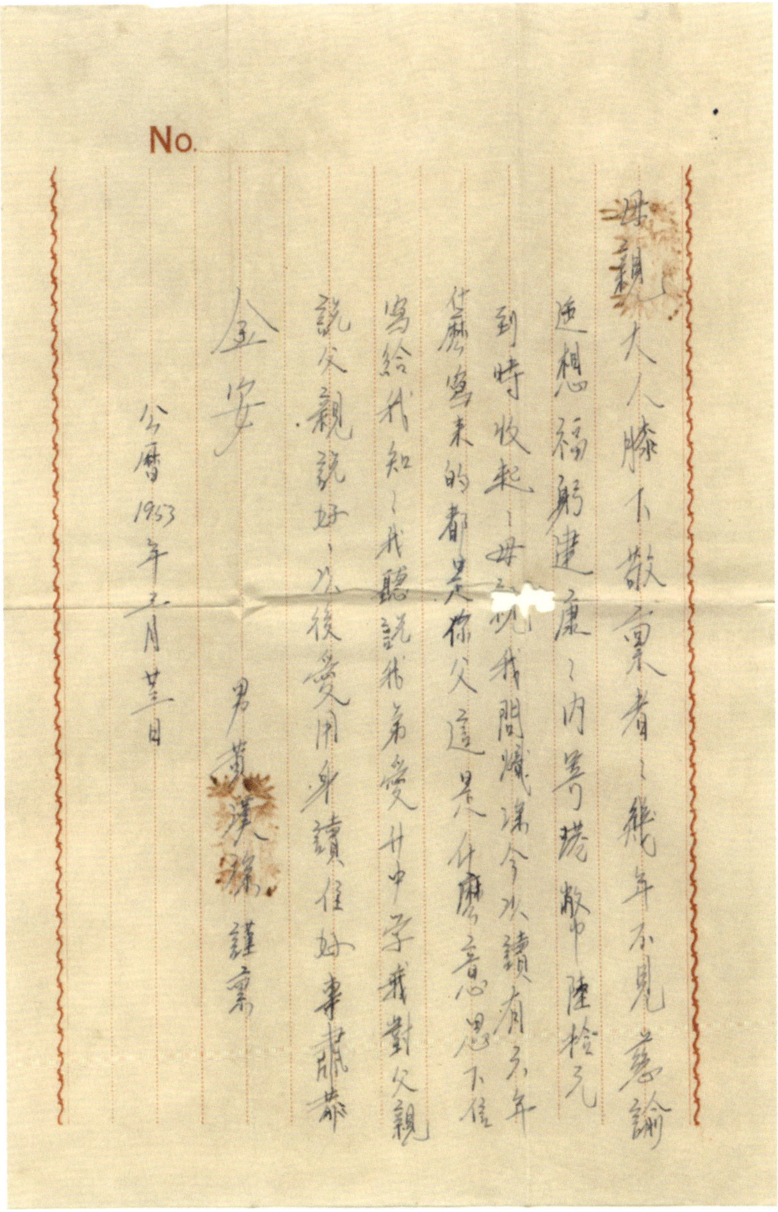

No.

母親大人膝下敬禀者：幾年不見慈諭
遥想福躬建康，內寄港幣陸拾元
到時收起，母親我問候今次續有六年
什麼寄來的都是你父這是什麼意思不住
寄給我知，我聽說我弟愛升中學我對父親
說父親說好，以後愛用身讀佳好事。恭
金安

男黃漢深謹禀

公曆1953年三月廿三日

1953年4月20日叻黄汉深寄潮安江东仙洲乡双亲

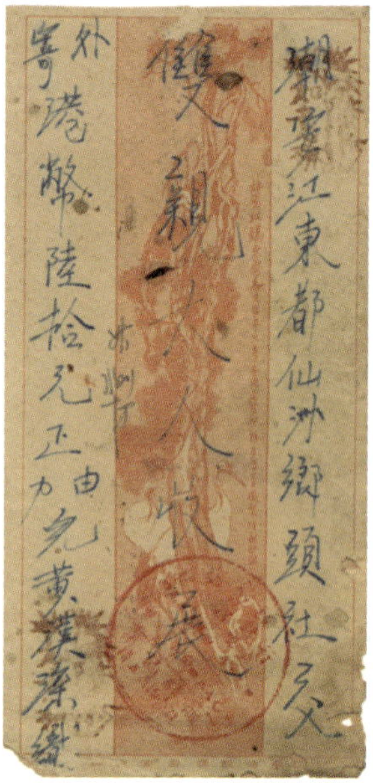

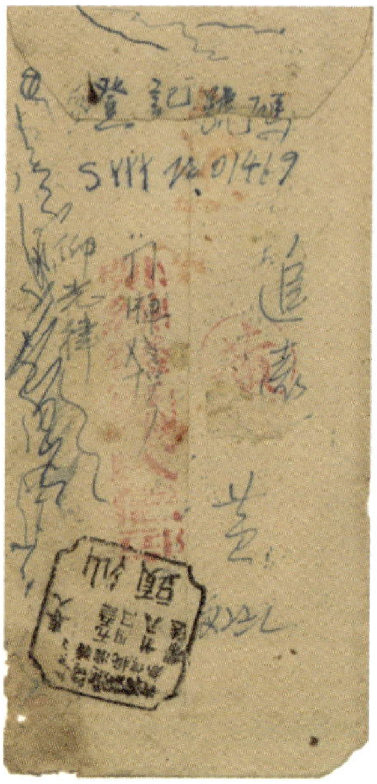

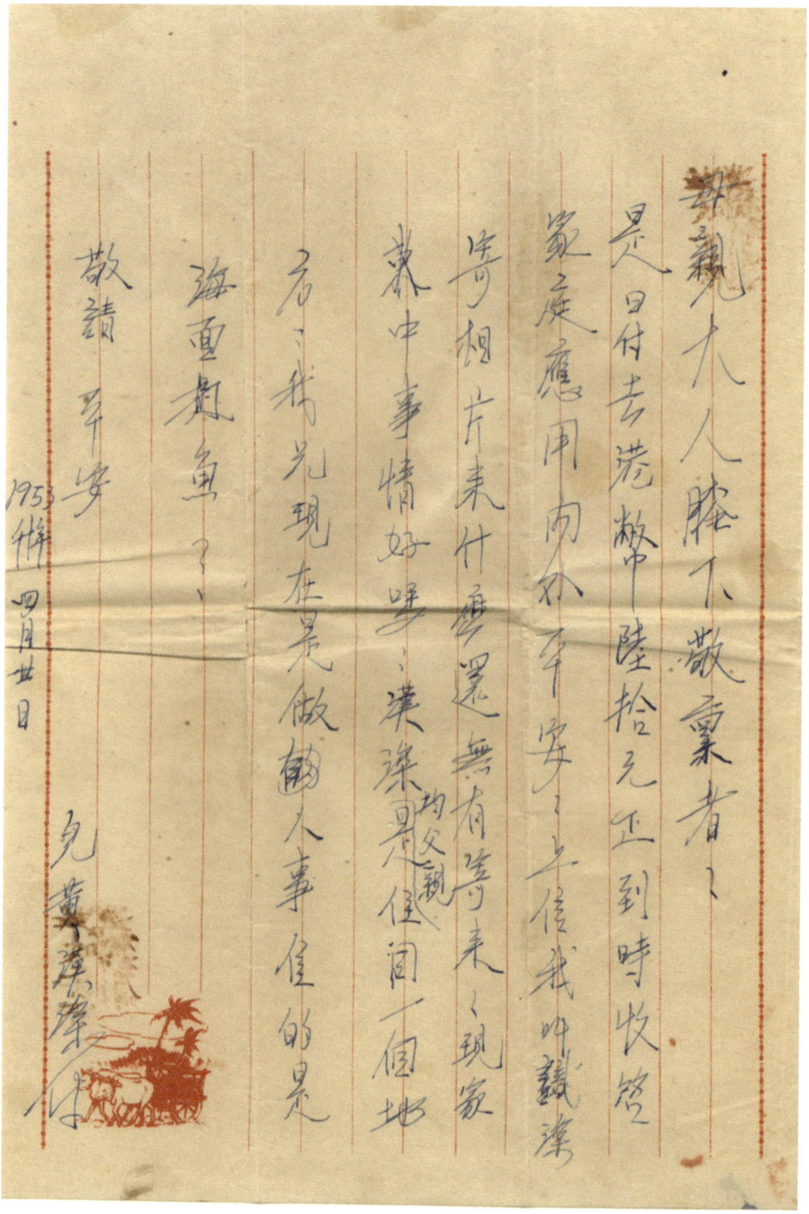

母親大人膝下敬稟者：
是日付去港幣陸拾元正，到時收啓
家庭應用，而外平安。上信我叫鐵深
寄相片来，什麽還無有寄来。現家
裏中事情好嗎？漢深(均父親)住同一個地
方，我兄現在是做個人事，但的是
海面捕魚。
敬請
平安
1953年四月廿日
兒黃漢深仔

1953 年 6 月 26 日叻黄汉深寄潮安江东仙洲乡母亲

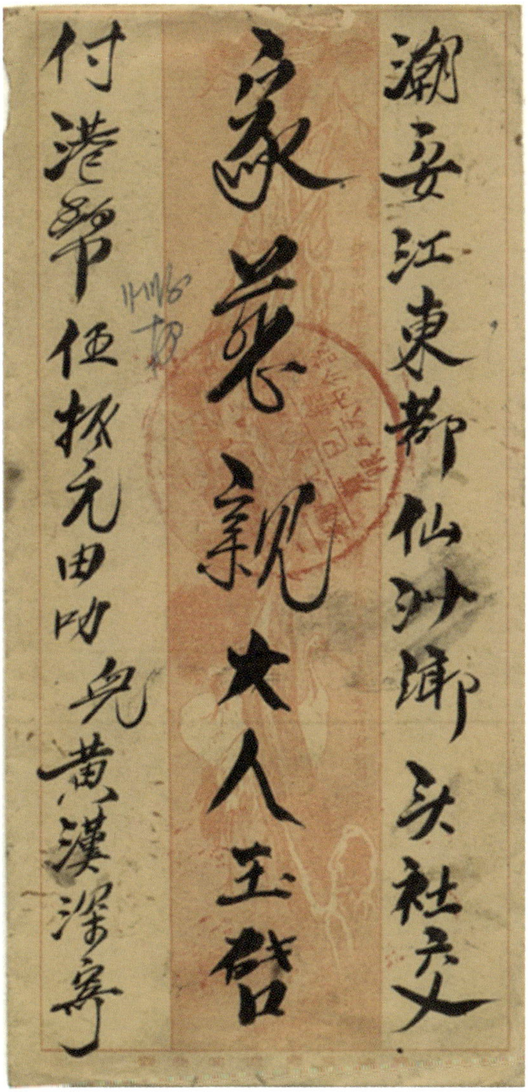

1953 年 7 月 14 日叻黄汉深寄潮安江东仙洲乡双亲

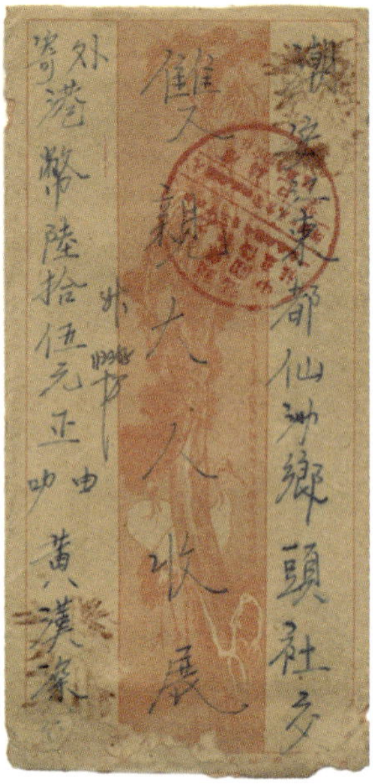

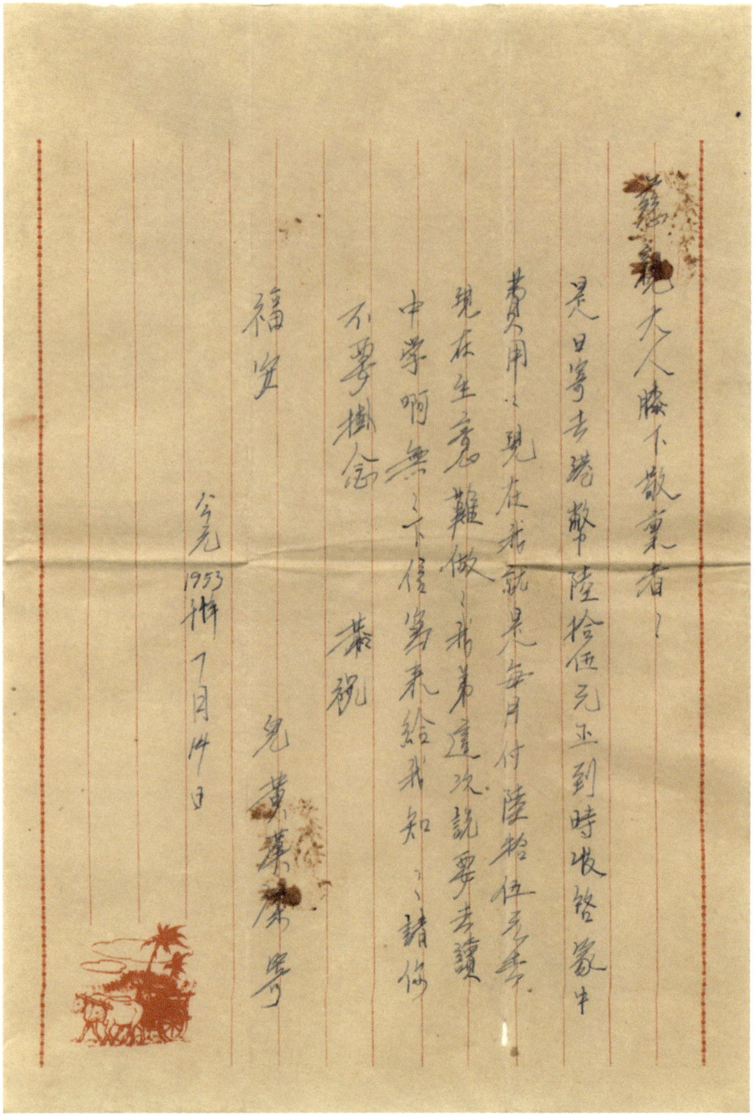

慈親大人膝下敬稟者：
是日寄去港幣陸拾伍元正到時收啓家中
費用：現在我就是每月付陸拾伍元香
現在生意難做：我弟這次說要去讀
中学啊無：下信寫來給我知：請你
不要掛念 恭祝
福安
兒 黄漢深 寄
公元1953年7月14日

八月十日（1953 年 8 月 10 日）
黄汉深寄潮安江东仙洲乡母亲

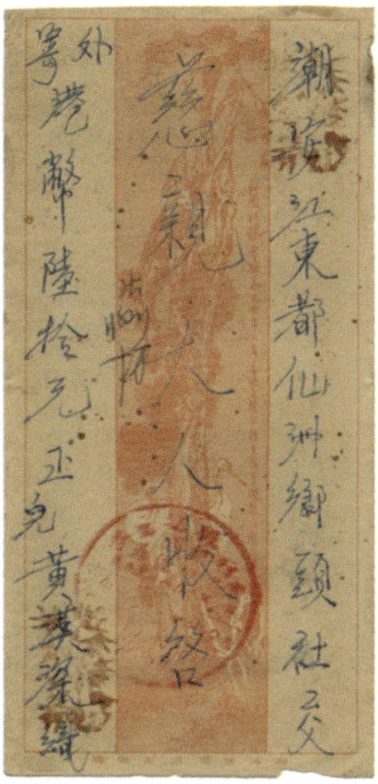

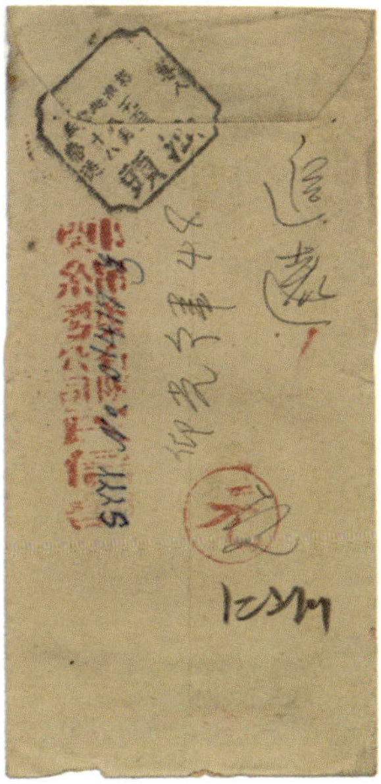

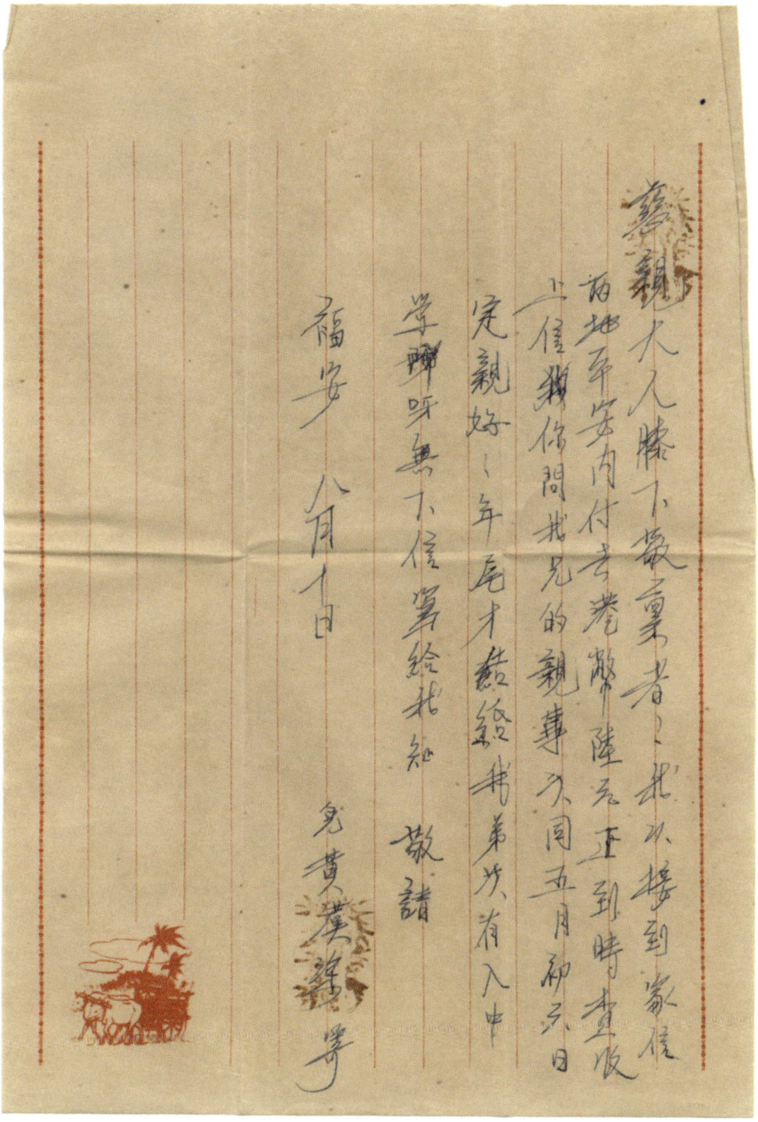
慈親大人膝下敬稟者：兒於接到家信
該地平安，內付去港幣陸元正，到時查收。
上信你問兒先的親事，同五月初六日
定親好了，年尾才結婚。我弟先有入中
学，呼無下信寫給兒知。敬請
福安
八月十日
兒黃漢深稟

1953 年 9 月 22 日叻黄汉深寄潮安江东仙洲乡双亲

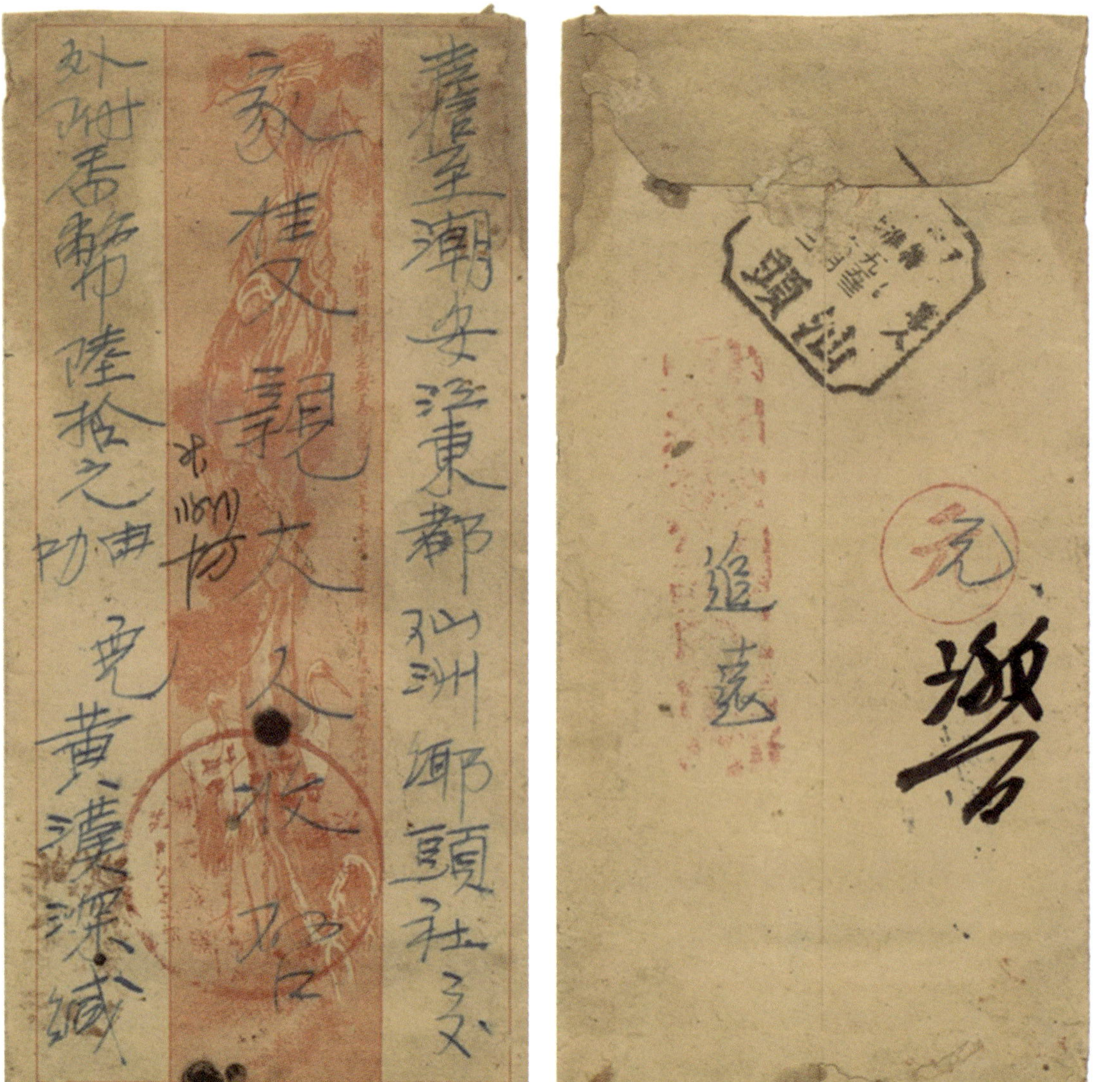

九月十四日（1953 年 10 月 21 日）
叻黄汉深寄潮安江东仙洲乡母亲

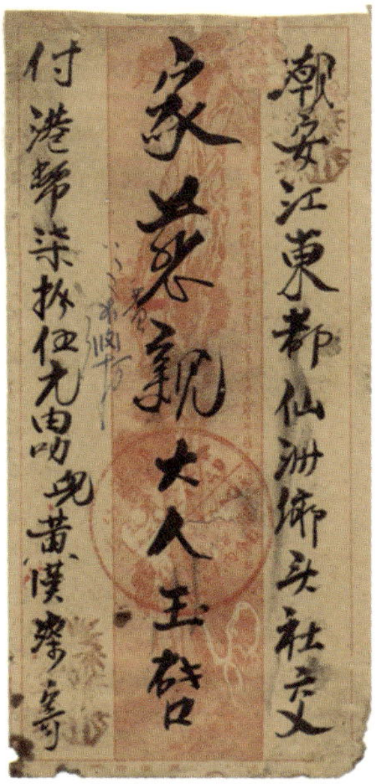

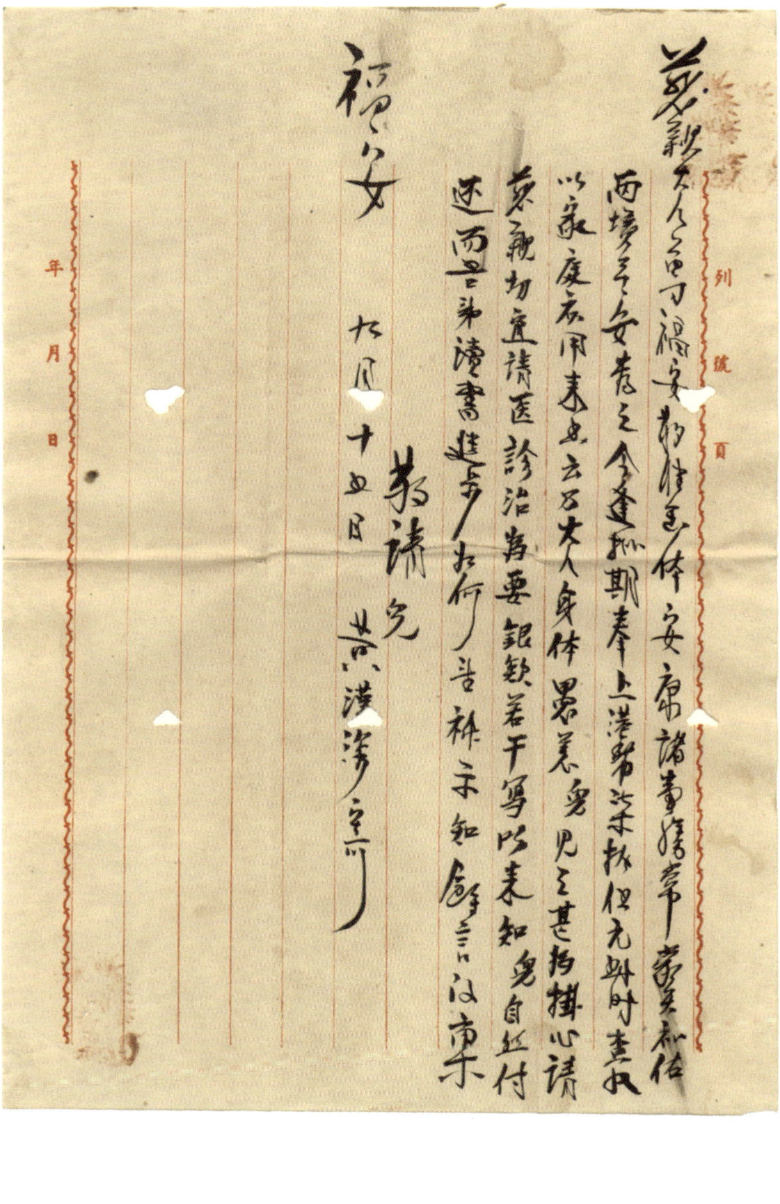

一九五四年二月初三（1954 年 3 月 7 日）美深寄母亲

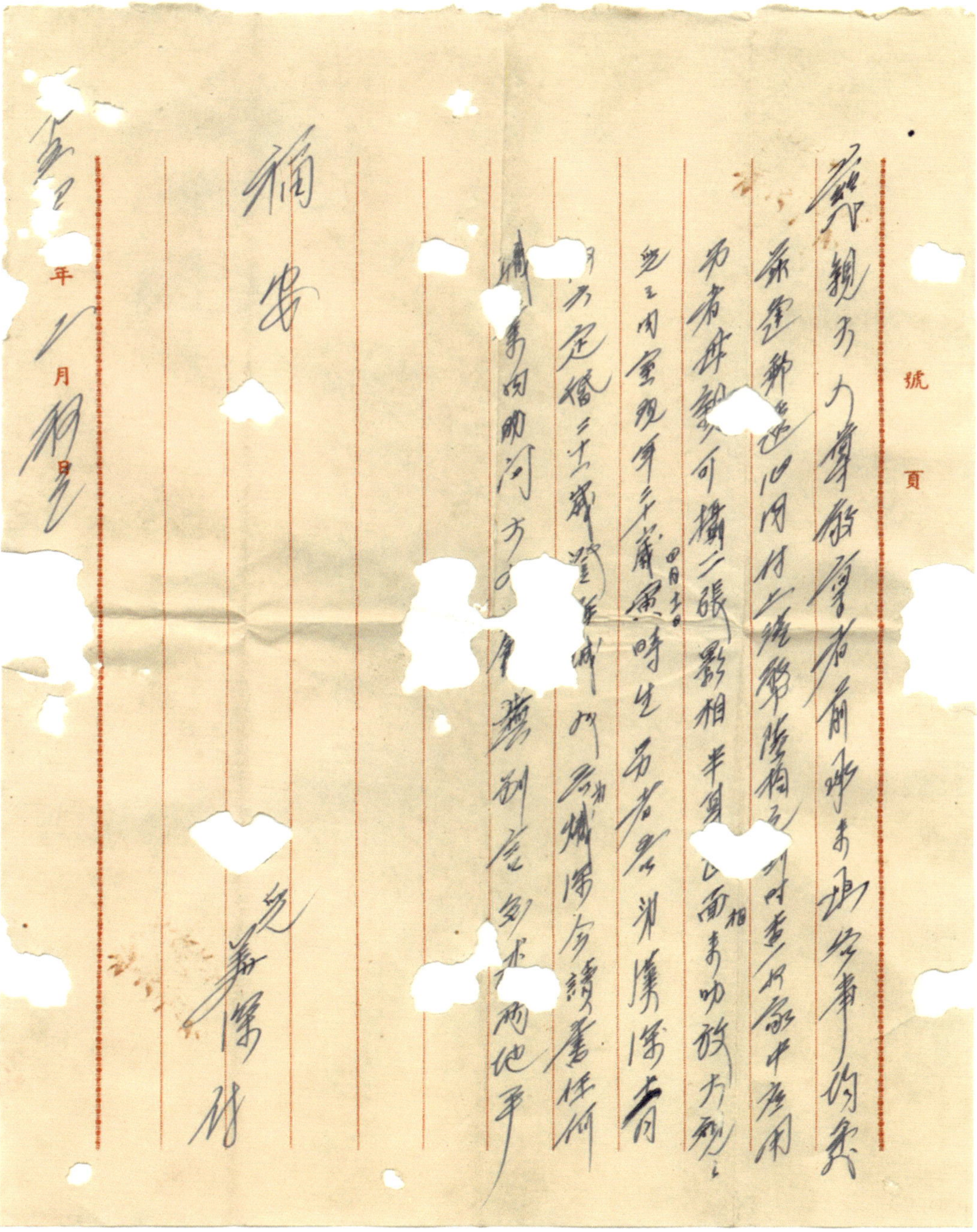

1954 年 3 月 18 日叻黄汉深寄潮安江东仙洲乡双亲

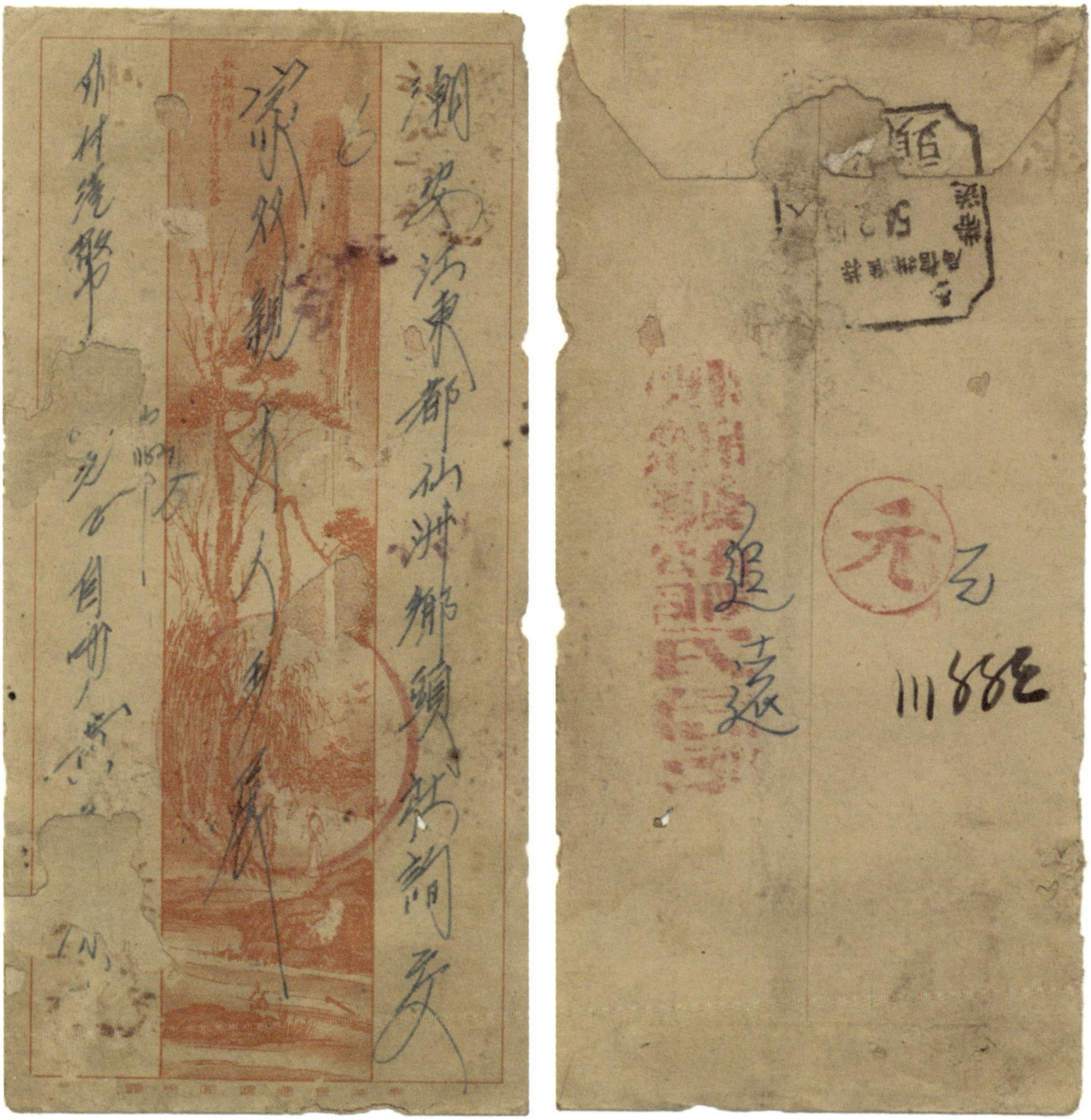

一九五四年三月初一（1954 年 4 月 3 日）
叻黄汉深寄潮安江东仙洲乡双亲

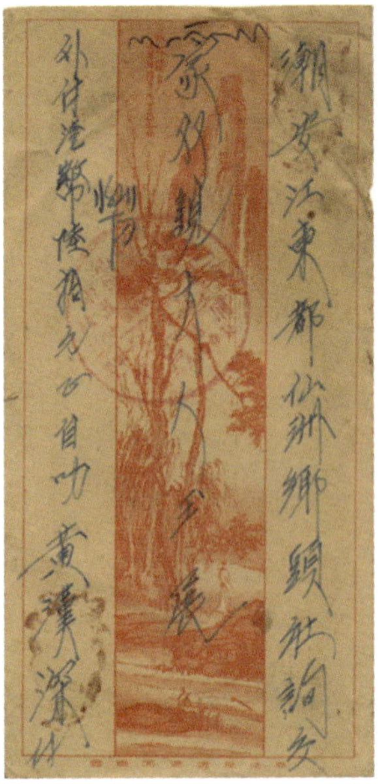

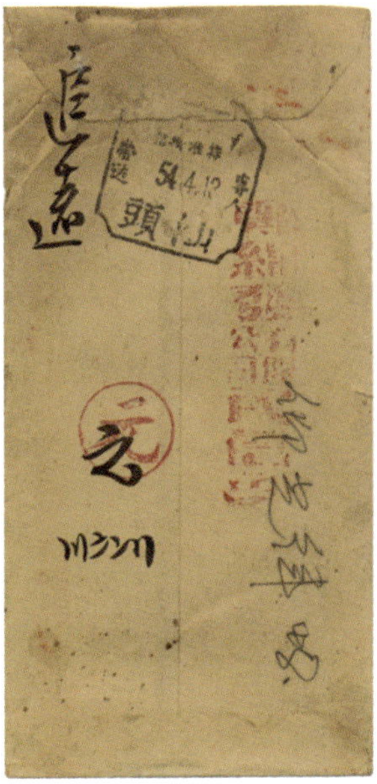

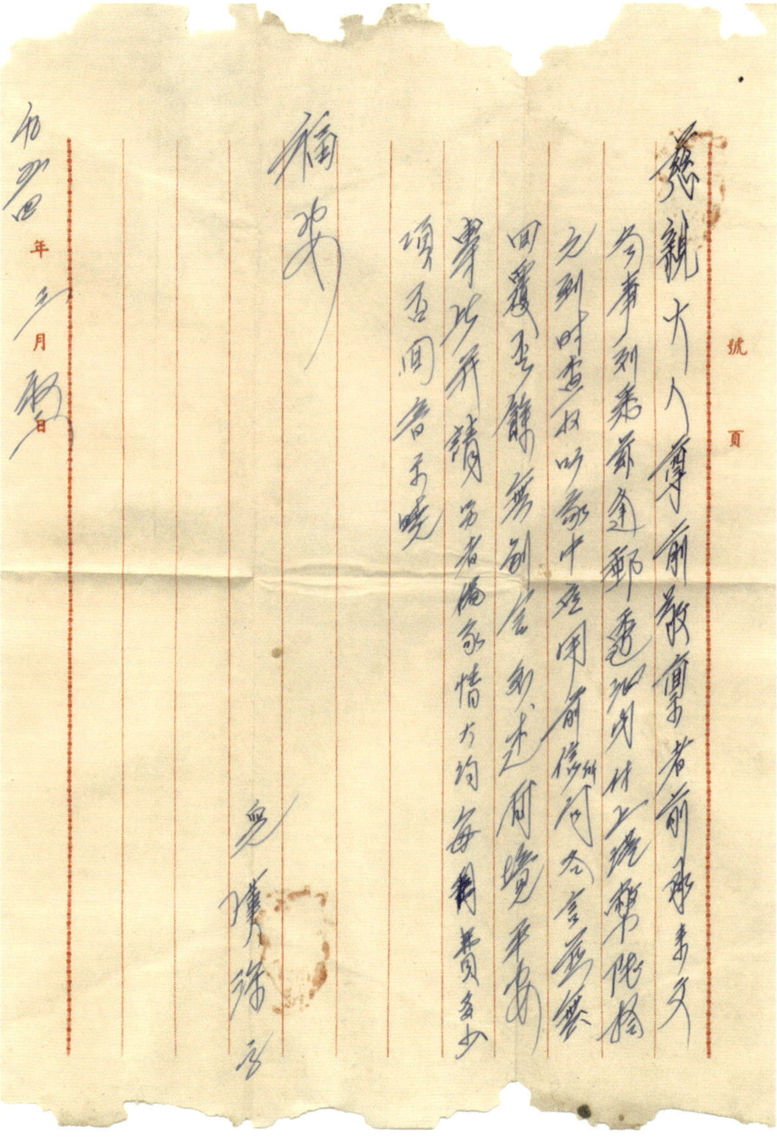
慈親大人尊前敬禀者前承來文
[illegible]
叩安
兒 漢深 上
五四年 三月 初一日

一九五四年四月初五（1954 年 5 月 7 日）
叻黄美深寄潮安江东仙洲乡双亲

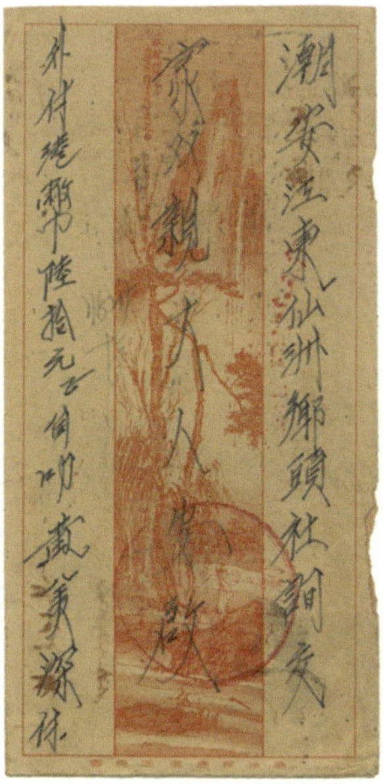

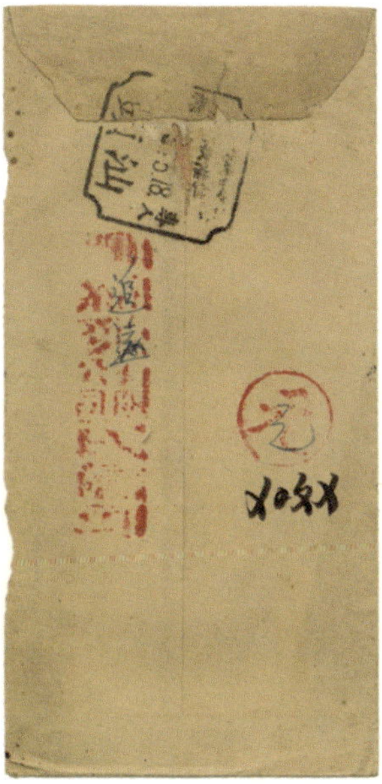

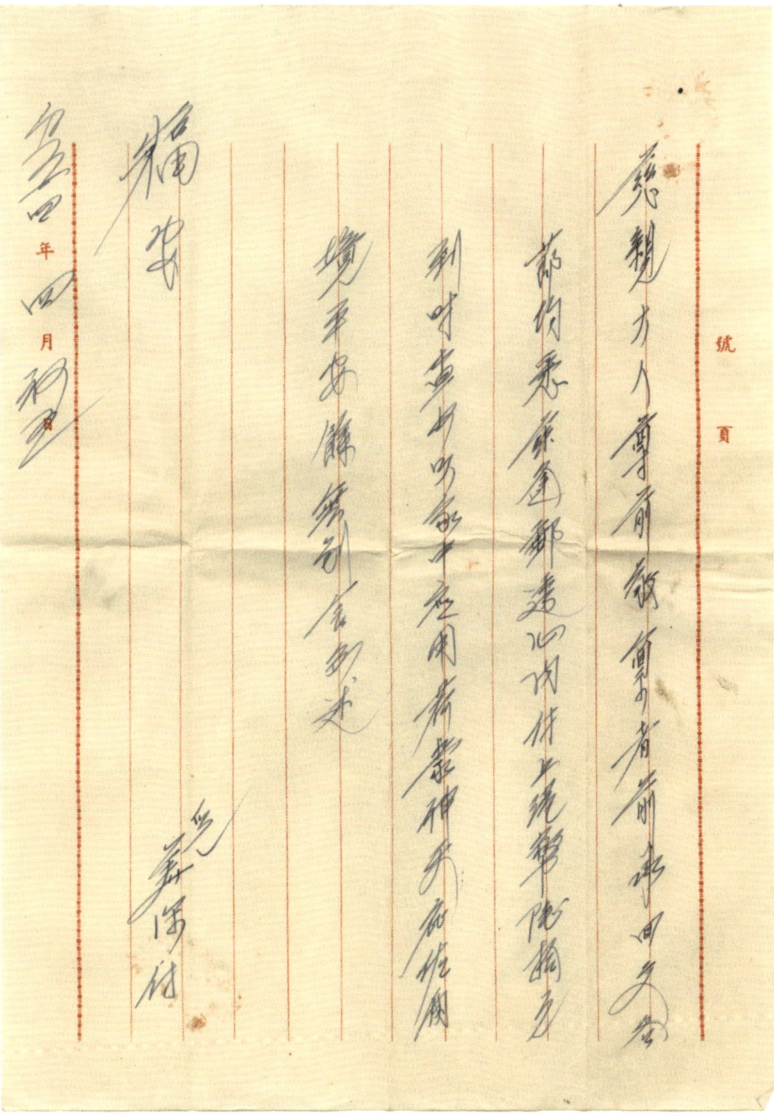

號 頁

慈親大人尊前敬禀者前寄四元各
諒仍悉蘇達郵送，內付上港幣陸拾元
到時查收以家中應用，為叢神弗底作側
遂平安，餘無別言知述

福安

兒美深付

五四年四月初五日

1954 年 6 月 6 日叻黄汉深寄潮安江东仙洲乡双亲

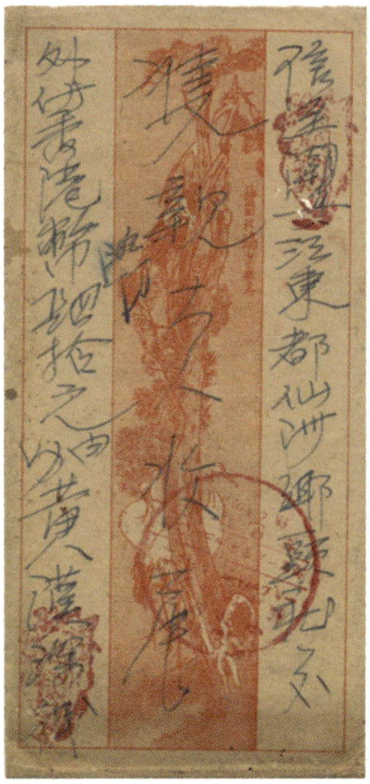

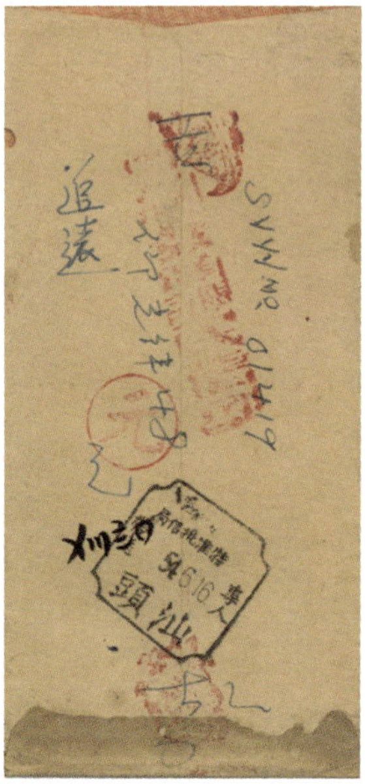

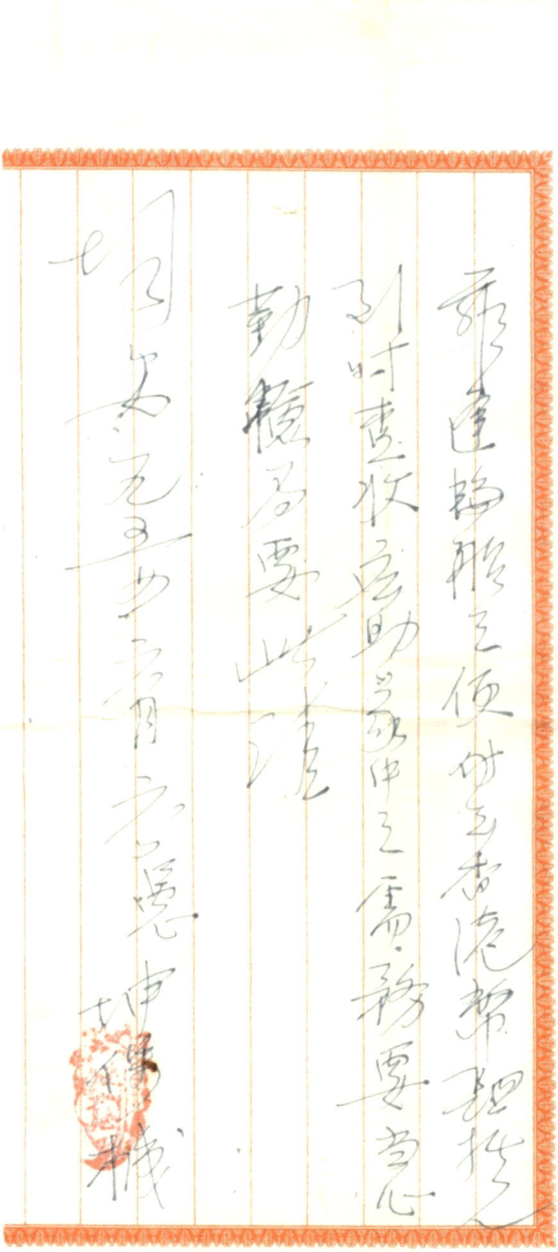

1954 年 7 月 3 日叻黄汉深寄潮安江东仙洲乡双亲

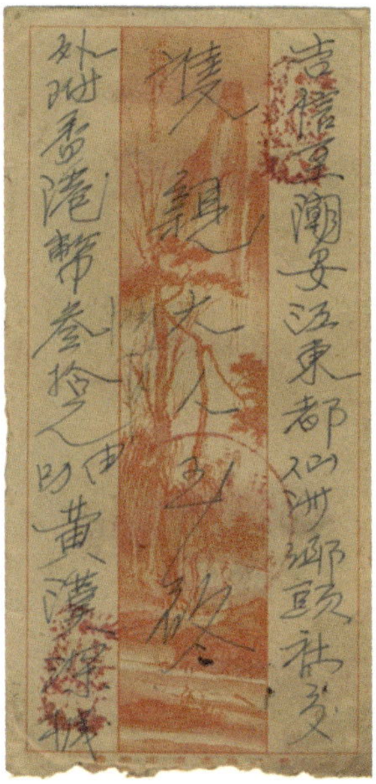

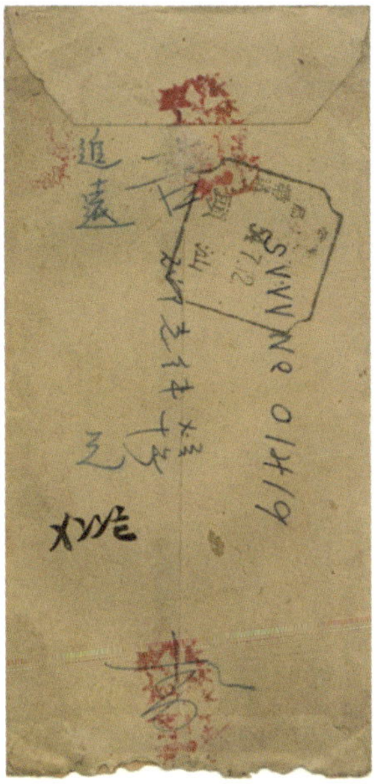

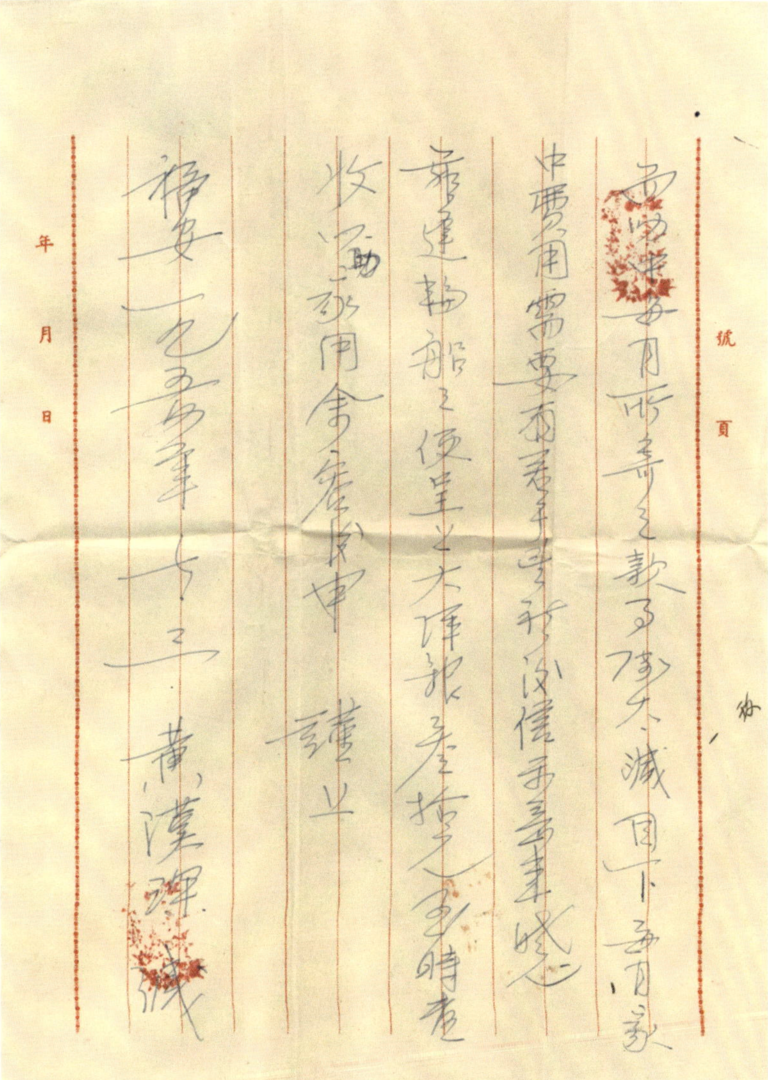

1954 年 8 月 1 日叻黄汉深寄潮安江东仙洲乡双亲

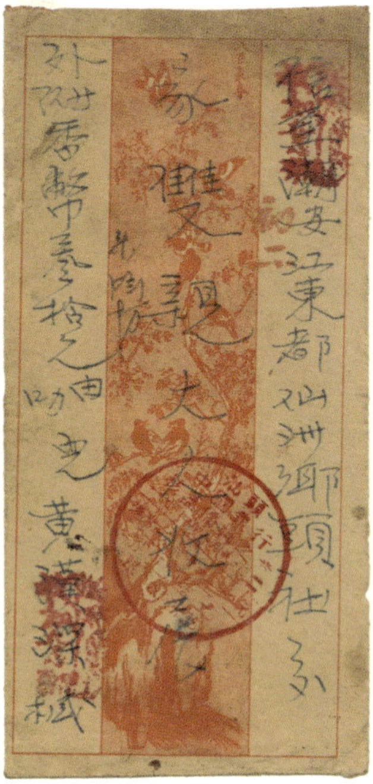

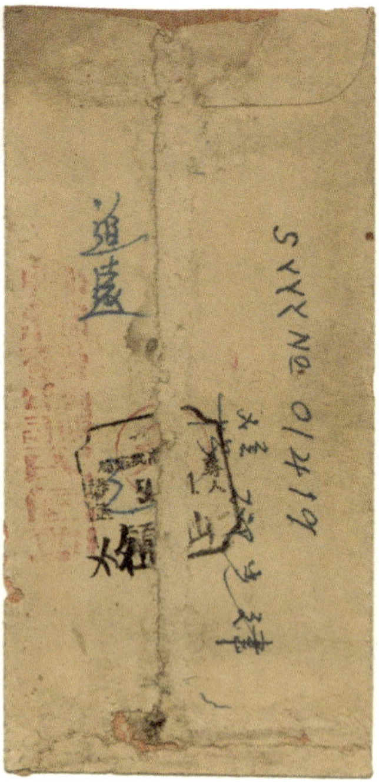

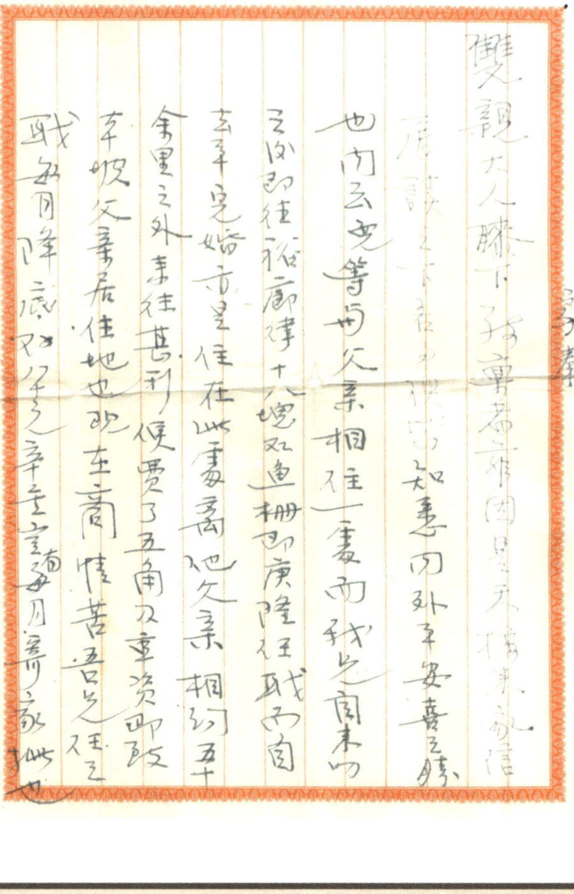

雙親大人膝下 敬禀者前因[illegible]未接來信
[illegible]知悉内外平安喜之勝
也 内云兒等與父亲相往一處而我兒南來
之后即往裕廊律十八碑双漁柵即庚隆往[illegible]而回
去年兒婚亦是住在此處离他父亲相約五十
余里之外来往甚利便 費了五角及車资即致
本[illegible]父亲居住地也現在商情苦吾兒往之
我每月[illegible]

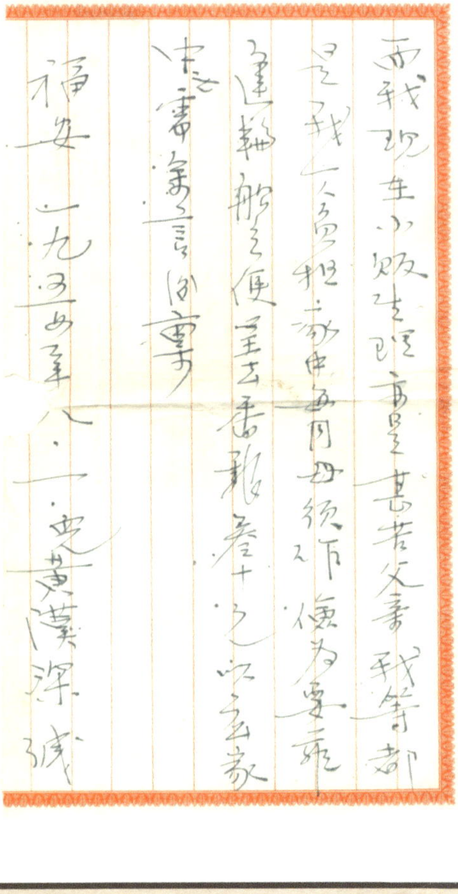

而我現在小販生理亦是甚苦父亲我等都
是我一人負担一家中每月[illegible] 備為安慰
[illegible]船之便呈去番銀叁十元以作家
之需 余言後禀
福安 一九五四年八.一 兒黃漢深 稟

1954 年 10 月 31 日叻黄汉深寄潮安江东仙洲乡双亲

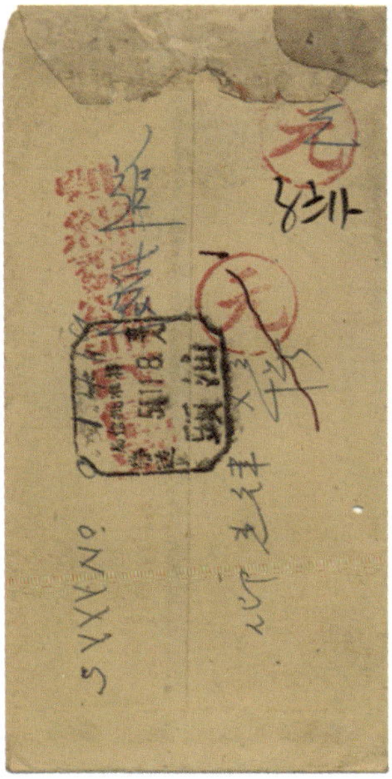

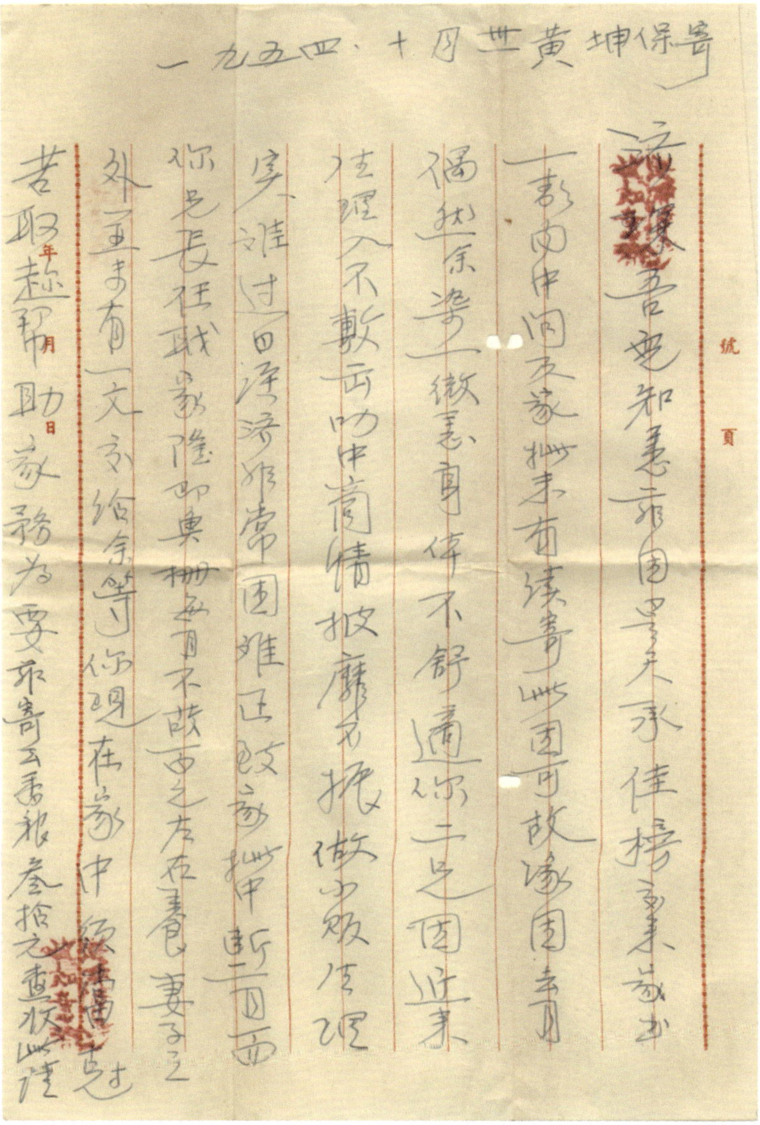

一九五四·十月卅 黄坤保寄

吾兒知悉：前因[illegible]大家佳[illegible]來[illegible]
一載內中[illegible]家批來有續寄，此因可故[illegible]
偶然余染一微恙，身体不舒適，你二兄因近來
往暹入不敷，所以中商情披靡不振，做小販度理
家，誰知過回[illegible]非常困難，且較家批中斷二回，面
你兄長任職[illegible]即與[illegible]不敷所之存養妻子之
外，至未有一文給余等，你現在家中[illegible]
苦取趣幫助家務為要，兹寄去港銀叁拾元查收此達

1954 年 11 月 27 日叻黄汉深寄潮安江东仙洲乡双亲

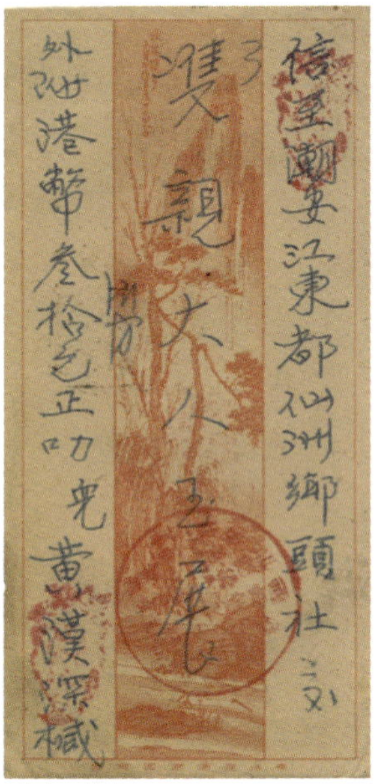

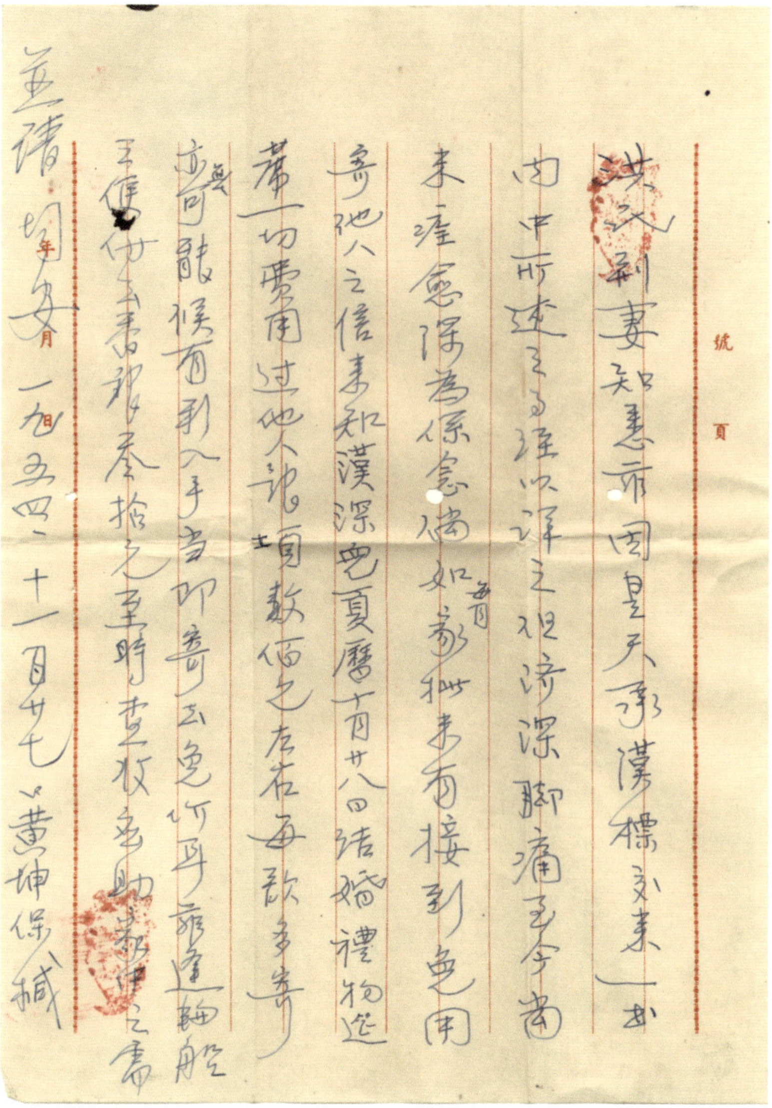
雙親利妻知悉亦因是天氣漢標交來一函
函中所述之詳以詳之祖清深腳痛至今尚
未痊愈深為係念倘如每月錫批未有接到免用
寄他人之信來知漢深也夏曆十月廿八日結婚禮物送
來一切費用過他人說有數佰元左右每款多寄
些可能候有到入手當即寄去免致再龍達輪船
王使他去香港叁拾元至時查收為助婚中之需
並請 均安 一九五四、十一月廿七 兒黃坤保緘

1954 年 12 月 31 日叻黄汉深寄潮安江东仙洲乡双亲

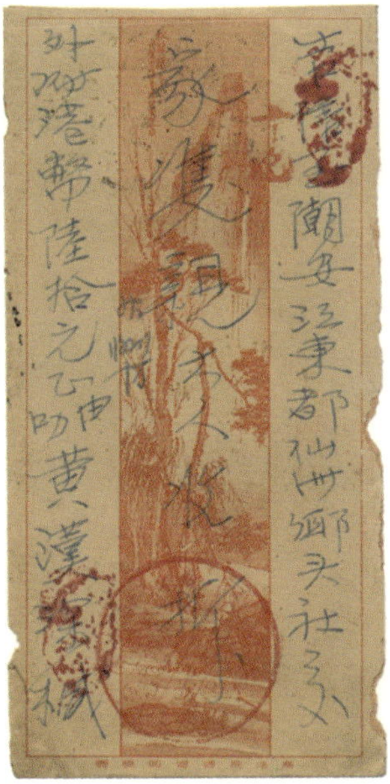

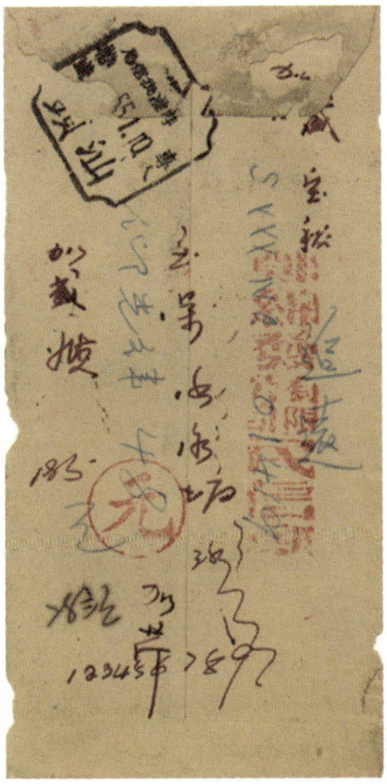

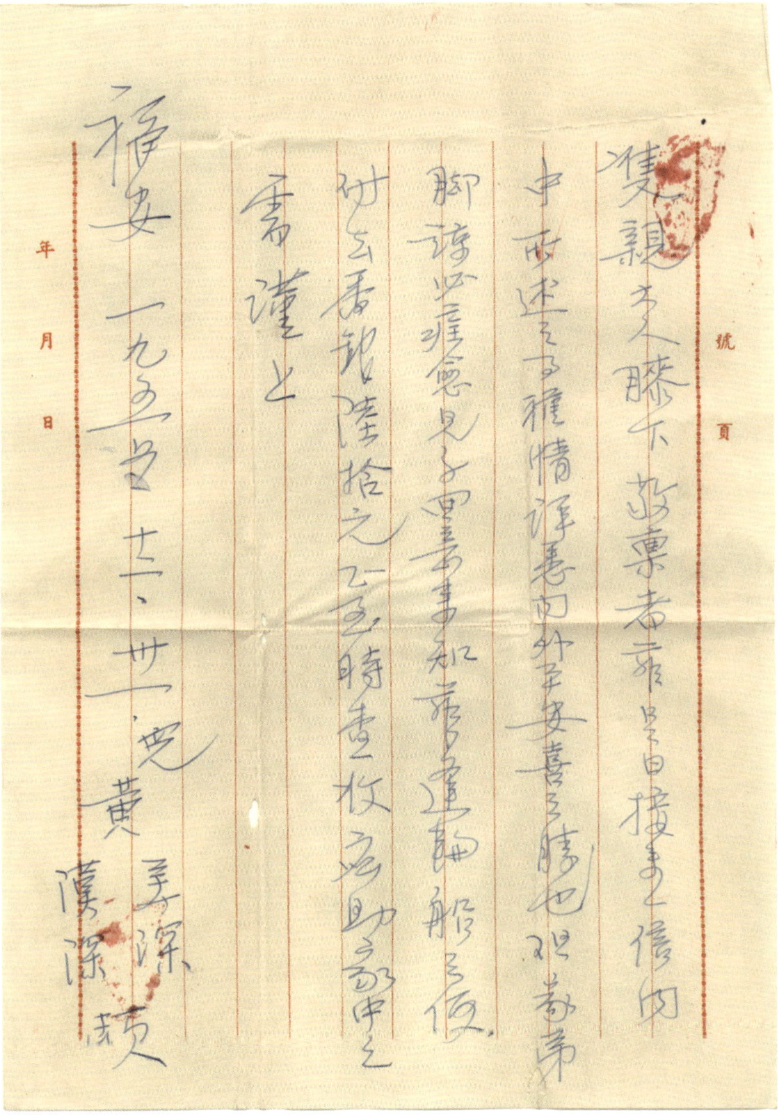

雙親大人膝下 敬稟者 兒自接來信內
中所述之種種情詳悉內外平安喜之勝也 但敬弟
腳疾必須急見醫生 茲趁輪船之便
付去港幣陸拾元正 至時查收爲助家中之
需 謹上
福安 一九五四 十二 卅一 兒 黃漢深 謹

1955年1月25日叻黄汉深寄潮安江东仙洲乡双亲

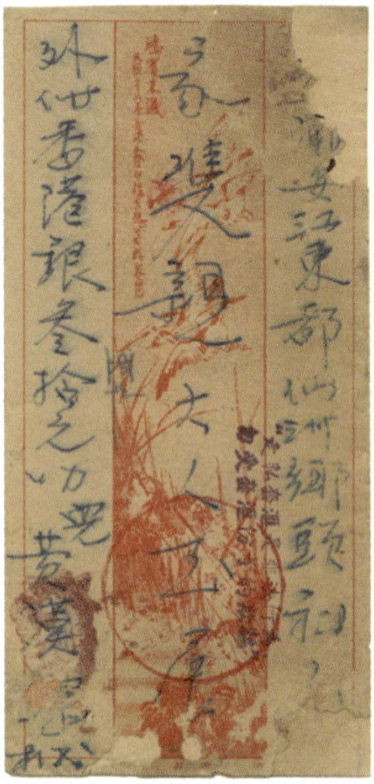

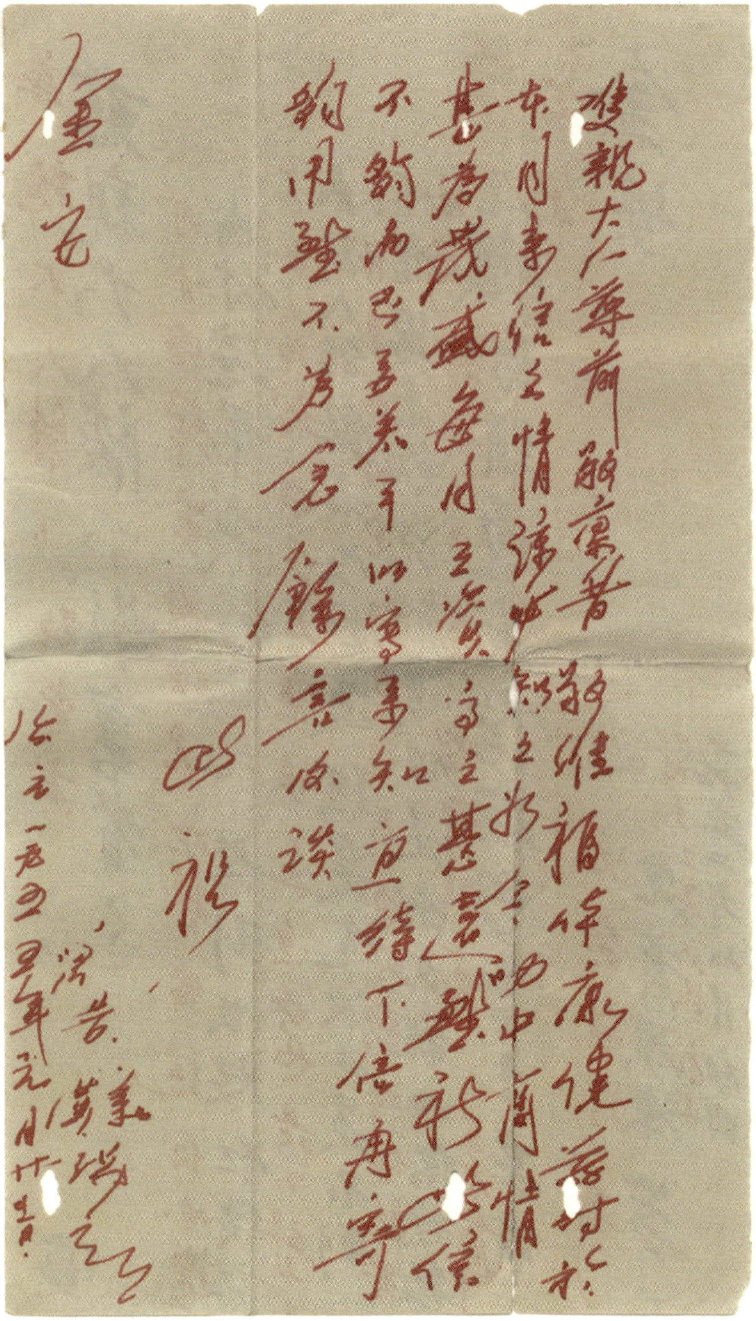

1955 年 1 月 31 日叻黄汉深寄潮安江东仙洲乡双亲

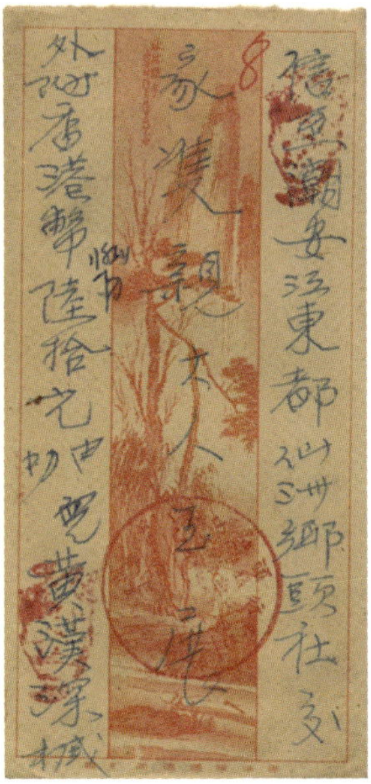

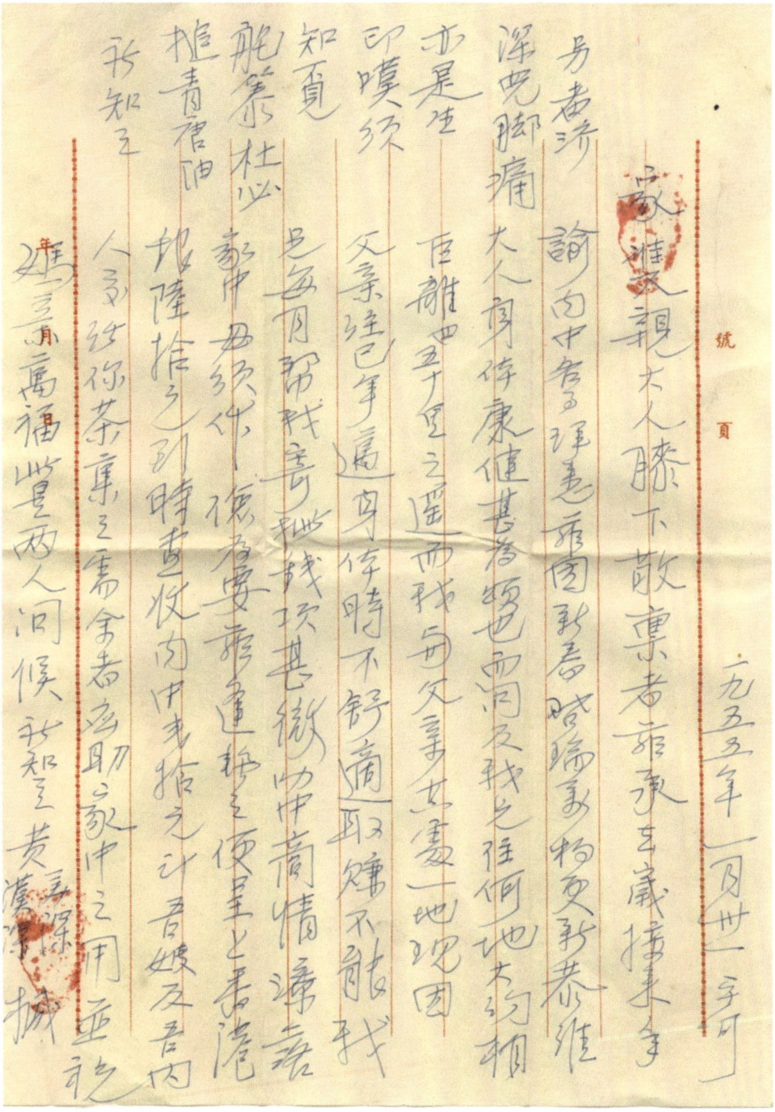

1955 年 3 月 6 日叻黄汉深寄潮安江东仙洲乡双亲

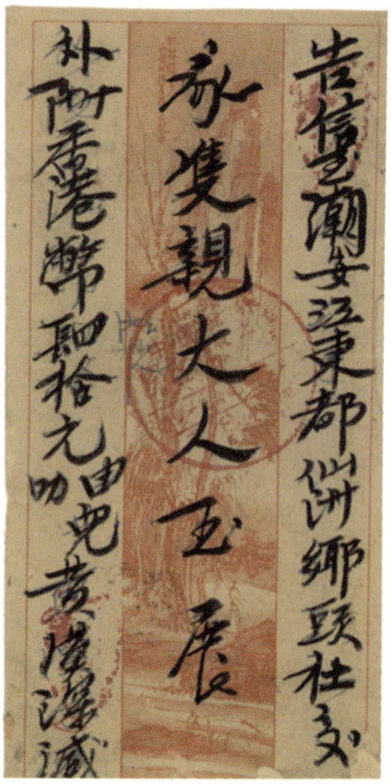
吉信至潮安江東都仙洲鄉頂社交
家雙親大人 玉展
外附港幣四拾元 由叻兒黃漢深緘

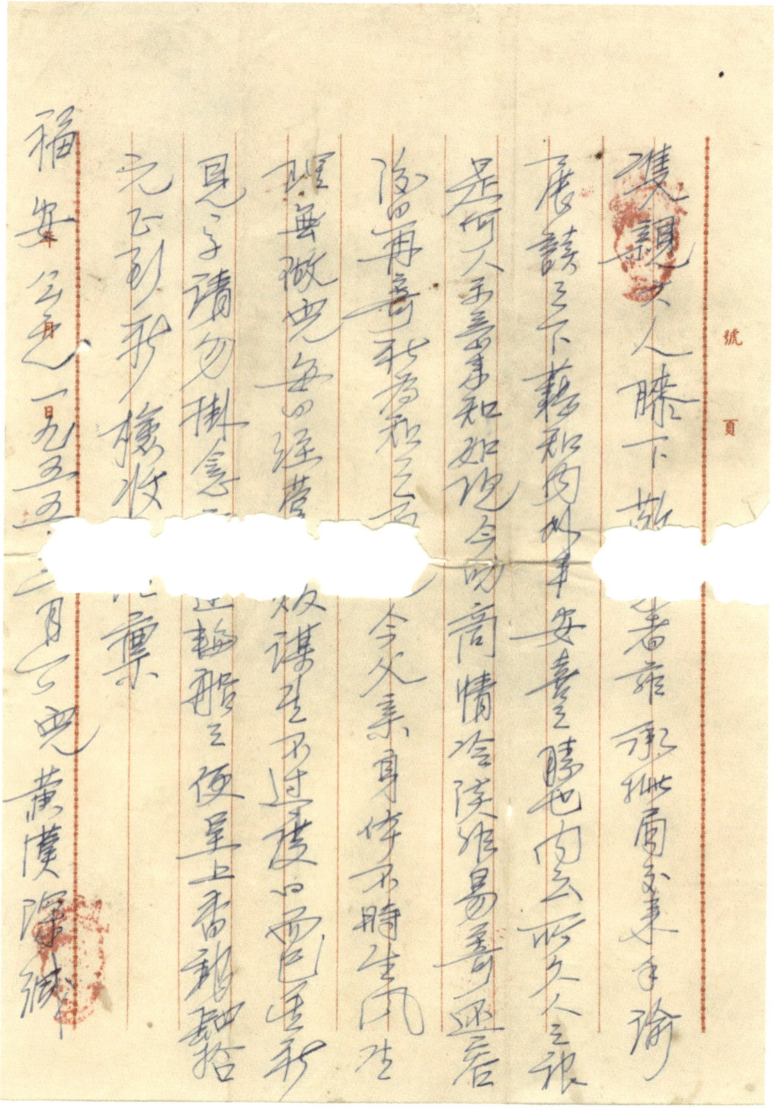

1955 年 8 月 18 日叻黄汉深寄潮安江东仙洲乡双亲

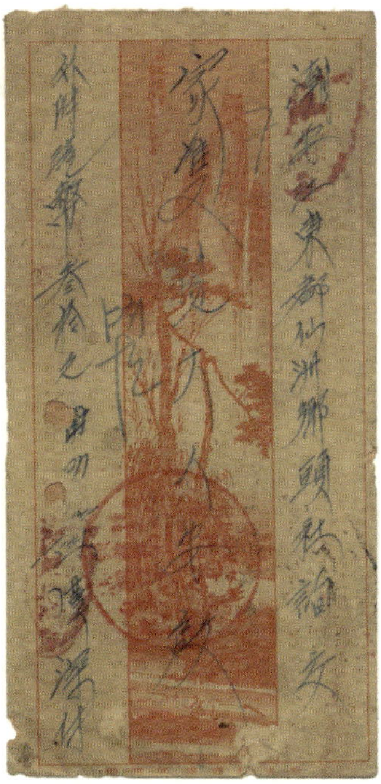

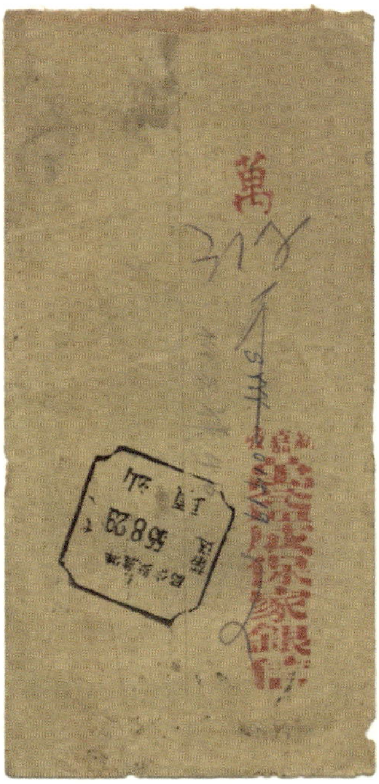

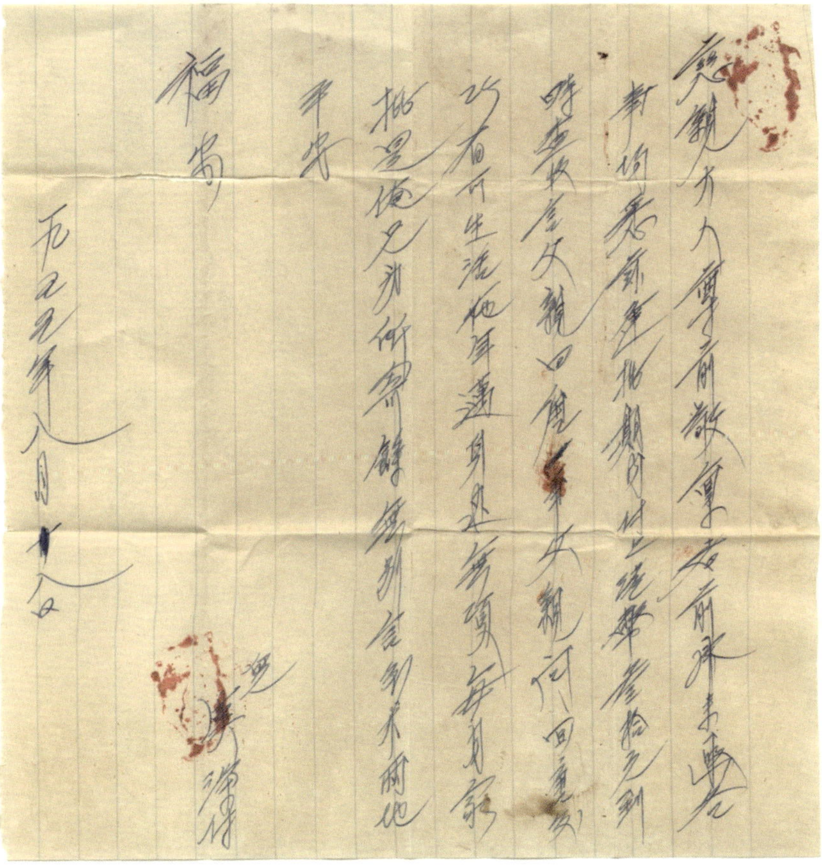
慈親大人膝下前敬稟者前承來函
并[illegible]批[illegible]付上港幣叁拾元到
時查收[illegible]
[illegible]生活[illegible]
批望俺兄弟所寄[illegible]
平安
福[illegible]
一九五五年八月十八日
兒 漢深付

1955 年 10 月 15 日美深寄母亲

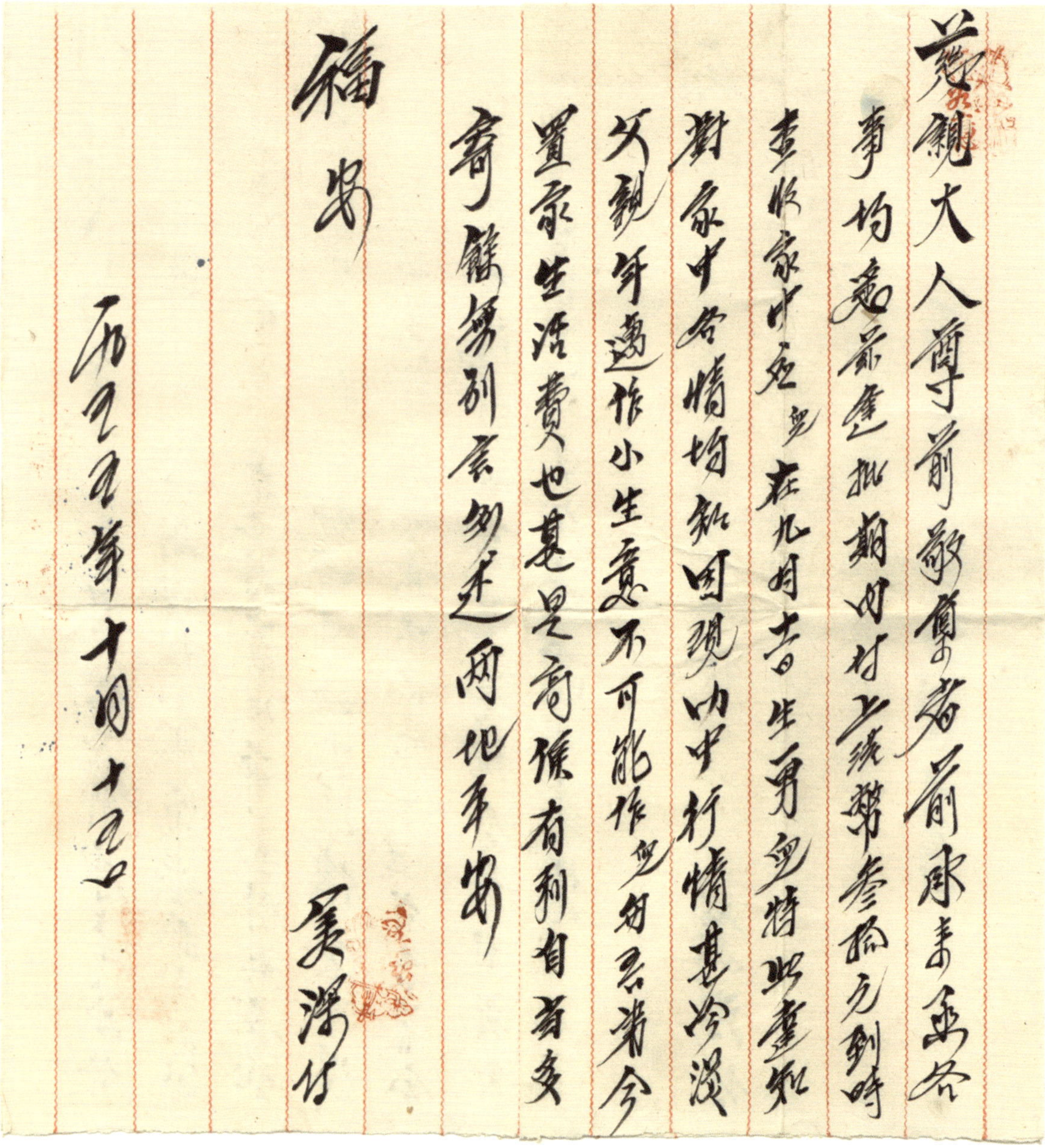

慈親大人尊前敬禀者前承来函各
事均悉兹奉達批期内付上港幣叁拾元到時
查收家中應兒在九月吉日生男兒特此達知
對家中各情均知因現以中行情甚冷淡
父親等過作小生意不可能作兒多多君者今
置家生活費也甚是需很有利自當多
寄餘勿别言匆匆未述顧佢平安
福安
美深付
一九五五年十月十五日

1955 年 12 月 21 日叻黄美深寄潮安江东仙洲乡双亲

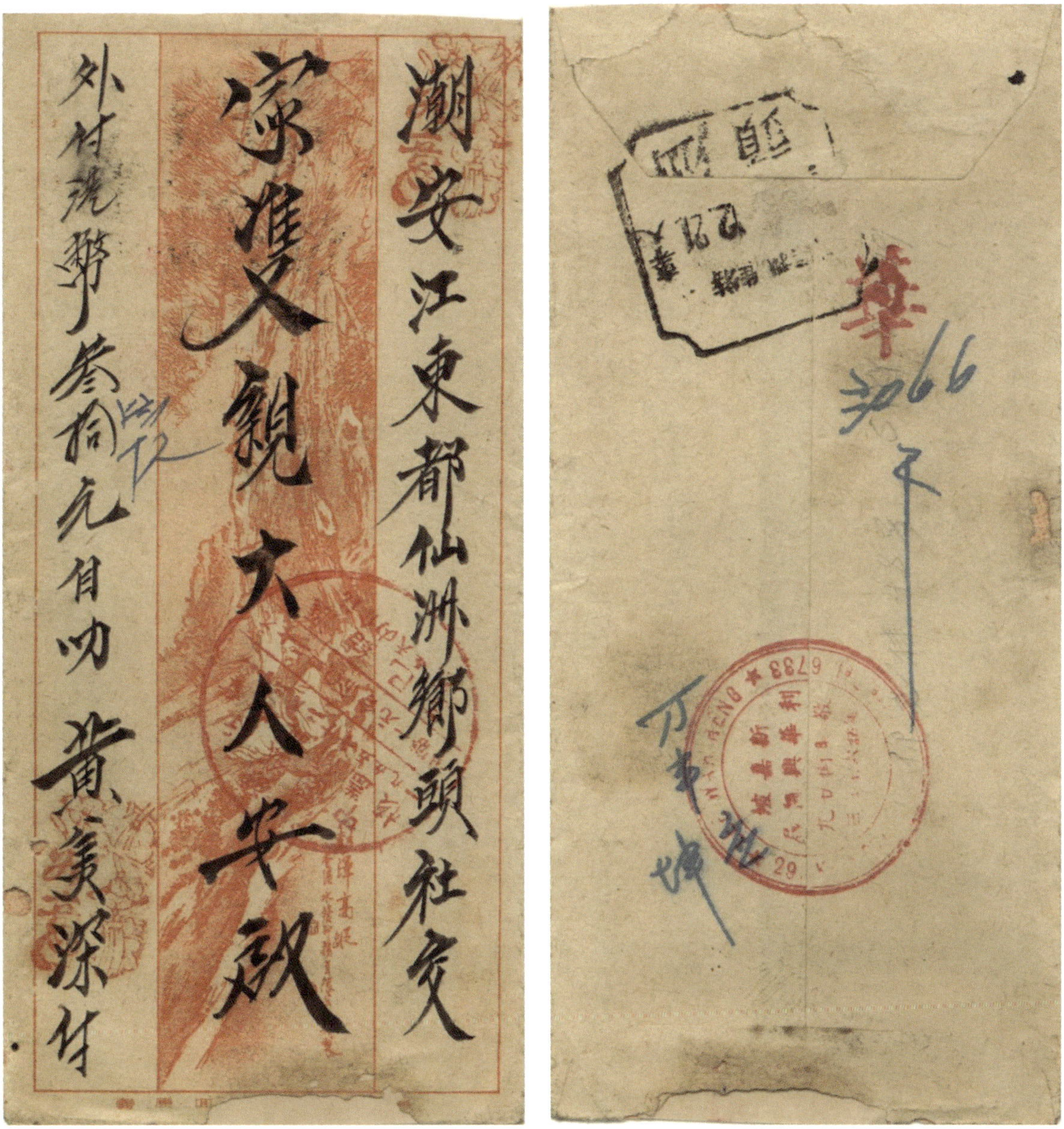

1955年12月25日叻黄美深寄潮安江东仙洲乡双亲

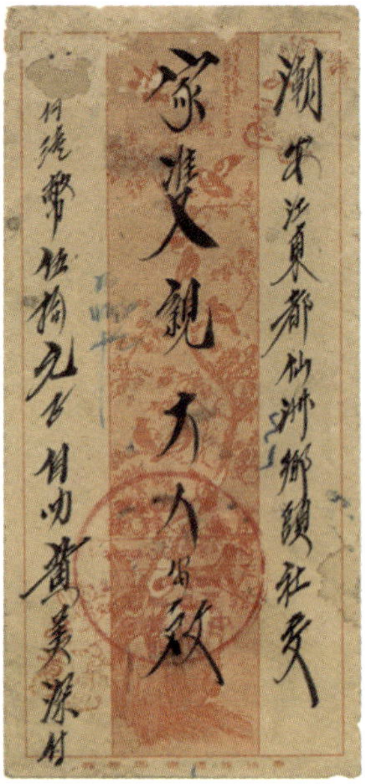

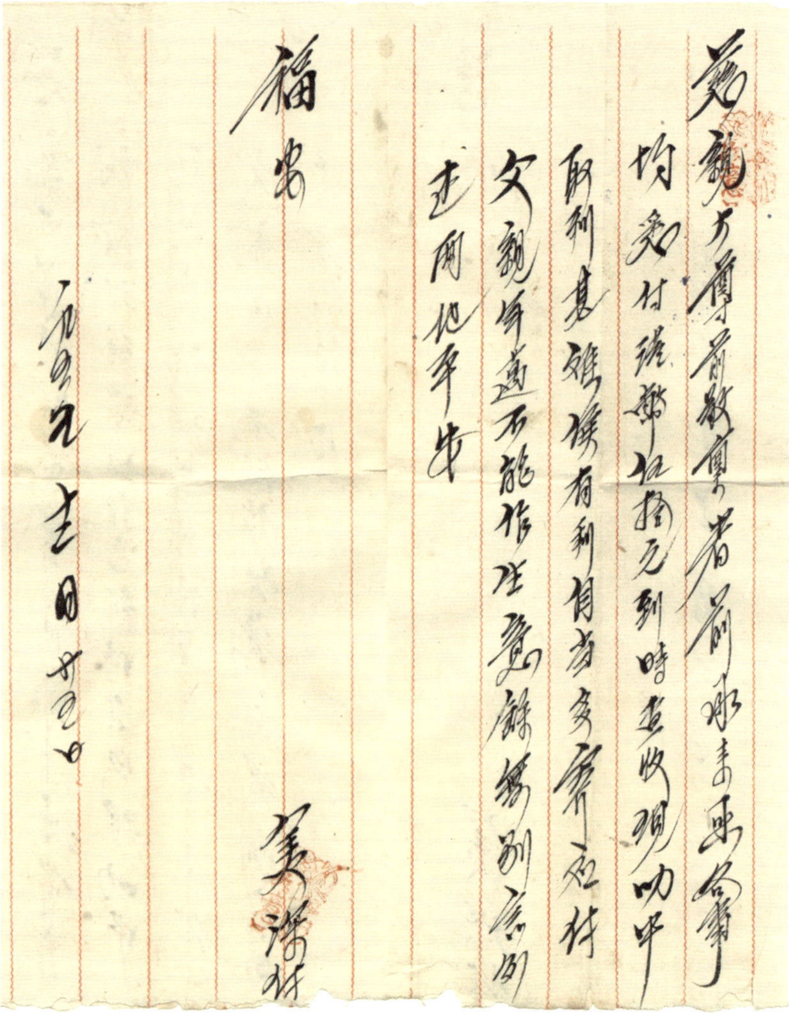

1956年1月23日吻黄美深寄潮安江东仙洲乡双亲

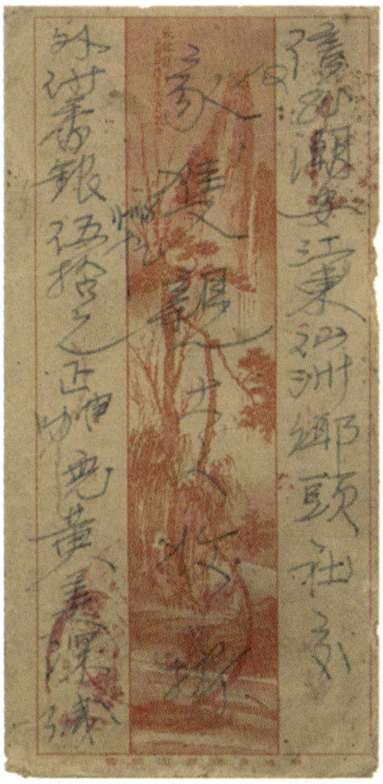

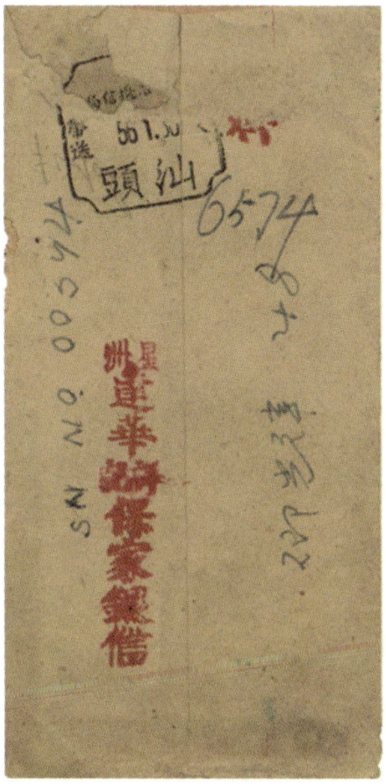

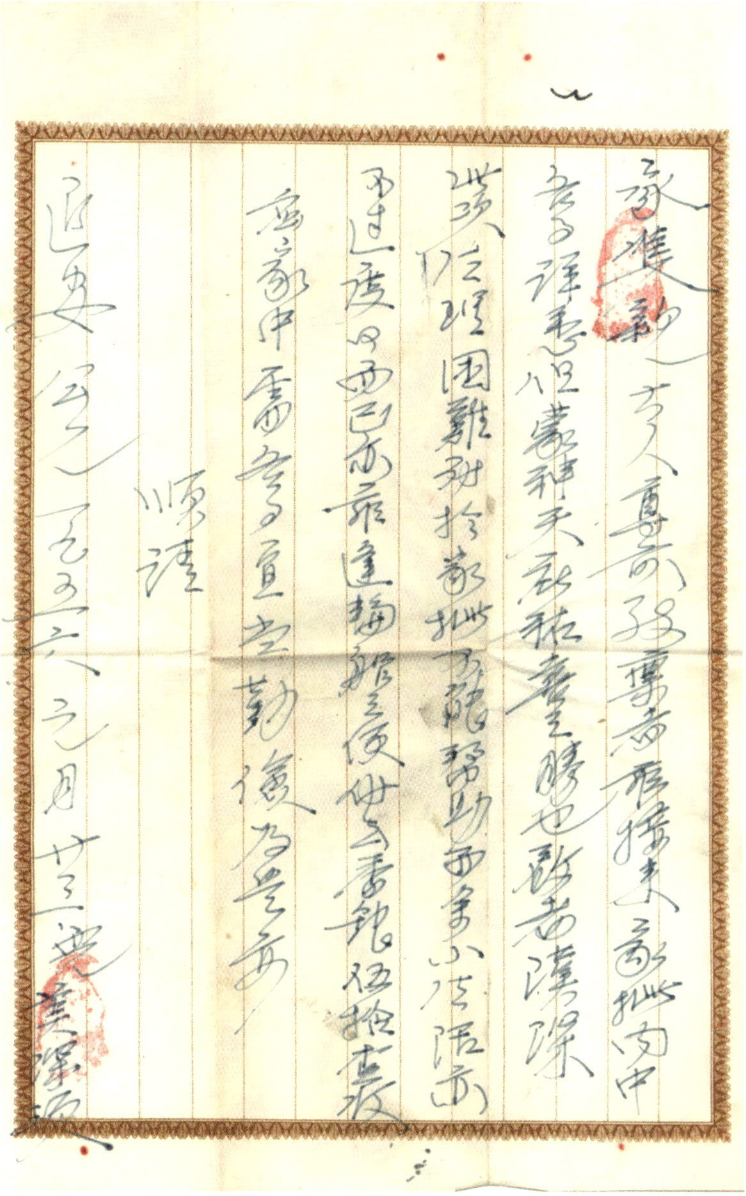

1956 年 2 月 17 日叻黄美深寄潮安江东仙洲乡双亲

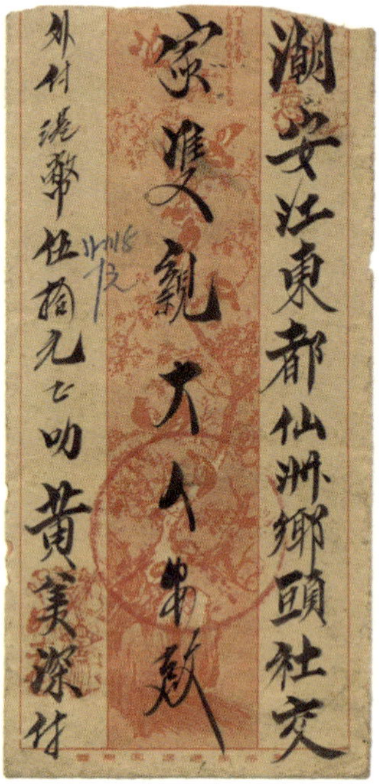

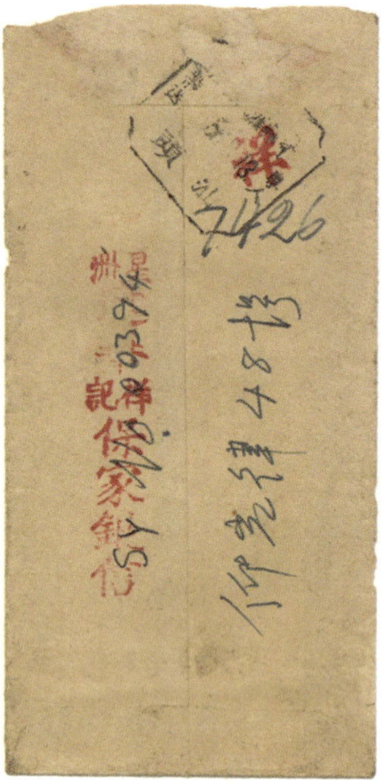

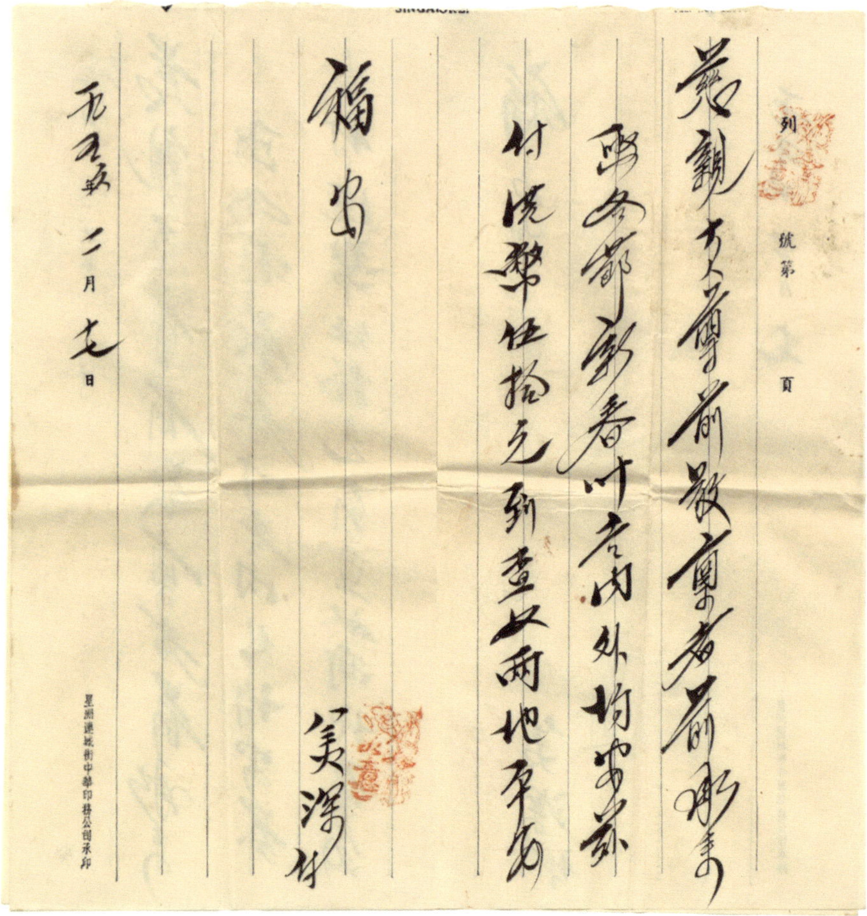

1956年2月24日黄汉深寄双亲

No.

双亲大人膝前敬禀者：昨天接来手谕，

读之下，各已详悉，内外平安，喜之极也。兹

去些时有友人回梓，郑[illegible]房[illegible]坑细田塘寄有

物品，我已向[illegible]计为国[illegible]十由世界布之块共[illegible]

[illegible]四条，可否[illegible]大小六双及裤衫等若干衣服，

到时回可来知[illegible]亦逢邮之便汇去，[illegible]

我拾之以助家中之需。此致

一九五六年[illegible]月廿四日 男 黄汉深 拜

1956 年 4 月 16 日叻黄美深寄潮安江东仙洲乡双亲

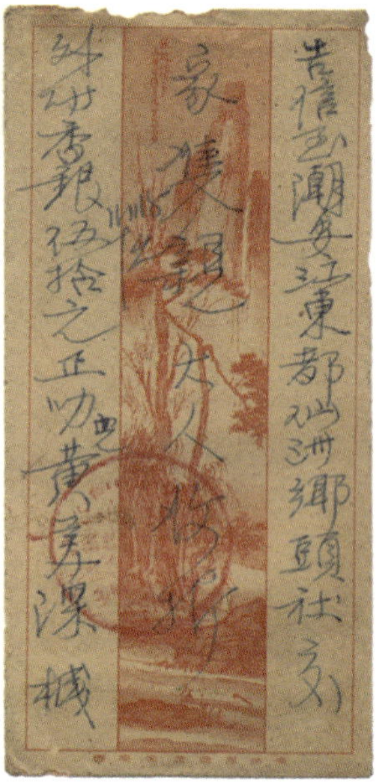

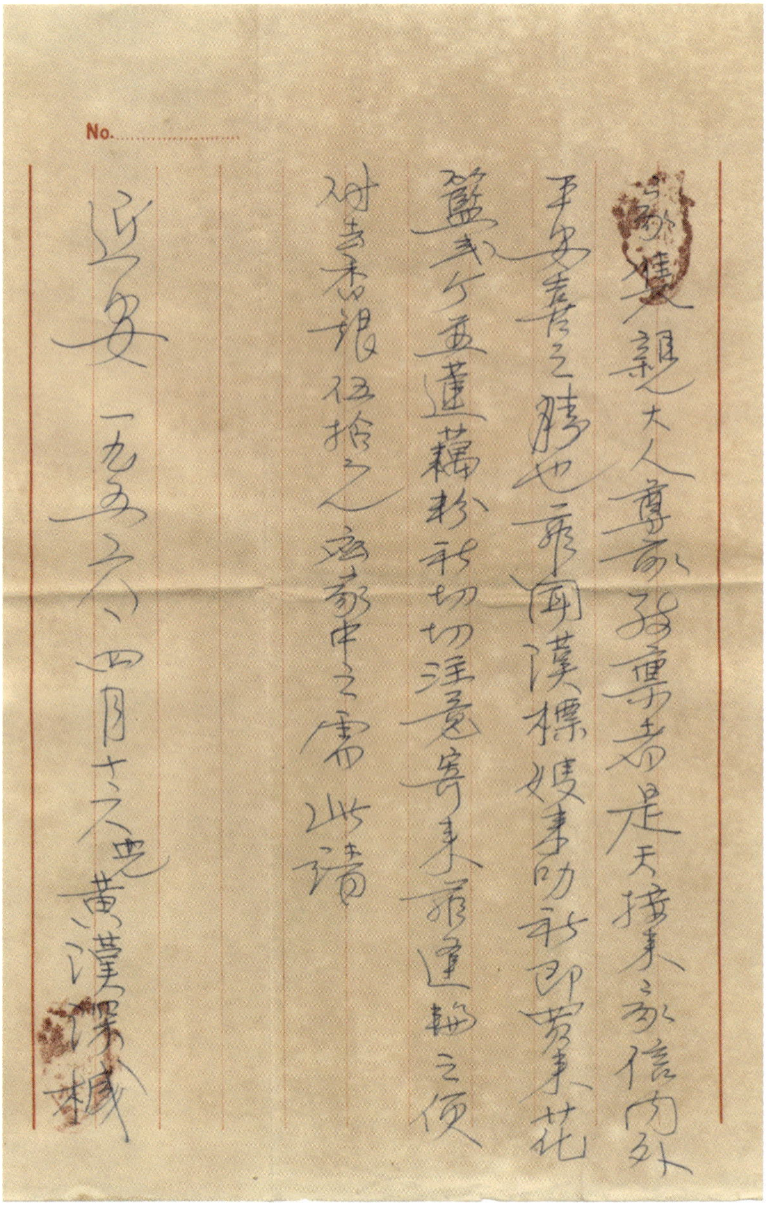

雙親大人尊前敬稟者 是天接來家信 內外平安甚之勝也 並聞漢標嫂來叻 我即買來花籃貳个 並蓮藕粉 我切切注意寄來 乘運輸之便 附去香銀伍拾元以家中之需 此請

近安

一九五六、四月十六日 兒黄漢深 椷

1956 年 7 月 14 日叻黄美深寄潮安江东仙洲乡双亲

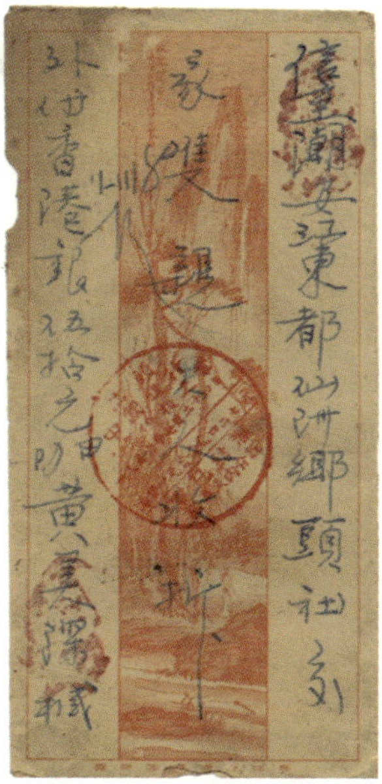
潮安江東都仙洲鄉頭社交
家嚴 親 大人 收
外付香港銀五拾元 由叻黄美深緘

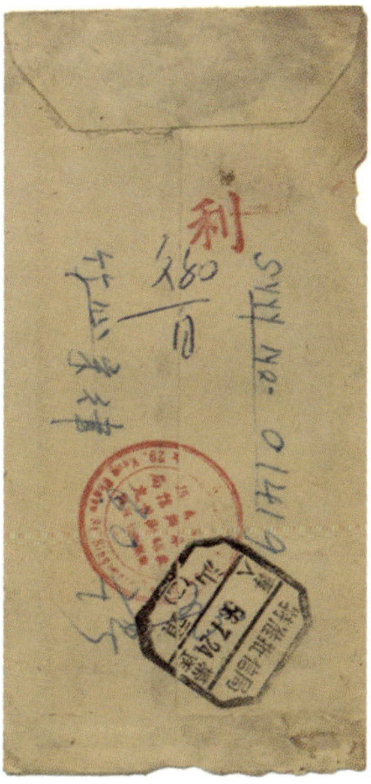

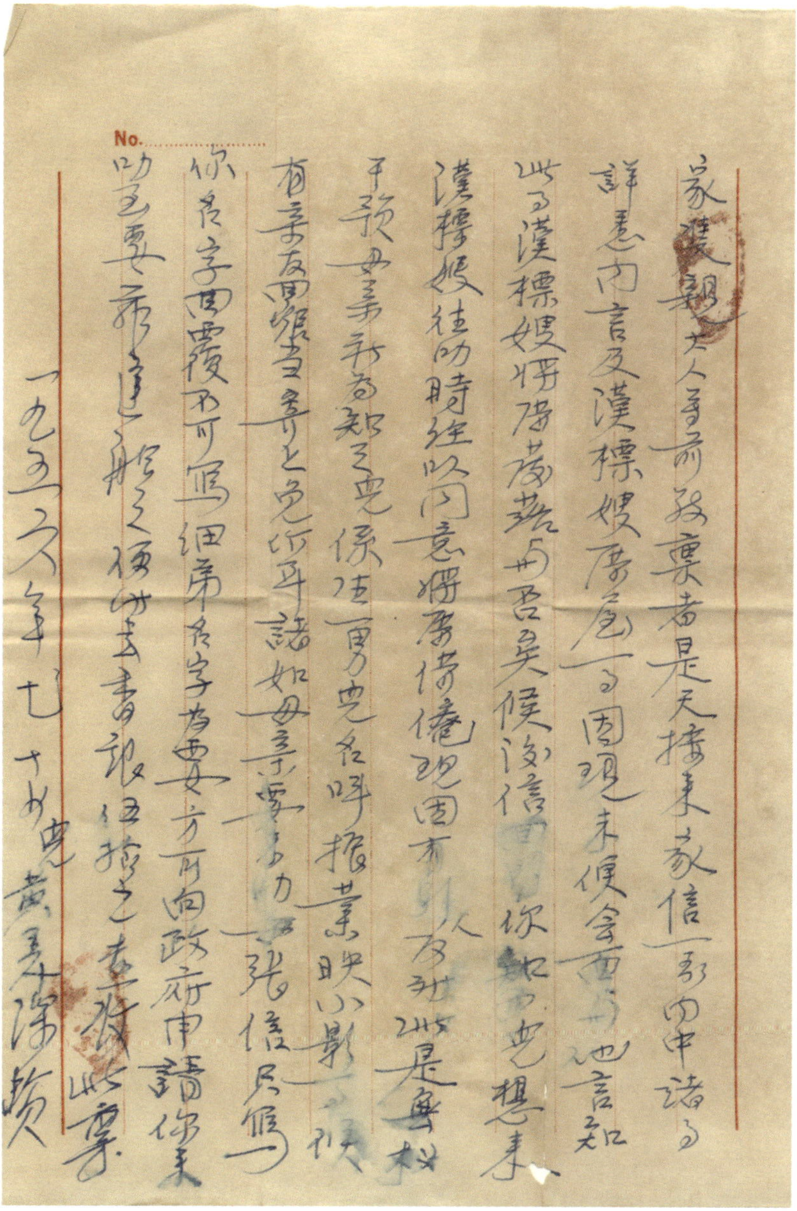
家嚴親大人尊前敬禀者是天接來家信一封内中諸多
詳悉内言及漢標嫂房屋一間現未便拿回已言知
此間漢標嫂將房契並吾吳侯後信[illegible]你如也想來
漢標嫂往叻時経收门意將房借他現因有[illegible]人[illegible]是無[illegible]
手續兒弟希為知之兒係住[illegible]名呼振業映小影[illegible]
有親友回唐山者可免你耳語如母[illegible]一張信[illegible]
你名字[illegible]不可寫細弟名字為要[illegible]向政府申請你來
叻是要[illegible]通之[illegible]書銀[illegible]此禀
一九五六年七[illegible] 兒黄美深[illegible]

1956年10月4日叻黄美深寄潮安江东仙洲乡双亲

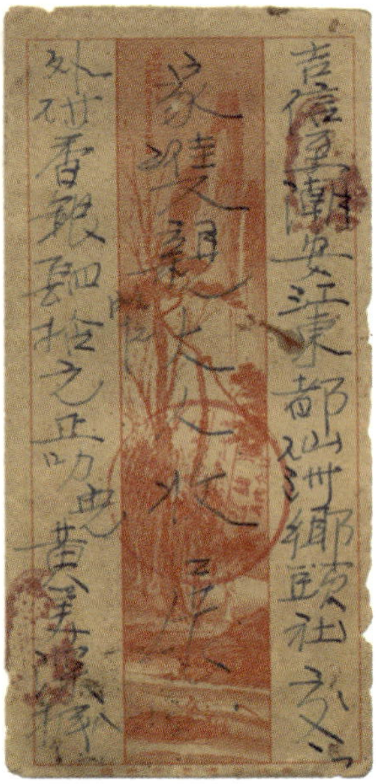

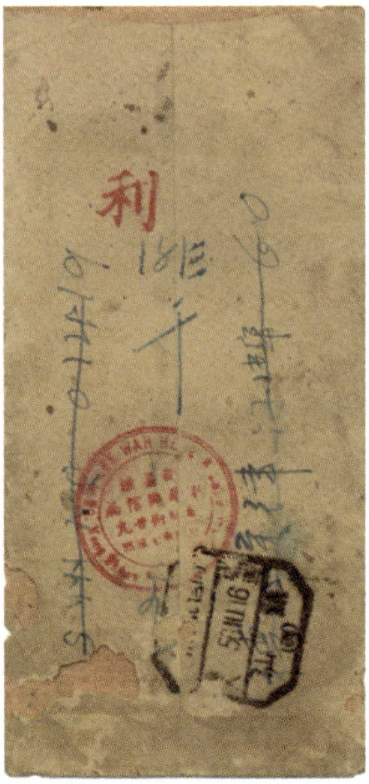

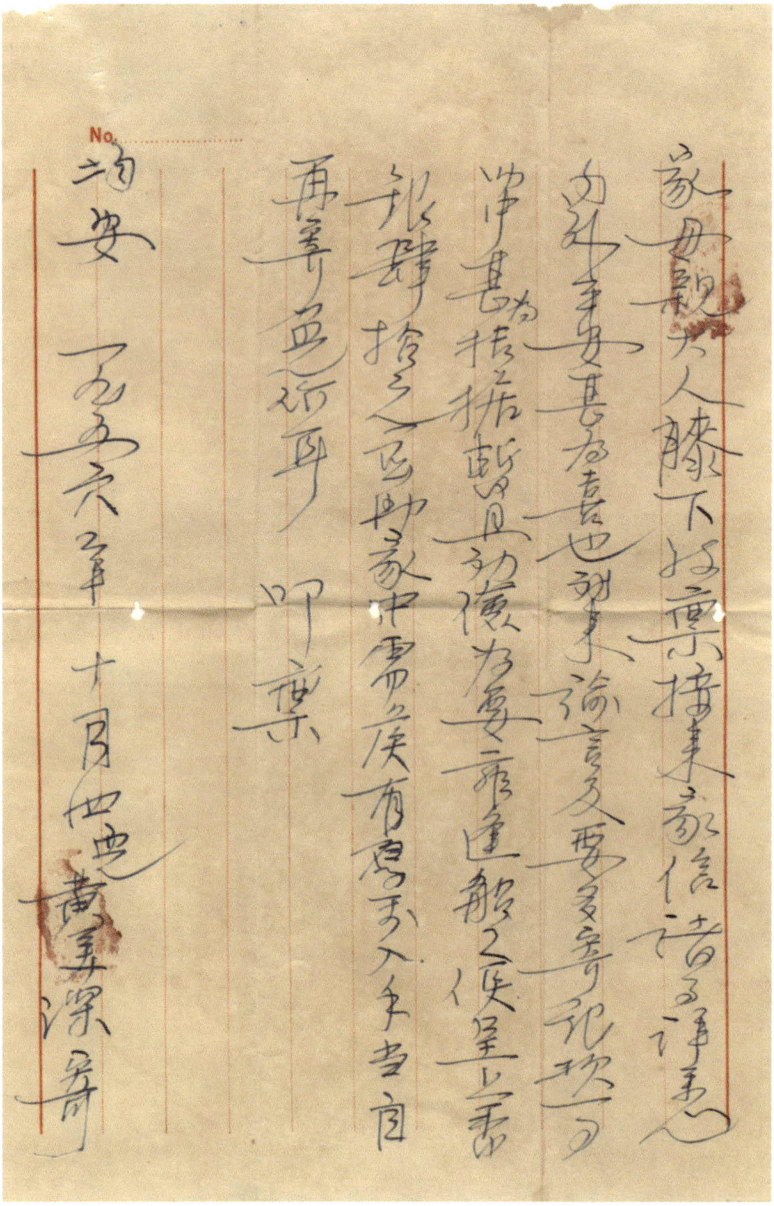
家母亲大人膝下 敬禀者 接来家信 诸多详悉 内外平安 甚为喜也 谢来谕言 又要多寄钱项 儿甚为拮据 暂且勿催为要 前途船只候星上寄银肆拾元 以助家中需庚 有得手当自再寄 并祈 叩禀
询安
儿美深禀 十月四日
黄美深寄

1956 年 12 月 10 日叻黄汉深寄潮安江东仙洲乡双亲

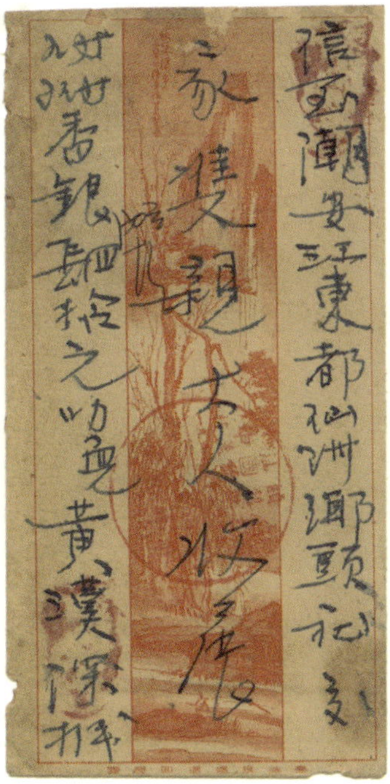
信至潮安江東都仙洲鄉頭祀交
家嫂親大人收展
外付番銀捌拾元之叻幣 黃漢深付

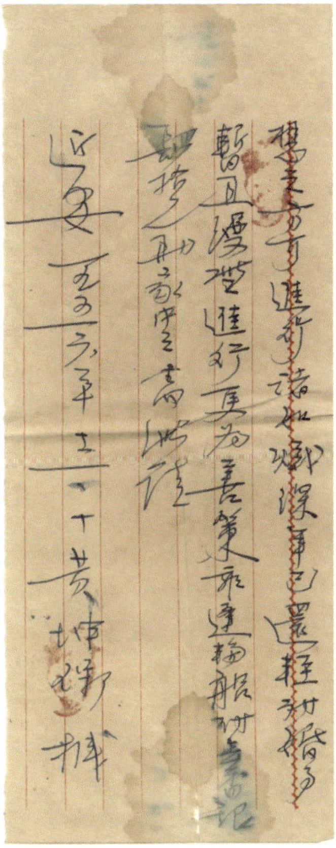

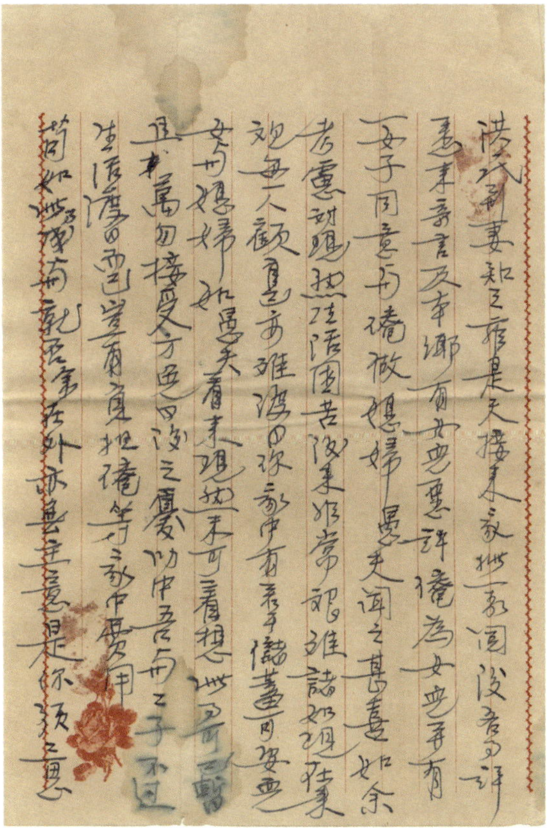

1957 年 3 月 4 日叻黄汉深寄潮安江东仙洲乡双亲

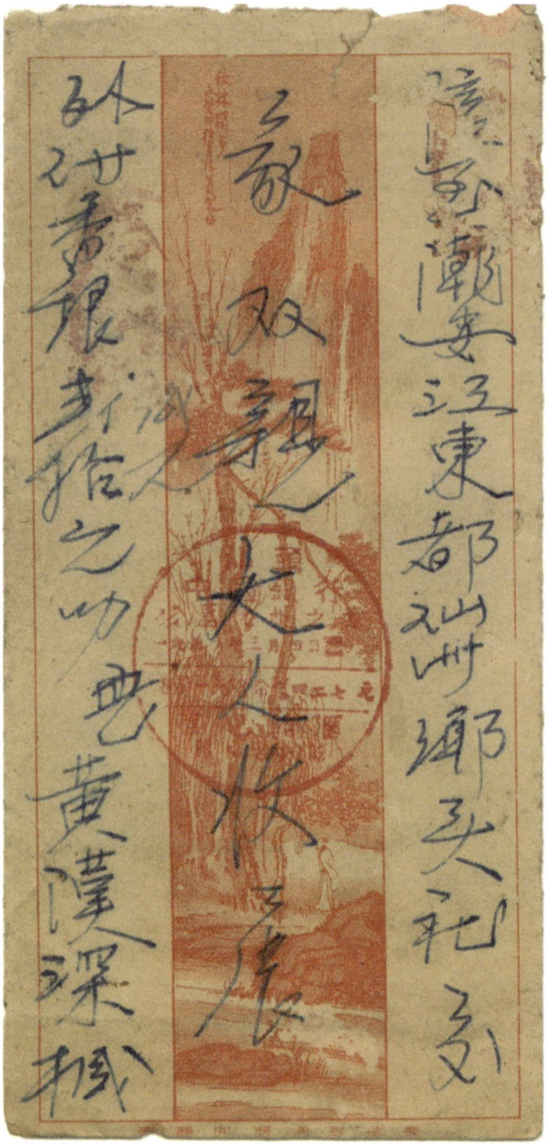

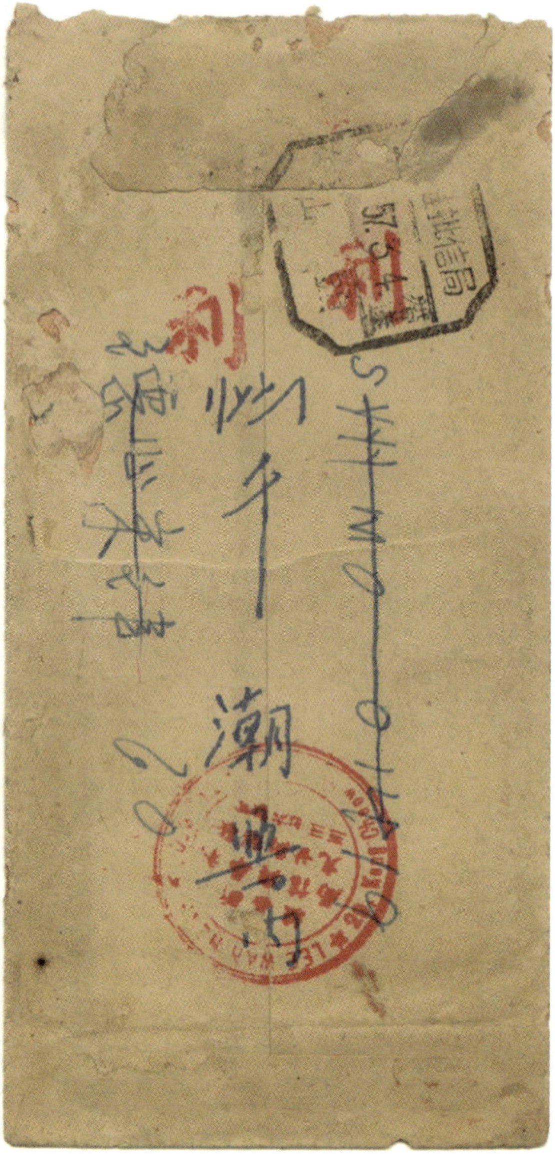

1957 年 3 月 12 日黄汉深寄潮安江东仙洲乡双亲

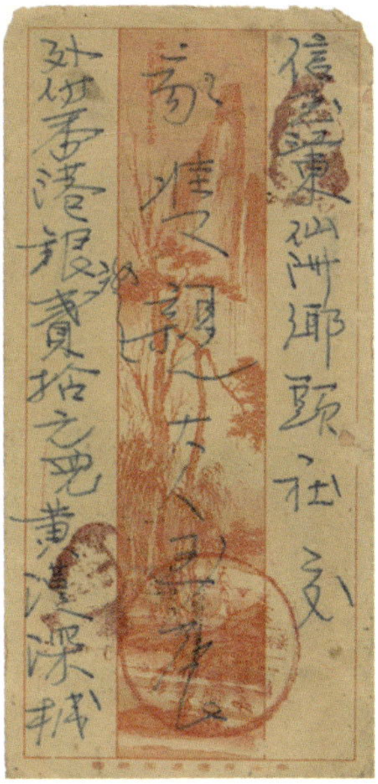

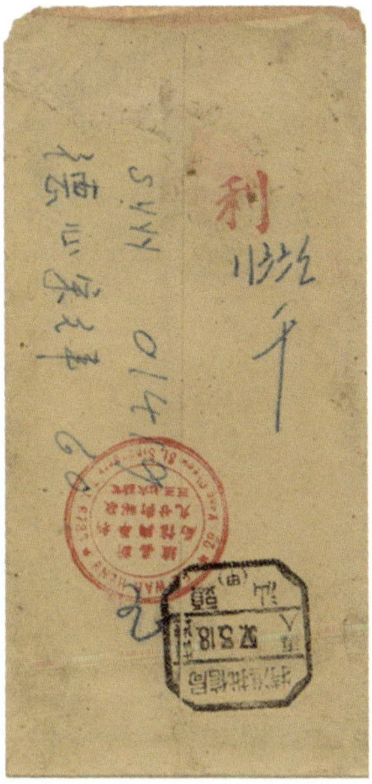

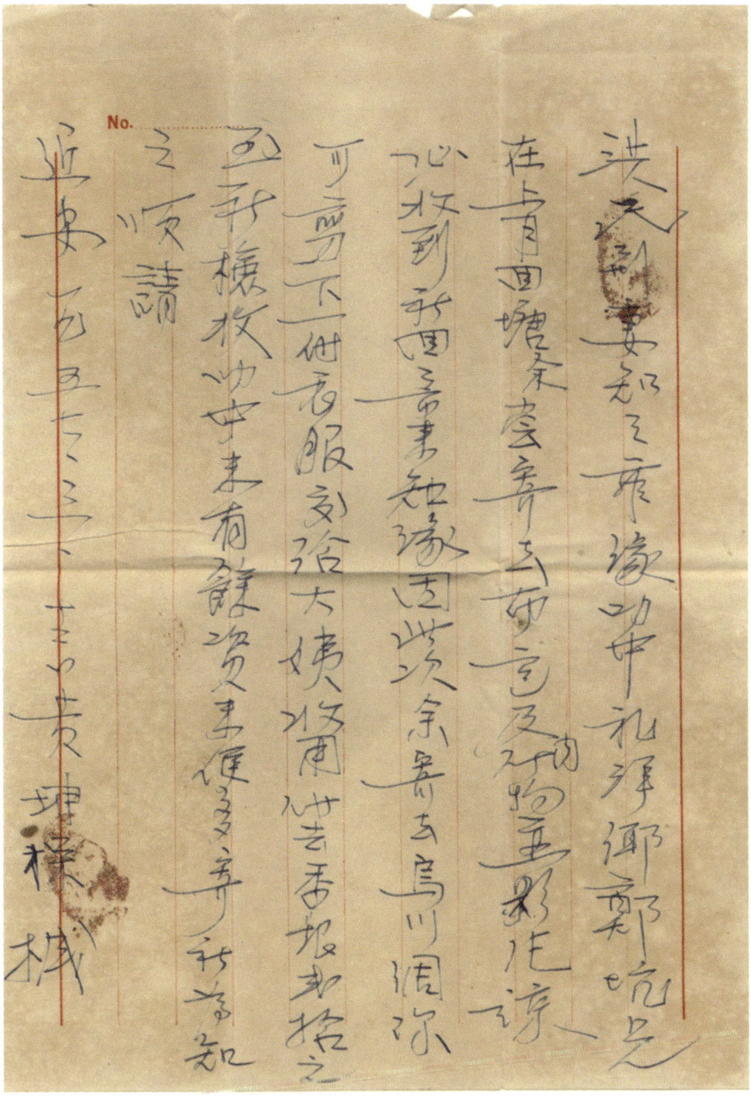
洪[illegible]双亲大人安知之：兹缘叫中礼洋乡郑坑兄之
在上月回塘，余寄去布[illegible]及物品五彩花[illegible]
必收到。新正[illegible]来知缘，因此次余寄去乌川绸[illegible]
可剪下一件衣服交给大姨收用。[illegible]去香港报和拾之
五斤[illegible]来有[illegible]资来便[illegible]亲[illegible]知
之 顺请
近安 一九五七 三 十二 [illegible]

1957 年 5 月 12 日叻黄美深寄潮安江东仙洲乡双亲

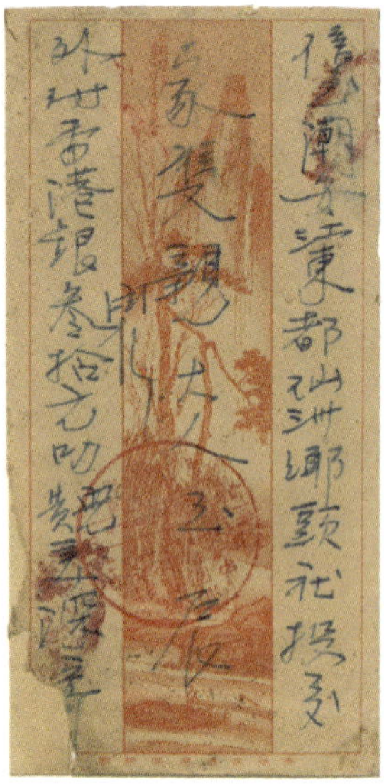

信局 潮安江東都仙洲鄉款祉投交
家慈親大人玉展
外付出港銀叁拾元 叻 黄美深呈

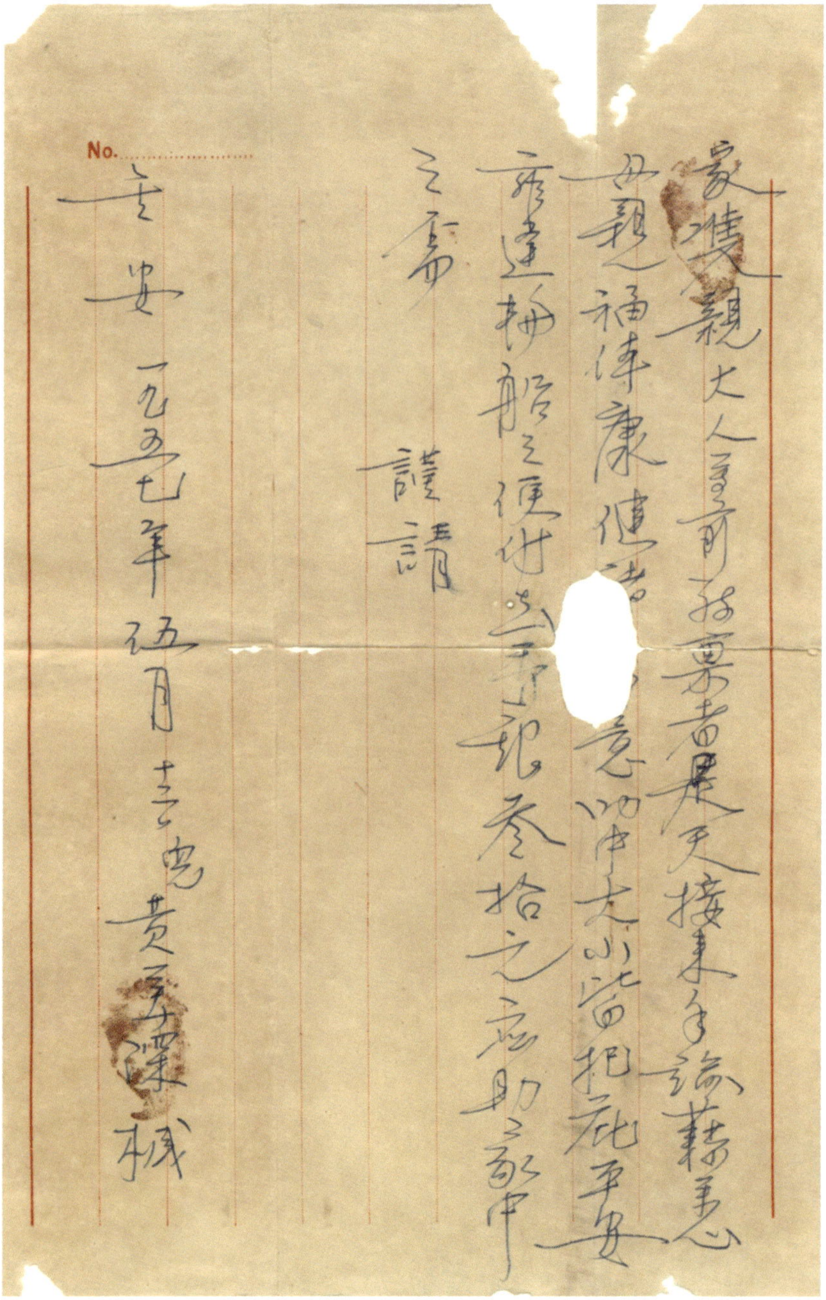

家慈親大人膝下 敬禀者 兒見接來手諭 藉悉
母親之福体康健 諸事如意 此中大小皆托庇平安
兹逢梅船之便 付出港銀叁拾元 以助家中
之需
謹請
金安
一九五七年五月十二日 兒 黄美深 椷

1957 年 7 月 6 日叻黄美深寄潮安江东仙洲乡双亲

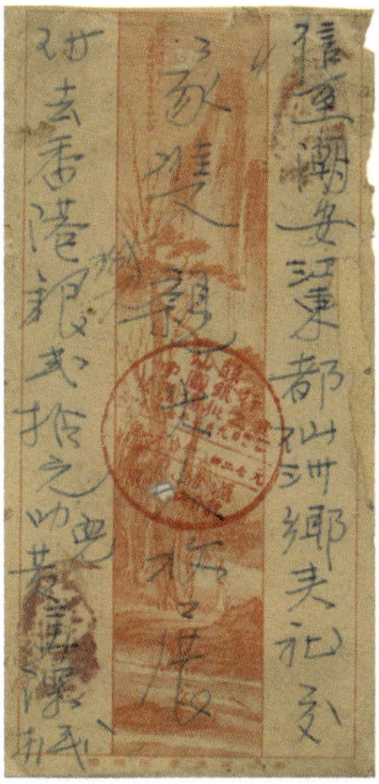

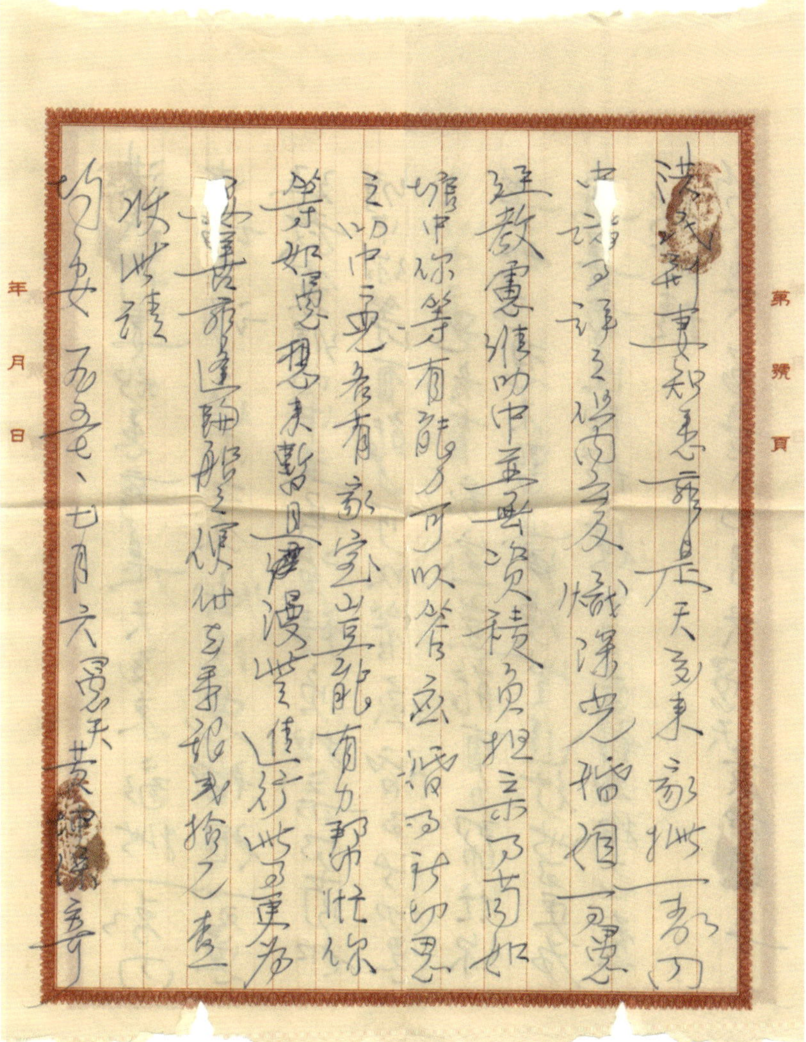

1957 年 9 月 28 日叻黄美深寄潮安江东仙洲乡双亲

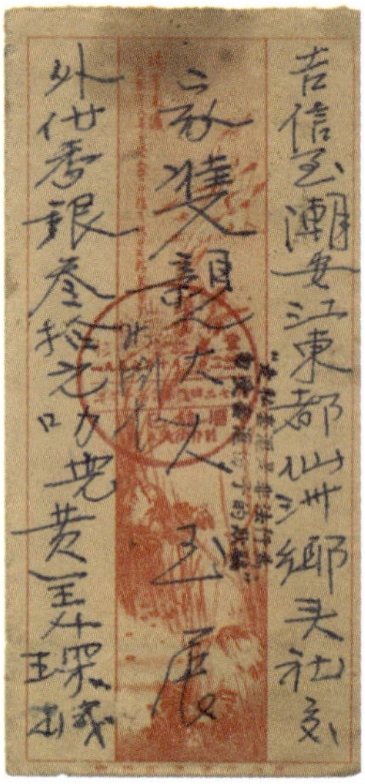
寄信至潮安江東都仙洲鄉吳社交
家嫂親大人玉展
外付香銀叁拾元
兒黃美琛 禀

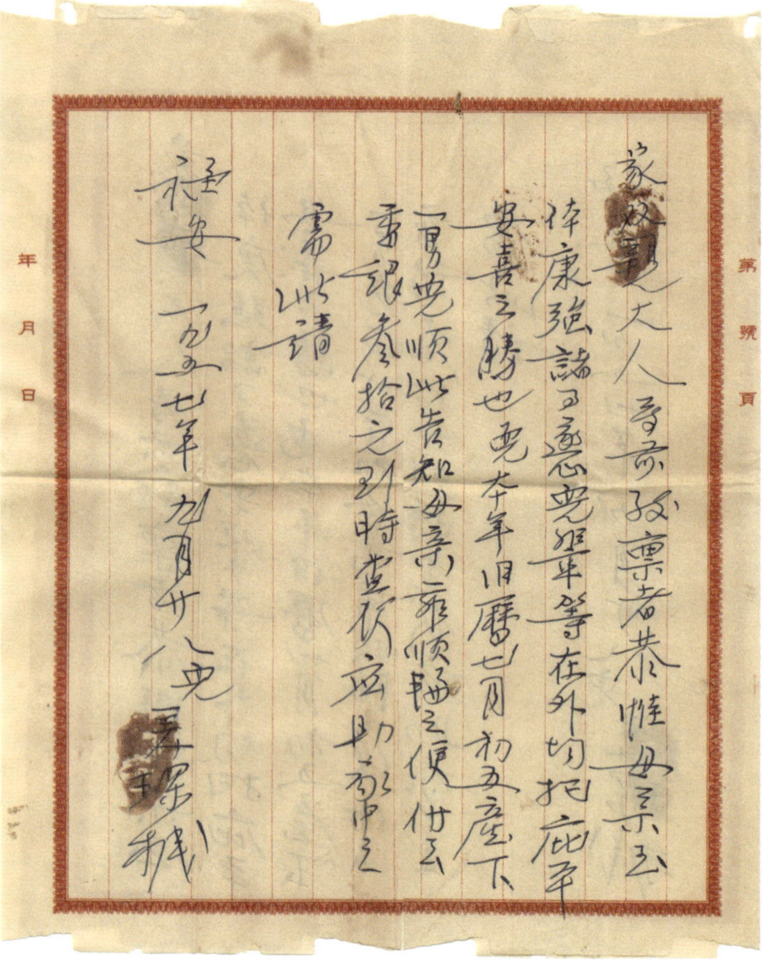
家双親大人尊前敬禀者恭惟母親玉體康強諸事遂意兒在外均托庇平安喜之勝也兒本年舊曆七月初五座下一男兒順此告知母親並順輪之便付去香銀叁拾元到時查收應用助家中之需此請
福安
一九五七年九月廿八日 兒美琛禀

1957 年 11 月 30 日叻黄美深寄潮安江东仙洲乡双亲

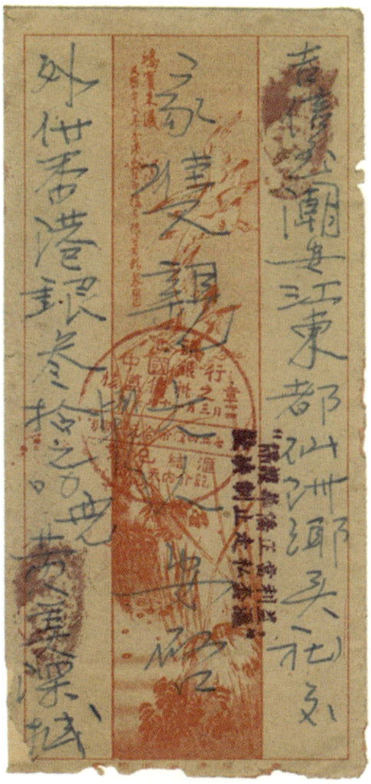

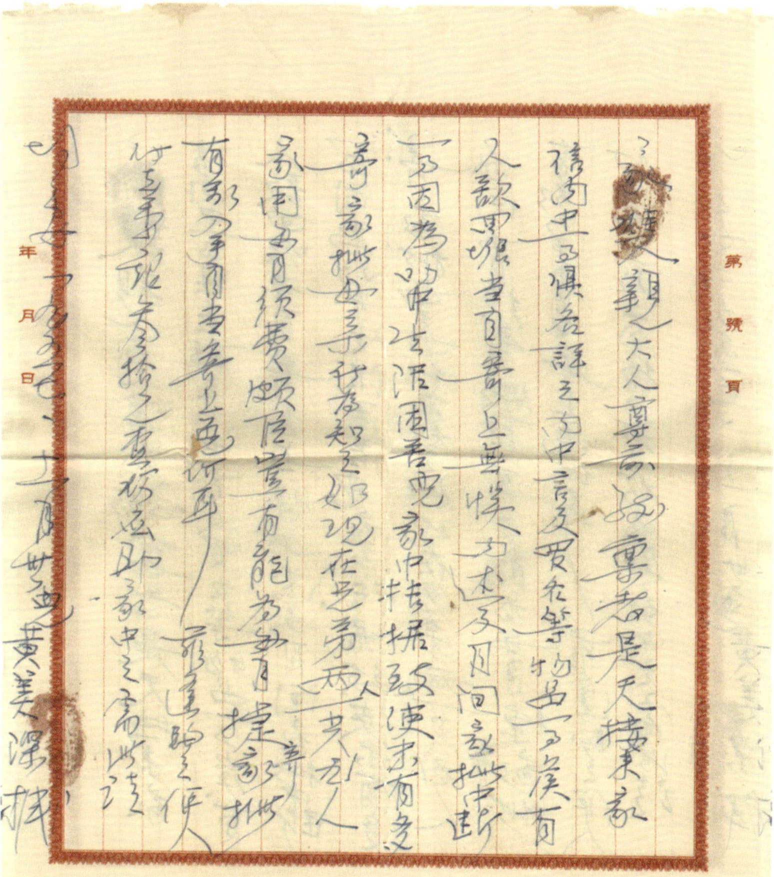

1957 年 12 月 25 日叻黄汉深寄潮安江东仙洲乡双亲

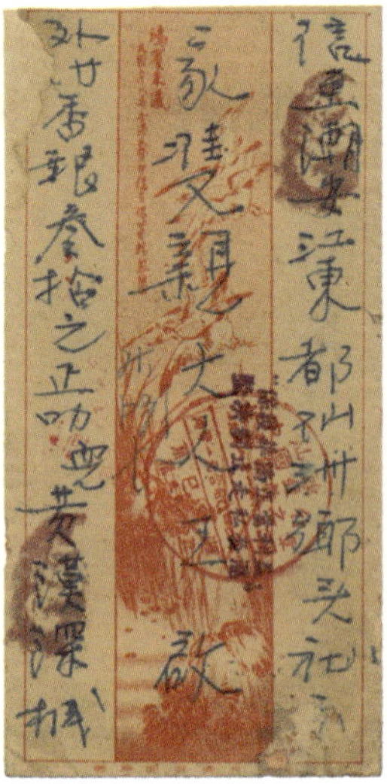

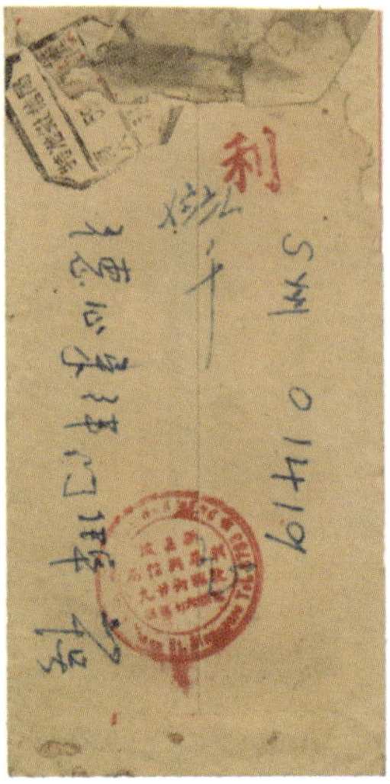

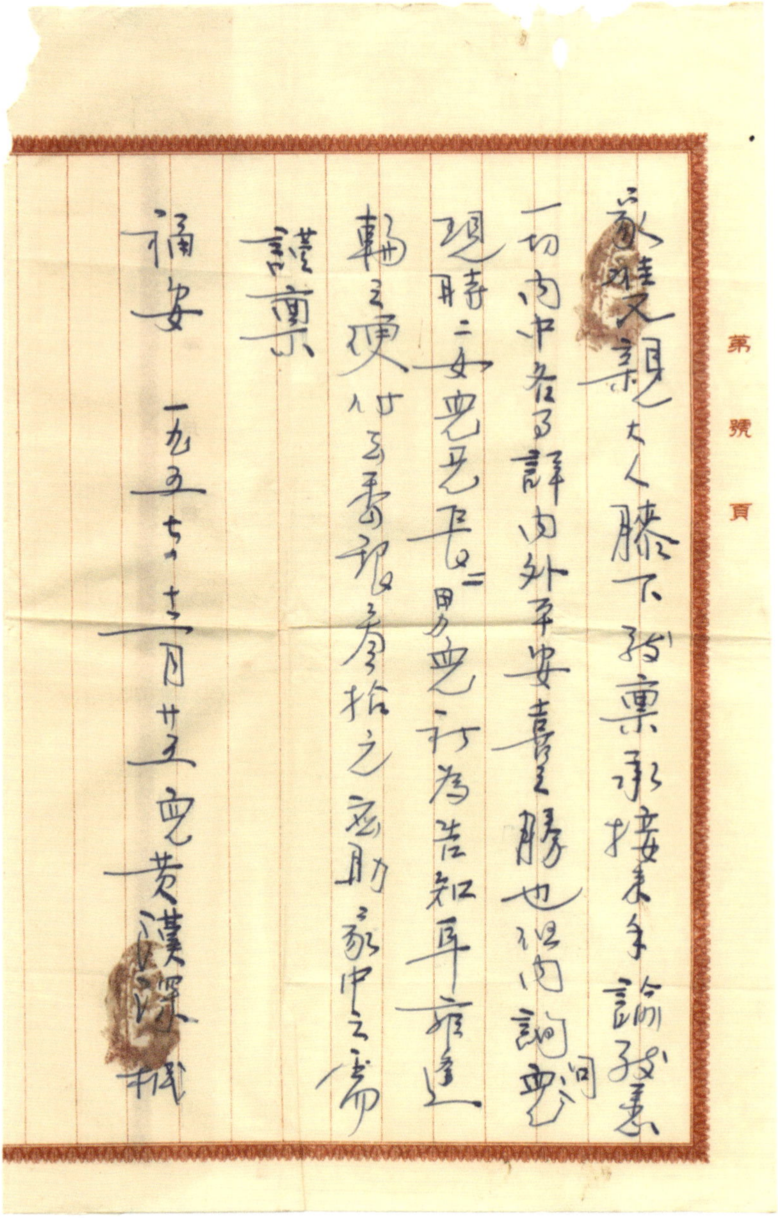

家双亲大人膝下 敬禀者 前接来手谕 敬悉
一切 内中各项详 内外平安 喜庆胜也 但内询问
现时二女儿已长大 男儿亦为告知耳 现逢
轮之便 付去港银叁拾元 以助家中之需
谨禀
福安
一九五七年十二月廿五日 儿 黄汉深 械

1958 年 5 月 30 日叻黄汉深寄潮安江东仙洲乡双亲

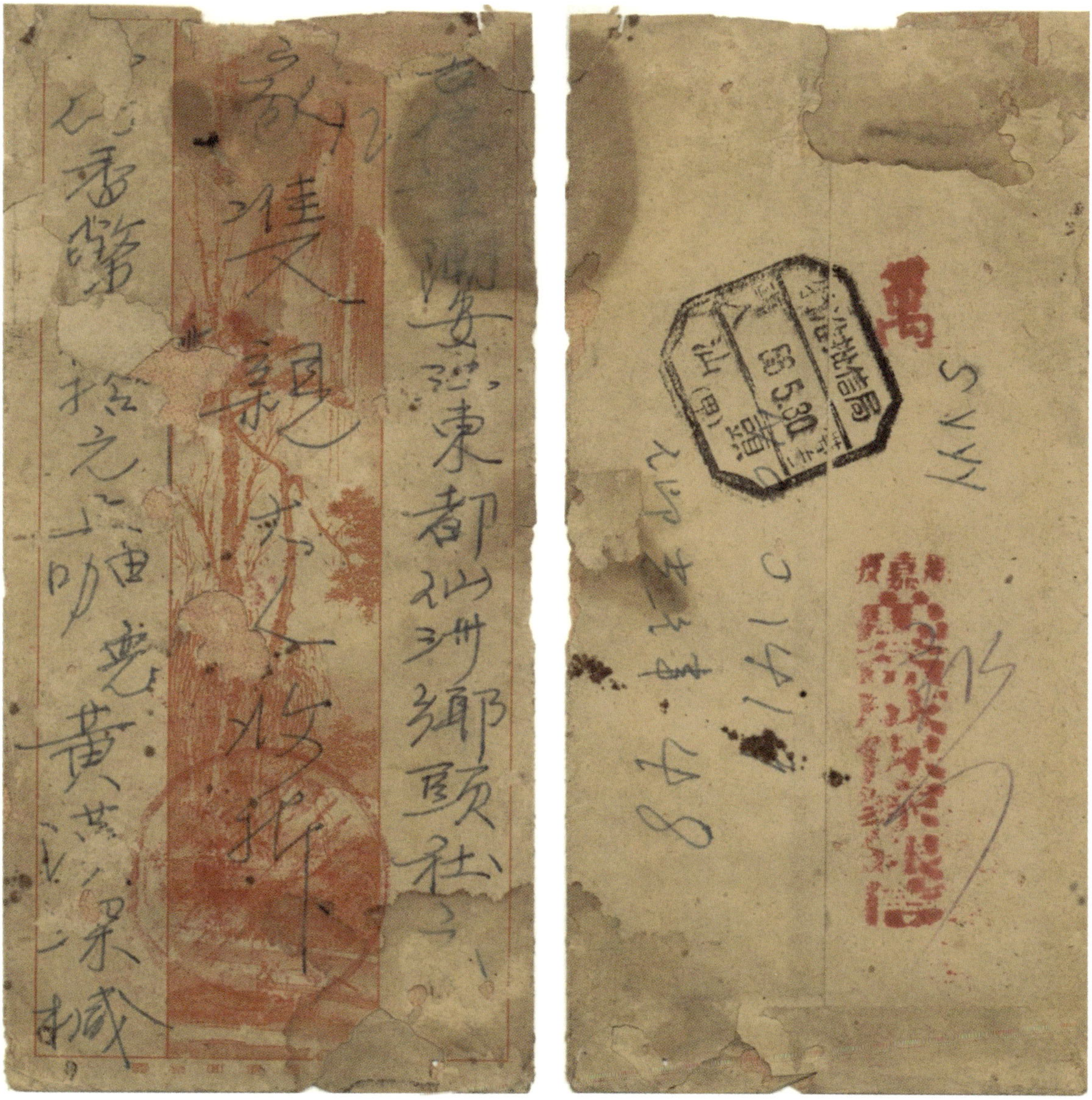

1959 年 8 月 19 日新加坡黄美深寄潮安江东仙洲乡母亲

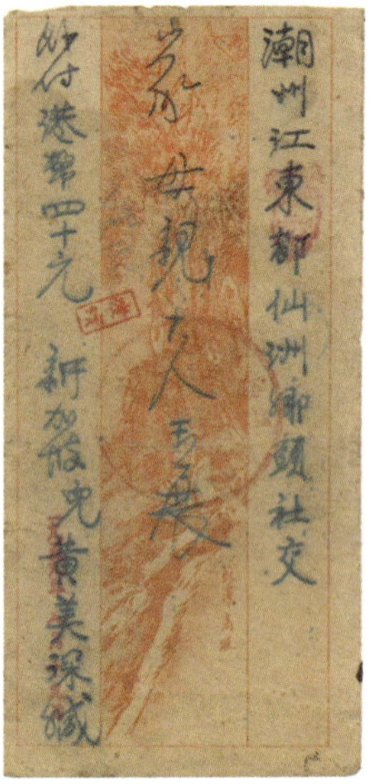

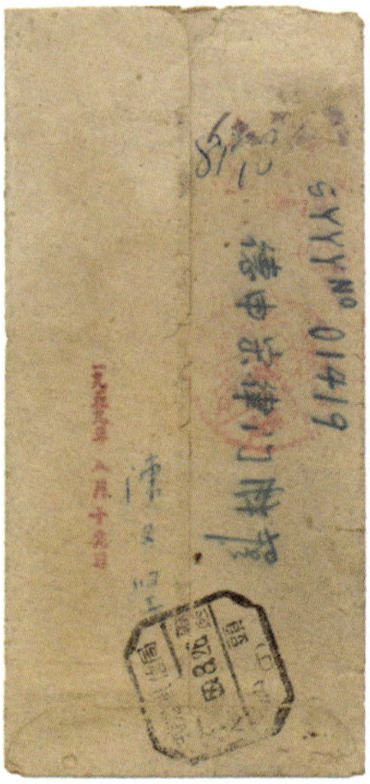

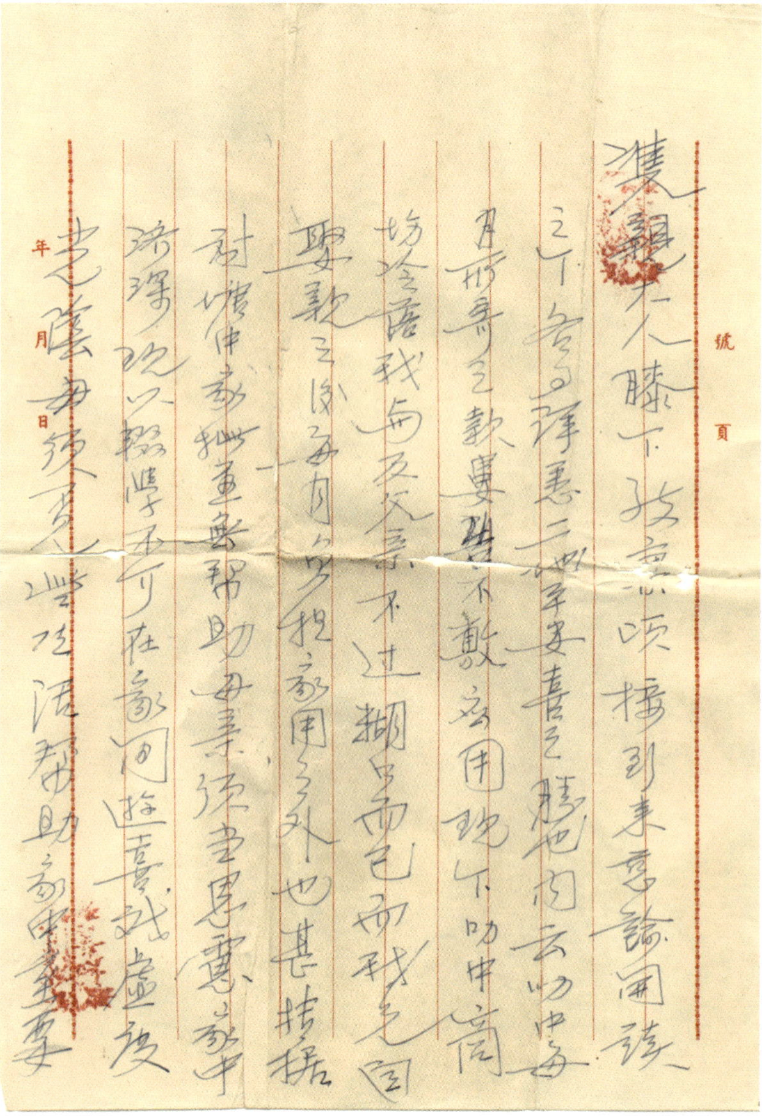

1960年4月17日叻黄美深寄潮安江东仙洲乡黄炽深

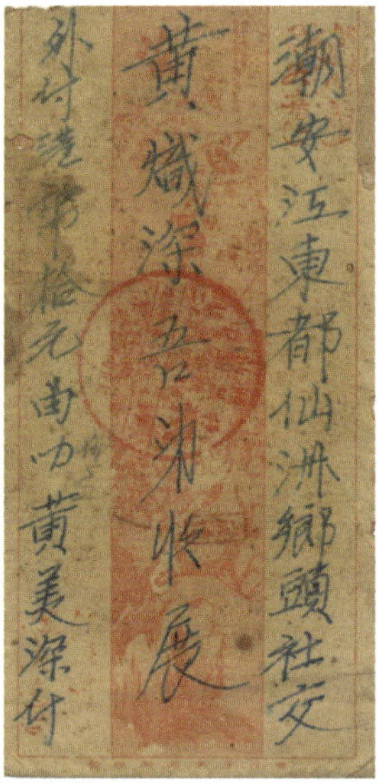
潮安江東都仙洲鄉頭社交
黃熾深吾親收展
外付港幣拾元 叻黃美深付

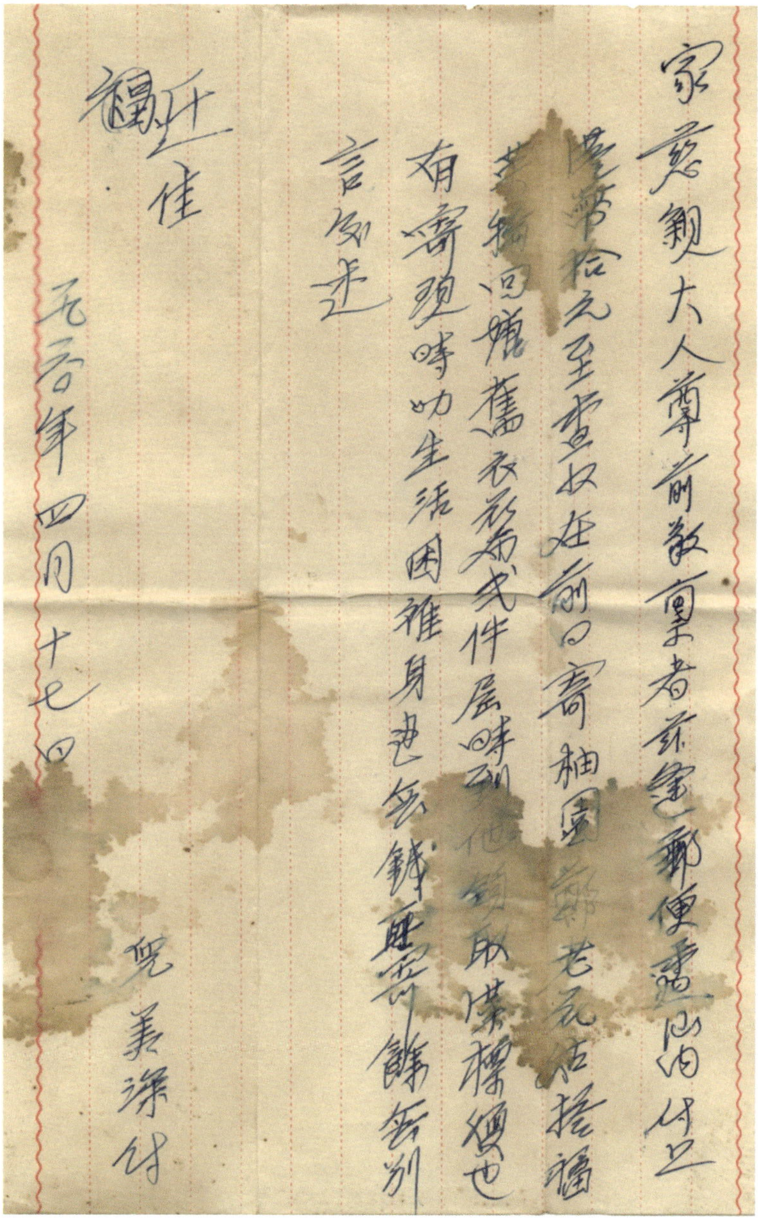
家慈親大人膝前敬禀者茲逢郵便照例付上
港幣拾元至查收在前日寄柚園鄉[illegible]搖福
[illegible]稱回娘舊衣衫弍件屆時到[illegible]他領取[illegible]也
有寄理時叻生活困難身邊無錢匯寄餘無別
言容述
福
近佳
[illegible]年四月十七日
兒美深付

1963年7月2日叻黄美深寄潮安江东仙洲乡母亲

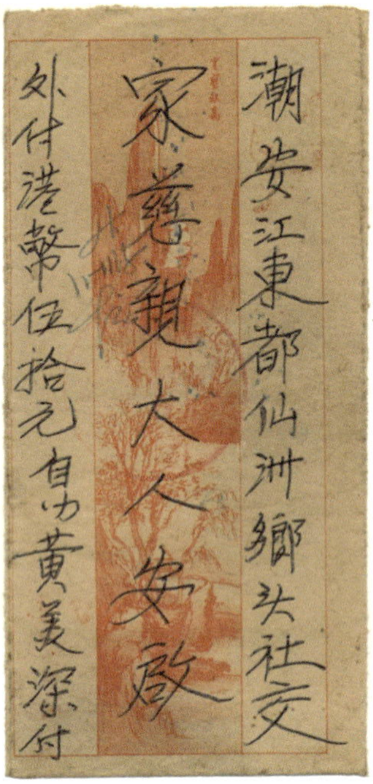

潮安江東都仙洲鄉头社交
家慈親大人安啟
外付港幣伍拾元 自叻黃美深付

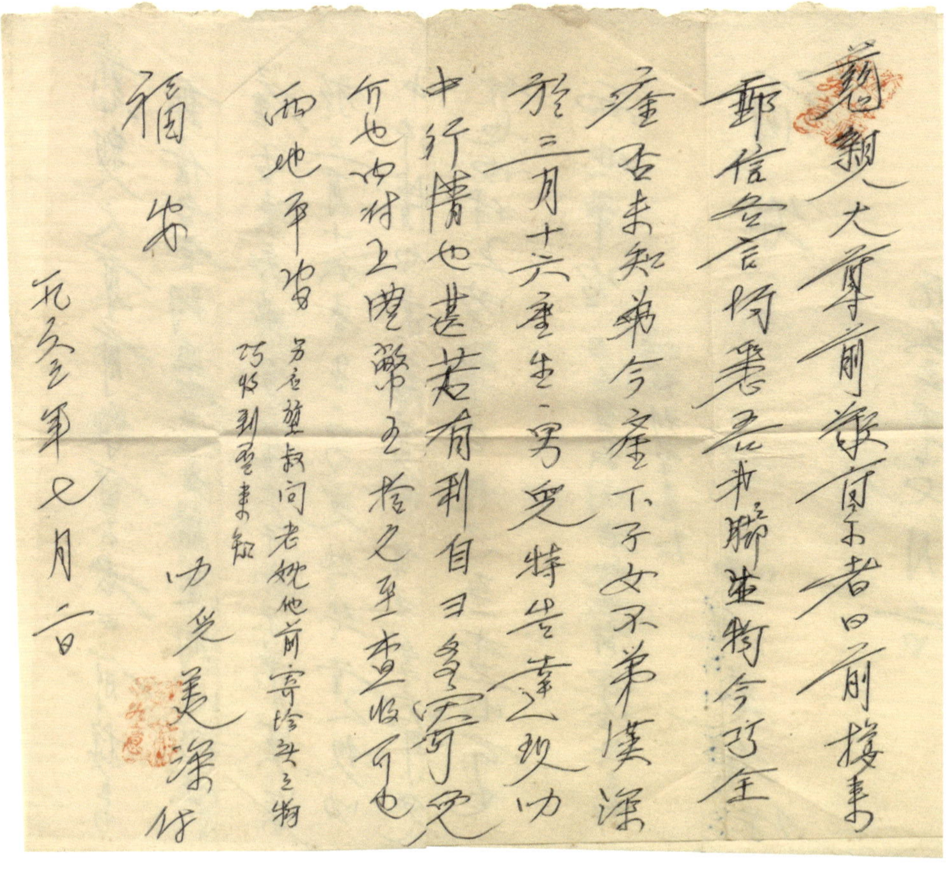

慈親大尊前敬禀者日前接奉
郵信合言均悉吾母聯並特令巧全
全否未知弟今產下子女不弟漢深
於二月十六產生一男兒特告達之叻
中行情也甚若有利自当多寄兒
所也此付上港幣五拾元至查收可也
兩地平安
福安
另者望叔問老姚他前寄給头之物巧收到否來知
一九六三年七月二日
叻兒美深付

1969 年 1 月 26 日新加坡黄汉深寄潮安江东仙洲乡黄炽深

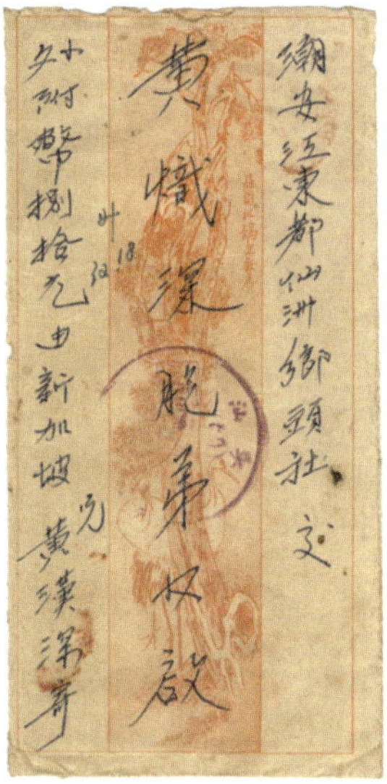

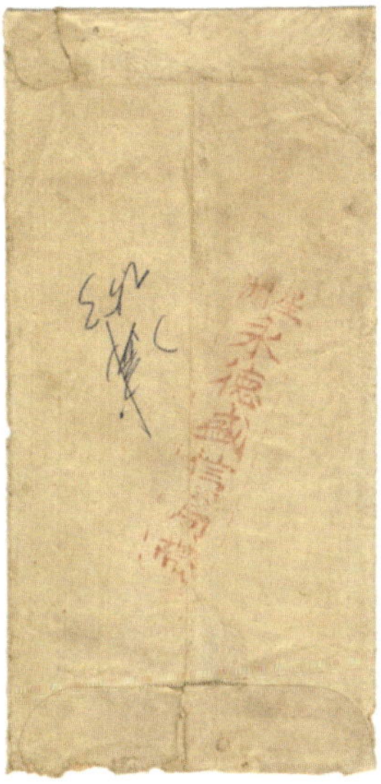

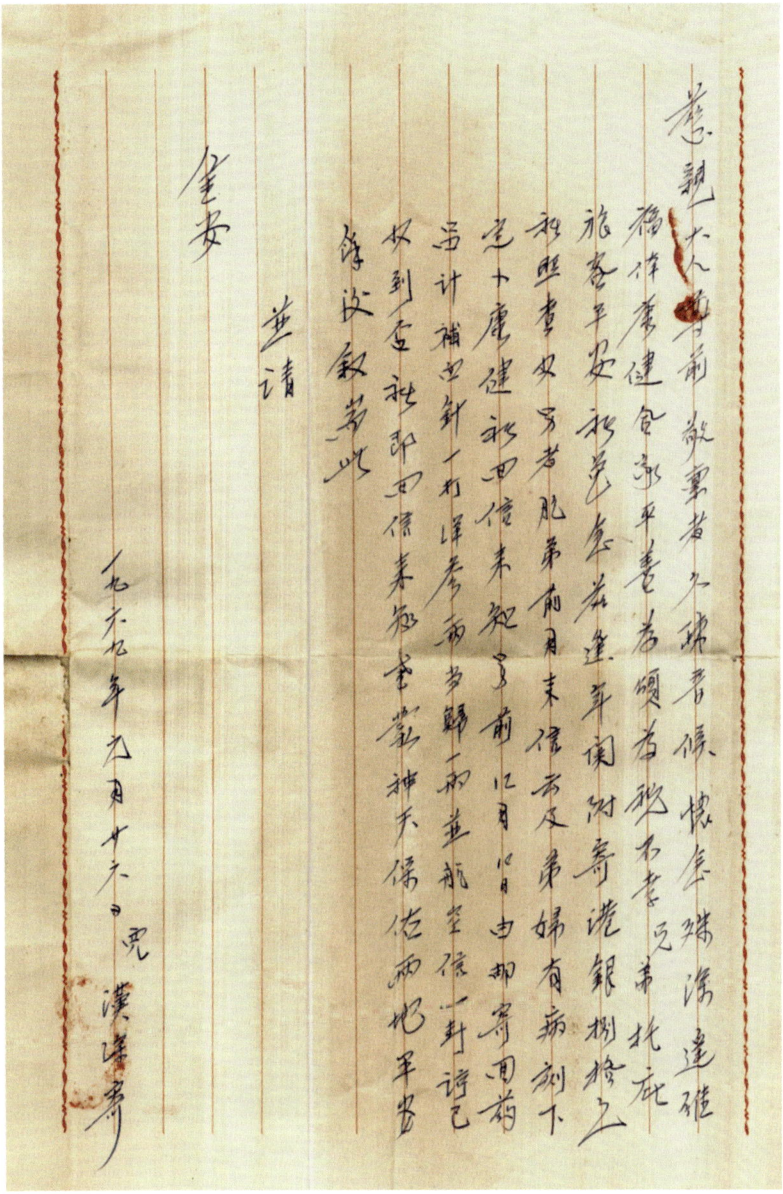

慈親大人尊前敬禀者久疏音候懷念殊深遥维
福体康健合家平善為頌為禱不孝兒弟托庇
旅寄平安祈免念為荷逢年關附寄港銀捌拾元
祈照查收另者媳弟前月来信云及弟婦有病刻下
是否康健祈回信来知另前12月18日由郵寄回葯
品计補血針一打洋参兩多錢一兩並航空信一封諒已
收到否祈即回信来知[illegible]神天保佑兩地平安
餘[illegible]叙當此
並請
金安
一九六九年元月廿六日 兒 漢深寄

黄美深寄潮安江东仙洲乡双亲

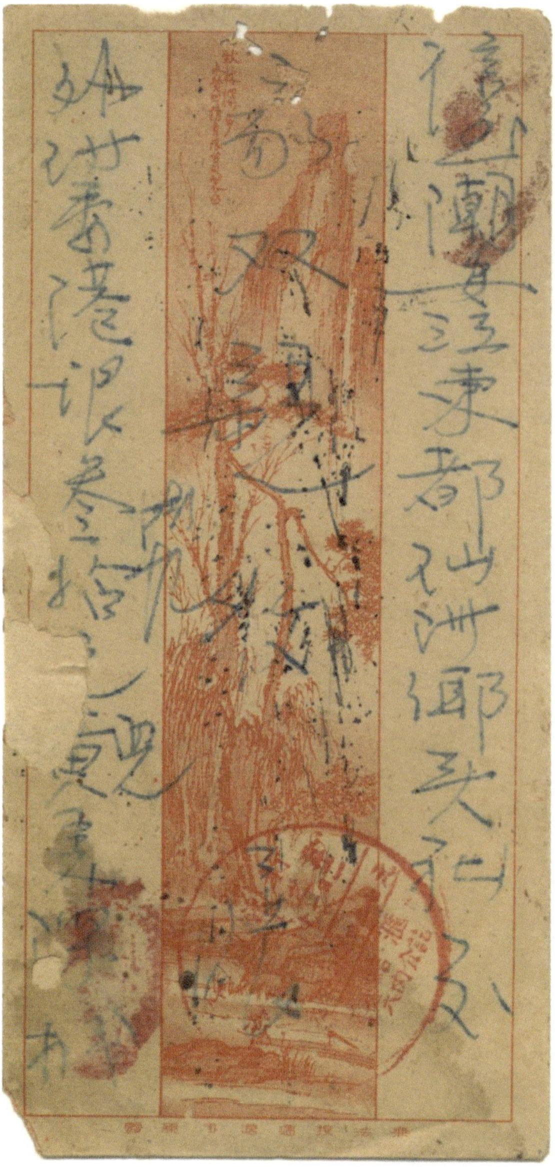

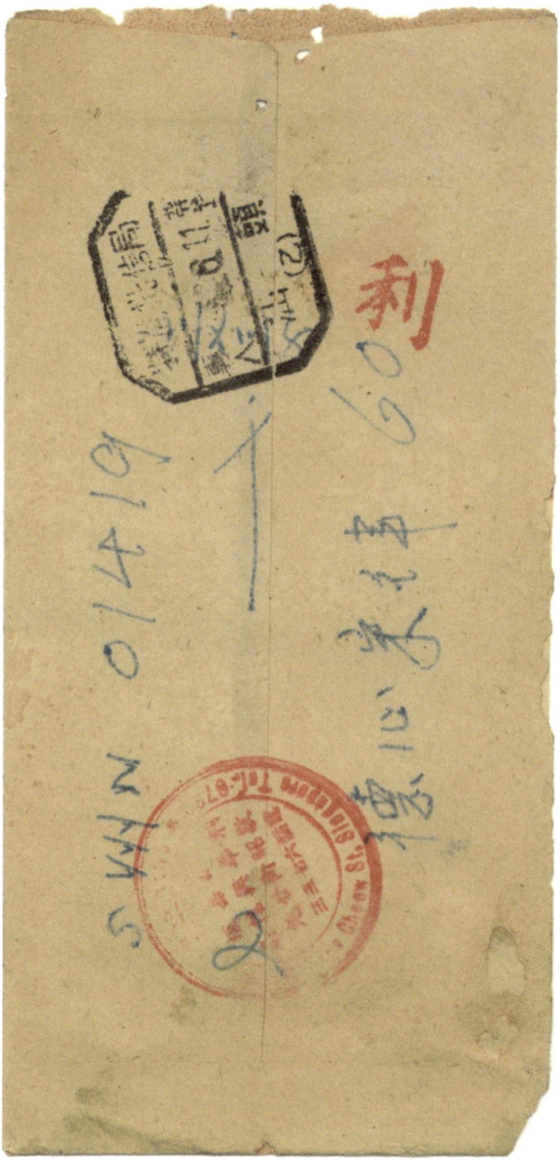

柔佛（马来西亚）林琪松寄潮安鹳巢乡李祥鑫

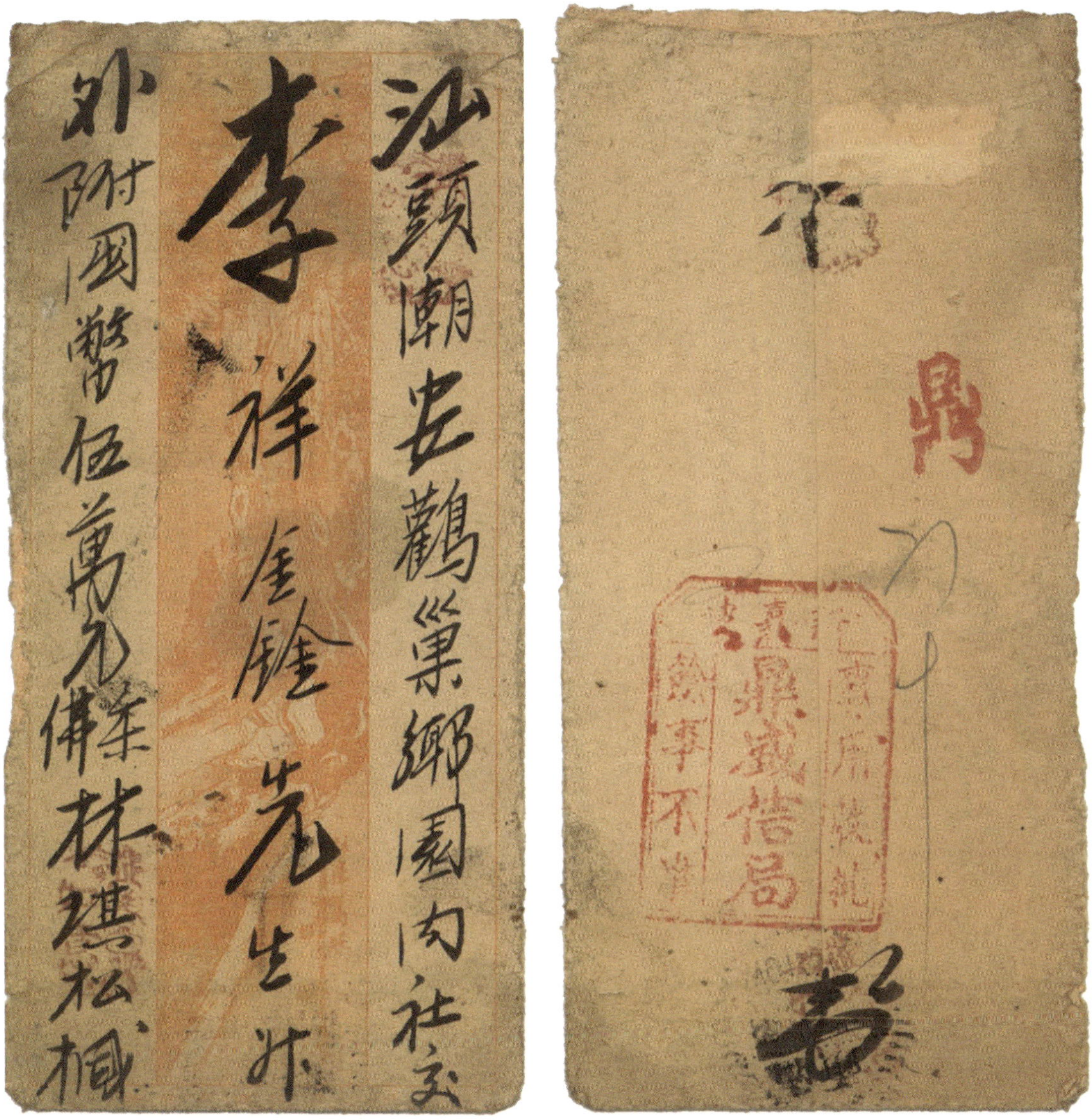

庚寅年十二月初八（1951 年 1 月 15 日）
叻（新加坡）林松昌寄潮安古楼乡林仁告

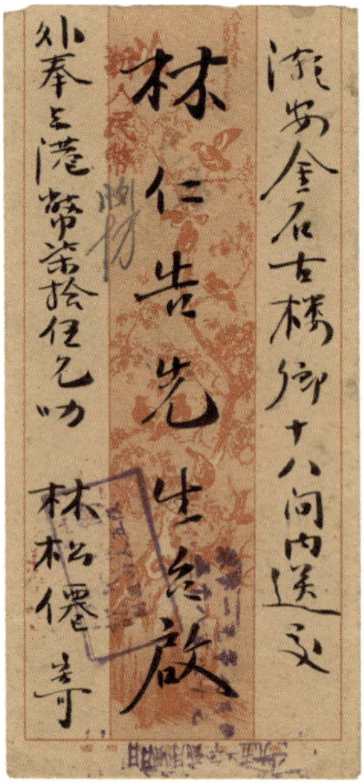

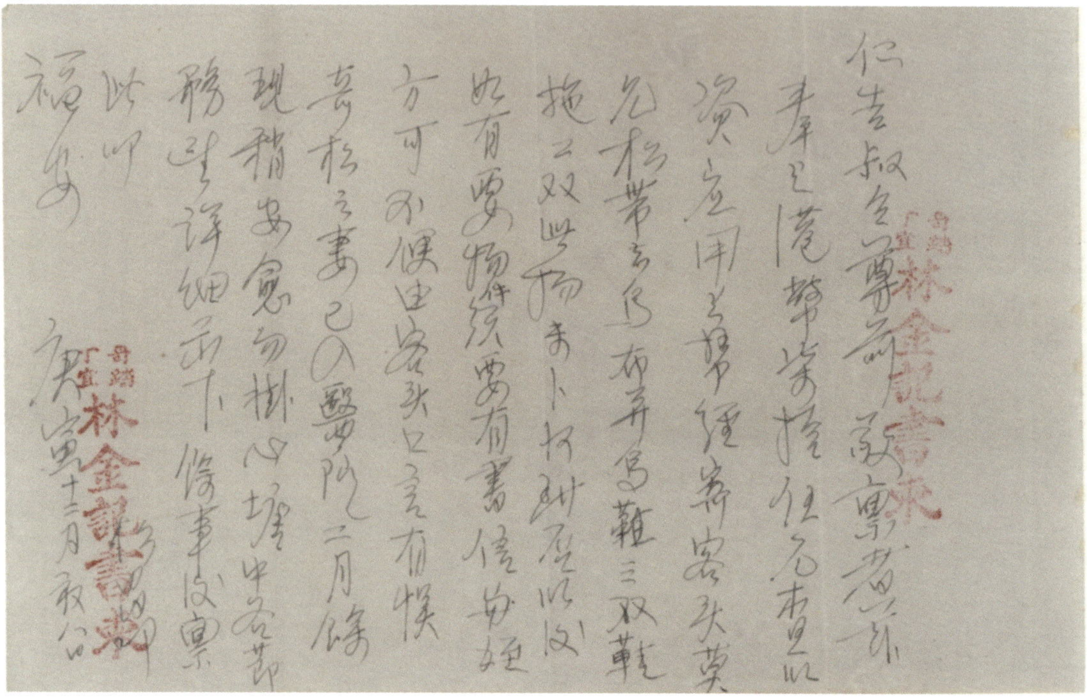
仁告叔父尊前 敬禀者兹
奉上港币柒拾伍元查收以
资应用之需 经寄家去英
元松带去乌布并乌鞋三双鞋
拖二双此物未卜收到否以及
如有要物件须要有书信为妥
方可 不便由家去口言有误
吾松之妻已回娶阳二月余
现精安康勿挂心 堪中舍节
聘进之详细示下 修书后禀
此叩
福安
庚寅十二月初八日

1951 年 4 月 10 日叻林松藩寄潮安古楼乡父亲

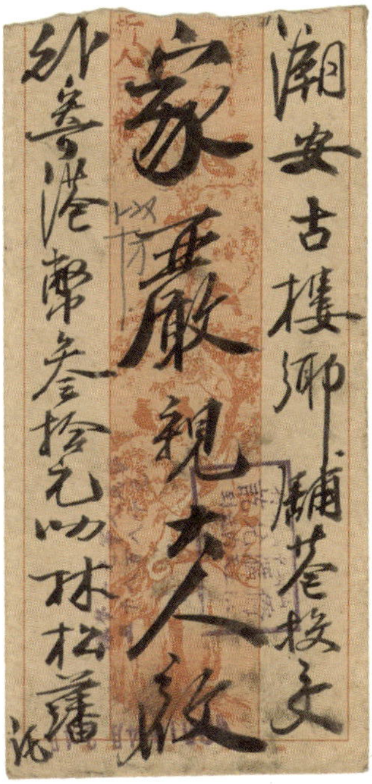

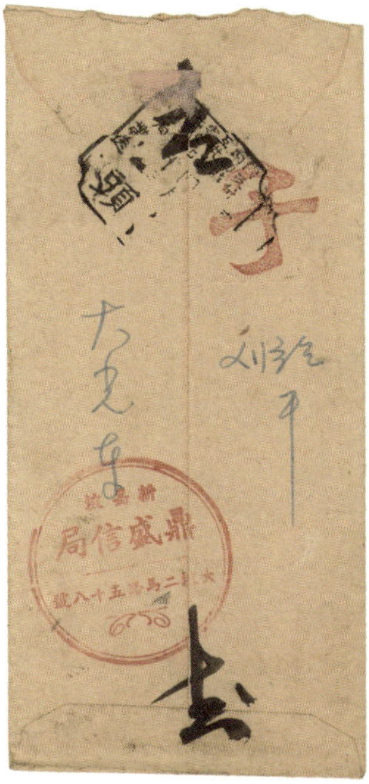

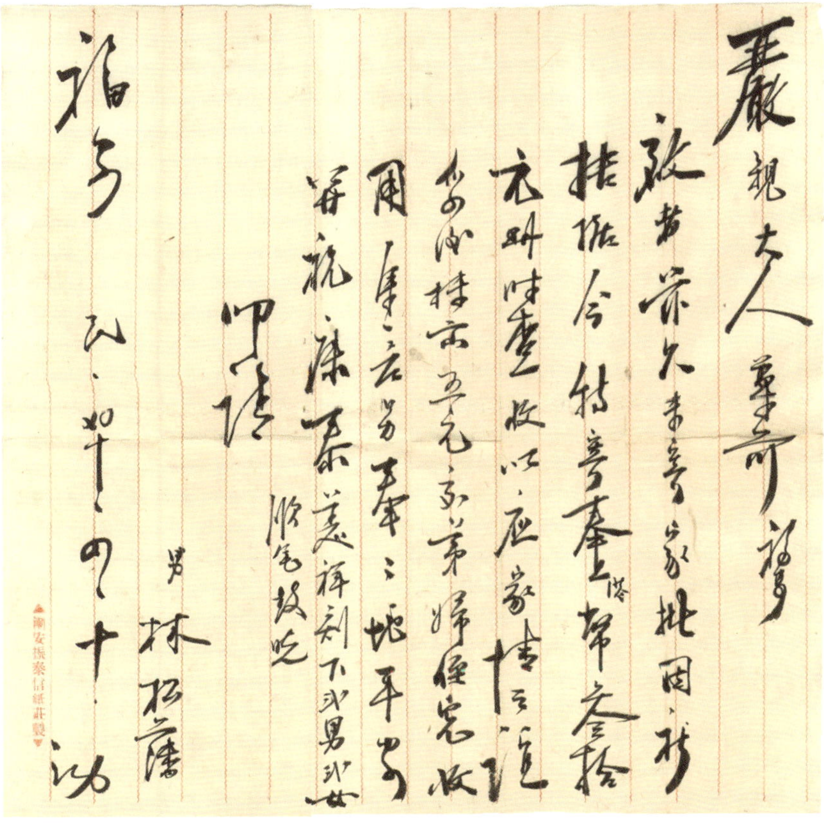

辛卯年四月初五（1951 年 5 月 10 日）
柔佛林琪松寄潮安古楼乡父亲

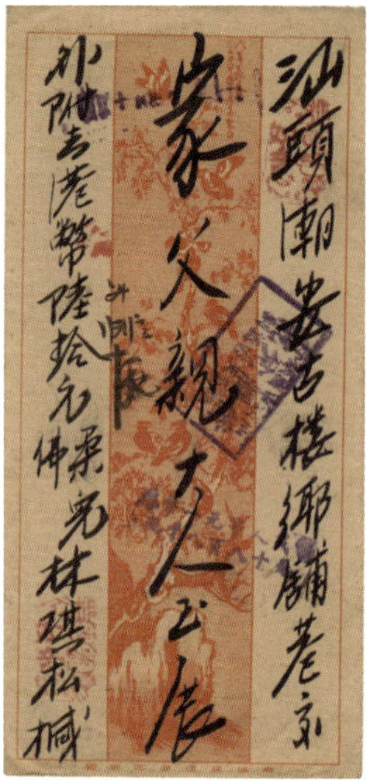
汕頭潮安古樓鄉舖巷交
家父親大人玉展
外附去港幣陸拾元 柔佛 兒林琪松緘

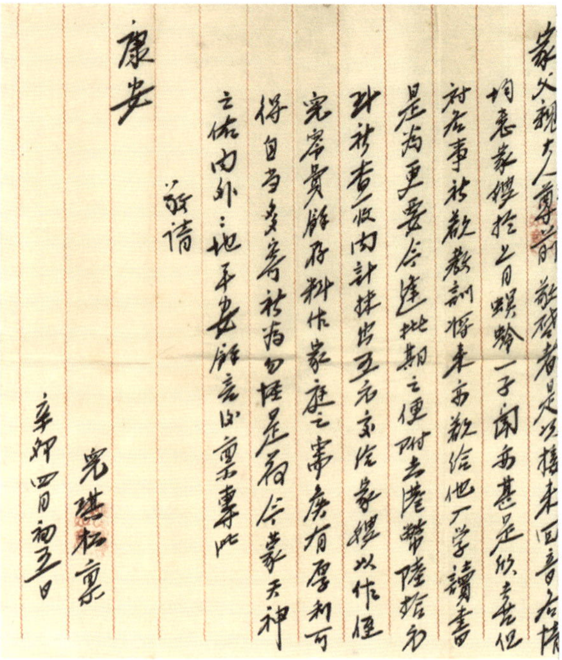
家父親大人尊前 敬啟者是以接来回音，各情
均悉。家嫂於上月螟蛉一子，聞亦甚是欣喜，但
对於事於款教訓，將來亦教給他入学讀書，
是为更要。今逢批期之便，附去港幣陸拾元，
到於查收，内計抹出五元交給家嫂，以作值
完宗贵餘存料作家庭之需，虔有厚利可
得，自当多寄，於为切样是荷。今蒙天神
之佑，内外之地平安，餘言后禀，专此
敬請
康安
兒琪松禀
辛卯四月初五日

辛卯四月十五日扬钦珊
汕頭

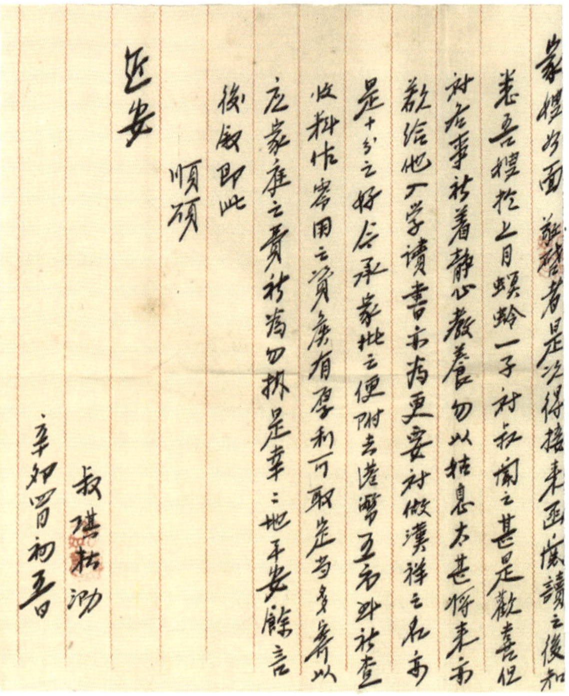
家嫂妆面 敬啟者是次得接来函，藉讀之後，知
悉吾嫂於上月螟蛉一子，对叔聞之甚是歡喜，但
对於事於着靜心教養，勿以姑息太甚，將來亦
教給他入学讀書，亦为更要。对做漢祥之名，亦
是十分之好。今承家批之便，附去港幣五元，到於查
收，料作零用之資。虔有厚利可取，定当多寄，以
应家庭之費，於为切抓是幸。之地平安，餘言
後叙，即此
順頌
近安
叔琪松沕
辛卯四月初五日

辛卯年八月初八（1951 年 9 月 8 日）
柔佛林琪松寄潮安古楼乡父亲

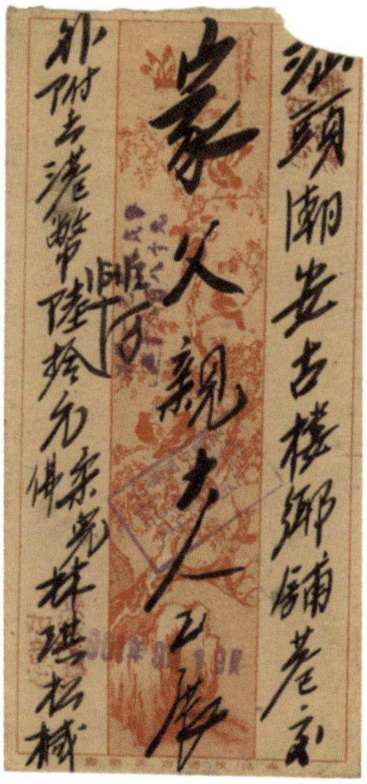
汕頭潮安古樓鄉舖巷內
家父親大人玉展
外附去港幣陆拾元
兒林琪松緘

林秋城

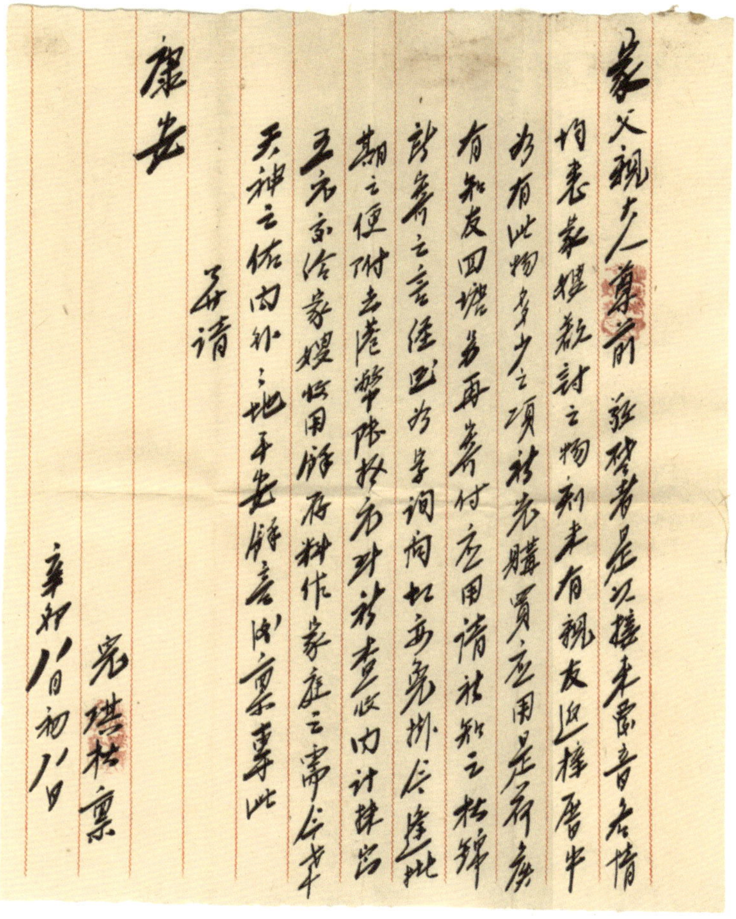
家父親大人尊前
敬禀者是以接来覆音各情
均悉家提款討之物刻未有親友迴梓唐中
如有此物多少之項於先購買應用是荷庚
有知友回塘另再寄付應用請祈知之松錦
新寄之言經過如要詢問如要免掛念逢批
期之便附去港幣陆拾元到祈查收内计肆佰
五元交給家嫂收用餘存料作家庭之需今并
天神之佑内外之地平安餘言後稟専此
叩请
康安
兒琪松禀
辛卯八月初八日

辛卯年十二月初五（1952 年 1 月 1 日）
柔佛林琪松寄潮安古楼乡父亲

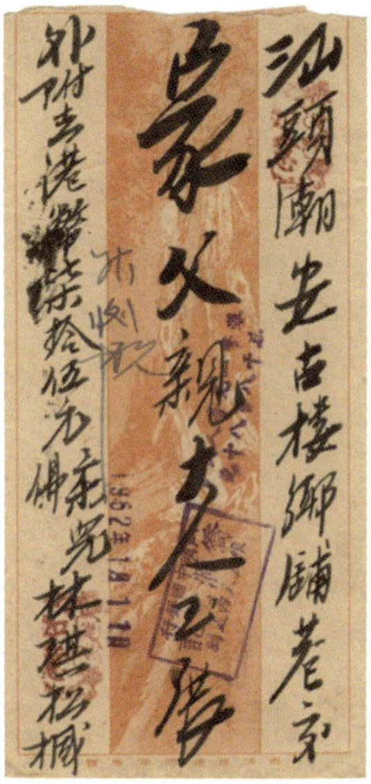

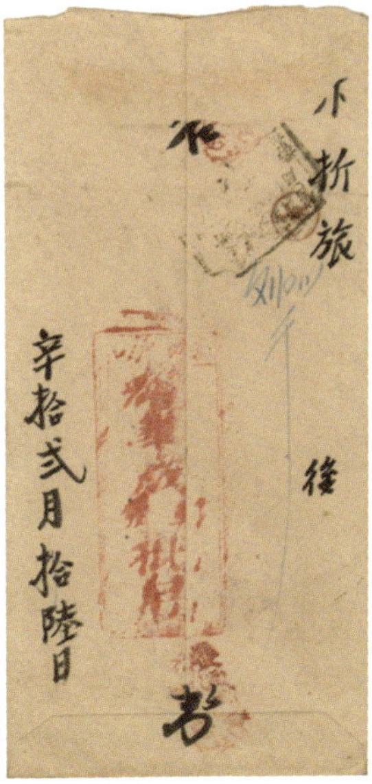

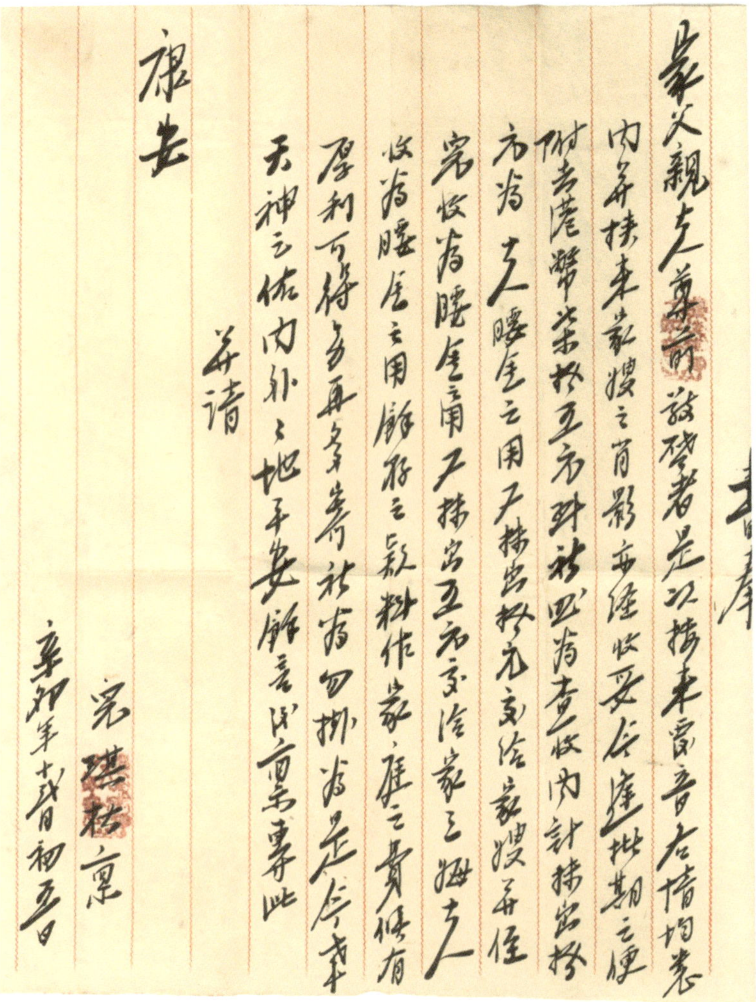
家父亲大人尊前 敬禀者 是以接来音 各情均悉
内弟挂来家嫂之肖影 亦经收妥 今逢批期之便
附去港币柒拾五元 到祈照查收 内计挂出拾
元为 大人膳金之用 另挂出拾元交给家嫂弟侄
儿收为膳金之用 另挂出五元交给家三婶 大人
收为膳金之用 余存之款 料作家庭之费 候有
厚利可得 多再多寄 祈为留挪为是 今者承
天神之佑 内外之地平安 余言后禀专此
并请
康安
儿琪松禀
辛卯年十二月初五日

壬辰年六月初五（1952 年 7 月 26 日）
柔佛林琪松寄潮安古楼乡父亲

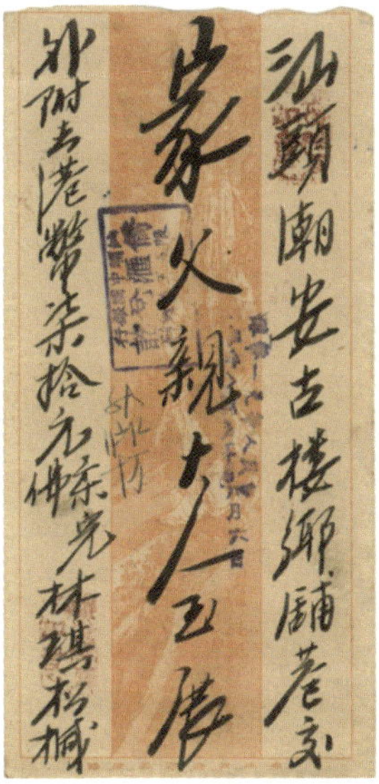

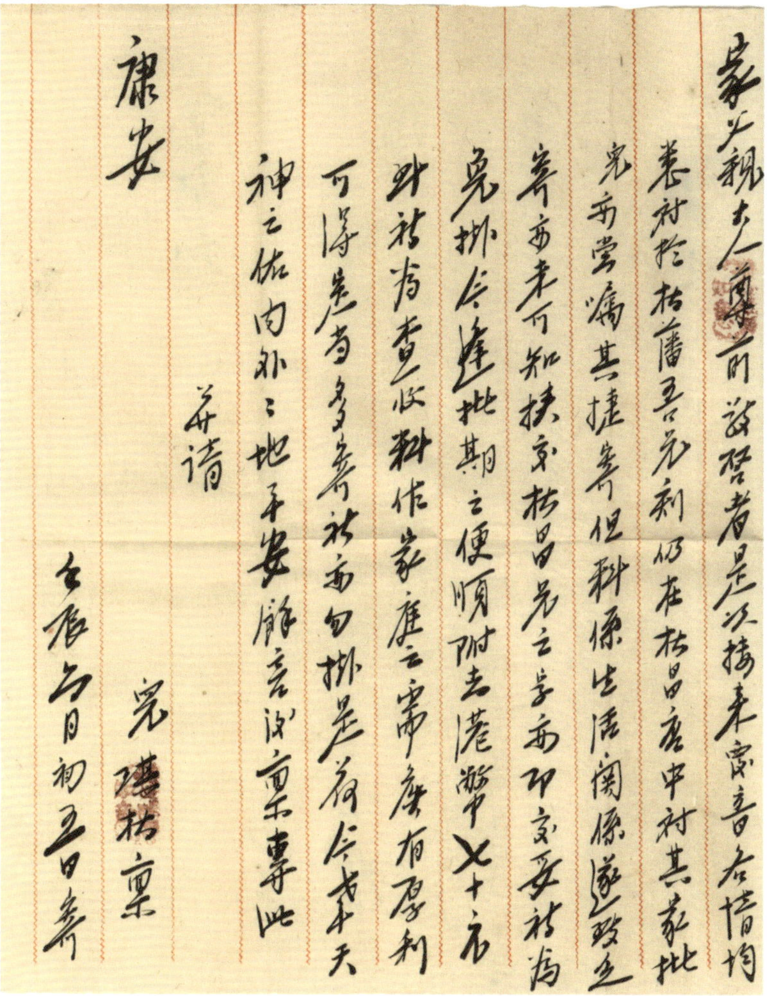
家父親大人尊前 敬啓者 是次接來禀音各情均悉 對於杭番吾兄利仍在杭昌店中 對其家批兄弟當備其捷寄 但料係生活關係遲延至寄弟來可知 扶家杭昌兄之事弟印家要對為兄掛 今逢批期之便順附去港幣七十元 到祈為查收 料作家庭之需 庶有厚利可得 是為多寄 於弟自掛是荷 今者幸天神之佑 內外之地平安 餘言後禀 專此

恭請

康安

兒 琪松 禀

壬辰六月初五日寄

壬辰年九月初九（1952 年 10 月 27 日）
柔佛林琪松寄潮安古楼乡父亲

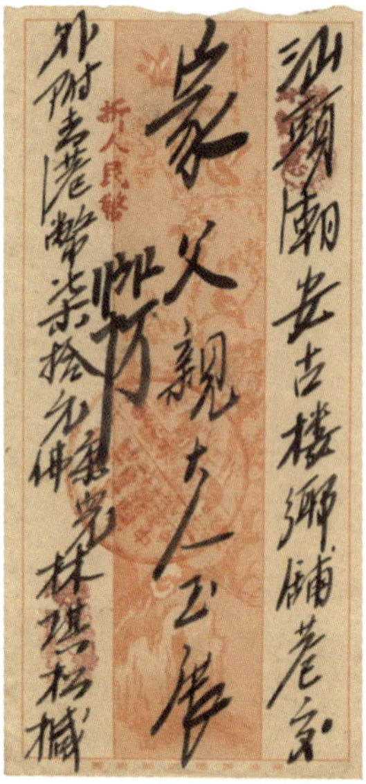

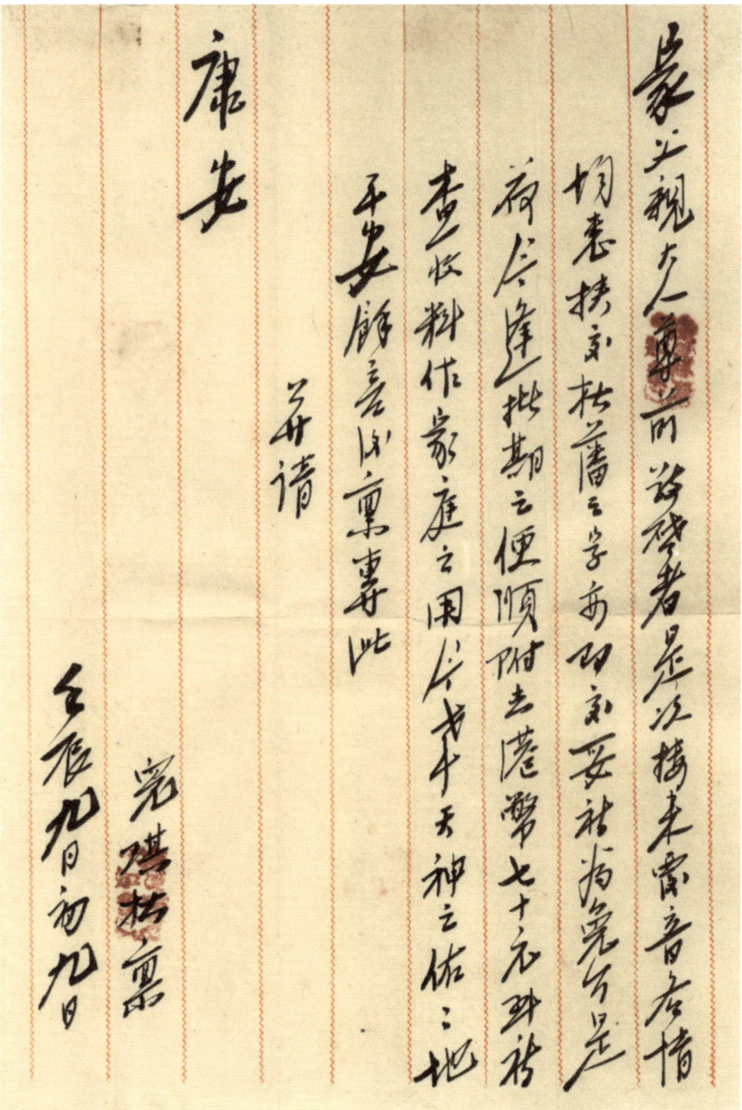

1952 年 12 月 12 日呷（马来西亚）
廖碧珍寄潮安古楼乡仁告

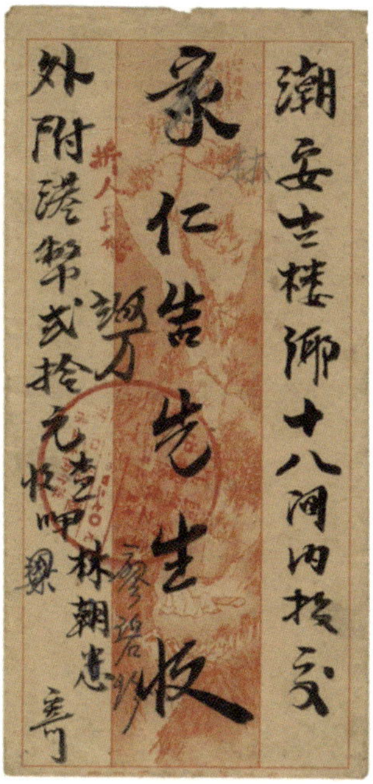

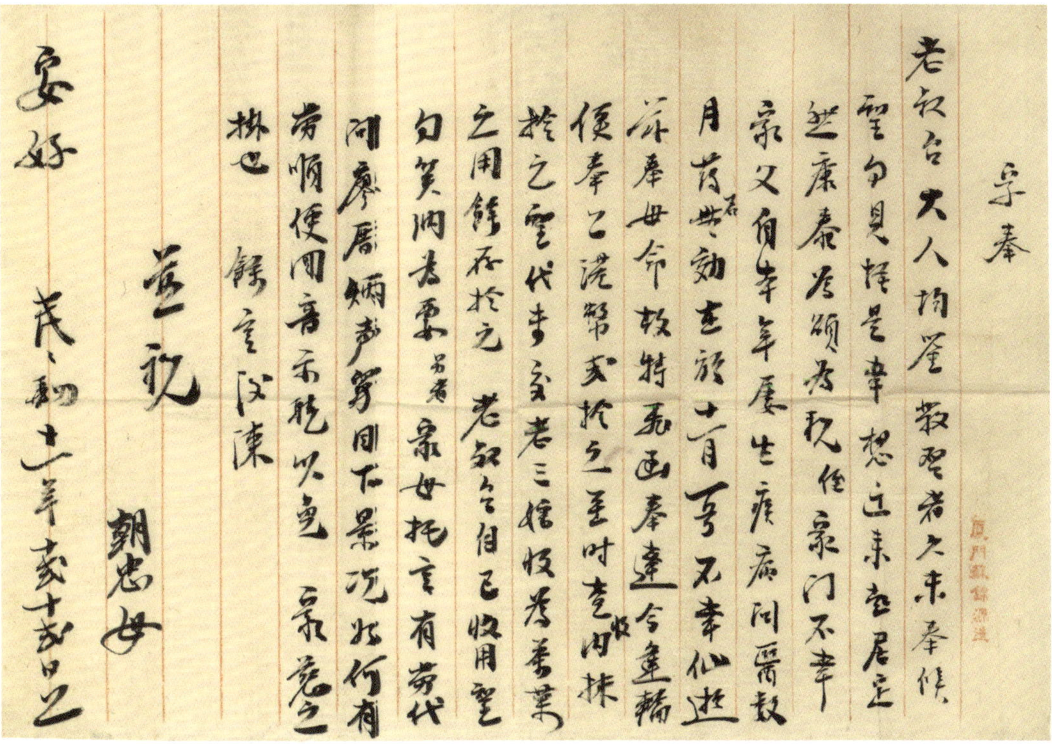

字奉
老叔台大人钧鉴 敬禀者久未奉候
望勿见怪是幸 想近来台居定
然康泰为颂为祝 侄家门不幸
家父自年年屡生疾病 调医数
月药石无效 竟於十一月间不幸仙逝
侨奉母命 故特函奉达 今逢轮
便奉上港币贰拾元 至时查收 内抹
拾之 望代办交老三婶收为香叶
之用 余存於元 老叔台自己收用 望
勿笑纳为要 另者 家母托言有劳代
问廖居炳声家目下景况如何 有
劳顺便回音示知以免 家慈之
挂也 余言后陈
並祝
安好 朝忠母
民国四十一年贰十贰日上

癸巳年四月初十（1953 年 5 月 22 日）
柔佛林琪松寄潮安古楼乡父亲

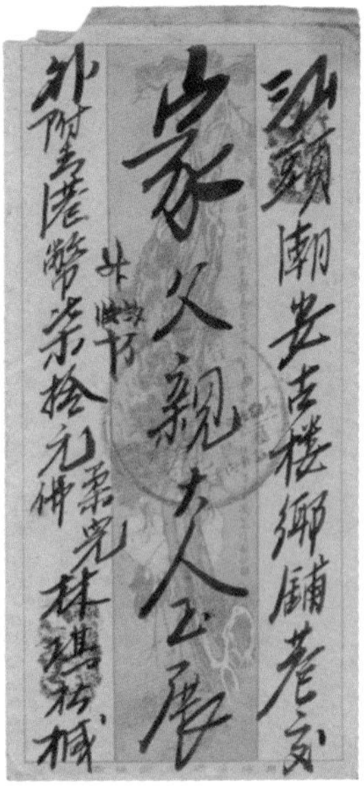

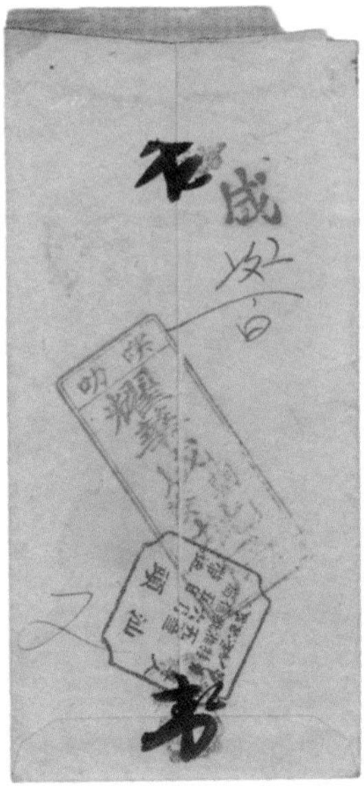

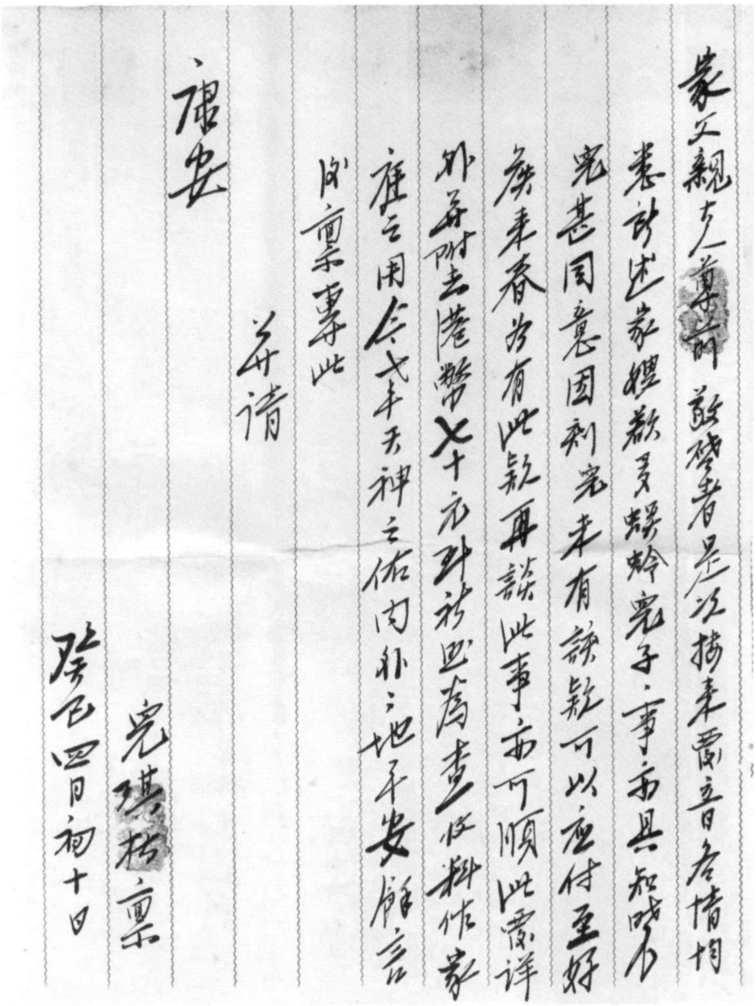

家父親大人尊前 敬禀者是次接來禀音各情均
悉所述家裡款項螟蛉兒子事亦具知此
兒甚同意因刻兒未有錢款可以應付至好
俟來春若有此款再談此事亦可順此禀詳
外茲附去港幣七十元到祈照查收撥作家
庭之用今之年天神之佑內外之地平安餘言
後禀奉此
并請
福安
兒琪松禀
癸巳四月初十日

癸巳年七月初七（1953 年 8 月 16 日）
柔佛林琪松寄潮安古楼乡父亲

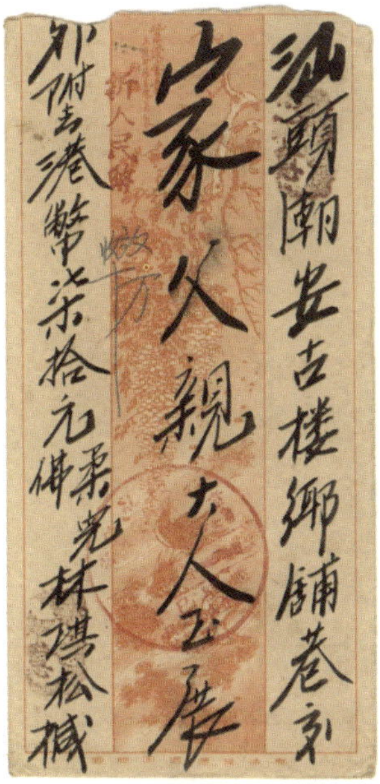

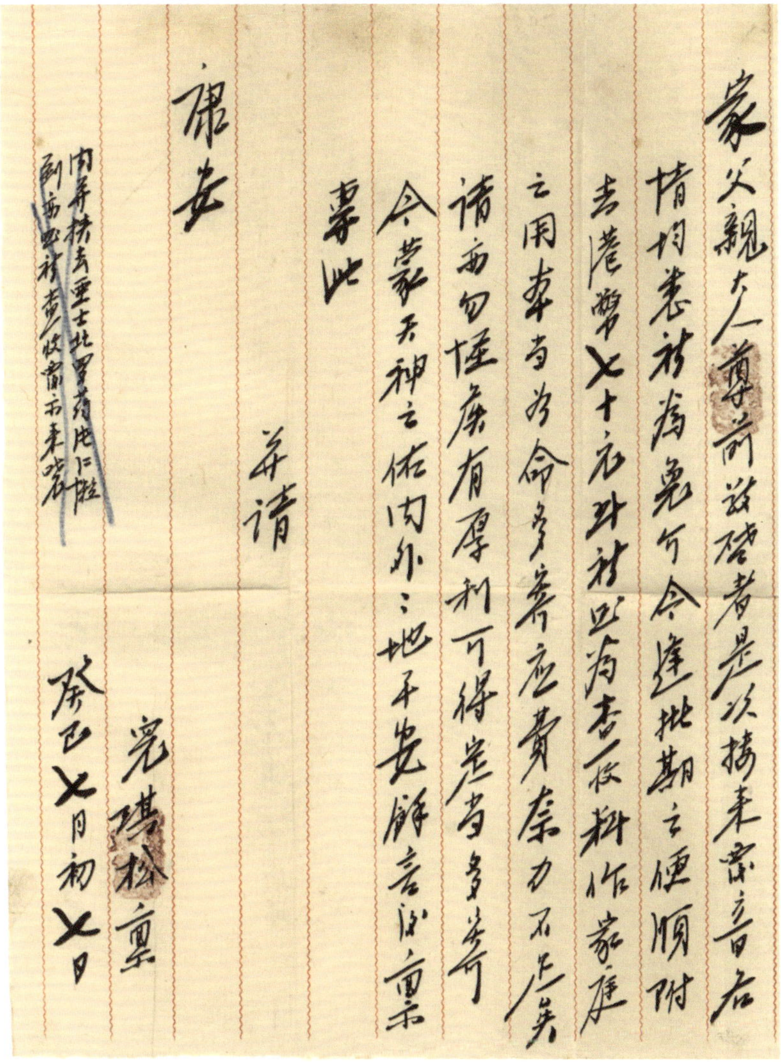
家父親大人尊前敬啟者是以接來示音后
情均悉矜為兒今逢批期之便順附
去港幣七十元另矜以為去收料作家庭
之用本當為命多寄應費奈力不足矣
請而勿怪庶有厚利可得定當多寄
令蒙天神之佑内外之地平安餘言後稟
專此
並請
福安
兒琪松稟
癸巳七月初七日

癸巳年十月初二（1953 年 11 月 8 日）
柔佛林琪松寄潮安古楼乡父亲

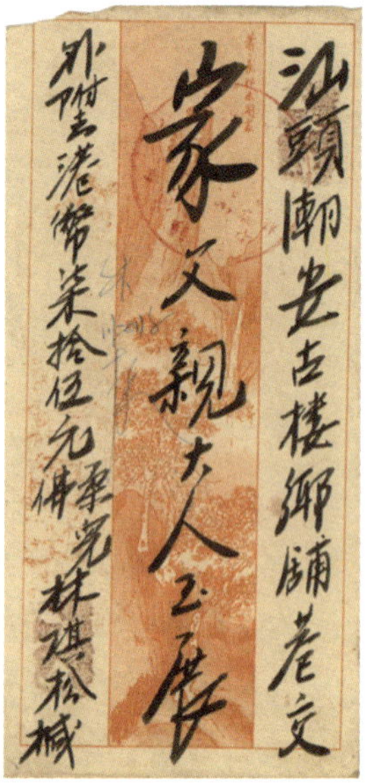
汕頭潮安古樓鄉舖茬交
家父親大人玉展
外附港幣柒拾伍元 男 林琪松緘

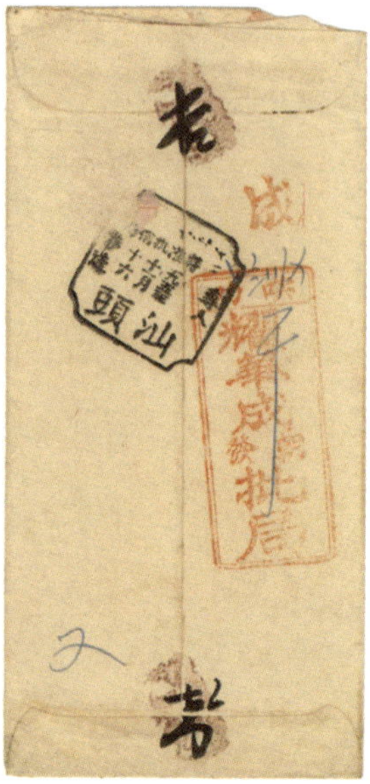

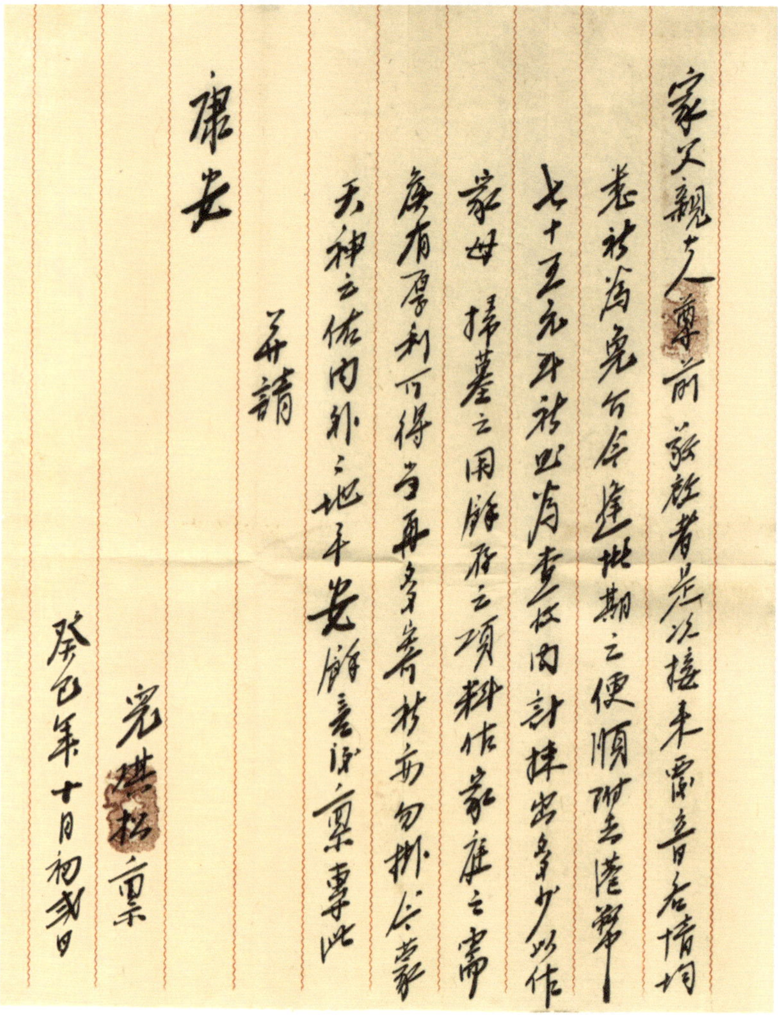
家父親大人尊前 敬啟者 是以接來禀音 各情均
悉 於濟兒今逢批期之便 順附去港幣
七十五元 於批內查收 內計抽出金少以作
家母 掃墓之用 餘存之項 料估家庭之需
應有厚利可得 當再寄於 勿掛念
天神之佑 內外之地平安 餘言後禀 專此
並請
康安
男琪松禀
癸巳年十月初貳日

癸巳年十一月初四（1953 年 12 月 9 日）琪松寄父亲

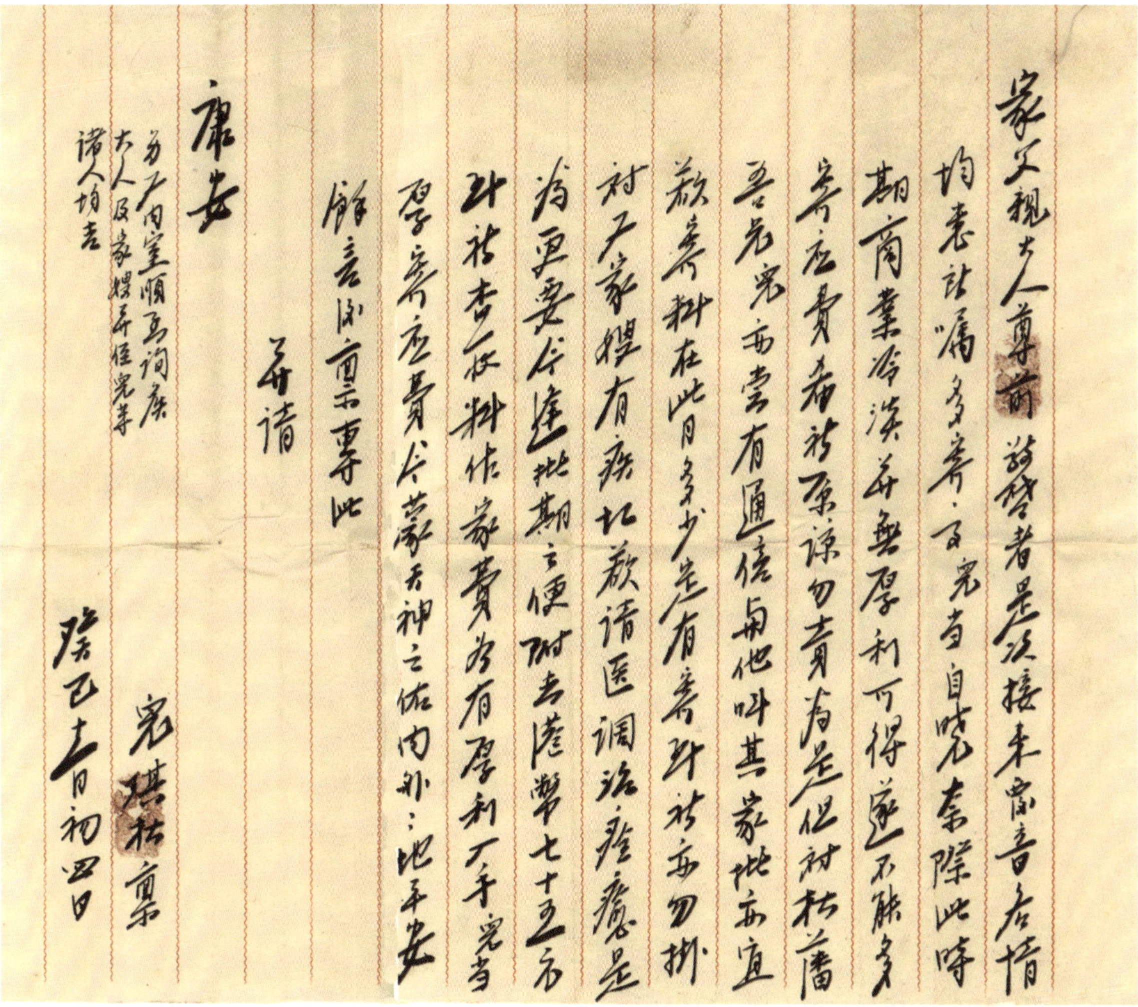
家父親大人尊前 敬禀者 是次接來音各情
均悉 詳嘱多寄，兒當自曉 奈際此時
期商業冷淡 并無厚利可得 遂不能多
寄 應費希於原諒勿責為是 但財松蕃
吾兄 兒無嘗有通信與他 叫其家批無宜
款寄 料在此月多少是有寄此 於無勿掛
財 大家嫂有疾 已款請医調治痊癒 是
為更要 今逢批期之便 附去港幣七十五元
此於查收 料作家費 為有厚利 不手 兒當
厚寄 應費今蒙天神之佑 內外平安
餘言後再禀 專此
并請
康安
另及內室順為詢候
大人及家嫂并侄兒等
諸人均吉
兒琪松禀
癸巳十一月初四日

1954 年 1 月 25 日呷林松藩寄潮安古楼乡父亲

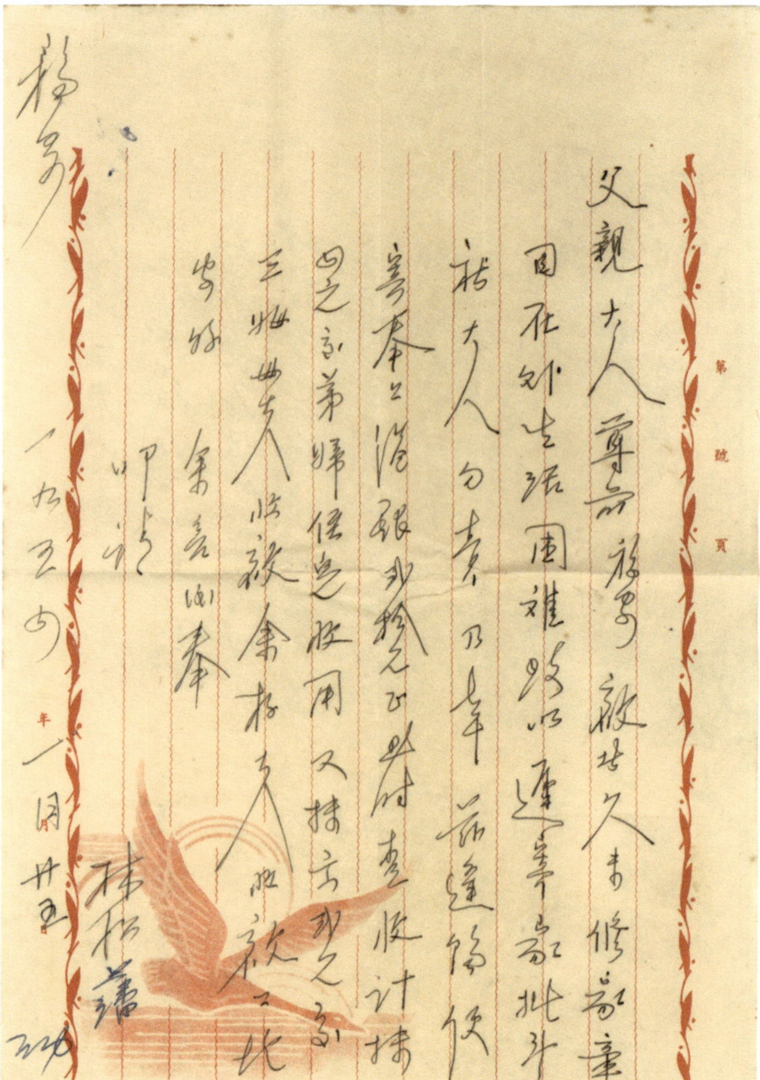

父親大人尊前福安 敬禀者久未修函寄章
因在外生活困難以致遲寄批信
祈大人勿責 乃年節逢將近
寄奉上港銀弍拾元正到時查收計抹
四元交弟婦佳息收用又抹六元交成之家
三姐母大人收啟余拾元交大人收啟此
安好 余言后奉
叩請
福安
一九五四年一月廿五
林松藩

甲午年四月廿二日（1954年5月24日）
呷林松藩寄潮安古楼乡父亲

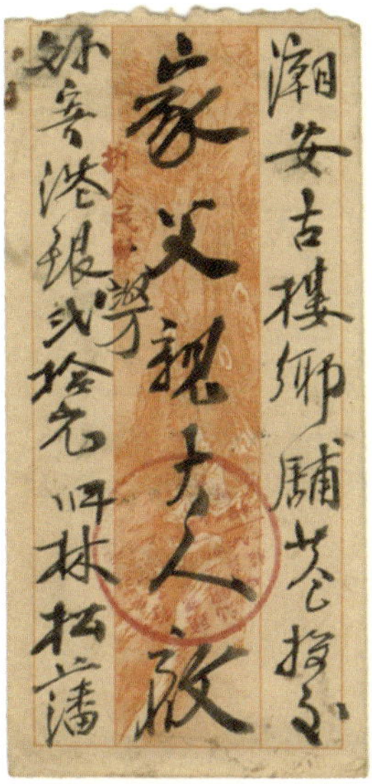

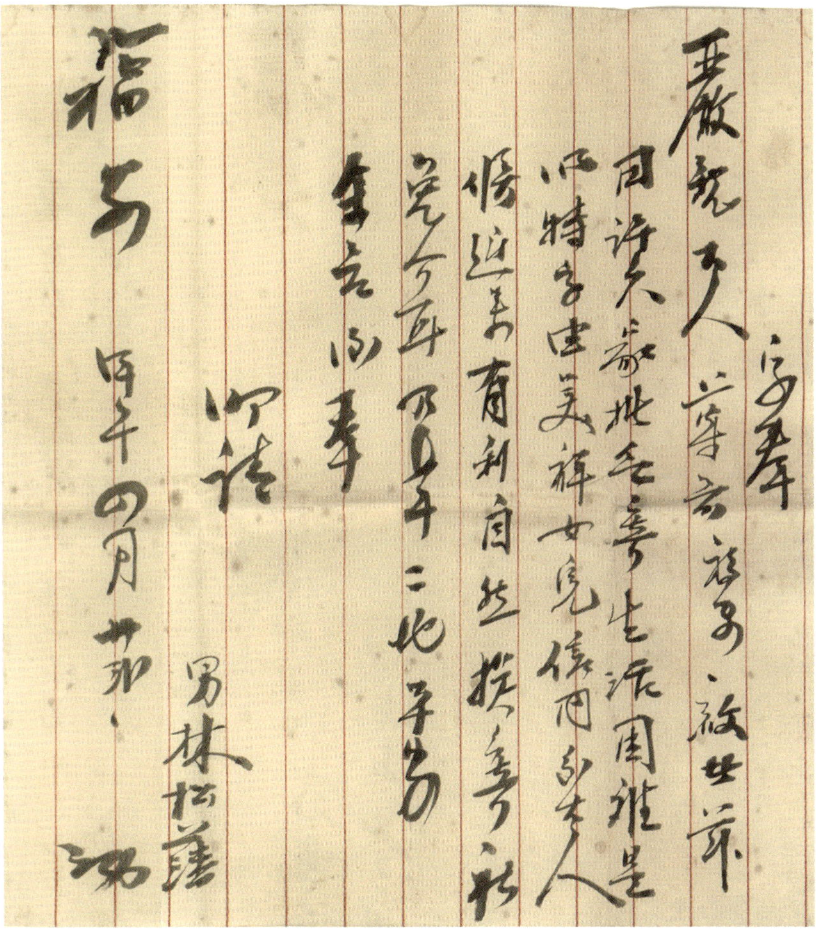

甲午年五月十四日（1954 年 6 月 14 日）
柔佛林琪松寄潮安古楼乡父亲

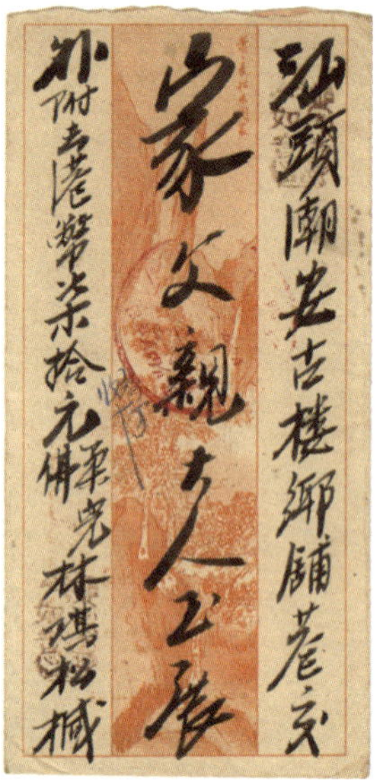

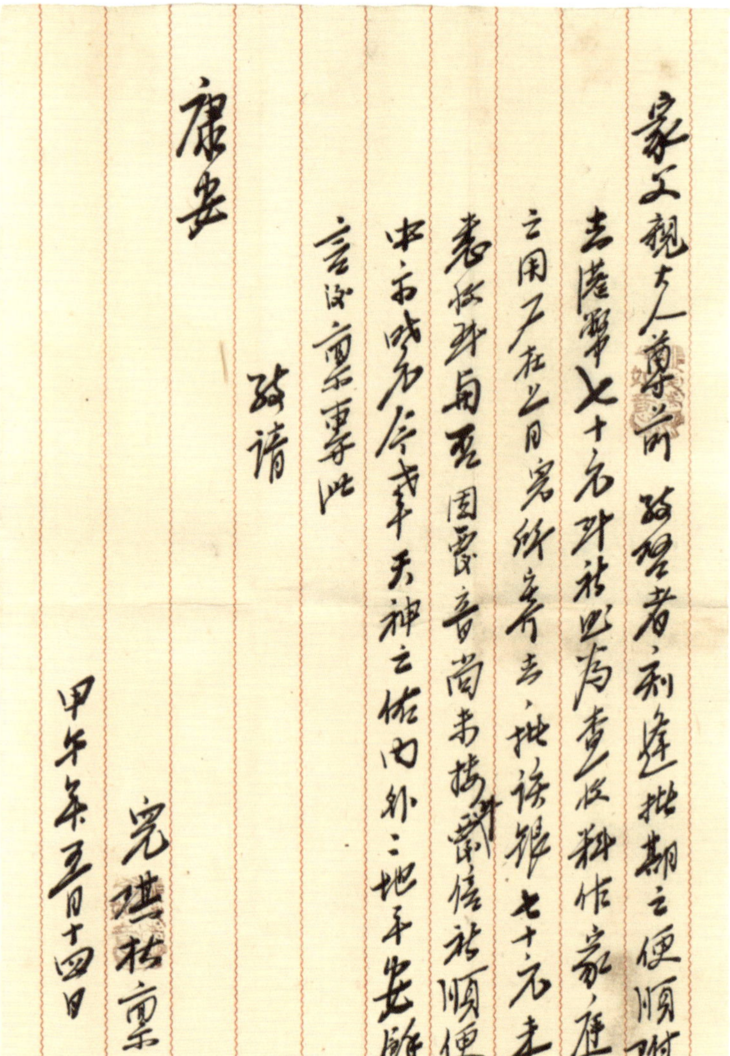
家父親大人尊前 敬禀者，刻逢批期之便順附
去港幣七十元，對祈照為查收，料作家庭
之用。尚在上月見付寄去批銀七十元，未
悉收到與否，因回音尚未接獲，信祈順便
中示為盼。今我等天神之佑，內外二地平安，餘
言後禀，專此
敬請
康安
兒琪松禀
甲午年五月十四日

甲午年十一月初五（1954年11月29日）
柔佛林琪松寄潮安古楼乡父亲

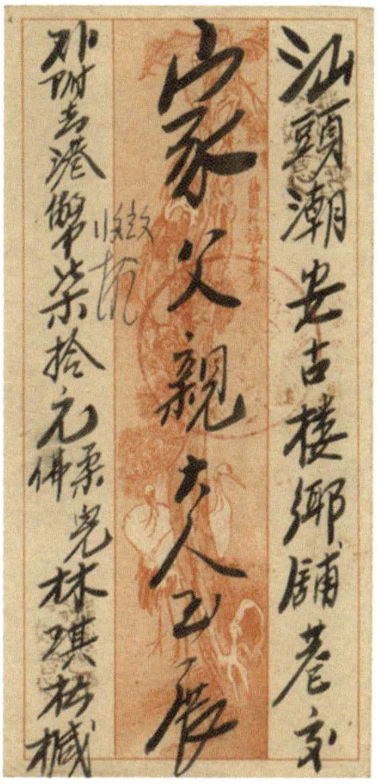

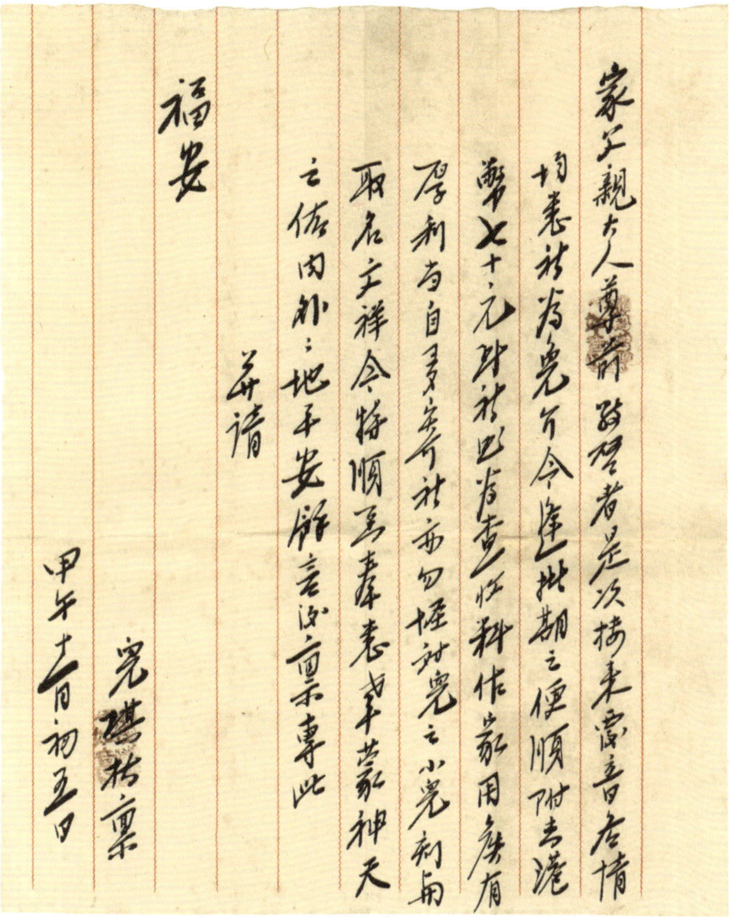

家父親大人尊前 敬啓者，是次接來灋音，各情
均悉。於前兒有令逢批期之便，順附去港
幣七十元，到祈照查收，料作家用。康有
厚利，而自舊年於本月握別兒之小兒，刻尚
取名文祥，今將順為奉告，並望蒙神天
之佑，內外：地平安。餘言後稟，專此
叩請
福安
兒琪松稟
甲午十一月初五日

甲午年十二月初五（1954 年 12 月 29 日）
柔佛林琪松寄潮安古楼乡父亲

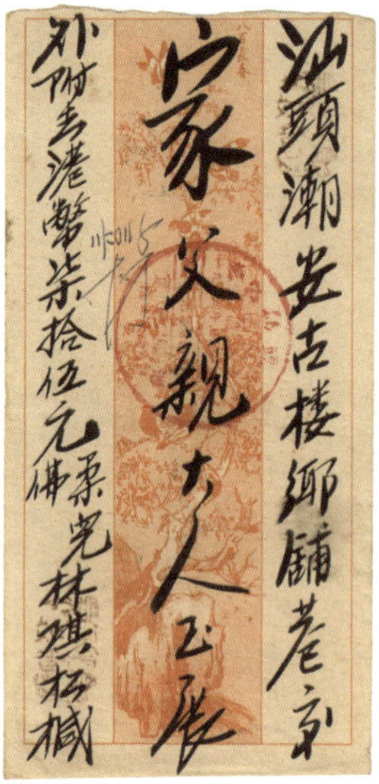

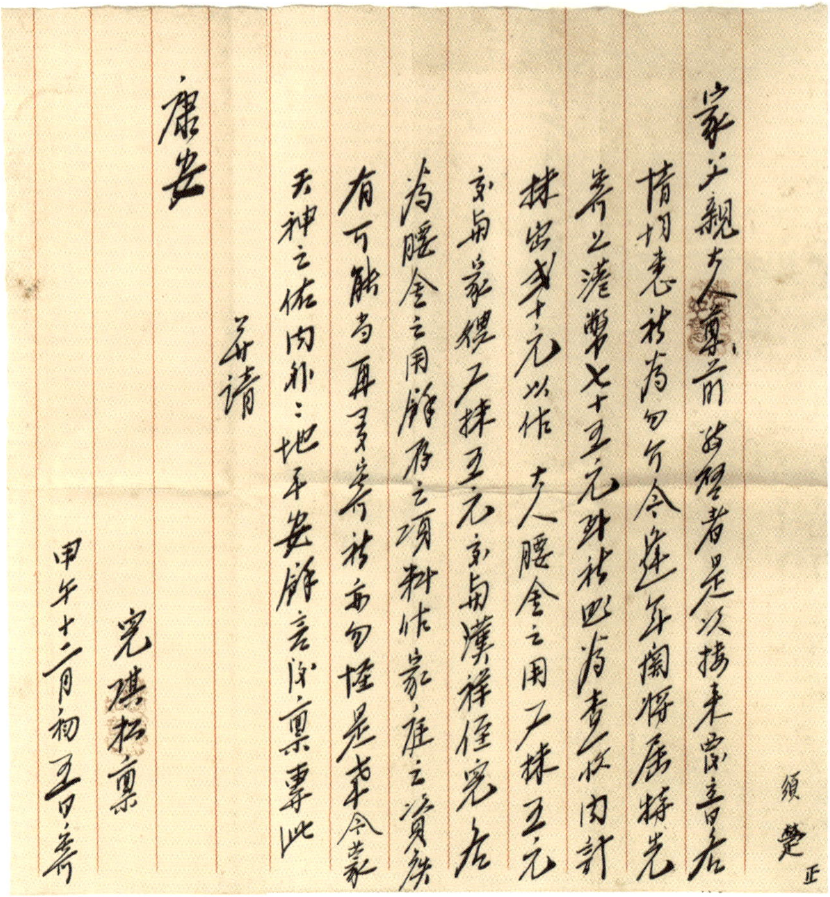
家父親大人膝前 敬禀者 是以接来禀 查悉
情切表 於為 勿介念 近年 欄 悟 居特先
寄上港幣七十五元 到 於 照為查收 內計
抹 肖 式十元 以作 大人膝金之用 又抹五元
交與家嫂 又抹五元 交與漢祥侄 完右
為膝金之用 餘存之項 料作家庭之資 発
有可能 為再寄 於 每 勿 挂 是 令 蒙
天神之佑 內外之 地平安 餘言 肖 禀 專此
敬請
康安
完琪松 禀
甲午十二月初五日寄
須 覽 正

丙申年元月初八（1956 年 2 月 19 日）
柔佛林琪松寄潮安古楼乡父亲

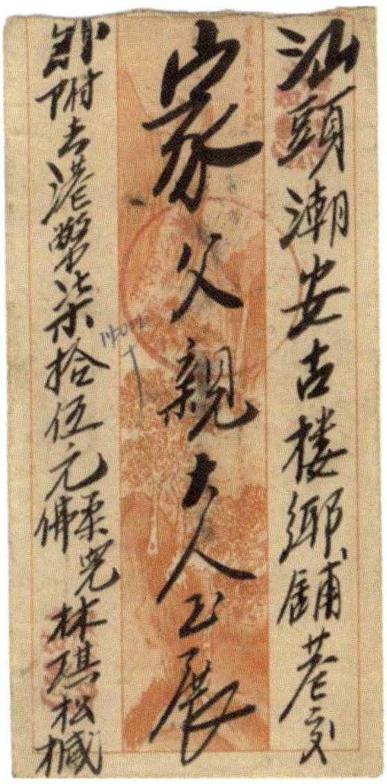

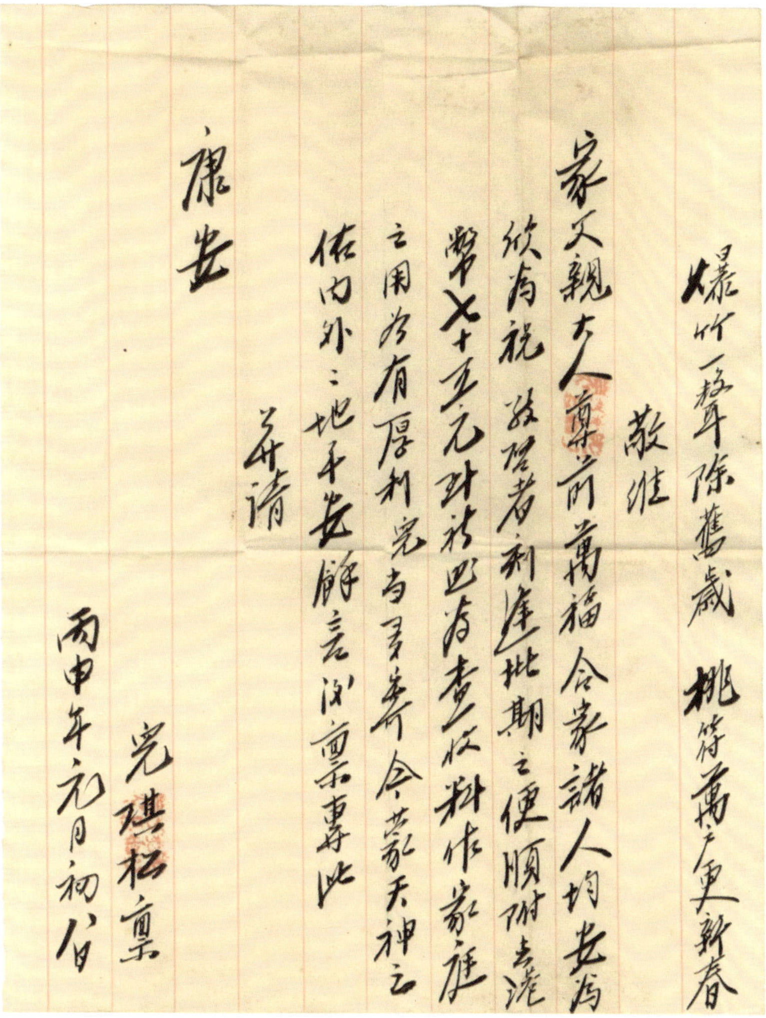
爆竹一聲除舊歲　桃符萬戶更新春
敬維
家父親大人膝前萬福，合家諸人均安為
欣為祝。茲啟者，利逢批期之便，順附去港
幣七十五元，到請照查收，料作家庭
之用。如有厚利，兒當另寄。今蒙天神之
佑，內外之地平安，餘言後禀，專此
并請
康安
兒琪松禀
丙申年元月初八日

丙申年三月初十（1956 年 4 月 20 日）
柔佛林琪松寄潮安古楼乡父亲

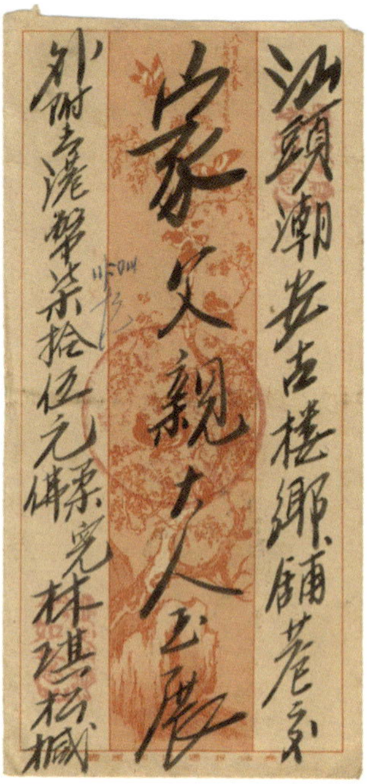

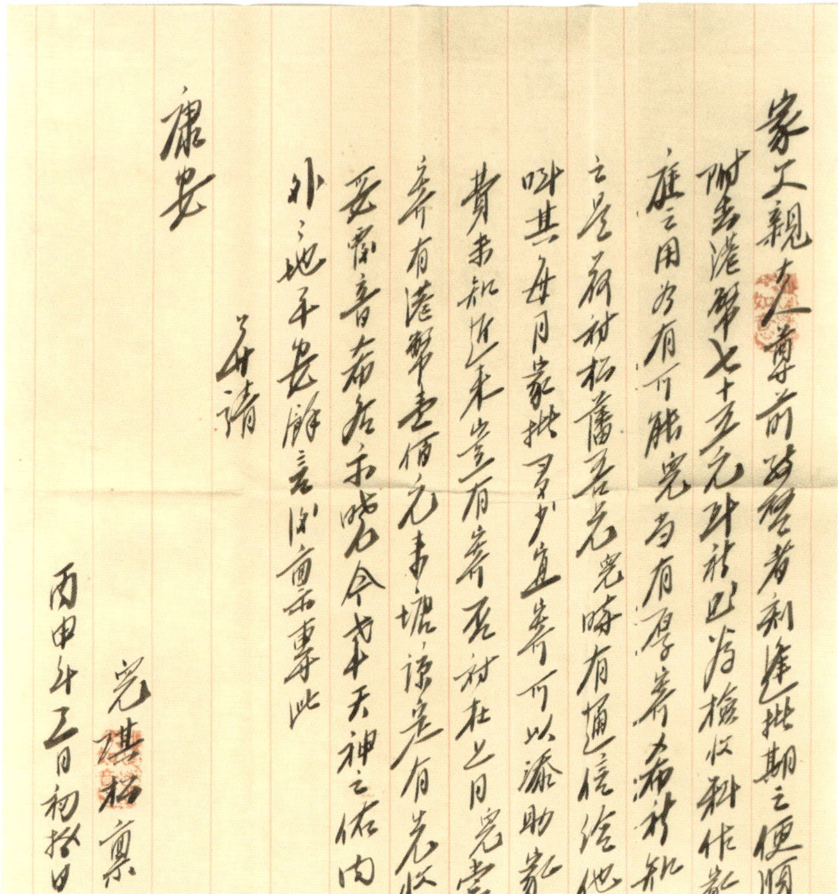
家父親大人尊前 敬禀者 刻逢批期之便 順
附去港幣七十五元 到祈照為檢收 料作家
庭之用 另有可能 兒當有厚寄 希祈勿
念是荷 紉松舊居兒曉有通信給他
叫其每月家批另少宜寄 可以添助家
費 未紉近來嘗有寄否 紉在星日 兒當
寄有港幣壹佰元來據 諒定有收
妥 家音希望來晤 今仗天神之佑 內
外之地平安 餘言回函再寫此
敬請
康安
兒琪松禀
丙申年三月初拾日

丙申年十月初十（1956 年 11 月 12 日）

柔佛林琪松寄潮安古楼乡父亲

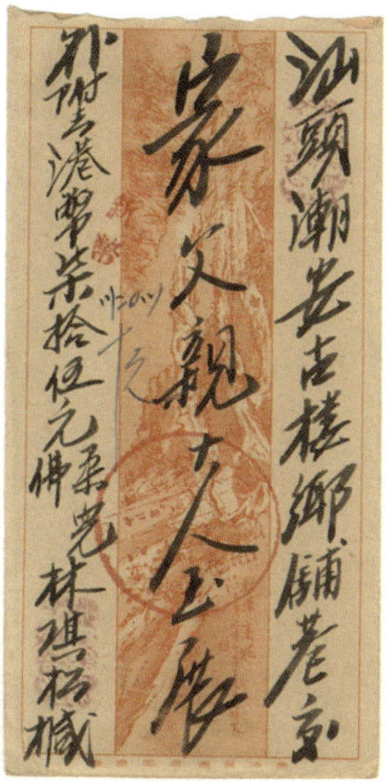

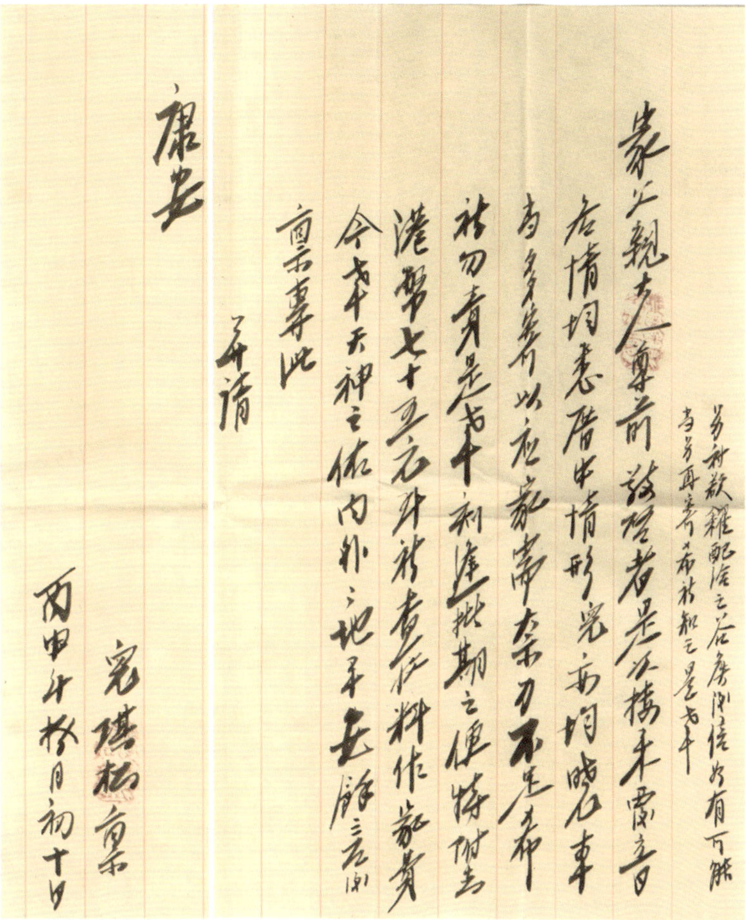

家父親大人尊前：敬啓者，是次接來雲音，各情均悉。唐山情形，兒亦均曉。凡事當多多寄以應家需，奈力不足。本於月前是七十，剩逢批期之便，特附去港幣七十五元，外於香港布料作家費。今老年天神之佑，內外之地平安，餘之容後函示。專此，并請康安。

兒琪松字

丙申年拾月初十日

丁酉年正月初五（1957 年 2 月 4 日）
柔佛林琪松寄潮安古楼乡父亲

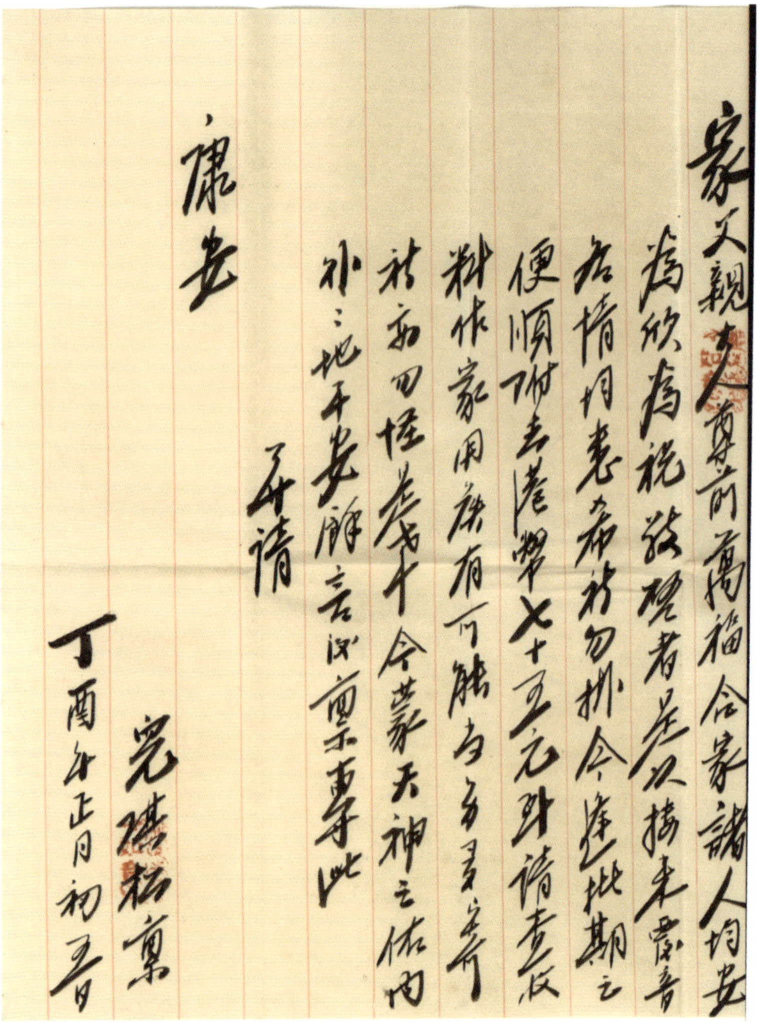
家父親大人尊前萬福合家諸人均安
為欣為慰敬稟者茲以接來需音
各情均悉茲者勿排今逢批期之
便順附去港幣七十五元到請查收
料作家用度有可能為多賣寄
祈勿見怪甚幸今蒙天神之佑內
外地平安餘言後稟肅此
即請
康安
兒琪松稟
丁酉年正月初五日

丁酉年三月初五（1957 年 4 月 4 日）

柔佛林琪松寄潮安古楼乡父亲

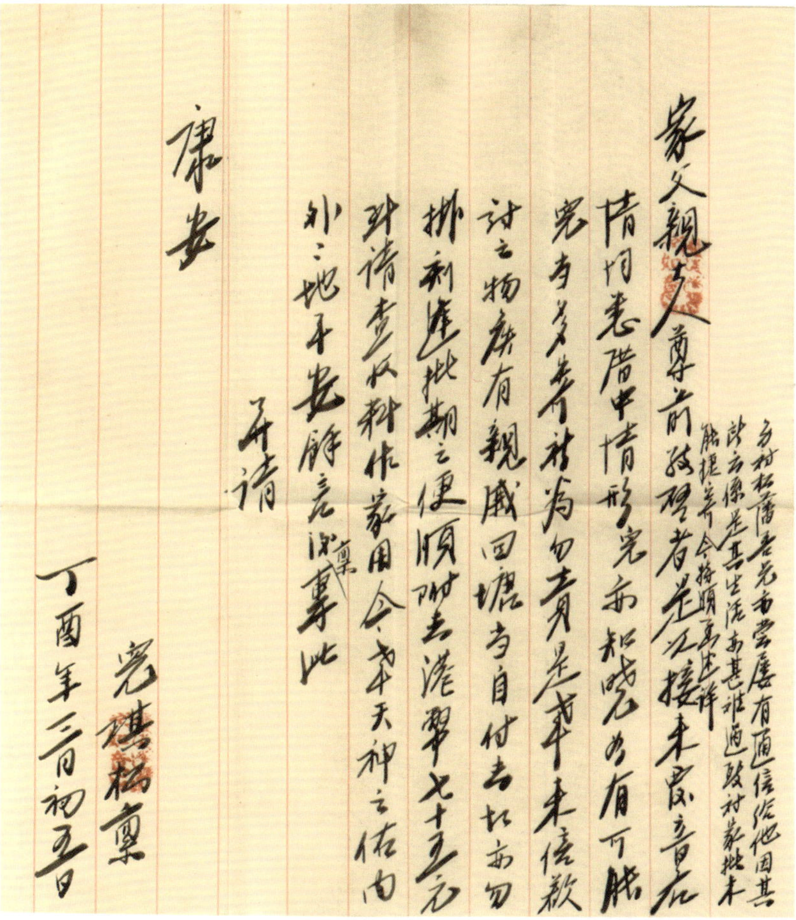

家父親大人尊前敬禀者：茲接來覆音，在
情均悉。唐中情形，兒亦知曉，如有可能
兒亦多多寄材為白，貴是甚年未信款
討之物，康有親戚回塘，如自付去，非亦勿
排。刻逢批期之便，順附去港幣七十五元
到請查收，料作家用。今幸天神之佑，而
小之地平安，餘言後禀。此

另村松蔭君兒亦當唐有通信給他，因其
計六儀是其生活亦甚難過，致村家批未
能提寄，今托頌高述詳

請
康安
兒琪松禀
丁酉年三月初五日

丁酉年七月初五（1957 年 7 月 31 日）
柔佛林琪松寄潮安古楼乡父亲

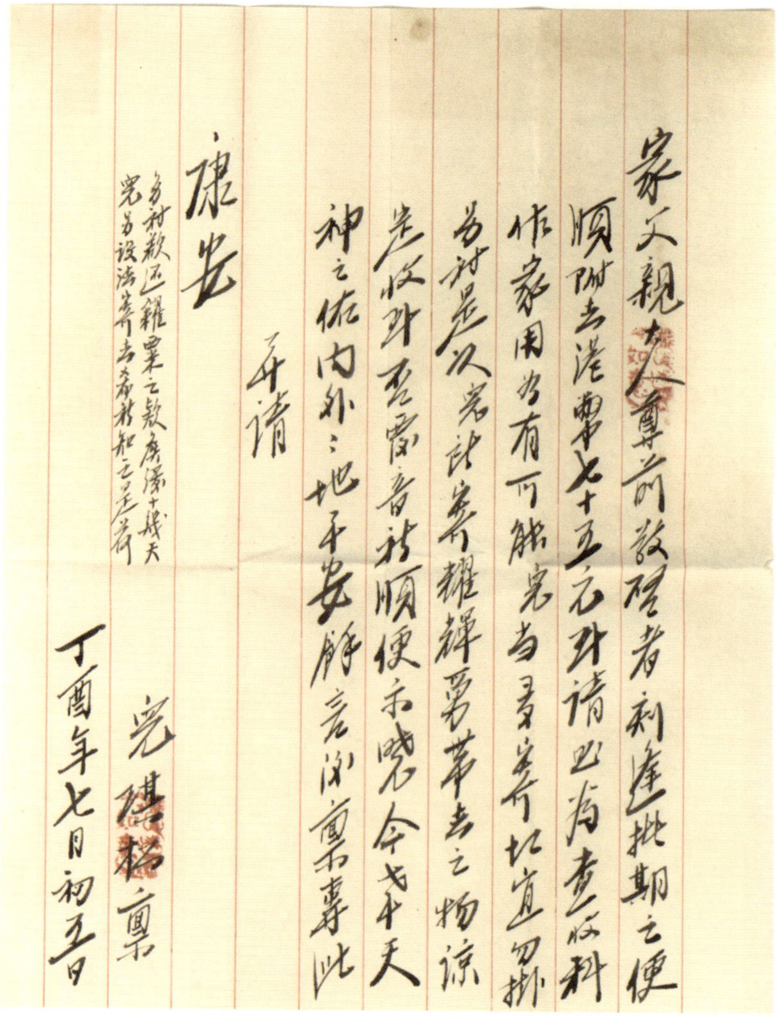
家父親大人尊前敬稟者刻逢批期之便
順附去港幣七十五元外請照查收料
作家用尚有可能兒當再寄北宜勿掛
另者是次兒計寄耀輝罗革去之物諒
是收到否需音訊順便示明今七本天
神之佑內外之地平安舒言以稟專此
并請
康安
另附款匯羅黑之款廣潮十幾天兒另設法寄去希該知之是荷
兒琪松稟
丁酉年七月初五日

丁酉年七月十七日（1957 年 8 月 12 日）
柔佛林琪松寄潮安古楼乡父亲

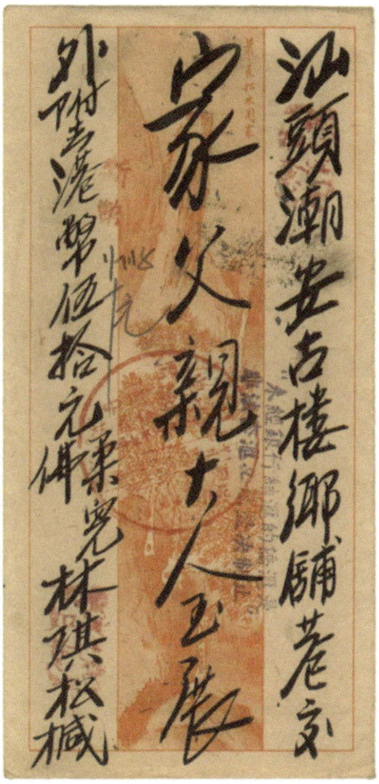

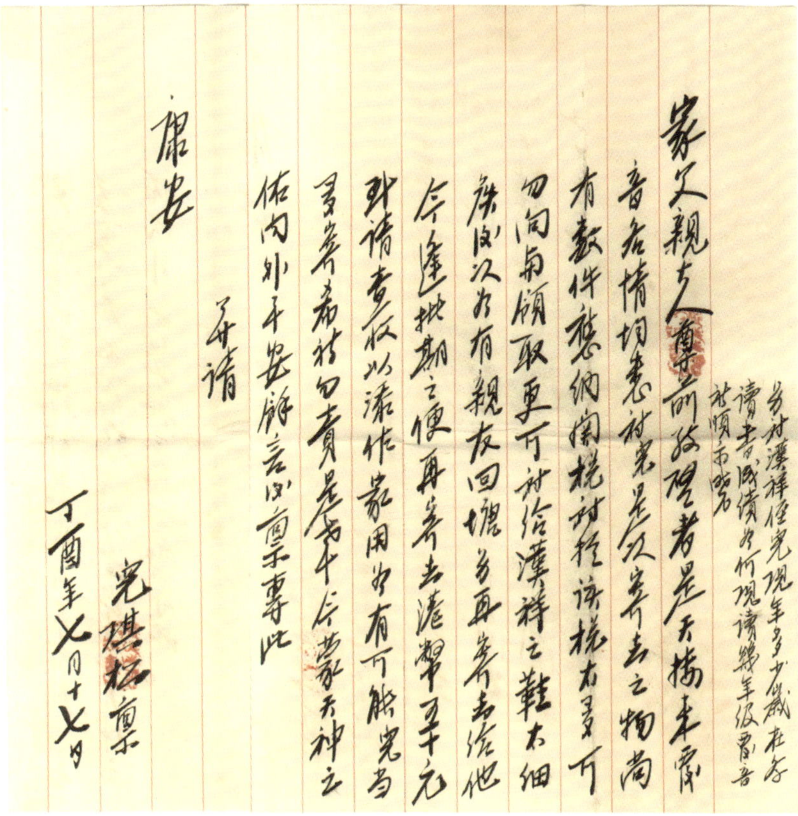

家父親大人尊前敬稟者是天接来函

音备情均悉对儿是次寄去之物尚

有數件恳纳阅批对经该批局可

向局領取更可对给漢祥之鞋太细

候仍以为有親友回唐多再寄去给他

今逢批期之便再寄去港幣五十元

到请查收以添作家用如有可能儿当

再寄希対勿責是千今恭祝天神之

佑内外平安余言後禀专此

并请

康安

乡村漢祥侄儿现年多少岁在家讀書成績如何现讀幾年級覆音祈順示明为

儿琪松禀

丁酉年七月十七日

丁酉年闰八月初七（1957 年 9 月 30 日）
柔佛林琪松寄潮安古楼乡父亲

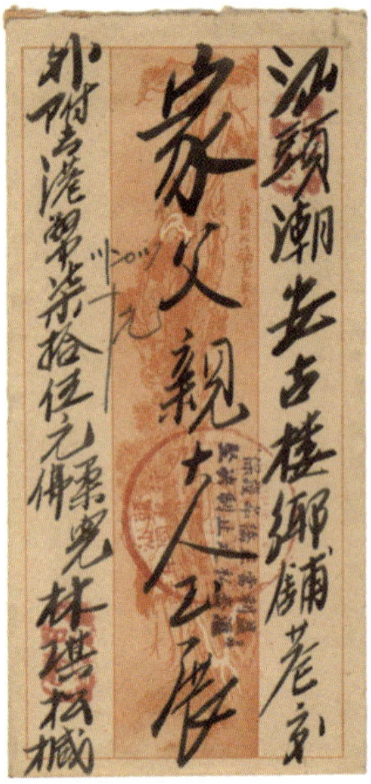

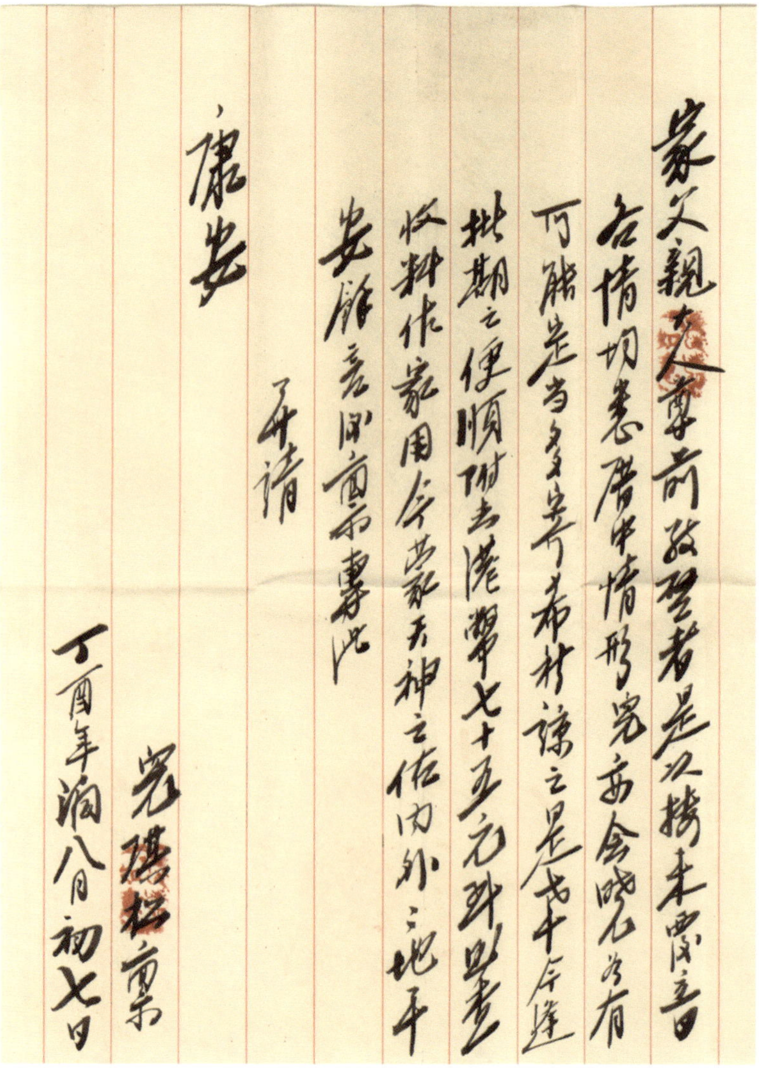

家父親大人尊前敬禀者是次接来賜音
合情切悉唐中情形兒亦會曉兒有
可能是當多寄希於諒之是此千今逢
批期之便順附去港幣七十五元到祈照查
收以料作家用今幸叨天神之佑內外之地平
安餘言即尚示專此
并請
康安
兒琪松禀
丁酉年閏八月初七日

1958 年 1 月 7 日呷林松藩寄潮安古楼乡父亲

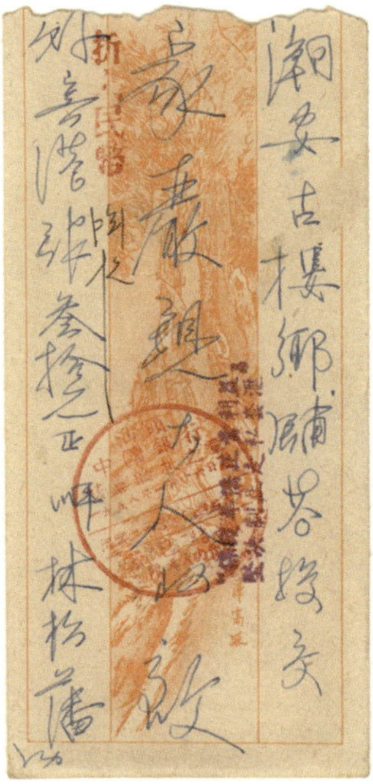

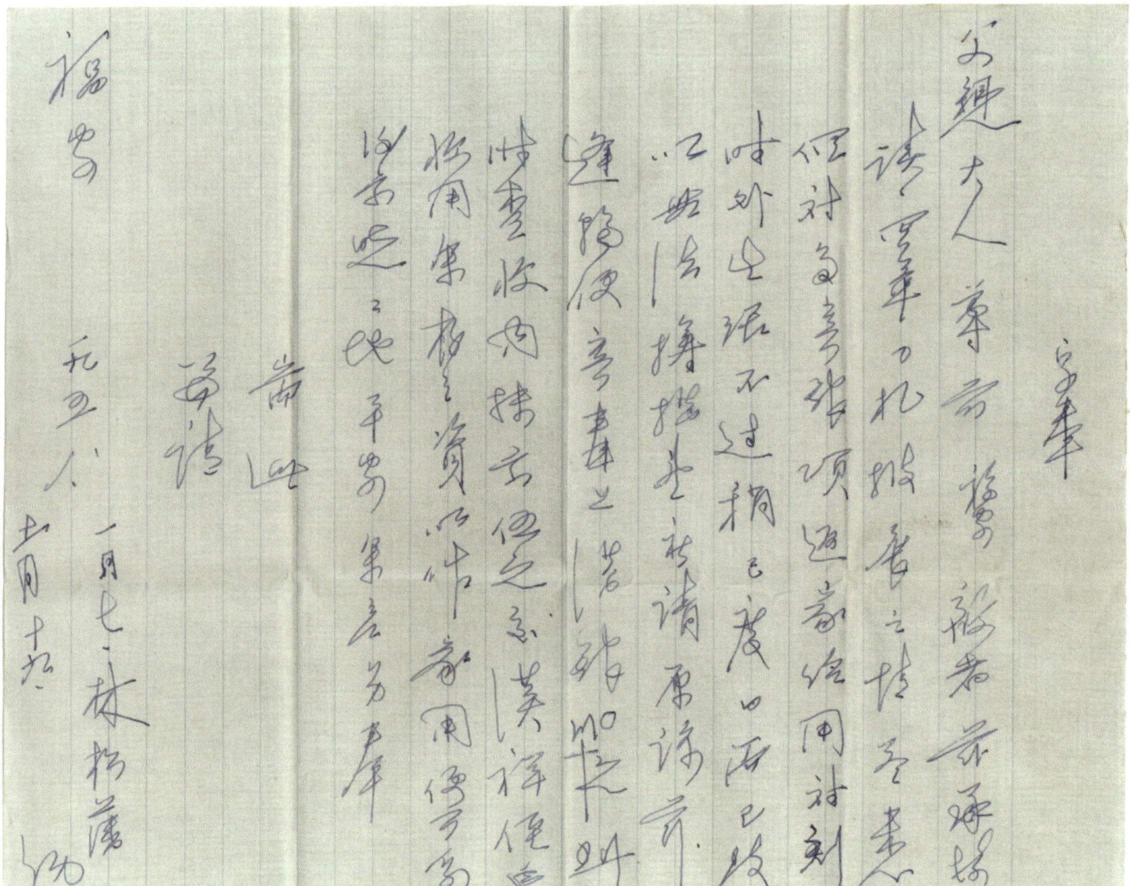

丁酉年十二月十七日（1958 年 2 月 5 日）
呷林松藩寄潮安古楼乡父亲

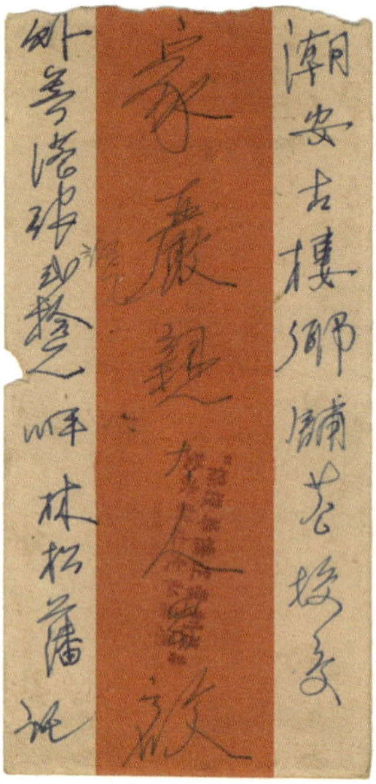

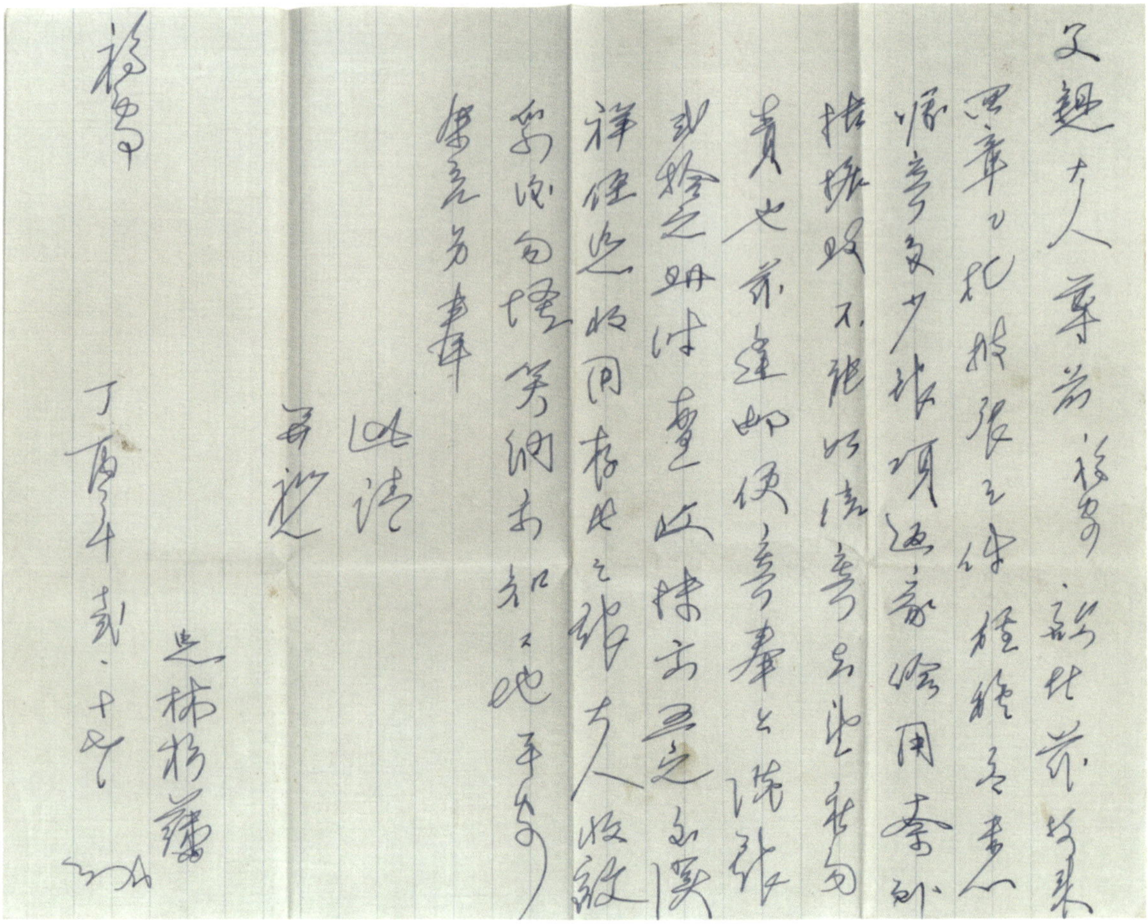

戊戌年六月初十（1958 年 7 月 26 日）

柔佛林琪松寄潮安古楼乡父亲

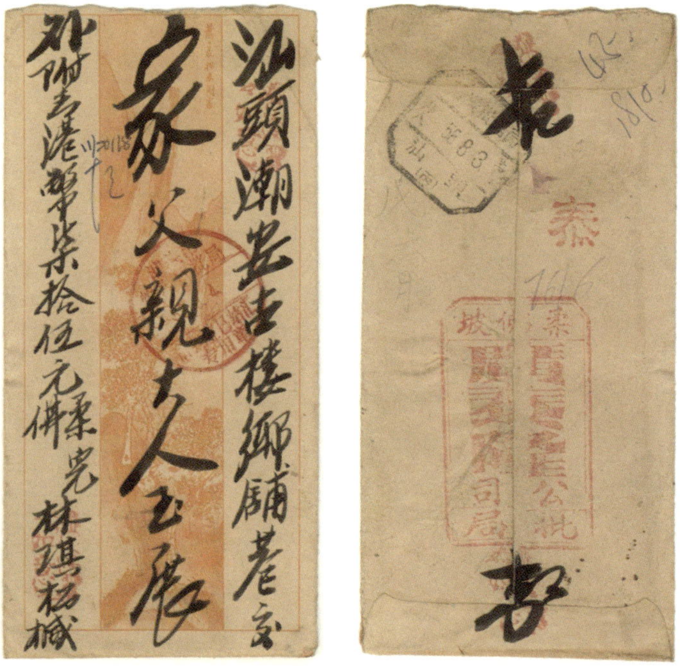

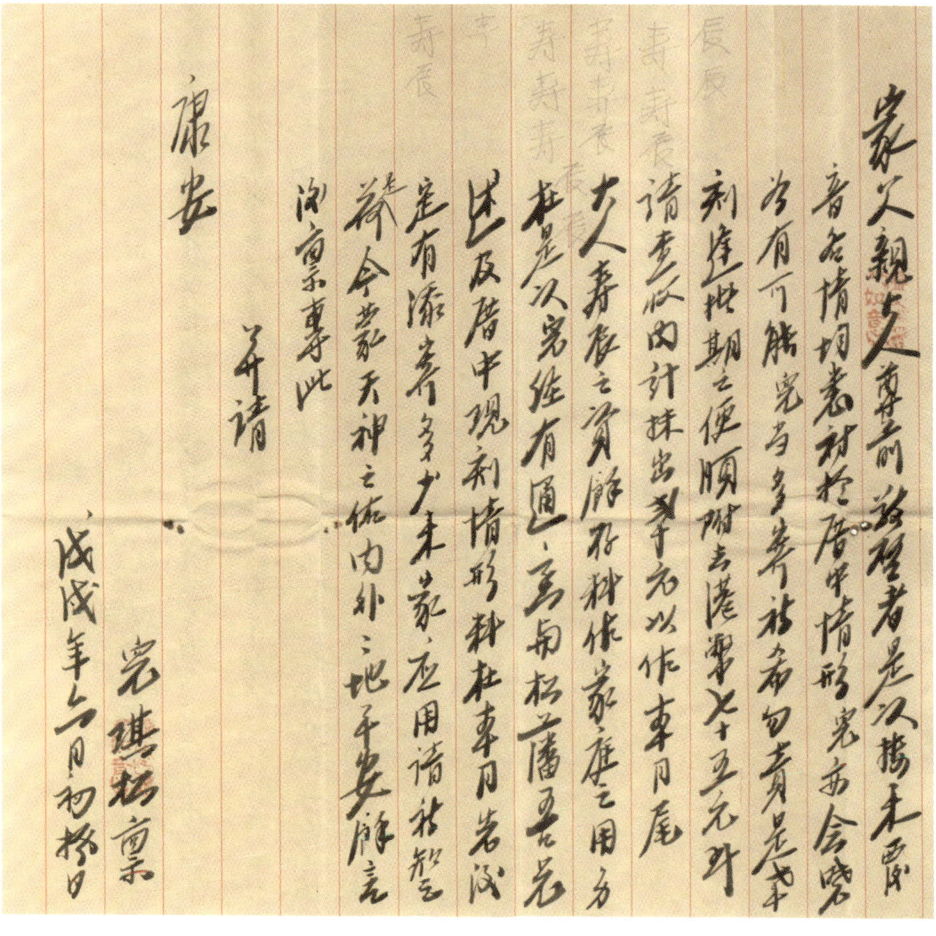

家父親大人尊前 敬稟者 是以擱未稟

音 各情均悉 財於唐中情形 兒亦企望

皆有可能 兒當多寄 秖希勿責 是本

利達批期之便 順附去港幣七十五元 升

請查收 內計抹出肆元以作本月尾

大人壽辰之資 餘存料作家庭之用 另

本是以兒經有圖過

述及唐中現刹情形 料本月若成

定有添寄多少 未家應用 請秖諒

今兹天神之佑 內外之地 平安

肅稟專此

并請

康安

兒琪松 肅稟

戊戌年六月初拾日

戊戌年七月初十（1958 年 8 月 24 日）
柔佛林琪松寄潮安古楼乡父亲

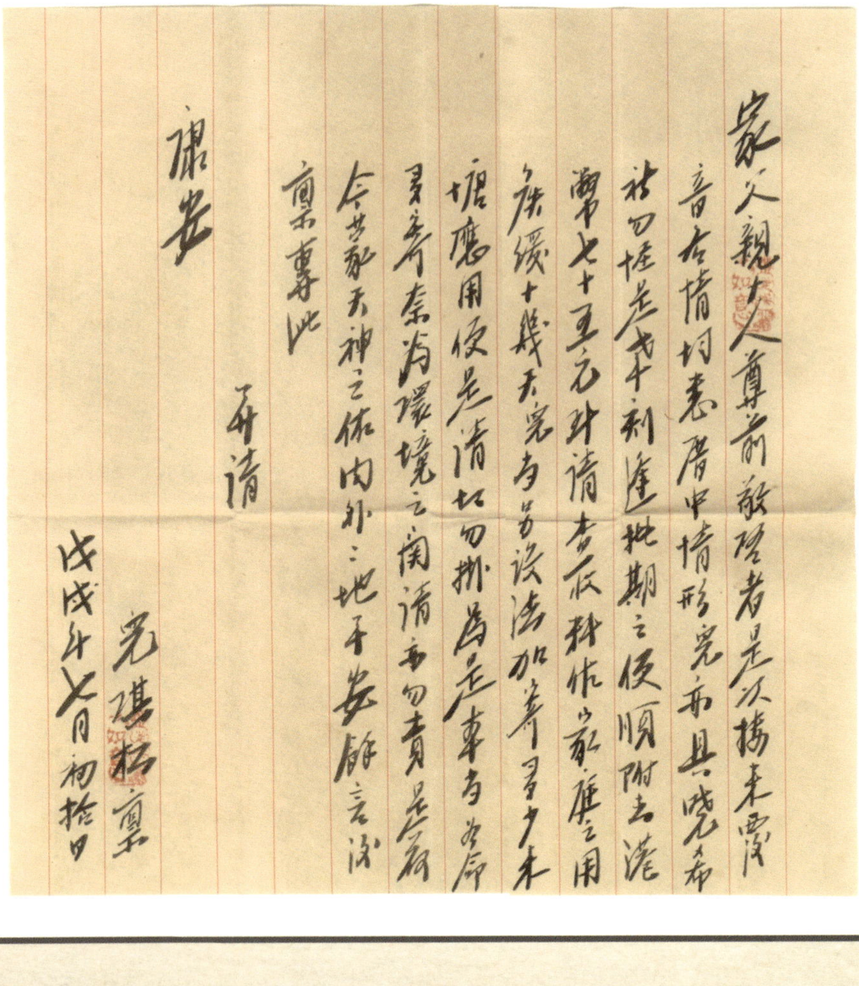
家父親大人尊前敬稟者是次接來覆
音各情均悉唐中情形完亦具悉希
祈勿挂念是幸利逢批期之便順附去港
幣七十五元到請查收抄作家庭之用
餘還十幾天完了另設法加寄另外未
悉應用便是請切勿掛為念是幸另有命
兒寄奈為環境之関請勿責是荷
今並祝天神之保佑內外之地平安餘言後
稟專此
并請
福安
兒琪松稟
戊戌年七月初拾日

戊戌年九月初九（1958 年 10 月 21 日）
柔佛林琪松寄潮安古楼乡父亲

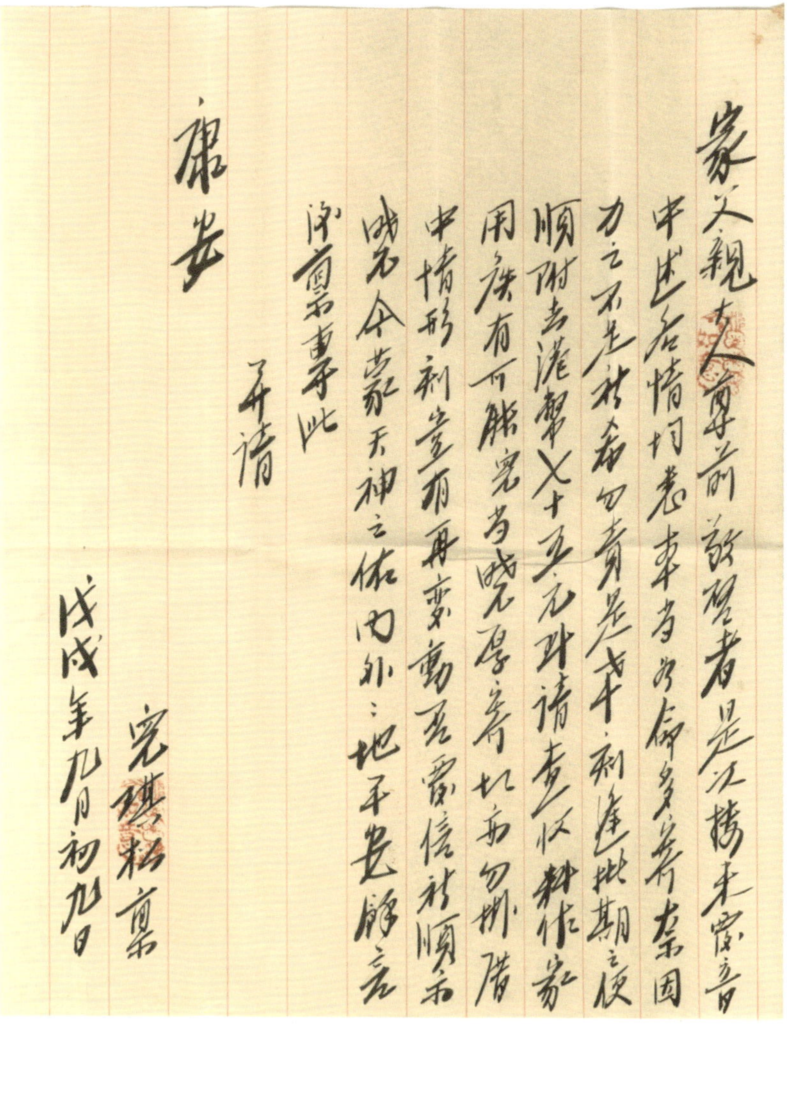

1959 年 10 月 13 日呷林松藩寄潮安古楼乡父亲

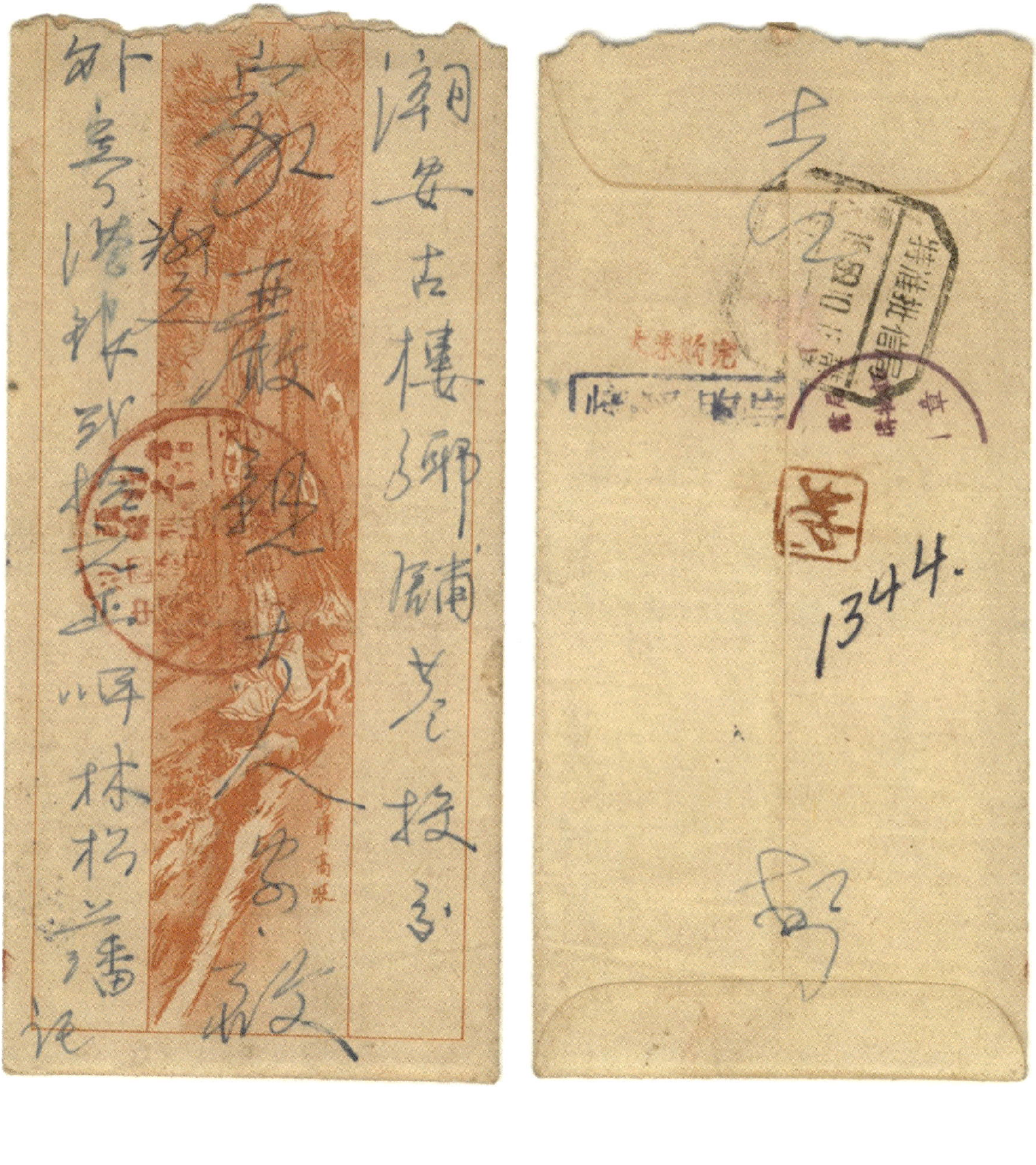

1959 年 11 月 9 日林松藩寄父亲

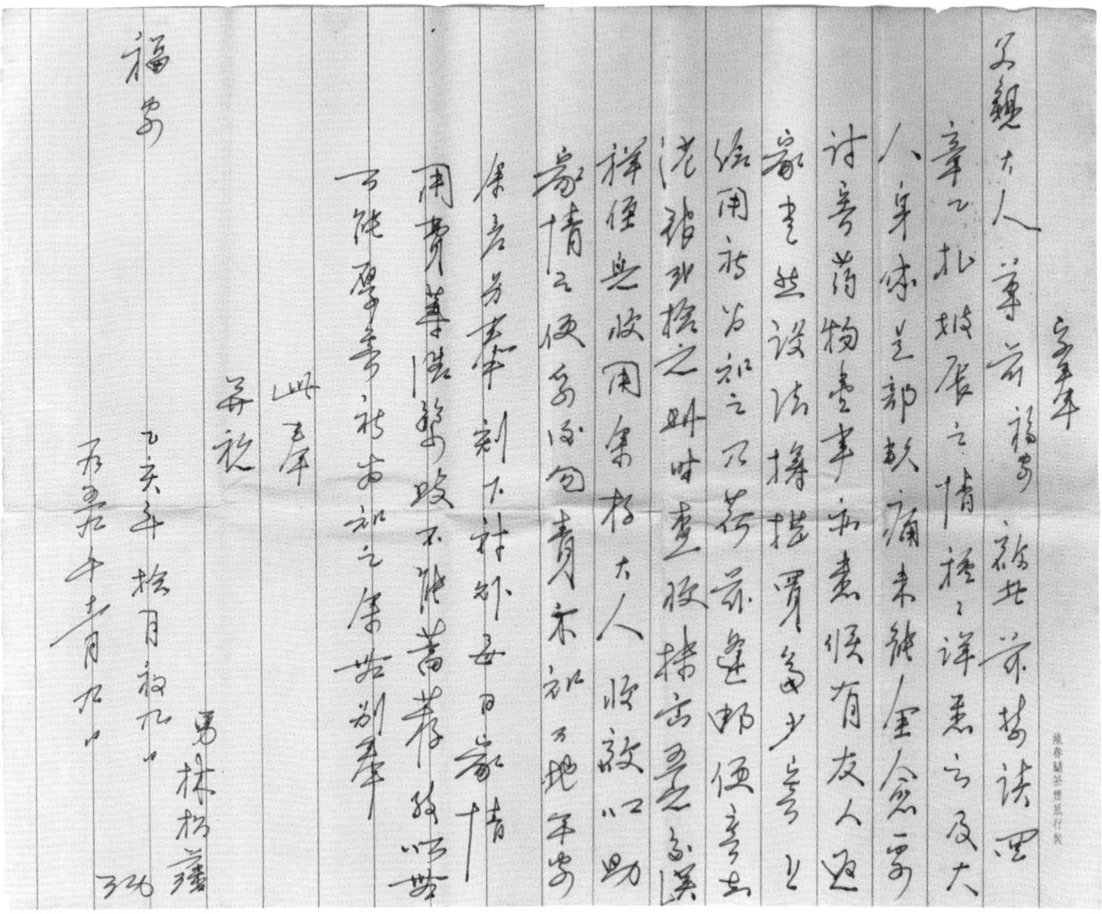

1960年2月29日呷林松藩寄潮安古楼乡父亲

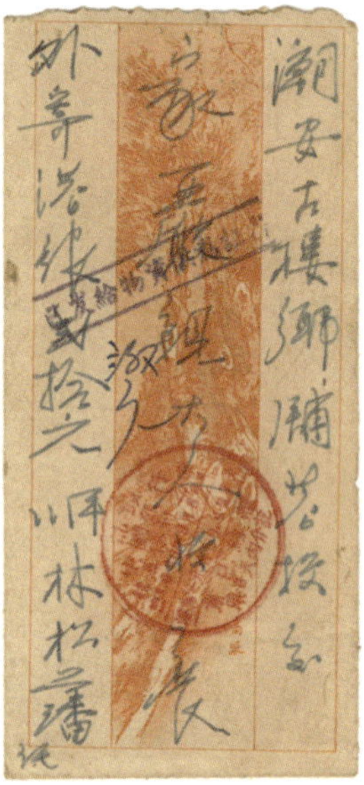

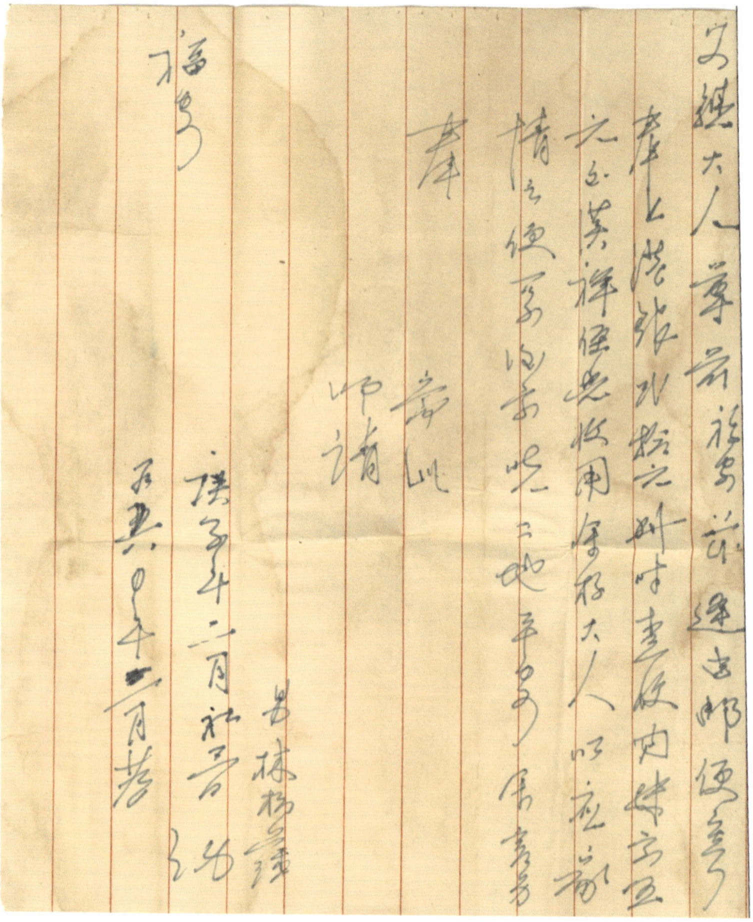

1960 年 8 月 8 日呷林松藩寄潮安古楼乡父亲

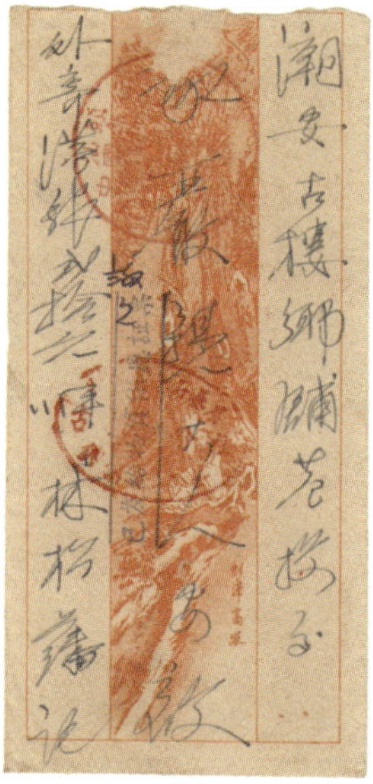

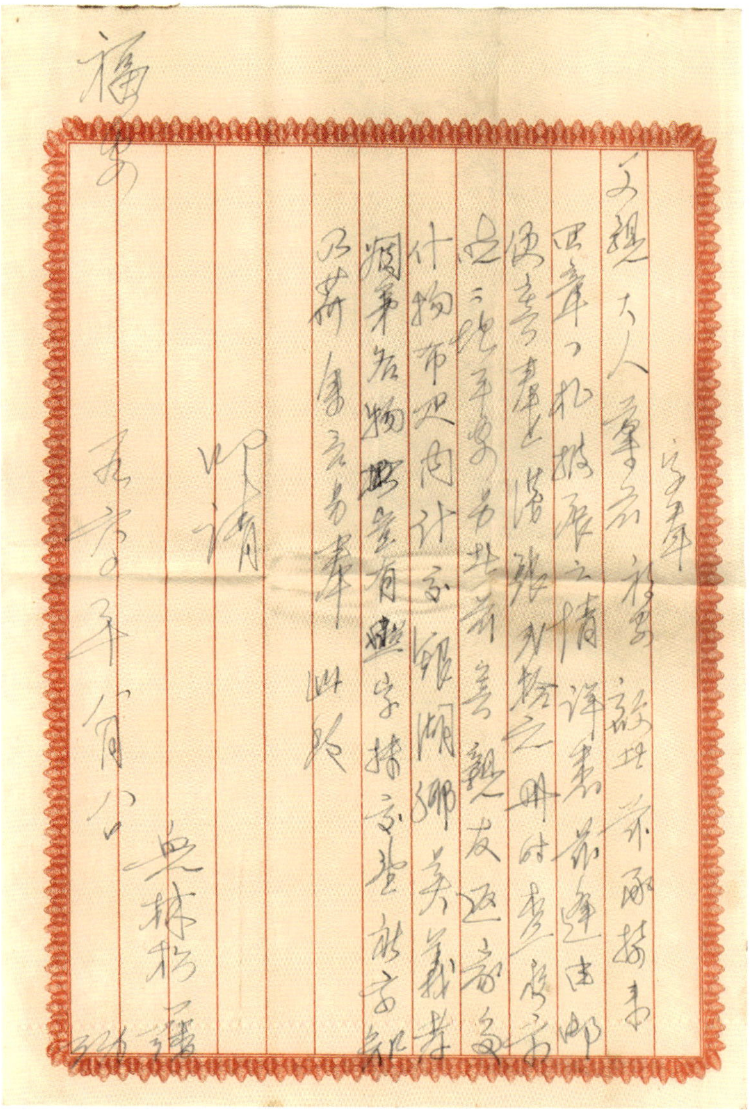
父親大人尊前 敬稟者 茲承接來
四月廿九日批接展之情詳悉 茲逢由鄉
僑[illegible]本港張兆榕之册 時[illegible]家
此二塊半 家弟共前寄親友返家多
什物布匹肉計家銀潮鄉美義[illegible]
潤第各物並有字據[illegible]是否[illegible]
乃荷[illegible] 此致
叩請
福安
兒 林松藩
[illegible]年八月八日

辛丑年正月二十日（1961 年 3 月 6 日）
柔佛林琪松寄潮安古楼乡林仁告

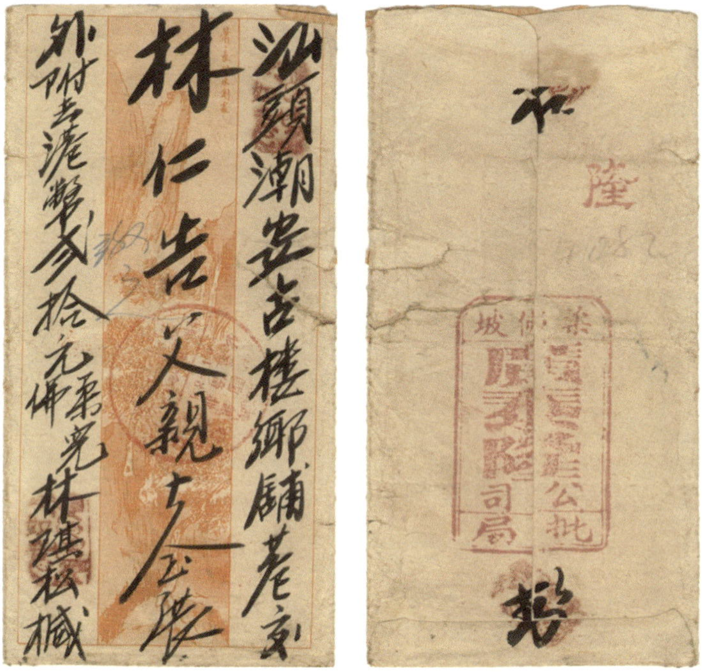

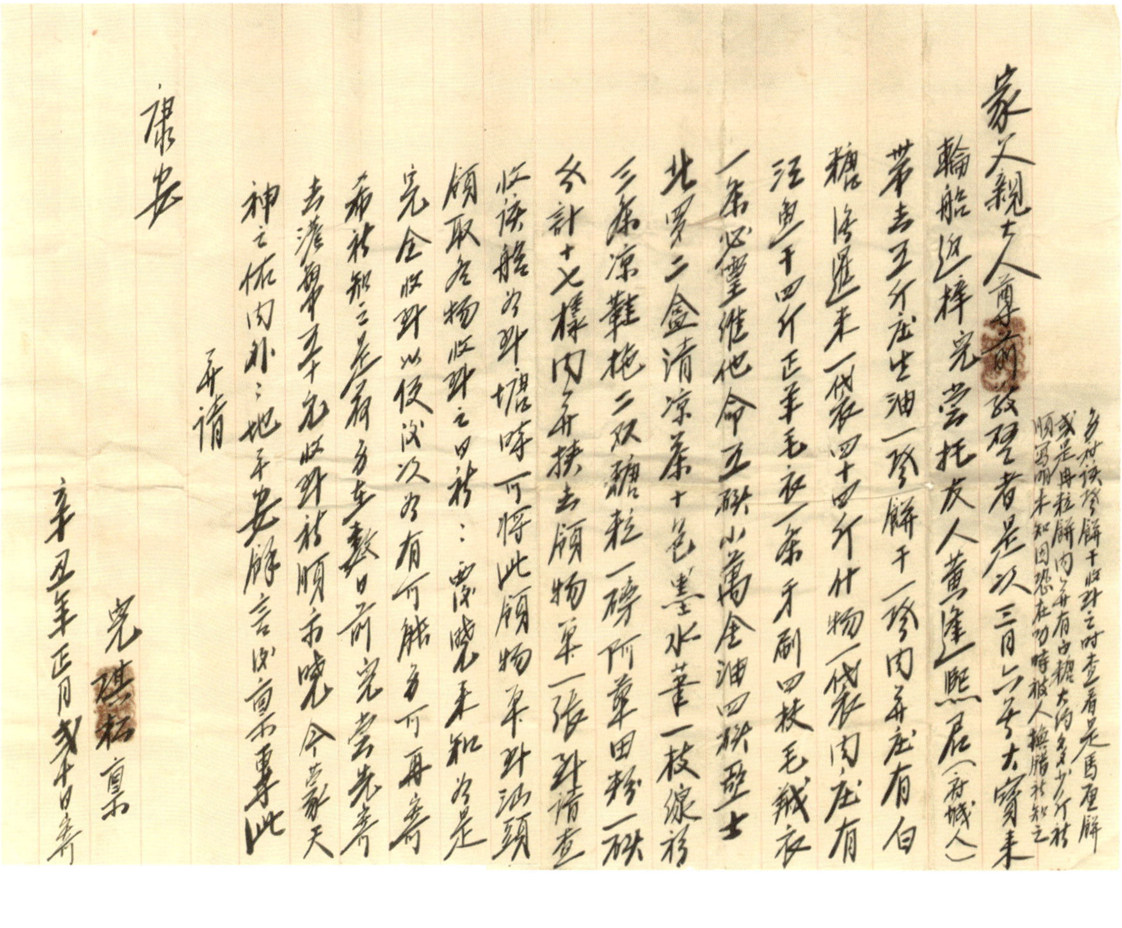
家父親大人尊前
敬禀者 是次三月六号大寶來
輪船返梓 兒嘗托友人董逢熙君（府城人）
帶去豆五斤左生油一罐 餅干一罐 內并在有白
糖 係匯來一袋 四十四斤 什物一袋 內在有
汪魚干四斤 正羊毛衣一条 牙刷四枝 毛线衣
一条 必靈維他命五瓶 小萬金油四樽 亞士
北羅二盒 清涼茶十包 墨水筆一枝 線衫
三条 涼鞋拖二双 糖粒一磅 所華田粉一瓶
合計十七樣 內并挾去領物單一張 到請查
收該船々到塘時 可將此領物單到汕頭
領取各物 收到之日祈々 要諗覺來知 々是
兒全收到 以便汝次々有可能多可再寄
希祈知之是荷 多言數日前兒嘗先寄
去港幣五十元 收到祈順示覆 兒今在家天
神之佑 內外々地平安 餘言後函再奉 此
并請
康安
兒琪松 稟
辛丑年正月式十日寄

辛丑年三月十五日（1961 年 4 月 29 日）
柔佛林琪松寄潮安古楼乡林仁告

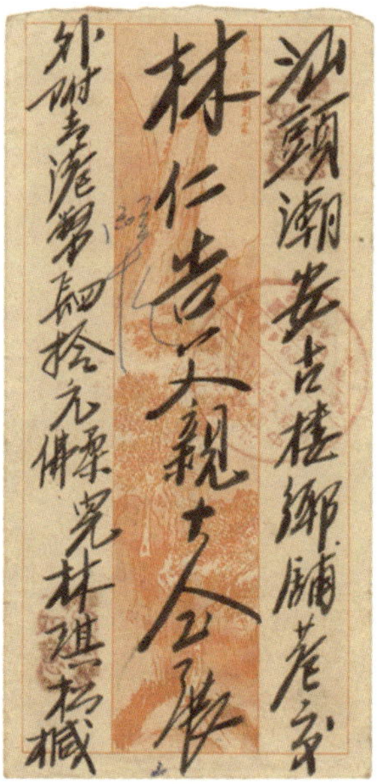

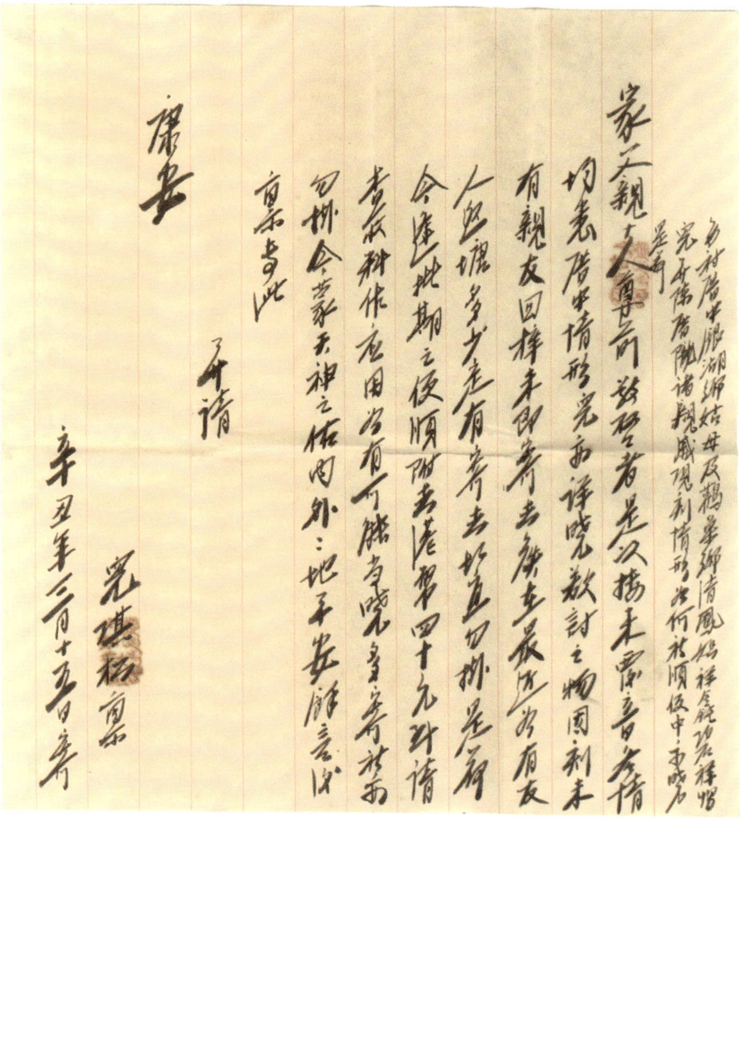

辛丑年五月十七日（1961 年 6 月 29 日）
柔佛林琪松寄潮安古楼乡林仁告

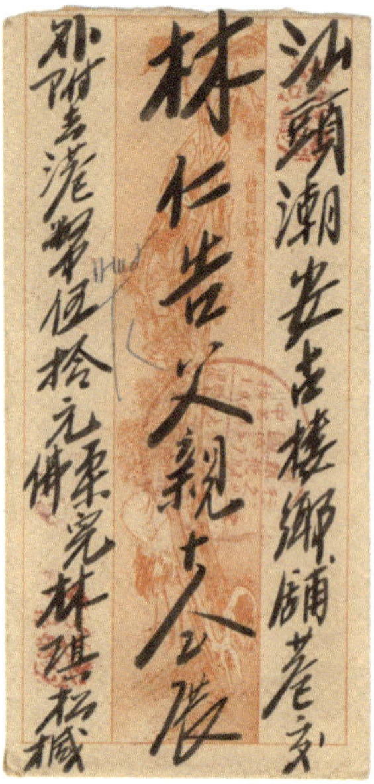

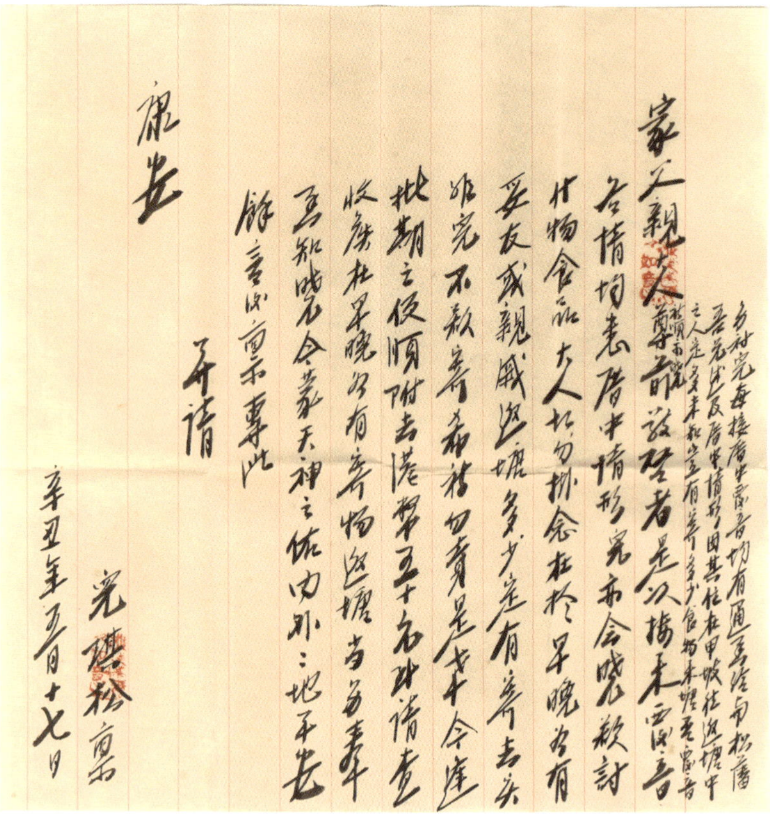

家父亲大人尊前敬禀者，足以接来函音
各情均悉，唐中情形儿亦会晓。[illegible]
廿物食品，大人切勿挂念，在於早晚必有
要友或亲戚返塘，多少定有寄去矣。
非儿不欲寄，希请切勿责是儿。今逢
批期之便，顺附去港币五十元，到请查
收。儿在早晚必有寄物返塘，当勿挂
意。知晓儿今蒙天神之佑，内外之地平安。
余言後函再禀。此
并请
康安
儿琪松 禀
辛丑年五月十七日

1961 年 11 月 23 日呷林松藩寄潮安古楼乡父亲

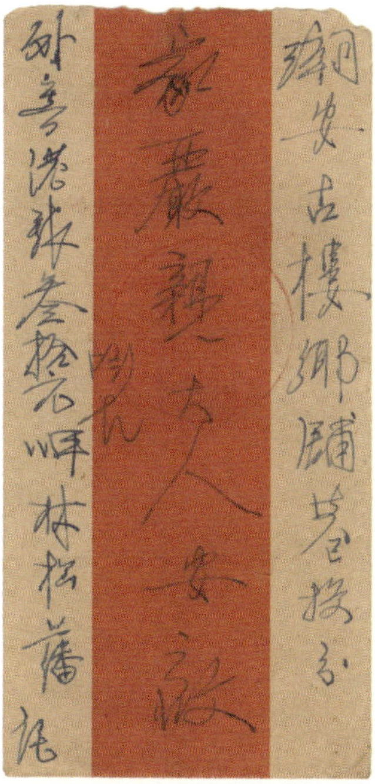

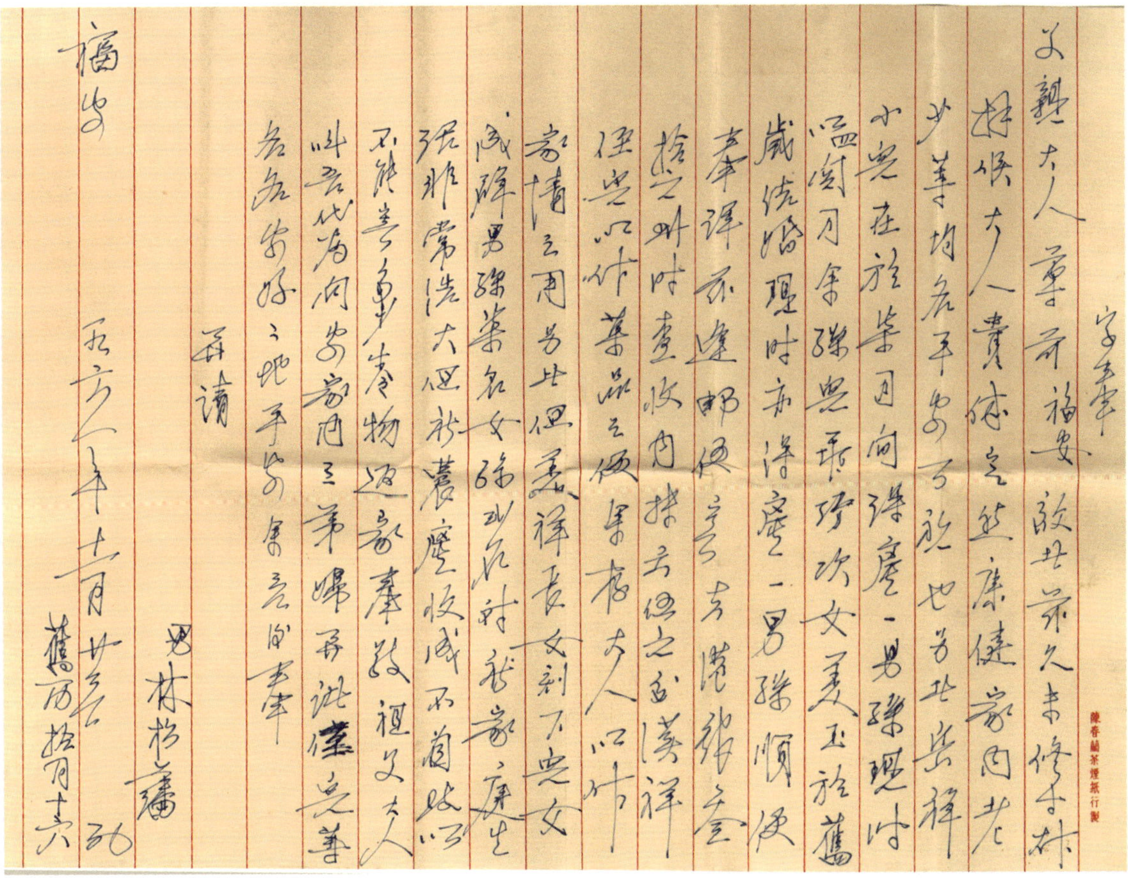

父親大人尊前福安 敬稟者久未修書[illegible]
母親大人貴体定然康健 家内老
少等均居平安可放心也 另者[illegible]
小兒在[illegible]向[illegible]一男孫[illegible]
[illegible]女美玉於舊
歲結婚[illegible]一男孫 順便
[illegible]郵便寄去港紙叁
拾元[illegible]查收[illegible]
[illegible]大人以作
家情之用[illegible]
[illegible]
[illegible]收成不前 故以
不能寄多[illegible]物返家奉敬 祖父大人
此去代為向[illegible]
各各安好之[illegible]
耑請
福安
兒 林松藩
一九六一年十一月廿三
舊曆拾月十六

甲辰年正月初二（1964 年 2 月 14 日）
柔佛林琪松寄潮安古楼乡林汉祥

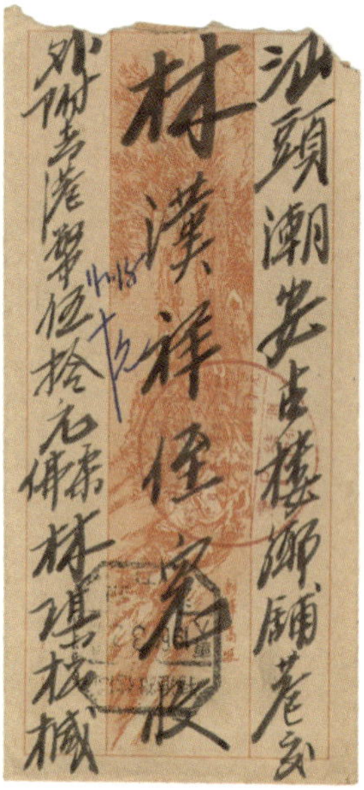

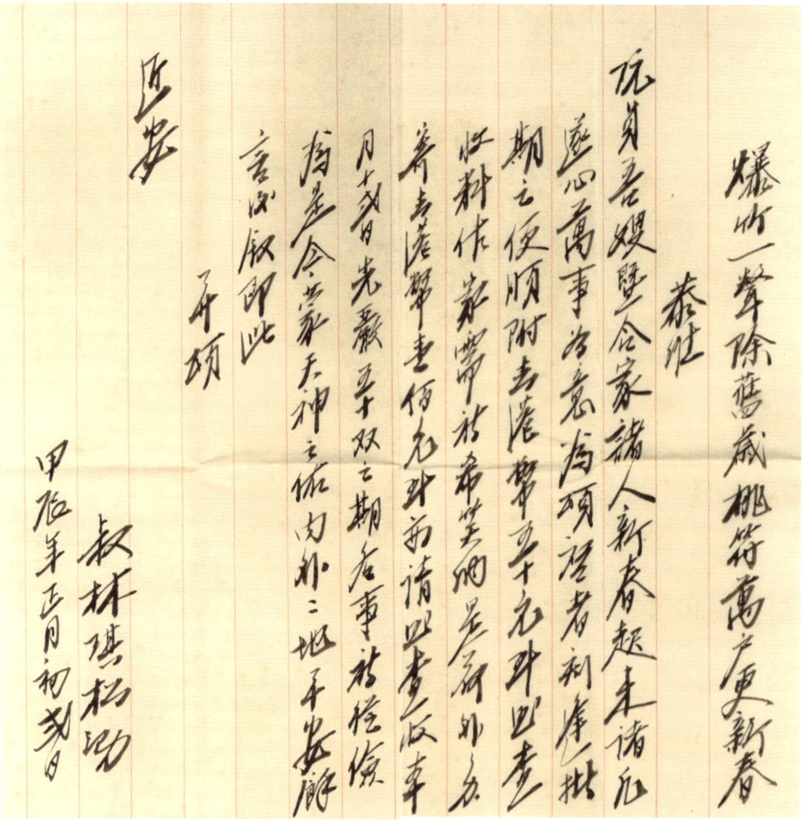

爆竹一聲除舊歲 桃符萬戶更新春
恭維
漢貞吾嫂暨合家諸人新春起居諸凡
遂心萬事如意爲頌 茲者利係批
期之便順附去港幣五十元到即查
收料作家需於希笑納是荷 外另
寄去港幣壹佰元到祈請即查收幸
月十五日先嚴五十双之期 表事於從儉
爲是 令等家天神之位內外二地平安順
言不盡敘即此
再頌
近安
叔林琪松 啟
甲辰年正月初二日

甲辰年六月二十日（1964 年 7 月 28 日）
柔佛林琪松寄潮安古楼乡林汉祥

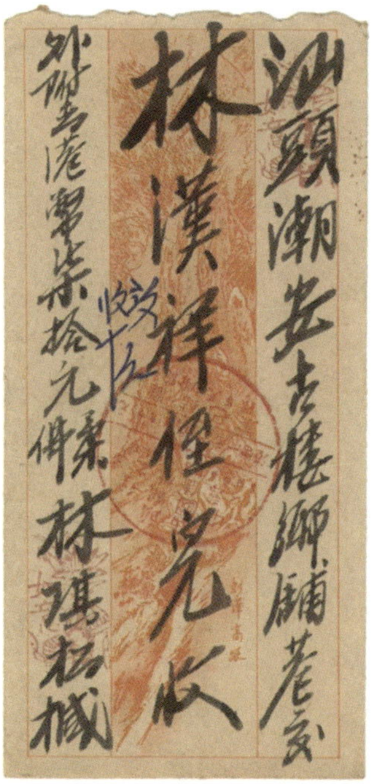

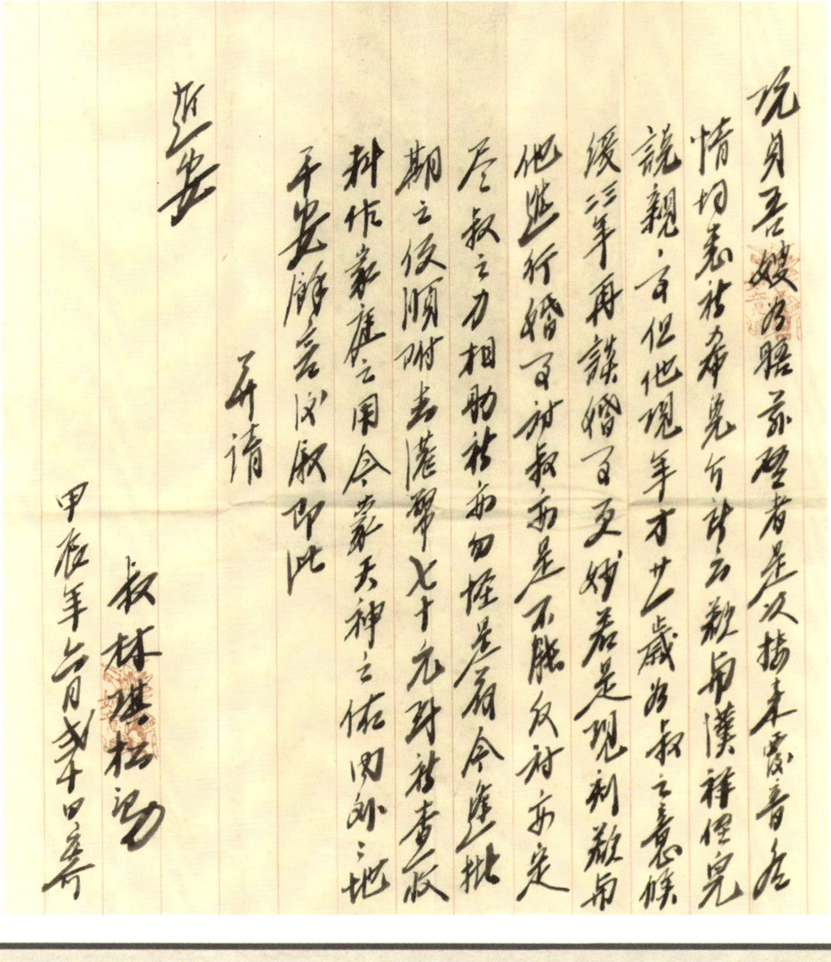

坑身吾嫂及賢姪者是次接來覆音在
情切慕於希望兒在外數年尚漢祥侄兒
說親，今但他現年才廿二歲為叔之意候
緩二三年再談婚可也，好者是現利撒甲
他進行婚可，叔亦是不能反對亦定
為叔之力相助於你自經是有令達批
期之便順附去港幣七十元到於查收
料作家庭之用，今蒙天神之佑，兒鄉之地
平安，餘言後叙，即此

再請

近安

叔林琪松記

甲辰年六月廿日寄

甲辰年七月二十日（1964 年 8 月 27 日）
柔佛林琪松寄潮安古楼乡林汉祥

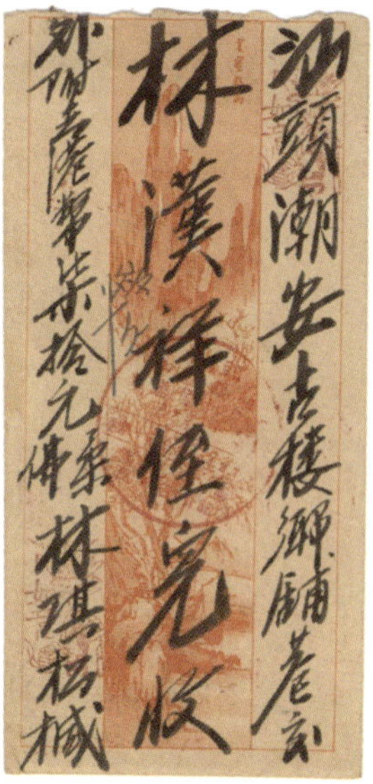

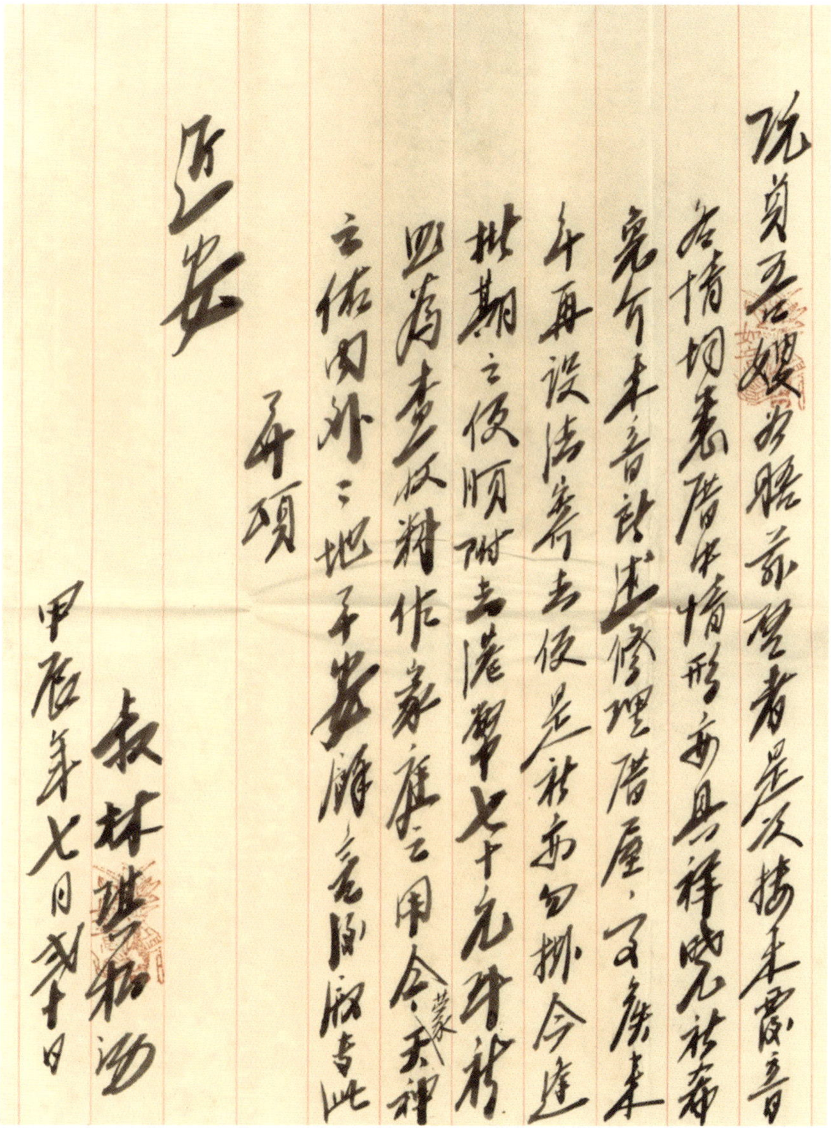
汉贤吾嫂如晤：前[illegible]者是及接来书音
各情均悉，厝内情形亦具详晓。兄拟奉
寄[illegible]来音就是修理厝屋，下次来
年再设法寄去，便是拟来[illegible]批，今逢
批期之便，顺附去港币七十元，祈
照为查收，料作家庭之用。今（蒙）天神
之佑，内外之地平安，[illegible]勿念。专此
即颂
近安
叔林琪松泐
甲辰年七月贰十日

甲辰年八月廿五日（1964 年 9 月 30 日）
柔佛林琪松寄潮安古楼乡林汉祥

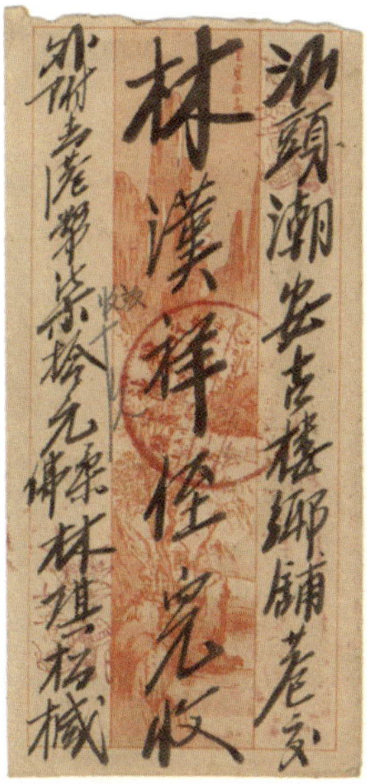

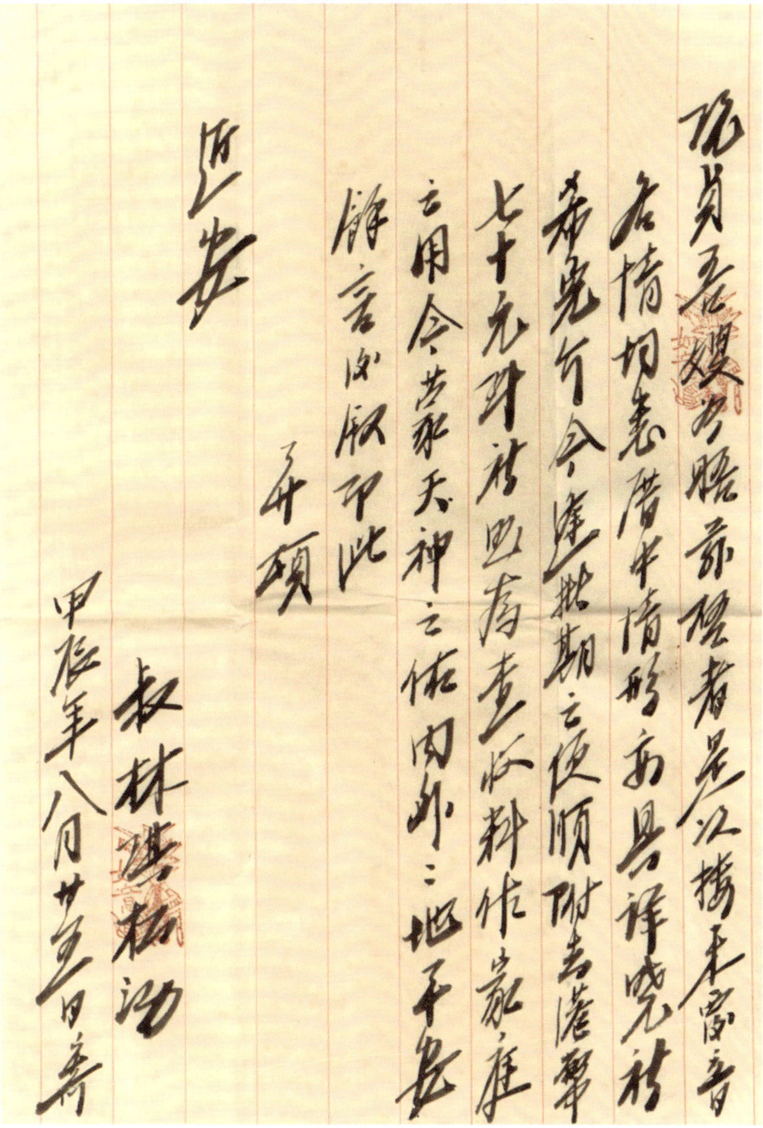

汉贵吾嫂妆照：前函谅达，兹接来函，音
各情均悉，唐中情形，本县详览，於
希勿介念，逢批期之便，顺附去港币
七十元，到祈照查收，料作家庭
之用。今共承天神之佑，内外之地平安。
余言后叙，即此
并颂
近安
叔 林琪松 泐
甲辰年八月廿五日寄

乙巳年正月初四（1965 年 2 月 5 日）
柔佛林琪松寄潮安古楼乡林汉祥

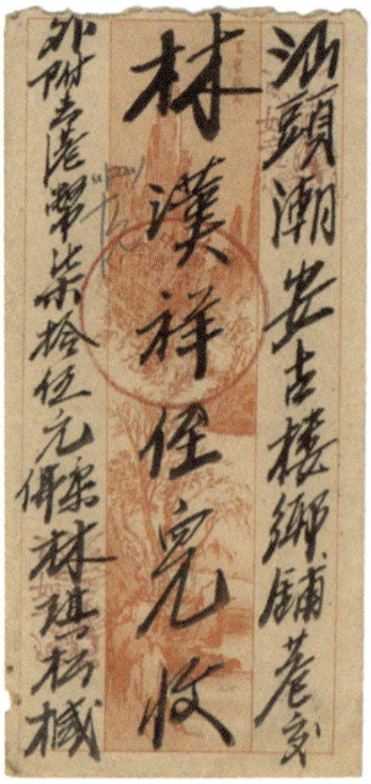
汕頭潮安古樓鄉鋪巷內
林漢祥侄先收
外附去港幣柒拾伍元 係林琪松緘

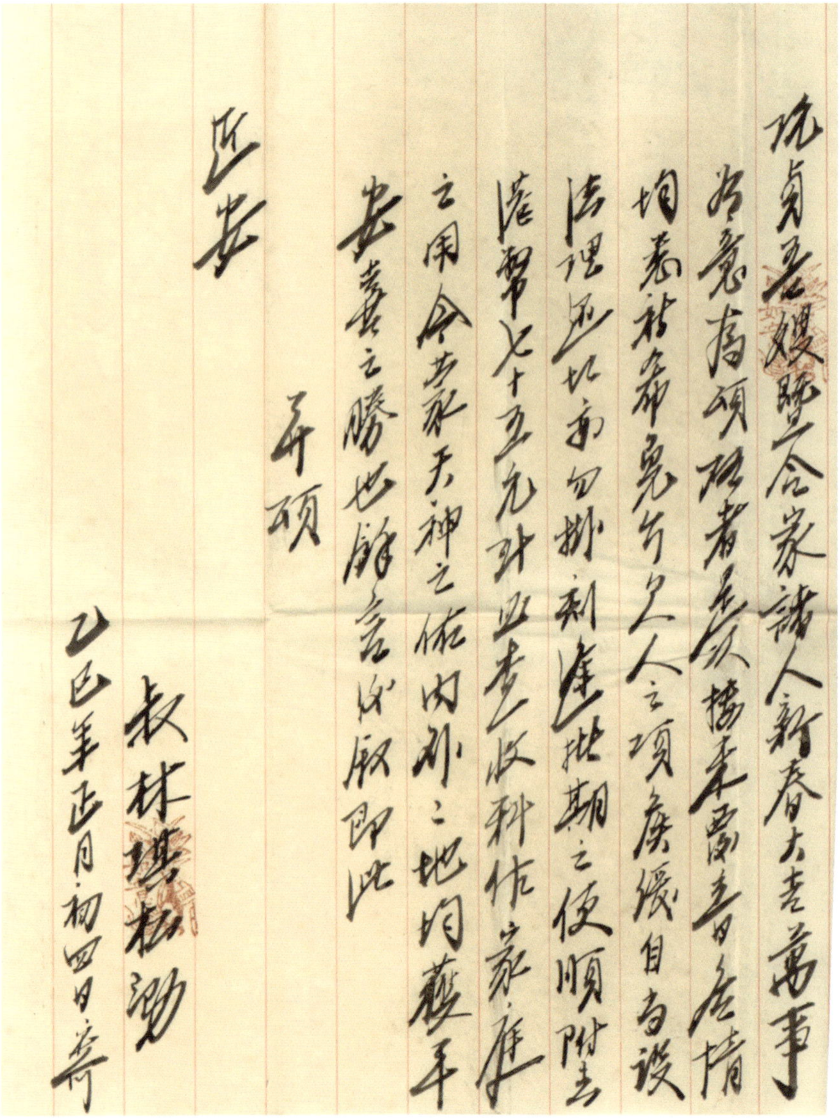
坑貞吾嫂暨合家諸人新春大吉萬事
如意為頌 啟者 兹接來函 吾情
均悉 [illegible]人之項[illegible]自當設
法理[illegible]掛[illegible]批期之便順附去
港幣七十五元 到祈查收 聊作家庭
之用 今在家天神之佑 内外之地均獲平
安 甚喜之勝也 餘言後敘 即此
并頌
近安
叔 林琪松 泐
乙巳年正月初四日 寄

乙巳年三月初十（1965 年 4 月 11 日）
柔佛林琪松寄潮安古楼乡林汉祥

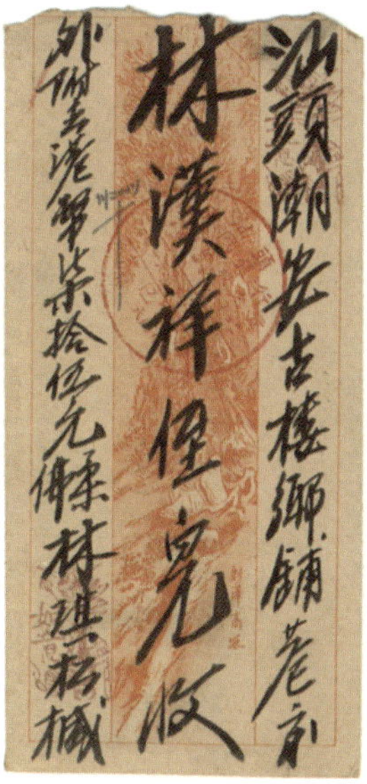

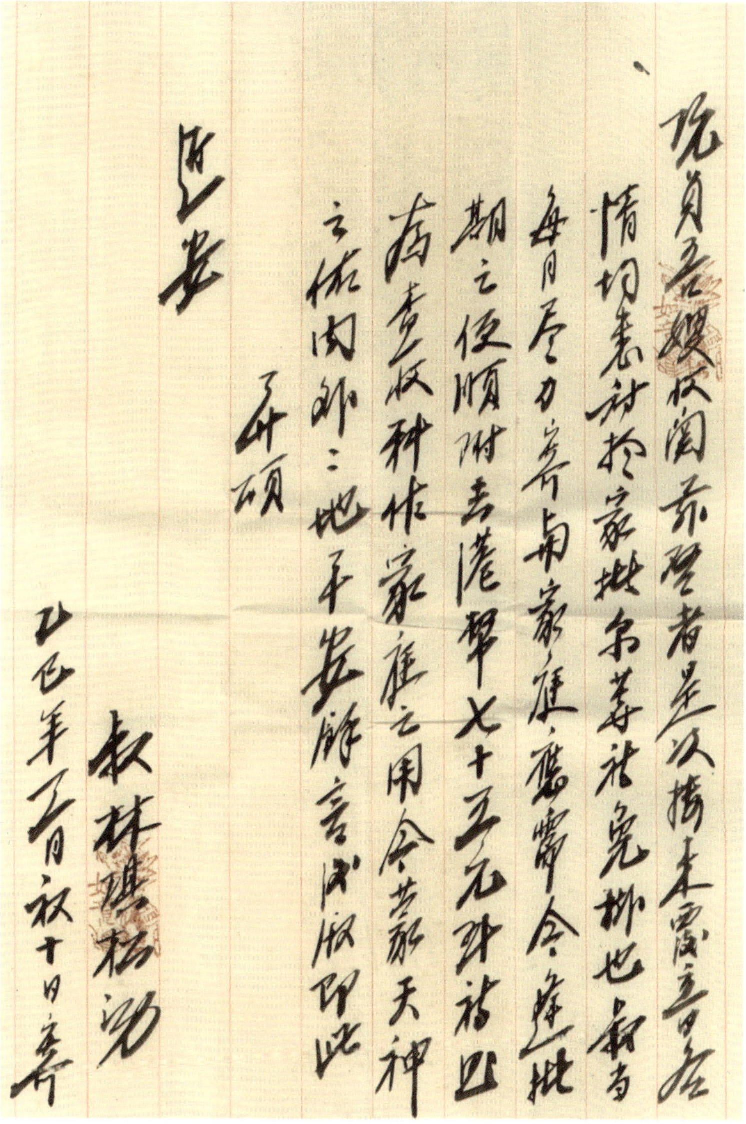
漢賢侄嫂收閱　前呈者是以接來函言及
情切惠討於家批系籌祉免掛也敬者
每月盡力寄與家庭需用今逢批
期之便順附去港幣七十五元聊補些
希查收稍作家庭之用令吾家天神
之佑內外之地平安餘言後叙即此
即頌
近安
叔林琪松泐
乙巳年三月初十日寄

乙巳年八月十六日（1965 年 9 月 11 日）
柔佛林琪松寄潮安古楼乡林汉祥

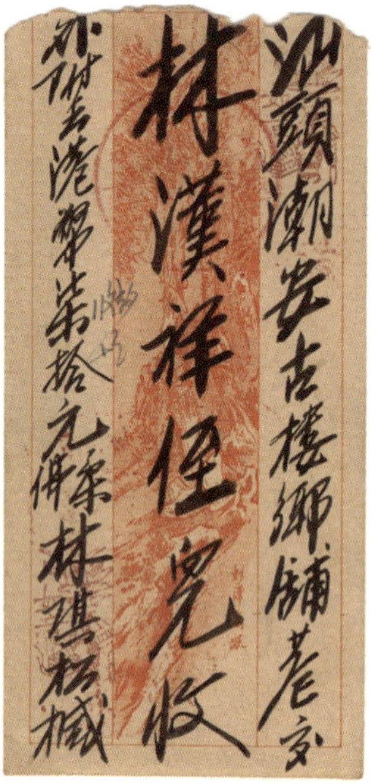

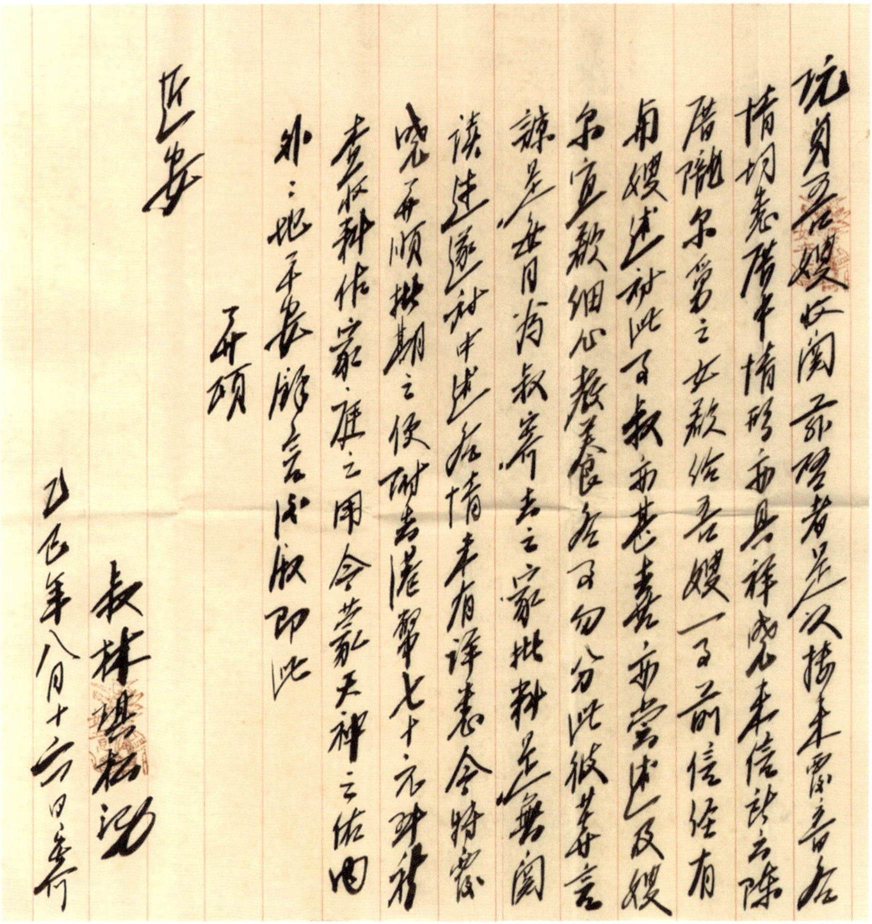
汉祥侄吾嫂收阅 前经者是以接来需吾各
情切悉侄中情形而且祥述来信称云除
侄儿家需之外款给吾嫂一百前信经有
前嫂述称此百叔亦甚喜亦尝述及嫂
家宜款细心教养食用可勿分此彼等言
谅是母舅叔寄去之家批料是无阅
读是遂称中述在情未有详悉今特寄
完吾顺批期之便附去港币七十元到希
查收种作家庭之用今共家天神之佑困
外之地平安勿念余言后叙即此
再颂
近安
表林琪松泐
乙巳年八月十六日夜付

丙午年三月十五日（1966 年 4 月 5 日）
柔佛林琪松寄潮安古楼乡林汉祥

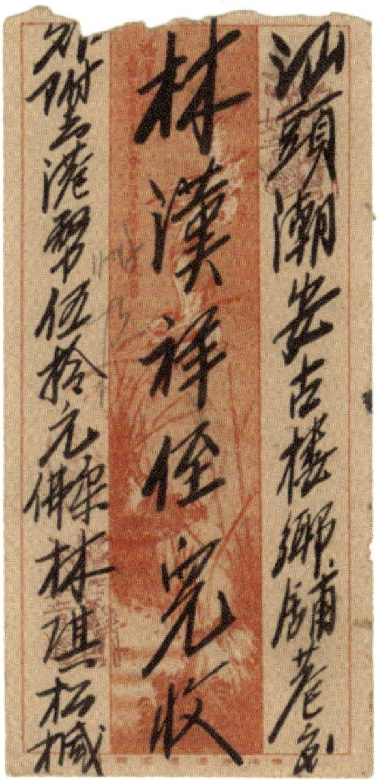

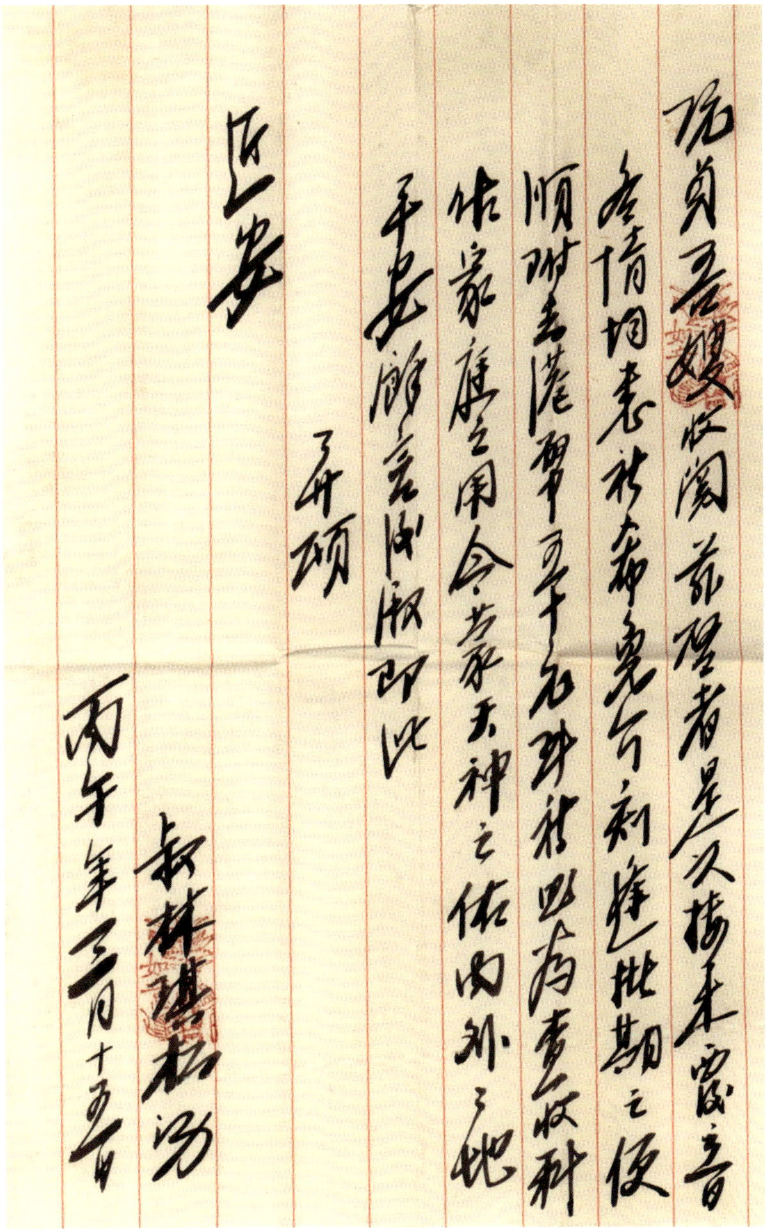

丙午年四月十九日（1966 年 6 月 7 日）

柔佛林琪松寄潮安古楼乡林汉祥

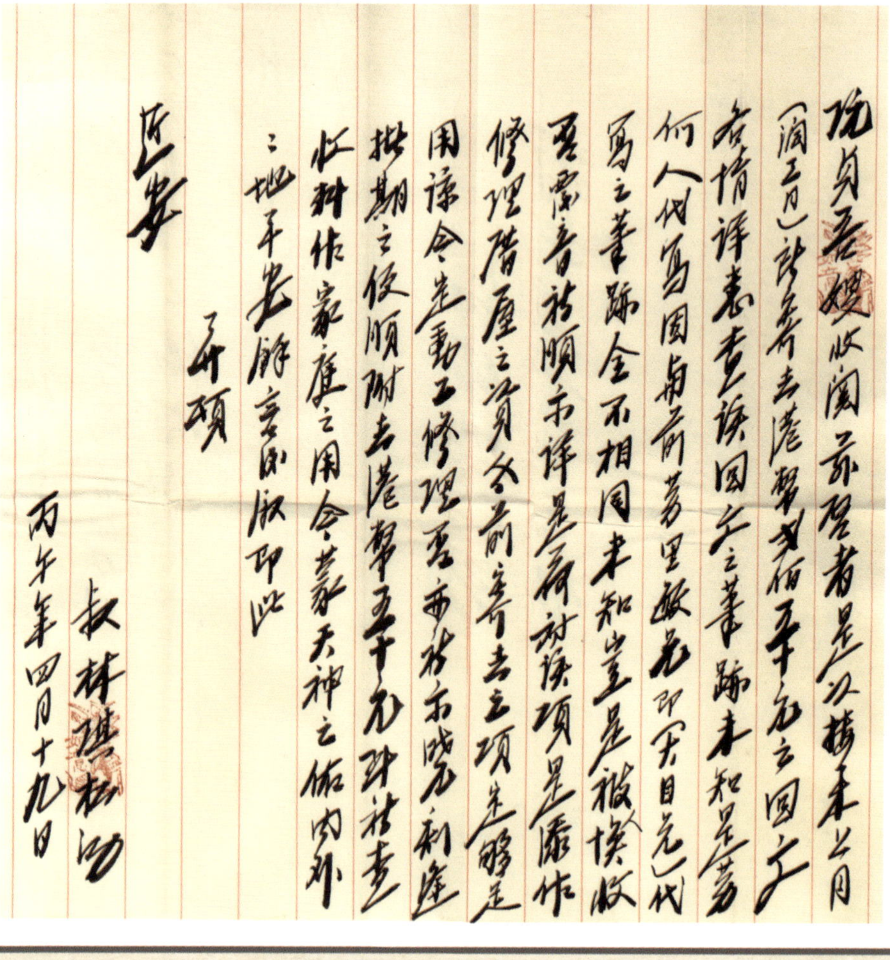

汉祥贤侄收阅：启者，是次接来三月
（闰三月）前寄去港币贰佰元之回文，
各情详悉，查该回文之笔迹，未知是第
何人（代写）因与前番里敏兄（即尖目兄）代
写之笔迹全不相同，未知岂是被换收
否，需查，并顺示详是荷。对该项是欲作
修理厝屋之资，今前寄去之项，未足够足
用，缘今走动工修理否，希於示晓，免[illegible]
批期之便，顺附去港币五十元，到祈查
收，补作家庭之用，今蒙天神之佑，内外
二地平安，舒念，顺叩此
并颂
近安
叔林琪松泐
丙午年四月十九日

丙午年六月二十日（1966 年 8 月 6 日）
柔佛林琪松寄潮安古楼乡林汉祥

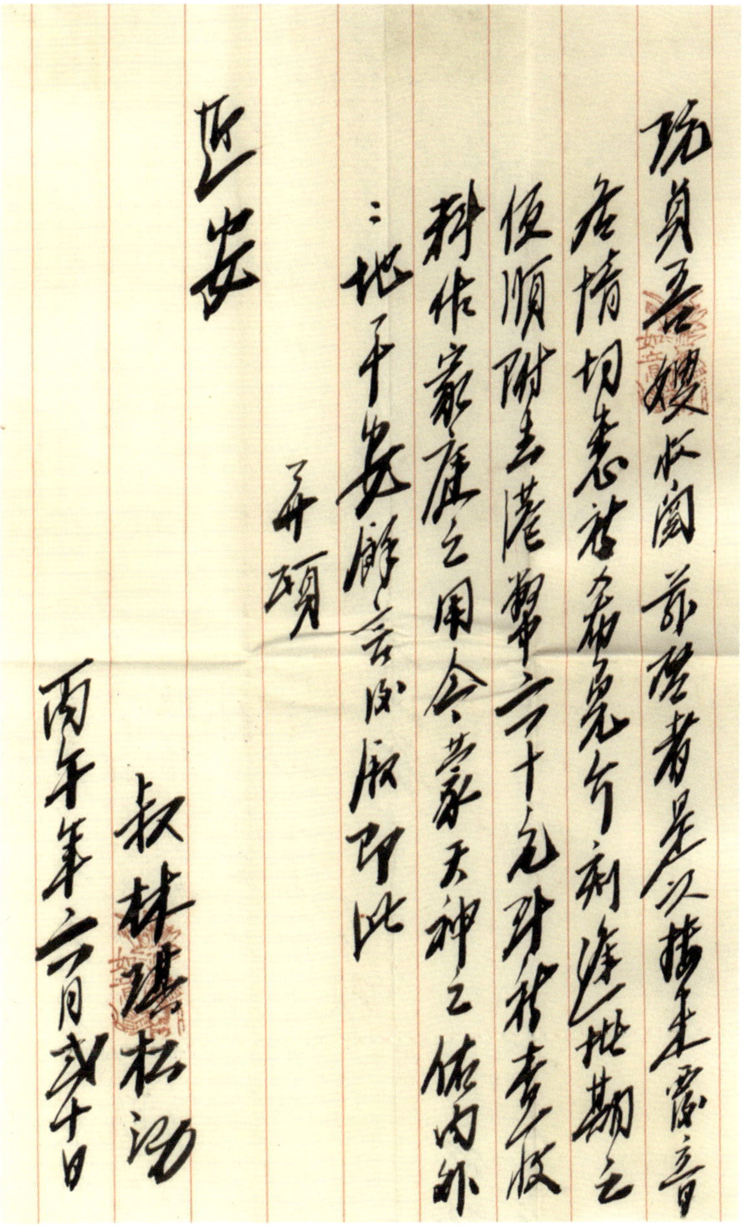
琬貞吾嫂收閱 前悉者是汉楷来覆音
各情切悉兹交和兑行刻逢批期之
便順附去港幣六十元到祈查收
聊作家庭之用今蒙天神之佑内外
二地平安順告即此
並頌
近安
叔林琪松泐
丙午年六月式拾日

丁未年三月二十日（1967 年 4 月 29 日）
柔佛林琪松寄潮安古楼乡林汉祥

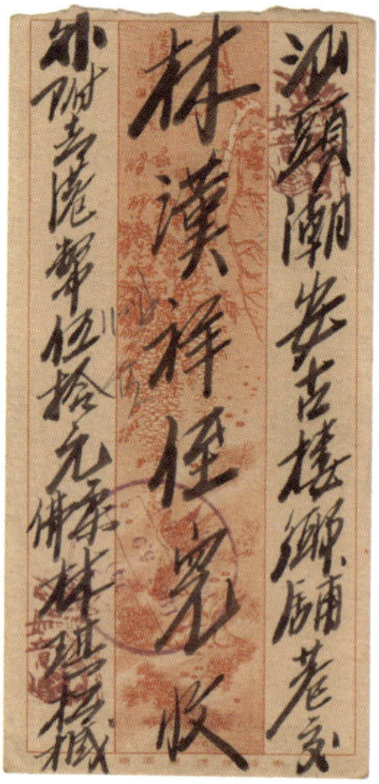

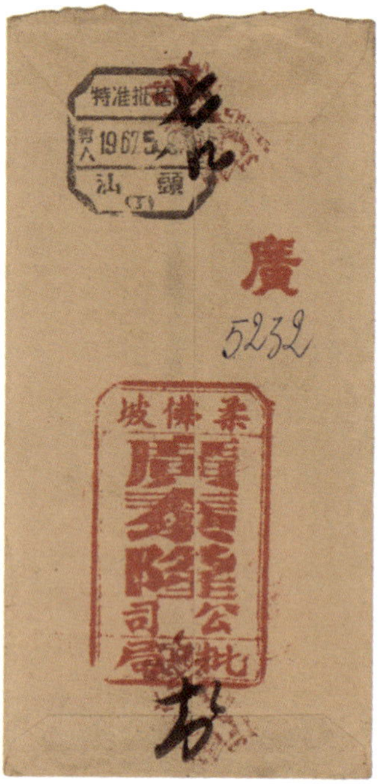

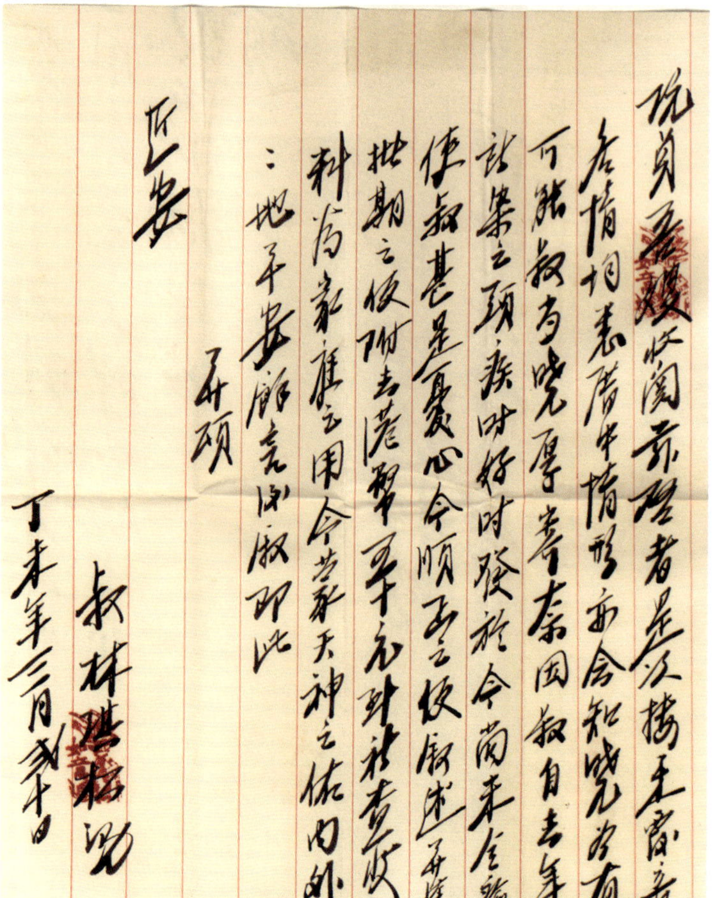

祥贤侄收阅：前启者，是次接来家音，
各情均悉，唐中情形亦会知晓，况有
可能叔为竭尽厚意，奈因叔自去年
诸染之头痛疾，时好时发，于今尚未全愈，
使叔甚是忧心。今顺函之便，叔述及家庭，
批期之便，附去港币伍拾元，到祈查收，
料为家庭之用。今并[illegible]天神之佑，内外
二地平安，[illegible]叔印此。
并颂
近安
叔林琪松 字
丁未年三月贰十日

丁未年九月廿六日（1967 年 10 月 29 日）
柔佛林琪松寄潮安古楼乡林汉祥

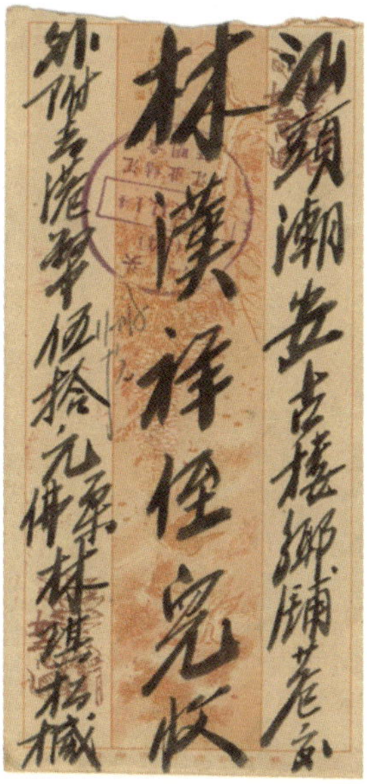
汕头潮安古楼乡浦尾交
林汉祥侄儿收
外附去港币伍拾元 侄林琪松缄

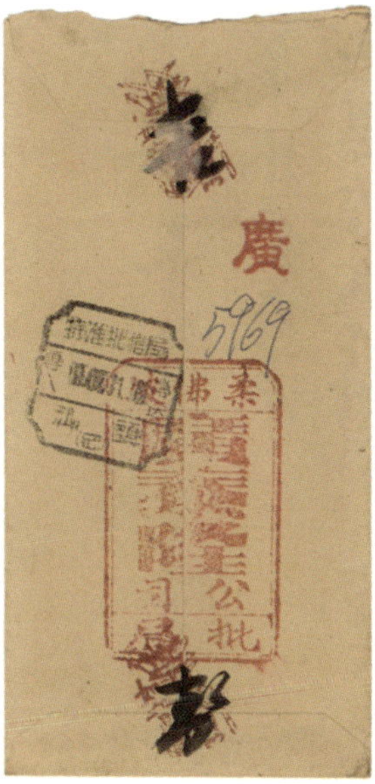

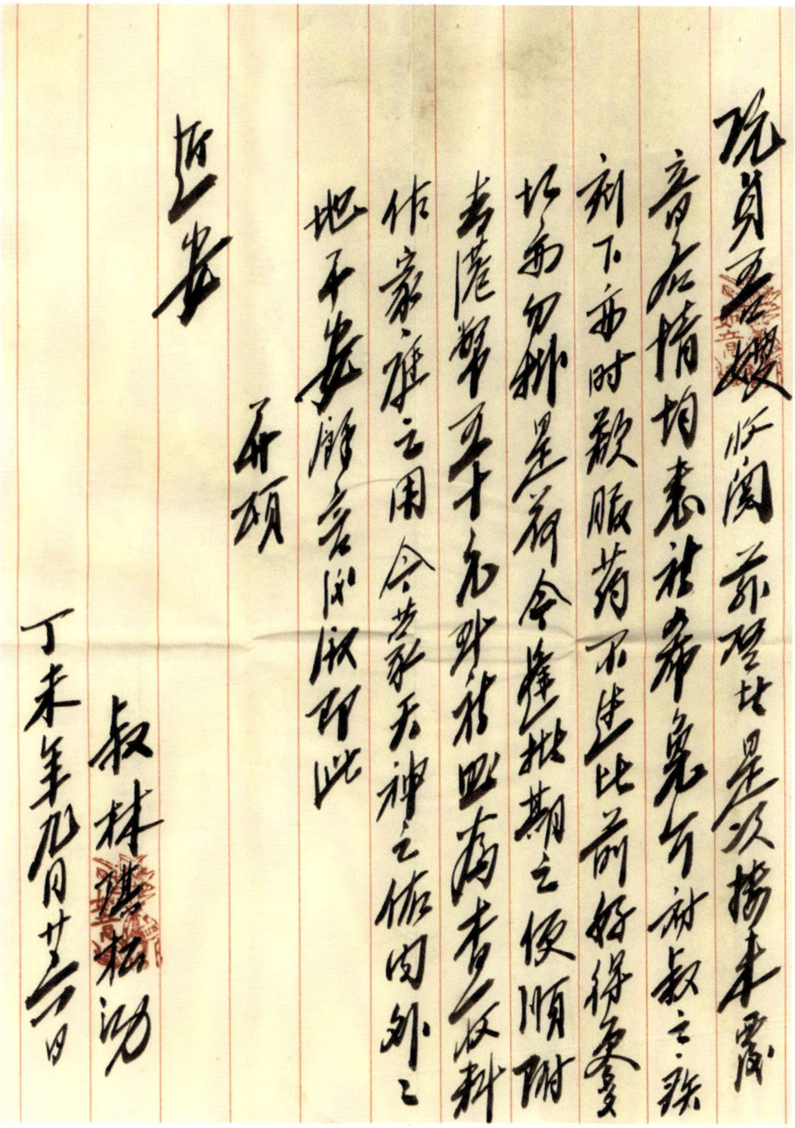
汉贤侄媳收阅：前于廿星期接来鸿音，各情均悉。社会冤乃谢叔叔之疾利，下每时欲服药，不甚比前好得多，切勿介挂。星期今逢批期之便，顺附去港币五十元，外祖母为者收料作家庭之用。今者蒙天神之佑，内外之地平安，顺告以慰，耳此

并颂

近安

叔林琪松 字

丁未年九月廿六日

己巳年七月初十（1929 年 8 月 14 日）
诗巫坡（马来西亚）沈如财寄潮安华美仙桥乡母亲

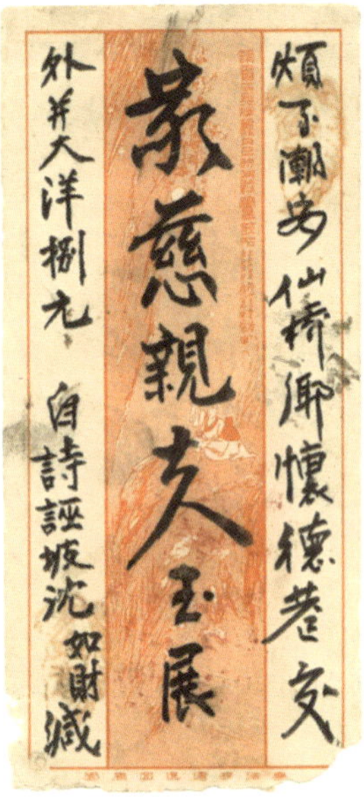

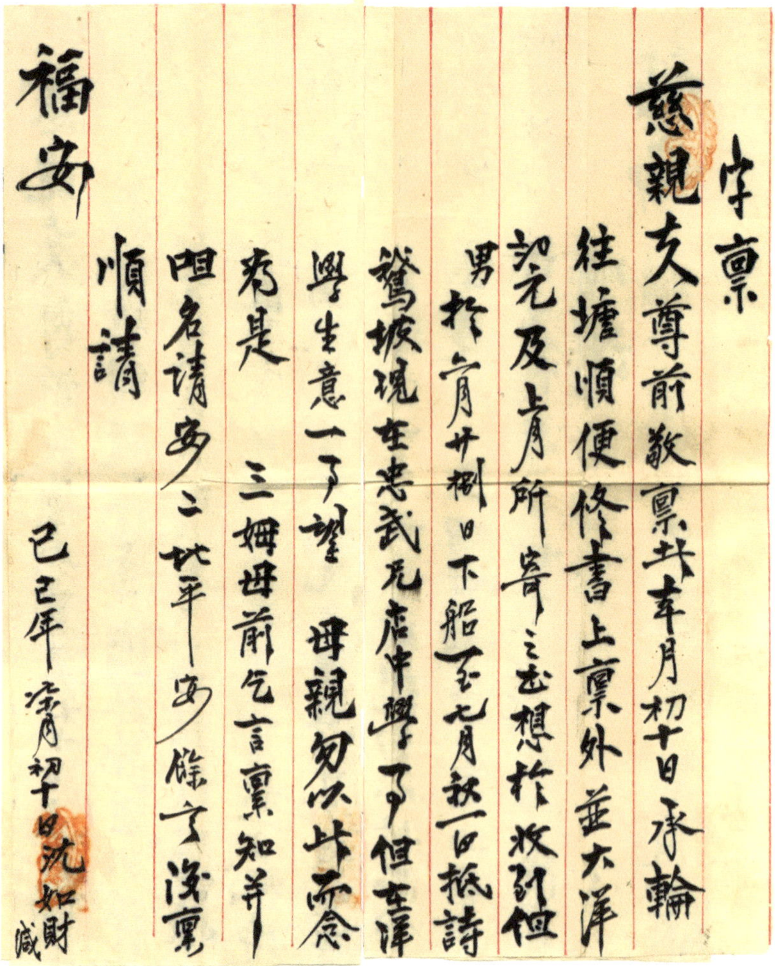
字稟
慈親大人尊前敬稟者本月初十日承輪
往塘順便修書上稟外並大洋
捌元及上月所寄之函想於收到但
男於六月廿捌日下船至七月初一日抵詩
鶩坡現在忠武元店中學了但在洋
學生意一了望 母親勿以此爲念
爲是 三姆母前乞言稟知并
咀名請安之 此平安 餘言後稟
順請
福安
己巳年七月初十日沈如財緘

己（巳）年十一月廿八日（1929 年 12 月 28 日）
诗巫坡沈如财寄潮安华美仙桥乡母亲

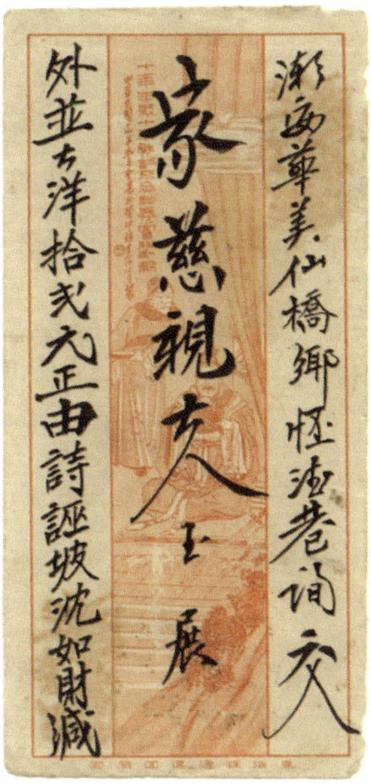

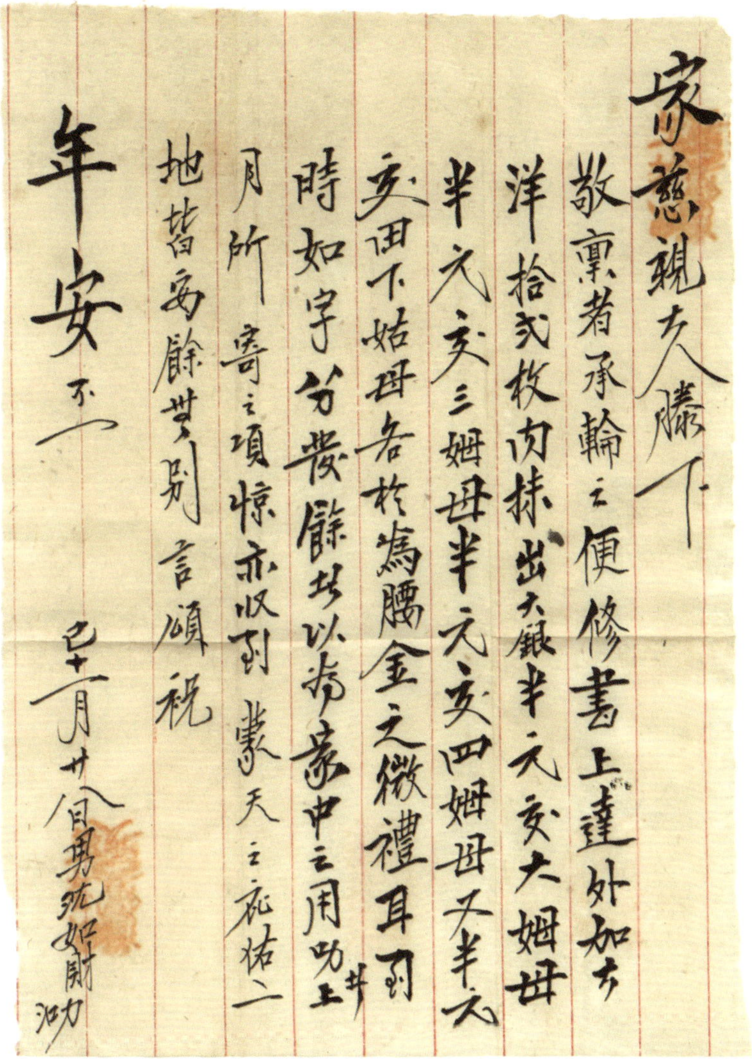
家慈親大人膝下
敬禀者承輪之便修書上達外加大
洋拾弍枚內抹出大銀半元交大姆母
半元交三姆母半元交四姆母又半元
交田下姑母各於為謄金之微禮耳到
時如字分發餘者以為家中之用叻上廿
月所寄之項諒亦收到蒙天之庇佑一
地皆安餘無別言頌祝
年安不一
己十一月廿八日男沈如財泐

庚（午）年四月初四（1930 年 5 月 2 日）
诗鹅（马来西亚）沈如财寄潮安华美仙桥乡母亲

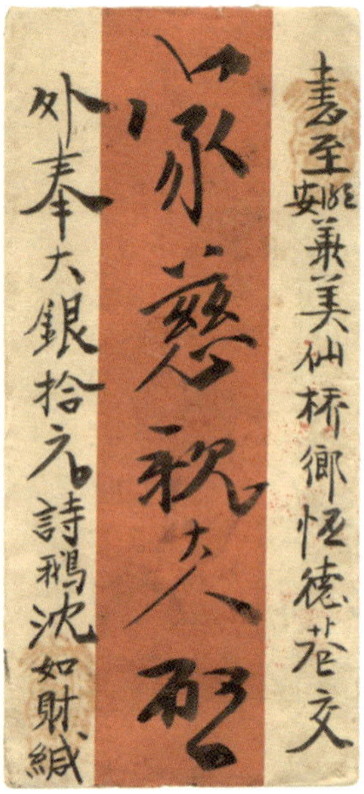

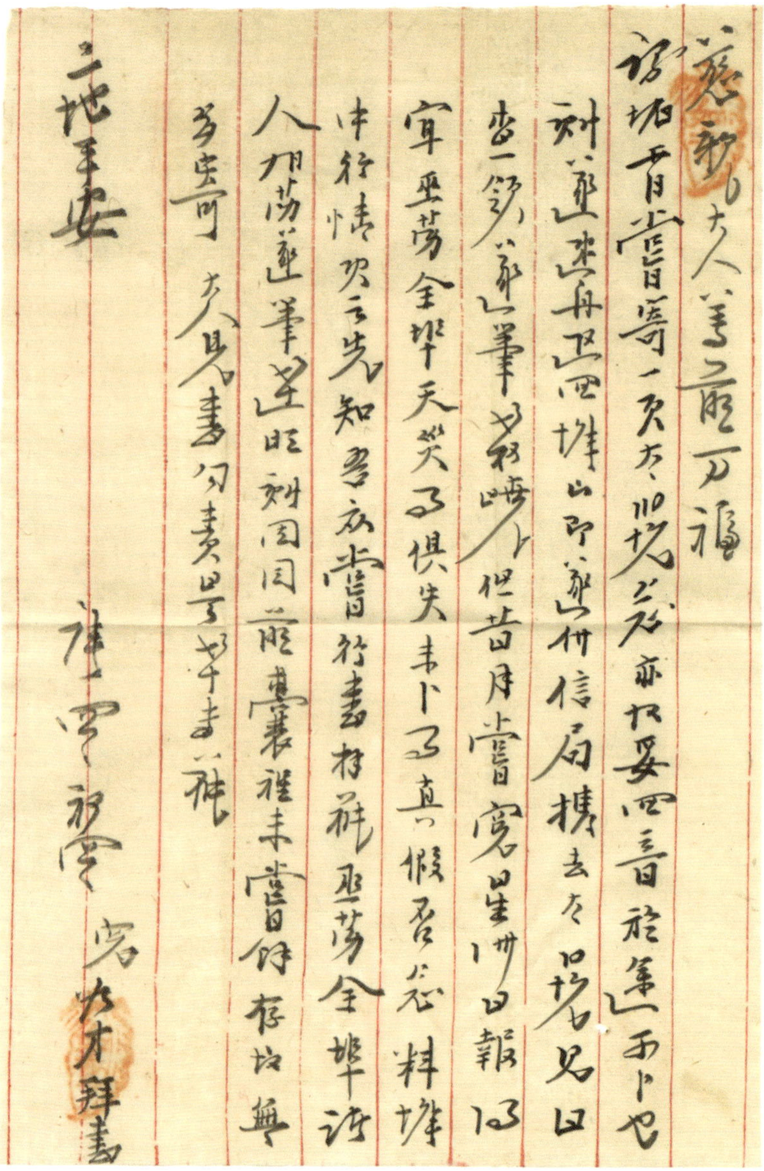

辛未年八月初八（1931 年 9 月 19 日）
诗巫沈如财寄潮安华美仙桥乡母亲

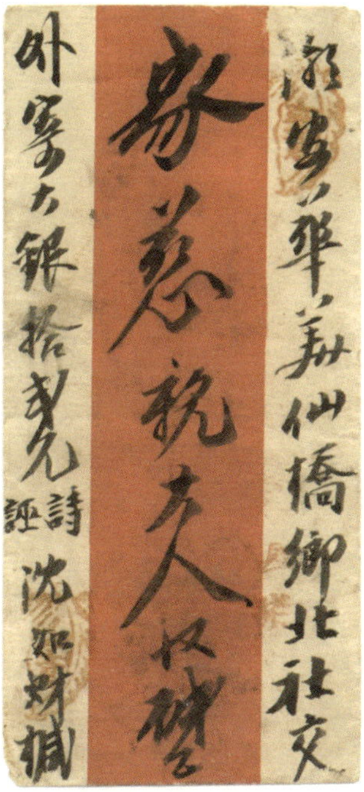
潮安华美仙桥乡北社交
家慈亲大人 收启
外寄大银拾贰元
诗巫沈如财缄

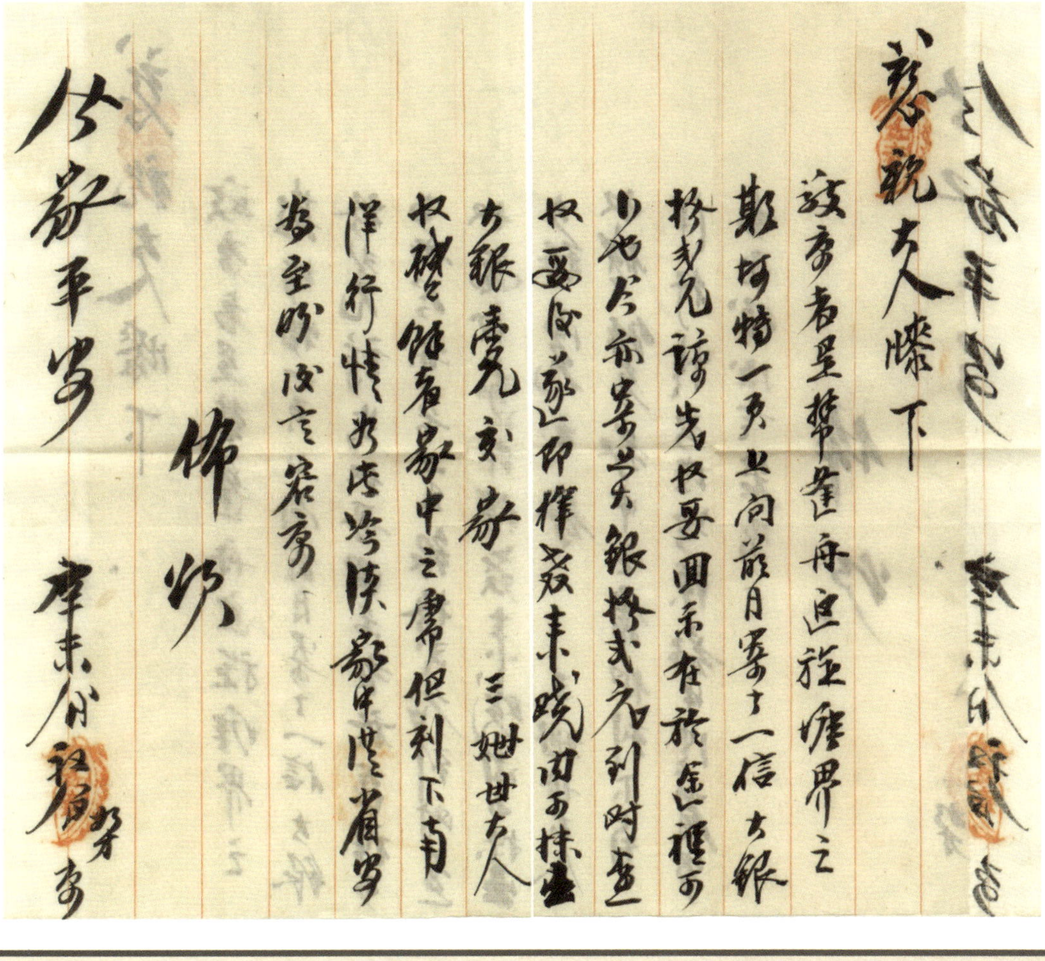

九月廿三日越（马来西亚）沈如财寄潮安华美仙桥乡母亲

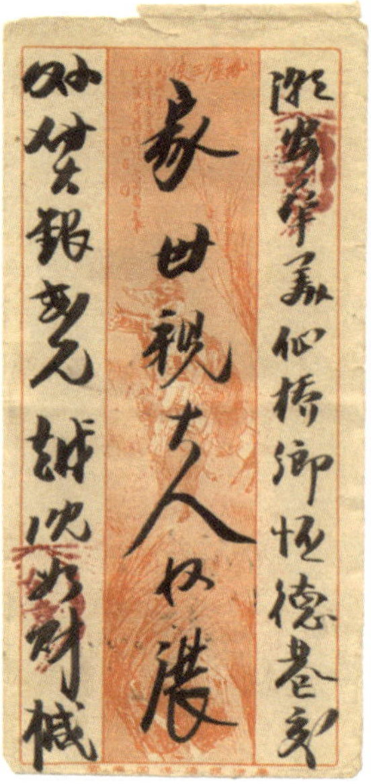

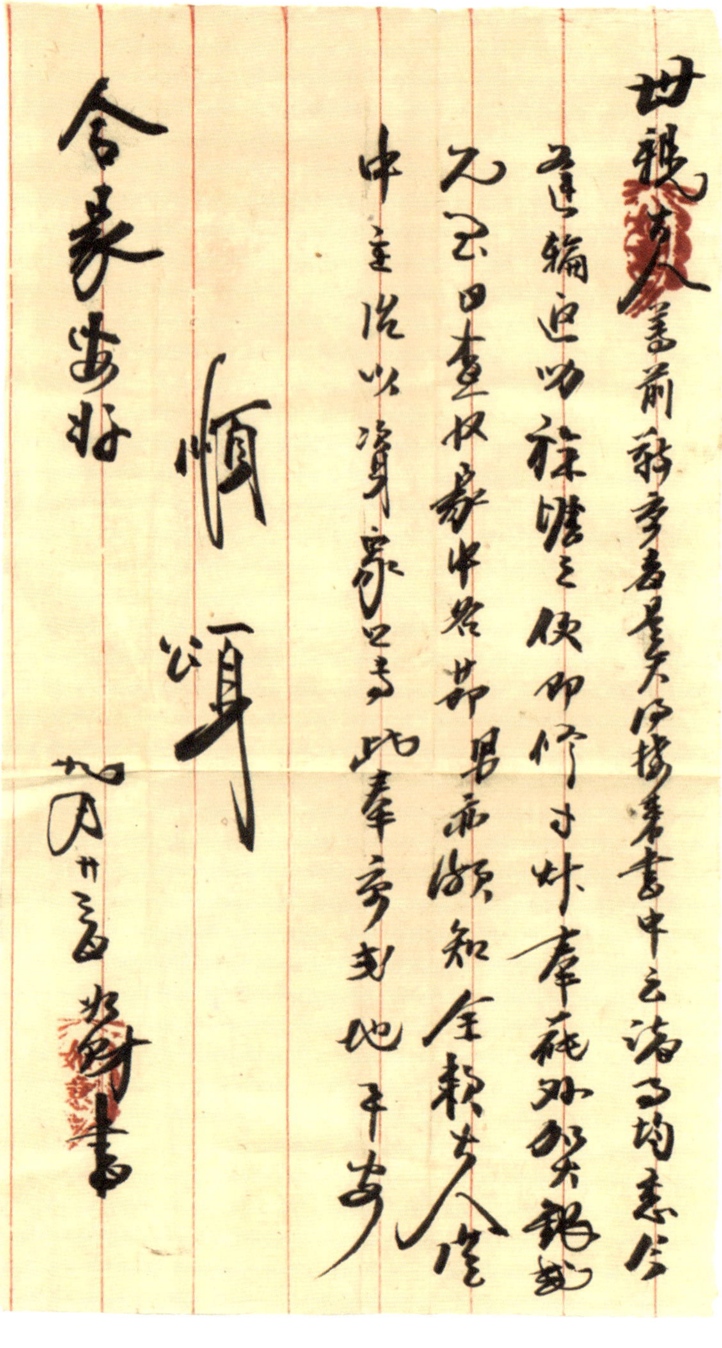

五月十四日（1937 年 6 月 22 日）
越沈如财寄潮安华美仙桥乡母亲

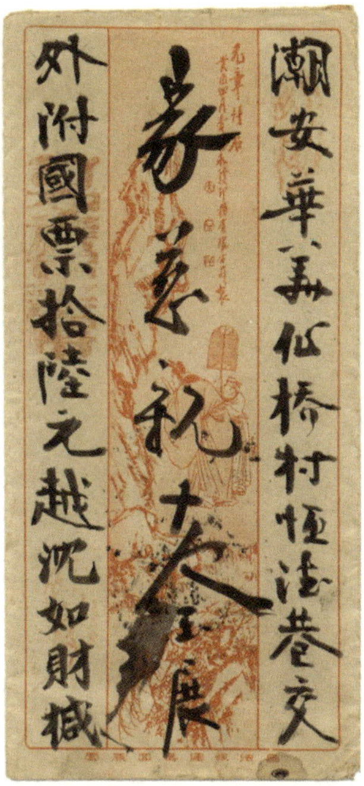

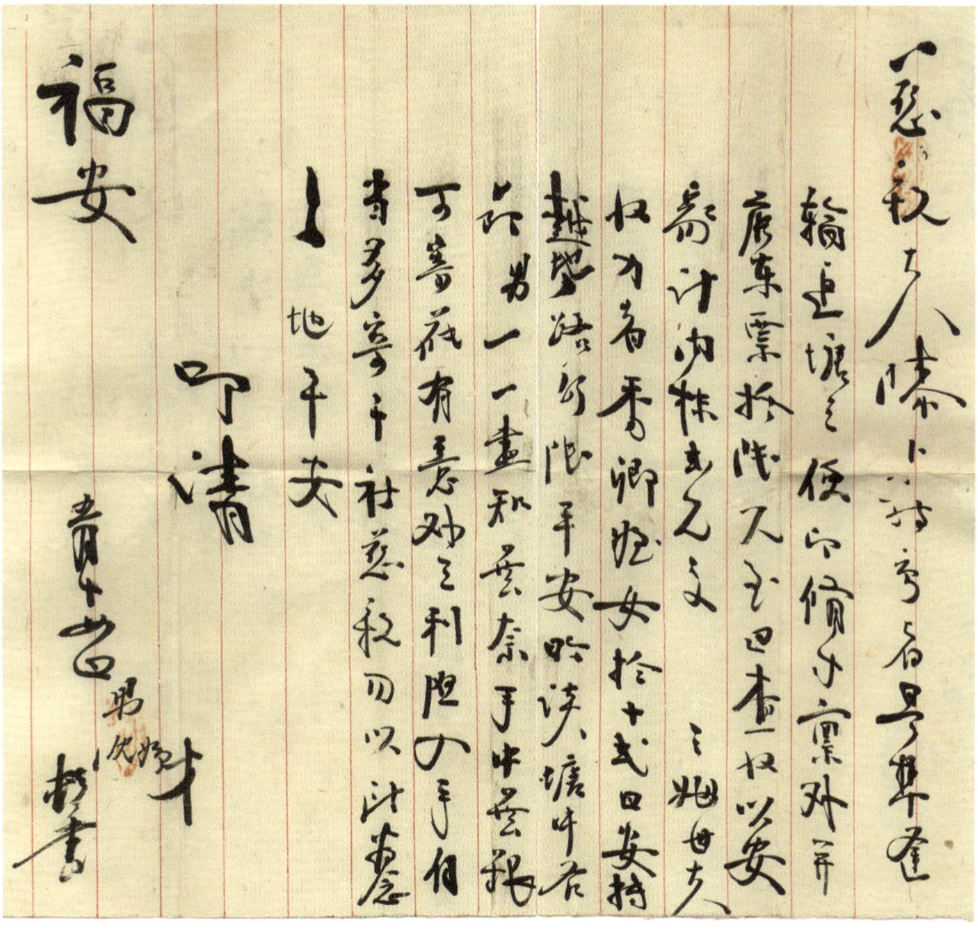

七月十七日（1937 年 8 月 22 日）
越沈如财寄潮安华美仙桥乡母亲

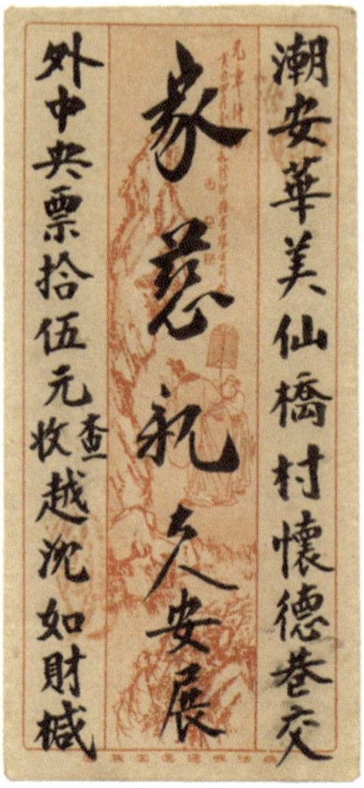

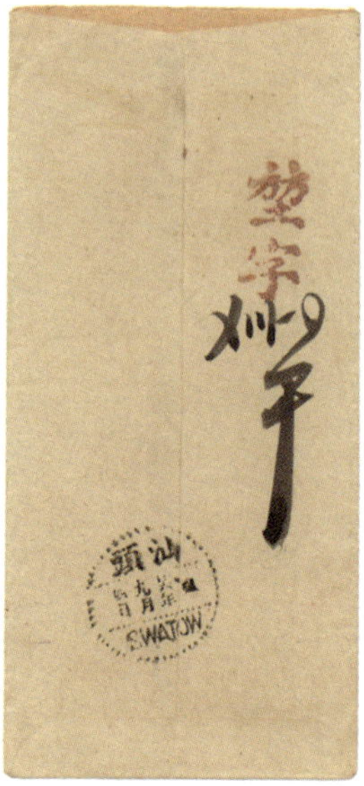

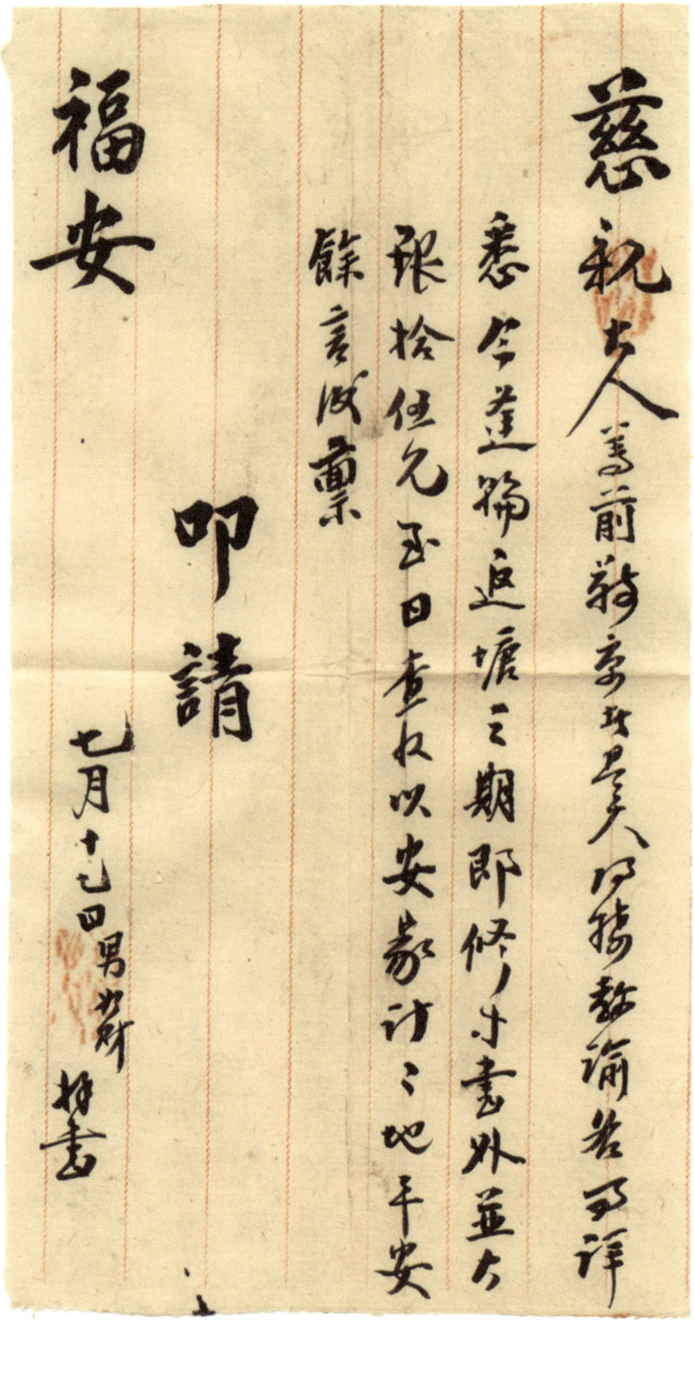
慈親大人膝前敬稟者昨奉大人示諭各詳
兹今逢節近塘之期即修寸書外並大
銀拾伍元至日查收以安家計之地平安
餘言後稟
叩請
福安
七月十七日男如財拜書

九月初十越沈如财寄潮安华美仙桥乡母亲

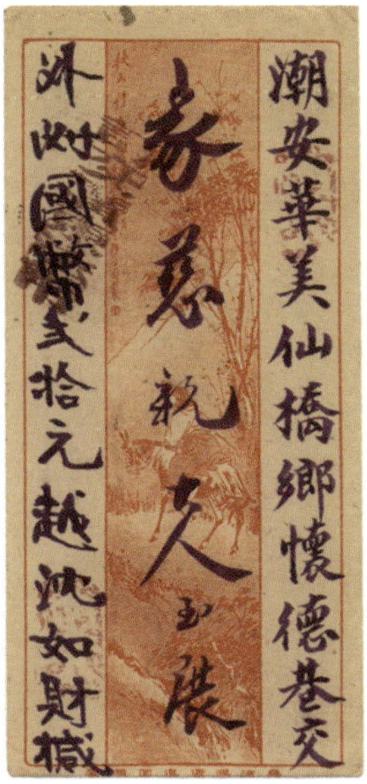

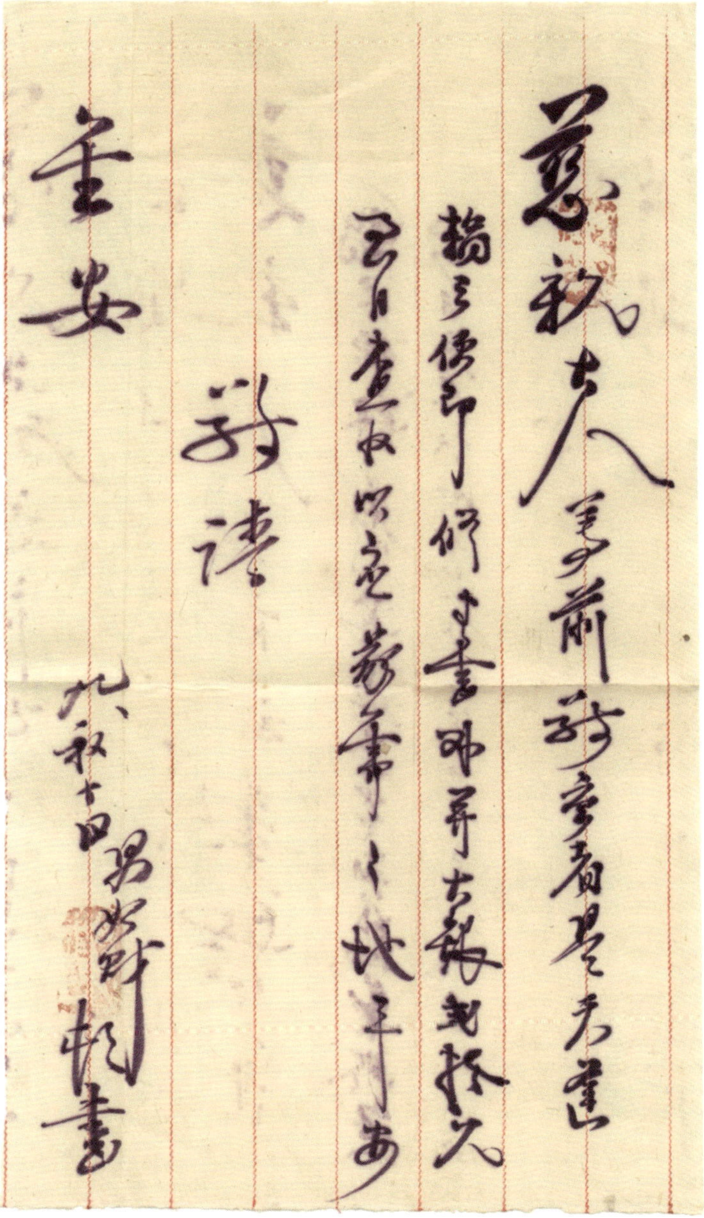
慈親大人

金安

（民国）廿六年十月廿三日（1937 年 11 月 25 日）
越沈如财寄潮安华美仙桥乡母亲

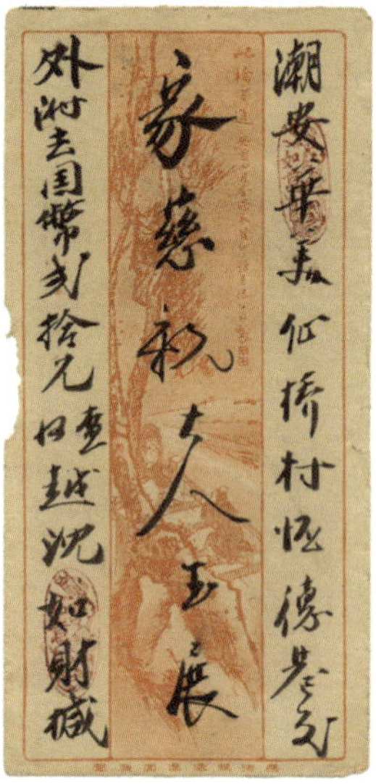

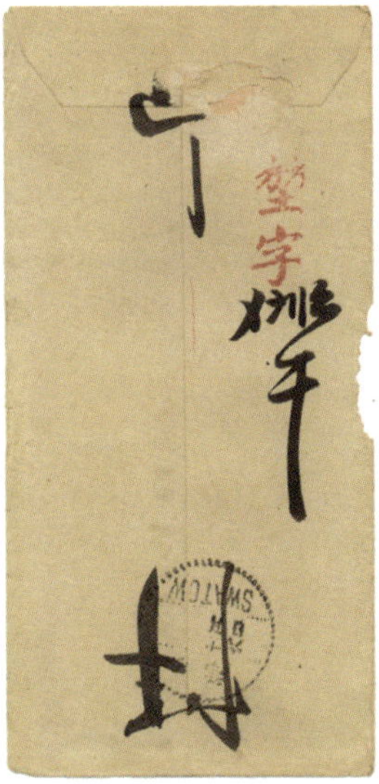

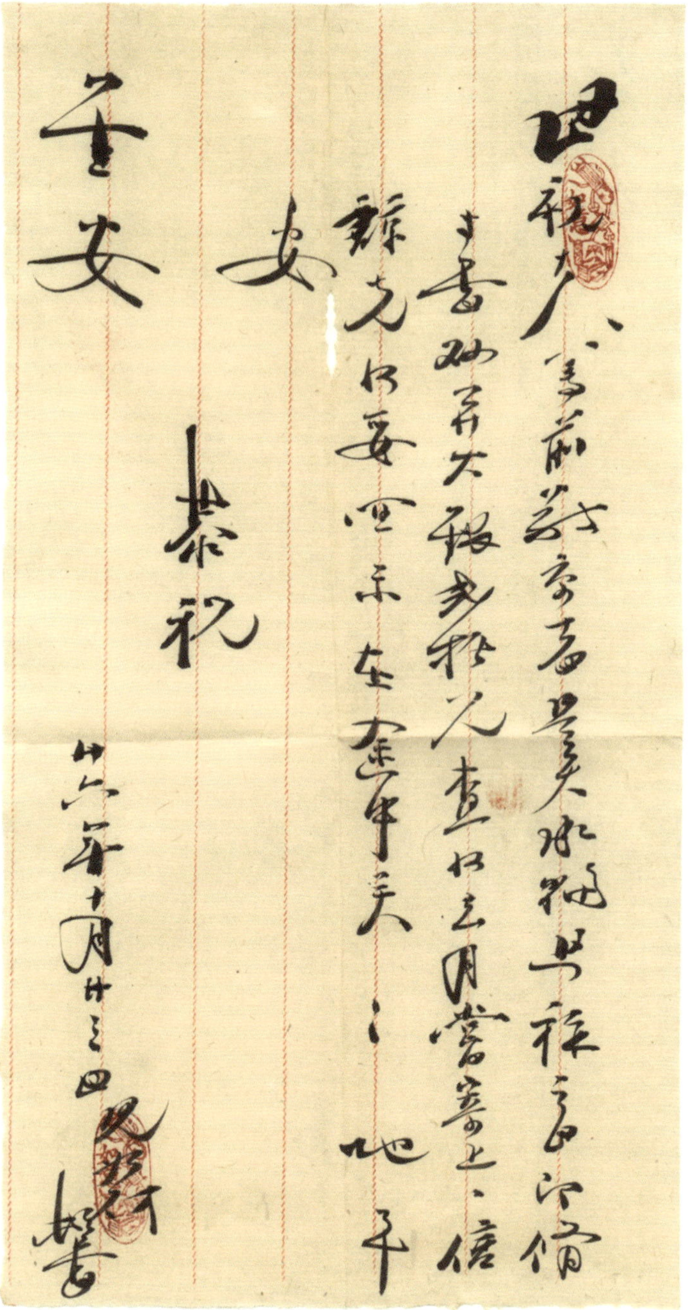

十一月十五日（1937 年 12 月 17 日）
越沈如财寄潮安华美仙桥乡母亲

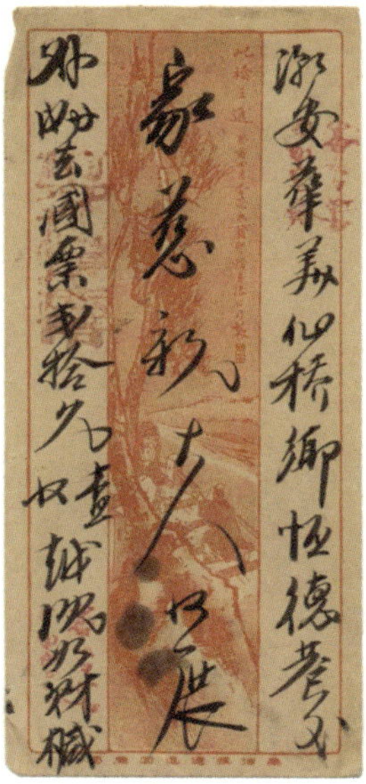

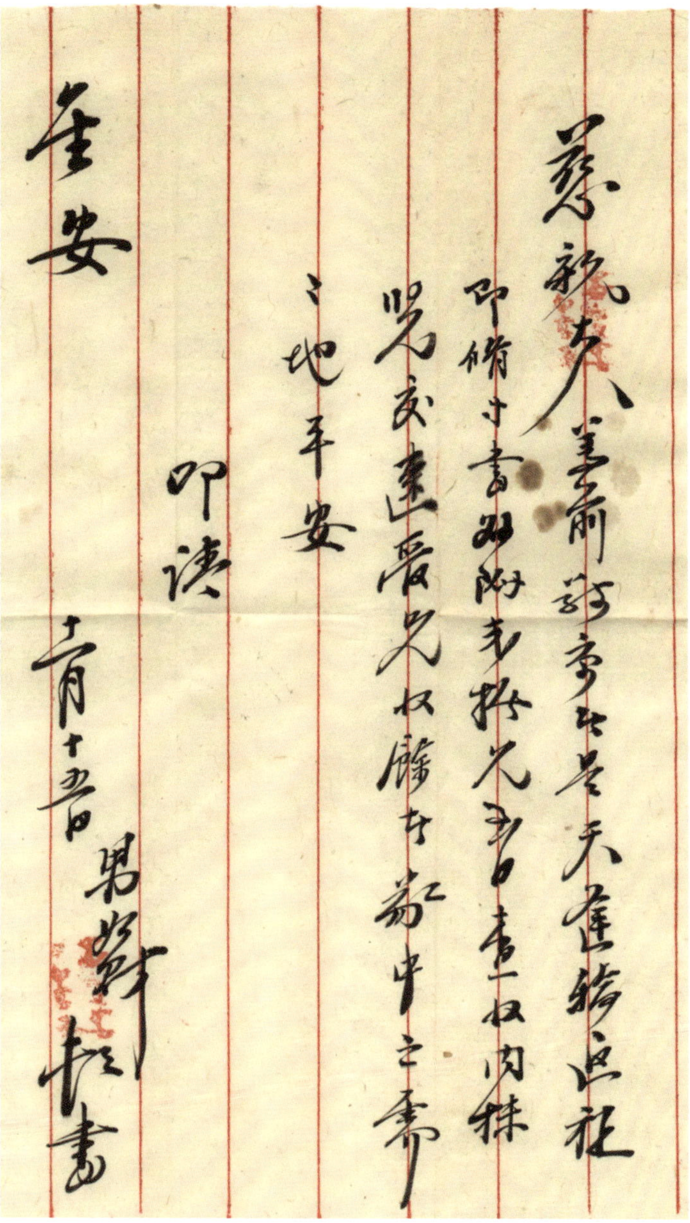

慈親大人膝前：敬稟者，兹逢輪□[illegible]

即備寸書外附去拾元[illegible]

之地平安

叩請

金安

十一月十五日 男如財拜書

丁丑年十二月十四日（1938 年 1 月 15 日）
叻（新加坡）杨松柳寄潮安华美仙桥乡沈如财

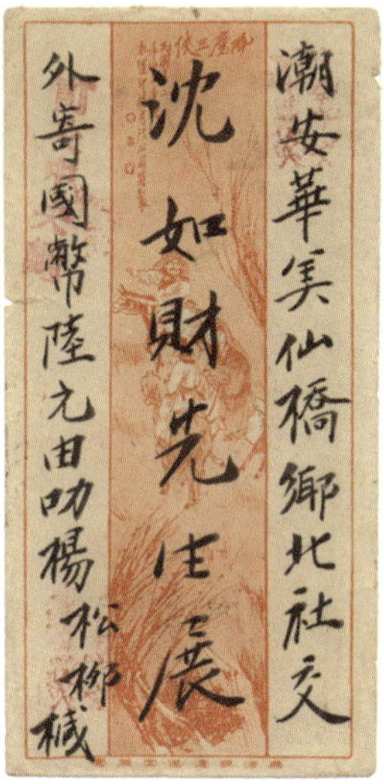

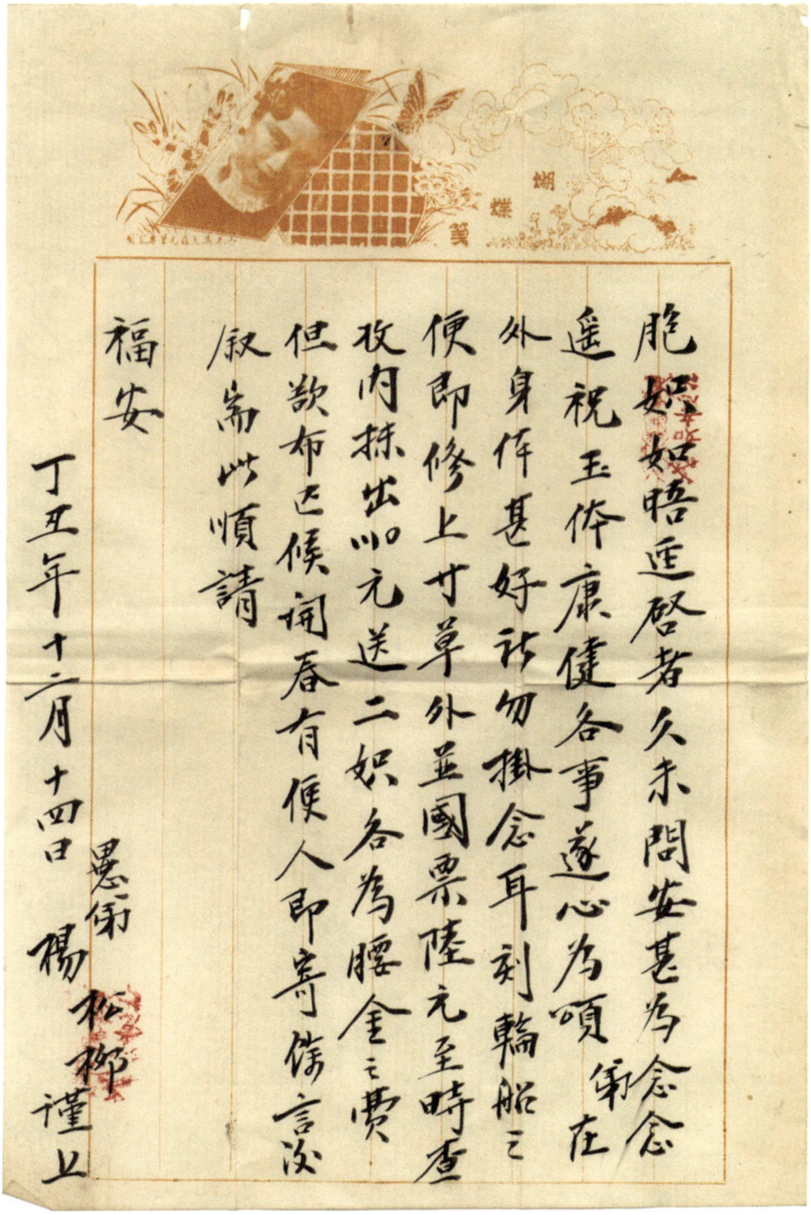
胞姪如晤逕啓者久未問安甚為念念
遥祝玉体康健各事遂心為頌叔在
外身体甚好祈勿掛念耳刻輪船之
便即修上寸草外並國票陸元至時查
收內抹出叫元送二姪各為膠金之費
但欵布之候詢春有便人即寄佳言汝
叙希此順請
福安
丁丑年十二月十四日
愚叔 楊松柳 謹上

戊（寅）年五月十五日（1938 年 6 月 12 日）
越沈如财寄潮安华美仙桥乡母亲

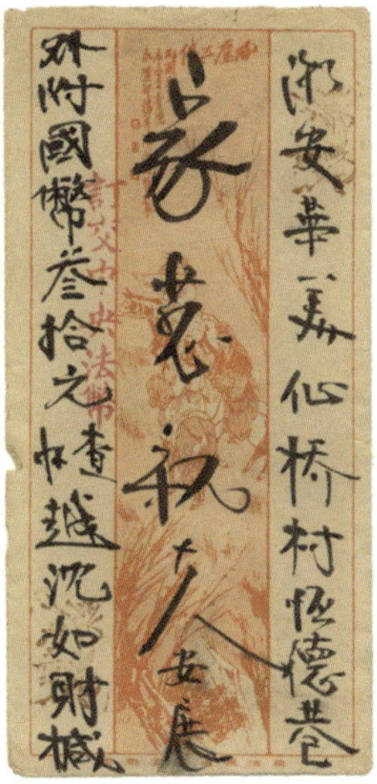

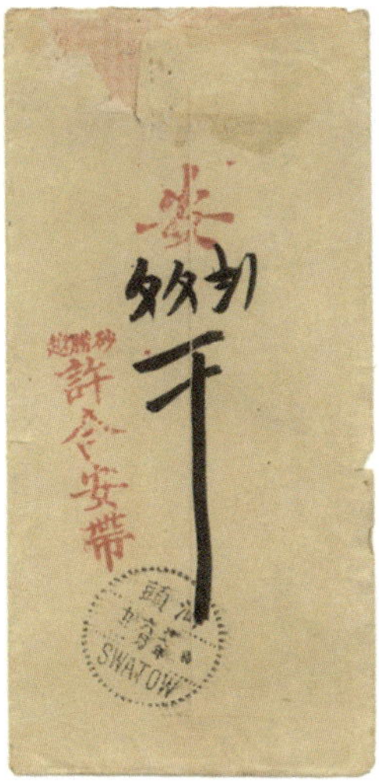

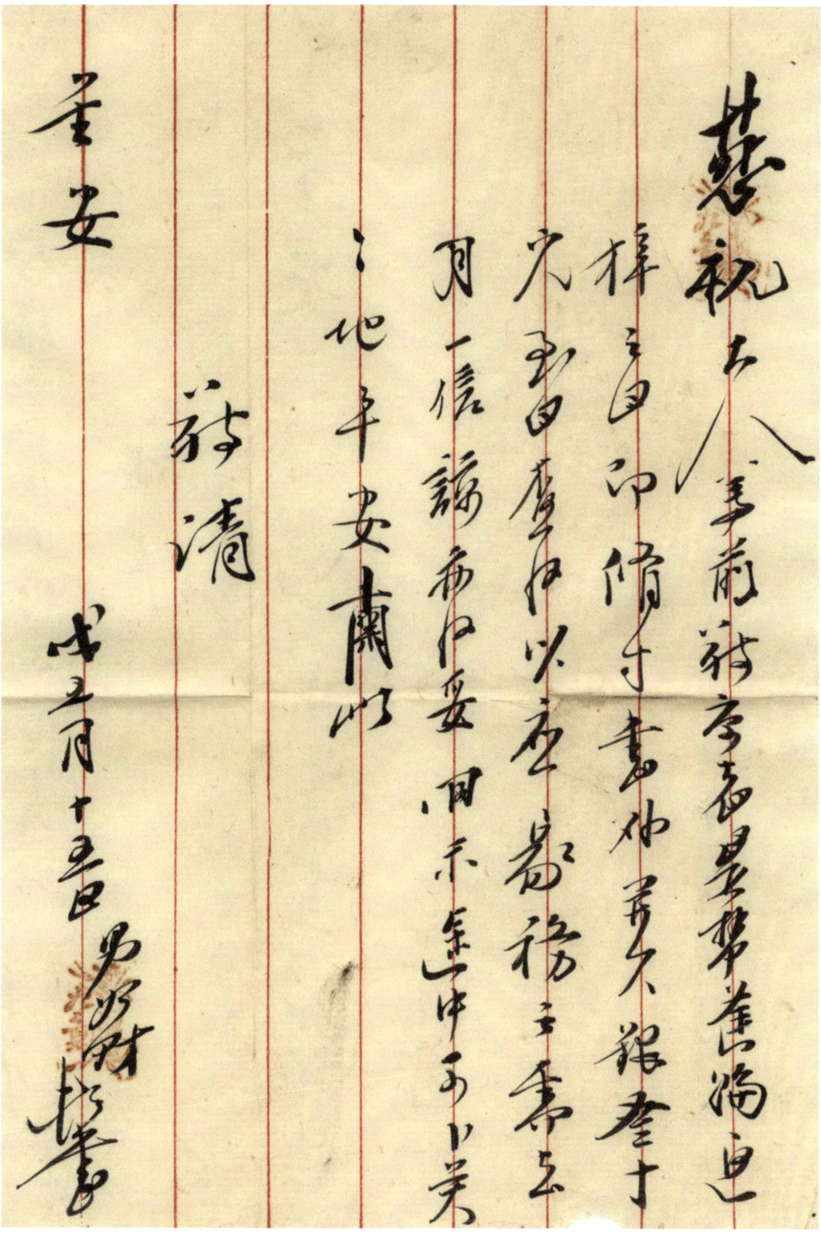
慈親大人膝前敬禀者
梓里自[illegible]書[illegible]奉大銀叁十
元到日查收以應家務之需至
月一信[illegible]
之此平安肅此
敬請
金安
戊五月十五日　男如財拜書

戊（寅）年六月十三日（1938 年 7 月 10 日）
越沈如财寄潮安华美仙桥乡母亲

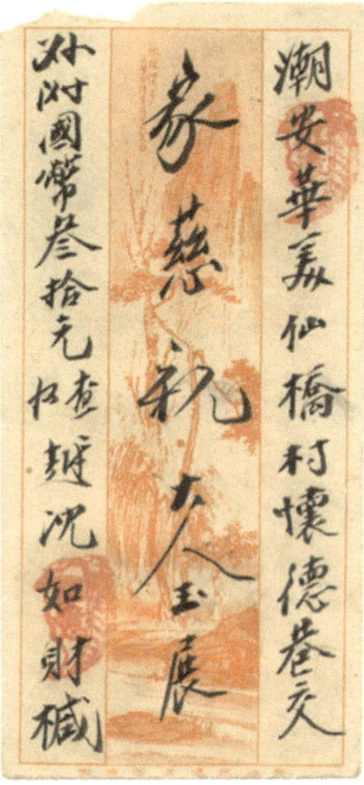

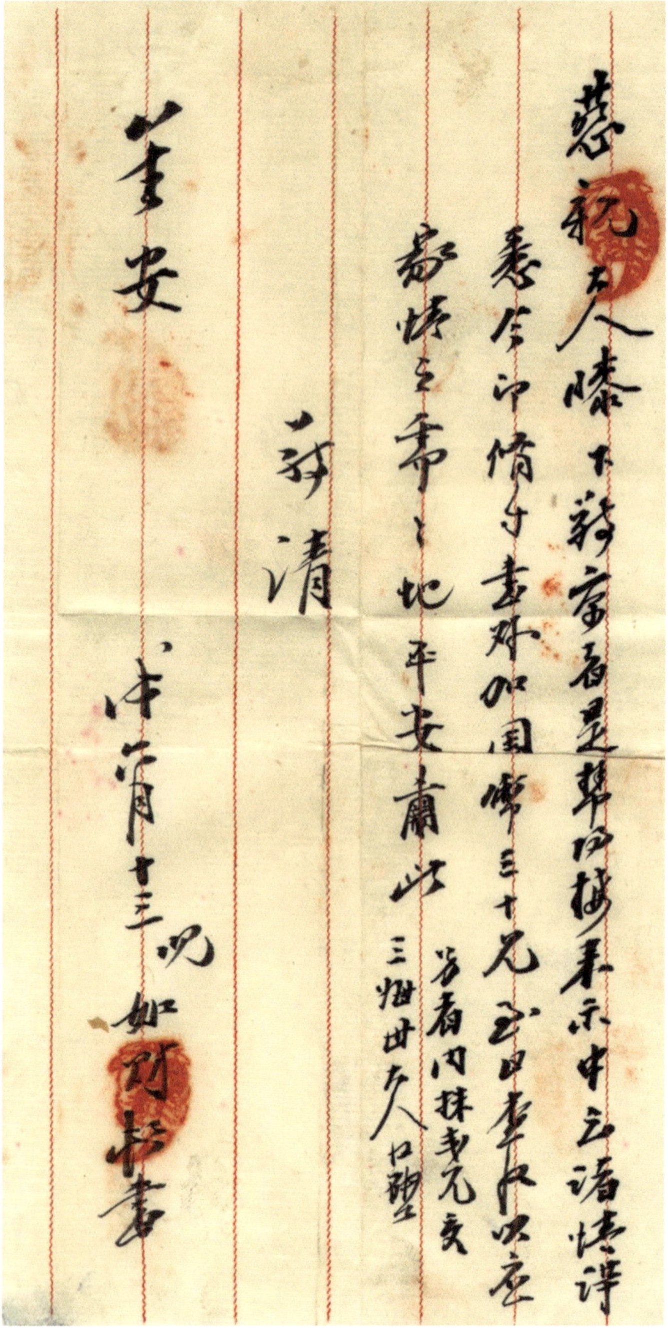
慈親大人膝下 敬稟者 是幫向梅來示中云諸情詳悉 今寄去外加國幣三十元 至日查收以應 家需之需 地平安 肅此 敬請 金安 兒如財 六月十三日

1938 年越沈如财寄潮安华美仙桥乡母亲

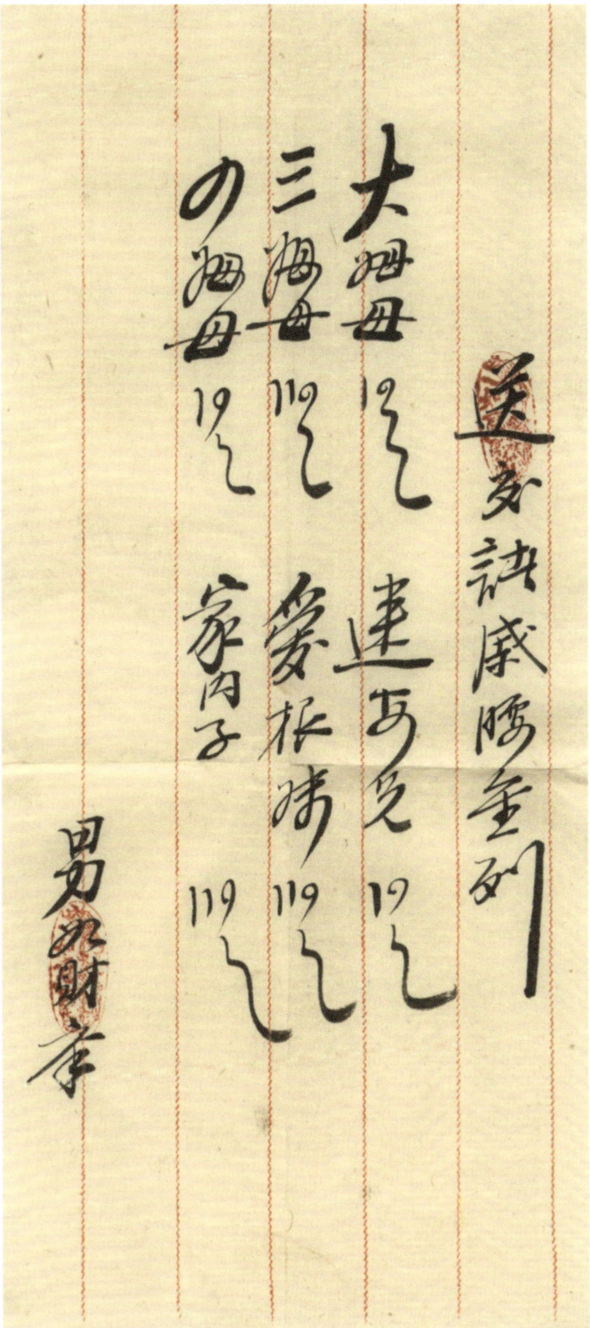
大姆母
三姆母
四姆母
男如財

己（卯）年二月初九（1939 年 3 月 29 日）
越沈如财寄潮安华美仙桥乡母亲

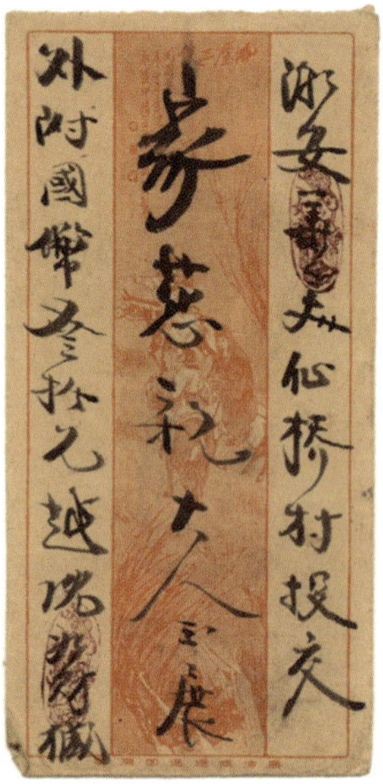

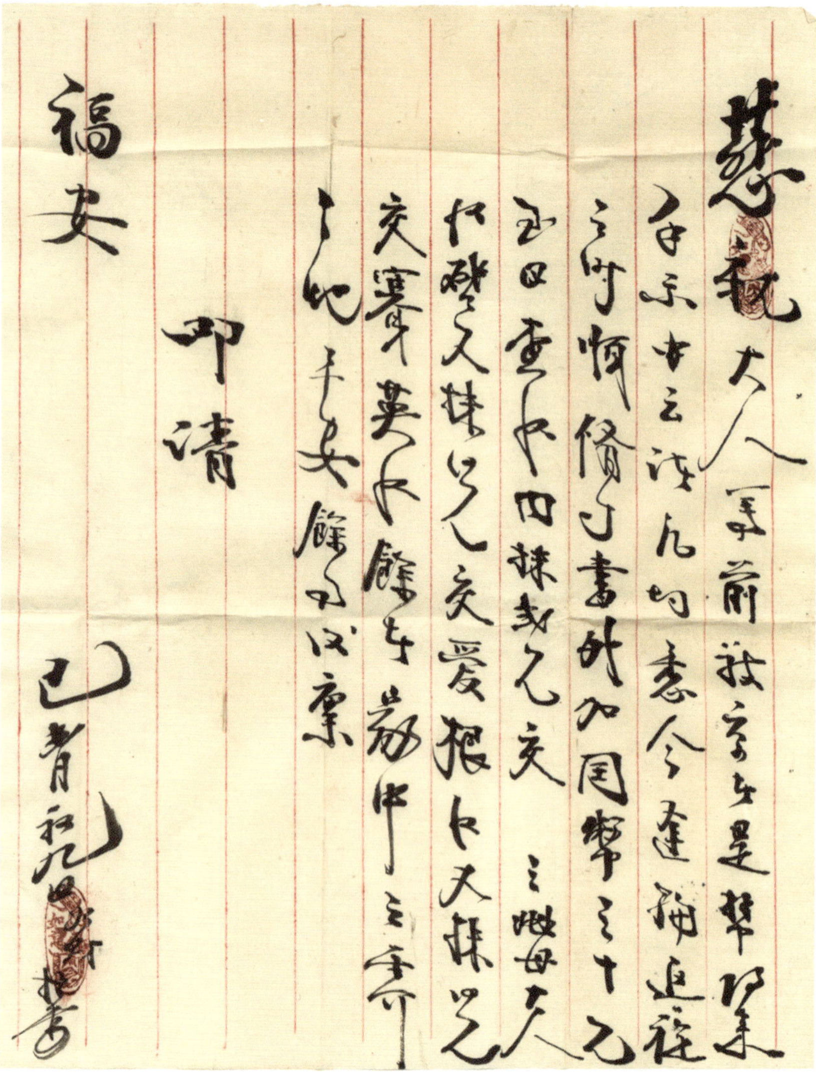

己（卯）年三月十一日（1939 年 4 月 30 日）
越沈如财寄潮安华美仙桥乡母亲

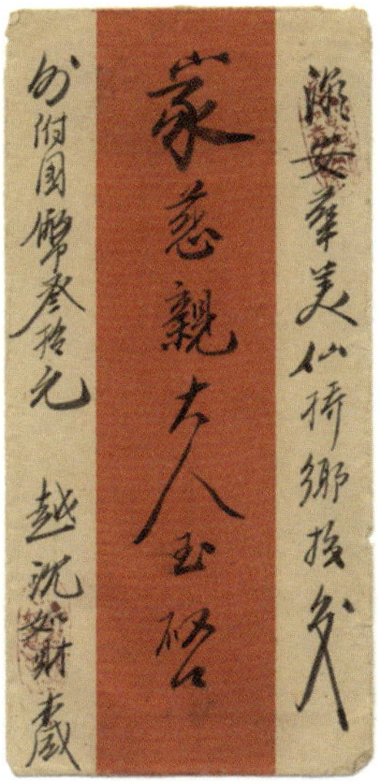

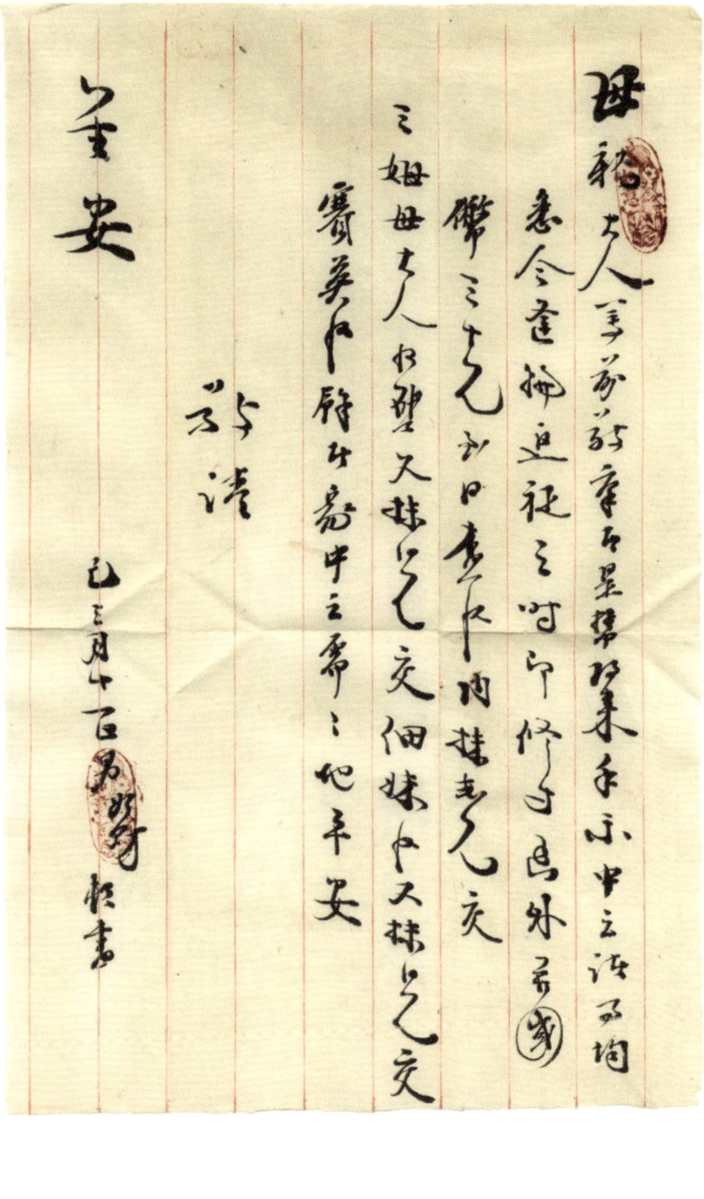

民国廿九年正月廿日（1940 年 2 月 27 日）
越沈如财寄潮安华美仙桥乡母亲

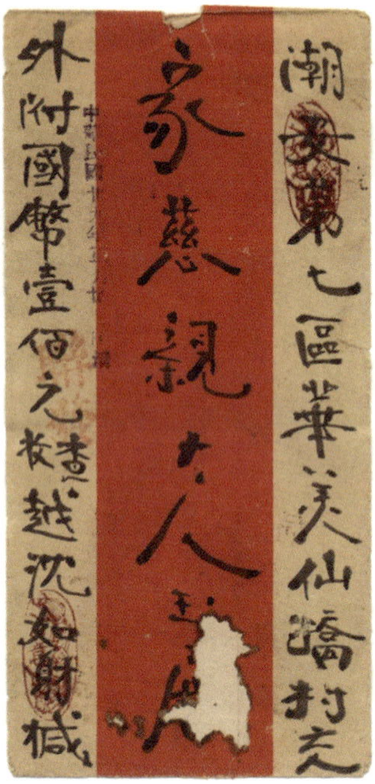

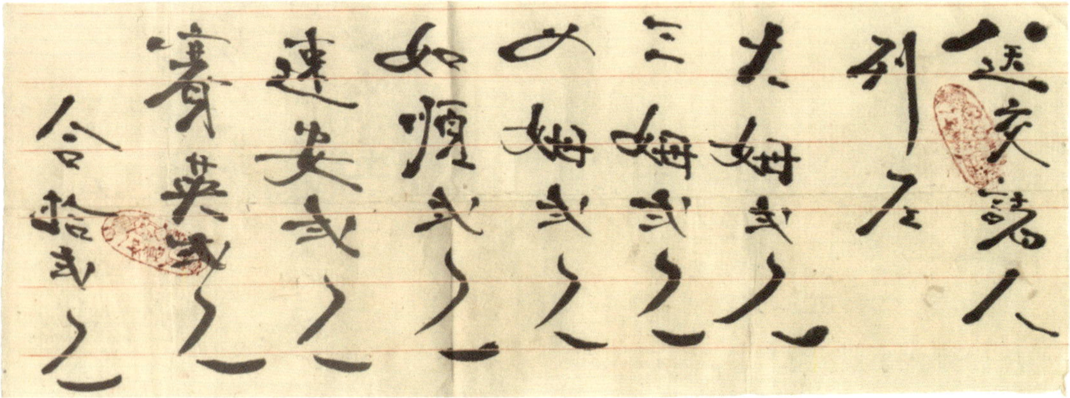

述交諸人
列左
大姆弍元
三姆弍元
四姆弍元
如順弍元
連安弍元
賽英弍元
合拾弍元

丙（戌）年五月十八日（1946 年 6 月 17 日）
砂朥越（马来西亚）沈如财寄潮安华美仙桥乡沈桂隆

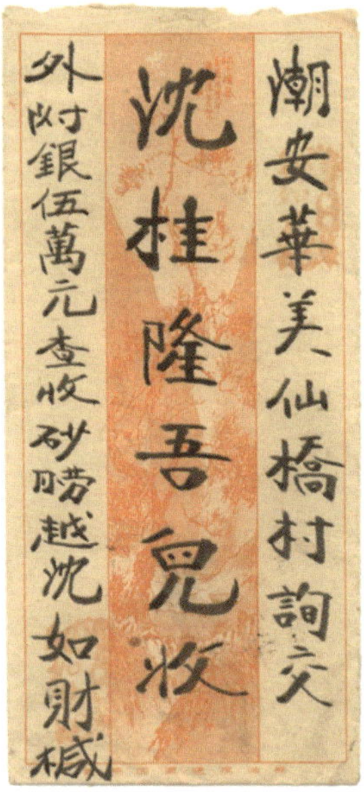

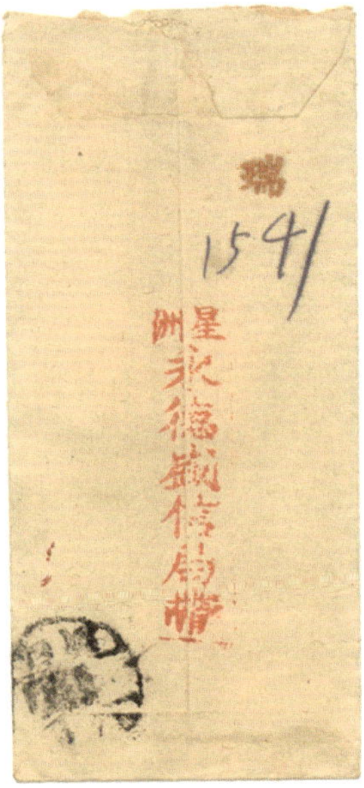

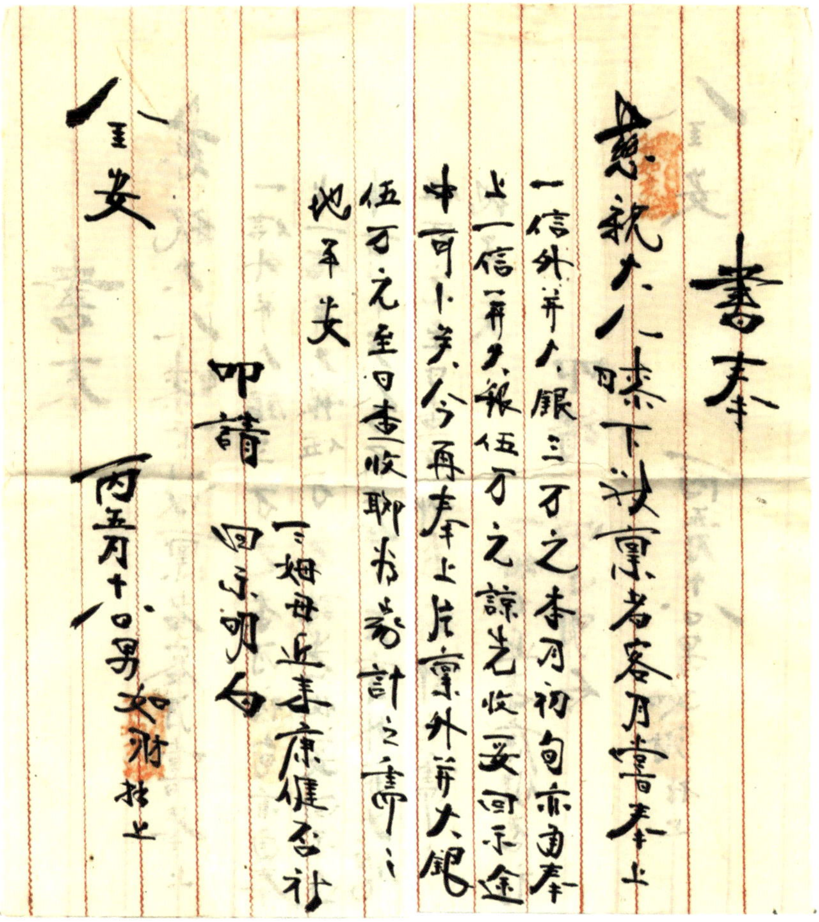
書奉
慈親大人膝下敬稟者 客月壹奉上
一信外并大銀三万之 本月初旬亦由奉
上一信并大銀伍万元 諒先收妥 可示途
中可卜矣 今再奉上片稟外并大銀
伍万元 至日查收 聊為家計之需
地平安
三姆母近来康健否
叩請
回示明白
金安
丙五月十八日 男如財拜上

丙（戌）年八月初三（1946 年 8 月 29 日）
越沈如财寄潮安华美仙桥乡沈桂隆

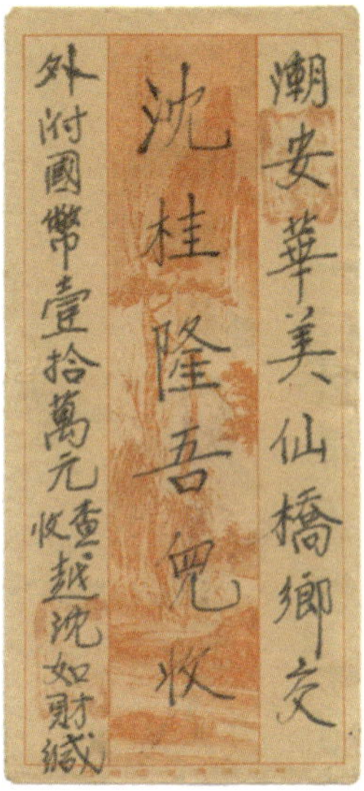

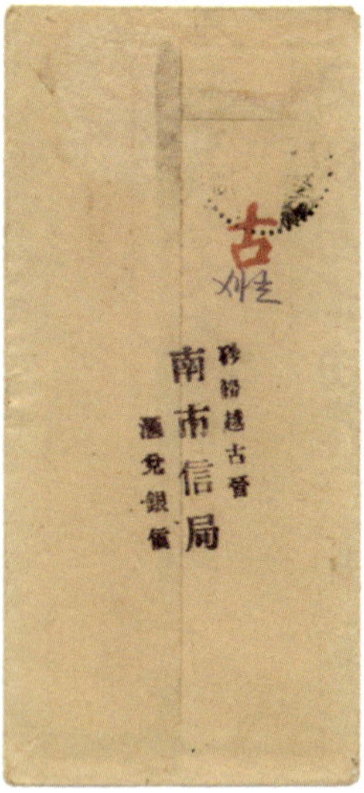

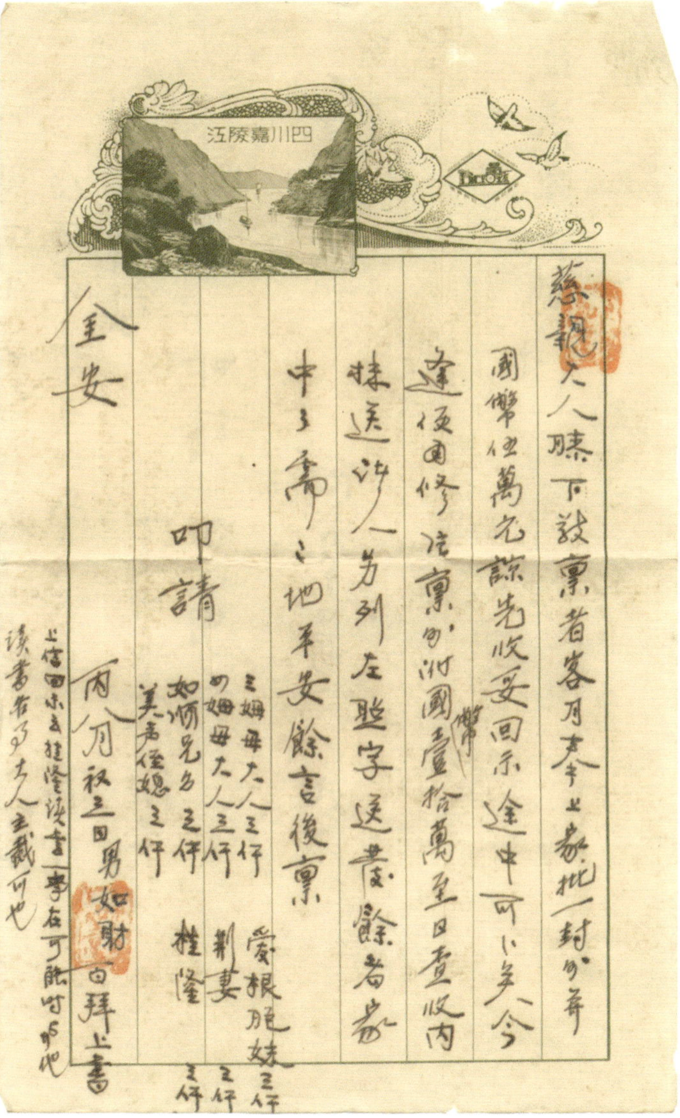

丙（戌）年十月初一（1946 年 10 月 25 日）

越沈如财寄潮安华美仙桥乡沈桂隆

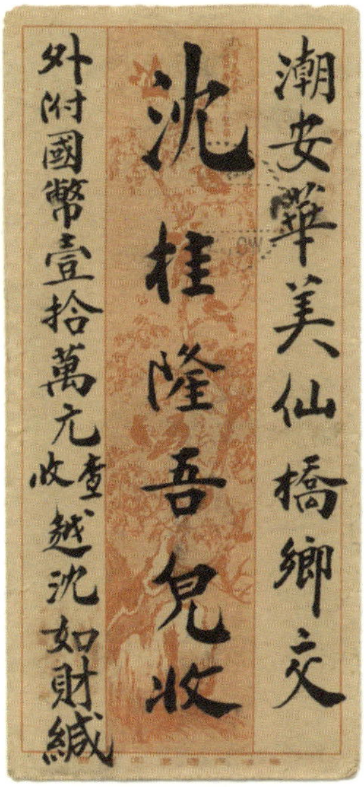

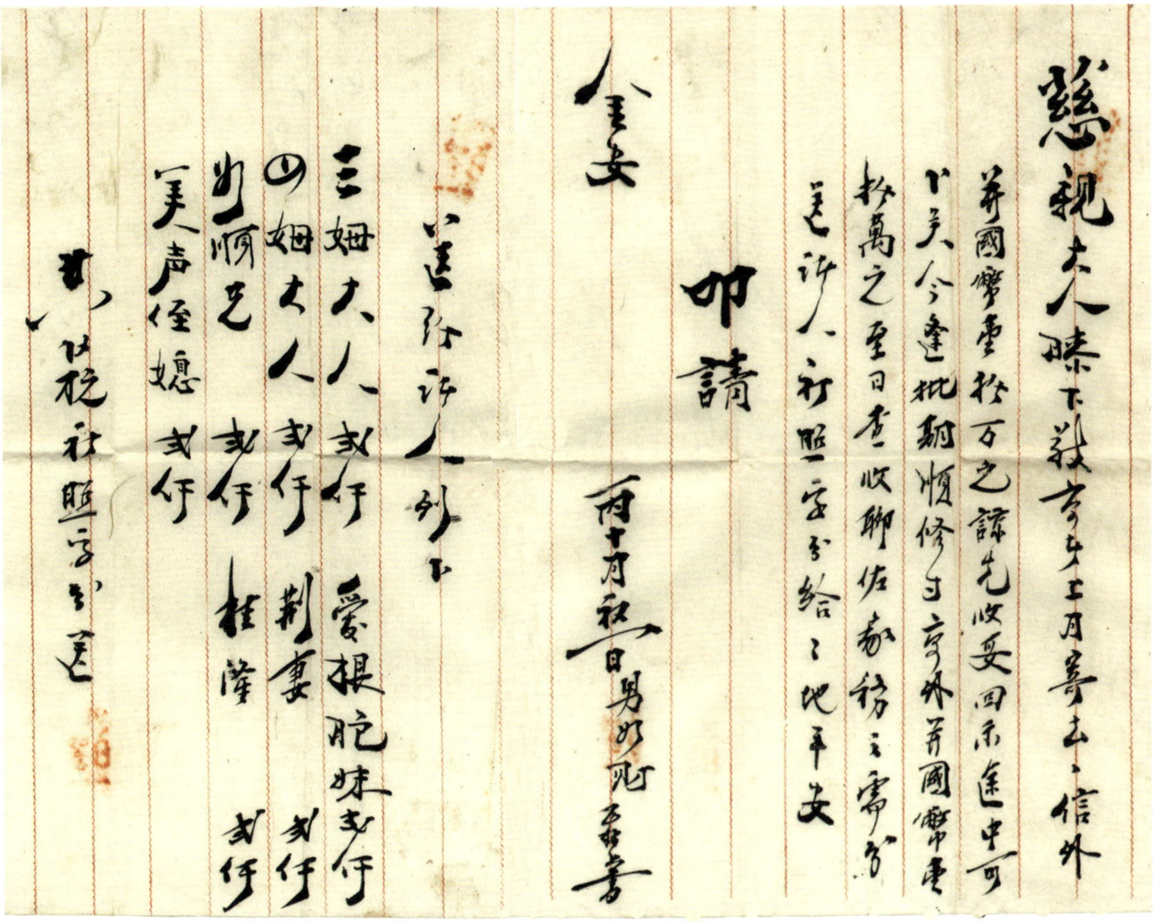
慈親大人膝下敬禀者 去七月寄去一信外并國幣壹拾万之譜 先收妥回示俱中可下矣 今逢批駁順修寸字外并國幣壹拾萬之 至日查收 聊佐家務之需 另達許人 祈照字分給之 地平安

叩請

金安

丙十月初一日 男如財 禀

又達許人列下

三姆大人 貳仟 愛根胞妹 貳仟

四姆大人 貳仟 荆妻 貳仟

如順兄 貳仟 桂隆 貳仟

美声侄媳 貳仟

其人以後祈照字分送

（丁）亥年九月九日（1947 年 10 月 22 日）
越张永利寄潮安华美仙桥乡沈如才

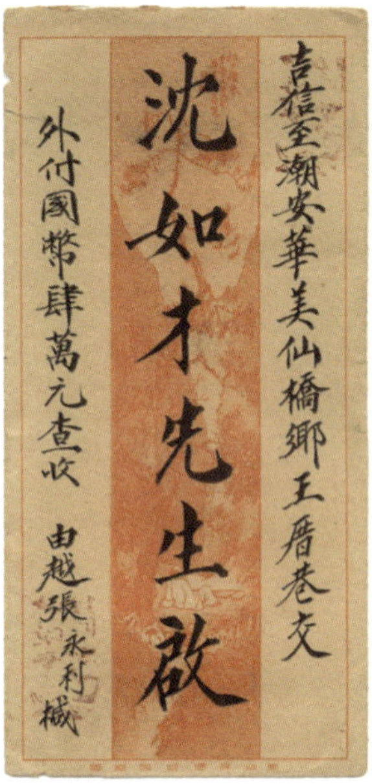

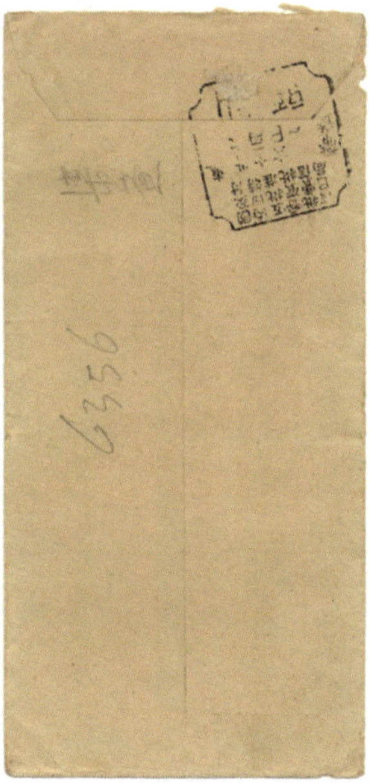

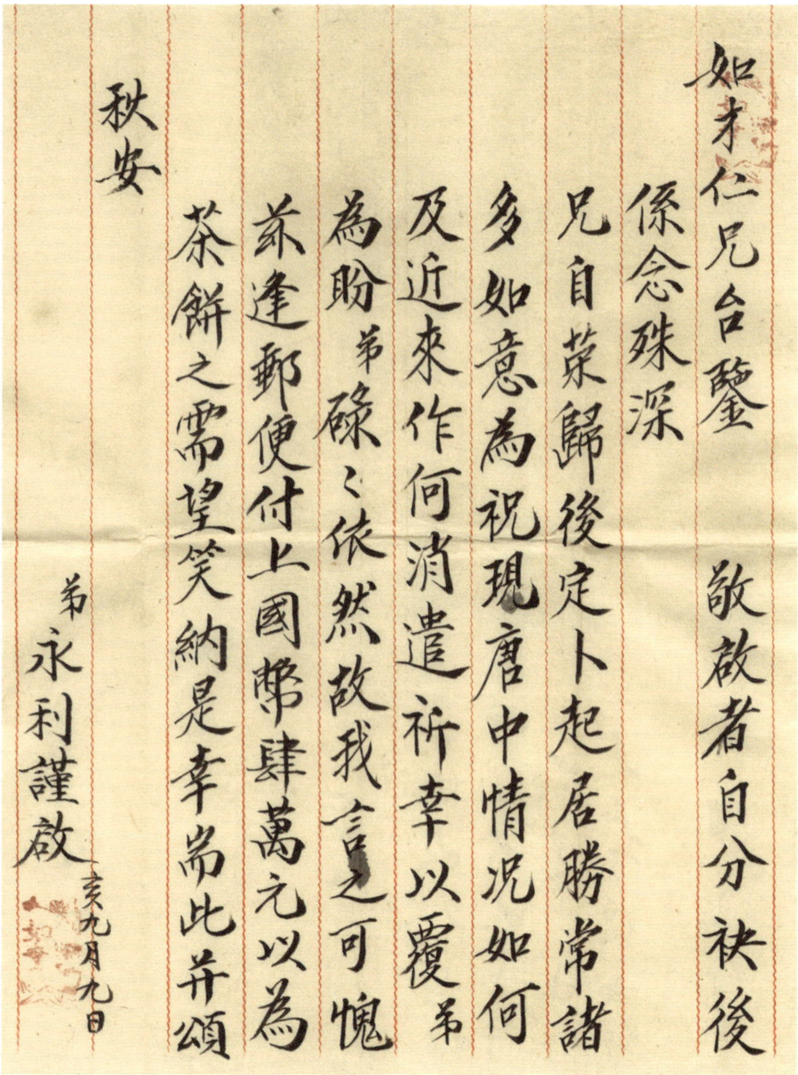
如才仁兄台鑒　敬啟者自分袂後
係念殊深
兄自榮歸後定卜起居勝常諸
多如意為祝現唐中情况如何
及近來作何消遣祈幸以覆弟
為盼弟碌碌依然故我言之可愧
茲逢郵便付上國幣肆萬元以為
茶餅之需望笑納是幸肃此并頌
秋安
弟永利謹啟
亥九月九日

戊（子）年二月十四日（1948 年 3 月 24 日）

越沈如财寄潮安华美仙桥乡沈桂隆

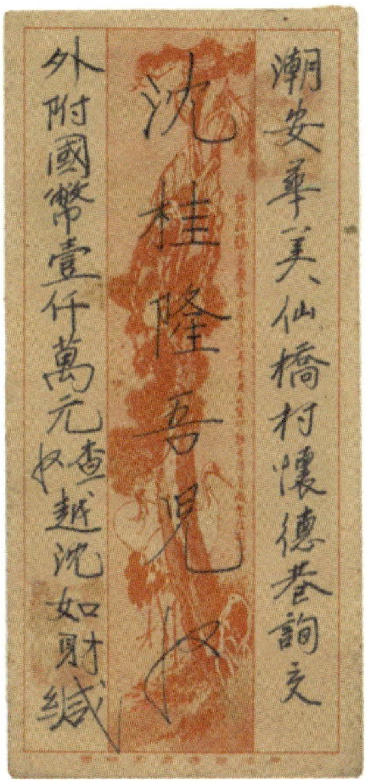

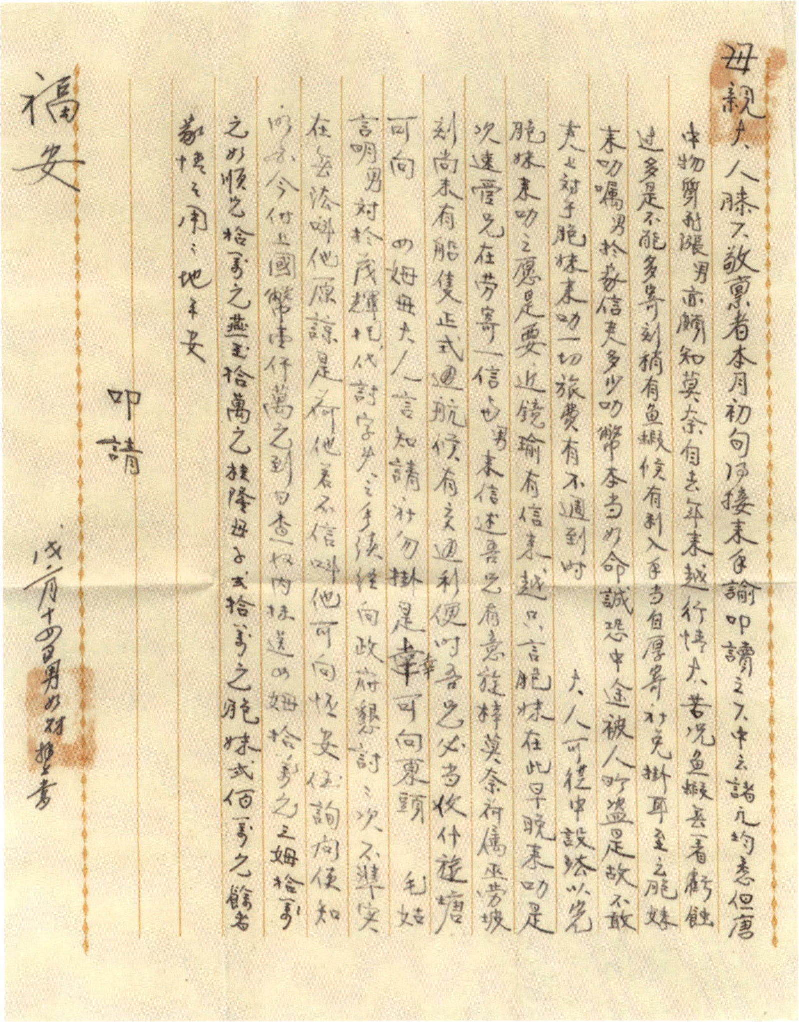

母親大人膝下敬禀者本月初旬得接来手諭叩讀之下中云諸凡均悉但唐中物價飛漲男亦頗知莫奈自去年来越行情大苦况魚蝦無一着虧蝕过多是不能多寄刻稍有魚蝦候有利入手当自厚寄补完掛耳至云胞妹来叻囑男拎務信来多少叻幣本当如命誠恐中途被人盗竊是故不敢 大人之对于胞妹来叻一切旅費有不過到时 大人可從中設法以完胞妹来叻之愿是要近鏡瑜有信来越只言胞妹在此早晚来叻是次速覆兄在労寄一信与男来信述吾兄有意旋梓莫奈荷属巫労坡刻尚未有船隻正式通航候有交通利便时吾兄必当收什旋塘可向 如姆母大人一言知請补勿掛是幸 可向東頭 毛姑言明男对于茂輝托代討字少之手续经向政府懇討之次不準实在無法叫他原諒是荷他若不信叫他可向怡安任詢向便知此次今付上國幣壹仟萬元到日查收内抹送如姆拾萬元之姆拾萬之如順兄拾萬元之燕玉拾萬元之桂隆母子式拾萬元之胞妹弍佰萬元之餘者家情之用之地平安

叩請

福安

戊二月十四日男如財拜書

戊（子）年四月十六日（1948 年 5 月 24 日）
越沈如财寄潮安华美仙桥乡沈桂隆

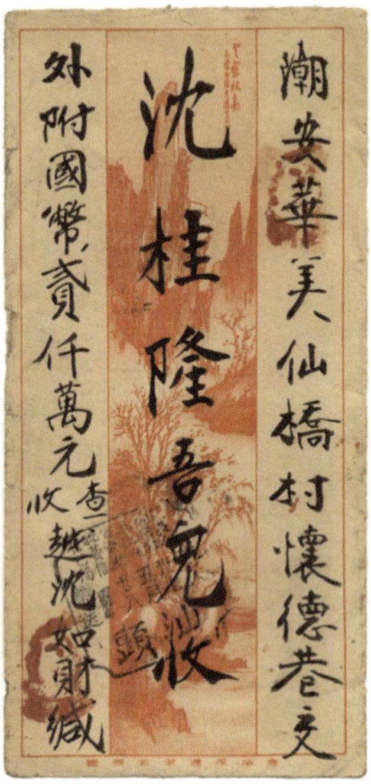

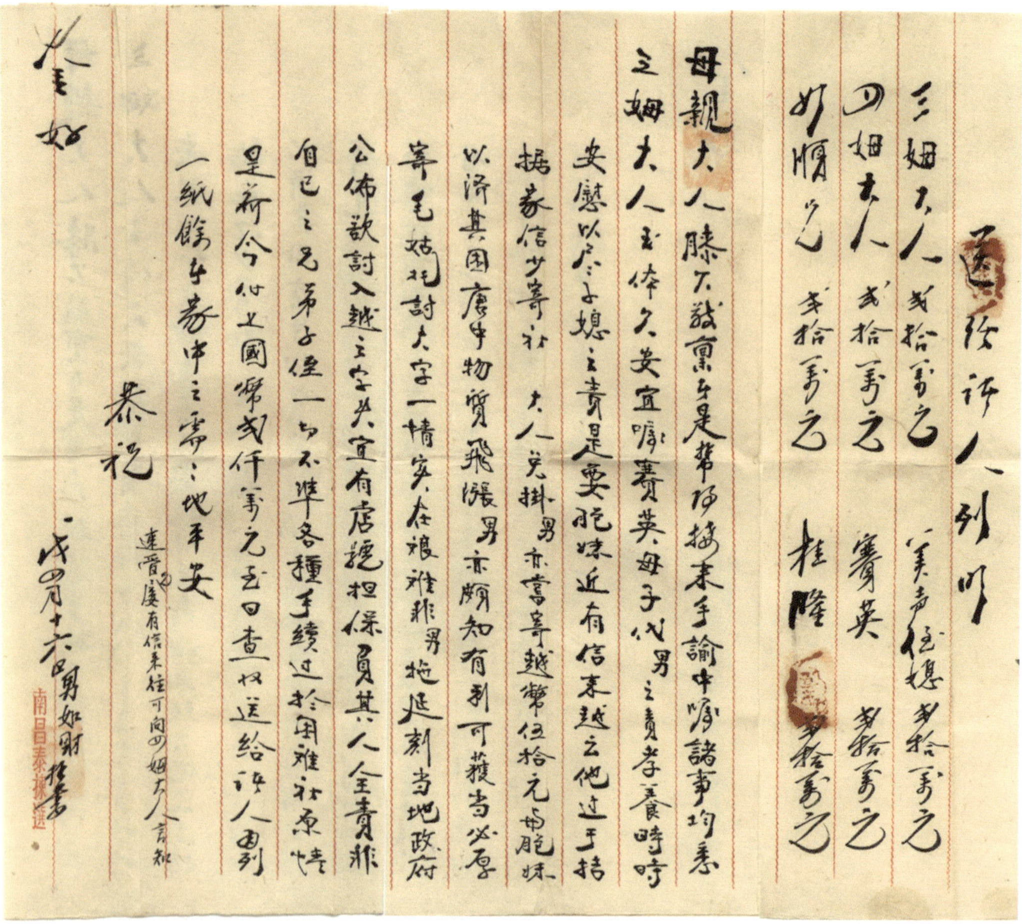

遞給許人列明

三姆大人 貳拾萬元 美声侄媳 叁拾萬元

四姆大人 貳拾萬元 賽英 叁拾萬元

如順 叁拾萬元 桂隆 叁拾萬元

母親大人膝下敬禀者是節所接來手諭中嘱諸事均悉

之姆大人玉体欠安宜嘱賽英母子代男之責孝養時時

安慰以尽子媳之責是要胞妹近有信來越云他过于拮

据家信少寄祈大人先掛男亦嘗寄越幣伍拾元與胞妹

以济其困唐中物價飛漲男亦頗知有剩可獲當必厚

寄毛姑托討大字一情实在難非男拖延刻當地政府

公佈欵討入越之字必須有店號担保負其人全責非

自己之兄弟子侄一切不準各種手續过於困難祈原情

是荷今付上國幣貳仟萬元並回查收送給許人列

一紙餘存家中之需此平安

恭祀

速覆 有信來往可向四姆大人言知

戊四月十六日男如財禀

南昌泰振送

金安

戊（子）年七月初四（1948 年 8 月 8 日）
越沈如财寄潮安华美仙桥乡沈桂隆

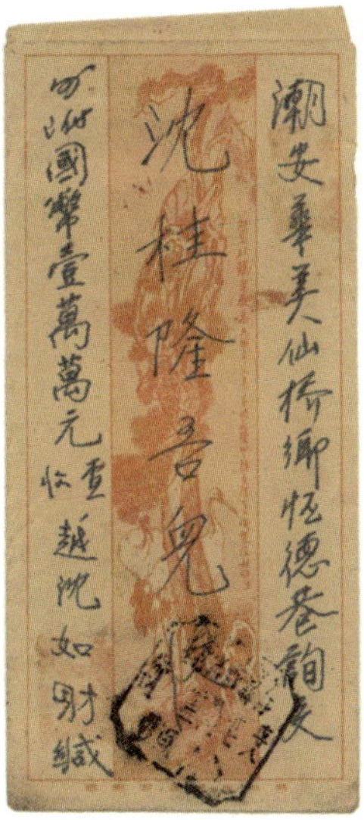

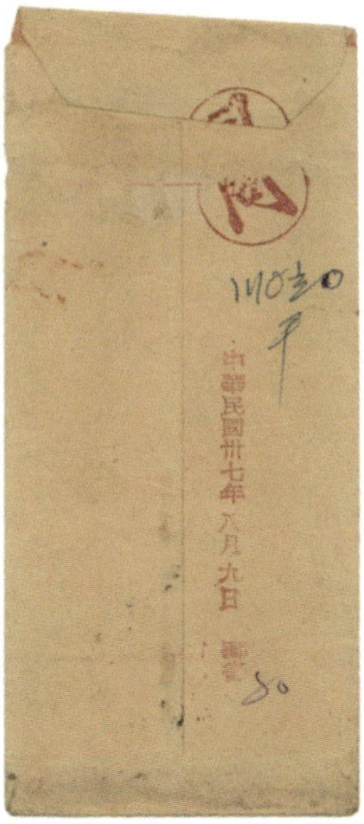

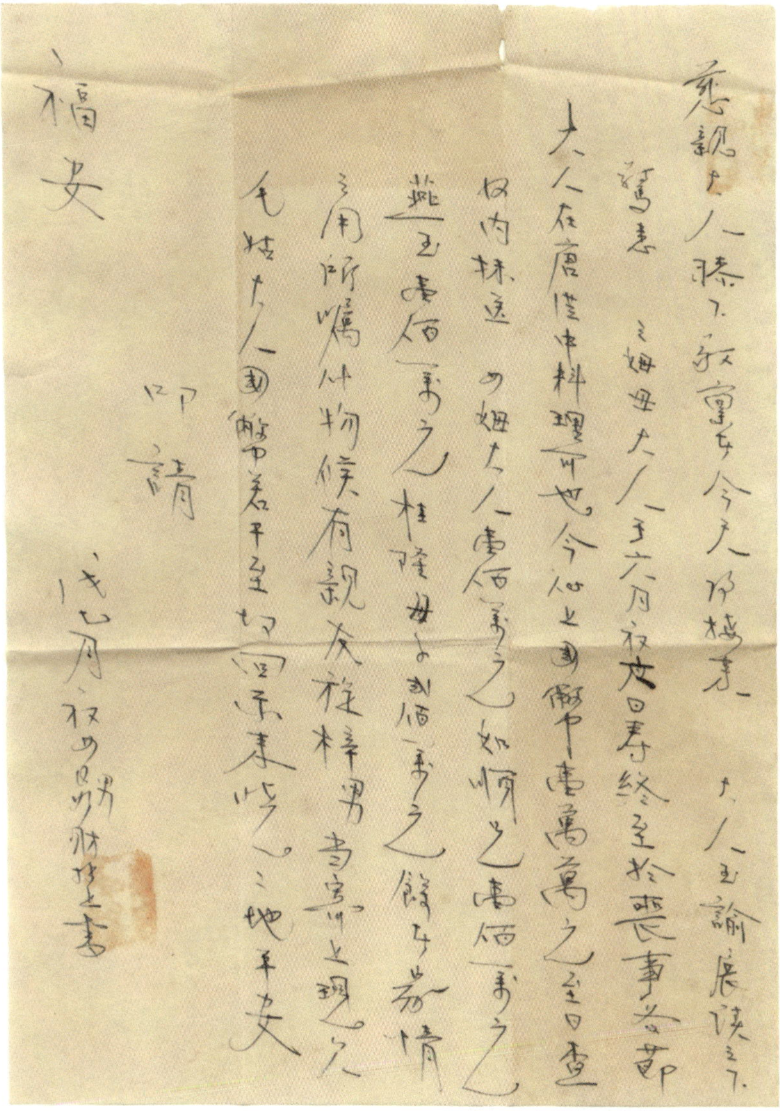

己（丑）年元月十一日（1949 年 2 月 8 日）
越沈如财寄潮安华美仙桥乡沈桂隆

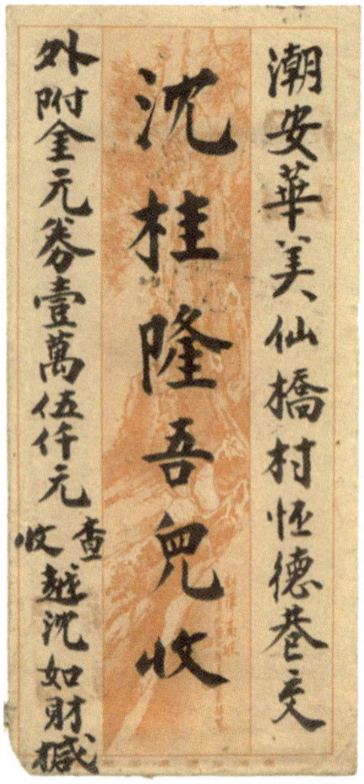

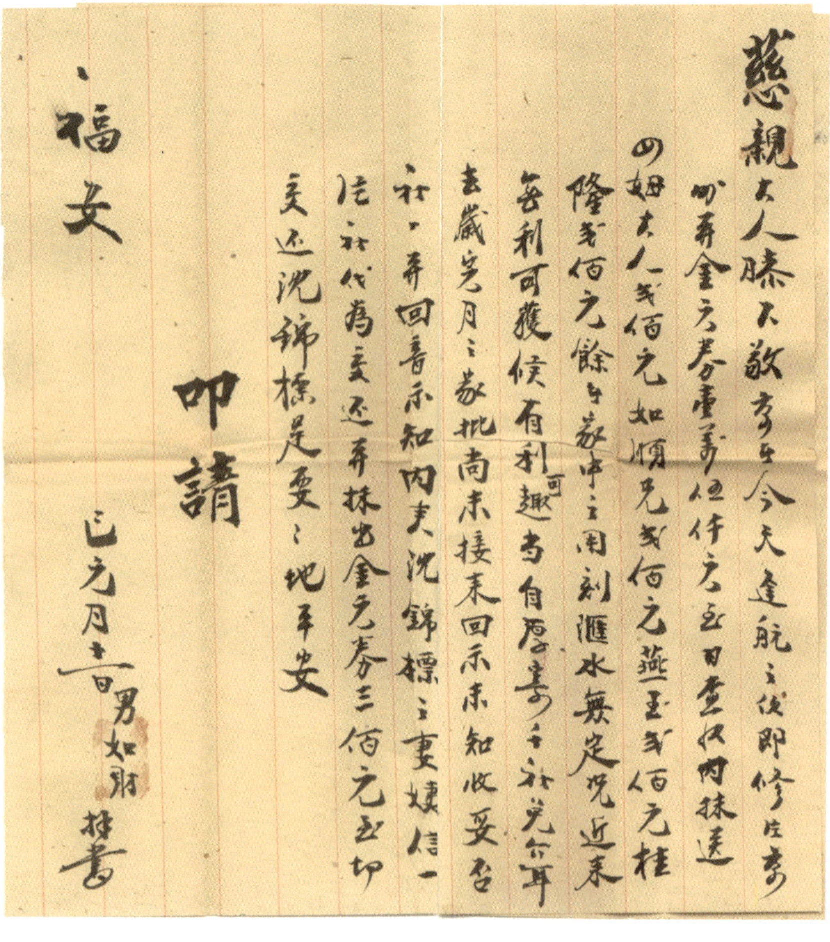

己（丑）年三月十四日（1949 年 4 月 11 日）
越沈如财寄潮安华美仙桥乡沈桂隆

潮安華美仙橋鄉懷德巷交
沈桂隆吾兒收
外附金元劵壹佰萬元 查收 越沈如財緘

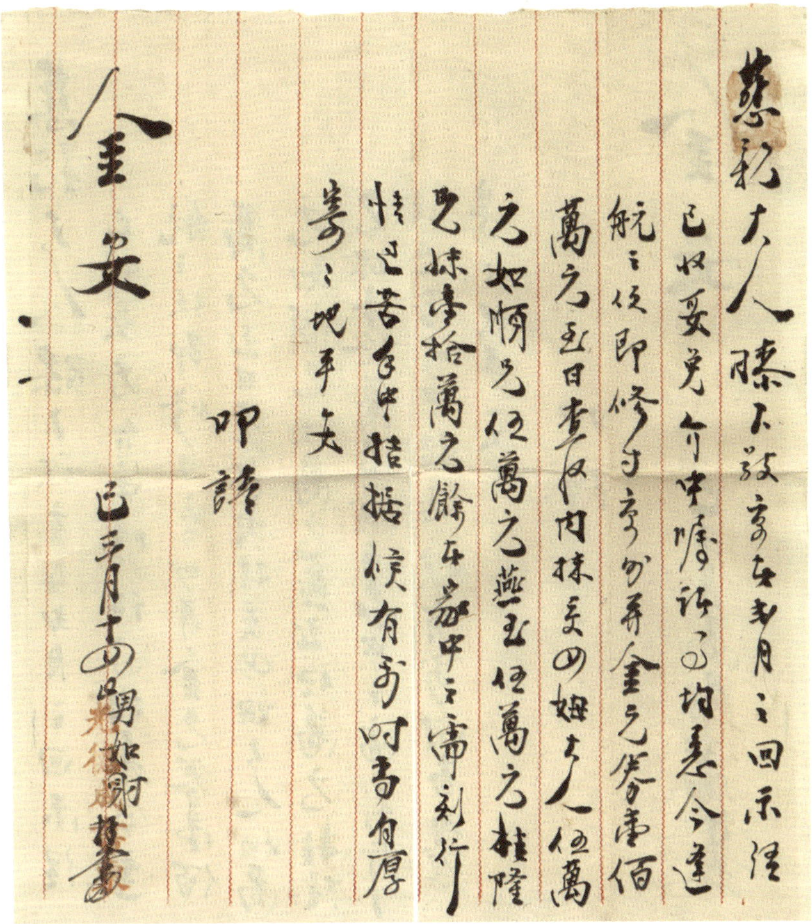
慈親大人膝下敬稟者，本月二四示諭
已收妥兒今中情詳細均悉。今逢
航之便，即修寸函，另寄金元劵壹佰
萬元，至日查收，內抹交四姆太人伍萬
元，如炳兄伍萬元，燕玉伍萬元，桂隆
兒、妹壹拾萬元，餘在家中之需。刻行
情甚苦，手中拮据，俟有利可圖，有厚
寄之地耳矣
叩請
金安
己三月十四日 男如財拜禀

越沈如财寄潮安华美仙桥乡沈桂隆

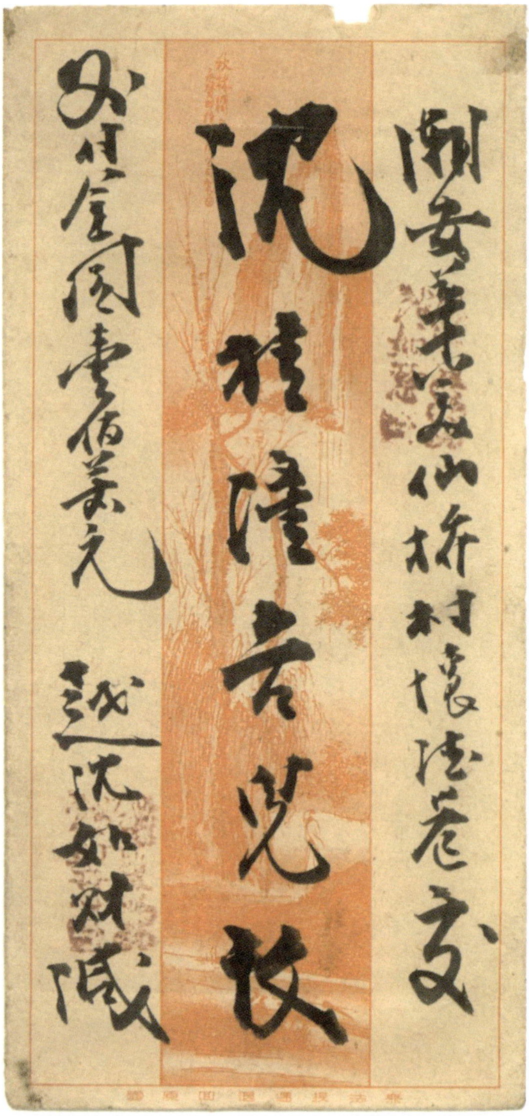

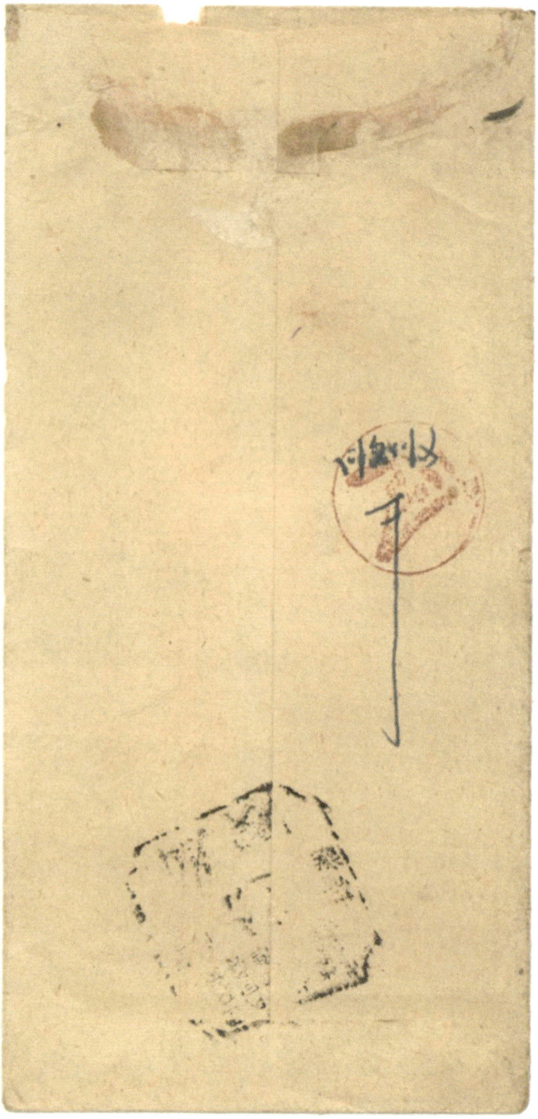

越沈如财寄潮安华美仙桥乡沈传深

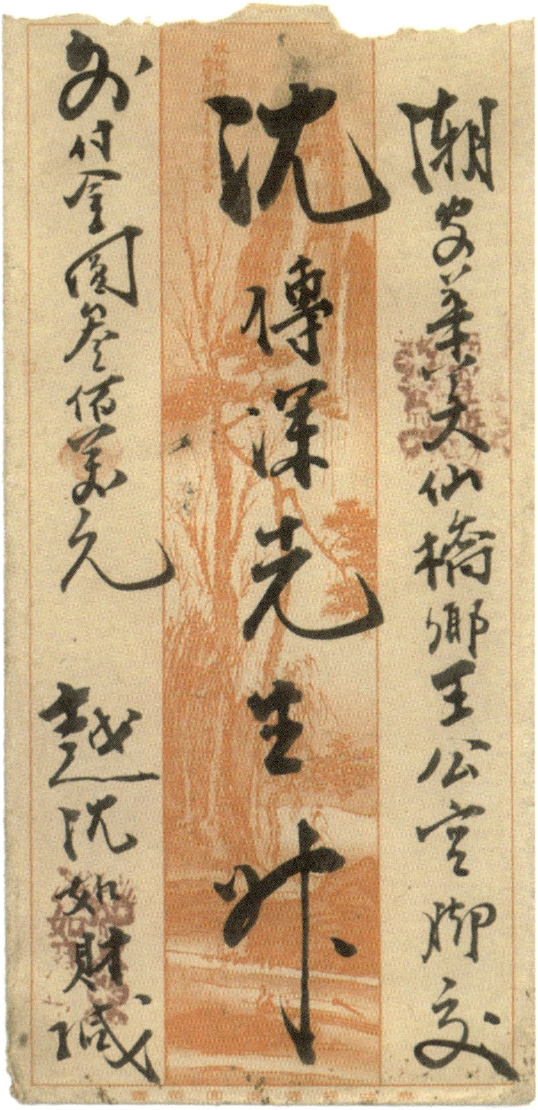

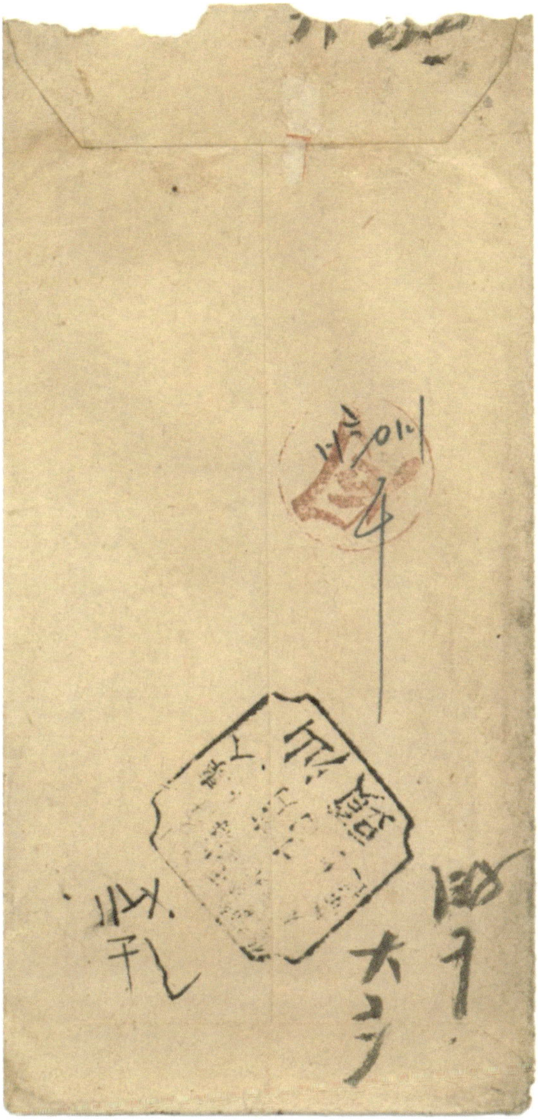

越沈如财寄潮安华美仙桥乡沈桂隆

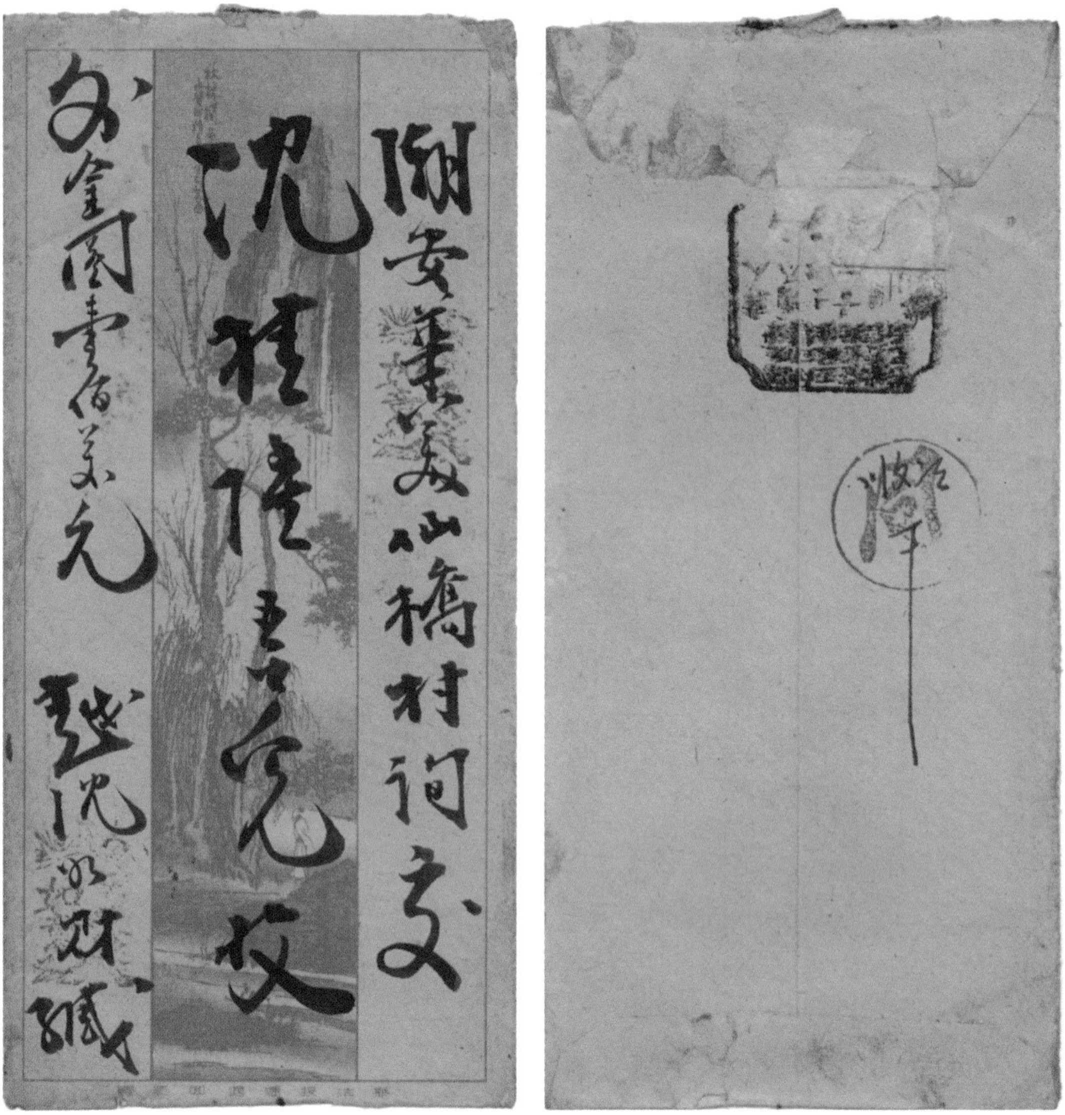

民国三十八年五月十一日（1949 年 6 月 7 日）如财寄母亲

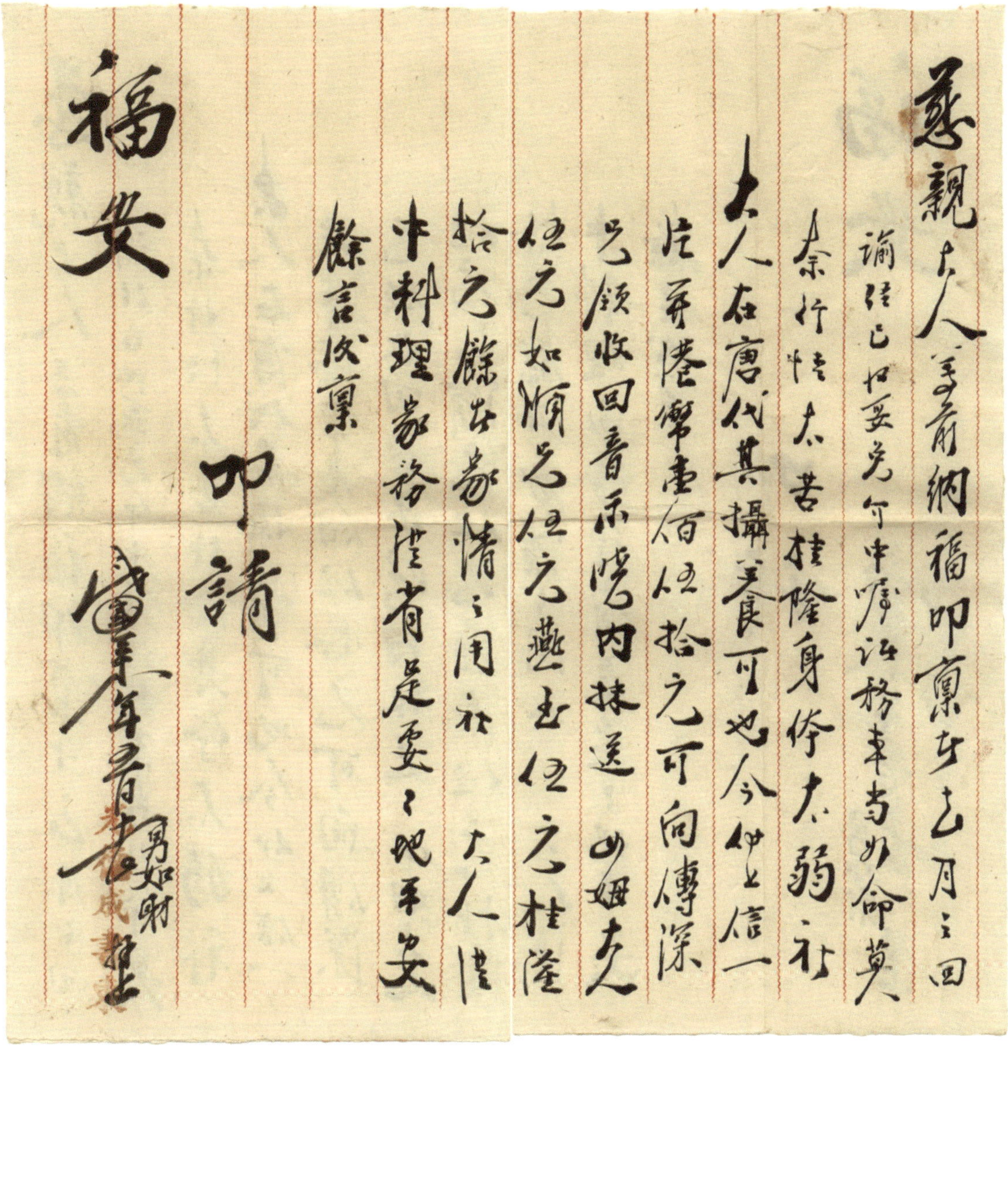
慈親大人尊前納福叩稟者五月二日
諭經已收妥兒所申嘆話務來當如命莫
奈何悵悵太苦桂隆身體太弱於
大人在唐代其攝養可也今仲上信一
片寄港幣壹佰伍拾元可向傳深
兒領收回音示覆內抹送 細妹大人
伍元如順兒伍元燕玉伍元桂隆
拾元餘者家情之周於 大人
中料理家務謹肯是要之地平安
餘言後稟
叩請
福安
民國卅八年五月十一 男如財 書上

己（丑）年闰七月十六日（1949 年 9 月 8 日）如财寄母亲

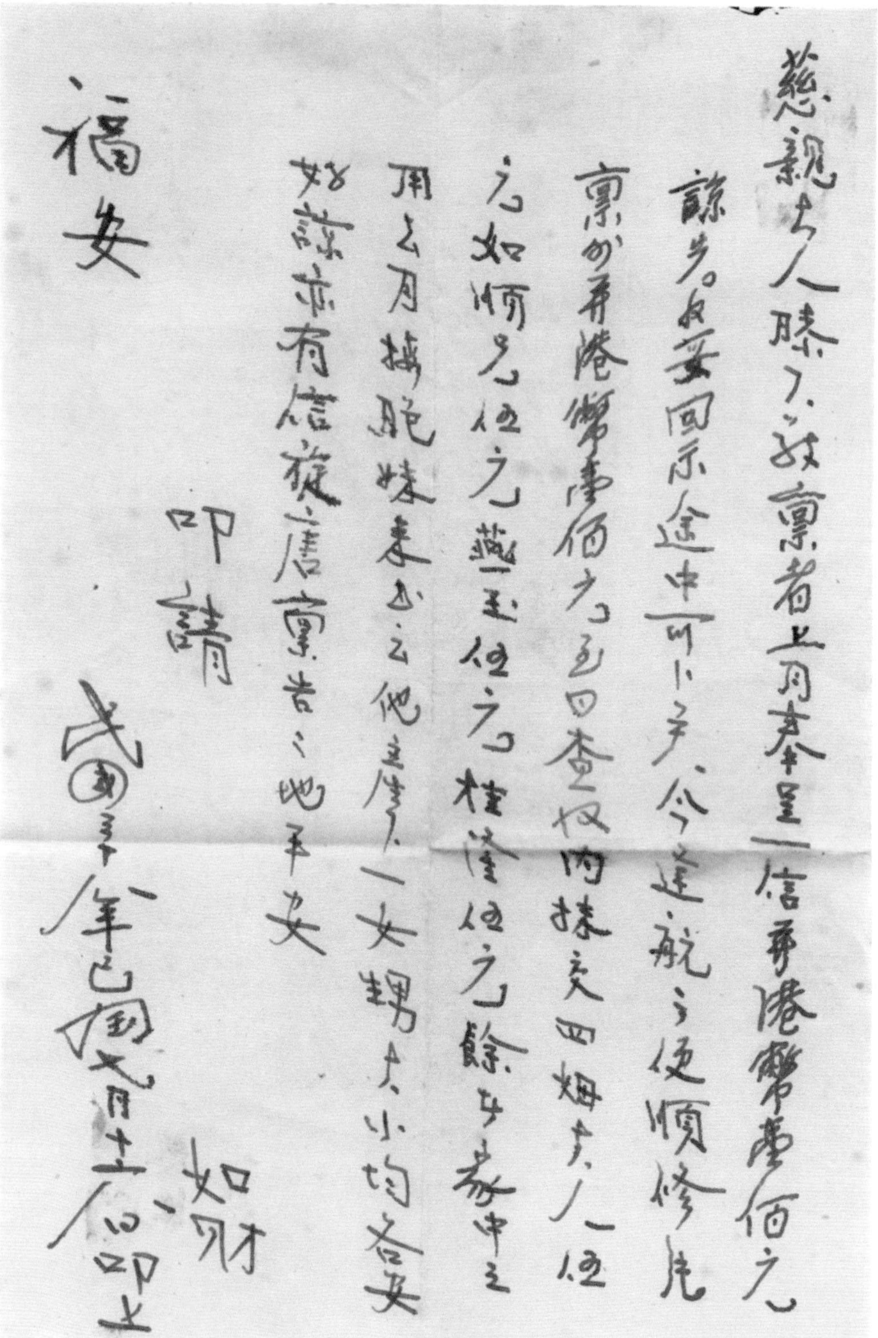
慈親大人膝下，敬禀者，上月奉呈一信并港幣壹佰元，
諒先收妥，回示途中叩卜矣。今逢航之便，順修片
禀，外并港幣壹佰元，至日查收，內抹交四姆大人一佰
元，如順兄佰元，燕玉佰元，桂蓬佰元，餘存家中之
用。本月接胞妹來函云，他產下一女，甥大小均各安
好，諒亦有信從唐禀告，此地平安。
叩請
福安
如財
己（丑）年閏七月十六日叩上

己（丑）年八月十三日（1949 年 10 月 4 日）

如财寄母亲

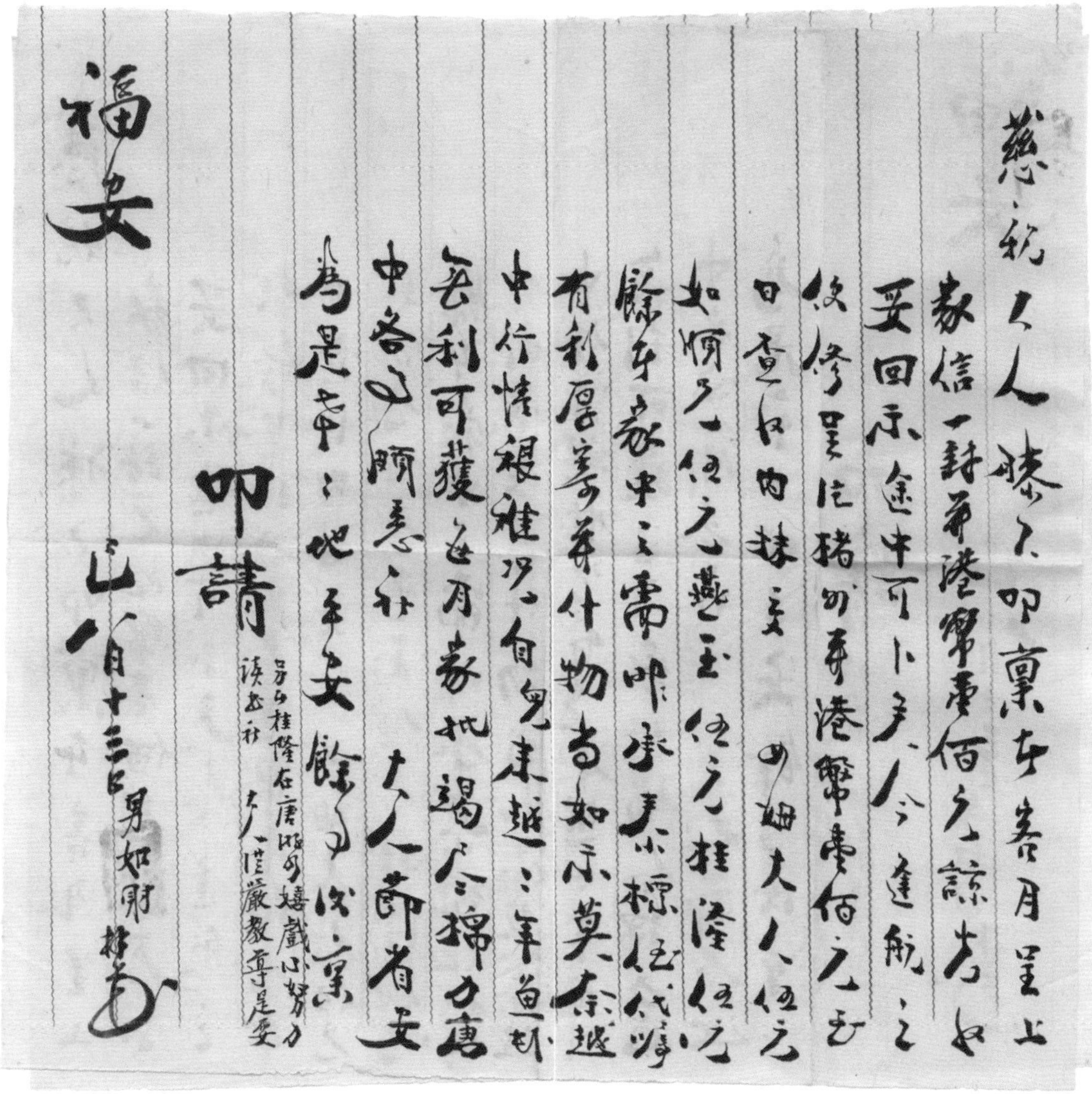

慈親大人膝下：叩稟者，本月呈上
家信一封，并港幣壹佰元，諒告收
妥回示。途中可卜平人，今逢航之
便，修呈信詑，并寄港幣壹佰元，至
日查收。内妹之一份，姻大人任元
如何之，任元、艷玉、任元、桂隆任元
餘弟家中之需，昨來標任代贖
有利厚寡等什物者，如來莫奈越
中行情很難，以自兒來越之年無甚
甚利可獲，每月家批竭力挪力應
中各事頗慮於 大人節省安
為是。專此，并安 餘事候稟
叩請
福安
另外桂隆在唐嬉戲，不努力讀書，於 大人嚴教導是要
己丑八月十三日男如財拜稟

己（丑）年十二月初八（1950 年 1 月 25 日）
越沈如财寄潮安华美仙桥乡沈桂隆

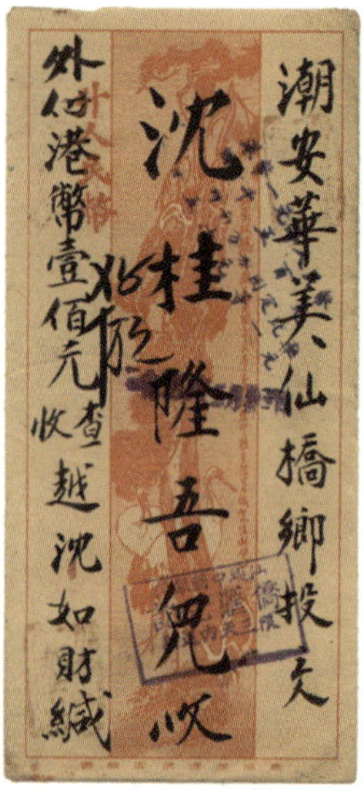

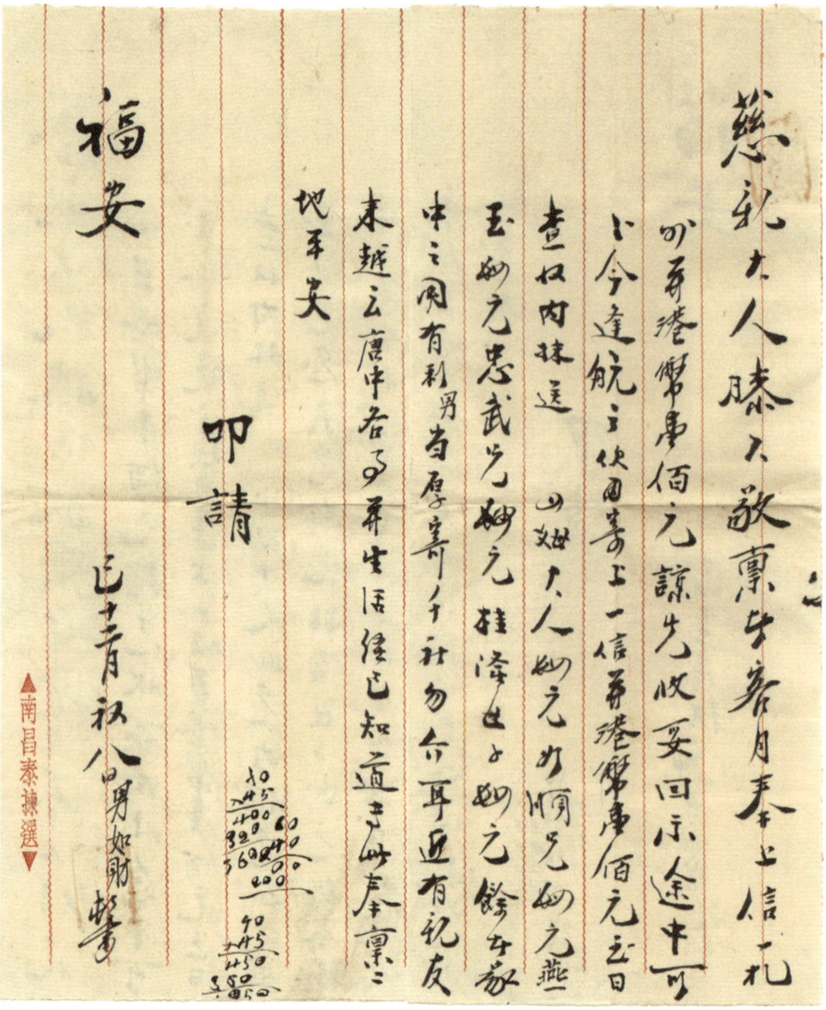
慈親大人膝下敬禀者月奉上信一札
內寄港幣壹佰元諒先收妥回示途中可
卜今逢航之便因寄上一信并港幣壹佰元至日
查收內抹送　四嬸大人四元叔順兄四元燕
玉四元忠武兄四元桂泽姪々四元餘者家
中之用有利男當厚寄千祈勿介耳近有親友
來越云唐中各項生活經已知道专此奉禀々
地平安
叩請
福安
己十二月初八日男如財稟
南昌泰揀選

庚（寅）年四月廿四日（1950 年 6 月 9 日）

越沈如财寄潮安华美仙桥乡沈桂隆

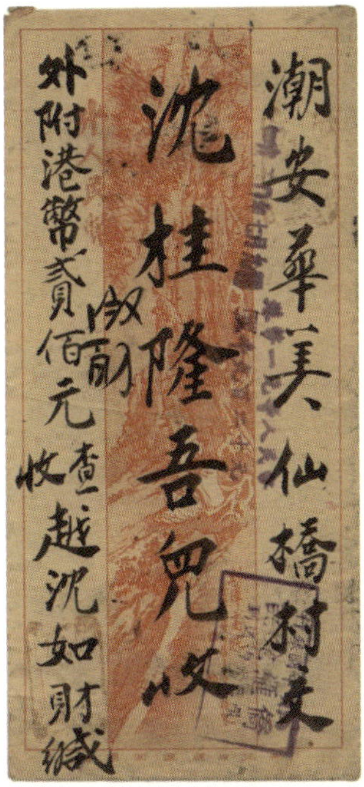

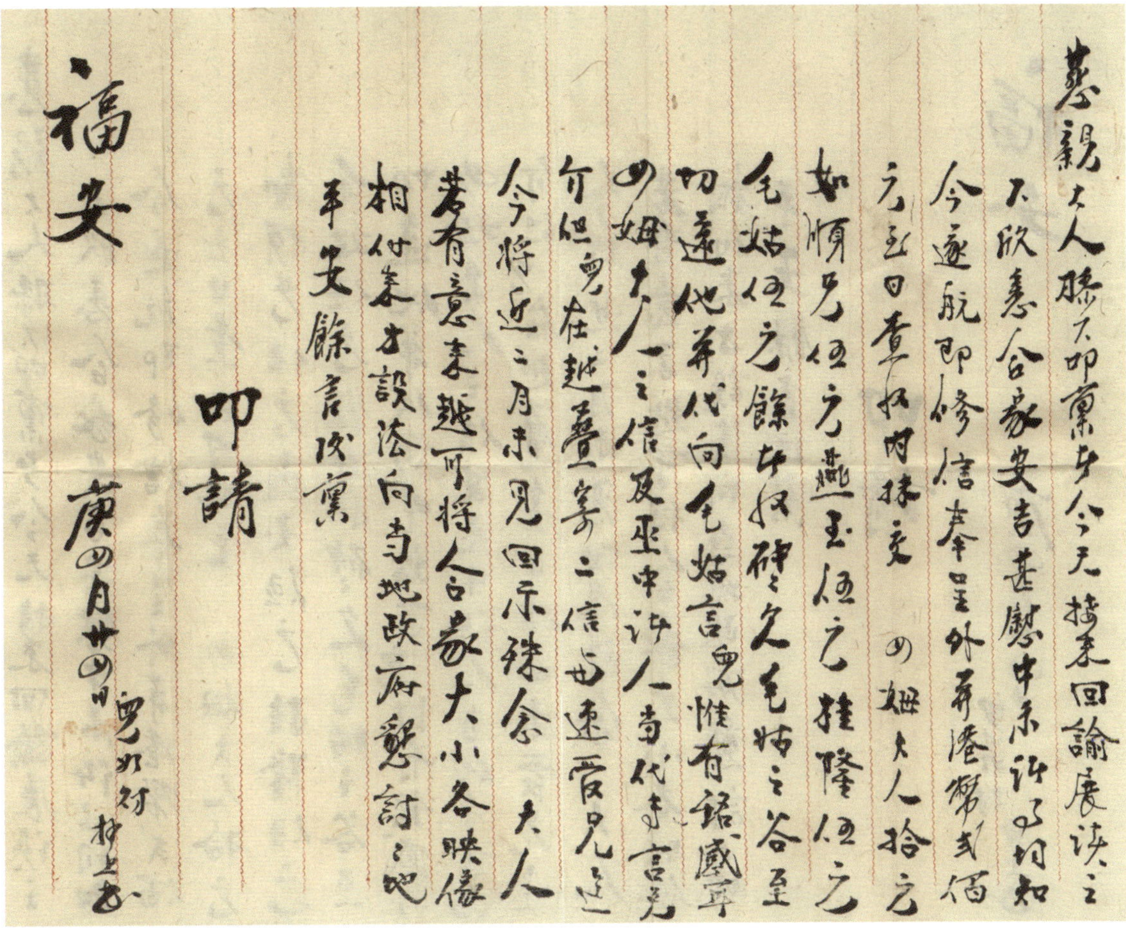
慈親大人膝下叩稟者今天接來回諭展讀之
下欣悉合家安吉甚慰中示許了均知
今逢航郵修信奉呈外再港幣弍佰
元至日查收內撥交　四姆大人拾元
如順兄伍元燕玉伍元桂隆伍元
毛姑伍元餘下收矣毛姑之谷至
切速他再代向毛姑言兒惟有銘感耳
四姆大人之信及巫中許人肯代寺言兒
前但兒在越叠寄二信由速實兄達
今將近二月未見回示殊念　大人
若有意來越可將人合家大小各映像
相付來才設法向當地政府懇討之地
再安餘言後稟

叩請

福安

庚四月廿四日　兒如財　拜上言

庚（寅）年十一月初四（1950 年 12 月 12 日）
越沈如财寄潮安华美仙桥乡沈桂隆

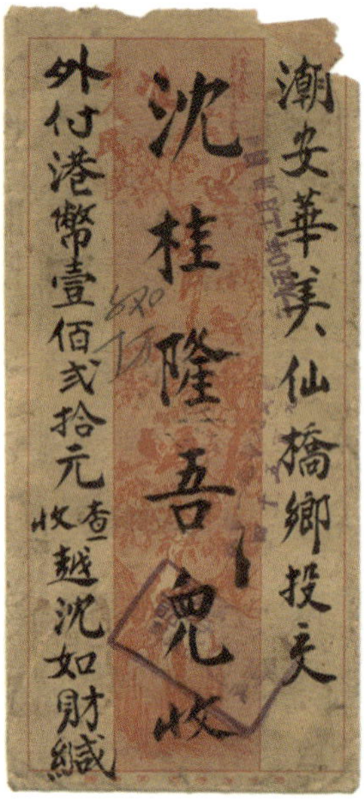

潮安華美仙橋鄉投交
沈桂隆吾兒收
外付港幣壹佰弍拾元
收越沈如財緘

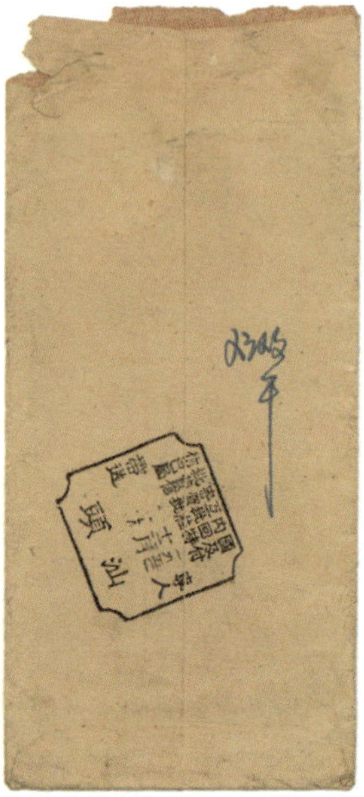

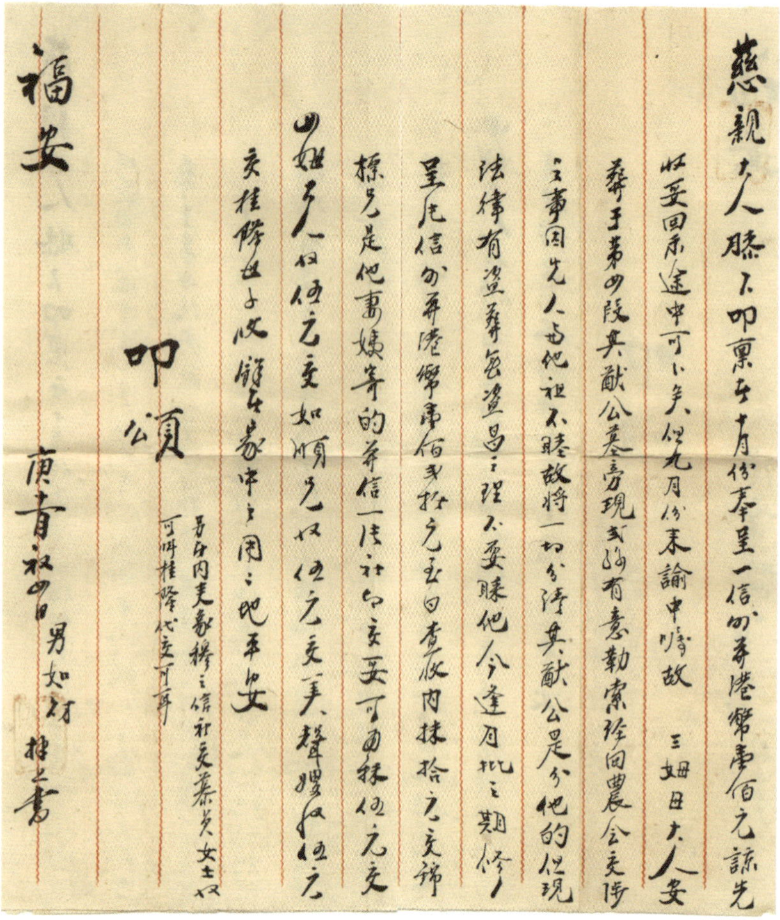

慈親大人膝下叩稟者十月份奉呈一信附港幣壹佰元諒先
收妥回來途中可以矣但九月份未諭中情故 三姆母大人安
舜子第四段吳猷公基旁現或有意勒索向農會交涉
之事因先人與他祖不睦故將一切分得吳猷公是分他的但現
法律有證舜證之理不要睬他今逢月批之期修
呈一信附港幣壹佰弍拾元至日查收內抹拾元交錦
標兄是他專婦寄的信一張卽交妥可由抹伍元交
四姆大人收伍元交如順兄收伍元交美聲嬸收伍元
交桂隆收餘者家中之用之此平安
另外內吏家務之信祈交慕炎女士收
可叫桂隆代交可耳
叩
公頌
福安
庚寅十一月初四日 男如財 拜上書

一九五一年五月十七日（1951 年 6 月 21 日）
越沈如才寄潮安华美仙桥乡桂南

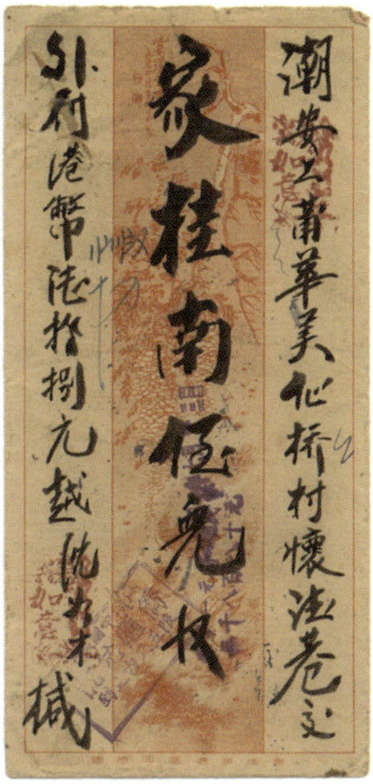

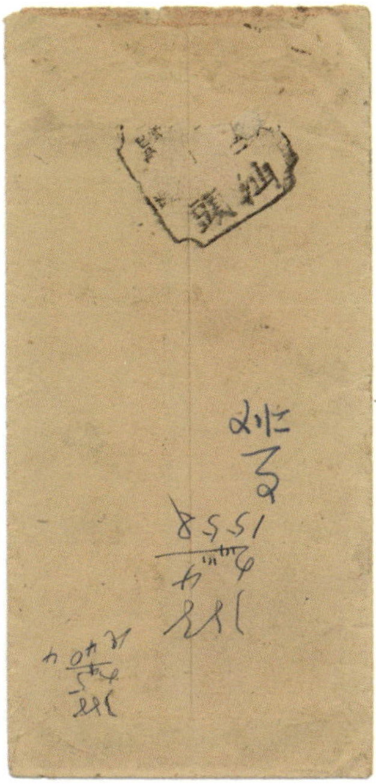

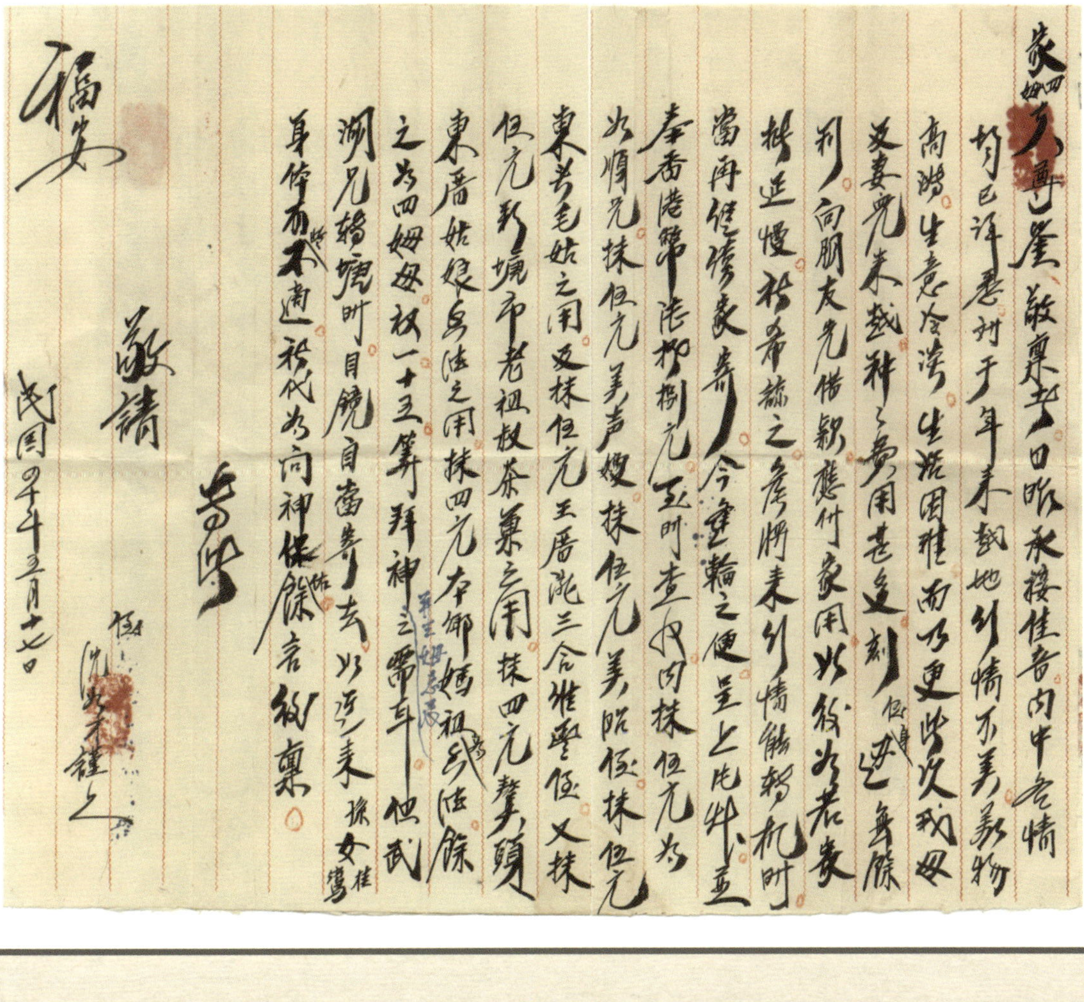
家四姆兄尊鉴：敬禀者，日昨承接佳音，内中各情均已详悉。刊于年来越地外情不美，影响商场生意冷淡，生活困难，而更欲我母及妻儿来越，种种费用甚多，刻无余利，向朋友先借款应付家用，以后若稍近慢有希望之处，将来外情稍转机时，当再寄付家费。今逢轮之便，呈上港币，并奉香港币港纸捌元，至时查收，内抹任元为次顺兄，抹任元美声嫂，抹任元美昭侄，抹任元东若毛姑之用，又抹任元玉眉泥三合雅侄，又抹任元新婶市老祖叔茶薰之用，抹四元声美头东眉姑娘良德之用，抹四元本乡妈祖戏，余之为四姆母敬一十五等拜神之需耳。但武湖兄转托目镜自当寄去，以后来……孙女桂鸾尊体亦不适，请代为向神保佑，余言续禀。

敬请

福安

侄 沈如才谨上

民国四十年五月十七日

辛（卯）年八月廿四日（1951 年 9 月 24 日）
越沈如财寄潮安华美仙桥乡沈桂南

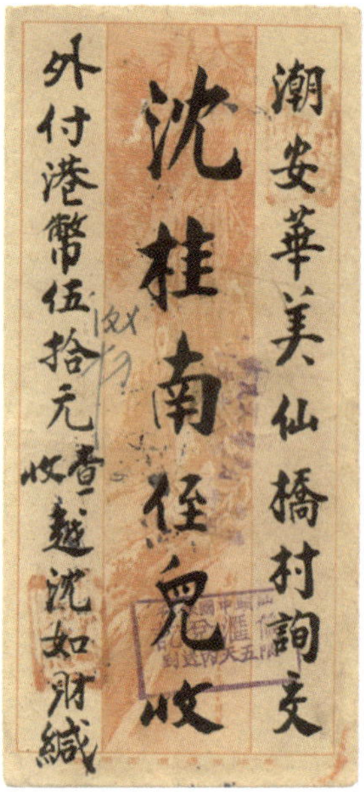

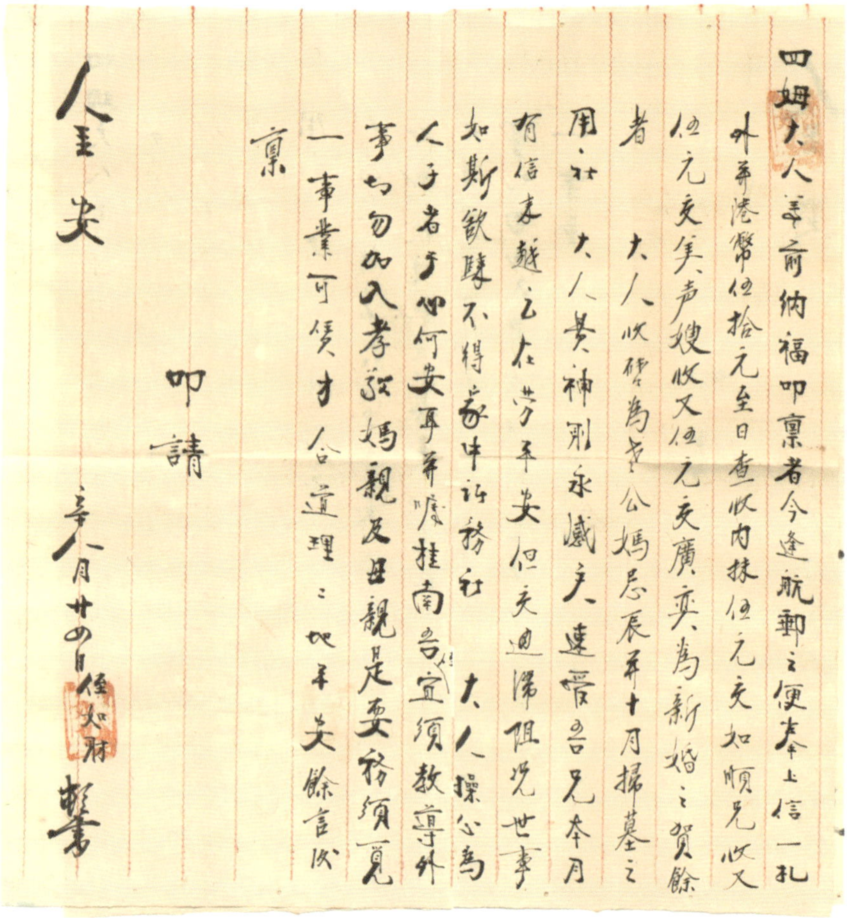
四姆大人華前納福叩稟者今逢航郵之便奉上信一扎
外并港幣伍拾元至日查收內抹伍元交如順兄收又
伍元交美声嫂收又伍元交廣爽為新婚之賀餘
者 大人收啓為先公媽忌辰并十月掃墓之
用。社 大人貴神刚永感天達晉言兄本月
有信來越云在芳平安但交通隔阻况世事
如斯欲肆不得家中諸務社 大人操心為
人子者于心何安耳前接桂南吾姪須教導外
事切勿加入孝敬媽親及母親是要務須覓
一事業可賃才合道理之地平安餘言後
稟
叩請
金安
辛八月廿四日 侄如財 書

1956 年 11 月 2 日沈如财寄潮安华美仙桥乡沈桂南

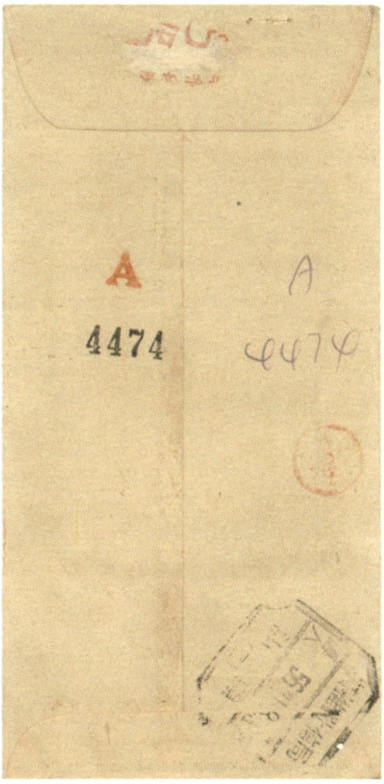

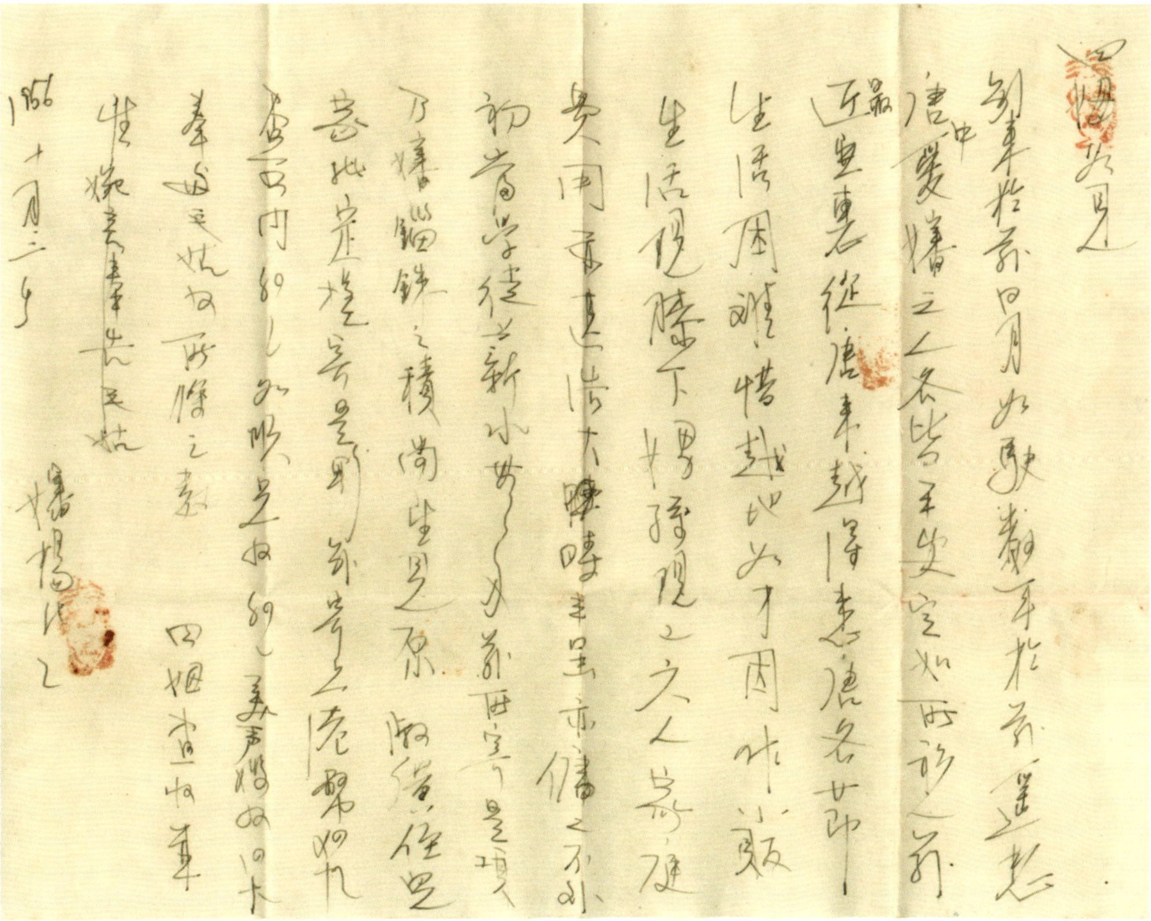

叻（新加坡）陈敦仁寄潮安鳌头陇仔乡陈立坡

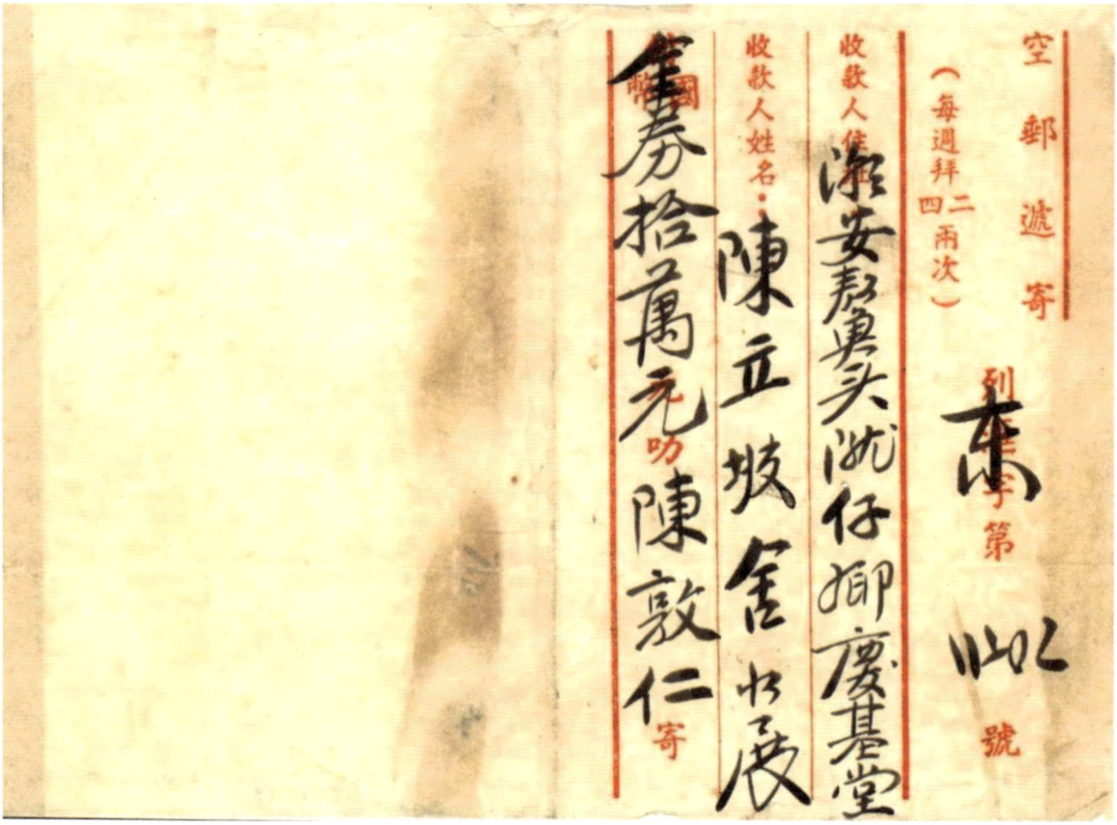

四月廿三日（1950 年 6 月 8 日）占碑（印尼）
陈敦仁寄潮安鳌头陇仔乡陈立坡

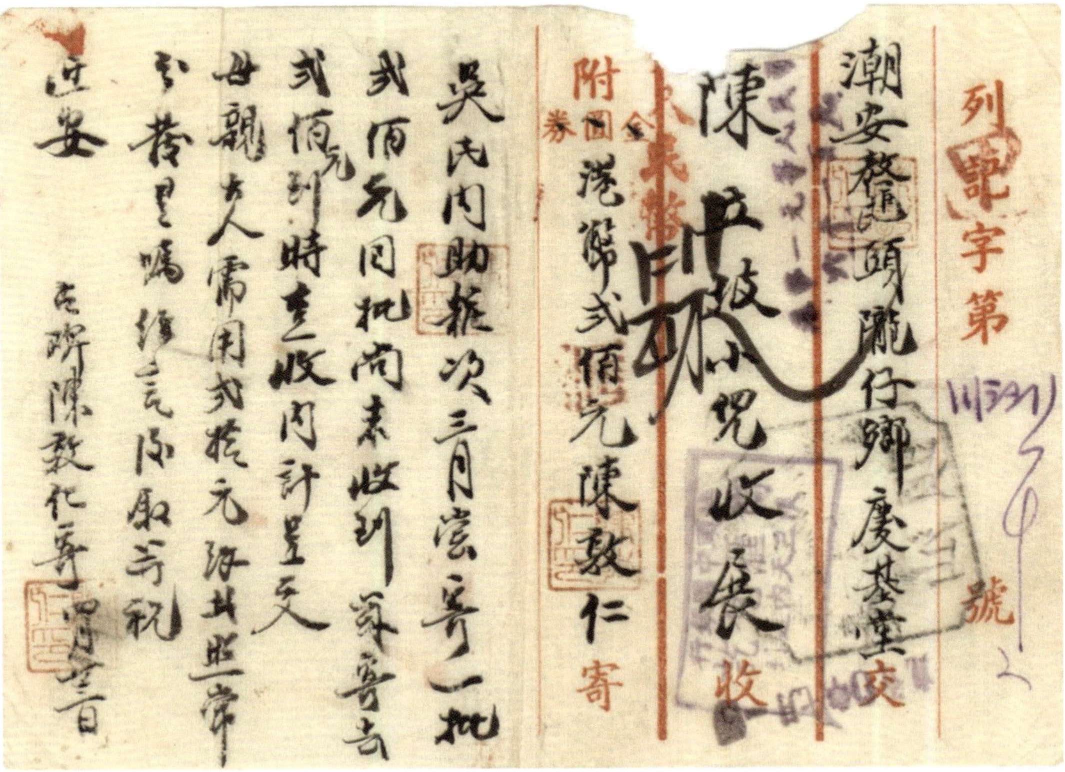

列記字第　號

潮安鰲頭隴仔鄉慶基堂交

陳立坡小兒收展

附港幣式佰元　陳敦仁寄

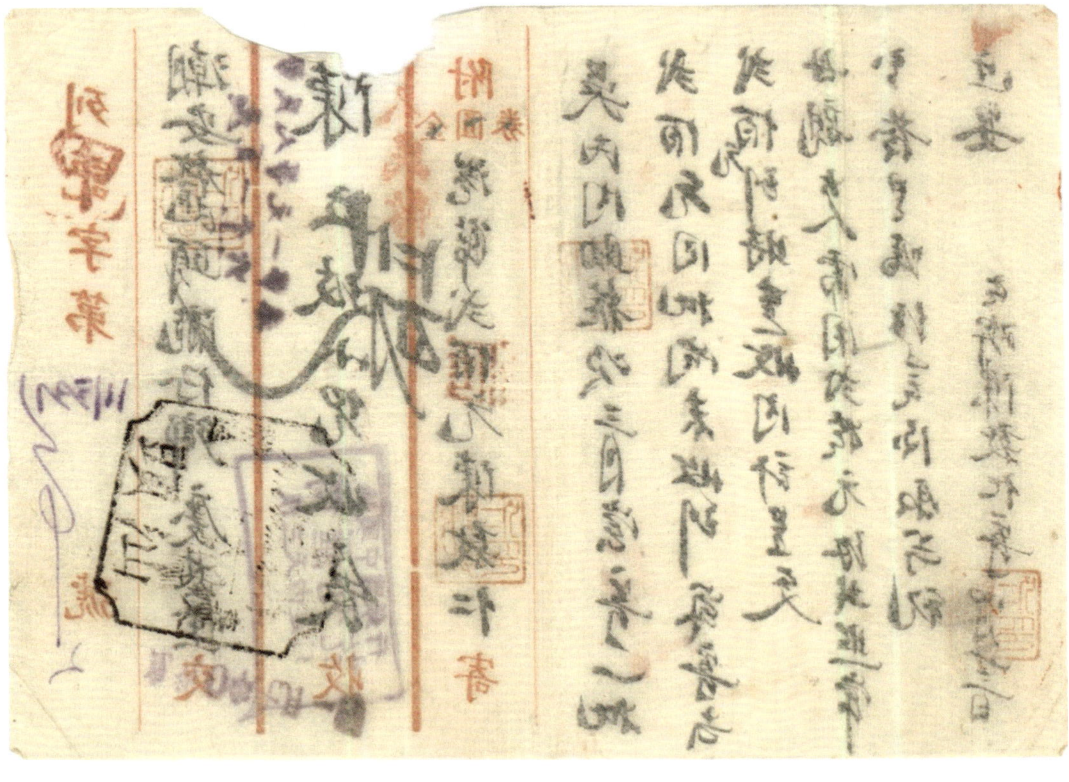

五月廿六日（1950 年 7 月 10 日）
陈敦仁寄潮安鳌头陇仔乡陈立坡

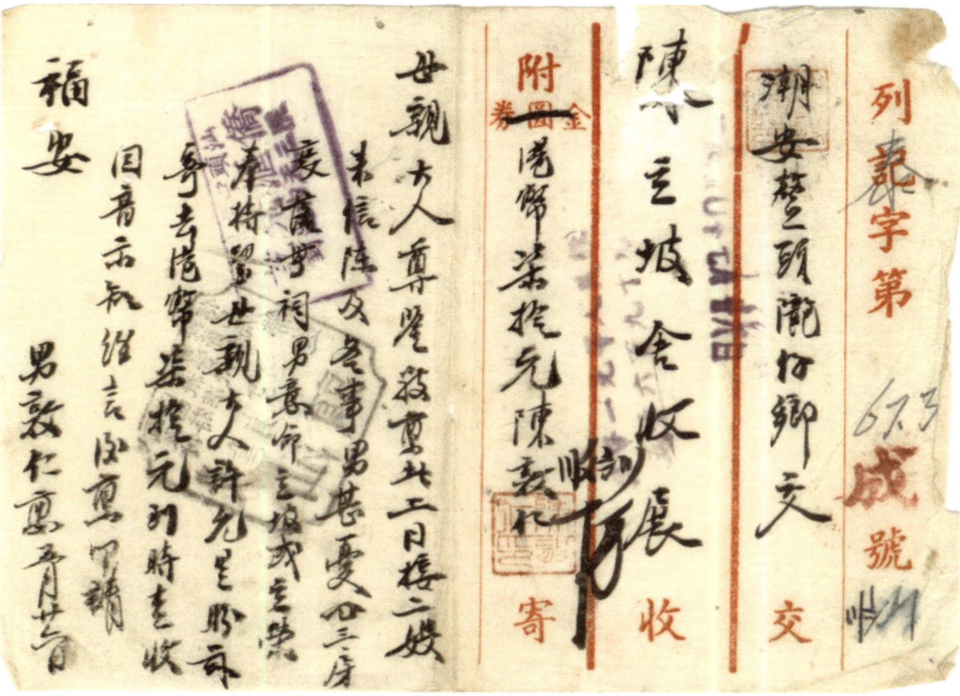

列字第 號

潮安鳌頭隴仔鄉交

陳立坡 舍收

附 金圈券 一 港幣柒拾元

陳敦仁 寄

母親大人尊鑒 敬禀者 廿二日接二妹
来信陳及家事男甚憂四三房
衰落無嗣男意命立坡或立榮
奉持祭祀望親大人許允是盼兹
寄去港幣柒拾元到時查收
回音示知餘言後禀即請
福安
男敦仁禀 五月廿六日

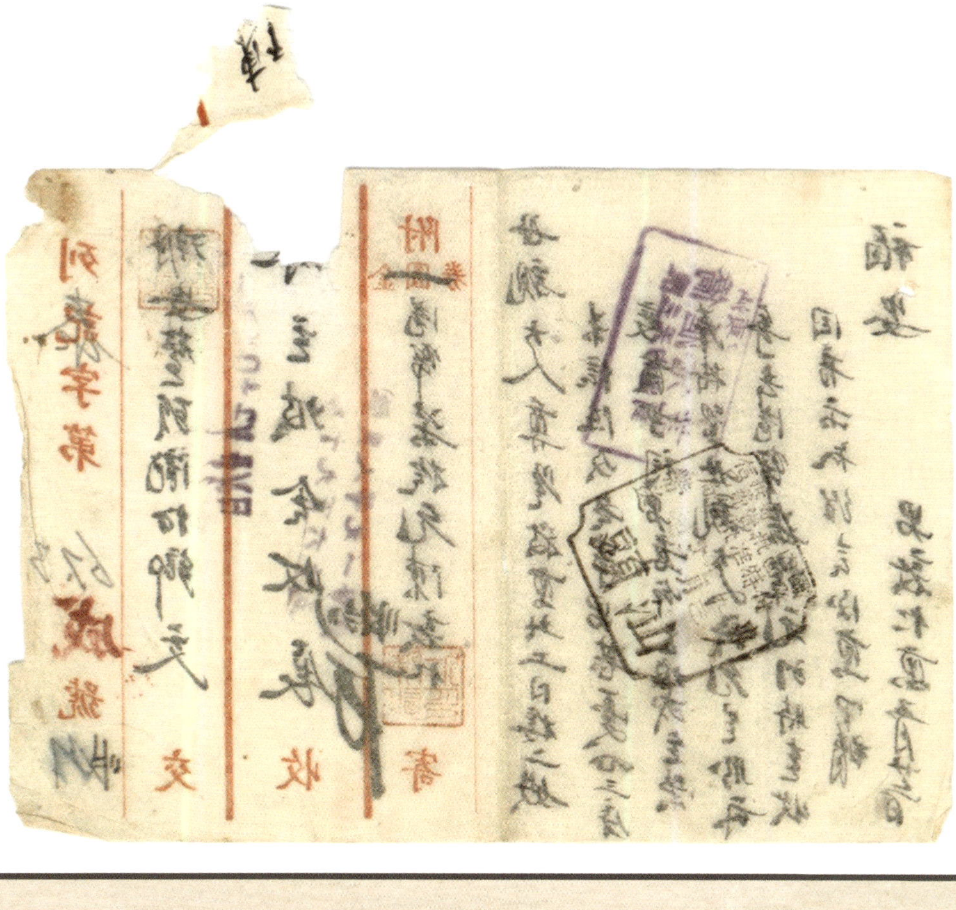

六月十二日（1950 年 7 月 26 日）
占（印尼）陈敦仁寄潮安鳌头陇仔乡陈立荣

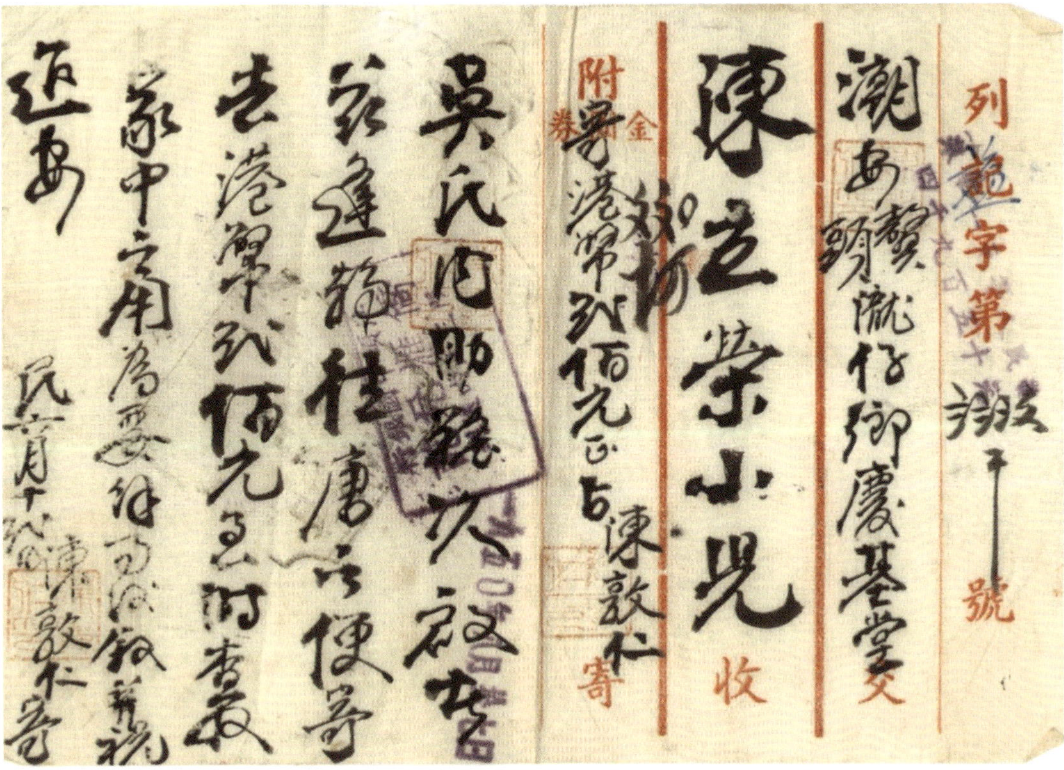
潮安鳌头陇仔乡庆基堂 交
陈立荣小儿 收
附寄港币弍佰元正 占陈敦仁 寄

吾儿立荣助鉴：
兹逢轮往唐，便寄去港币弍佰元，至祈查收，家中之用为要。
近安
民六月十二日 陈敦仁 寄

六月廿六日（1950 年 8 月 9 日）
占碑陈敦仁寄潮安鳌头陇仔乡陈立坡

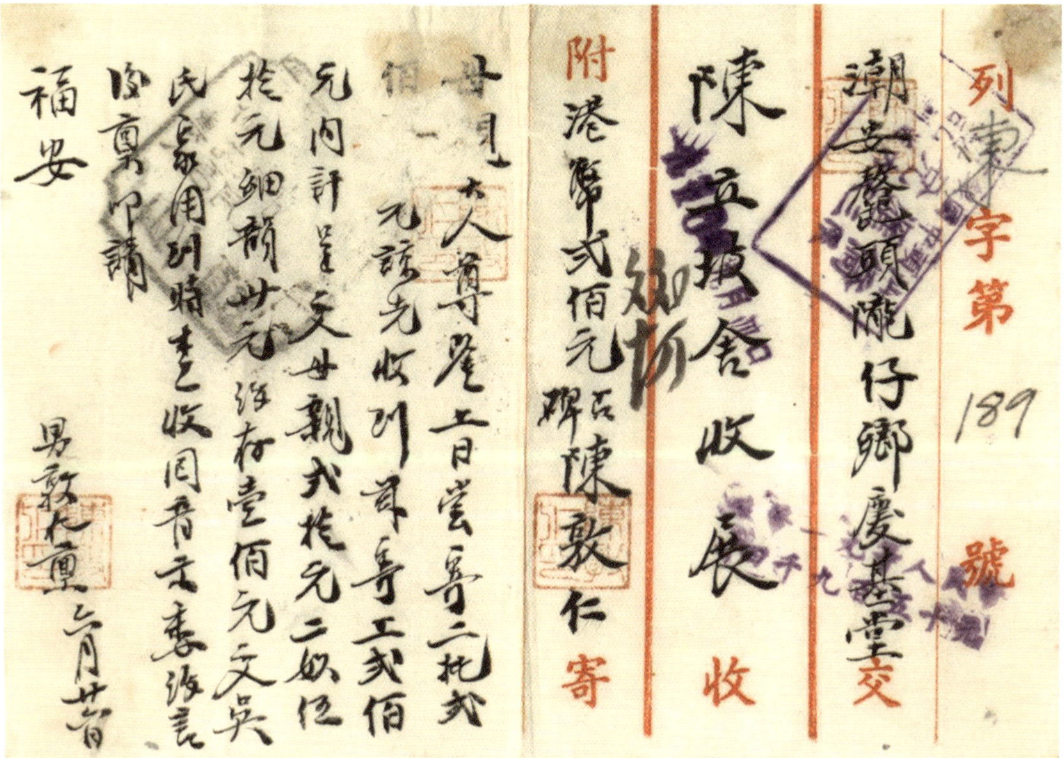

列東字第 189 號

潮安鰲頭隴仔鄉慶基堂交

陳立坡舍收

附港幣弍佰元

碑石陳敦仁寄

母親大人尊前：上日嘗寄二批弍佰一元，諒已收到。茲寄上弍佰元，內計呈父母親弍拾元，二奴伍拾元，細嬸廿元，餘存壹佰元交吳氏家用，到時查收，回音示知為要。順禀即請

福安

男敦仁禀 六月廿六日

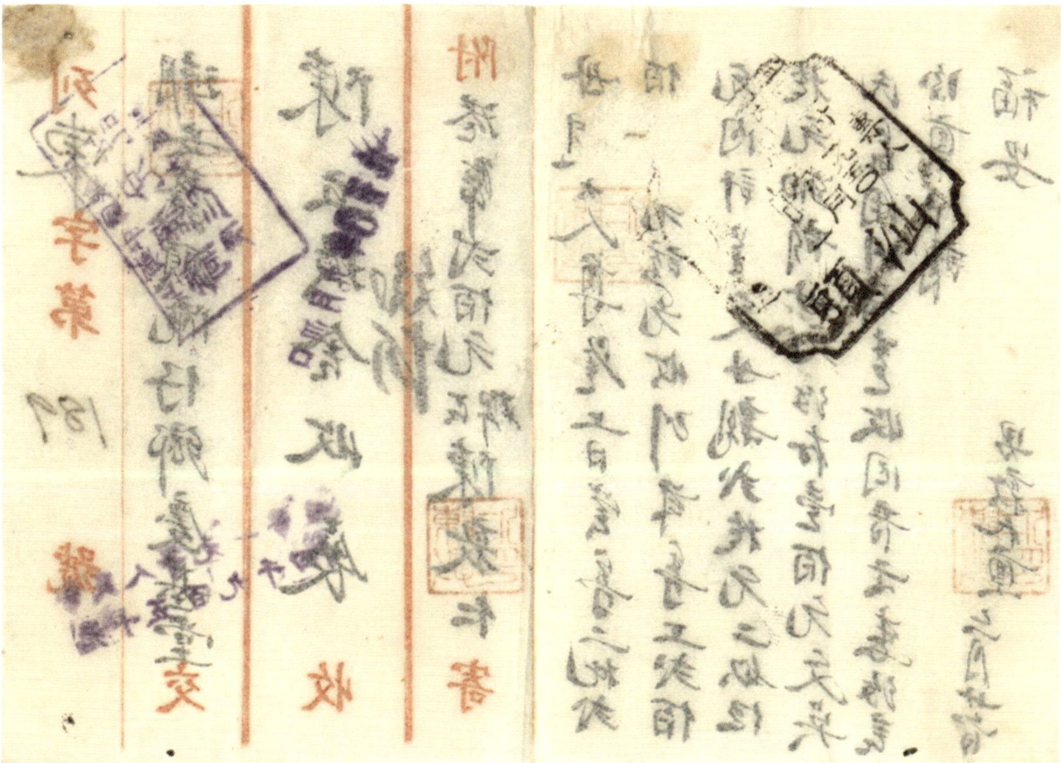

八月十四日（1950 年 9 月 25 日）
占碑陈敦仁寄潮安鳌头陇仔乡陈立坡

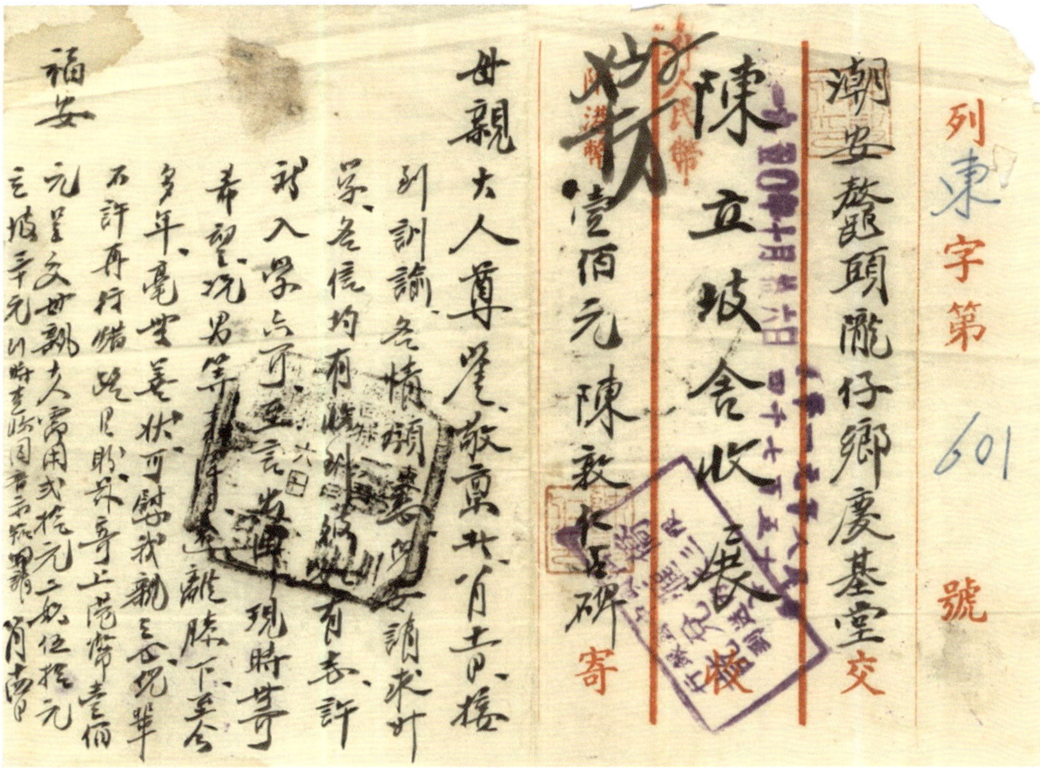
列東字第601號

潮安鼇頭隴仔鄉慶基堂交

陳立坡舍收

壹佰元 陳敦仁占碑寄

母親大人尊前，敬禀者，八月十四日接
到訓諭，各情領悉，[illegible]安，請求升
學，各信均有[illegible]，有去[illegible]，許
我入學亦可，至言[illegible]現時尋
希望坑男等[illegible]離膝下，至今
多年，毫無善狀可慰我親，三分坑華
不許再行錯路，目前寄上港幣壹佰
元，呈交母親大人家用貳拾元，二姑伍拾元
立坡三十元，以時來信回音示知，順請
福安
[illegible]

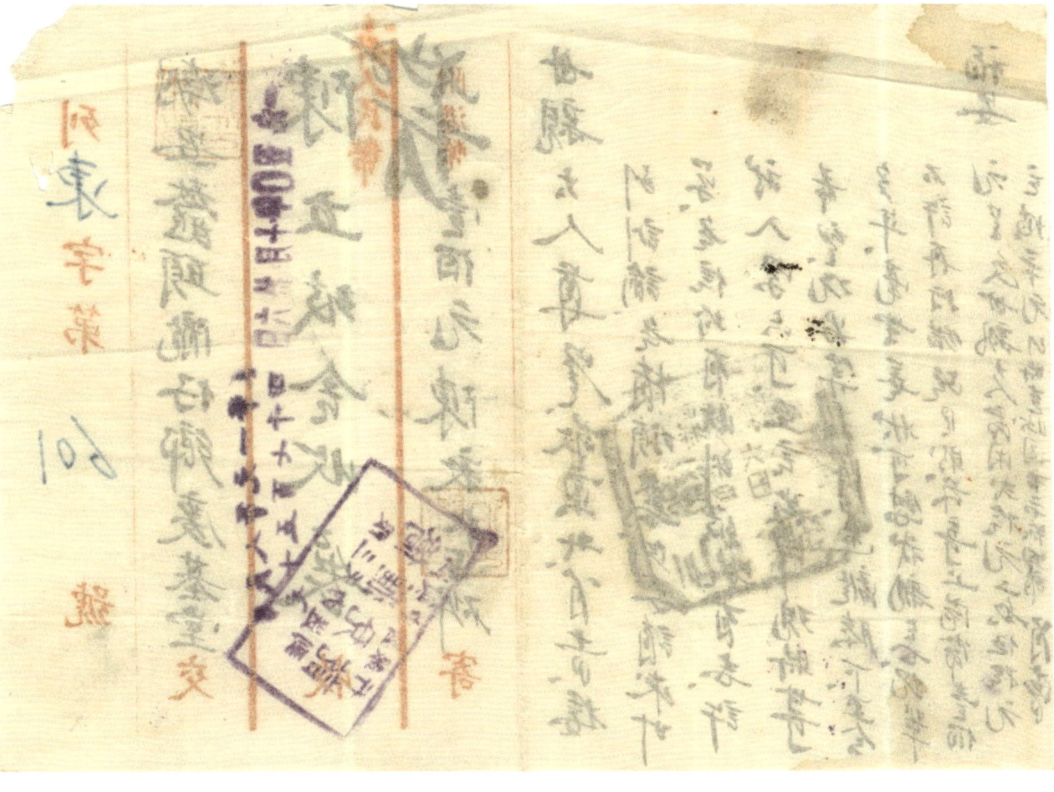

八月十四日（1950 年 9 月 25 日）
陈敦仁寄潮安鳌头陇仔乡陈立荣

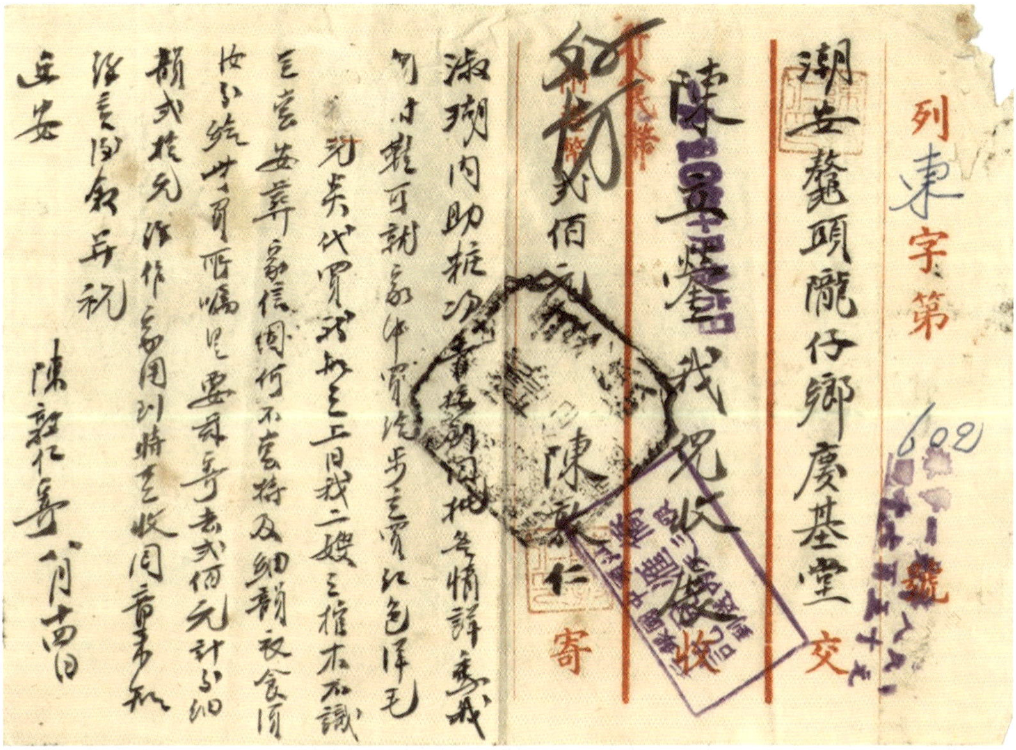
列東字第602號
潮安鰲頭隴仔鄉慶基堂 交
陳立榮 我兒 收
人民幣弍佰元
陳敦仁 寄
安
陳敦仁寄 八月十四日

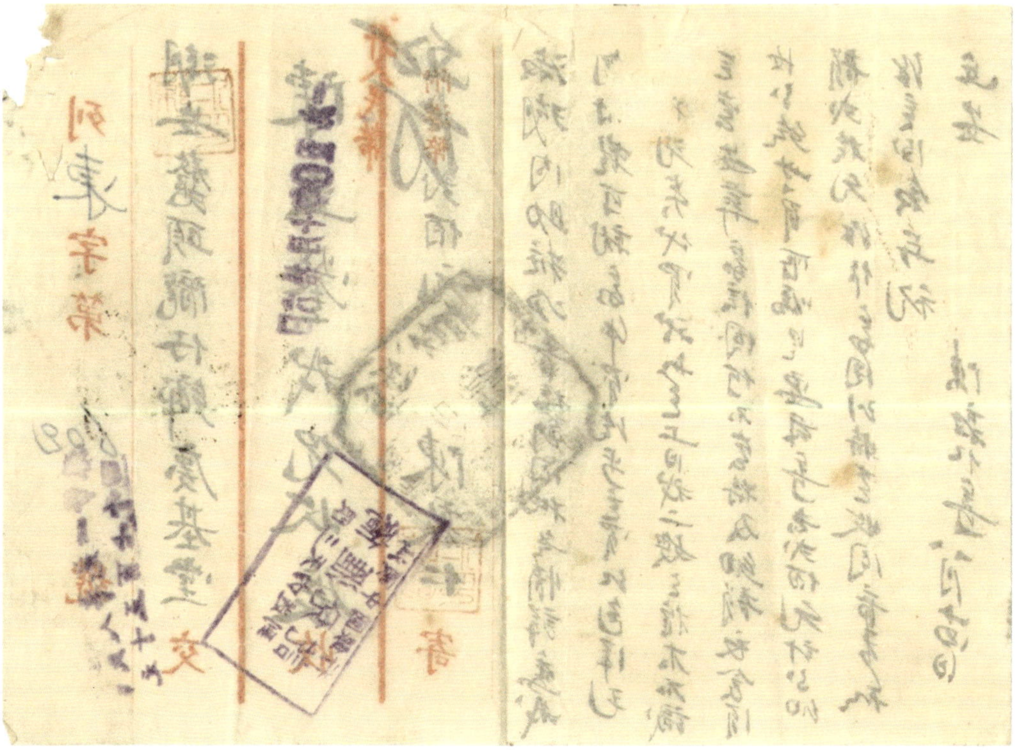

三月十四日（1951 年 4 月 19 日）
陈敦仁寄潮安鳌头陇仔乡陈立坡

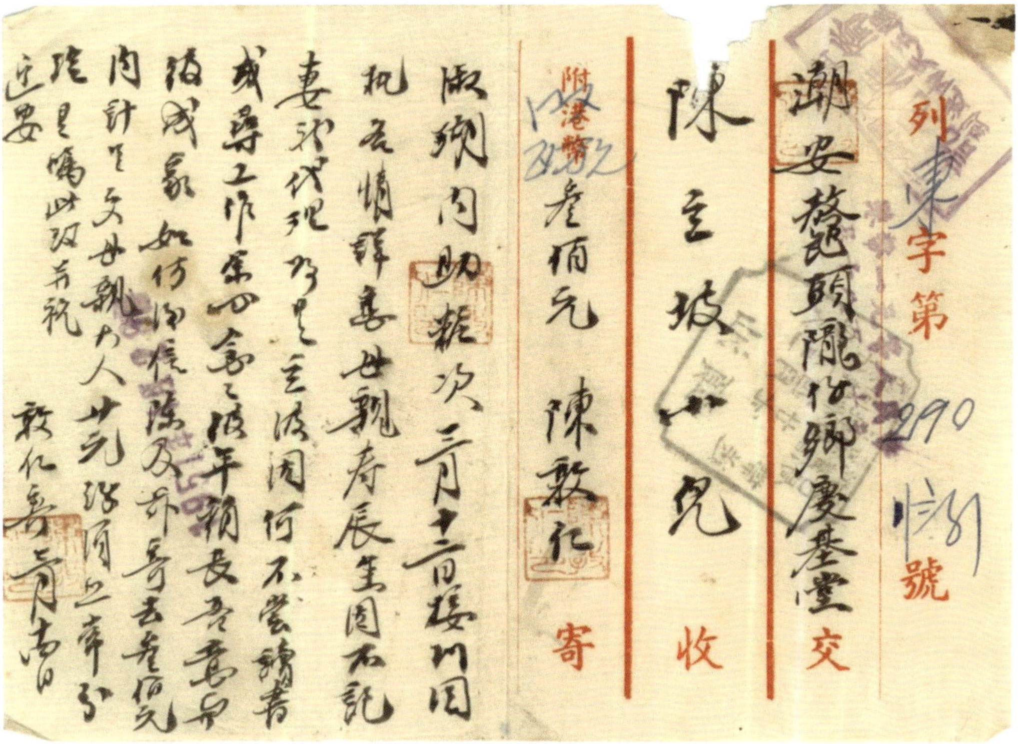

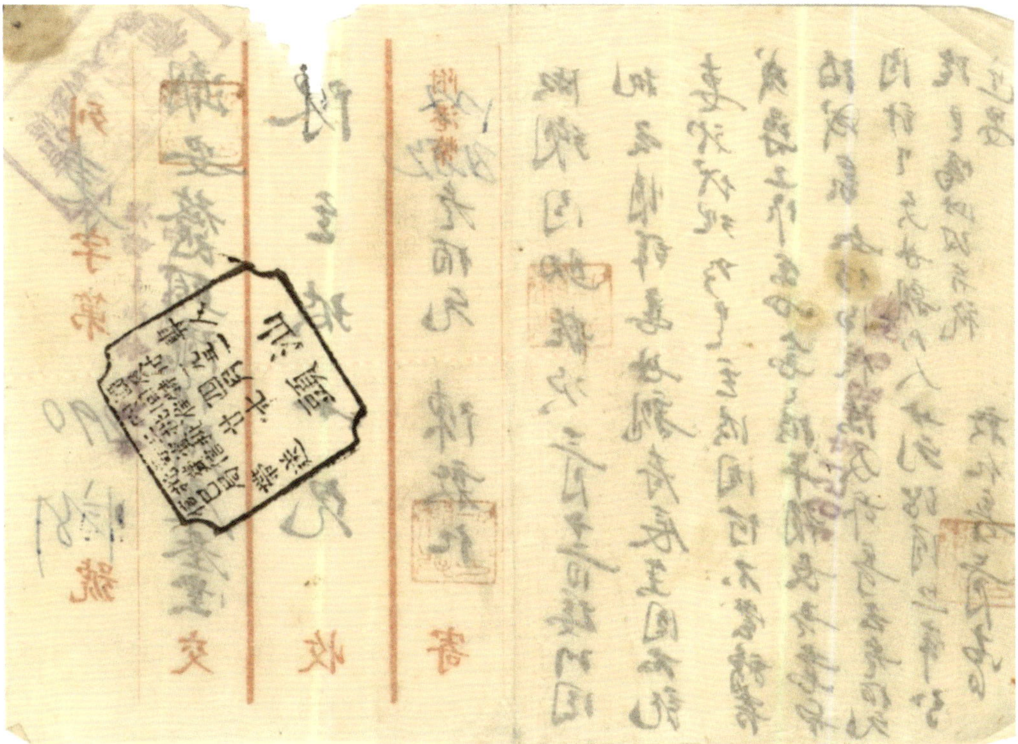

七月廿二日（1951 年 8 月 24 日）
陈敦仁寄潮安鳌头陇仔乡陈立坡

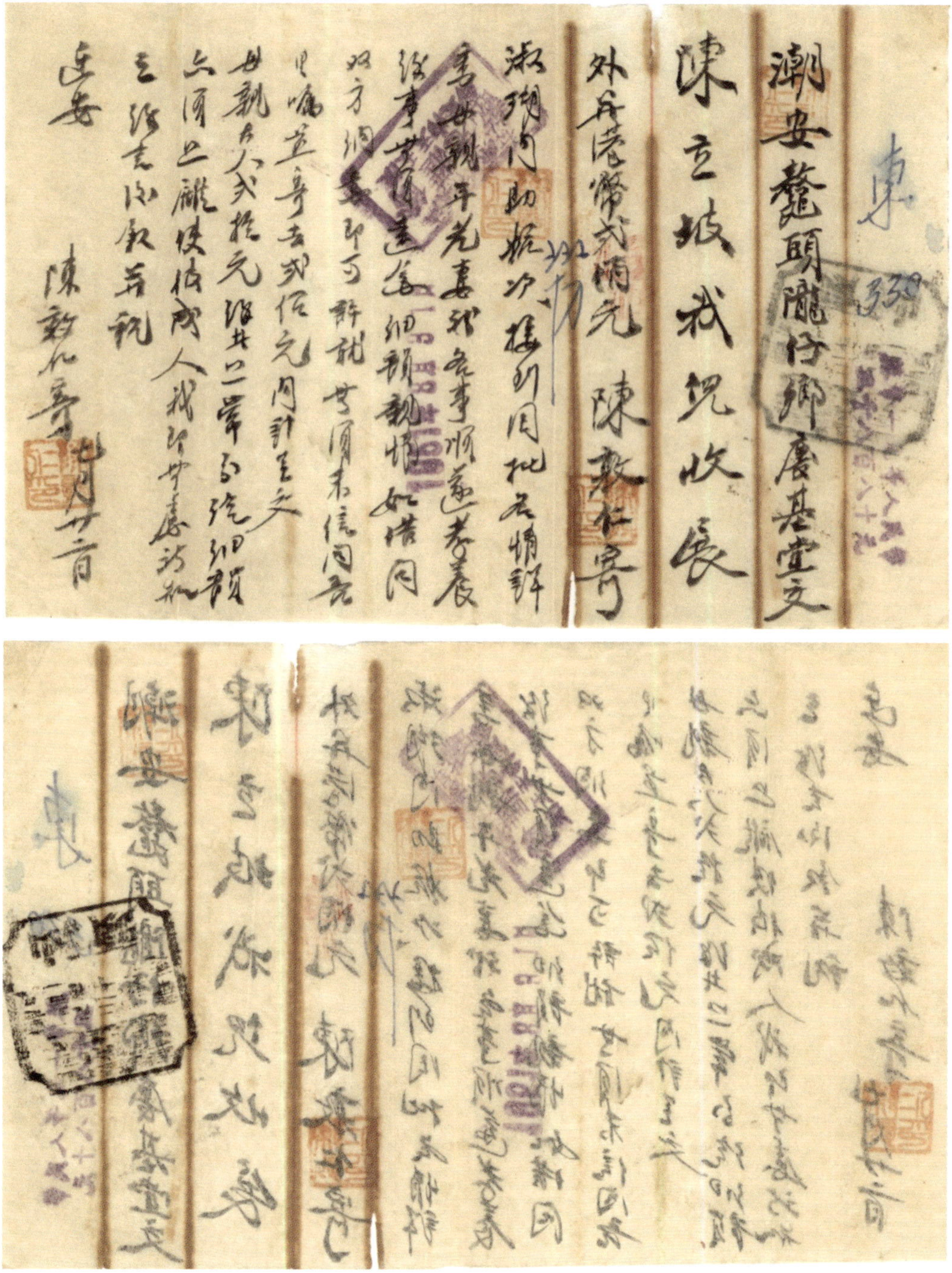
潮安鰲頭隴仔鄉慶基堂交
陳立坡 我兒收展
外岸港幣弍佰元 陳敦仁寄

近安

陳敦仁寄 七月廿二日

十一月十二日（1951年12月10日）
陈敦仁寄潮安鳌头陇仔乡陈立坡

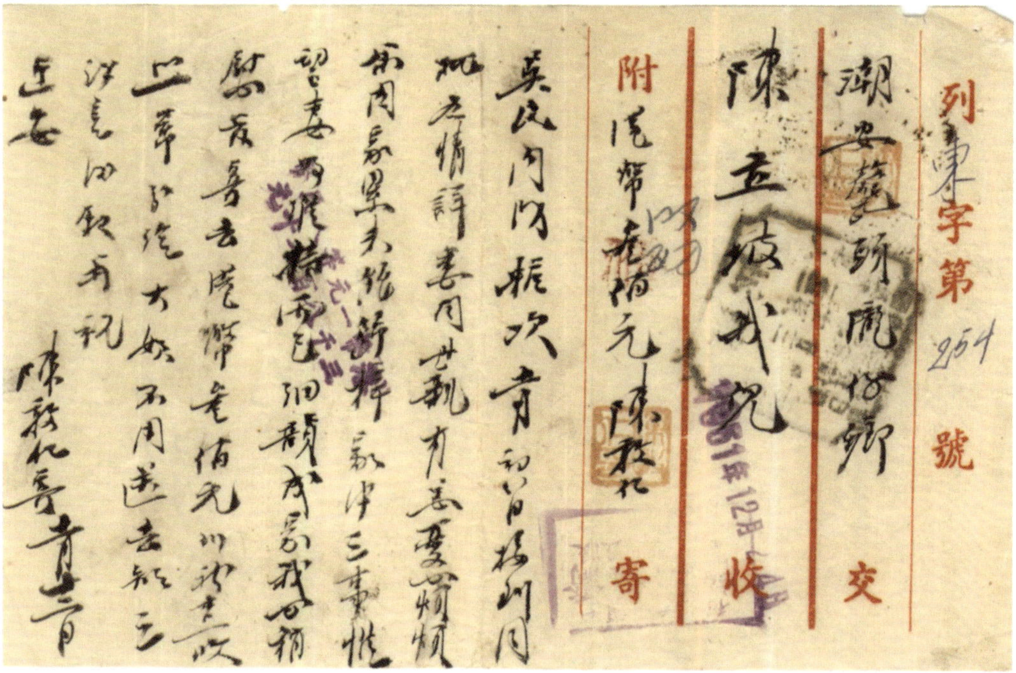
列東字第254號
潮安鼇頭隴仔鄉 交
陳立坡我兒 收
附港幣壹佰元 陳敦仁 寄

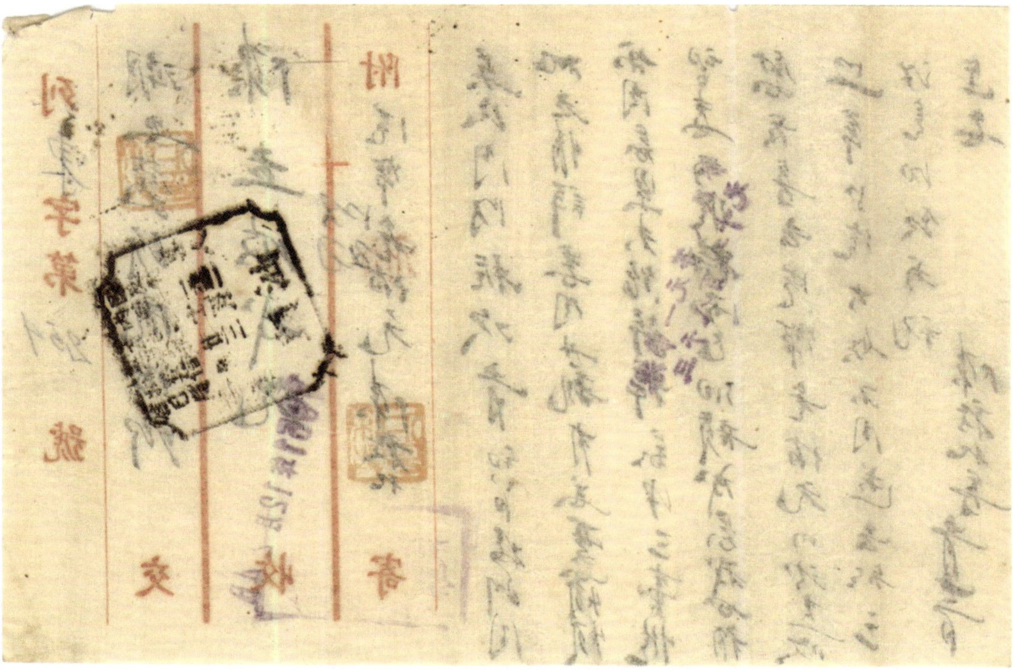

十二月十二日（1952年1月8日）
陈敦仁寄潮安鳌头陇仔乡陈立坡

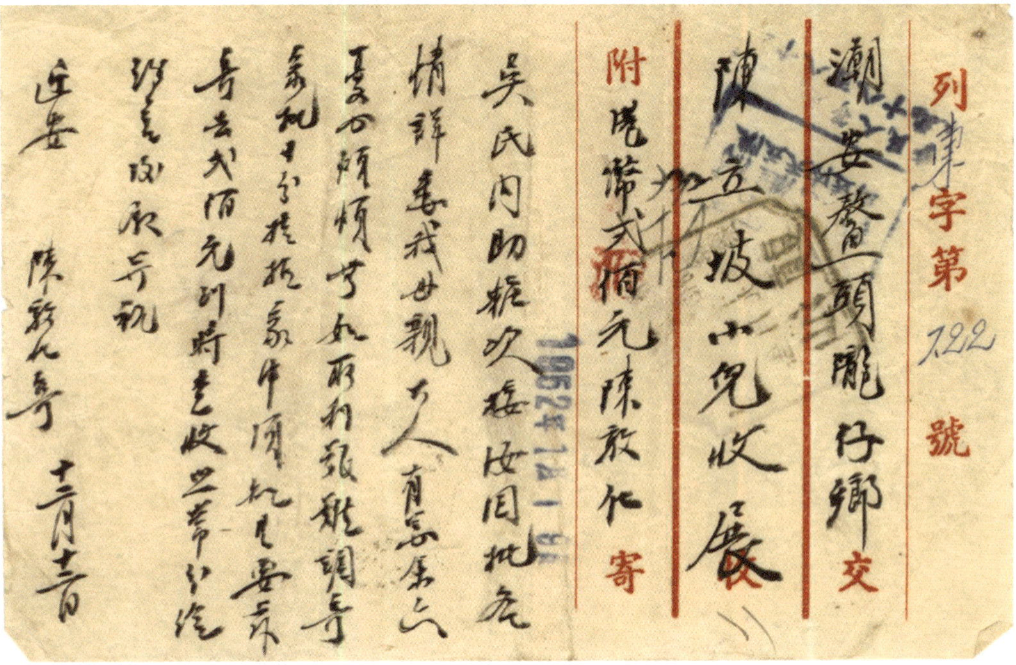

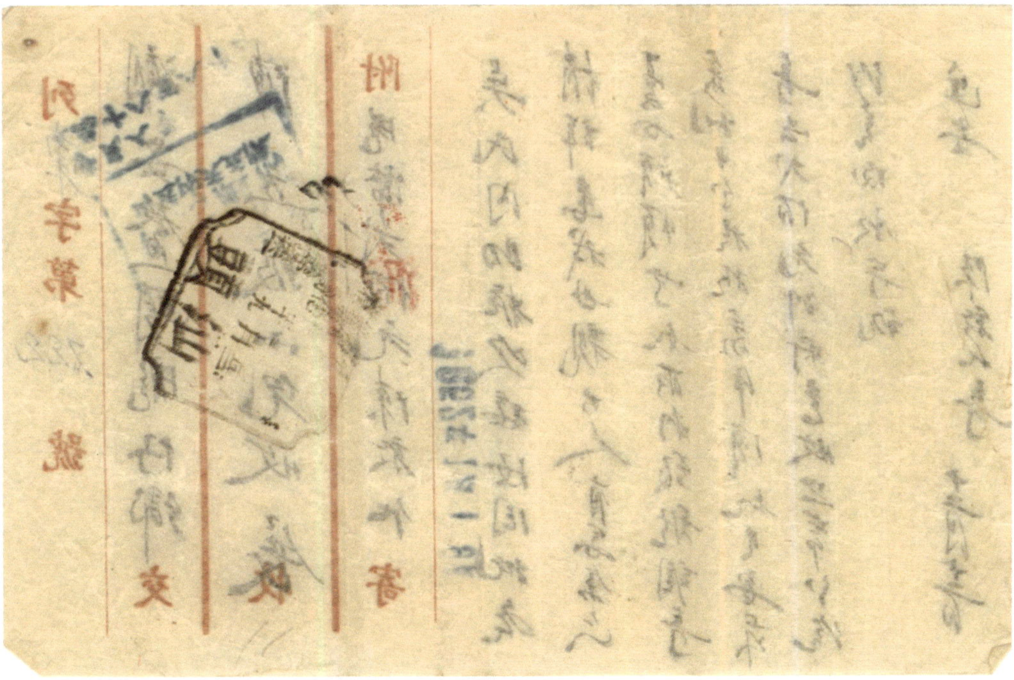

1952 年 5 月 2 日陈敦仁寄潮安鳌头陇仔乡陈立坡

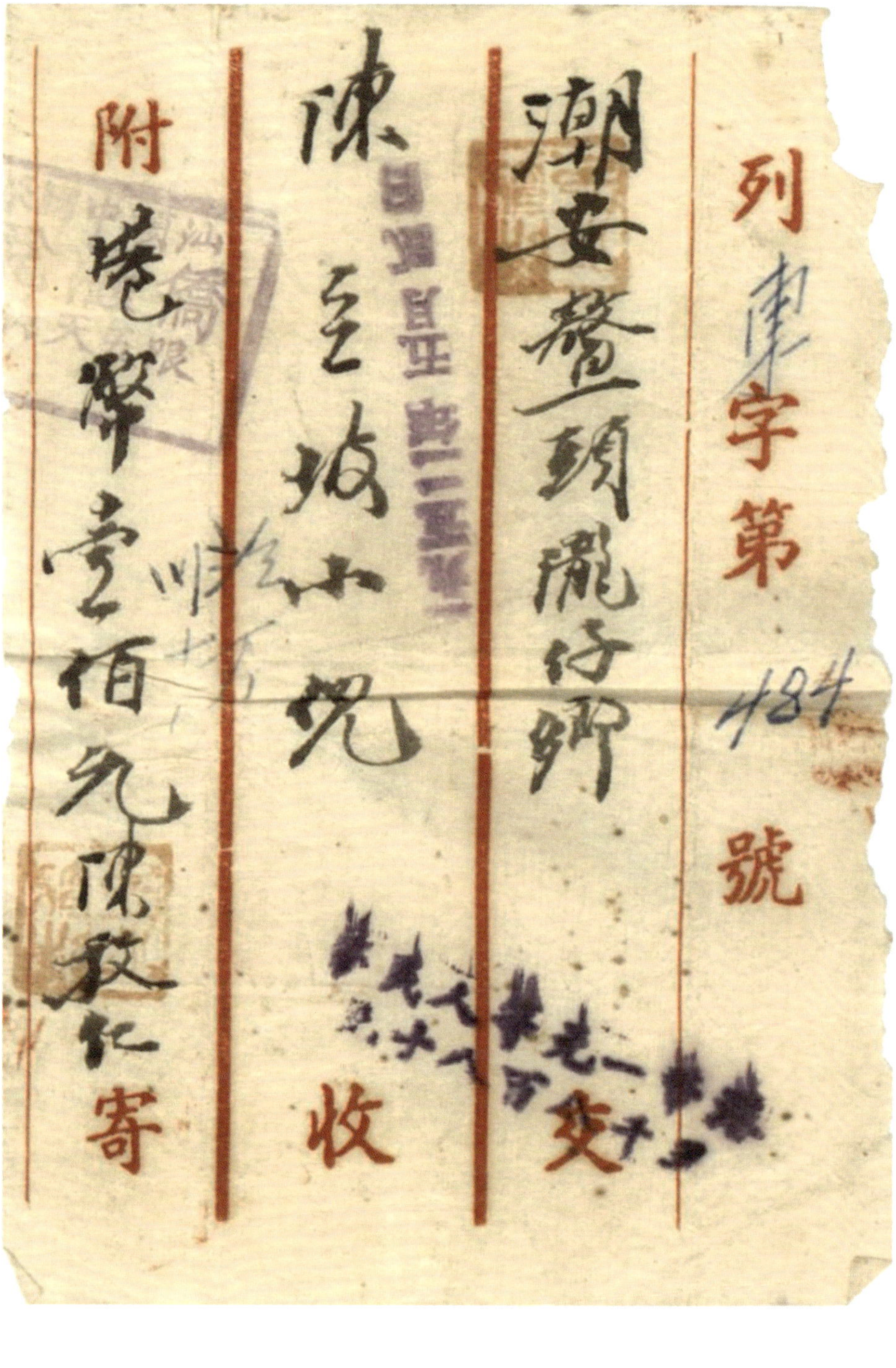

四月初八陈敦仁寄潮安鳌头陇仔乡陈立坡

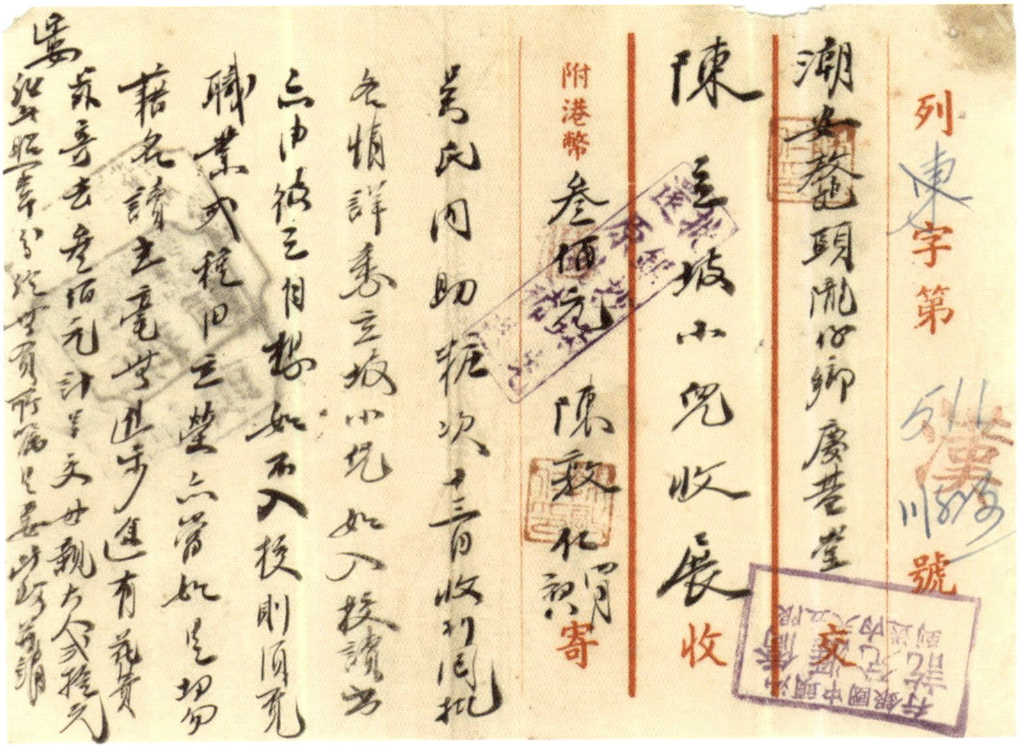

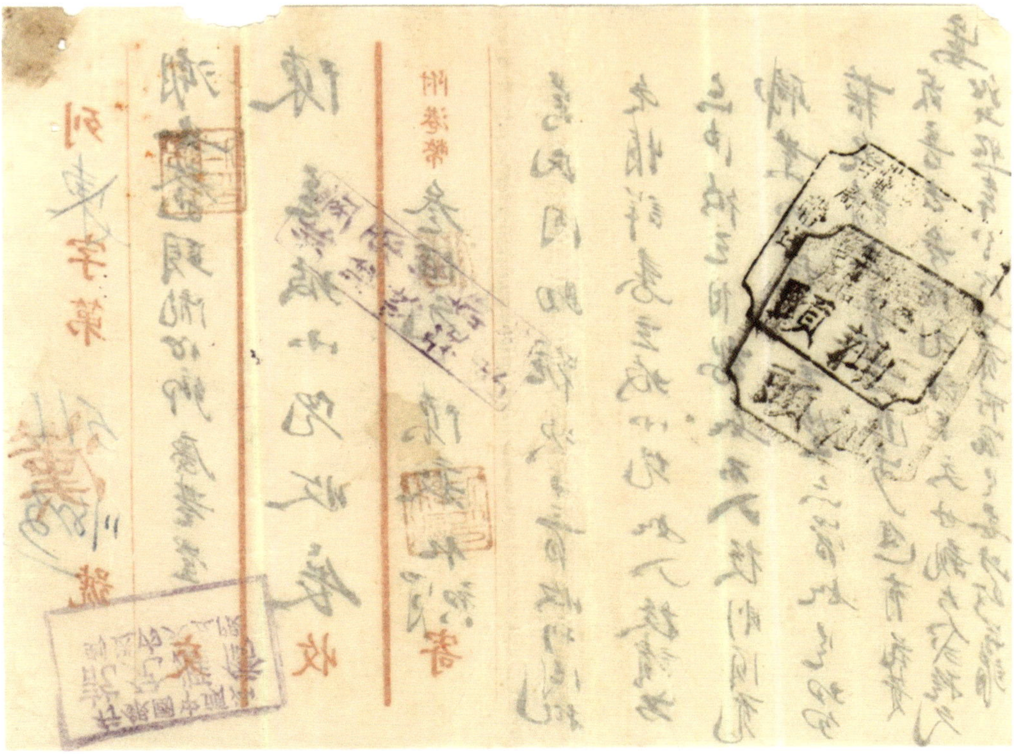

1952 年 12 月 8 日陈敦仁寄潮安鳌头陇仔乡陈立坡

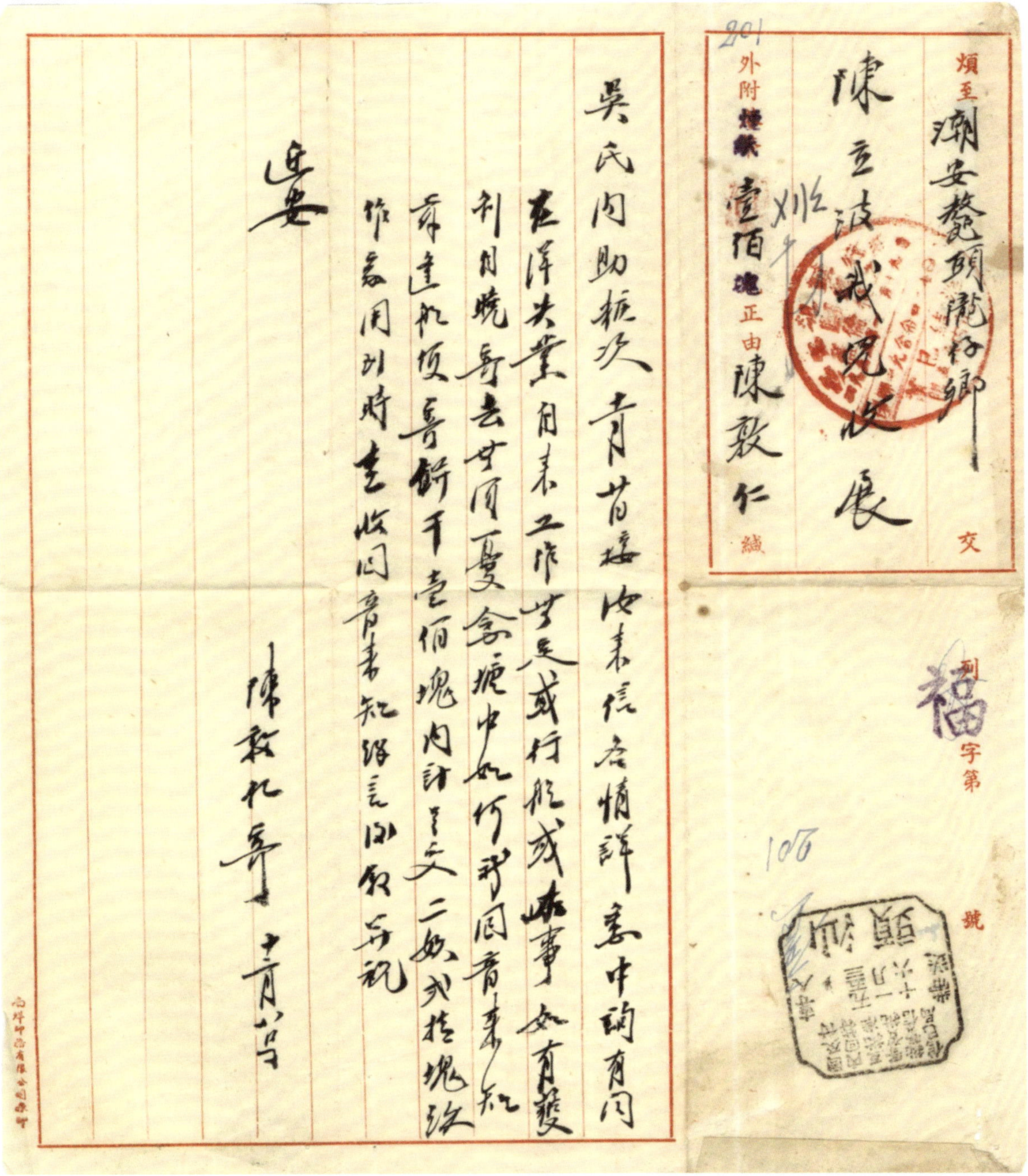
201
煩至潮安鰲頭隴仔鄉
陳立波戚兄收展 交
外附港幣壹佰塊正 由陳敦仁緘
列福字第 號
106

吳氏內助粧次 青月昔接汝來信各情詳悉 中詢有關在洋失業 自來工作 出之或行船或此事 如有獲利則曉寄去 毋須憂念 現中如何祈回音來知 茲逢批便寄餅干壹佰塊 內計毛文二奴 式拾塊致你家用 到時查收回音來知 餘言后叙 并祝
近安
陳敦仁寄 十二月八号

1956年1月26日陈敦仁寄潮安鳌头陇仔乡陈立坡

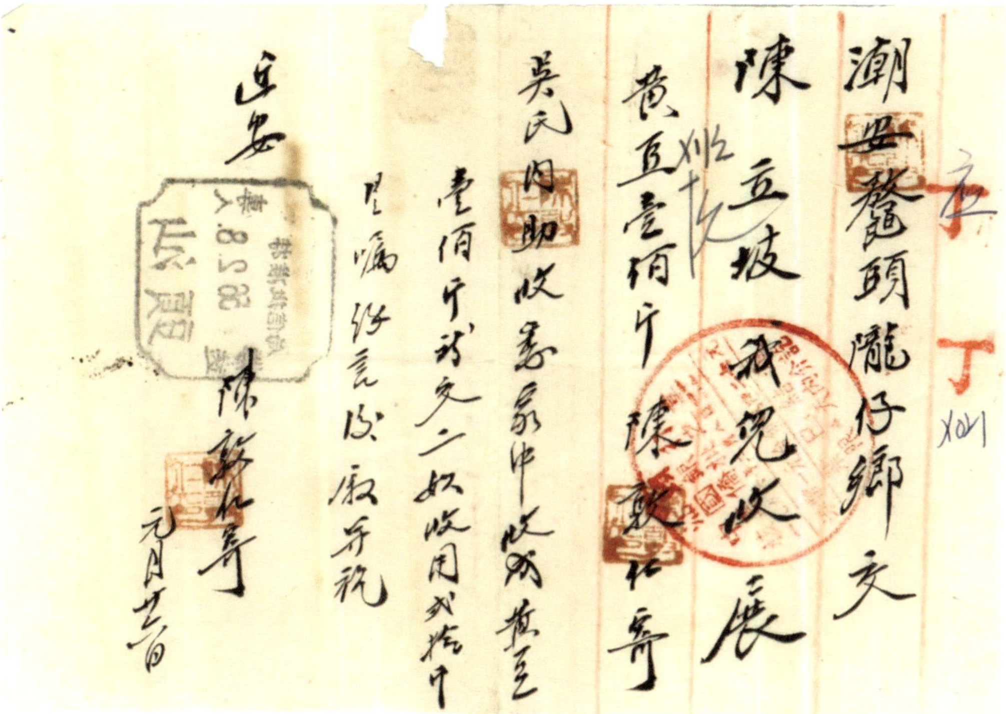

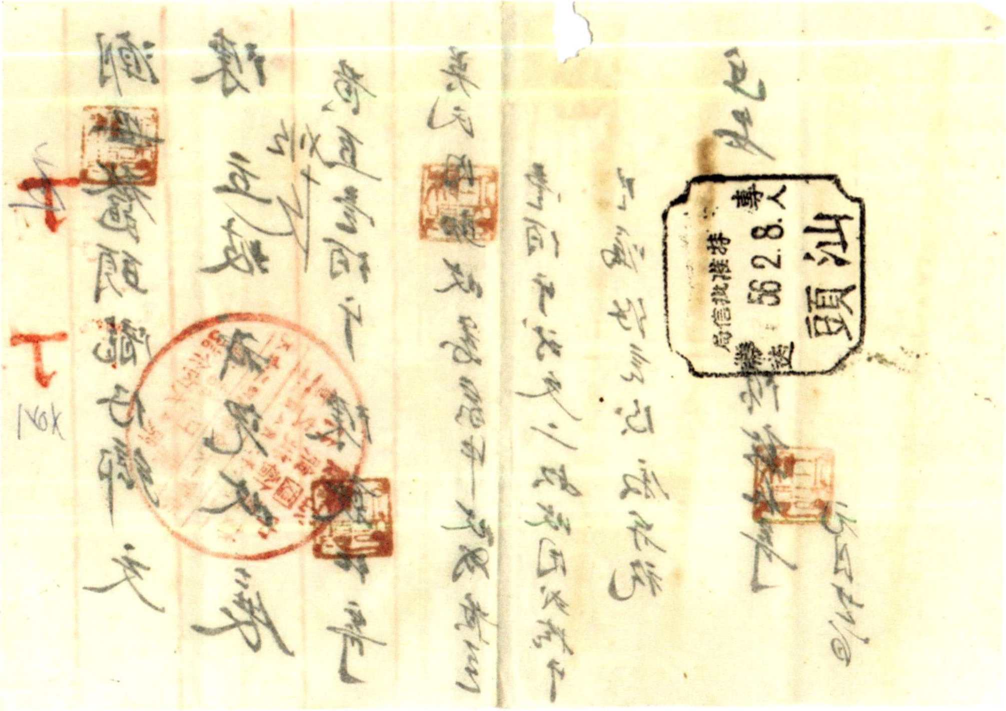

1956 年 3 月 18 日陈敦仁寄潮安鳌头陇仔乡陈立坡

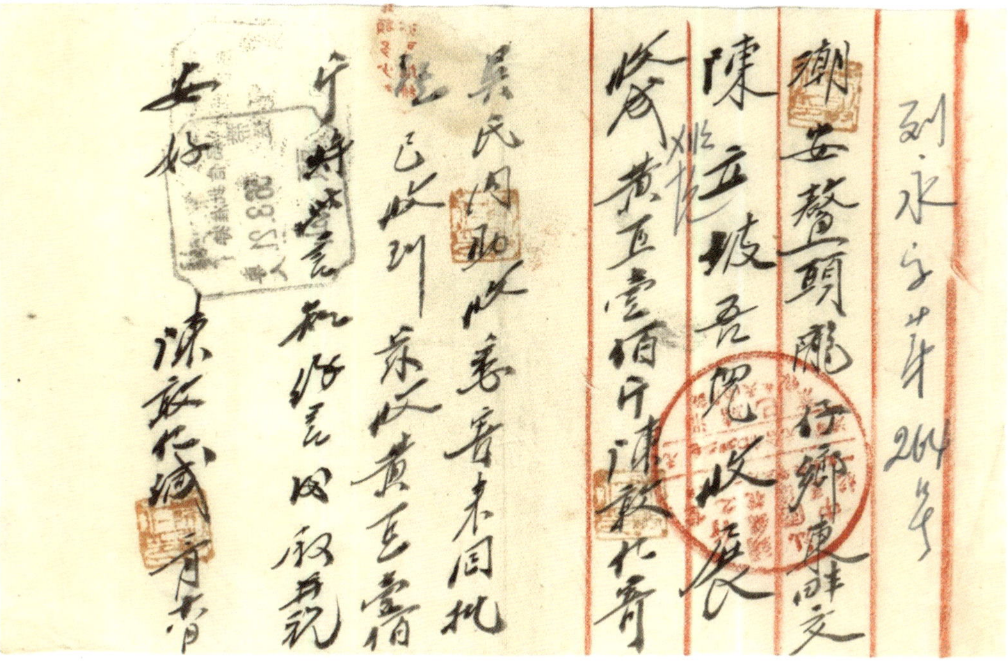

1956 年 5 月 2 日陈敦仁寄潮安鳌头陇仔乡陈立坡

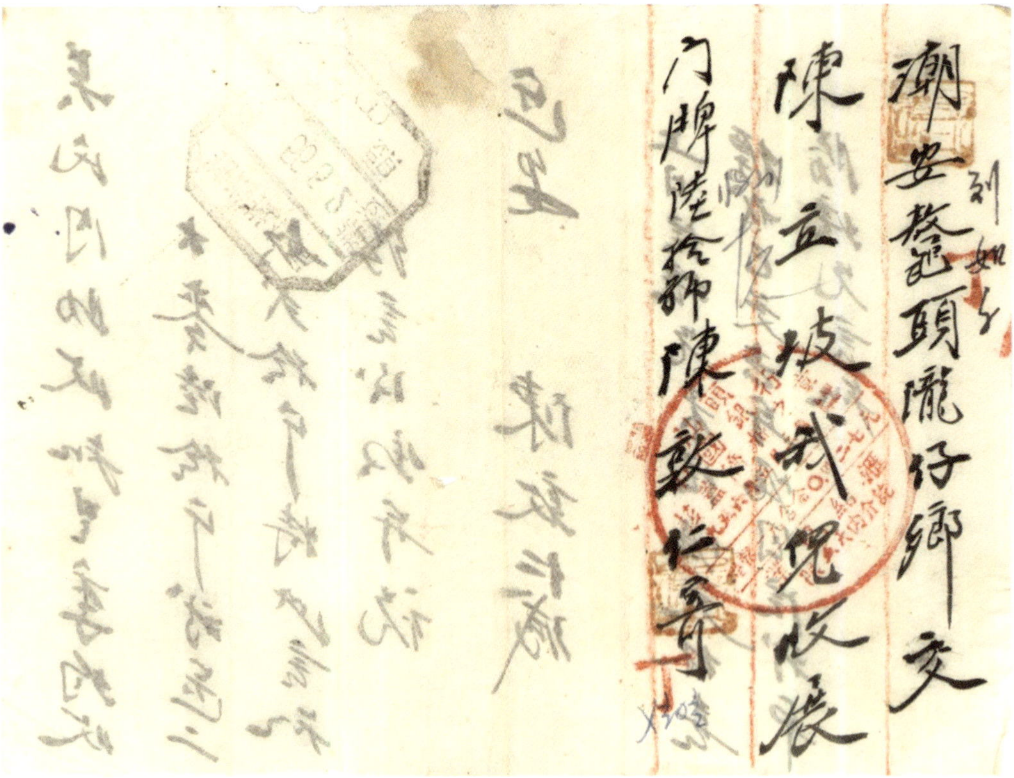
潮安鰲頭隴仔鄉交
陳立坡我兄收展
門牌陸拾柳陳敦仁寄

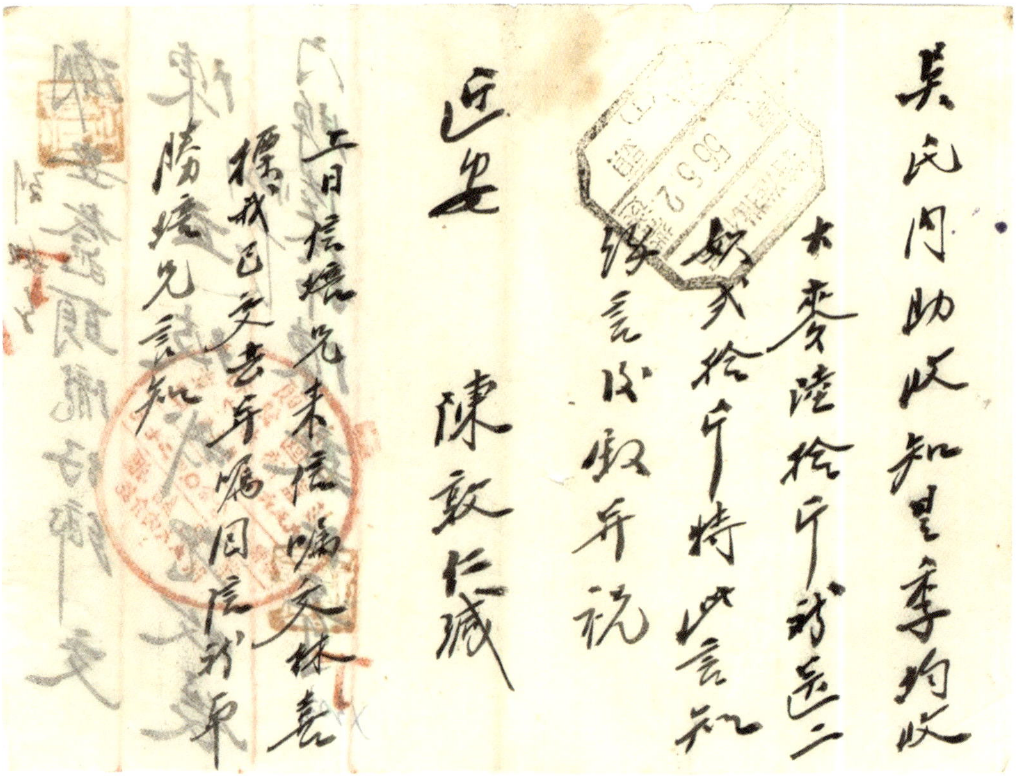
吳氏內助收知是季均收
大麥陸拾斤我兒近二
奴叔拾斤特此言知
餘言後叙并祝
近安
陳敦仁識
上日信塘兄來信嘱文林喜
標我已交去并偏回信我即
勝塘兄言知

1956 年 5 月 2 日陈敦崇寄潮安鳌头陇仔乡陈立荣

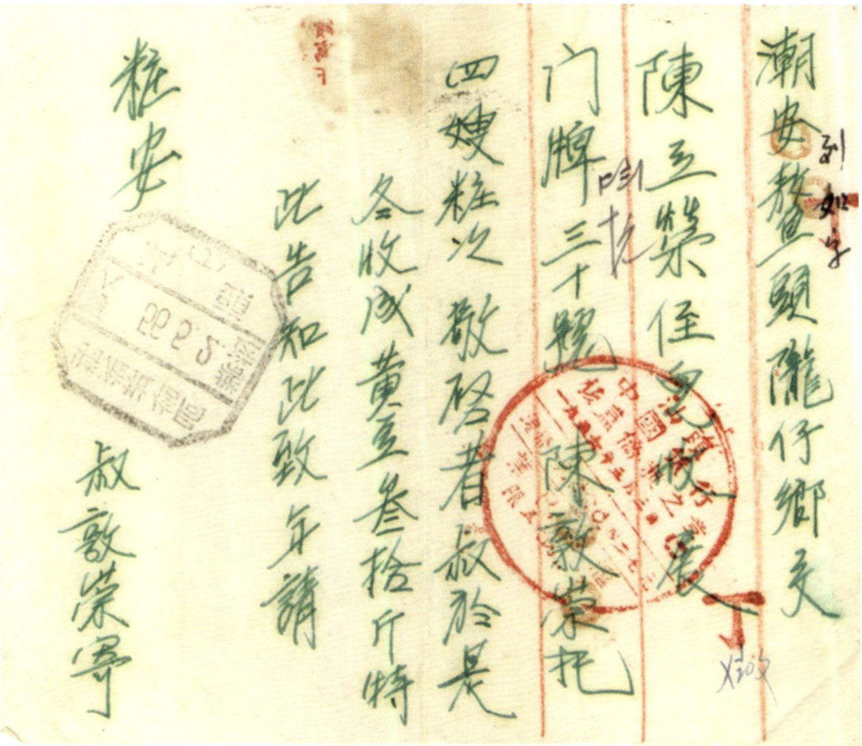

潮安鰲頭隴仔鄉交
陳立榮侄收
門牌三十號 陳敦崇托

四嫂粧次 敬啓者叔於是
各收成黄豆叁拾斤特
此告知此致年請
粧安
叔敦崇寄

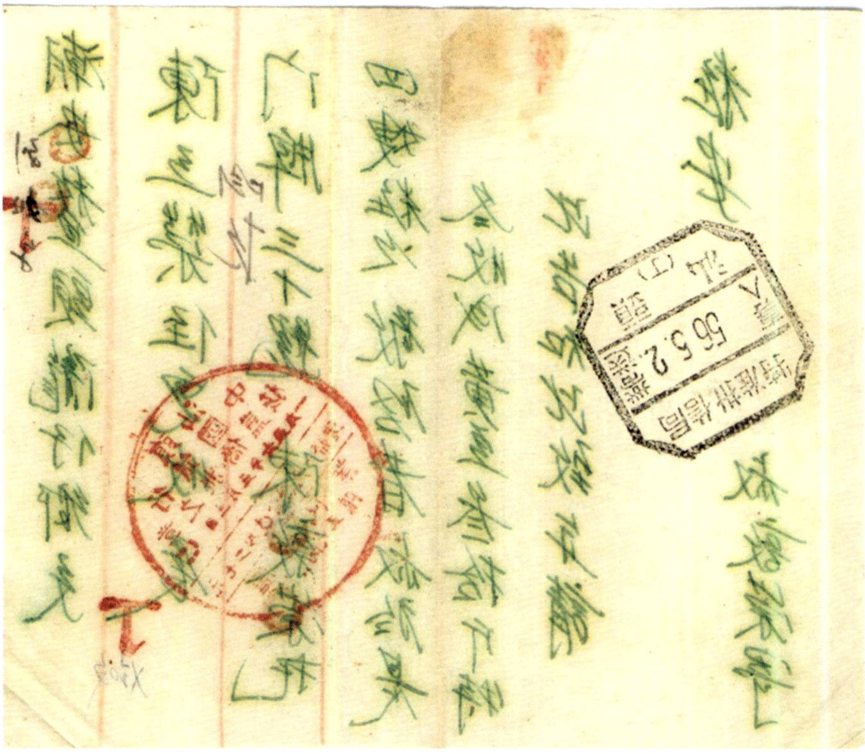

四月十八日（1956 年 5 月 27 日）
陈敦仁寄潮安鳌头陇仔乡陈立坡

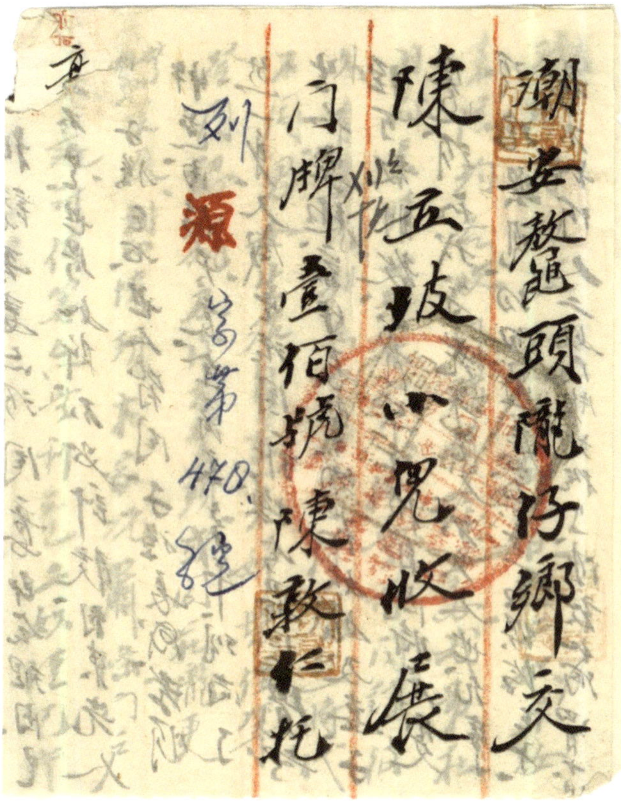
潮安鳌頭隴仔鄉交
陳立坡[illegible]兒收展
内附壹佰元 陳敦仁托

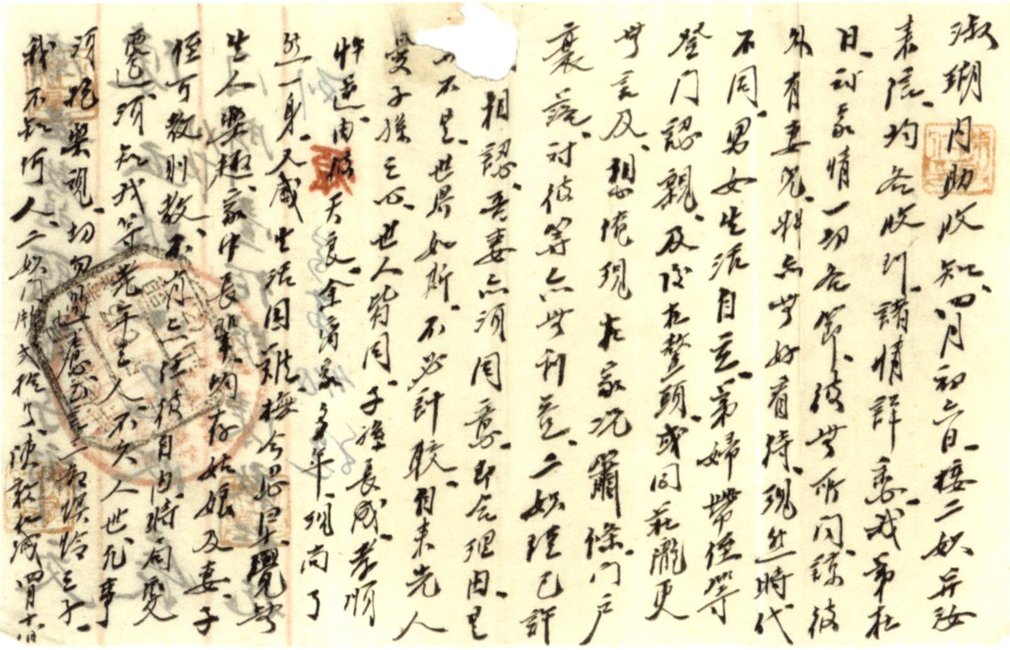
淑娴内助收知，四月初六日接二妹并孩来信，均各收到，諸情詳悉。我弟在日，对家情一切全靠你等所[illegible]依，外有妻儿，料亦无好看待，现在时代不同，男女生活自立，弟妇带侄等登门认亲，及住在鳌头或同乡陇，更无言及。想您现在家况[illegible]，除门户衰落，对侄等亦无利益，二妹理已许相认，吾妻亦须同意，[illegible]理由是如不是，世界如斯，不必计较，自来先人爱子孙之心，世人皆同，子孙长成孝顺[illegible]逆，由於天良，全看将来多年，现尚了然一身，又感生活困难，[illegible]已觉生人要趣，家中长业，均存姑娘及妻子，经可教则教，如有之经，依自由所向，[illegible]须知我等老年之人，不久人世，凡事须抱乐观，切勿忧虑，[illegible]我不知何人，二妹门牌[illegible]陈敦仁[illegible]四月十八日

1957 年 12 月 24 日陈敦崇寄潮安鳌头陇仔乡陈立荣

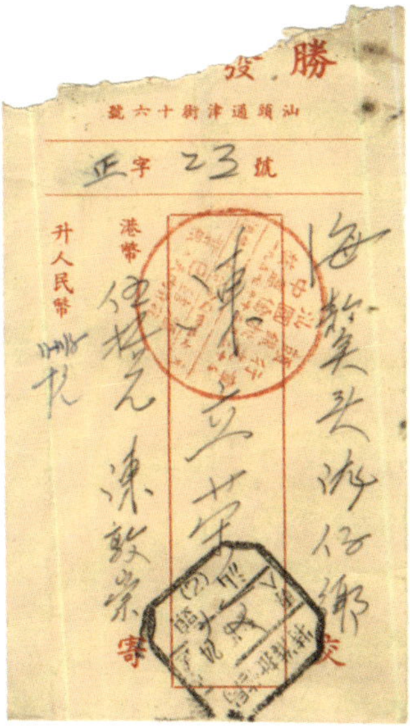

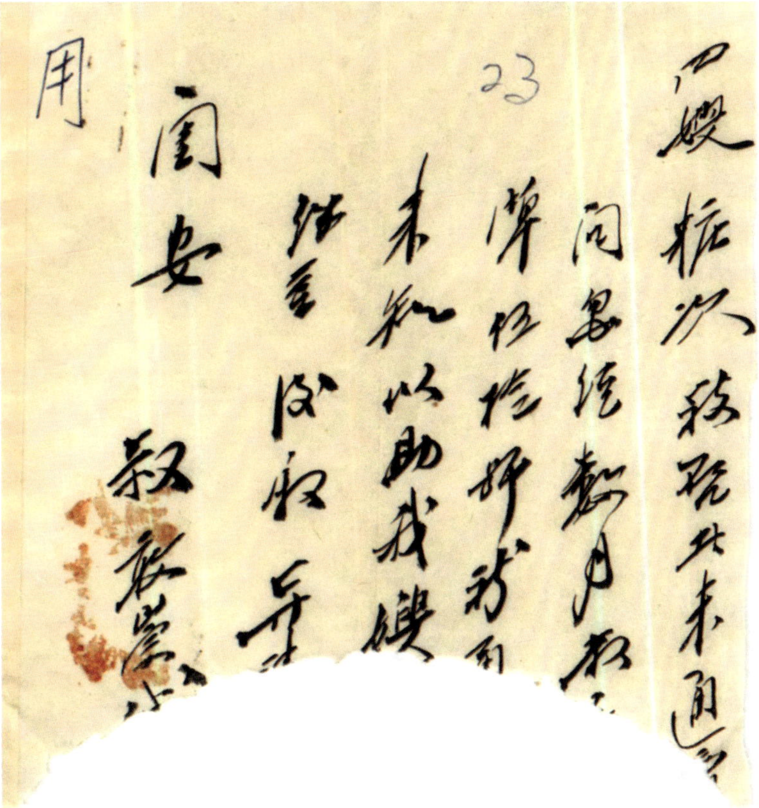

1957 年 12 月 25 日陈敦仁寄潮安鳌头陇仔乡陈立荣

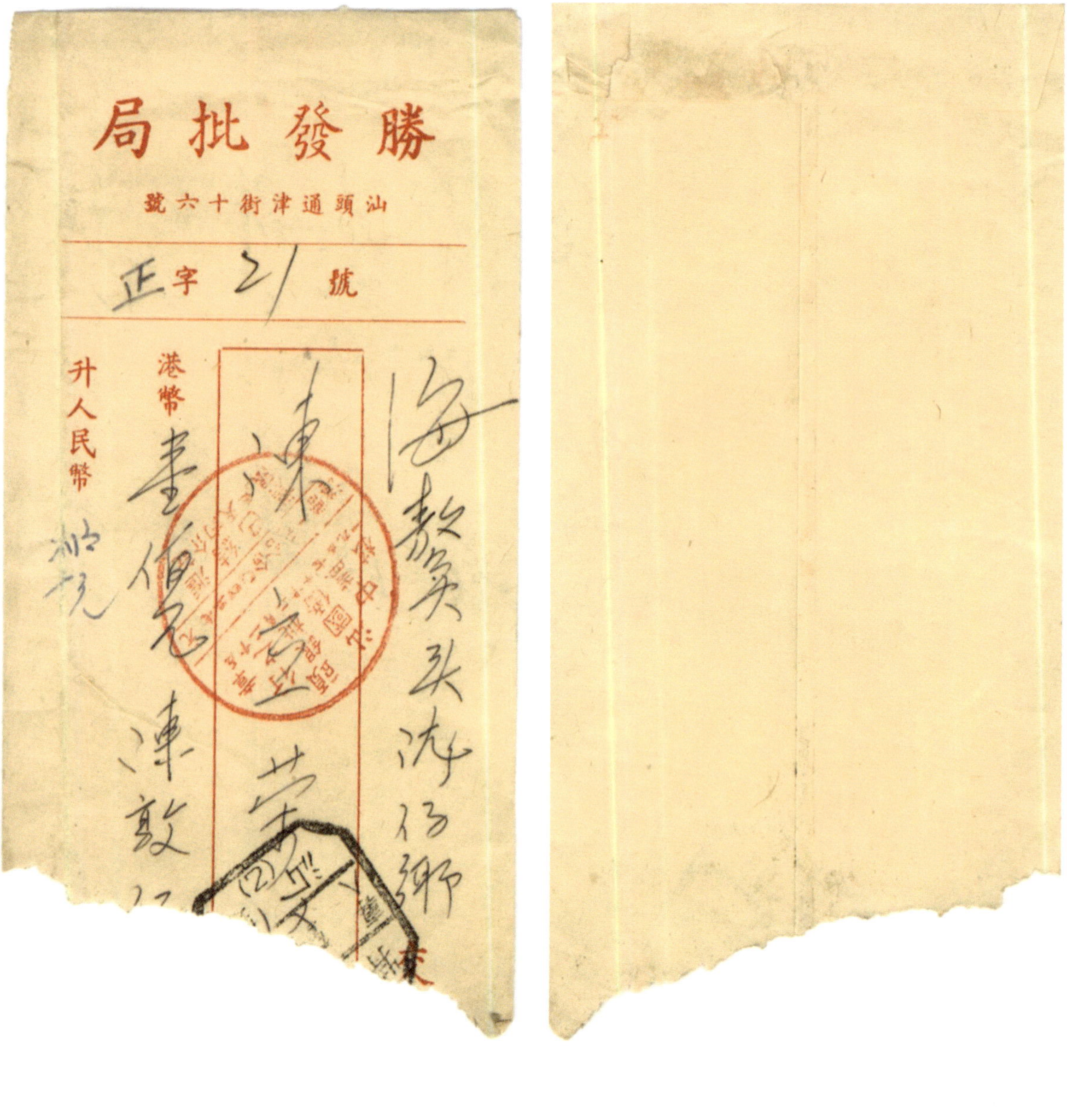

1958 年 4 月 4 日陈敦仁寄潮安鳌头陇仔乡陈立荣

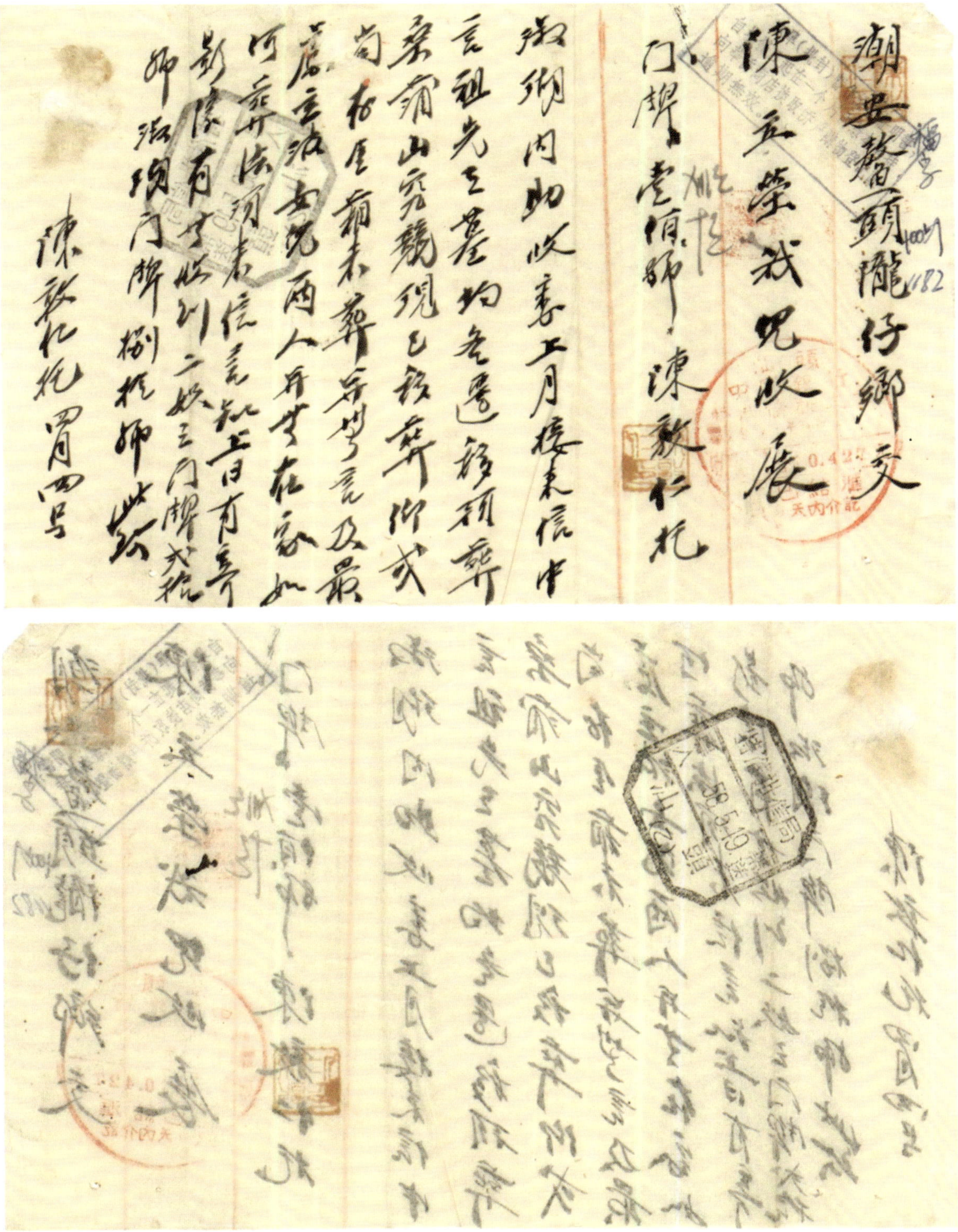
潮安鳌头陇仔乡交
陈立荣我儿收展
陈敦仁托

1958 年 8 月 4 日陈敦仁寄潮安鳌头陇仔乡陈立荣

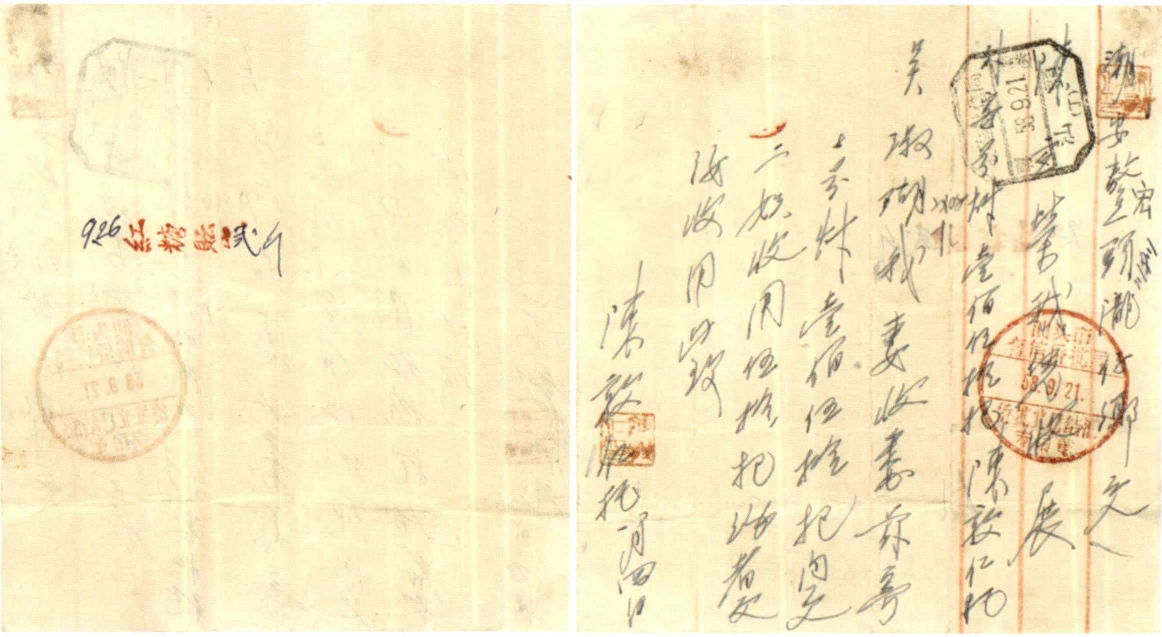
潮安鳌头陇仔乡交
陈立荣
壹佰伍拾
陈敦仁托
淑湖我妻收
壹佰伍拾
三姑收用伍拾
陈敦仁托 八月四日

1959 年 1 月叻坡（新加坡）陈敦仁寄潮安鳌头陇仔乡陈立荣

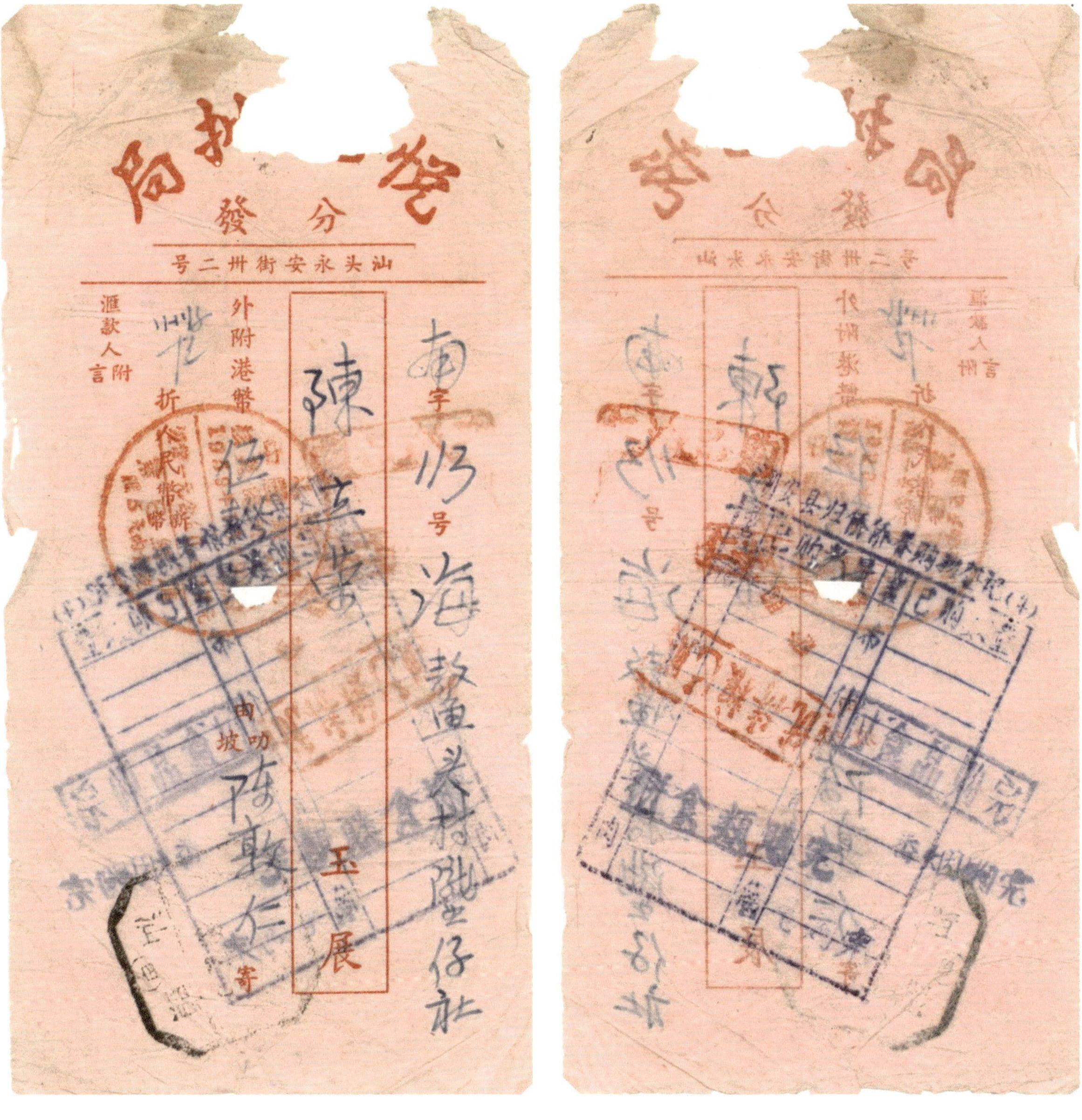

1959 年 3 月 26 日陈敦仁寄潮安鳌头陇仔乡陈立荣

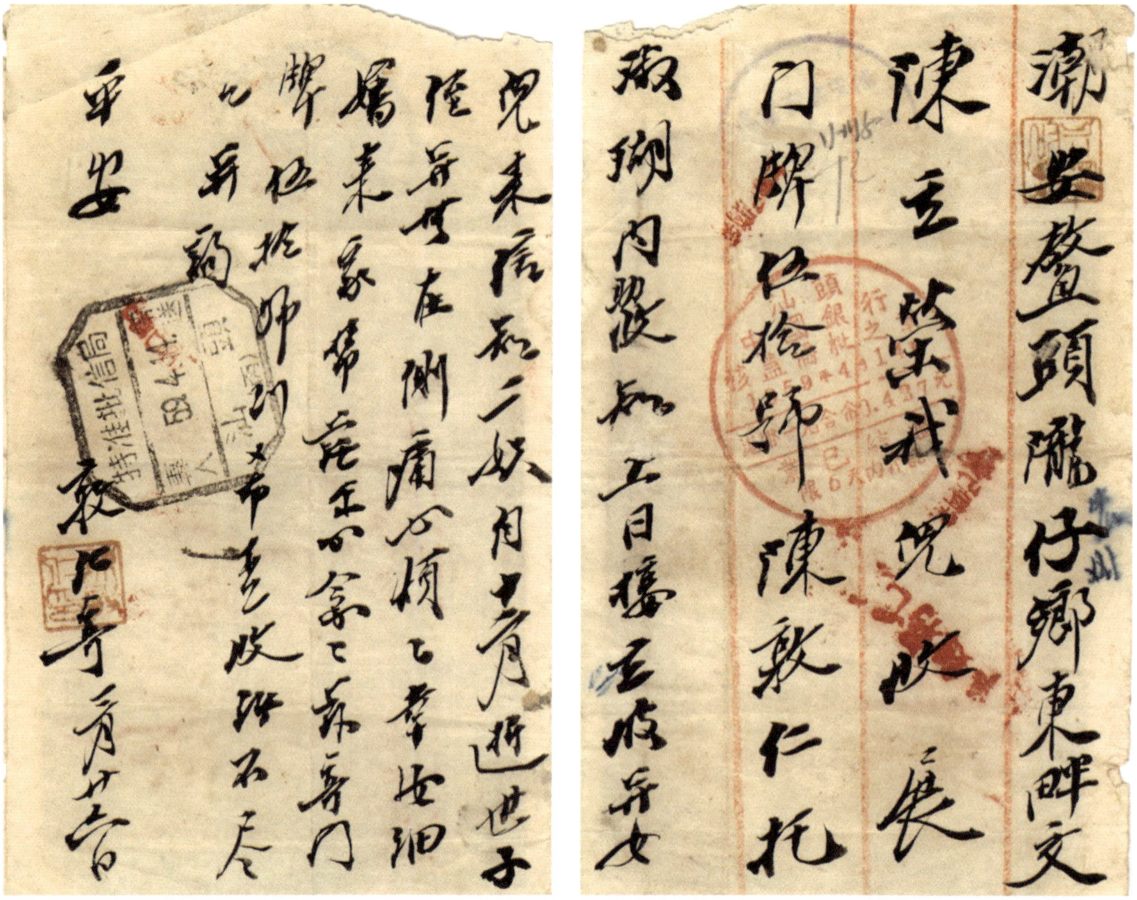
潮安鳌頭隴仔鄉東畔交
陳立榮我兒收展
門牌拾捌號 陳敦仁托
叔鄉內眾知 五日樓立收兵女

兒來信知二妹月十一月折逝世子
侄兵可在側痛心慎之幸安细
屬來家带庇全家之兵兵门
牌拾捌號 文布壹收此不尽
之兵弱
平安
敦仁寄 三月廿六

辛（巳）年八月廿五日（1941年10月15日）
叻（新加坡）庄炳奎寄潮安江东独树庄中乡母亲

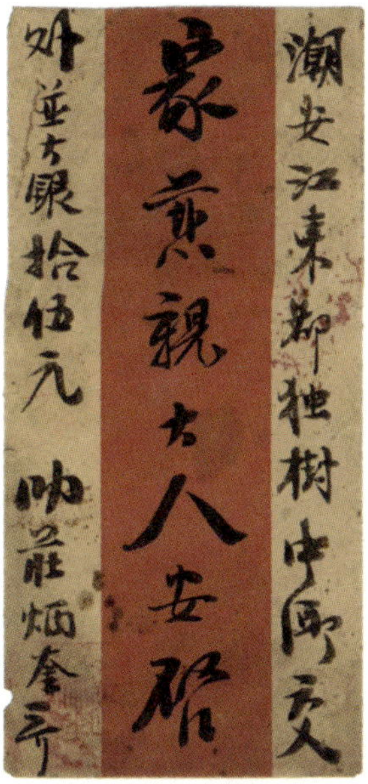

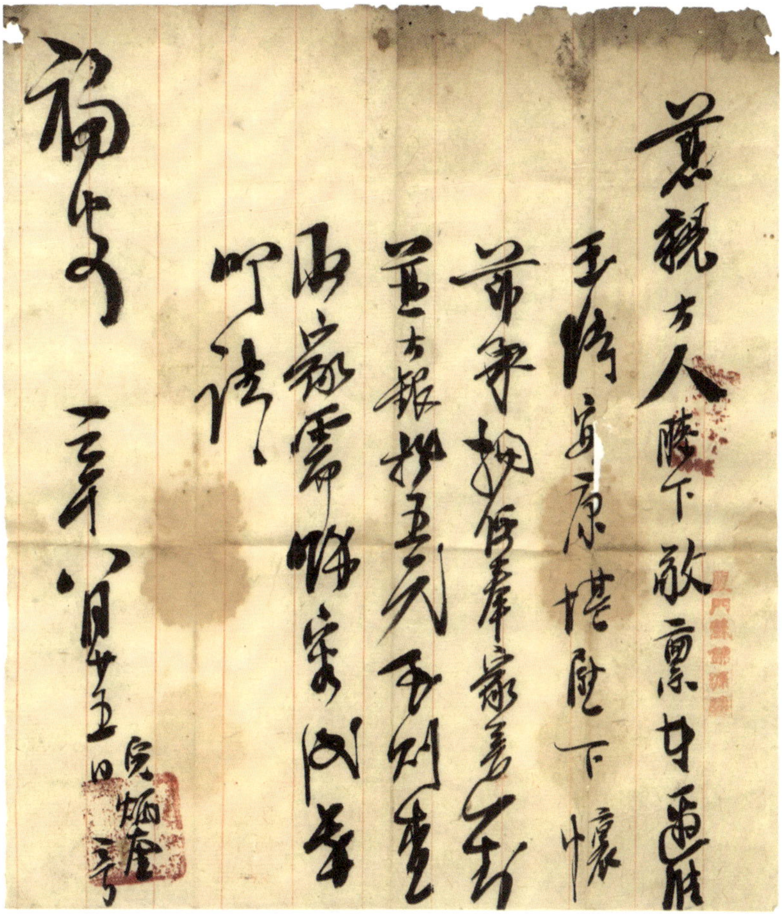

（民国）卅六年六月廿二日（1947 年 6 月 22 日）
峇株（马来西亚）庄炳奎寄潮安江东独树庄中乡母亲

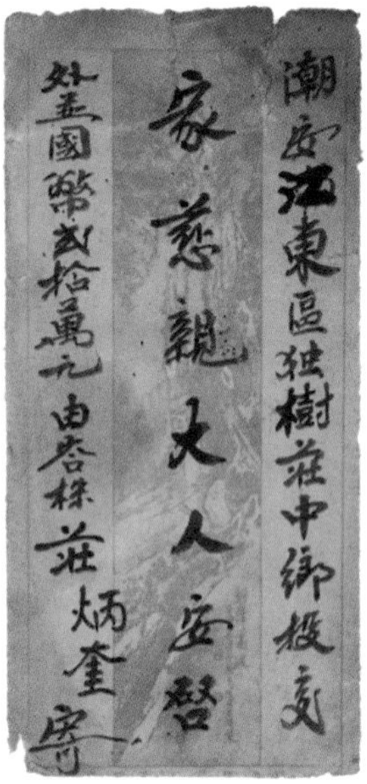

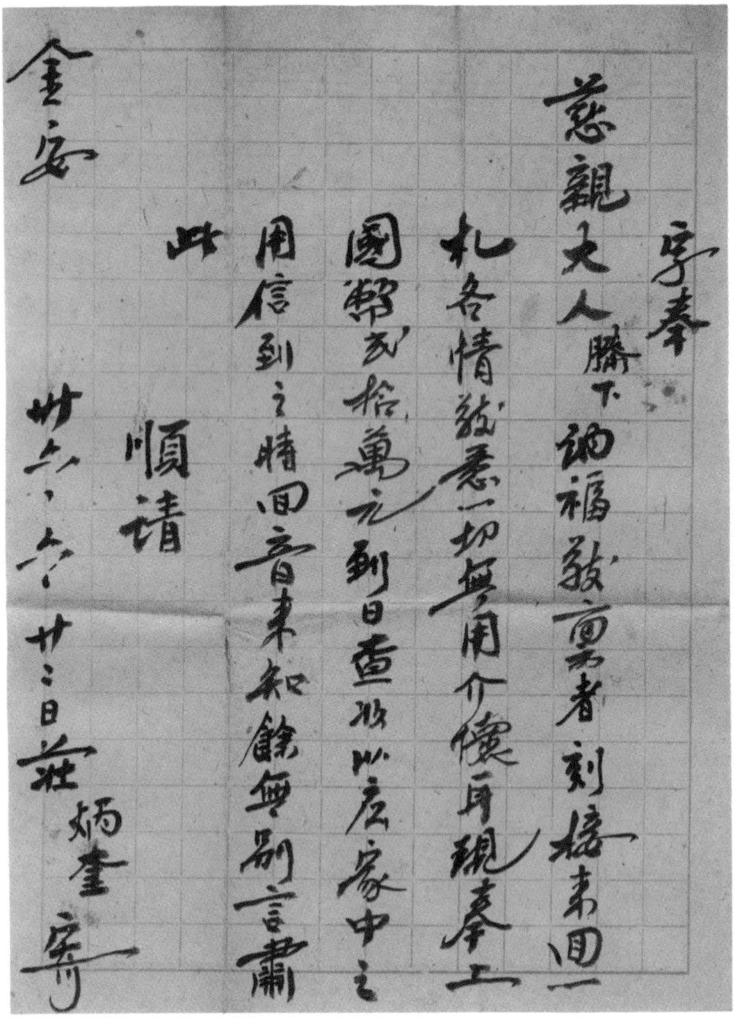

字奉
慈親大人膝下納福敬稟者刻接來函一
札各情敬悉一切無用介懷耳現奉上
國幣弍拾萬元到日查收以应家中之
用信到之情回音來知餘無别言肅
此　順請
金安
卅六、六、廿二日莊炳奎寄

辛（卯）年元月十五日（1951 年 2 月 20 日）
叻庄炳奎寄潮安江东独树庄中乡母亲

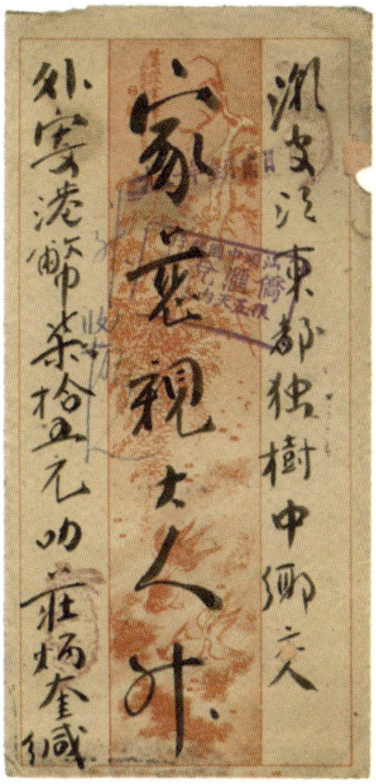

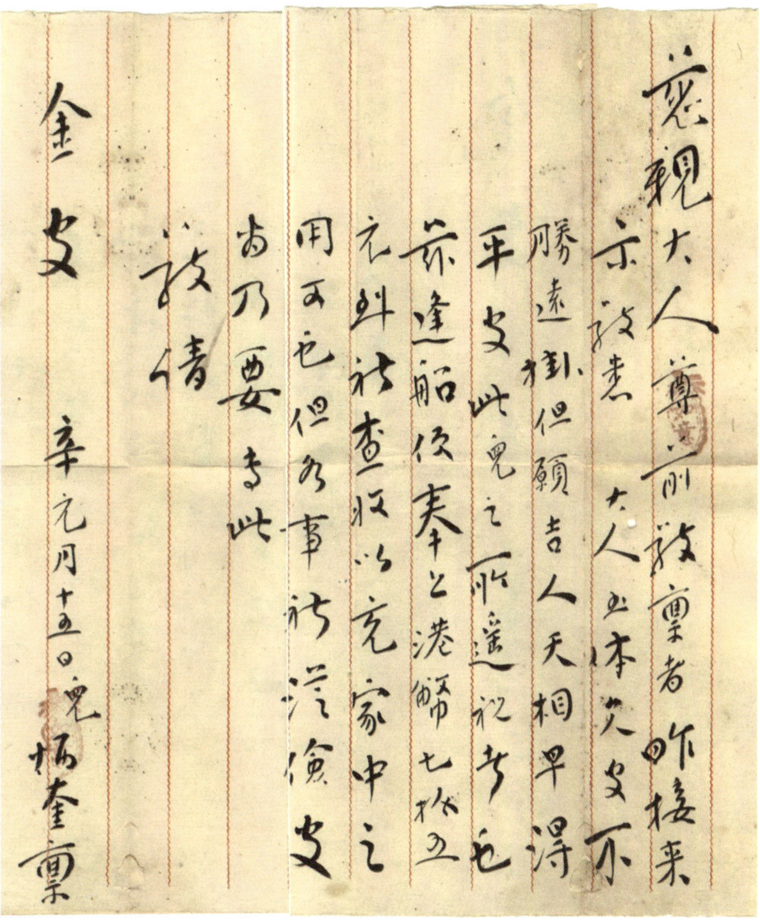
慈親大人尊前敬稟者 昨接来
示敬悉 大人玉体欠安 不
勝遠掛 但願吉人天相早得
平安 此兒之所遥祝者也
茲逢船便奉上港幣七拾五
元 料被查收以充家中之
用可也 但家事諸凡請慎安
当乃要者此
敬請
金安
辛元月十五日 兒炳奎稟

1953 年 4 月 13 日叻庄炳奎寄潮安江东独树庄中乡庄育成

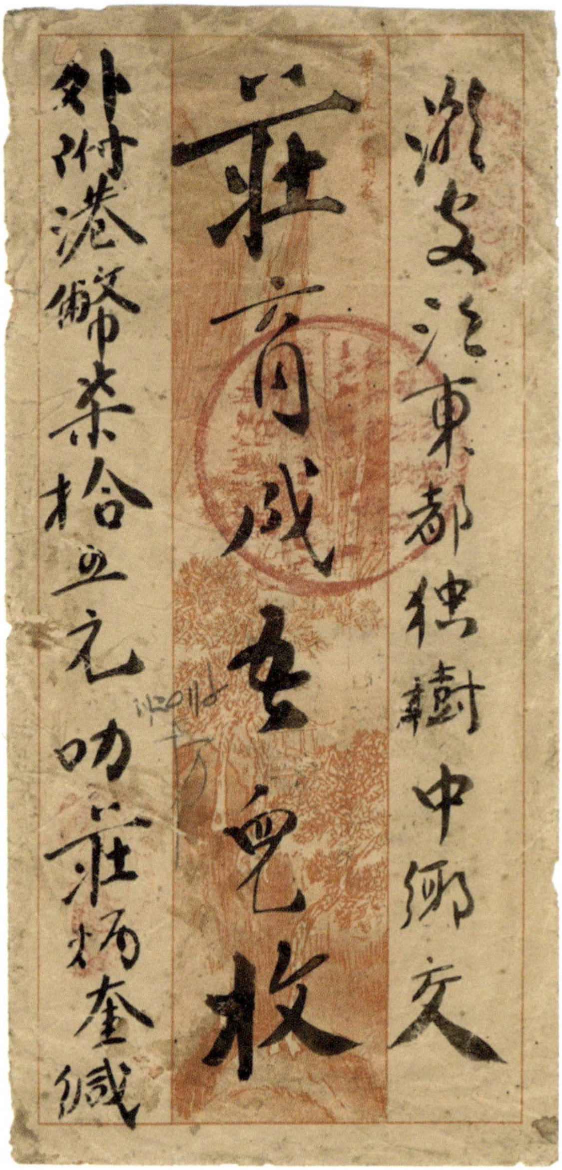

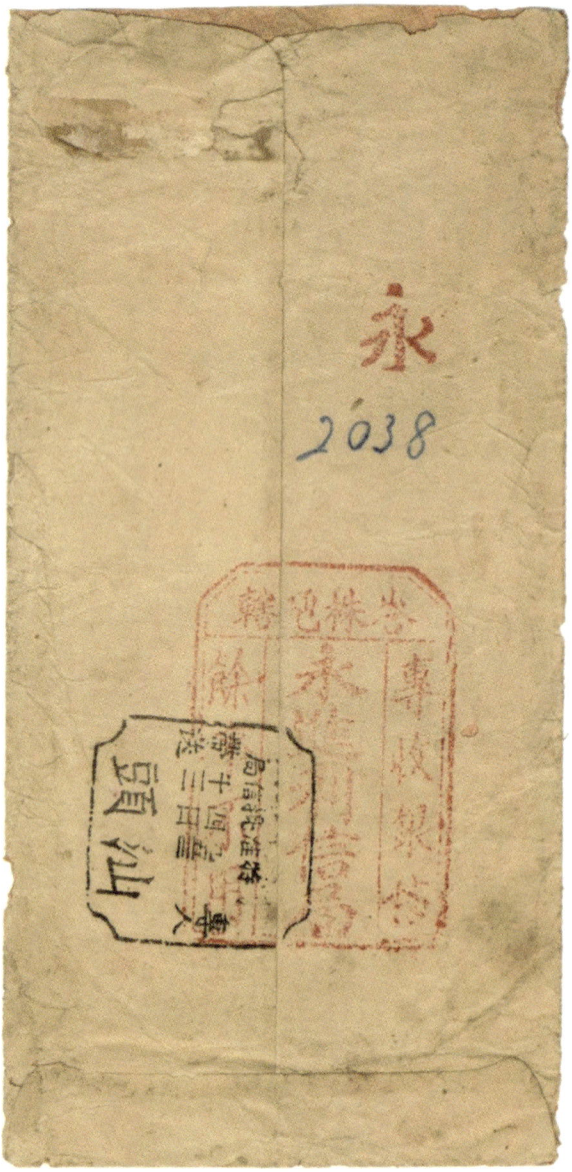

1954 年 5 月 10 日父亲（庄炳奎）寄财进

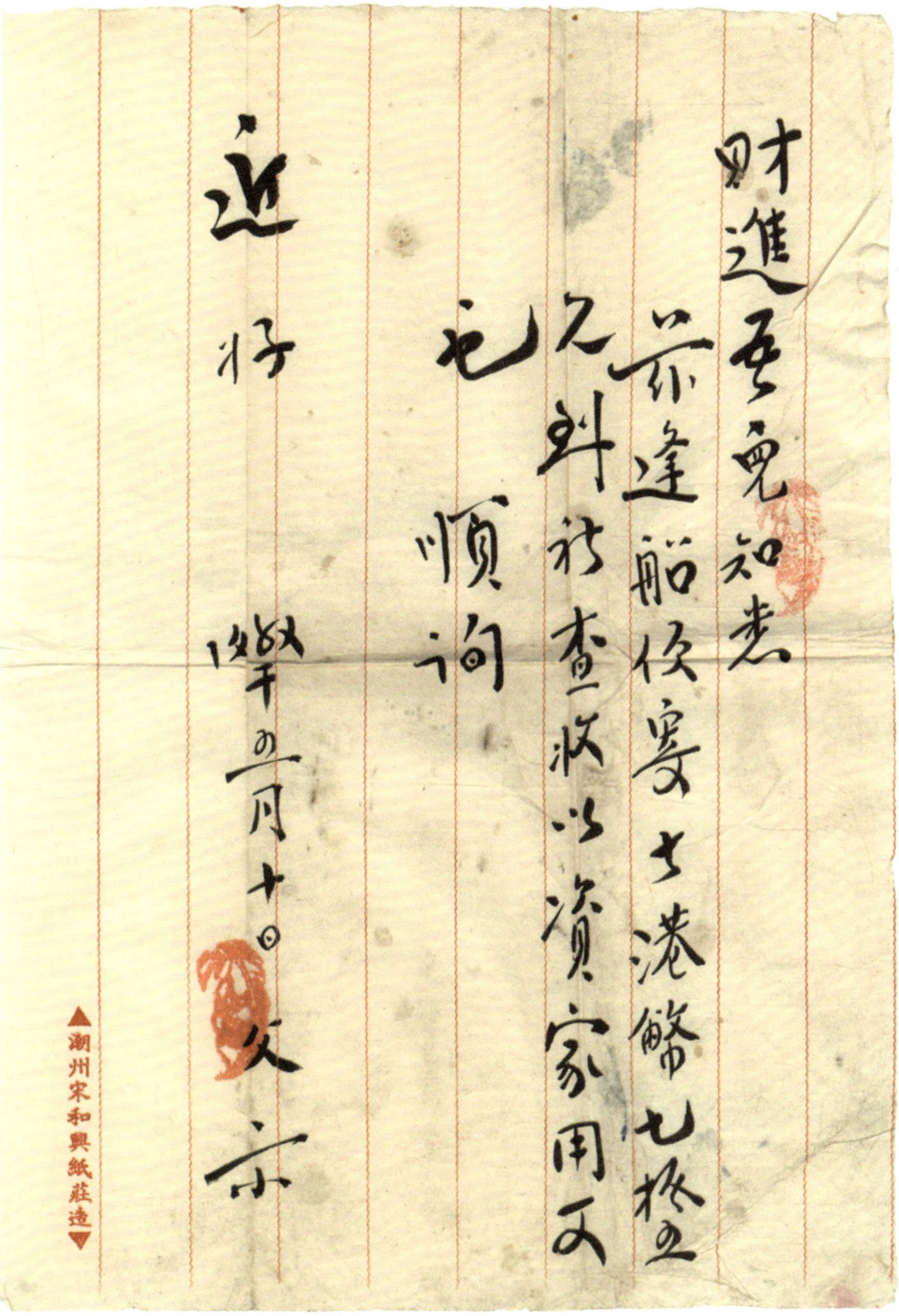

財進吾兒知悉
兹逢船便寄去港幣七拾五
元料於查收以資家用又
也順詢
近好
甲午年五月十日 父示

▲潮州宋和興紙莊造▼

1954 年 8 月 10 日叻庄炳奎寄潮安江东独树庄中乡庄财进

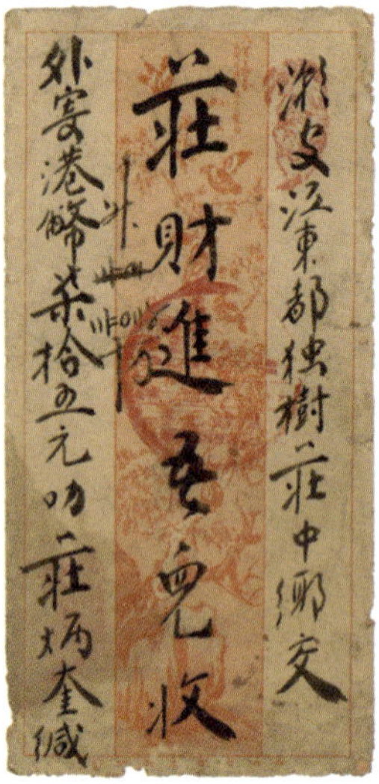

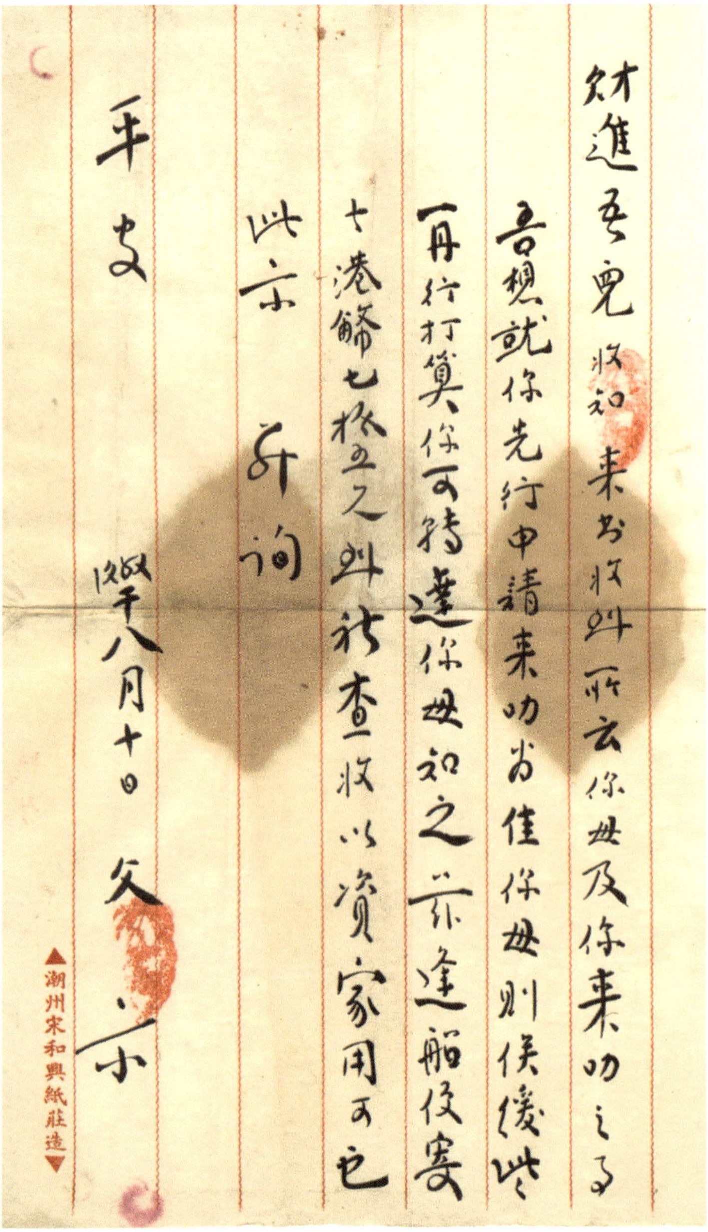

财進吾兒收知
来书收悉所云你母及你来叻之事
吾想就你先行申请来叻为佳你母则俟後些
再行打算你可转達你母知之今逢递船便寄
去港币七拾五元外祈查收以资家用可也
此示 并询
平安
1954年八月十日 父 示

潮州宋和興紙莊造

十月十一日（1955 年 10 月 11 日）
叻庄炳奎寄潮安江东独树庄中乡妻子

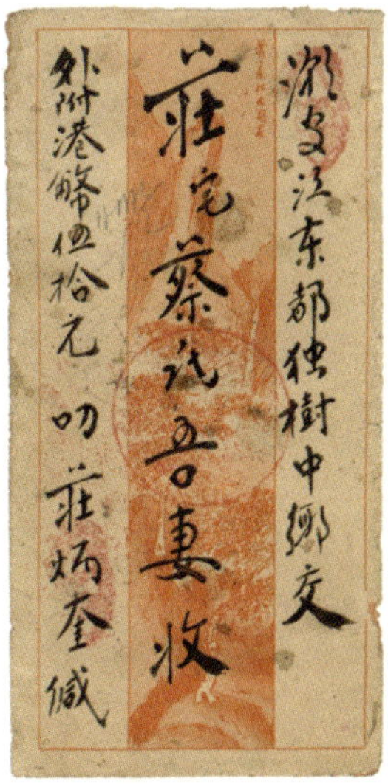
潮安江东都独樹中鄉交
莊宅蔡氏吾妻收
外附港幣伍拾元 叻莊炳奎緘

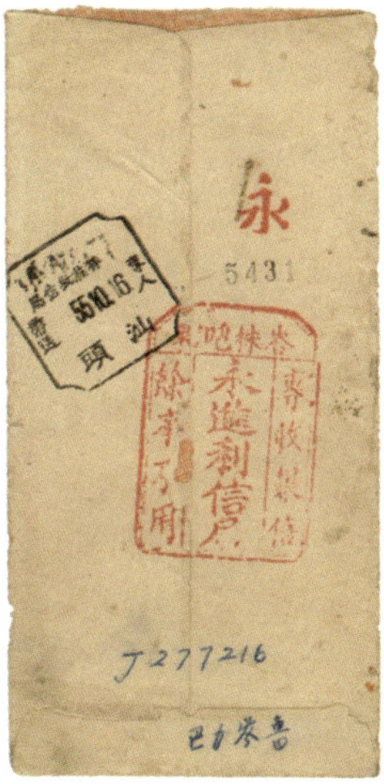
永
5431
J277216

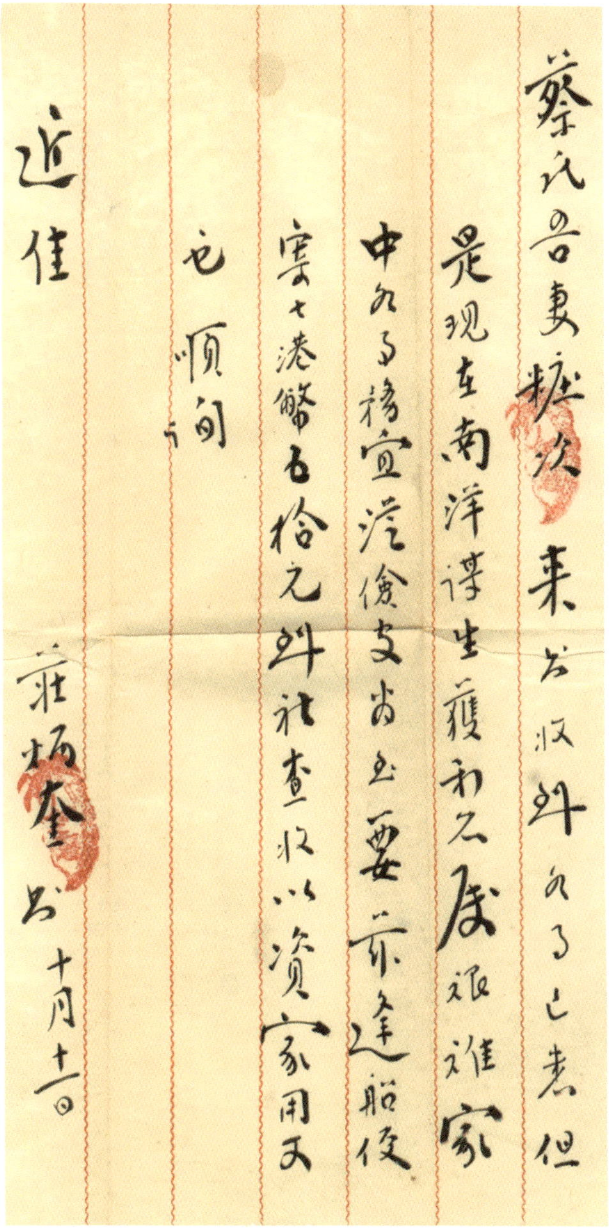
蔡氏吾妻粧次 来书收知，内云已悉。但是现在南洋谋生获利不展，很难家中，兹乃移宜浩俭支出，至要。兹逢船便，寄上港幣五拾元，外祈查收，以资家用，又此顺询
近佳
莊炳奎书 十月十一日

二月廿一日（1956 年 2 月 21 日）
叻庄炳奎寄潮安江东独树庄中乡妻子

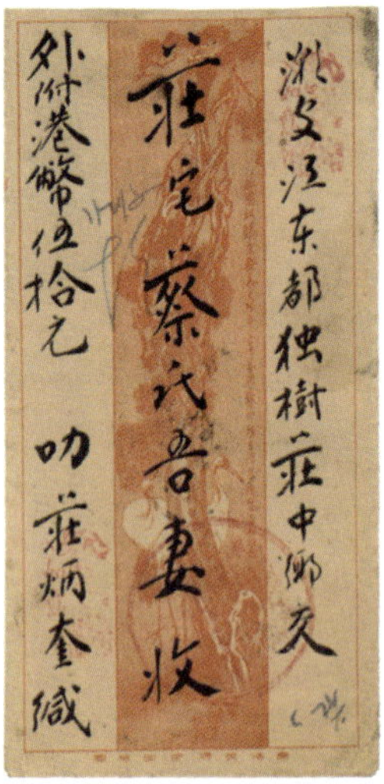

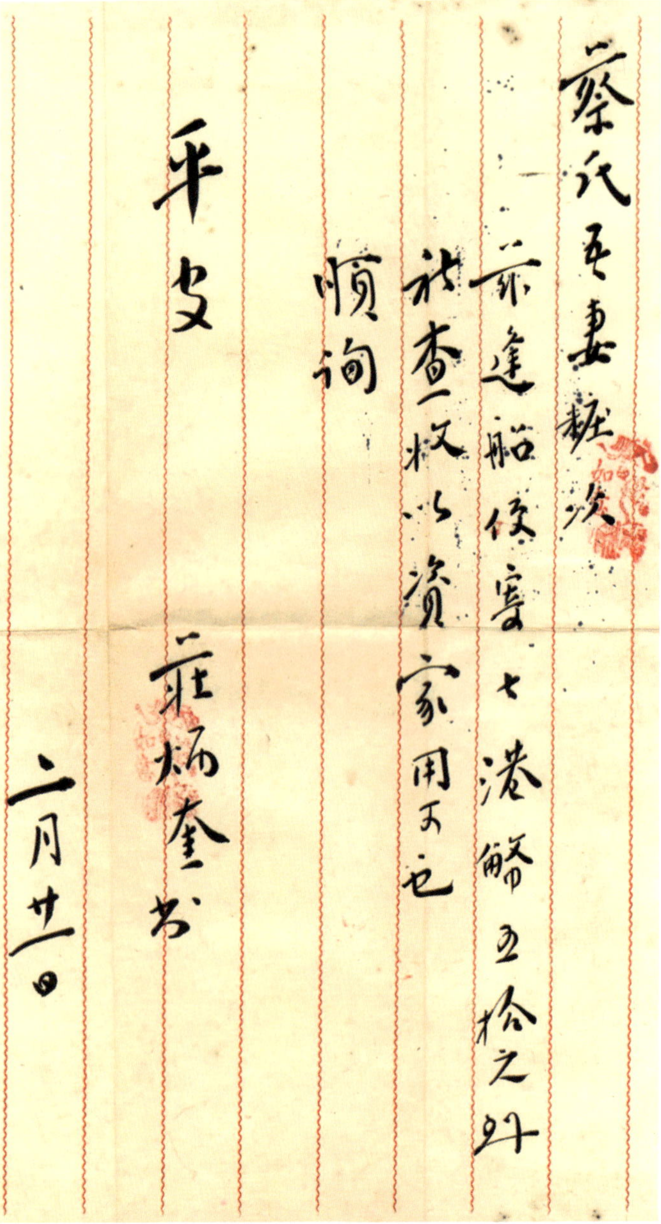
蔡氏吾妻妆次
兹逢船便寄去港币五拾元外
祈查收以资家用可也
顺询
平安
庄炳奎书
二月廿一日

一九五六年五月初五（1956 年 6 月 13 日）
叻庄炳奎寄潮安江东独树庄中乡妻子

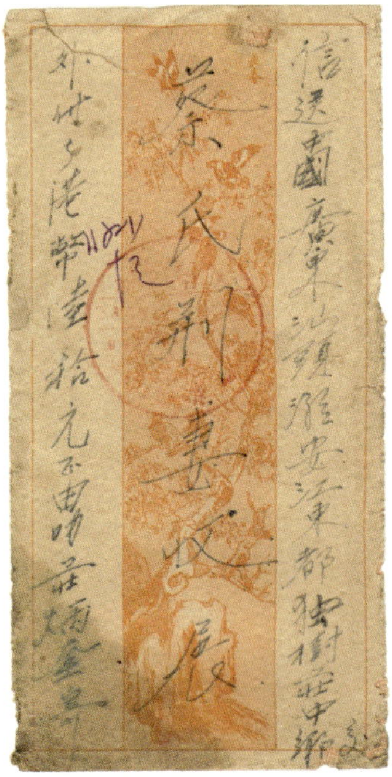

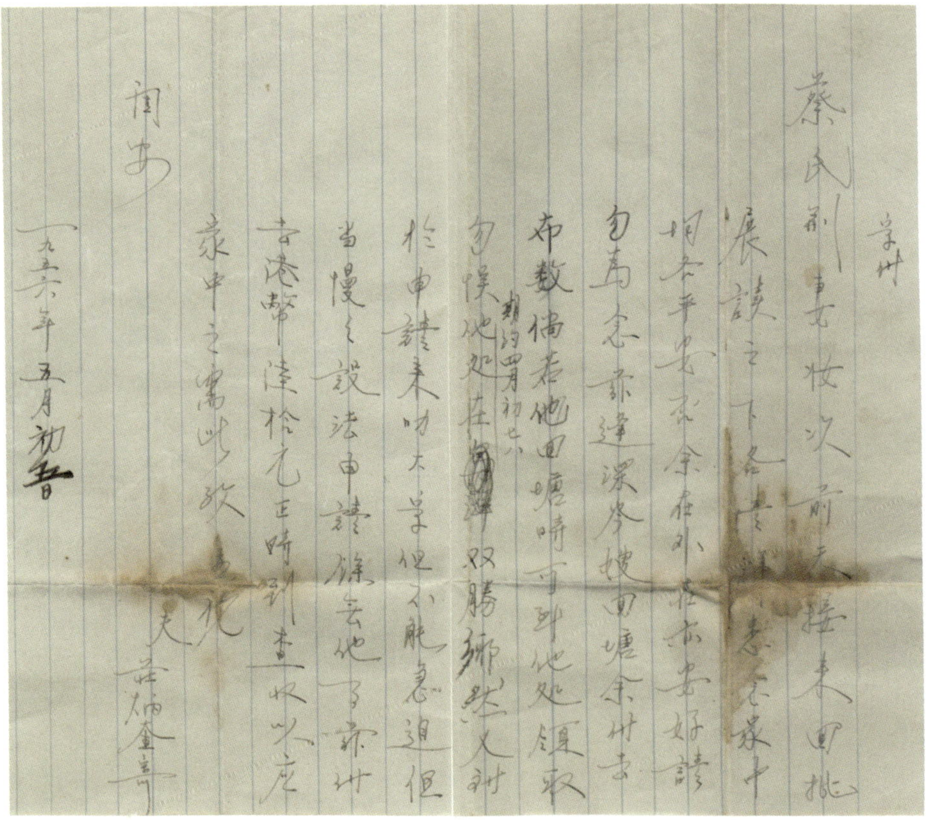

学卅

蔡氏副妻妆次 前天接来回批
展读之下 各情志悉 家中
均各平安 余在外亦安好 请
勿为念 亦逢梁岑嫂回塘 余卅寺
布数備 若他回塘時 可到他处領取
勿误 他处在□□双勝鄉 然又付
期约四月初七八
於申請来叻太早 他不能急迫 但
当慢慢設法申請 余去他了 亦卅
寄港幣陸拾元正 時到查收 以應
家中之需 此致
並祝
闺安
夫 莊炳奎寄
一九五六年五月初五日

1956 年 8 月 21 日叻庄炳奎寄潮安江东独树庄中乡妻子

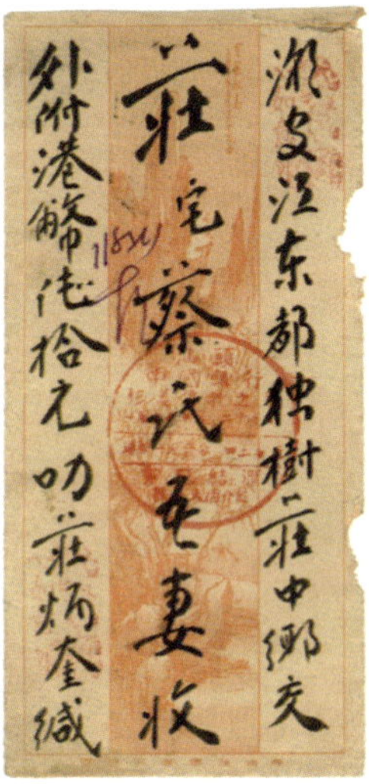
潮安江东都独树庄中乡交
庄宅 蔡氏吾妻收
外附港币伍拾元 叻庄炳奎缄

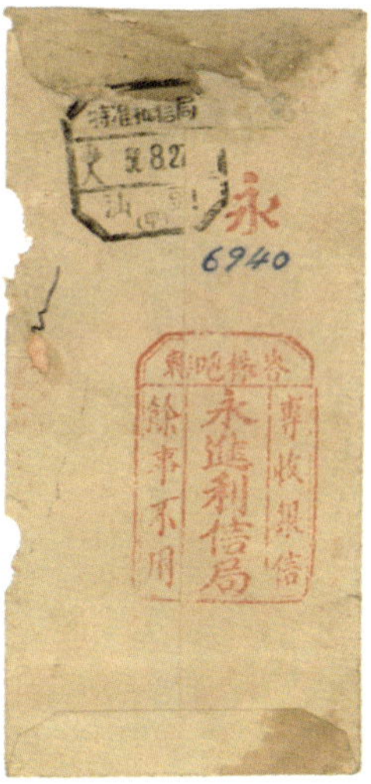

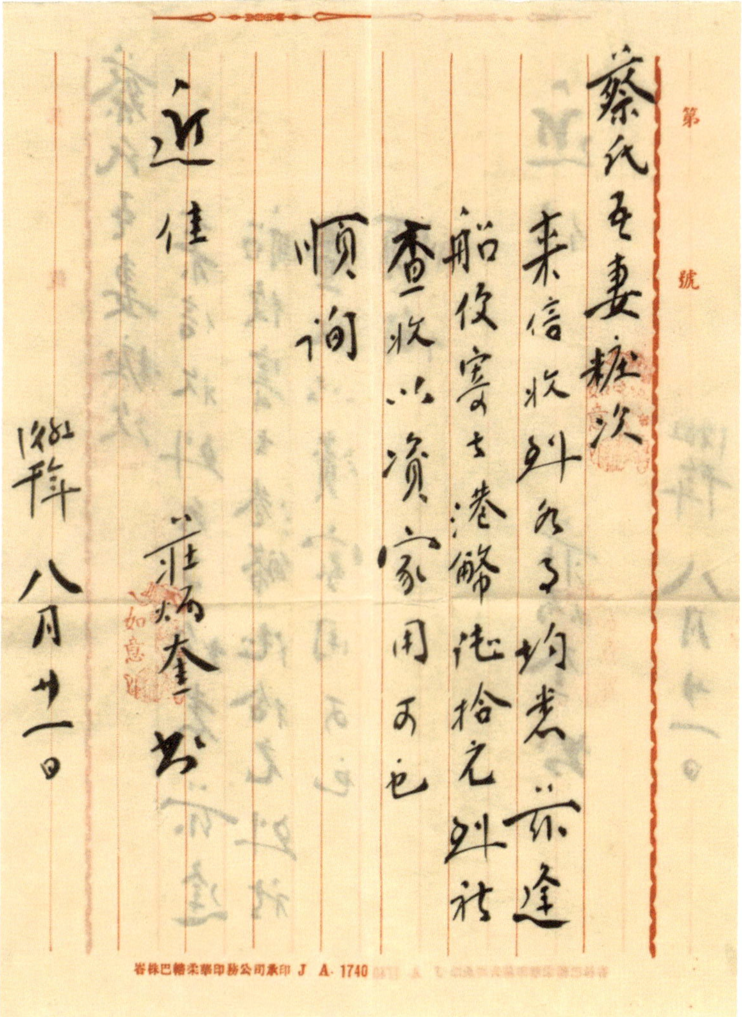
蔡氏吾妻妆次
来信收到知了均悉 兹逢
船便寄去港币伍拾元外社
查收以资家用可也
顺询
近佳
庄炳奎书
1956年
八月廿一日

1956 年 10 月 29 日叻庄炳奎寄潮安江东独树庄中乡妻子

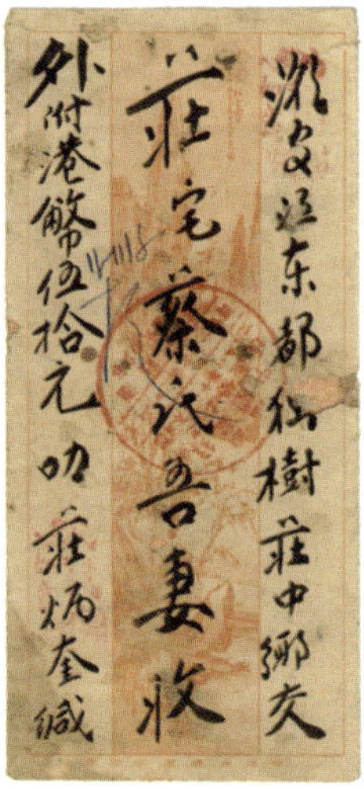

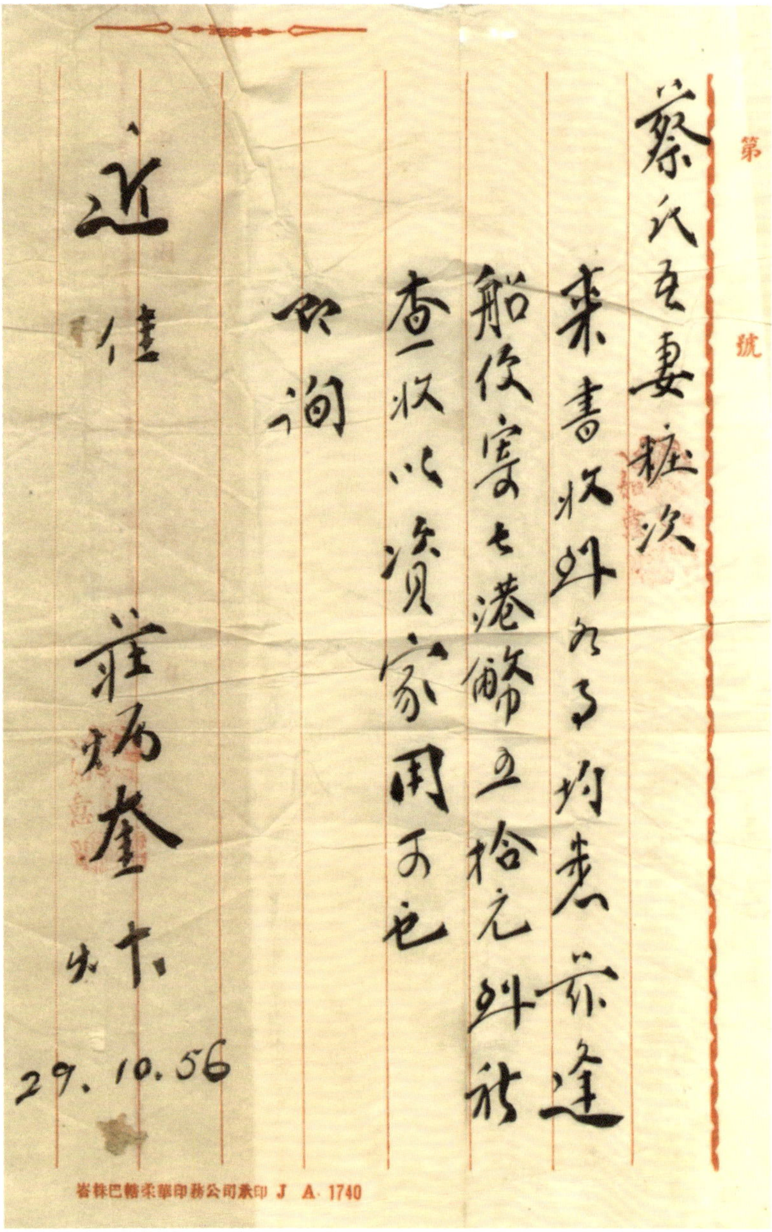

第　號

蔡氏吾妻粧次

来書收到各事均悉茲逢

船便寄去港幣五拾元到祈

查收以資家用可也

順問

近佳

莊炳奎書

29.10.56

峇株巴轄柔華印務公司承印 J A·1740

1956 年 12 月 11 日叻庄炳奎寄潮安江东独树庄中乡妻子

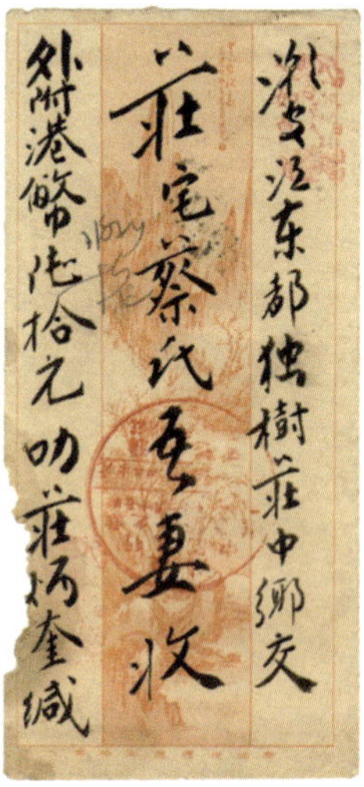
汕头江东都独树庄中乡交
庄宅蔡氏至妻收
外附港币伍拾元 叻庄炳奎缄

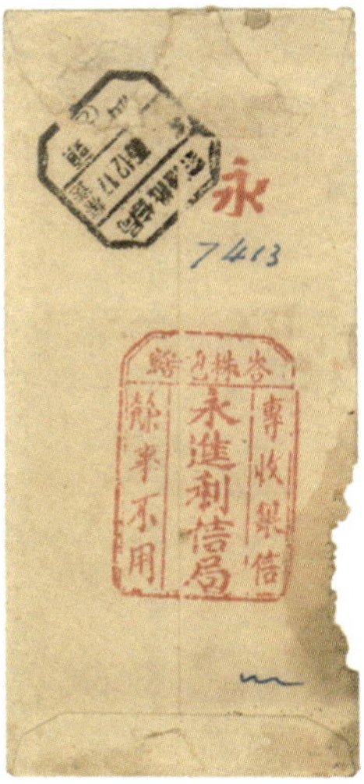

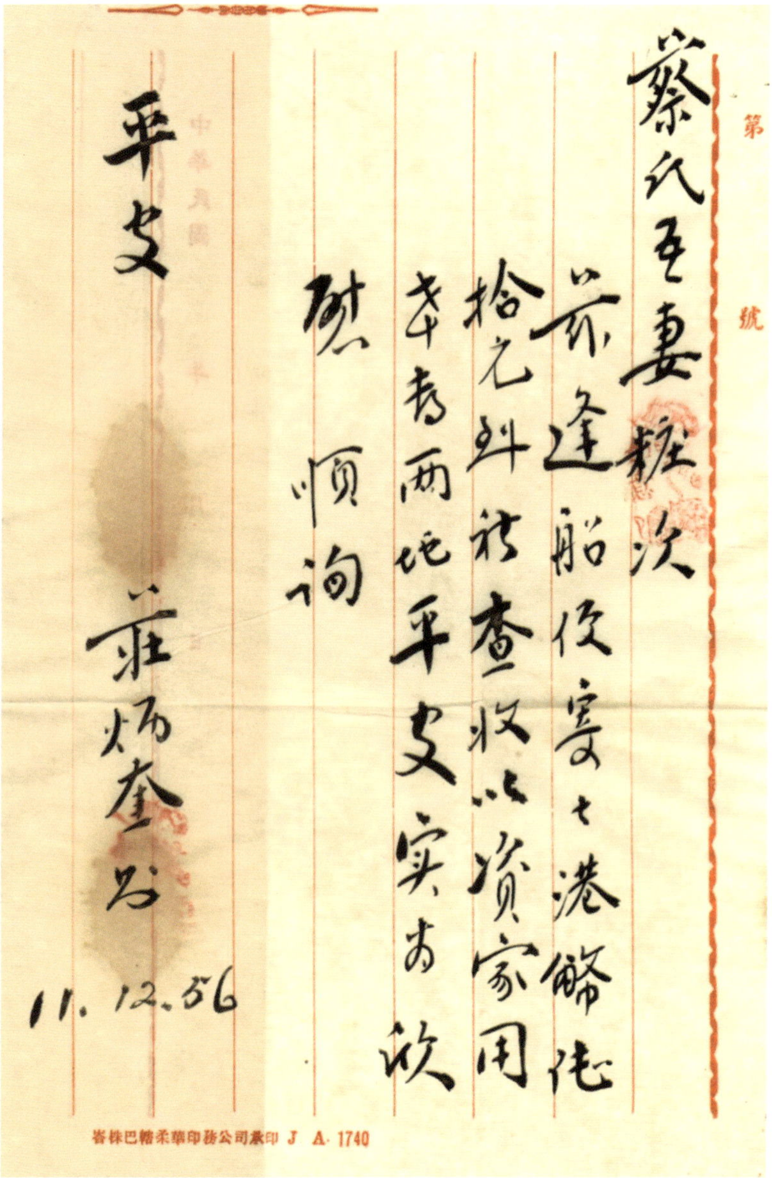
蔡氏至妻梳次：
兹逢船便寄上港币伍拾元，外付查收，以資家用。幸喜两地平安，實为欣慰。顺询
平安
庄炳奎书
11.12.56

1958 年 1 月叻庄炳奎寄潮安江东独树庄中乡妻子

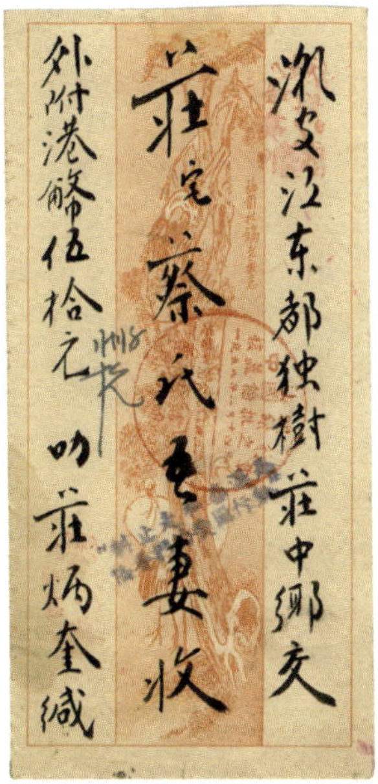

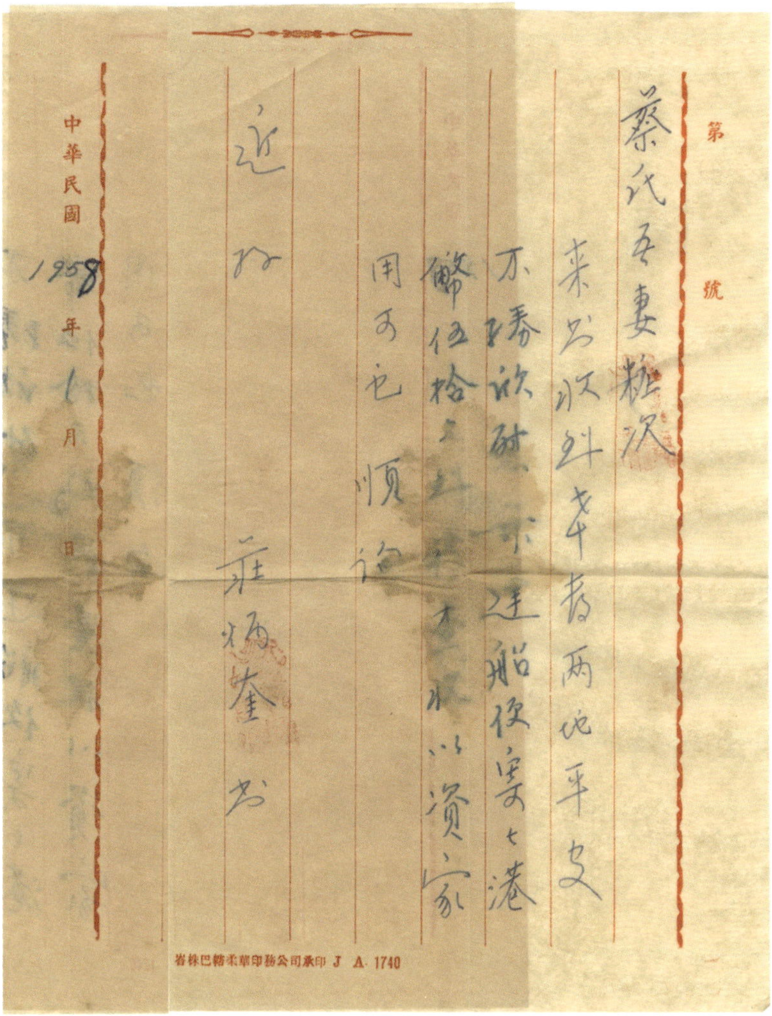

1958 年 3 月 18 日叻庄炳奎寄潮安江东独树庄中乡妻子

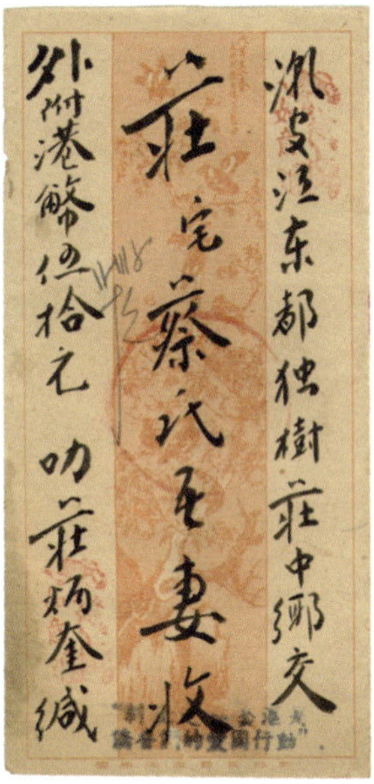

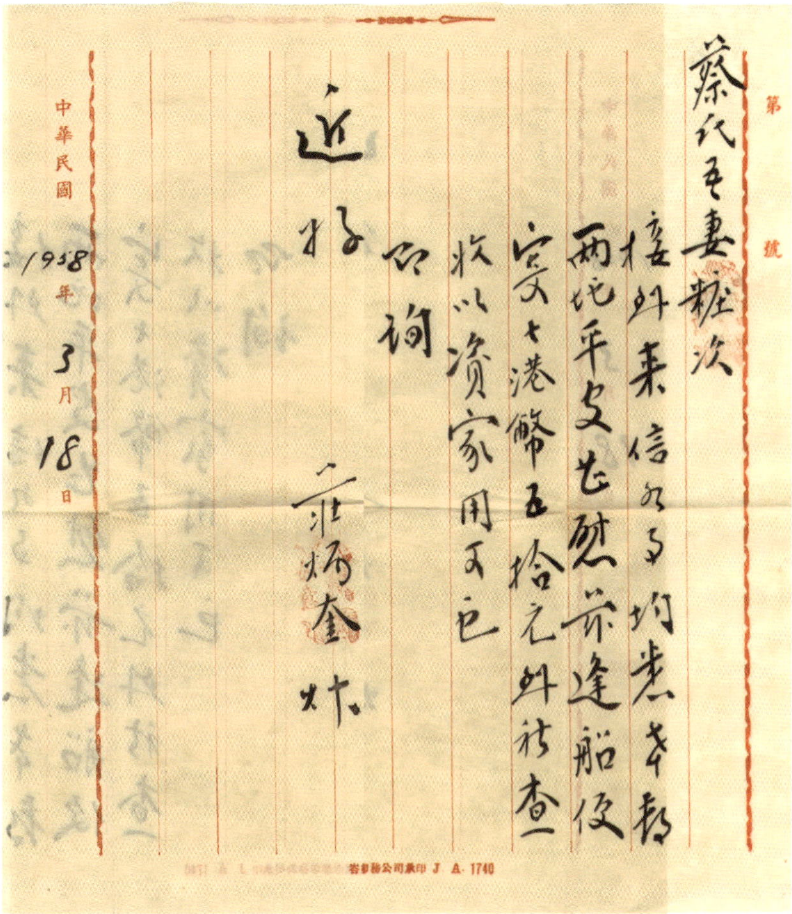

中華民國 1958 年 3 月 18 日

蔡氏至妻粧次

接外来信各事均悉幸获两地平安甚慰兹逢船便寄上港幣五拾元外附查收以資家用可也

即询

近祺

庄炳奎 字

一九五九年阴历二月十八日（1959 年 3 月 26 日）
叻庄炳奎寄潮安江东独树庄中乡妻子

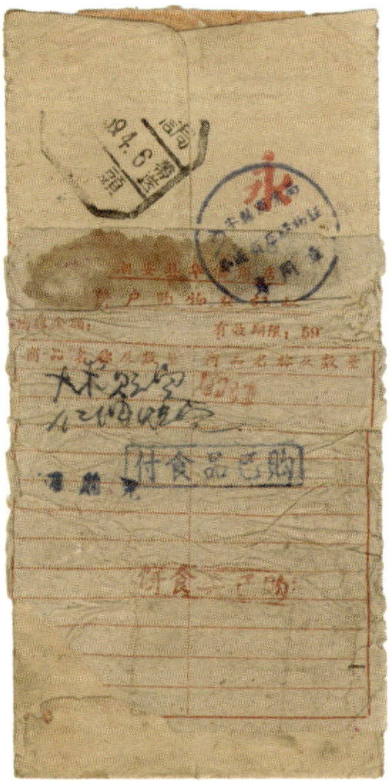

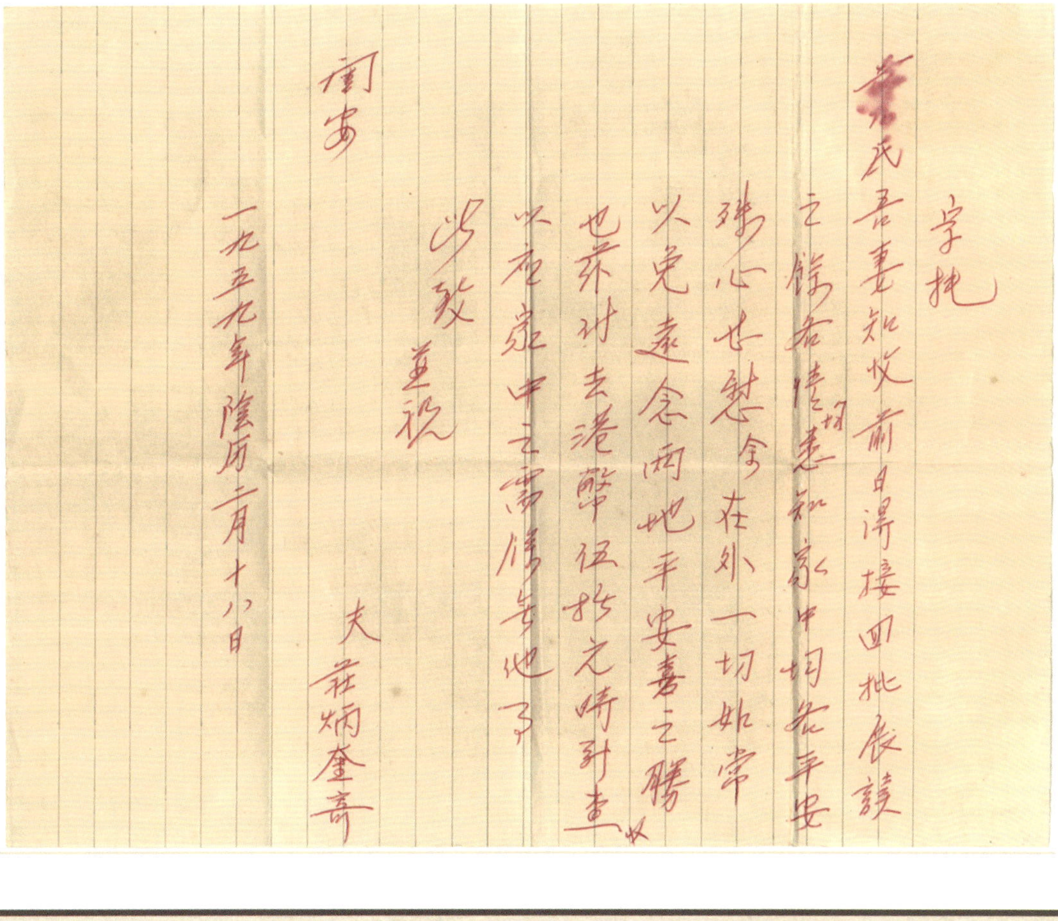
字挽
蔡氏吾妻知悉 前日得接回批展读
之余备悉知家中均各平安
殊心甚慰 今在外一切如常
以免远念 两地平安喜之胜
也 兹付去港幣伍拾元 特到查收
以应家中之需 俟后他予
此致
並祝
閤安
夫 莊炳奎寄
一九五九年陰历二月十八日

一九六三年农历元月十一日（1963 年 2 月 4 日）
叻庄炳奎寄潮安江东独树庄中乡妻子

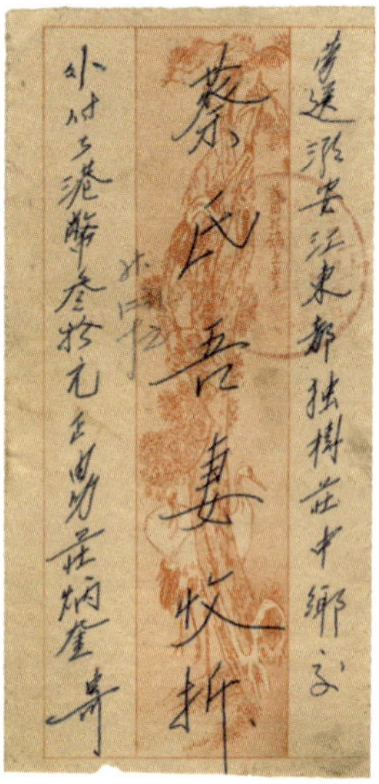

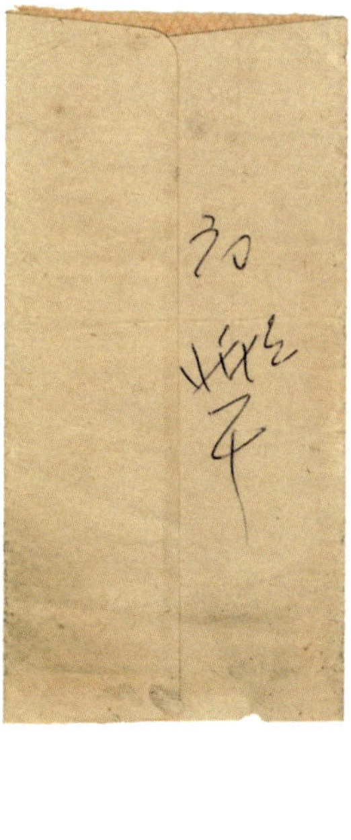

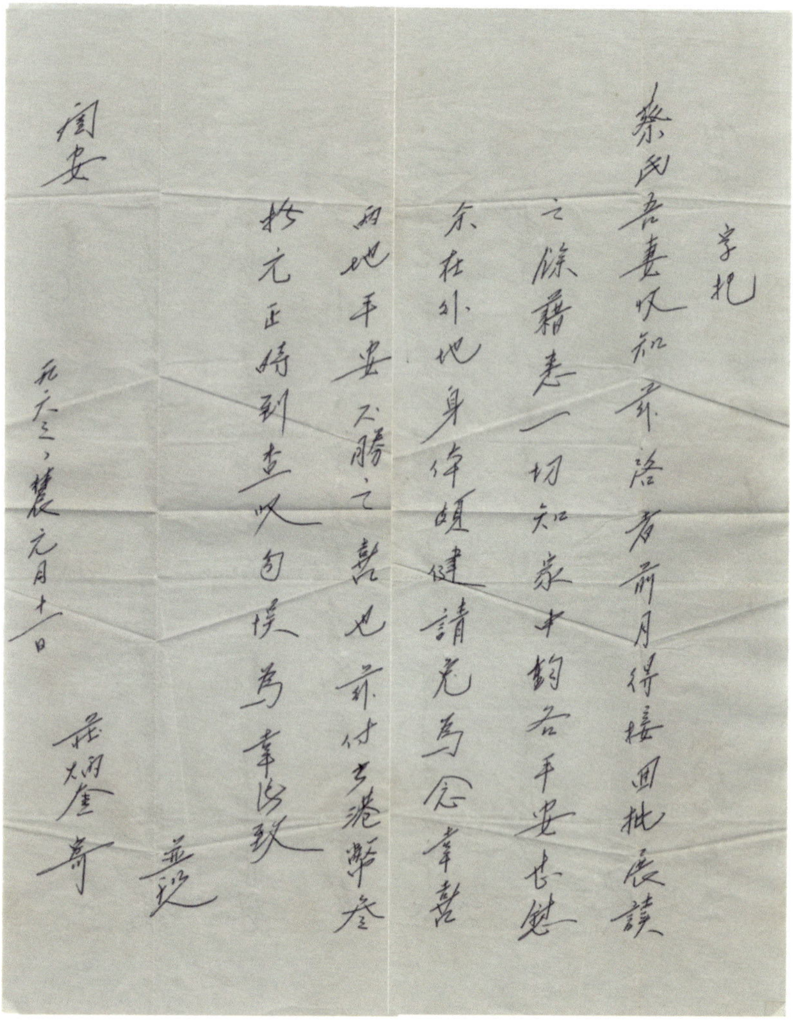
字托
蔡氏吾妻收知 啟者 前月得接回批展讀
之餘藉悉一切知家中均各平安甚慰
余在外地身体頗健請免為念幸甚
兩地平安不勝之喜也 茲付去港幣叁
拾元正 待到查收 回復為幸此致
闔安
並退
莊炳奎寄
元六三、農元月十一日

1963 年 4 月 6 日叻庄炳奎寄潮安江东独树庄中乡妻子

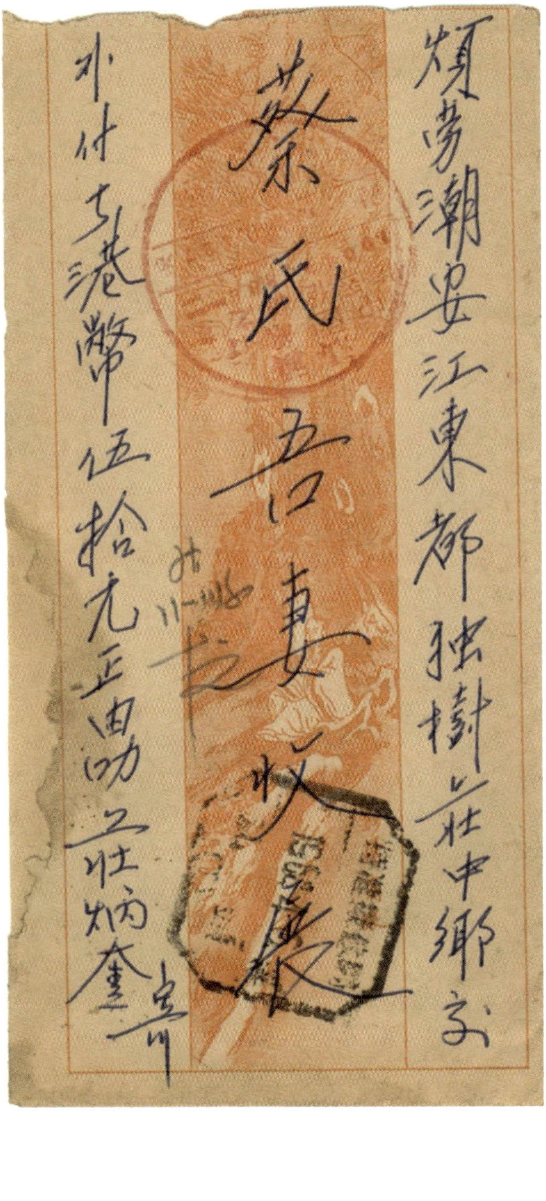

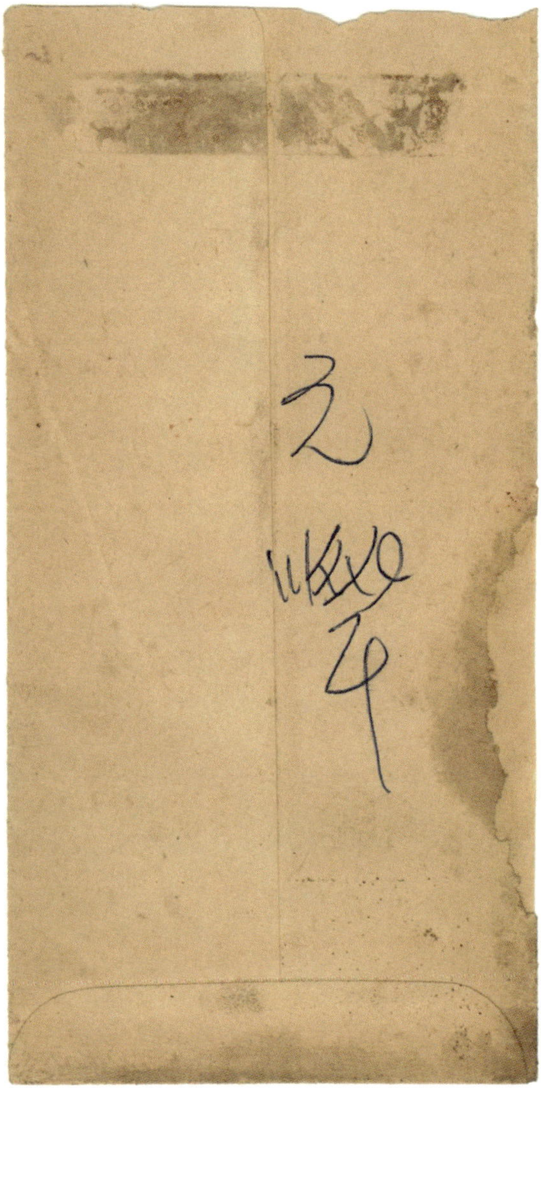

1964 年 6 月 22 日叻庄炳奎寄潮安江东独树庄中乡妻子

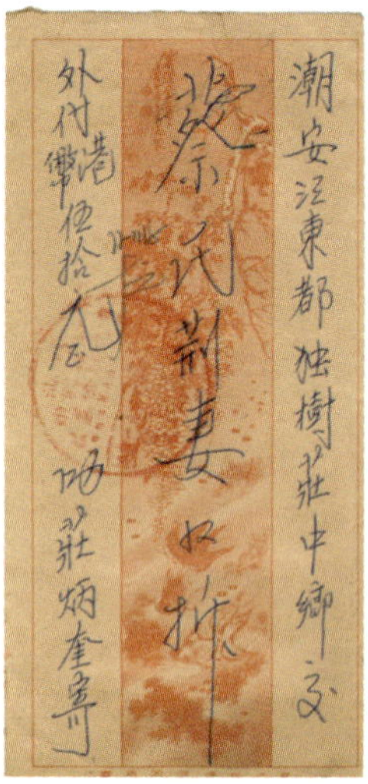

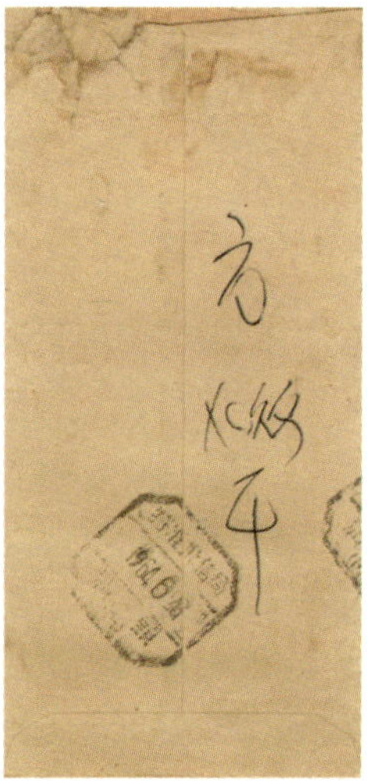

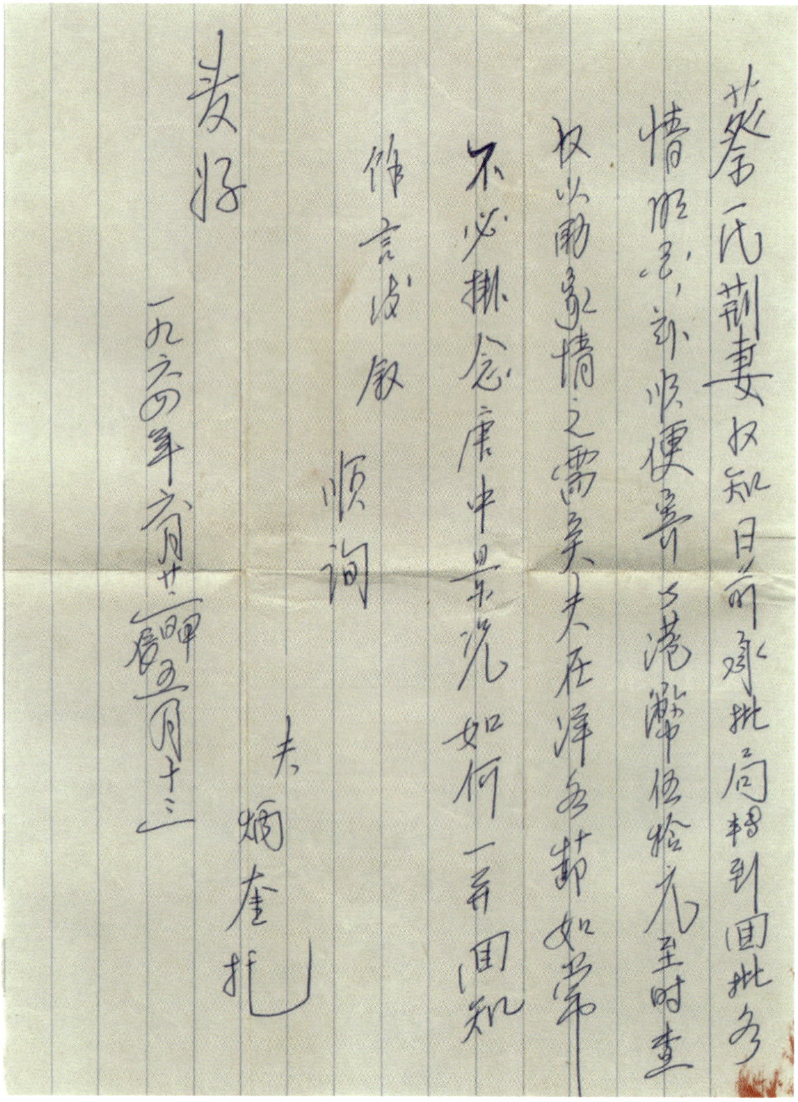

蔡氏荆妻收知 日前所寄批局转到回批多情明白，亦顺便寄上港币伍拾元至时查收以助家情之需矣 夫在洋各节如常不必挂念 唐中景况如何一并回知

余言后叙

顺询

麦好

夫 炳奎 托

一九六四年六月廿二
甲辰五月十三

一九六四年农历十月十五日（1964 年 11 月 18 日）
叻庄炳奎寄潮安江东独树庄中乡妻子

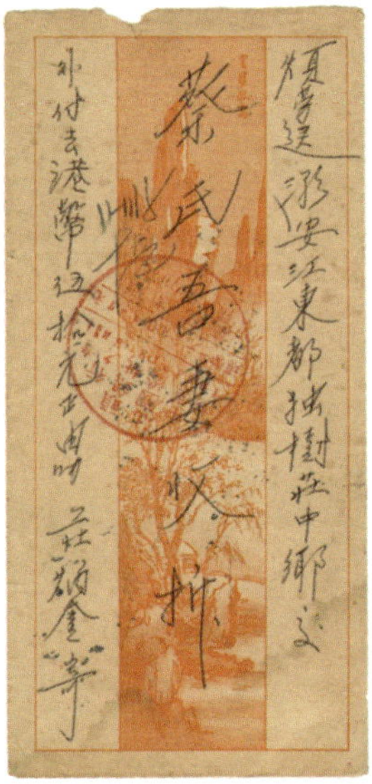

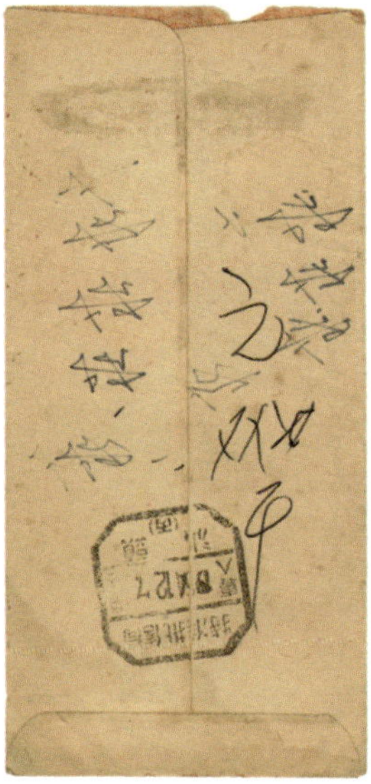

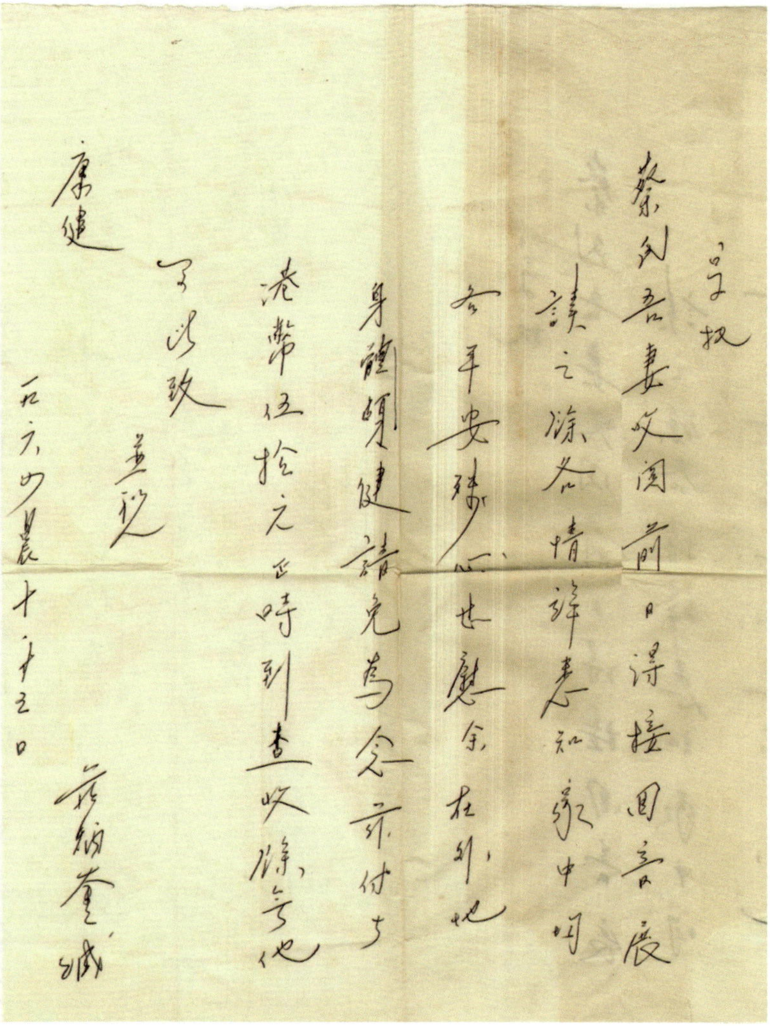

蔡氏吾妻收閱 前日得接回音 展讀之餘 各情詳悉 知家中均合平安 我心甚慰 余在外地身體頑健 請免爲念 亦付去港幣伍拾元正 時到查收 餘言他日再敘 並祝康健

庄炳奎緘
一九六四農十月十五日

1965 年 1 月 17 日叻庄炳奎寄潮安江东独树庄中乡妻子

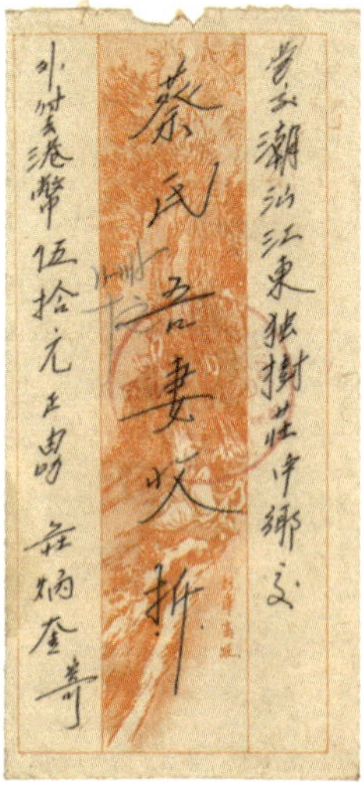
寄汕頭潮汕江東独樹莊中鄉交
蔡氏吾妻收拆
外附港幣伍拾元正 由 莊炳奎寄

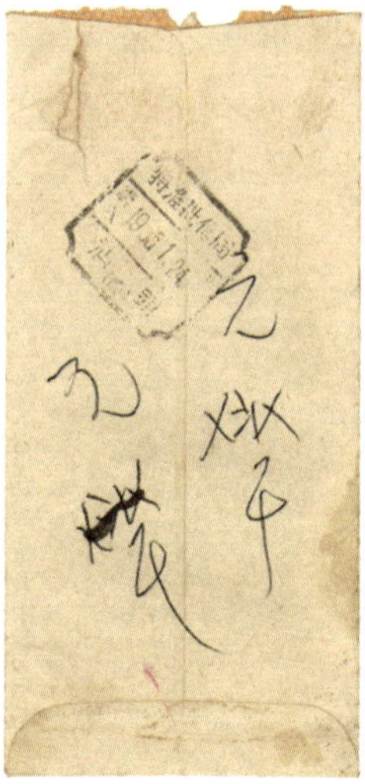

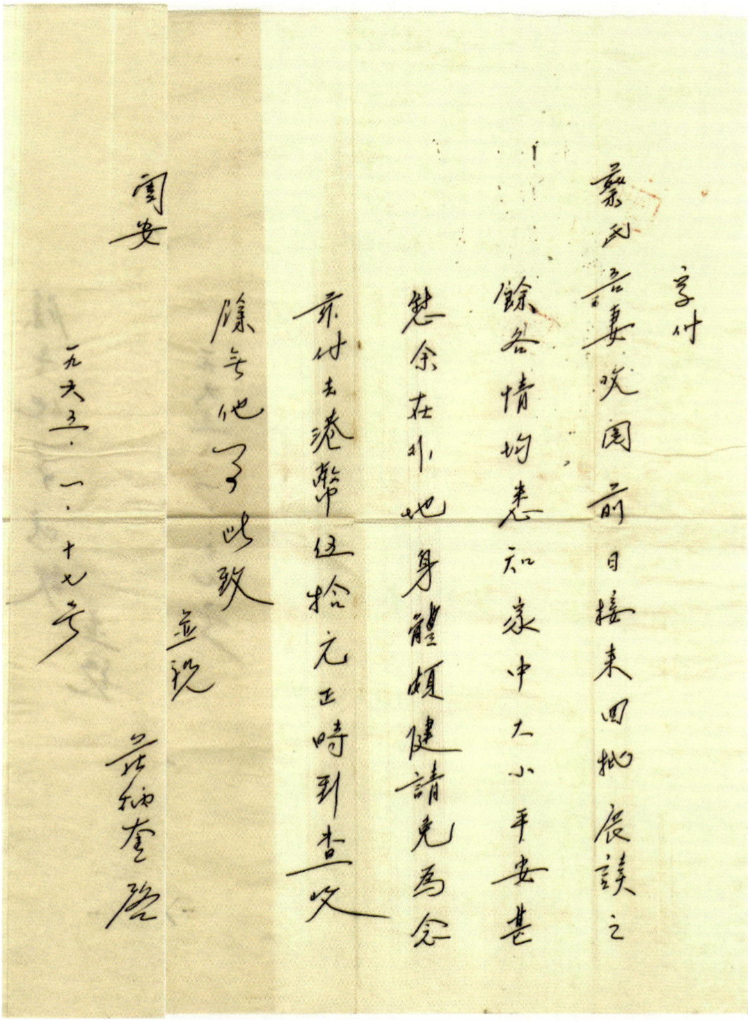
字付
蔡氏吾妻收閱 前日接来回批展讀之
餘各情均悉知家中大小平安甚
慰余在外地身體頗健請免為念
亦付去港幣伍拾元正 時到查收
除無他字此致
並祝
闔安
一九六五・一・十七日
莊炳奎啓

农历三月廿五日（1965 年 4 月 26 日）
叻庄炳奎寄潮安江东独树庄中乡妻子

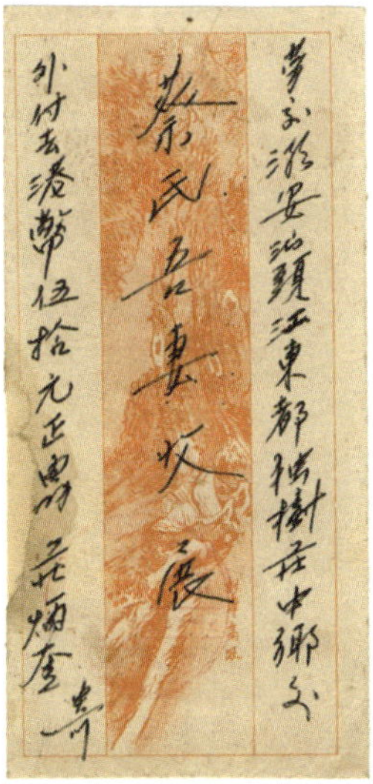

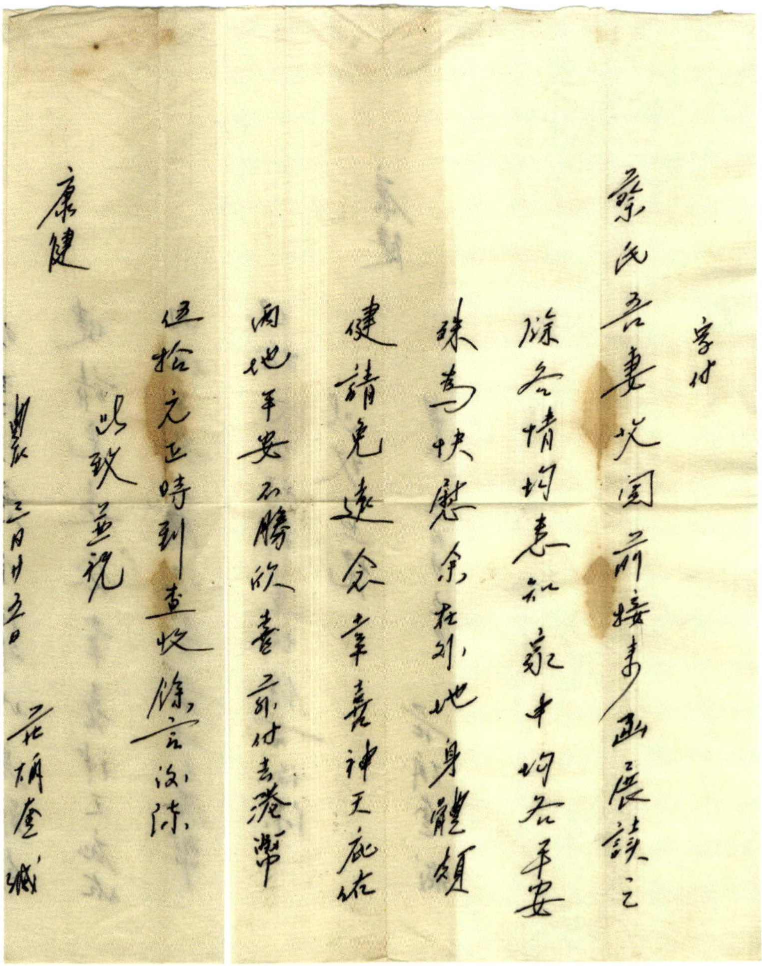

字付
蔡氏吾妻妝閱 前接来函展讀之
餘各情均悉知家中均各平安
殊為快慰 余在外地身體頗
健 請免遠念 幸喜神天庇佑
兩地平安 不勝欣喜 茲付去港幣
伍拾元正 時到查收 餘言後陳
此致並祝
康健
吉柄奎緘 三月廿五日

1965 年 6 月 13 日叻庄炳奎寄潮安江东独树庄中乡妻子

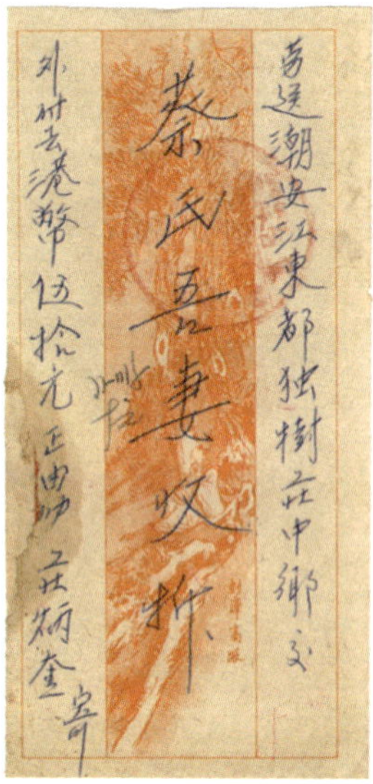

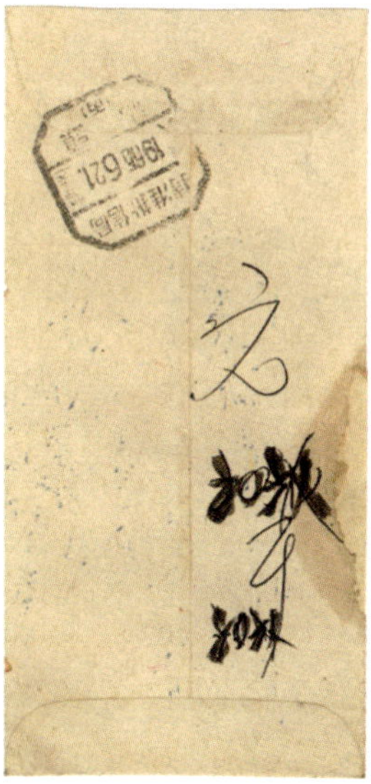

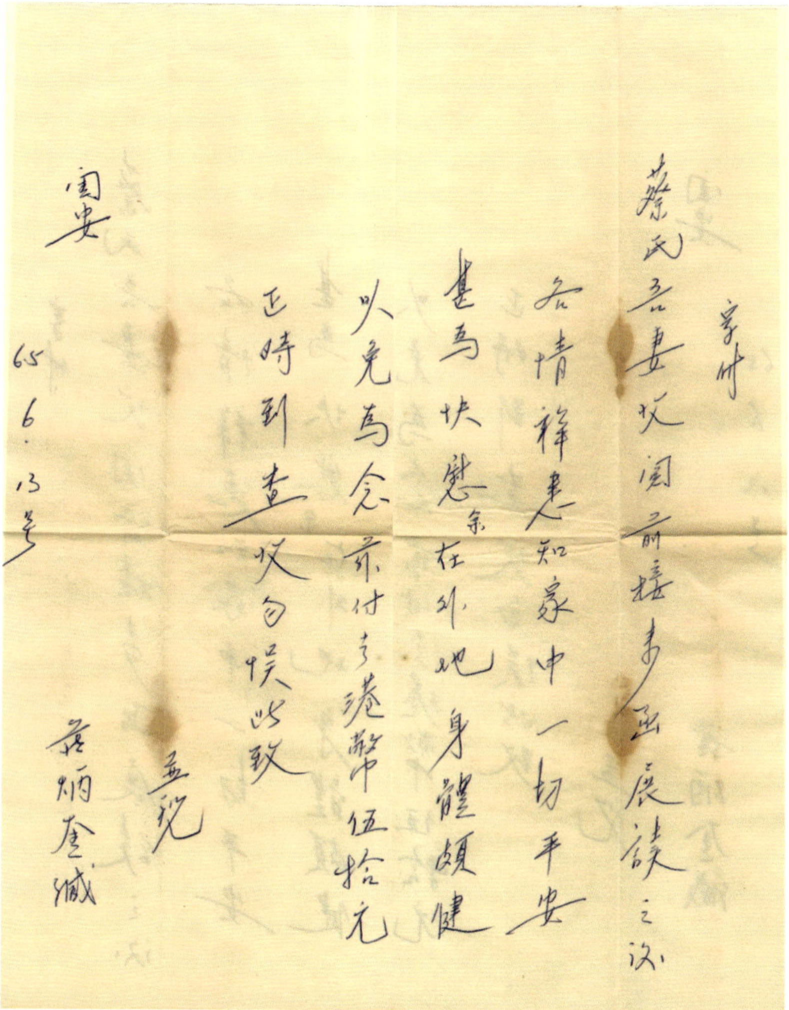
蔡氏吾妻收閱 字付
前接來函展讀之下
各情祥悉知家中一切平安
甚為快慰 余在外地身體頗健
以免為念 茲付去港幣伍拾元
正時到查收匆候此致
並祝
閨安
庄炳奎緘
65.6.13

1966 年 3 月 20 日叻庄炳奎寄潮安江东独树庄中乡妻子

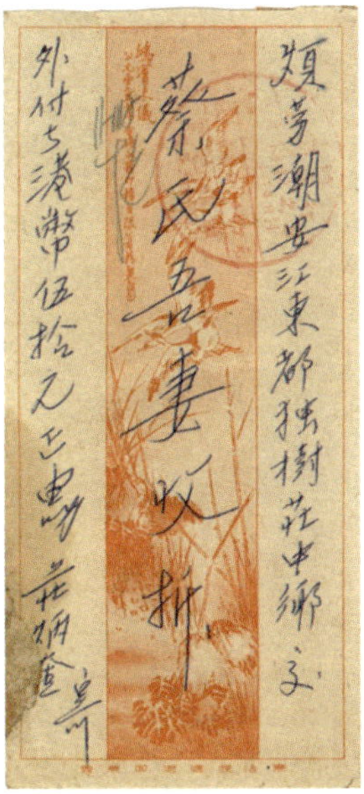

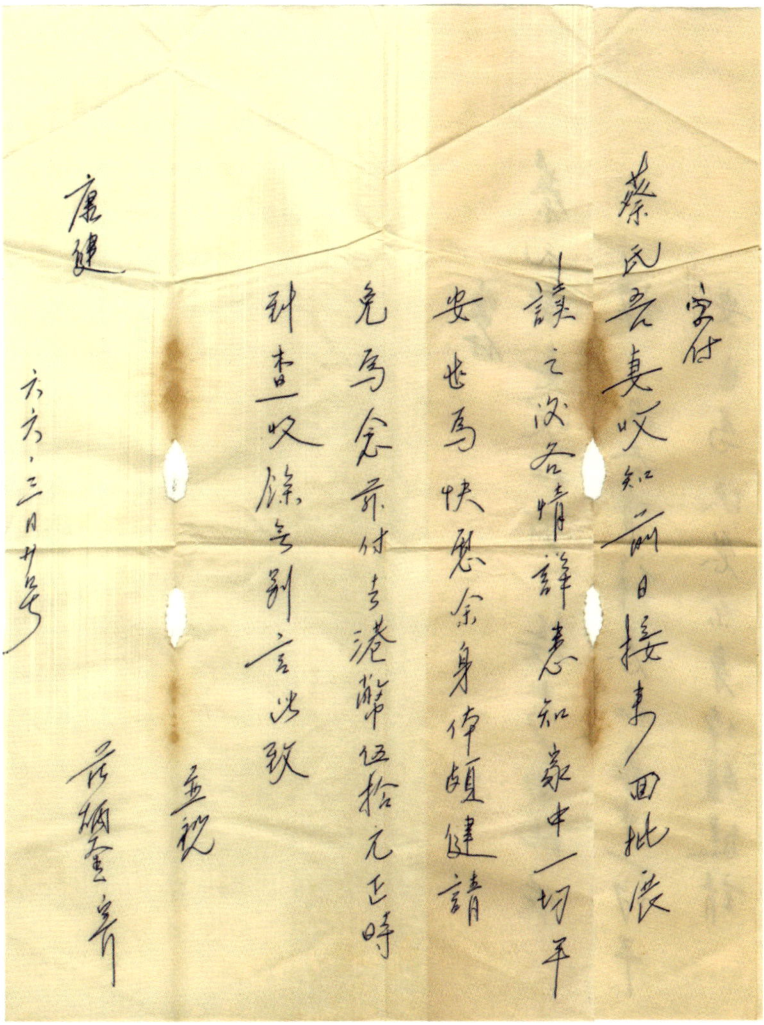

字付
蔡氏吾妻收知 前日接来回批 展
讀之 汝各情詳悉 知家中一切平
安 也為快慰 余身体頗健 請
免為念 亦付去港幣伍拾元正 時
到查收 餘無別言 此致
康健
並祝
庄炳奎寄
六六、三月廿日

农历五月十六日（1966 年 7 月 4 日）
叻庄炳奎寄潮安江东独树庄中乡妻子

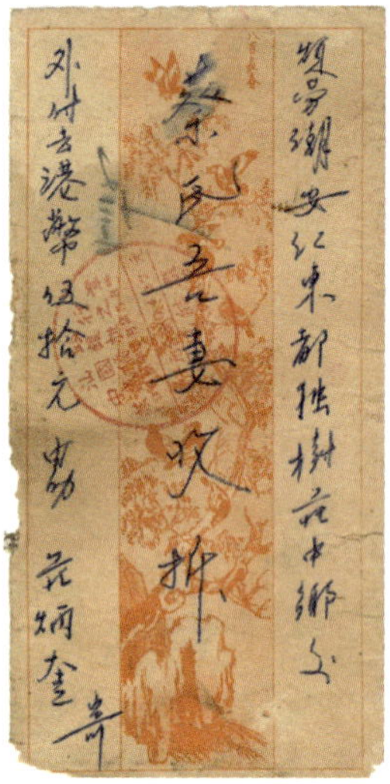

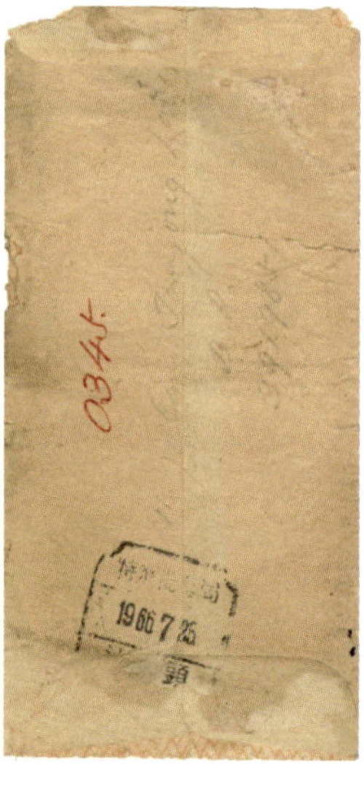

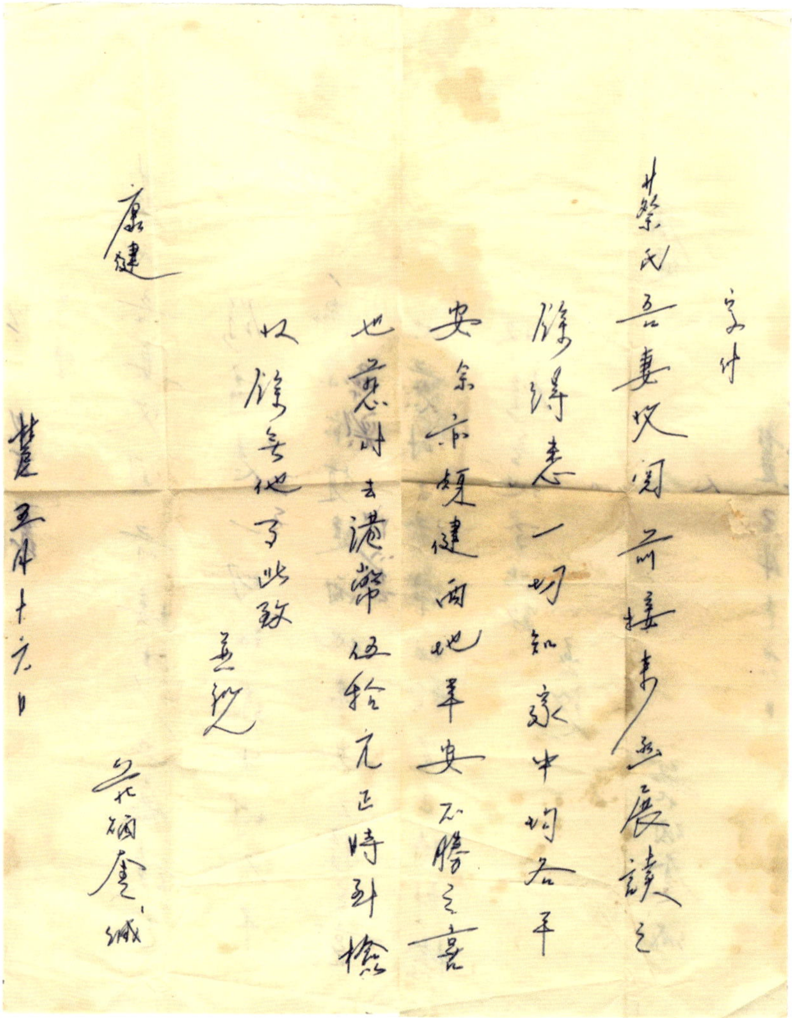

农历二月十五日庄炳奎寄妻子

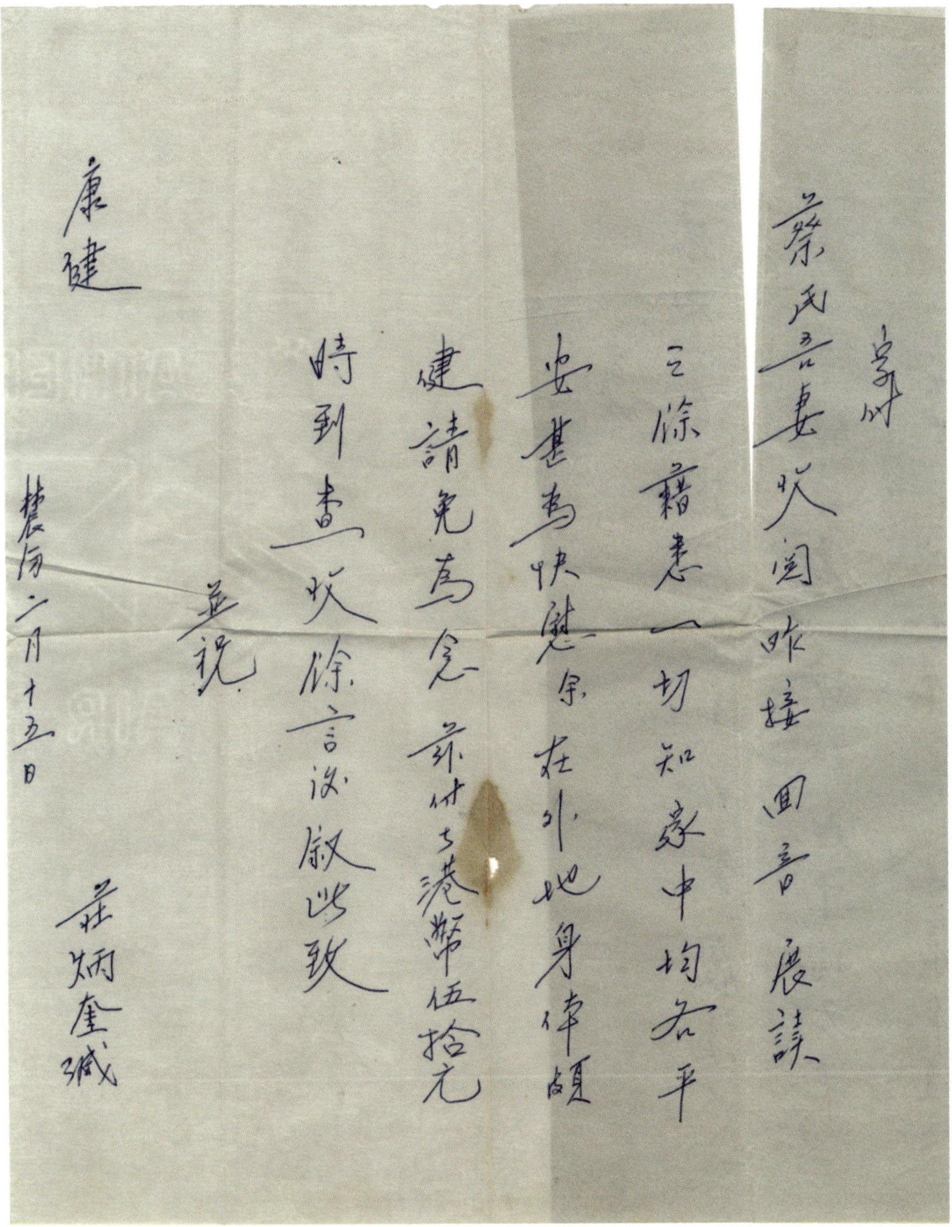

家州

蔡氏吾妻收閱 昨接回音展讀之餘藉悉一切知家中均吉平安甚為快慰 余在外地身体頗健請免為念 茲付上港幣伍拾元 時到查收 餘言後敘 此致 並祝 康健

農曆二月十五日 莊炳奎緘

1948年5月3日泰京（泰国）曾哲坤寄澄海本里新乡社母亲

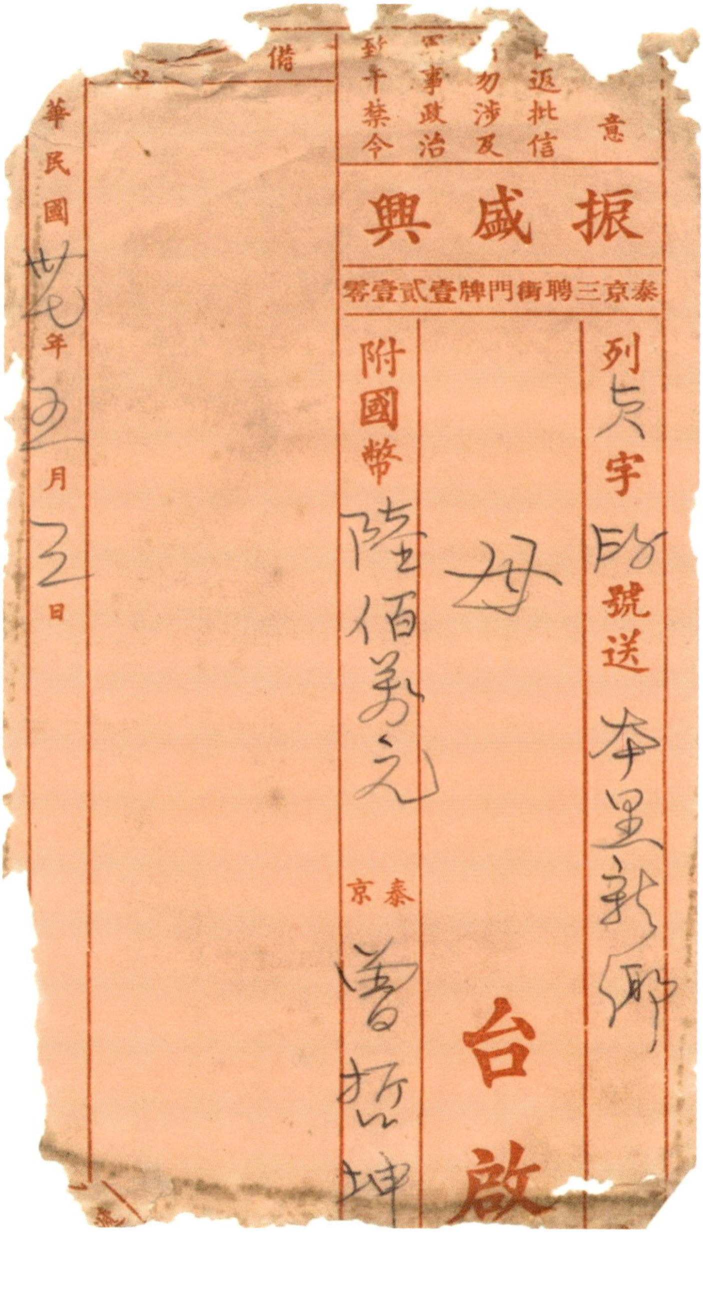

（民国）37 年 6 月（1948 年 6 月）
暹（泰国）曾哲坤寄澄海图濠新乡社母亲

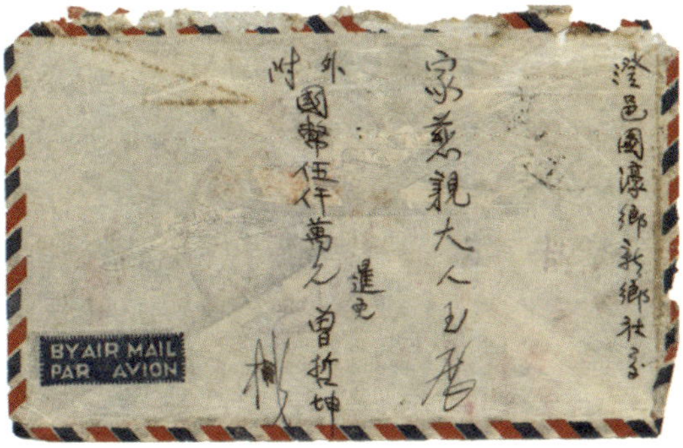

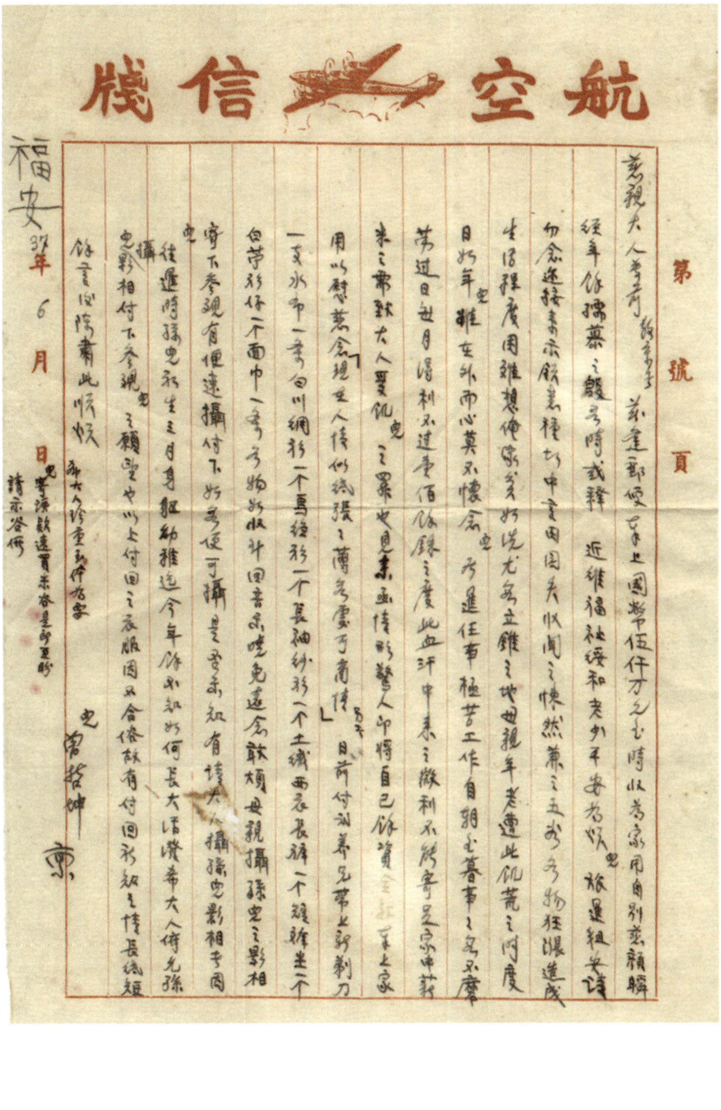

（民国）卅七年十二月初四（1949 年 1 月 2 日）
暹曾哲坤寄澄海本里新乡社母亲

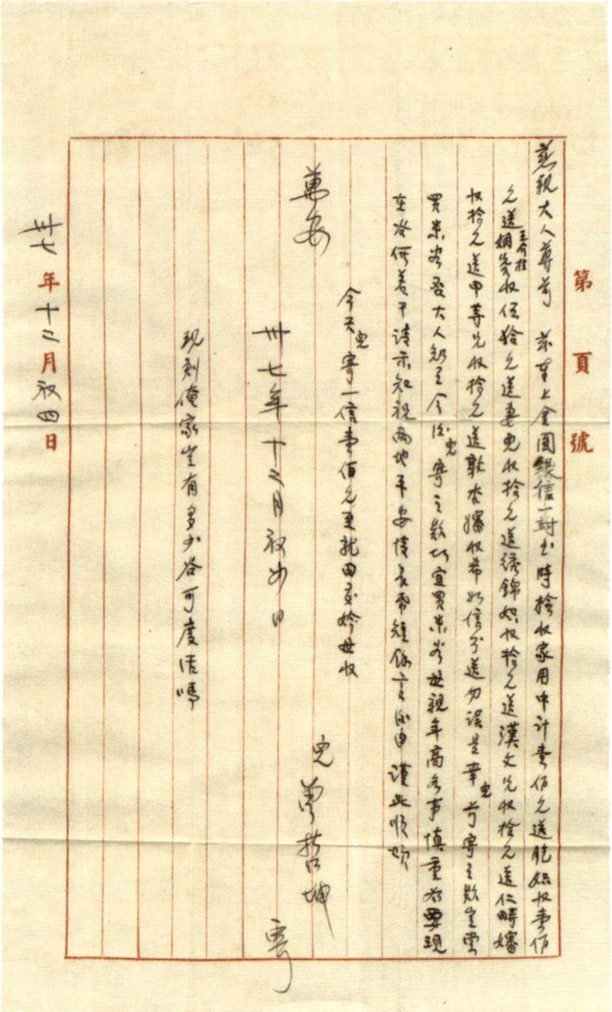

第　頁　號

慈亲大人尊前　兹寄上金圆银信一封 收时捡收家用中计壹佰元送肫姑收壹佰元送（玉兮姪）娟姿收伍拾元送妻儿收拾元送锦娟收拾元送汉文兄收拾元送仁畴嫿收拾元送甲寿兄收拾元送乾老播收希收信了送勿误是幸 儿前寄之数望云买米出否 大人须至今后 儿寄之款以宜买米为要 母亲年高多事慎重为要 现在冬候着甲请示知 视尚地平安 侍奉祖母 谨此 叩

万安

今天儿寄一信壹佰元交托田交妗母收

儿 曾哲坤 寄

卅七年十二月初四日

现刻侨家尚有多少谷可度活吗

卅七 年十二月初四日

1951年2月23日泰曾哲坤寄澄海本里新乡社母亲

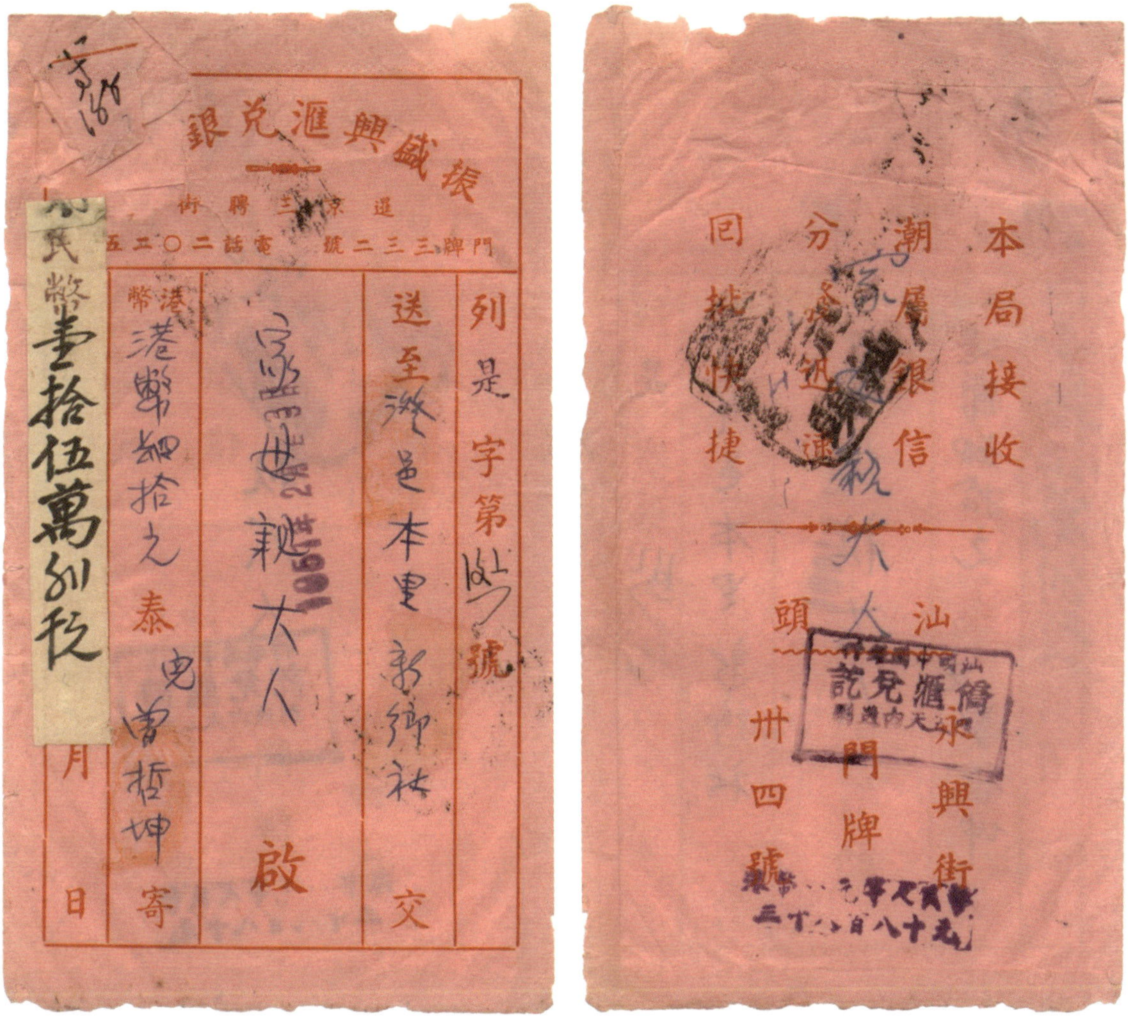

1951 年 4 月 12 日泰京曾哲坤寄澄海本里新乡社母亲

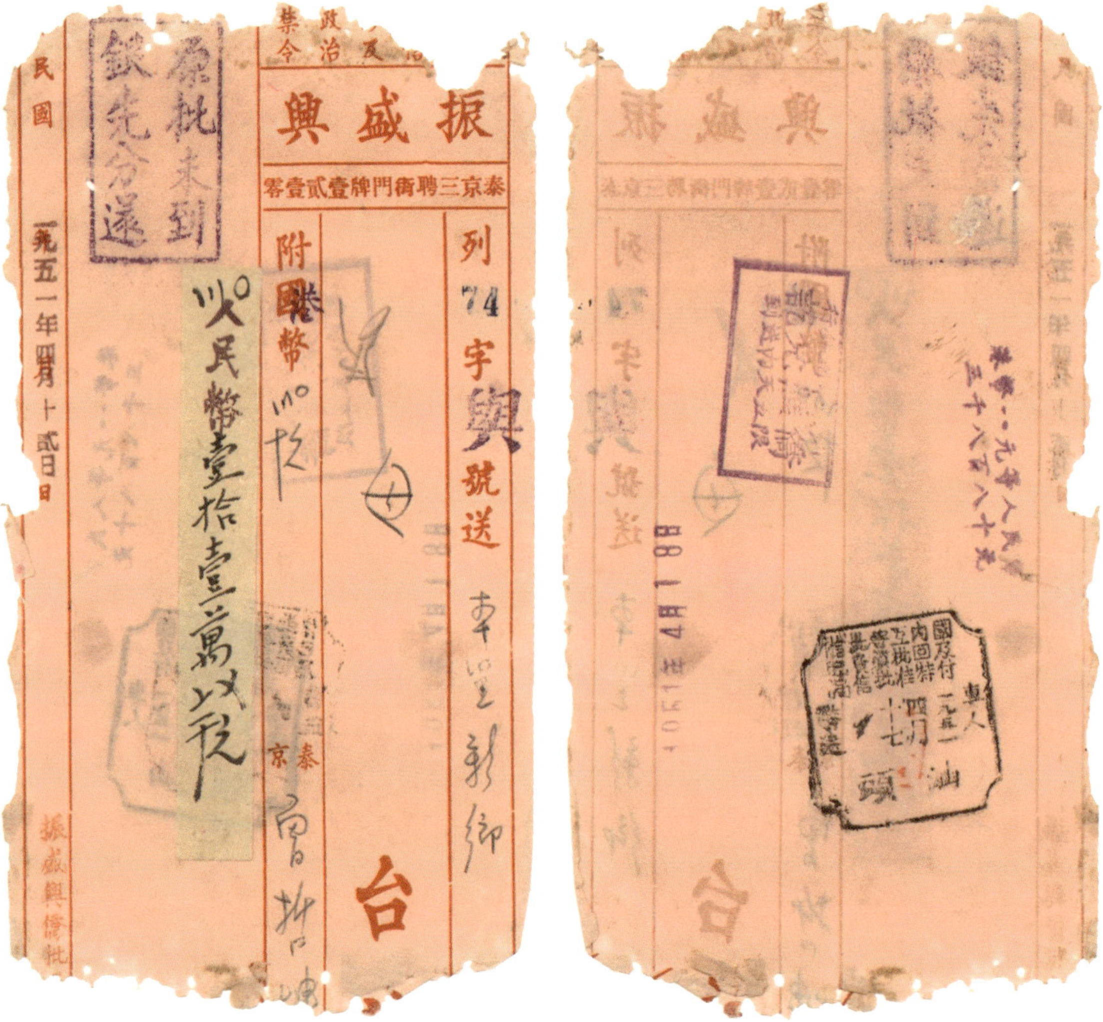

1954 年 3 月 10 日泰曾哲坤寄澄海本里新乡社母亲

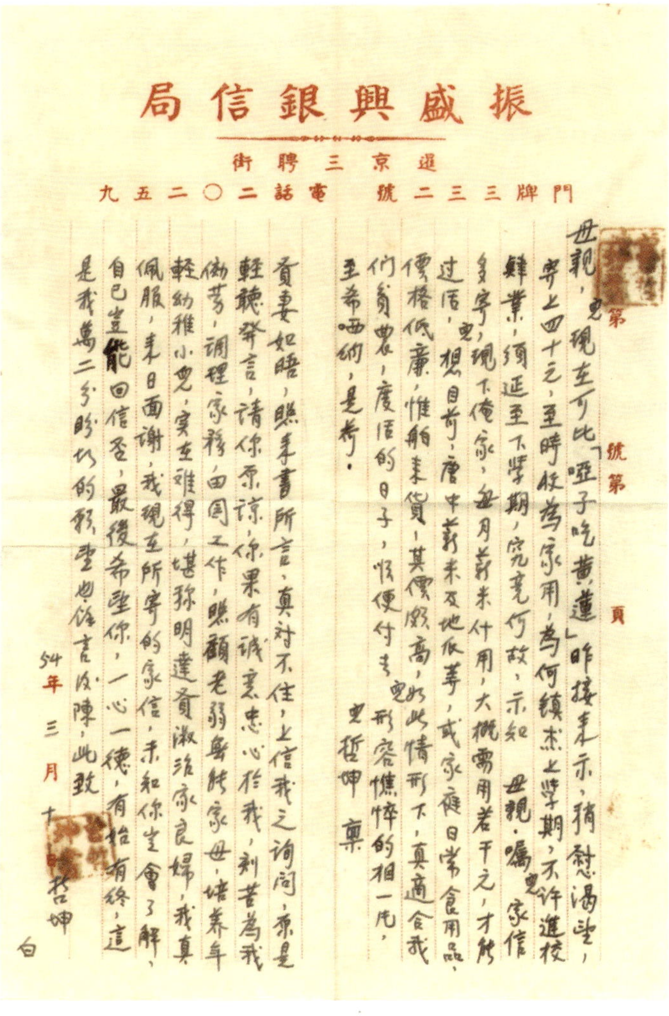

振盛興銀信局

暹京三聘街

門牌三三二號 電話二〇二五九

母親，兒現在可比「啞子吃黄蓮」，昨接來示，備悉渴望，寄上四十元，至時收為家用，為何續求上學期，不許進校肄業，須延至下學期，究竟何故，示知 母親，囑兒家信多寄，現下僑家，每月薪米什用，大概需用若干元，才能过活，兒想目前，唐中薪米及地依等，或家庭日常食用品，價格低廉，惟船來貨，其價殊高，如此情形下，真適合我們貧農，度活的日子，收便付去，兒形容憔悴的相一般，至希晒納，是荷。

兒 哲坤 稟

賢妻如晤，照来書所言，真対不住，上信我之詢問，原是輕聽聲言，請你原諒，你果有誠意忠心於我，刻苦為我勤勞，調理家務田園工作，照顧老弱與及家母，培養年輕幼稚小兒，實在難得，堪称明達賢淑治家良婦，我真佩服，來日面謝，我現在所寄的家信，未知你定會了解，自己豈能回信否，最後希望你，一心一德，有始有終，這是我萬二分盼切的祝望也，餘言後陳，此致

54年 三月 十 哲坤 白

1955 年 6 月 17 日泰曾哲坤寄澄海图濠母亲

1960 年 6 月 8 日曾哲坤寄澄海图濠新乡社母亲

振華泰批局

155 号

丁邑 图濠乡新乡社 交

母亲大人 启

港币壹佰元

儿 曾哲坤 缄

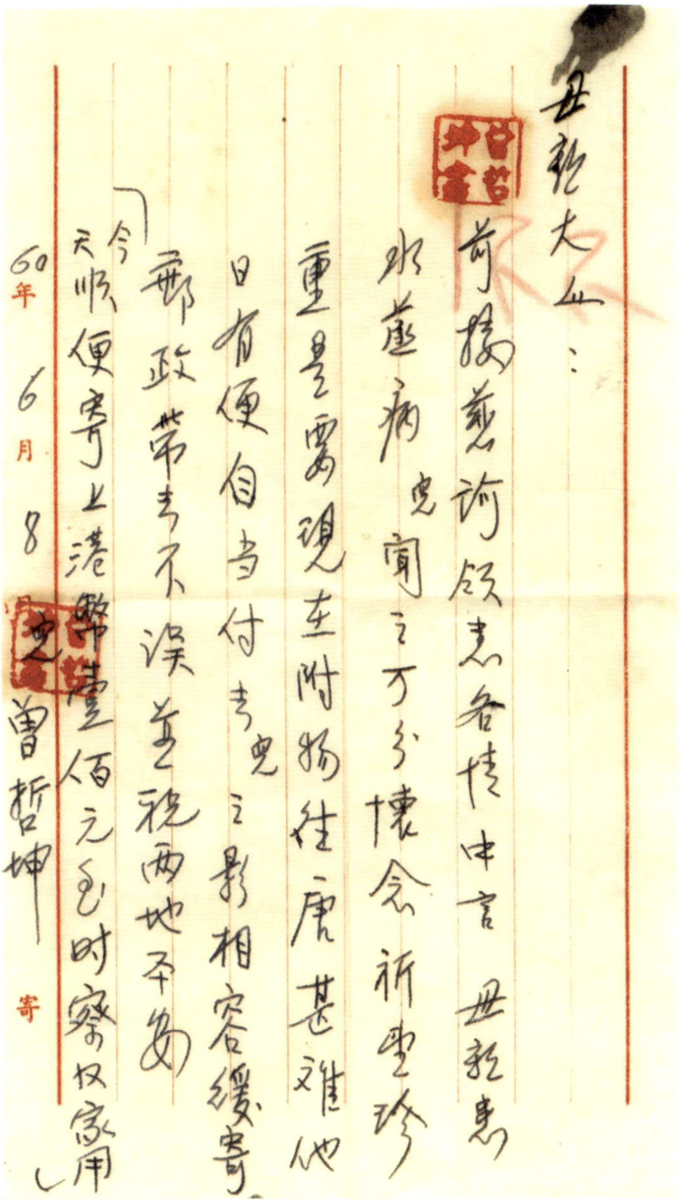

母亲大人：

前接慈谕，领悉各情。中言母亲患水蛊病，儿闻之，万分怀念，祈望珍重是要。现在附物往唐甚难，他日有便，自当付去。儿之影相容缓寄。邮政带去不误，并祝两地平安。

今天顺便寄上港币壹佰元，至时察收家用。

60 年 6 月 8 日 曾哲坤 寄

儿 曾哲坤

1960 年 7 月 13 日曾哲坤寄澄海图濠新乡社母亲

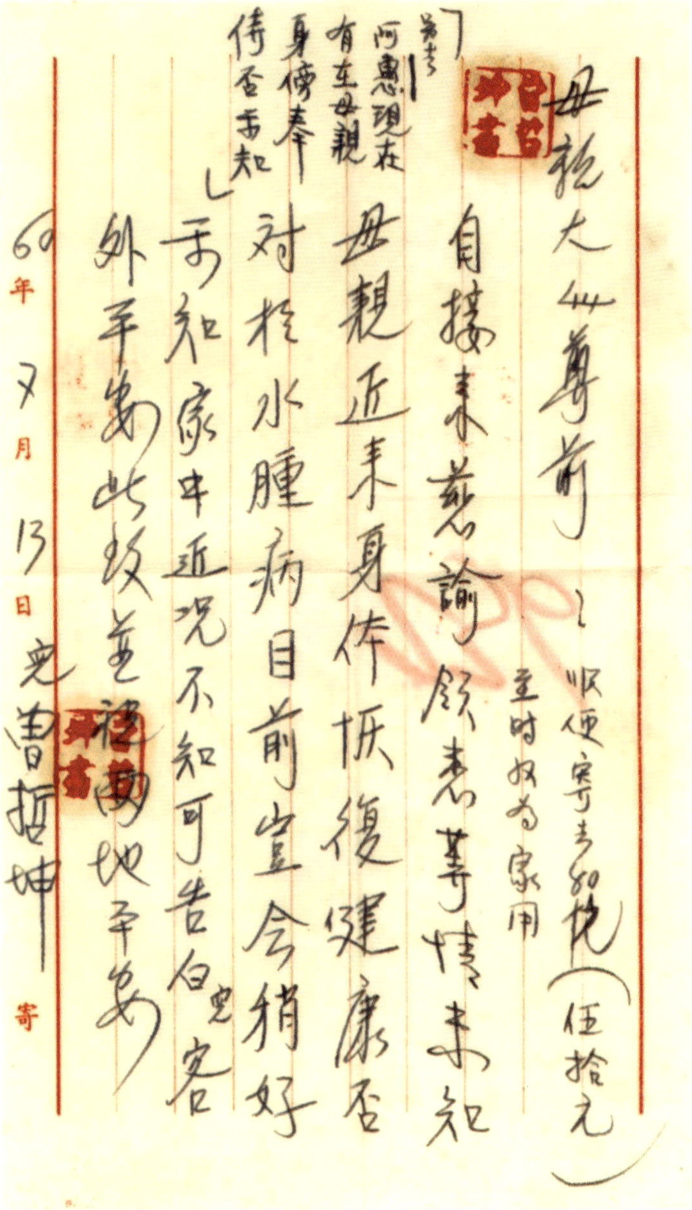
母親大人尊前 收便寄去50元（伍拾元） 呈时收为家用
自接來慈諭 敬悉尊情 未知
母親近來身体拆復健康否
對於水腫病目前宜会稍好
亦知家中近况不知可告白客
外平安此段並請 地平安
阿惠現在有在母親身傍奉侍否 亦知
兒曾哲坤 寄
60年7月13日

1960 年 8 月 16 日曾哲坤寄澄海图濠新乡社母亲

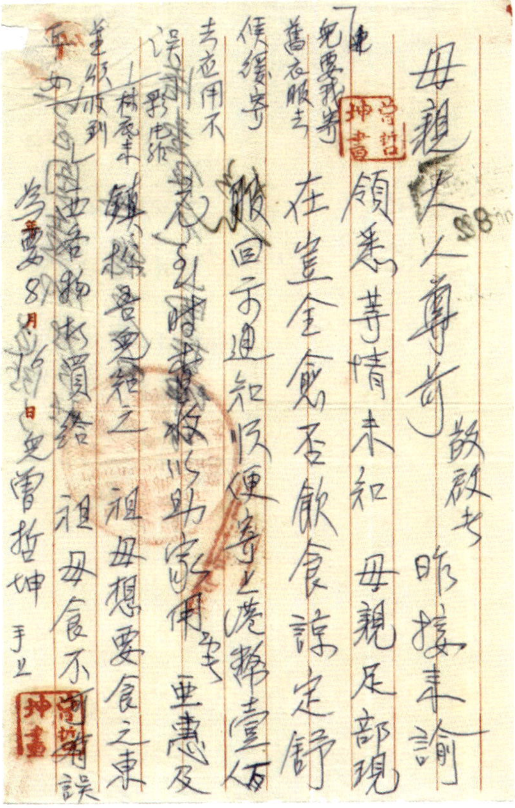

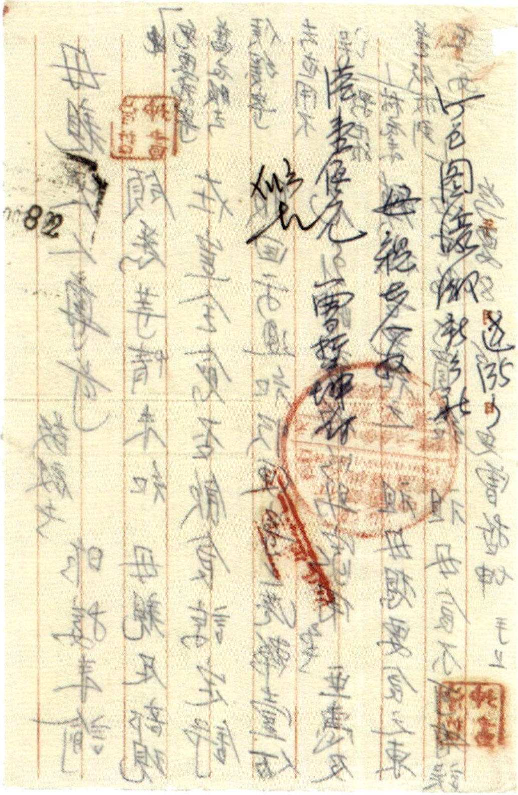

1961 年 2 月 14 日泰国曾哲坤寄澄海图濠新乡社母亲

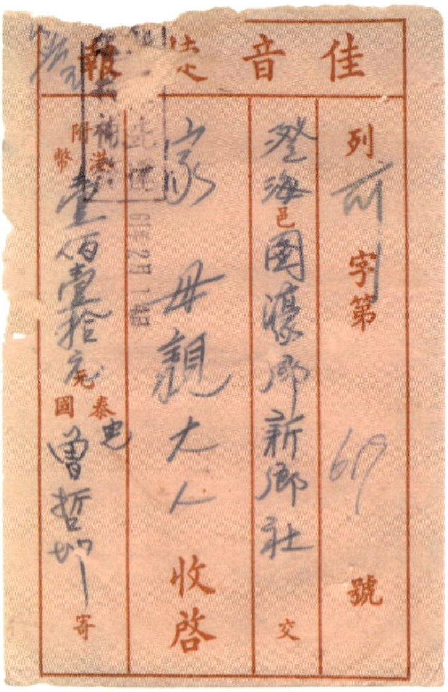

佳音速報

列 可 字第 619 號

澄海邑图濠鄉新鄉社 交

家 母親大人 收啓

附 港幣壹佰壹拾元

泰國 曾哲坤 寄

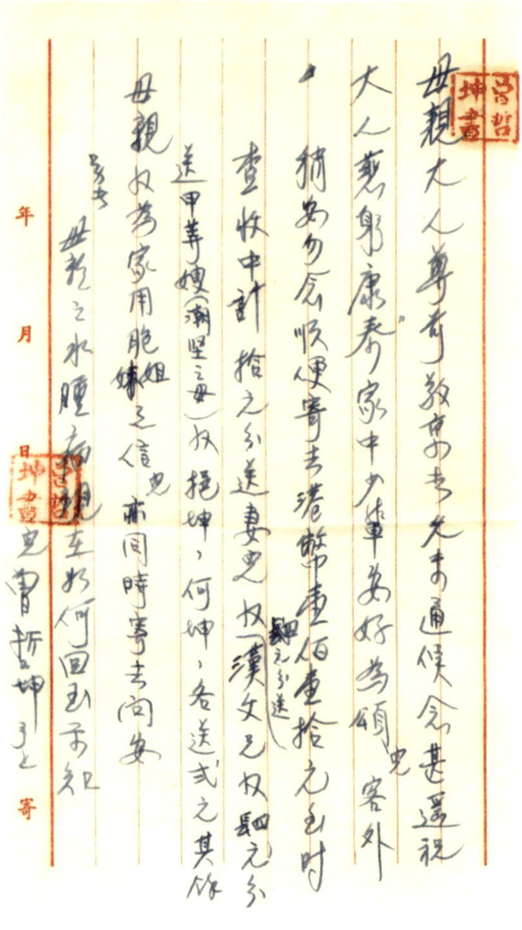

母親大人尊前 敬啟者 久未通候 念甚 遥祝 大人万事康泰 家中少幼平安為頌也 客外精安勿念 順便寄去港幣壹佰壹拾元 到时查收 中計拾元分送妻兒收 漢文兒收 駟元分送甲菲嫂(瀾里之母)收 拖坤、何坤、各送弍元 其餘母親收為家用 亦同時寄去問安 母親之水腫病現在如何 回函示知

兒 曾哲坤 手上

年 月 日 寄

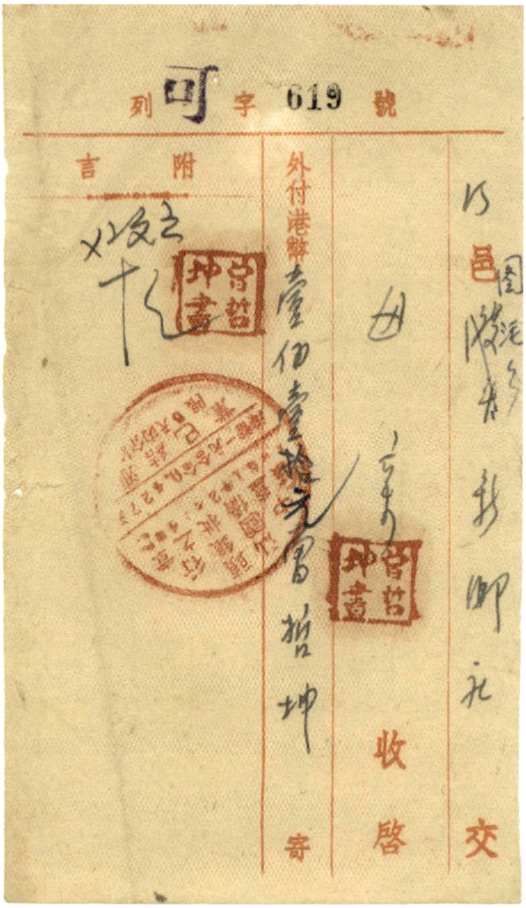

列 可 字 619 號

附 言

外付港幣 壹佰壹拾元 曾哲坤 寄

母 收啓

邑 图濠 新鄉社 交

1961 年 9 月 13 日曾哲坤寄澄海图濠新乡社母亲

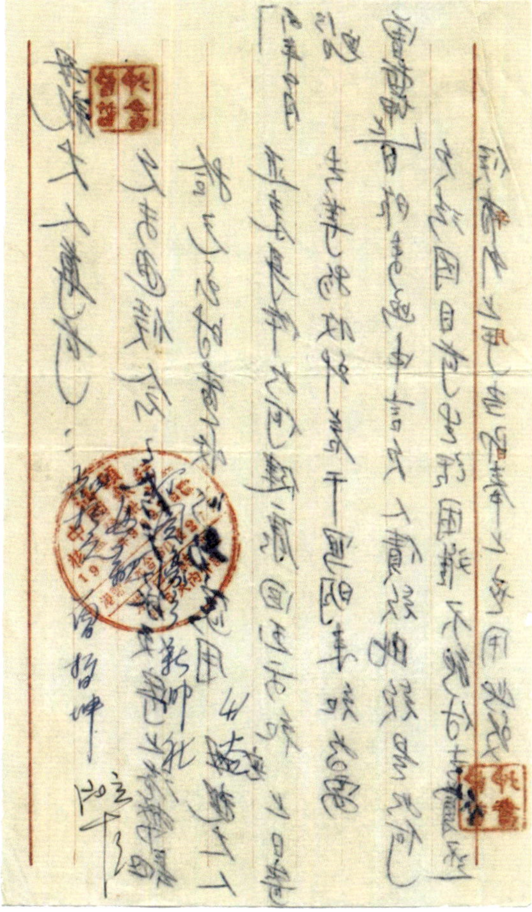

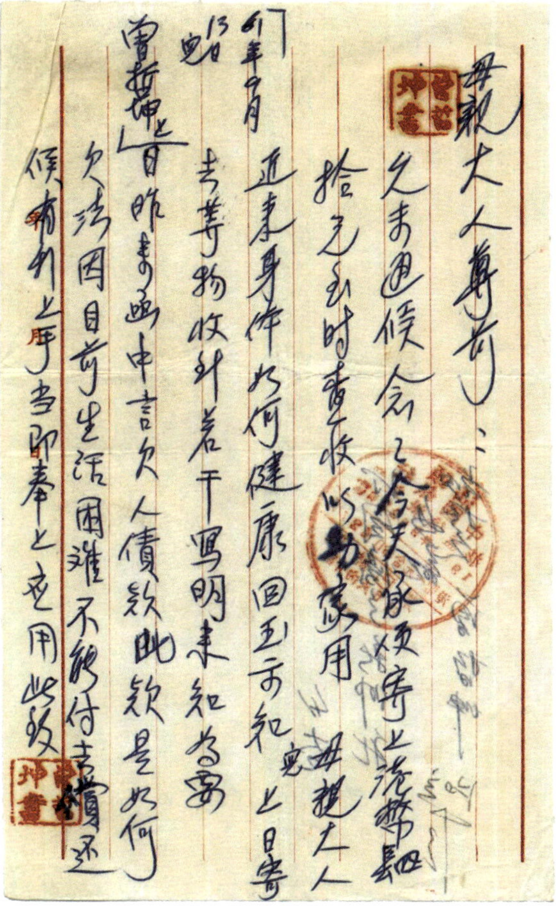

母親大人尊前、、

兒未通候念念，今天承便寄上港幣肆拾元正，到时查收，以助家用。母親大人近來身体如何，健康回至示知。兒上日寄去等物收到若干，寫明來知為要。昨書函中言欠人債款，此款是如何欠法，因目前生活困難，不能付去償还，候有剩上再当即奉上應用，此致

曾哲坤上

61年9月13日

1961 年 11 月 29 日曾哲坤寄母亲

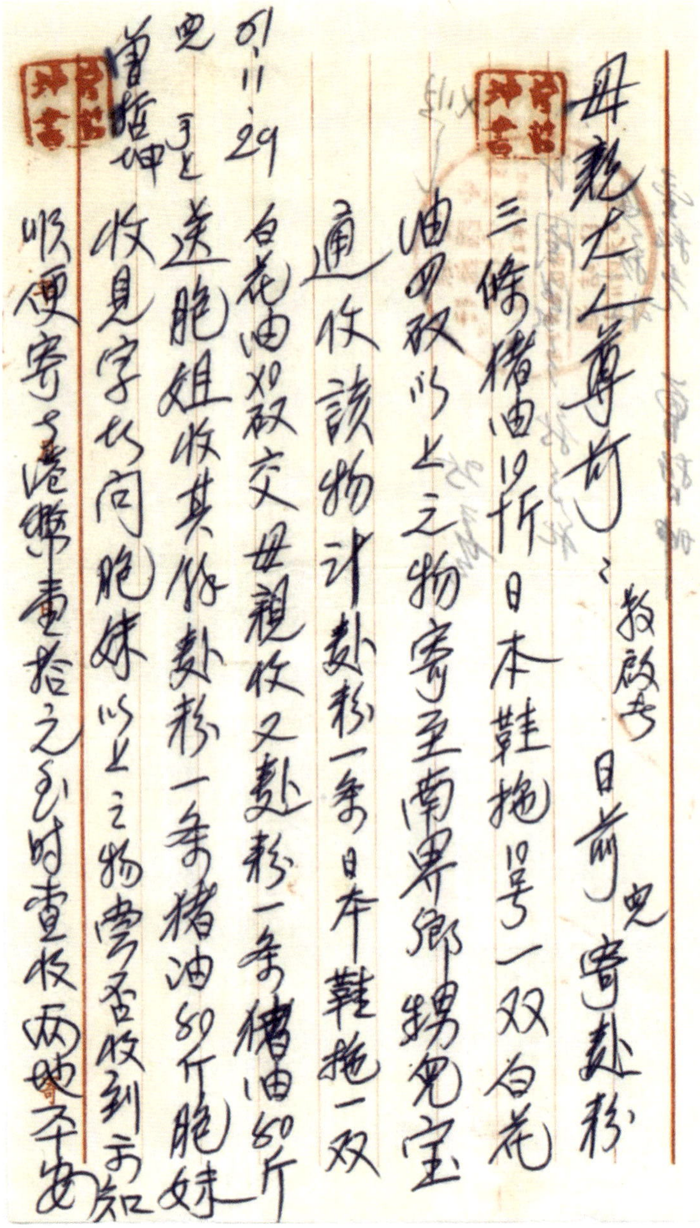

母親大人尊前：

敬啟者，日前兒寄麩粉三條、豬油12斤、日本鞋拖12号一双、白花油四樽，以上之物寄至南界鄉錫兜宝通收。該物計麩粉一条、日本鞋拖一双、白花油四樽交母親收，又麩粉一条、豬油40斤送胞姐收，其餘麩粉一条、豬油40斤胞妹收。見字即向胞妹，以上之物寄否收到示知。順便寄去港幣壹拾元正，時查收。兩地平安

兒 曾哲坤 手上

61/11/29

1962 年 1 月 24 日曾哲坤寄澄海图濠新乡社母亲

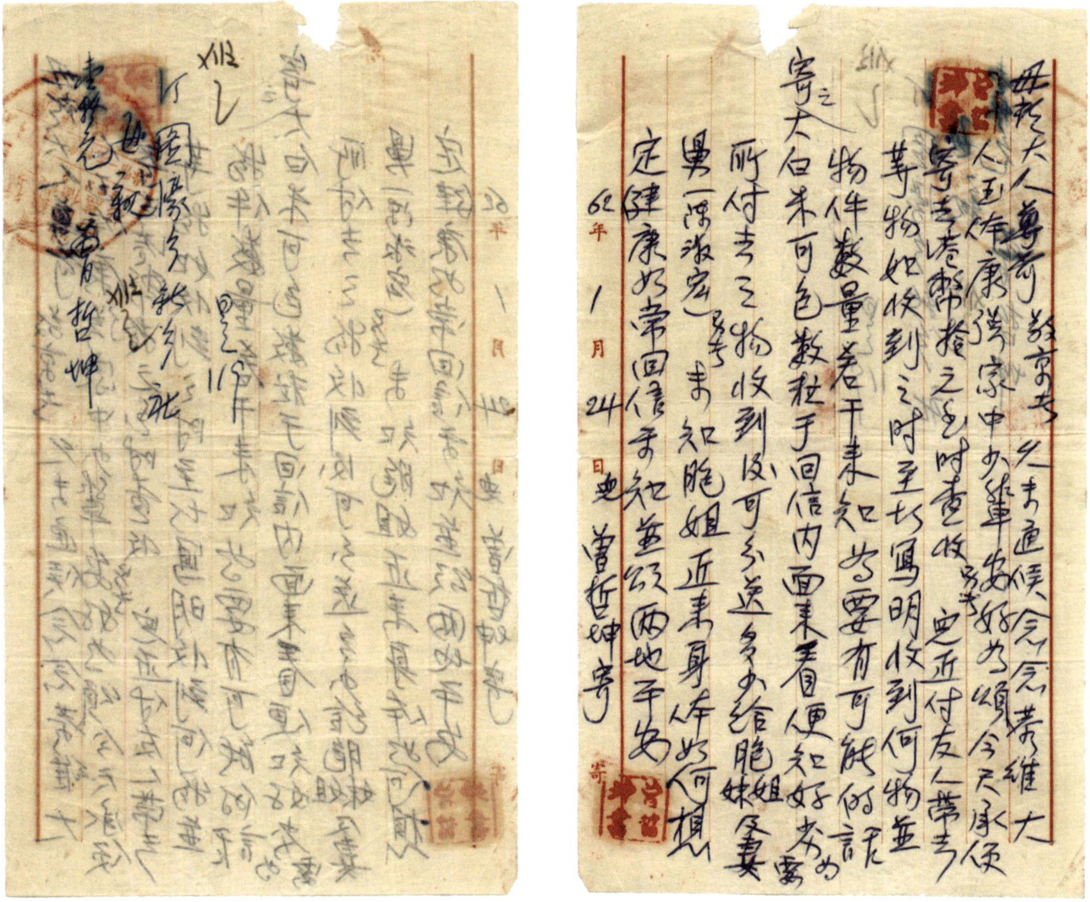

1962年3月8日曾哲坤寄澄海图濠新乡社母亲

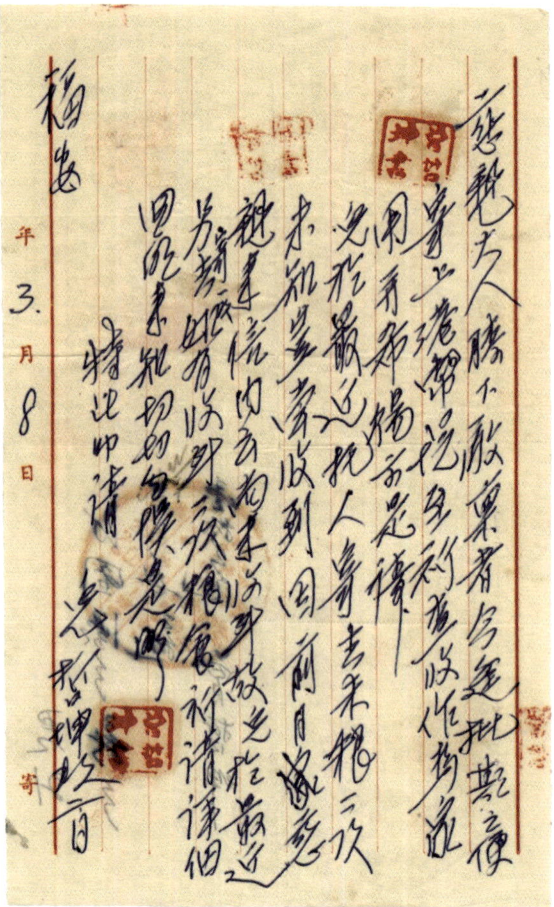

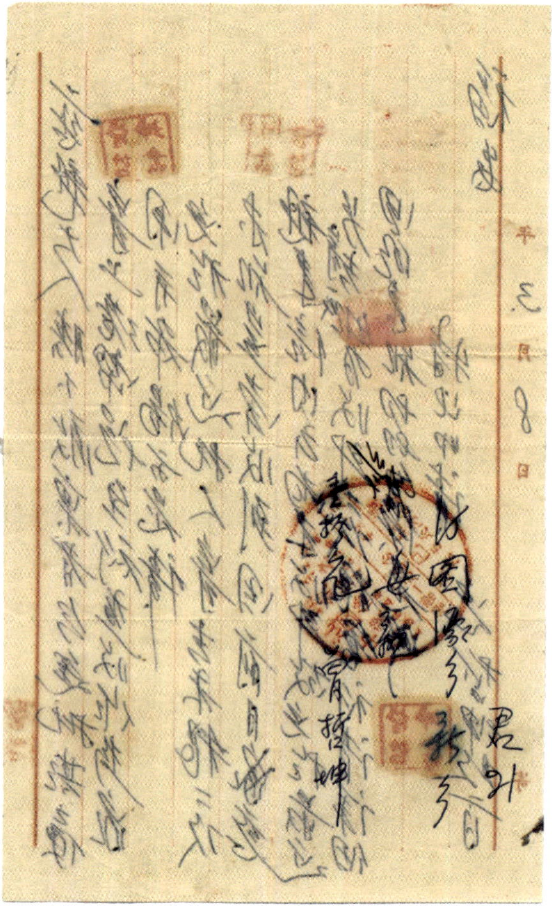

1963 年 2 月 19 日曾哲坤寄澄海图濠新乡社母亲

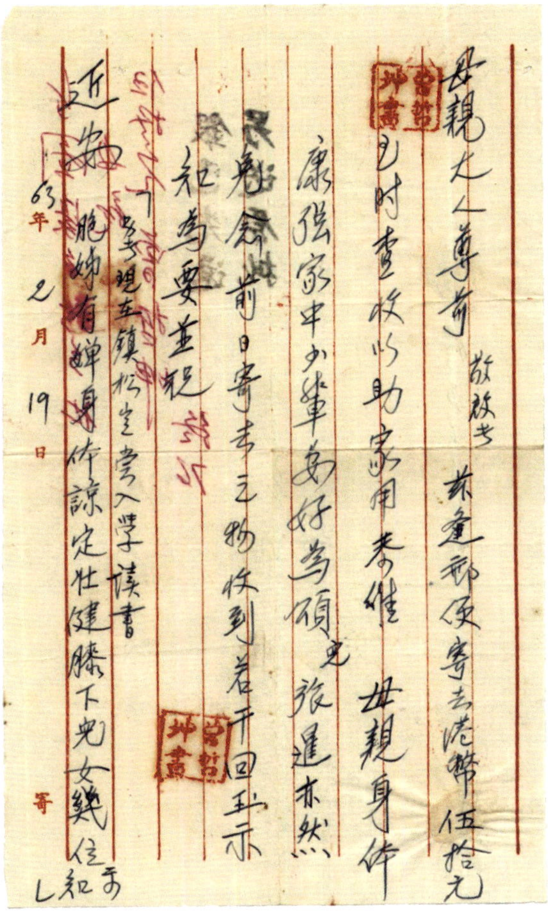

母親大人尊前 敬啟者
茲逢郵便寄去港幣伍拾元
已时查收以助家用幫維 母親身体
康強家中少輩安好為頌 兒旅暹亦然
兒鈞前日寄去之物收到若干回玉示
知為要並祝
近安
63年2月19日
下次寄理在鎮松宝学入学讀書
胞姊有蝉身体諒定壯健膝下兒女幾位
示知

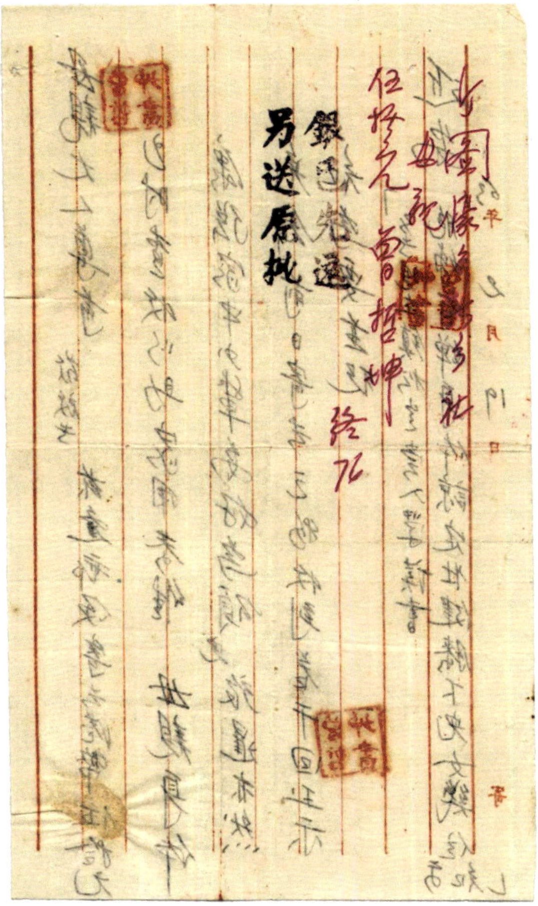

1963 年 4 月 23 日曾哲坤寄澄海图濠新乡社母亲

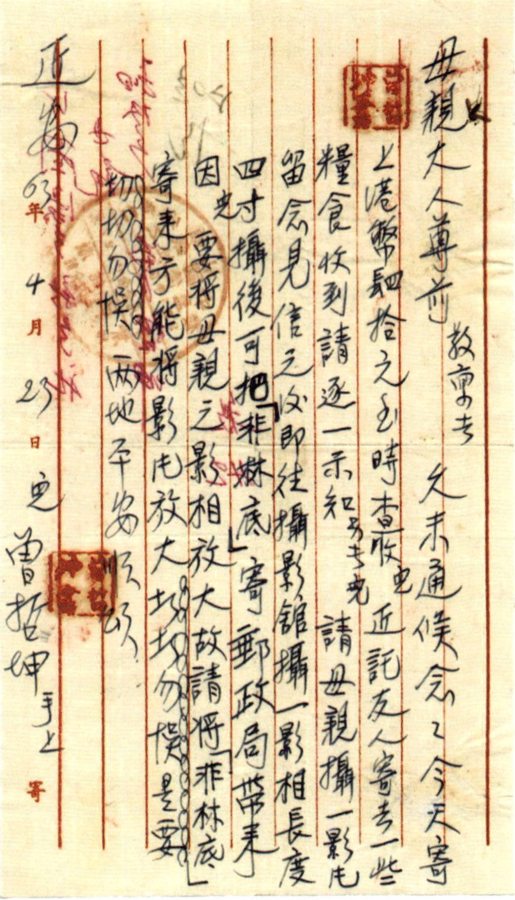

母親大人尊前 敬稟者
久未通候念念 今天寄
上港幣細拾元正 時香收也 近託友人寄去一些
糧食收到請逐一示知為要 兒請母親攝一影片
留念見信之後即往攝影館攝一影相長度
四寸攝後可把「菲林底」寄郵政局帶來
因兒要將母親之影相放大故請將「菲林底」
寄來方能將影片放大切切勿悮是要
切切勿悮 兩地平安順候
近安
63年4月23日
兒曾哲坤手上寄

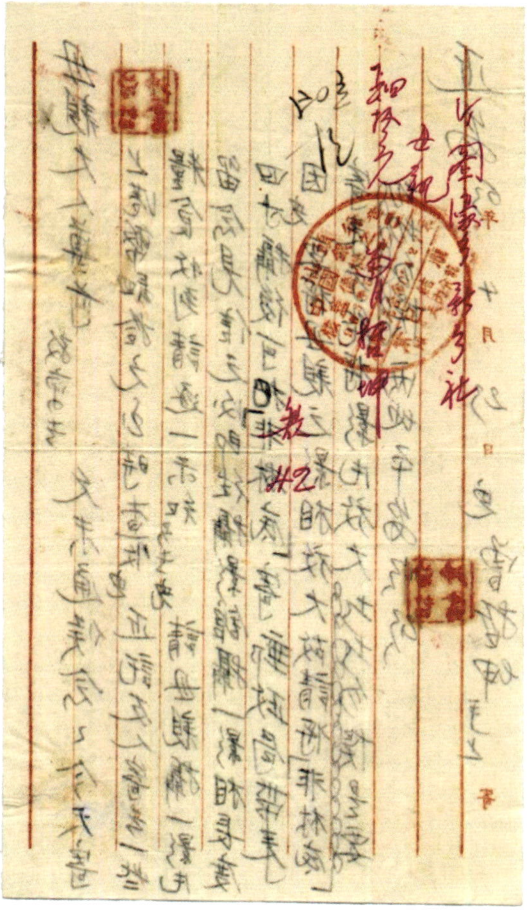

1967 年 5 月 31 日曾哲坤寄澄海图濠新乡社母亲

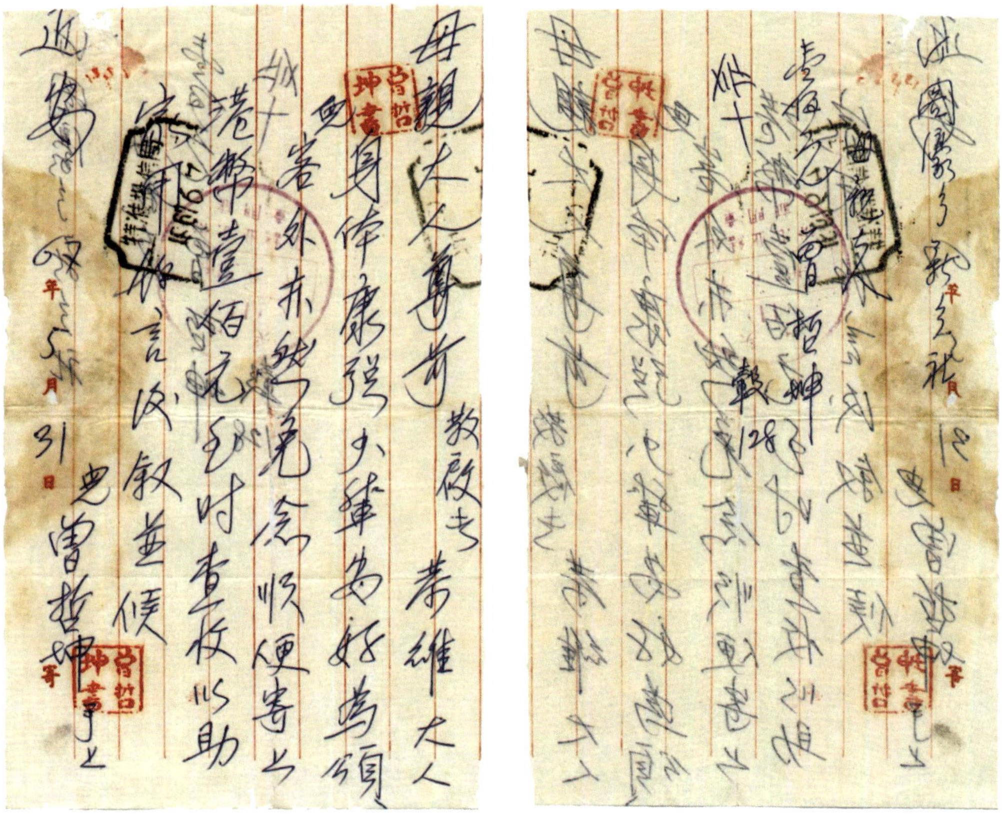
母親大人尊前 敬啟者 茲維 大人身体康强 大筆為好為頌 兒客外亦然 免念 順便寄去港幣壹佰元 到时查收 以助家用 言次敘并候
近安
兒 曾哲坤 寄上
年 5 月 31 日

1967 年 7 月 17 日曾哲坤寄澄海图濠新乡社母亲

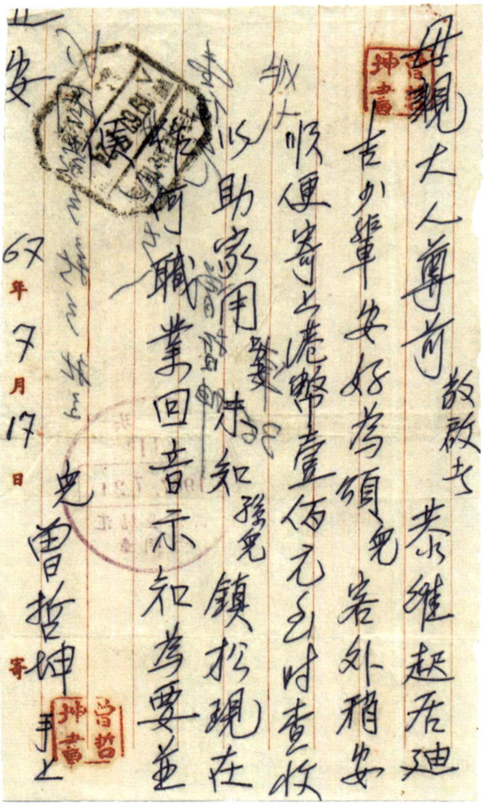

母親大人尊前 敬啟者
恭維起居迪
吉，小華安好為頌，兒客外稍安
順便寄上港幣壹佰元，到時查收
以助家用。未知孫兒鎮松現在
何職業，回音示知為要，並
安
67年7月17日 兒曾哲坤寄 手上

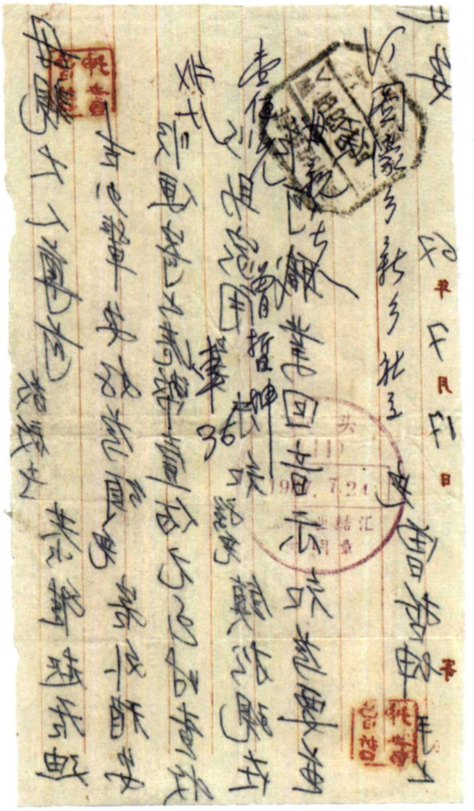

1967年9月20日曾哲坤寄澄海图濠新乡社母亲

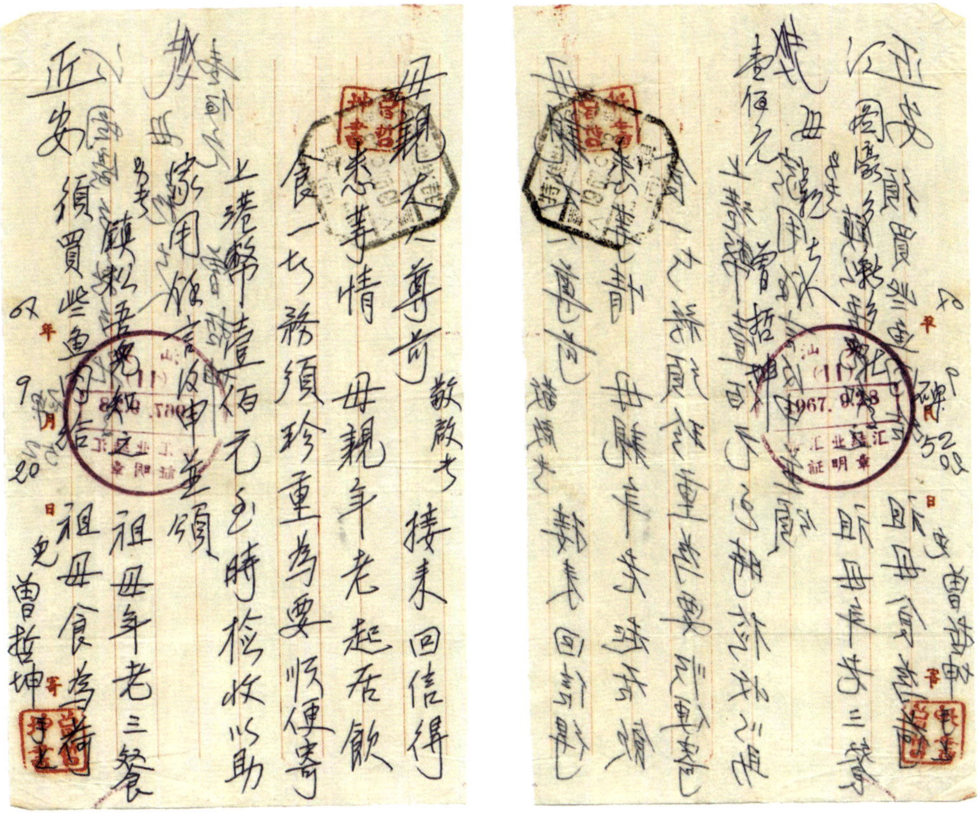

母親大人尊前 敬啟者 接來回信得
悉等情 母親年老起居飲
食一切務須珍重為要 順便寄
上港幣壹佰元至時檢收以助
家用[illegible]並領
鎮松吾兒知之 祖母年老三餐
須買些魚肉給 祖母食為荷
近安
兒曾哲坤
67年9月20日

1968 年 1 月 2 日曾哲坤寄澄海图濠新乡社母亲

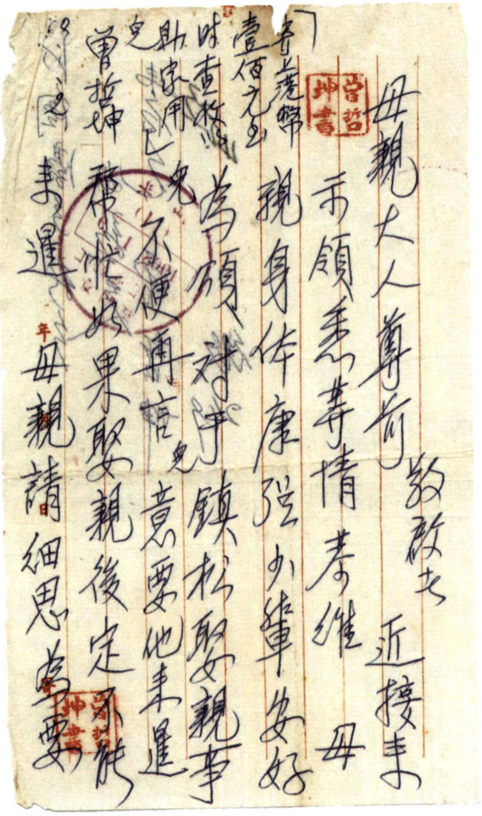
母親大人尊前 敬啟者 近接來
示領悉壹情孝維 母
親身体康强如筆安好
為頌 對于鎮松娶親事
兒不便再言 兒意要他來暹
如果娶親後定可能
來暹 母親請細思為要
寄上港幣壹佰元正 時查收以助家用 兒
曾哲坤 稟

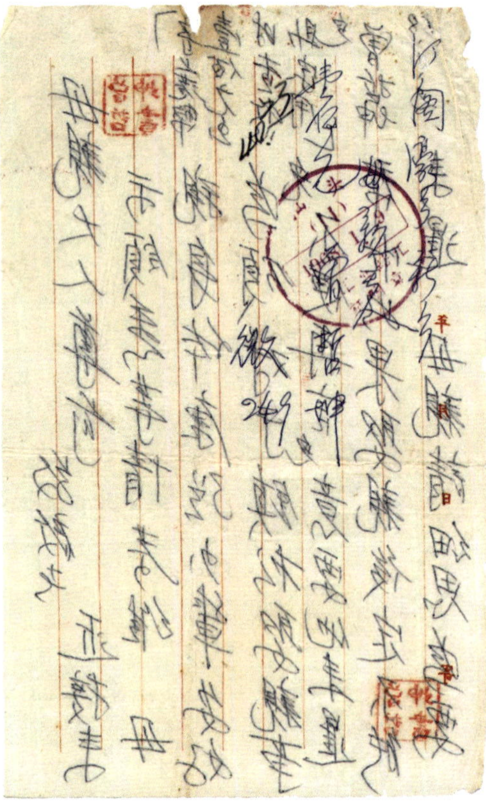

1968 年 1 月 10 日曾哲坤寄澄海图濠新乡社母亲

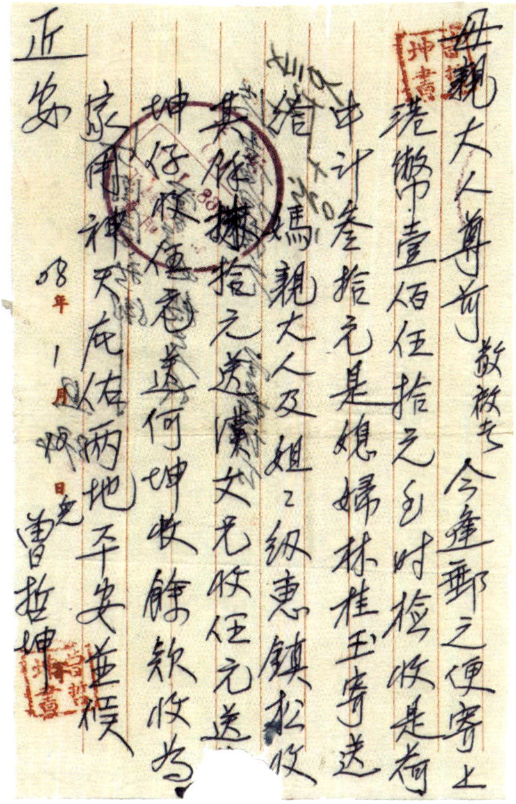
母親大人尊前 敬禀者 今逢郵之便寄上
港幣壹佰伍拾元正到时检收是荷
中计叁拾元是媳婦林桂玉寄送
給媽親大人及姐之級惠鎮松收
其餘拾元送濃女光收伍元送
坤仔收伍元來函何坤收餘款收為
家用祈天庇佑兩地平安並候
近安
68年1月10日 曾哲坤

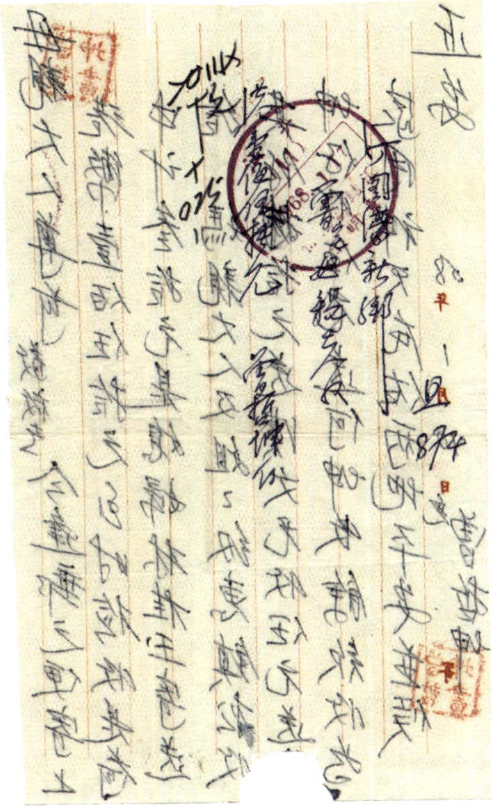

1968 年 5 月 8 日曾哲坤寄澄海图濠新乡社母亲

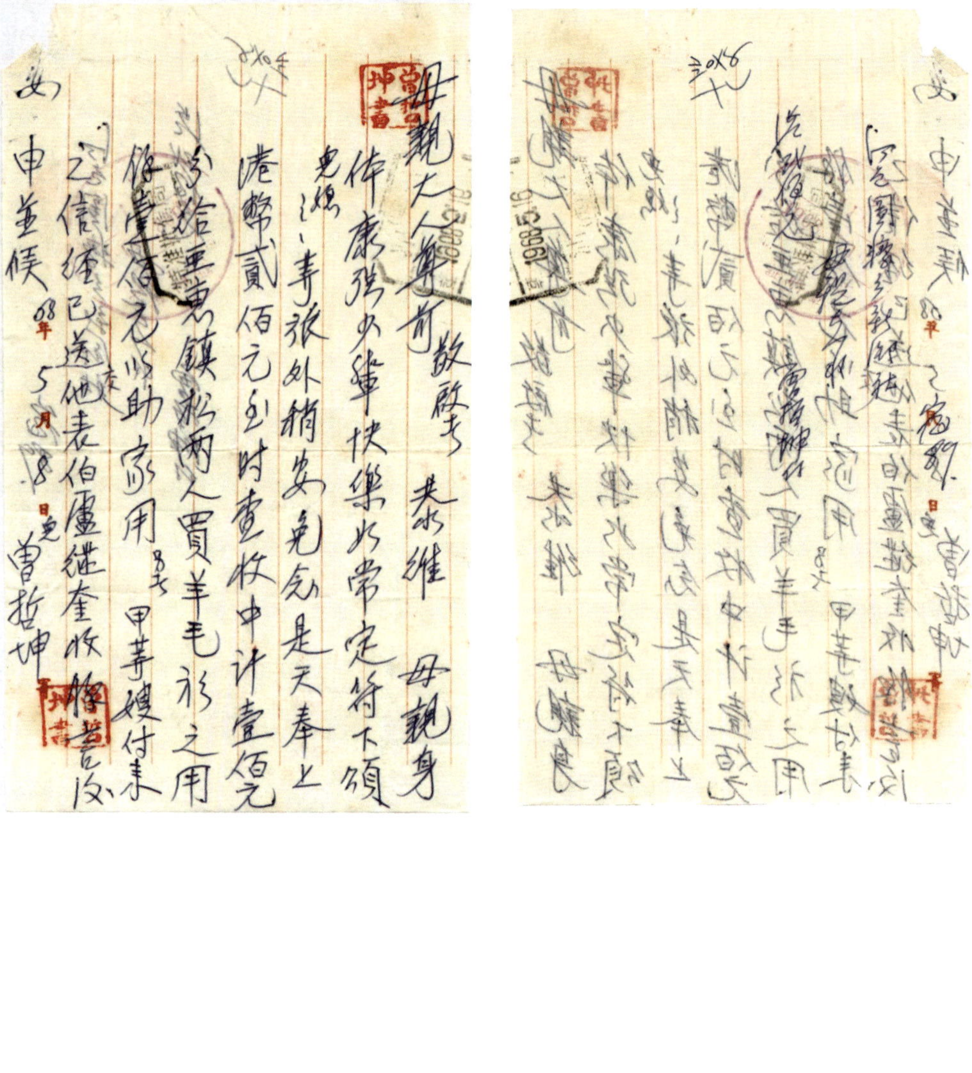

母親大人尊前 敬啟者 恭維
母親身体康强如筆快樂如常定符下頌
兒媳亦青張外稍安免念是天奉上
港幣貳佰元到时查收中计壹佰元
分給亞惠鎮松兩人買羊毛衫之用
伍拾元以助家用 甲寿嫂付来
之信經已送他表伯盧繼奎收 餘言後
申並候
安
68年5月8日 兒曾哲坤

1968 年 6 月 15 日曾哲坤寄澄海图濠新乡社母亲

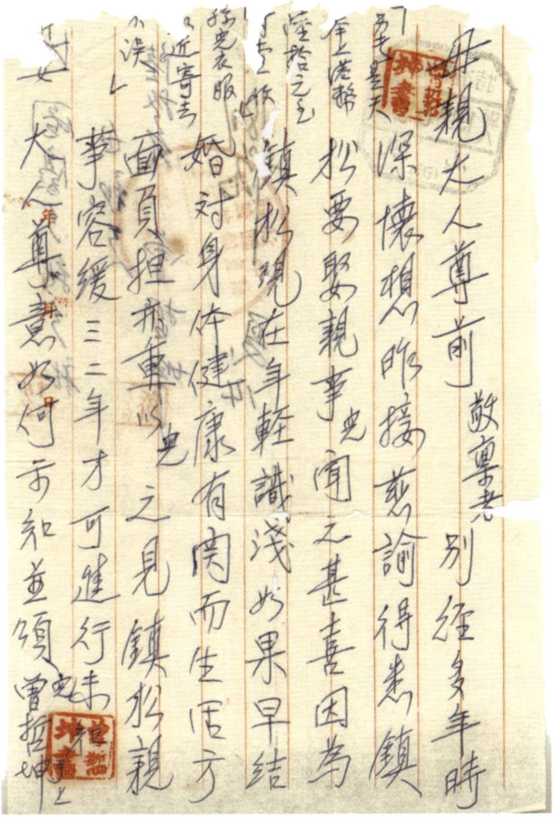
母親大人尊前 敬稟者 別經多年時
深懷想念 昨接慈諭 得悉鎮
松要娶親事 兒聞之甚喜 因為
鎮松現在年輕識淺 如果早結
婚對身体健康有関 而生活方
面負担有重 以兒之見 鎮松親
事容緩 三二年才可進行 未
大人尊意如何 方知 並頌
曾哲坤

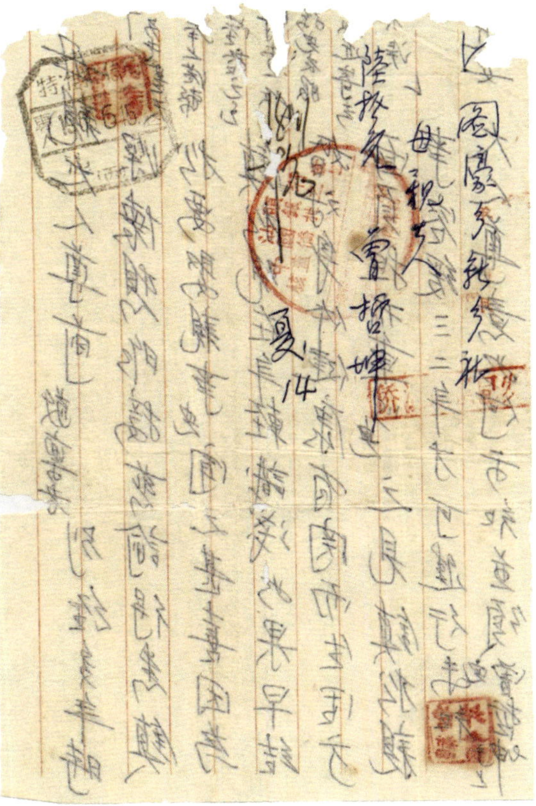
图濠新乡社
母親大人
曾哲坤

1968 年 8 月 14 日曾哲坤寄澄海图濠新乡社母亲

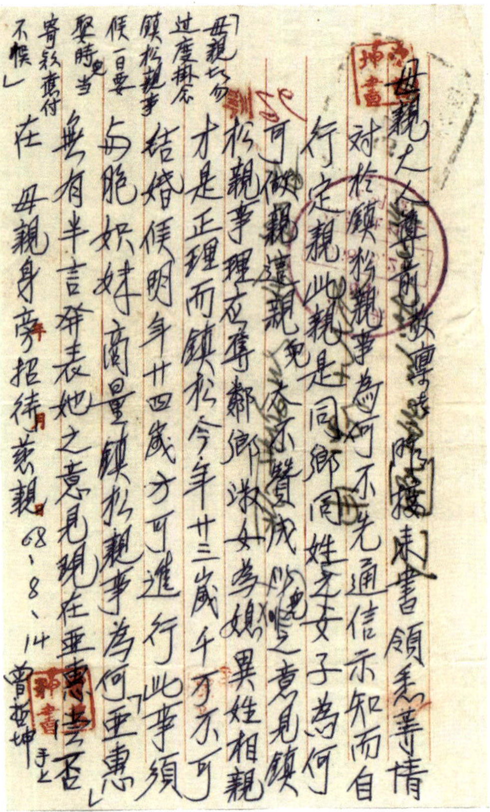

母親大人膝前敬禀者：昨接來書，領悉壹情。對於鎮松親事，為何不先通信示知而自行定親？此親是同鄉同姓之女子，為何可做親？違親免太不贊成，以兒之意見，鎮松親事理應尋鄰鄉淑女為媳，異姓相親才是正理。而鎮松今年廿三歲，千萬不可結婚，候明年廿四歲方可進行。此事須與媳婦商量，鎮松親事為何要惠無有半言奔表她之意見？現在要惠去否？在母親身旁招待慈親。

母親所命，過度掛念鎮松親事，候一日要娶時兒当寄款應付不悮。

68、8、14 曾哲坤手上

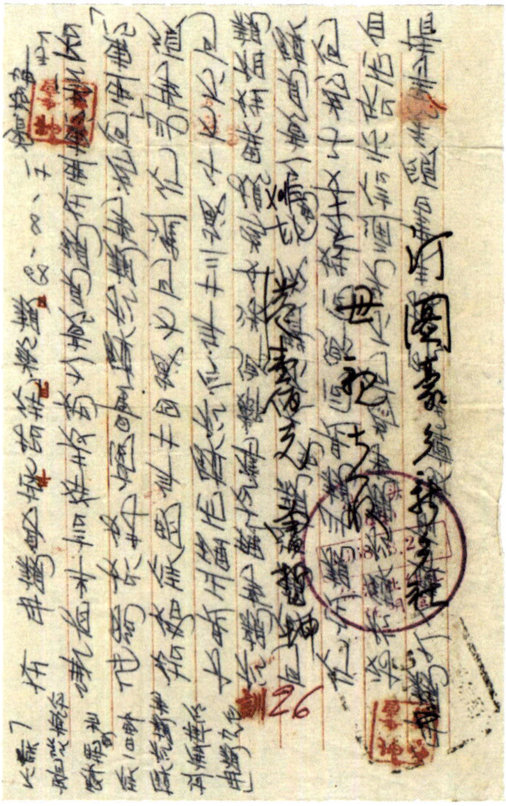

1 月 11 日曾哲坤寄澄海图濠新乡社母亲

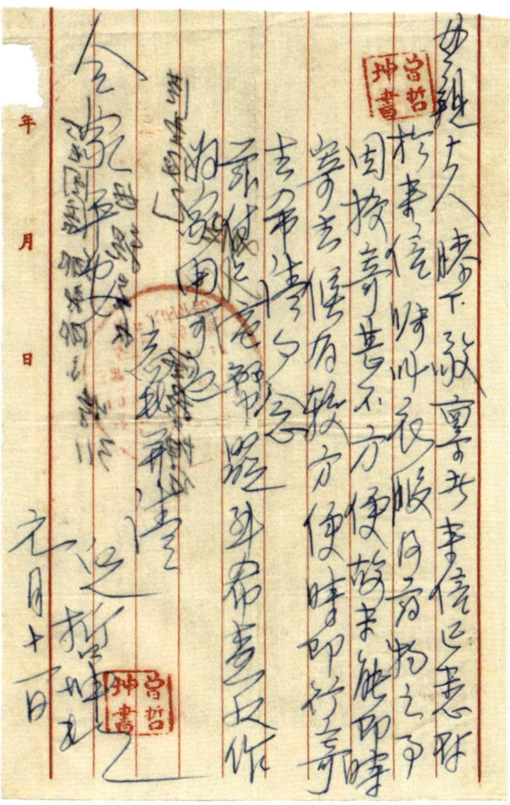

母亲大人膝下 敬禀者 来书信已悉
因接寄甚不方便故未能即时
寄去 候有较方便时即行寄

元月十一日

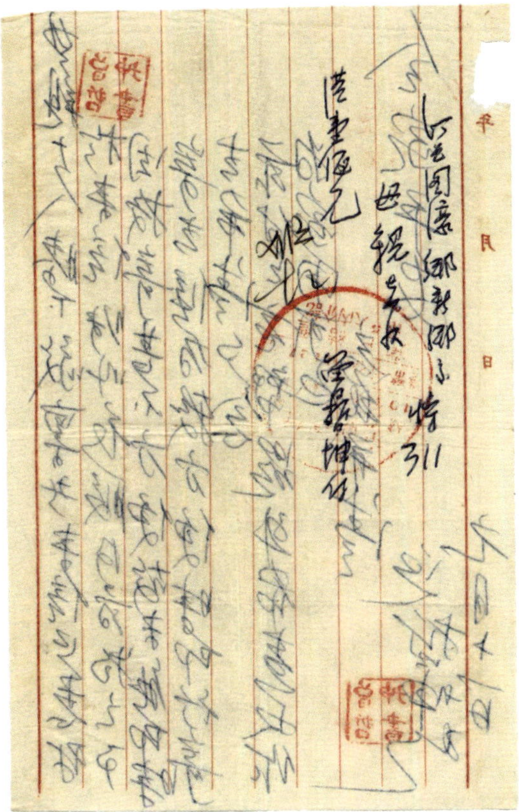

8 月 20 日曾哲坤寄澄海夏塘乡陈戊添

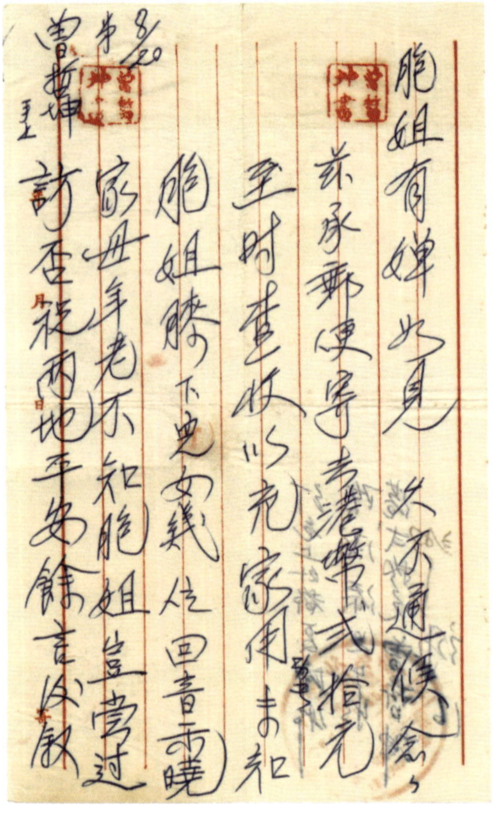

胞姐有婵如見 久不通候 念念
兹承鄞便寄去港幣弍拾元
至时查收以充家用 未知
胞姐膝下 [illegible]女钱 仝回音示晓
家母年老不知胞姐岂尝过
訪香港两地平安 餘言後叙
弟 曾哲坤 上 8/20

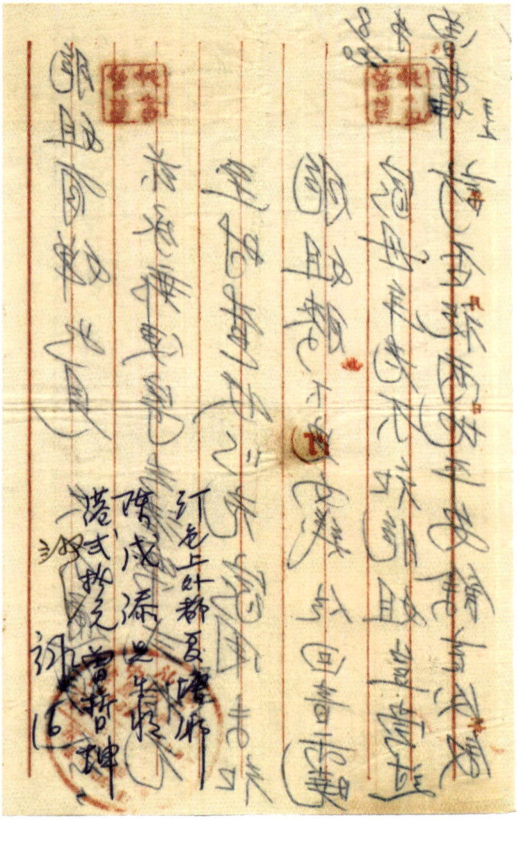

汀乡上外都夏塘乡
陈戊添先生收
落弍拾元
曾哲坤
16

1963 年 9 月 7 日曾哲坤寄澄海图濠新乡社母亲

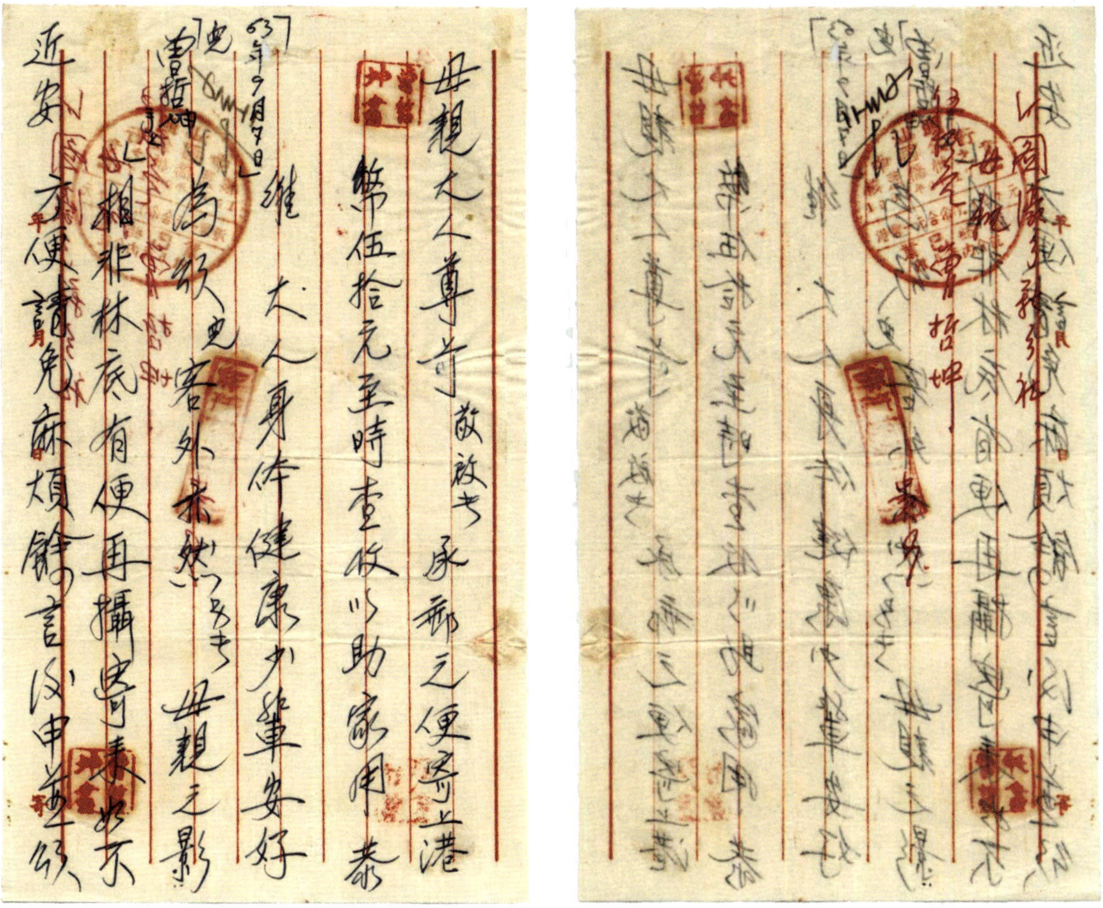

母親大人尊前 敬啟者 承鄉之便寄上港
幣伍拾元至時查收以助家用 恭
維 大人身体健康[illegible]安好
[illegible]兒也客外未然 母親之影
相非林底有便再攝寄來如不
方便請免麻煩 餘言後申 並頌
近安
兒 曾哲坤 上
63年9月7日

1963年10月1日曾哲坤寄澄海图濠新乡社母亲

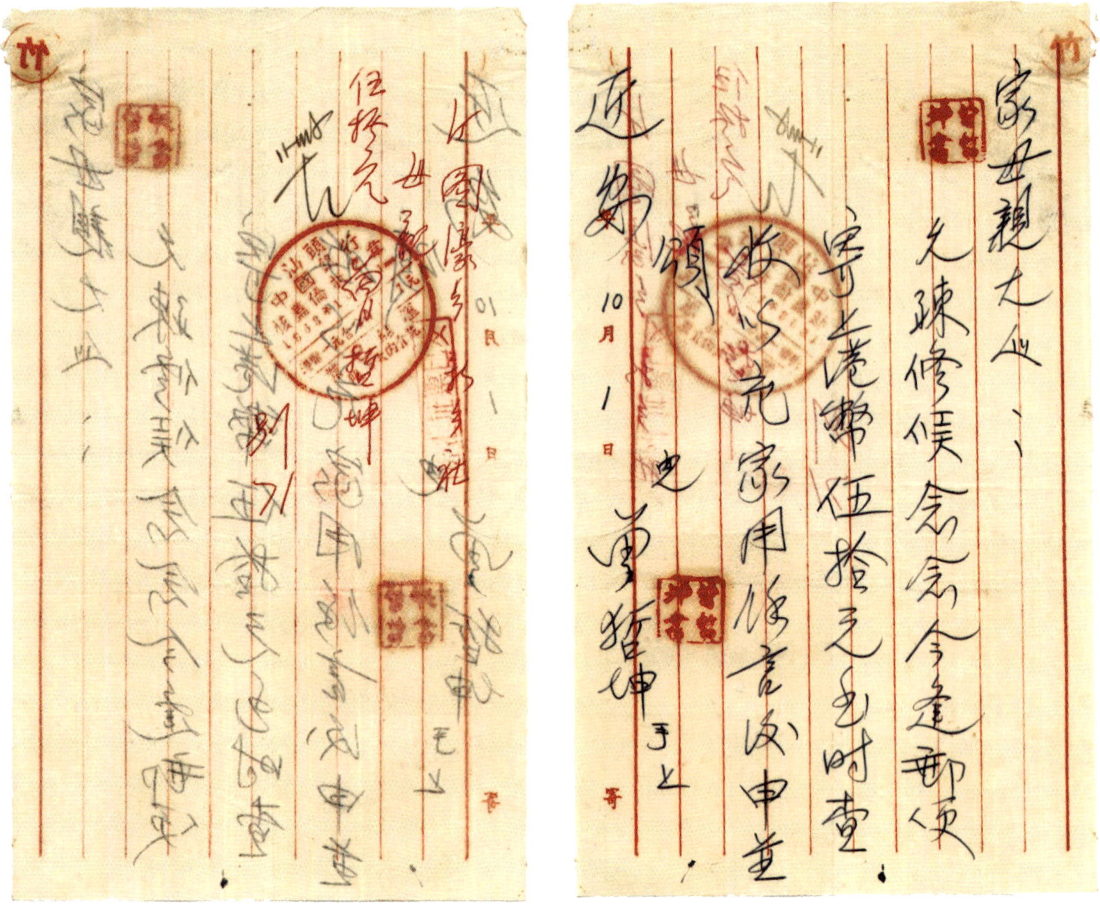

1963 年 12 月 10 日曾哲坤寄澄海图濠新乡社母亲

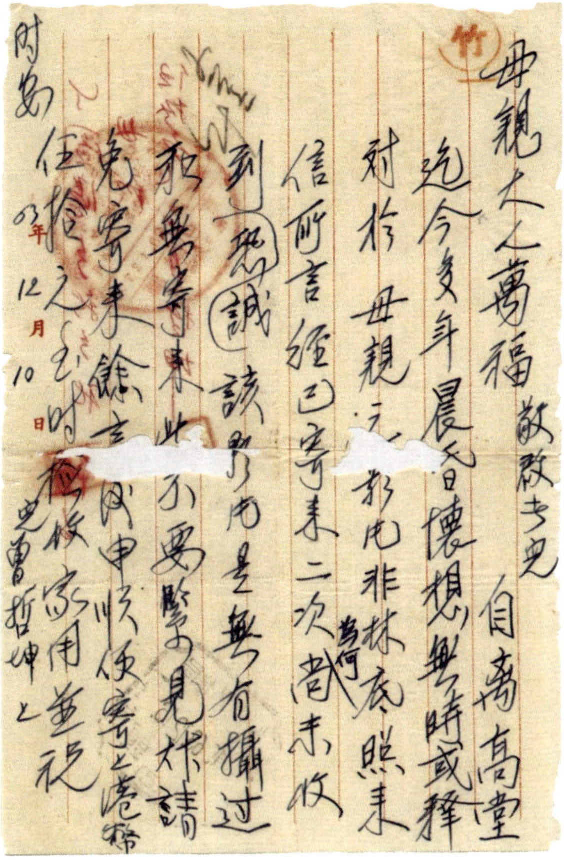

母親大人萬福敬啟者兒
自離高堂
迄今多年晨昏懷想無時或釋
對於母親之彩相非林底照來
信所言經已寄來二次為何尚未收
到愆誠該彩相是無有攝过
和無寄來此不要緊兒見林請
免寄來餘言再申收便寄之港幣
任拾元以時应校家用並祝
時安
兒曾哲坤上
63年12月10日

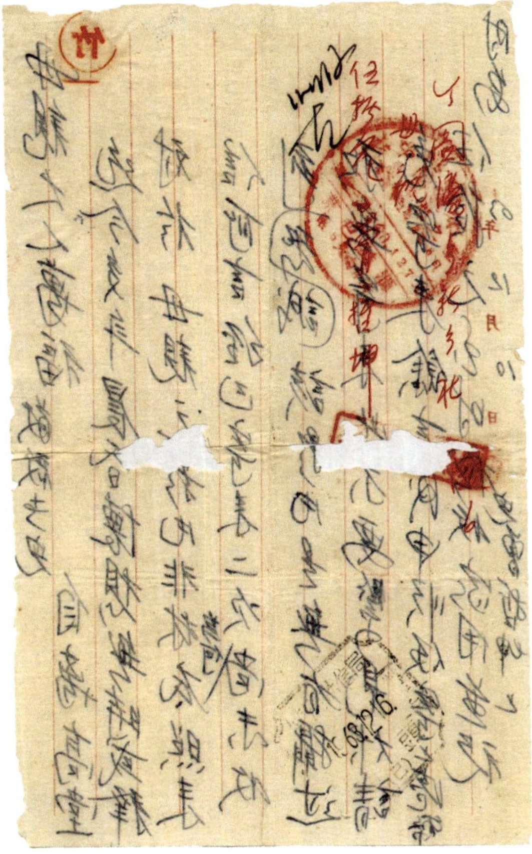

1964 年 1 月 14 日曾哲坤寄澄海图濠新乡社母亲

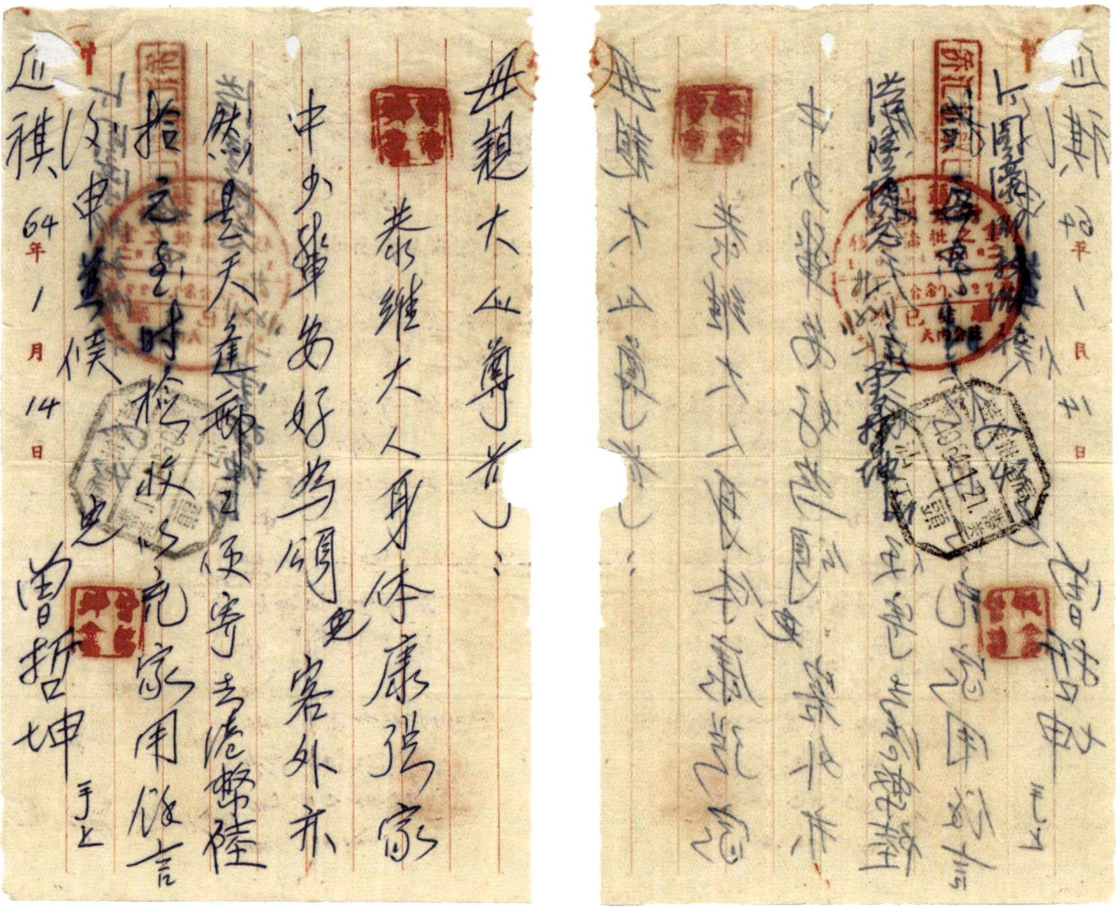
母親大人尊前：
恭維大人身体康强，家中少輩安好，為頌。客外亦
然，甚天逢郵便，寄去港幣陸
拾元正，時祈收入，充家用。餘言
後申。並候
近祺。
曾哲坤 手上
64年1月14日

1964年1月28日曾哲坤寄澄海图濠新乡社母亲

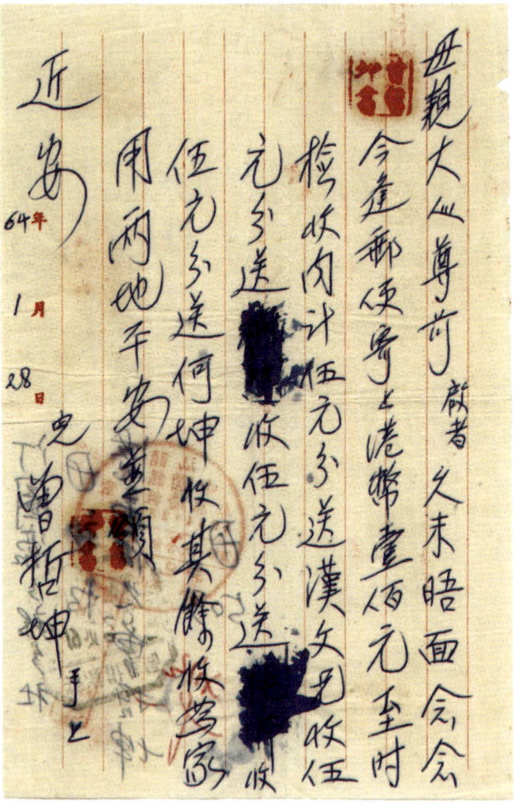

母親大人尊前 敬者 久未晤面 念念
今逢郵便寄上港幣壹佰元 至时
檢收 内计伍元分送漢文兄收伍
元分送[redacted]收伍元分送[redacted]收
伍元分送何坤收 其餘收為家
用 兩地平安 並頌
近安
64年1月28日 儿 曾哲坤 手上

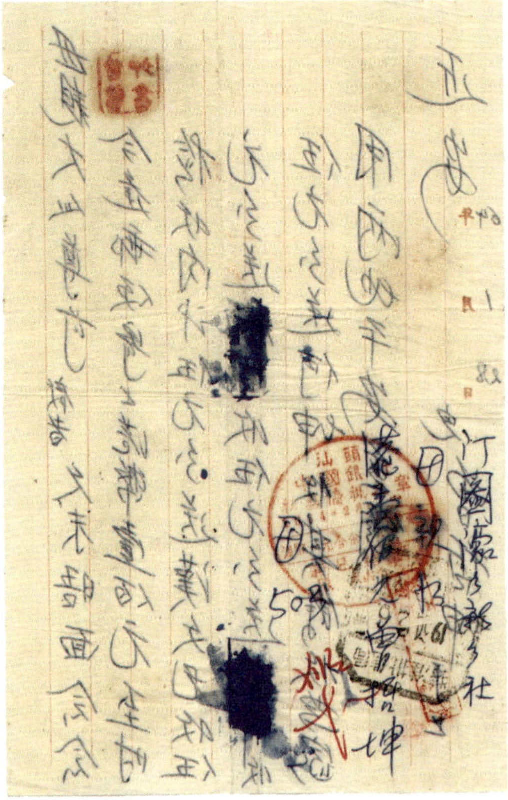

1964 年 3 月 3 日曾哲坤寄澄海图濠新乡社母亲

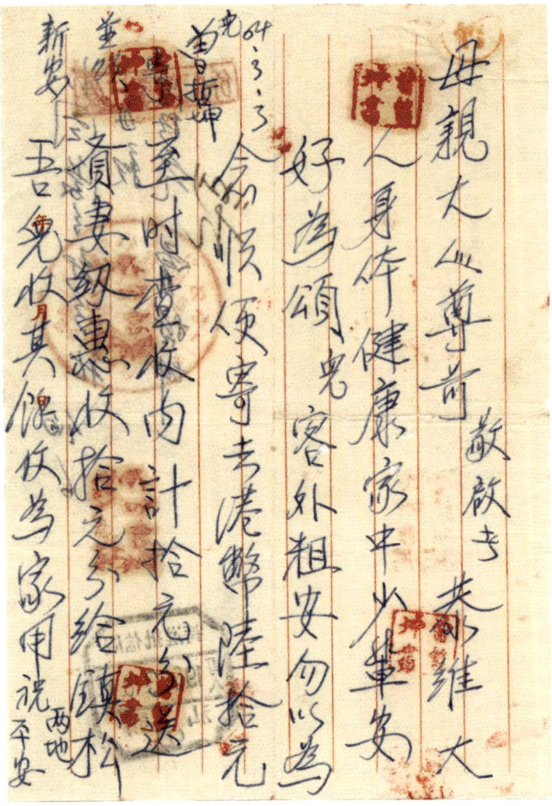

母親大人尊前 敬啟者 未維大
人身体健康 家中少小平安
好為頌 兒客外粗安 勿以為
念 兹順便寄去港幣陸拾元
至时查收 内計拾元系送
貴妻叙惠收 拾元系給鎮松
吾兒收 其餘伙為家用 祝平安
兒曾哲坤 64.3.3

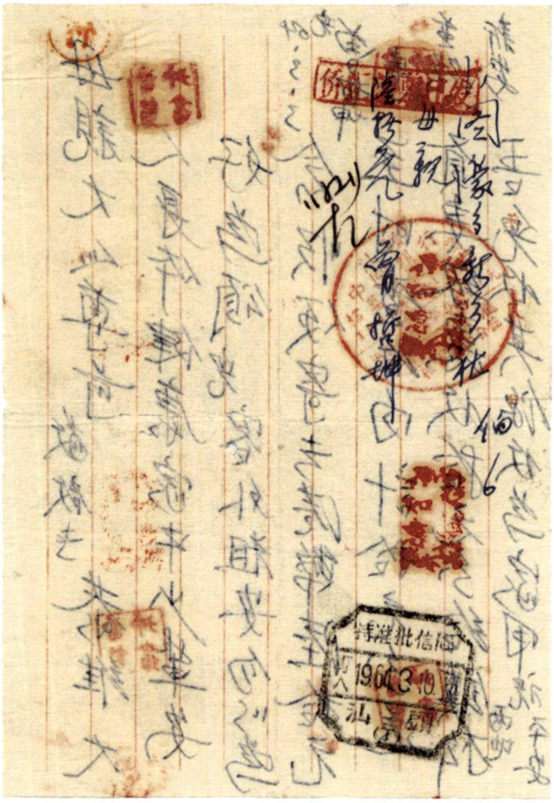

1964年3月24日曾哲坤寄澄海图濠新乡社母亲

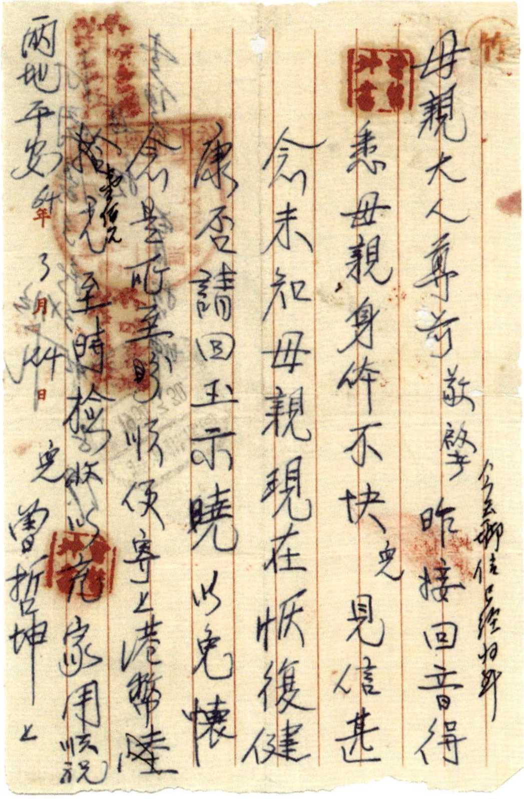
母親大人尊前 敬禀者 昨接回音得
悉母親身体不快 兒見信甚
念 未知母親現在恢復健
康否 請回玉示曉 以免懷
念 是所至盼 順便寄上港幣陸
拾元 至時檢收以充家用 順祝
兩地平安 兒曾哲坤 上
年3月24日

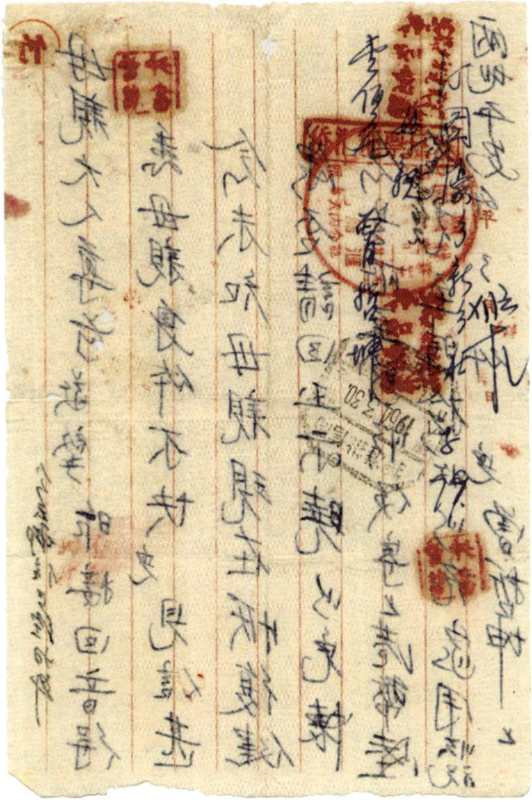

1964 年 5 月 5 日曾哲坤寄澄海图濠新乡社母亲

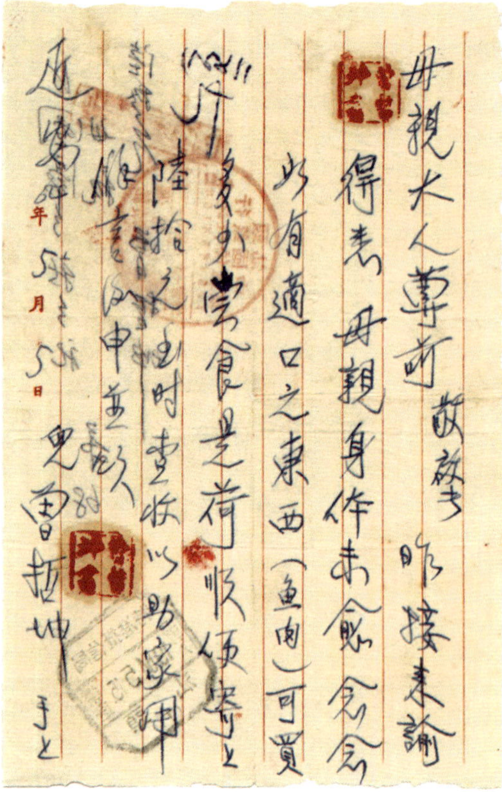
母親大人尊前 敬稟者 昨接來諭
得悉 母親身体未愈 念念
如有適口之東西（魚肉）可買
多少營食是荷 收便寄上
陸拾元 到时查收以助家用
年 5 月 5 日 兒曾哲坤 手上

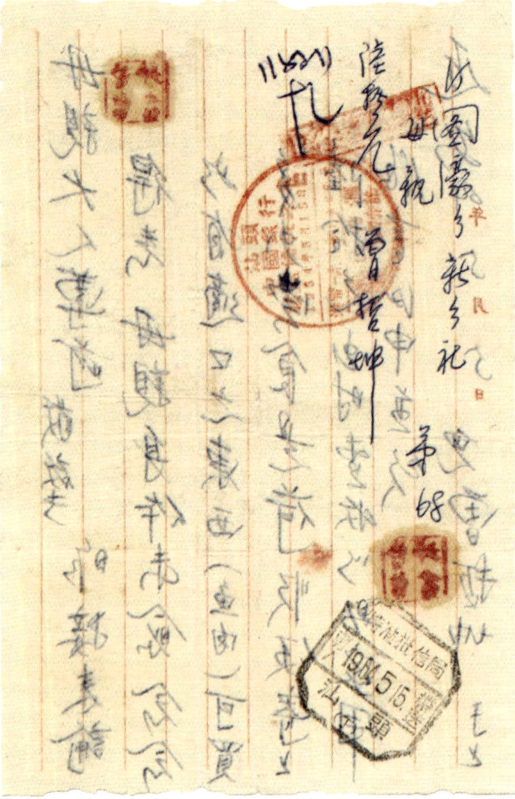

1964 年 6 月 2 日曾哲坤寄澄海图濠新乡社母亲

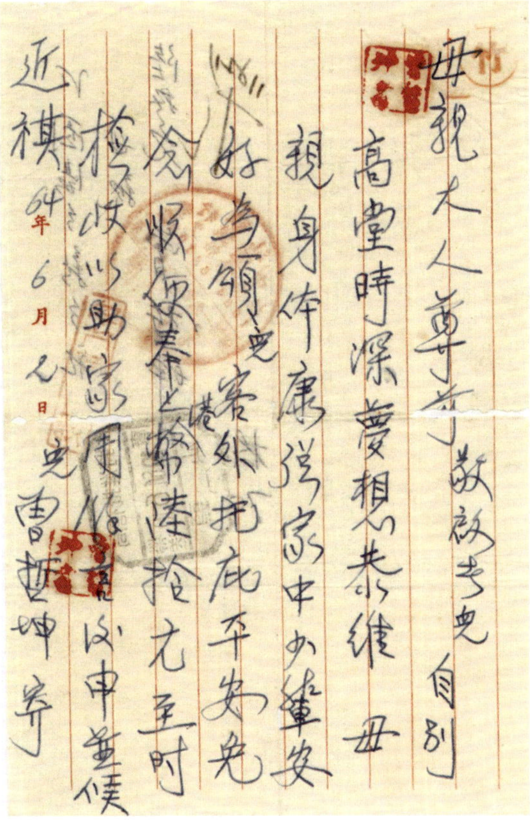

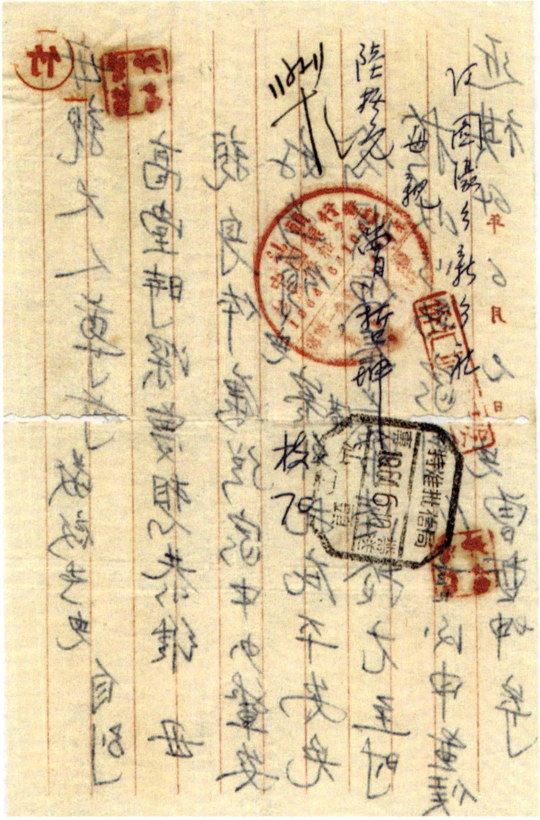

1964 年 7 月 7 日曾哲坤寄澄海图濠新乡社母亲

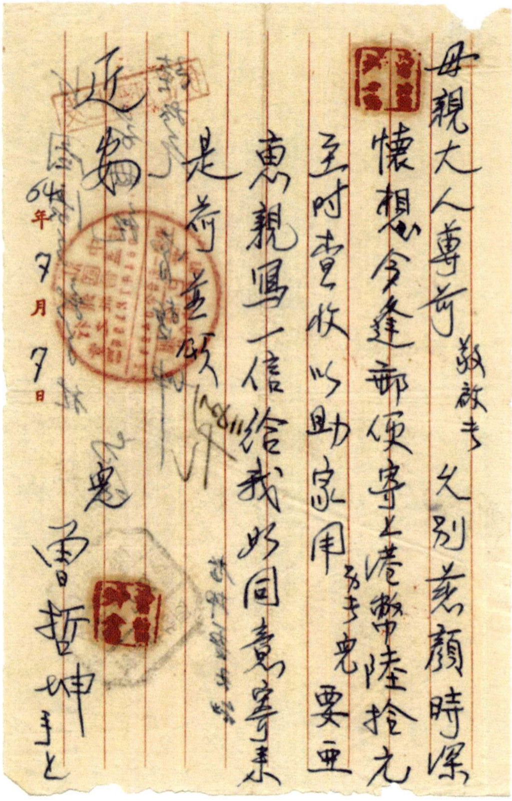
母親大人尊前　敬啟者　久別慈顏時深
懷想　今逢鄉便寄上港幣陸拾元　另手兜
至时查收以助家用　要亜
惠親寫一信给我以同意寄来
是荷　並候
近安
兒　曾哲坤　手上
64 年 7 月 7 日

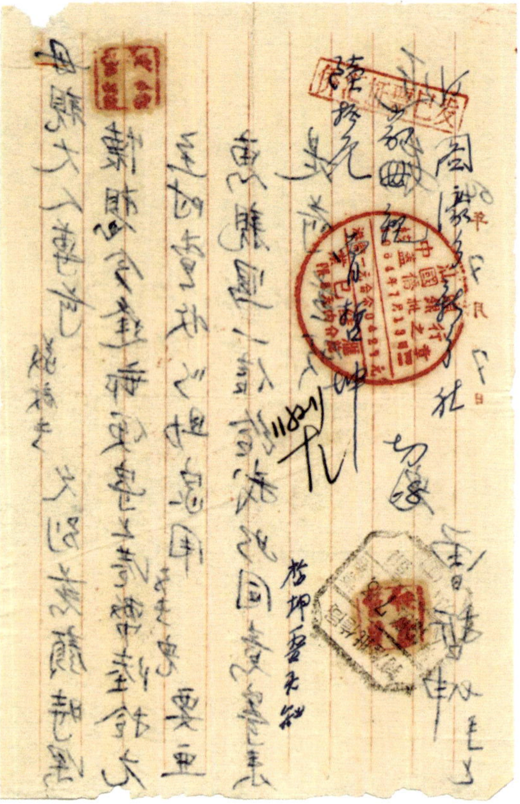
惠親寫一信给我以同意寄来
至时查收以助家用　要亜
懷想今逢鄉便寄上港幣陸拾元
母親大人尊前
曾哲坤　手上

1964 年 8 月 4 日曾哲坤寄澄海图濠新乡社母亲

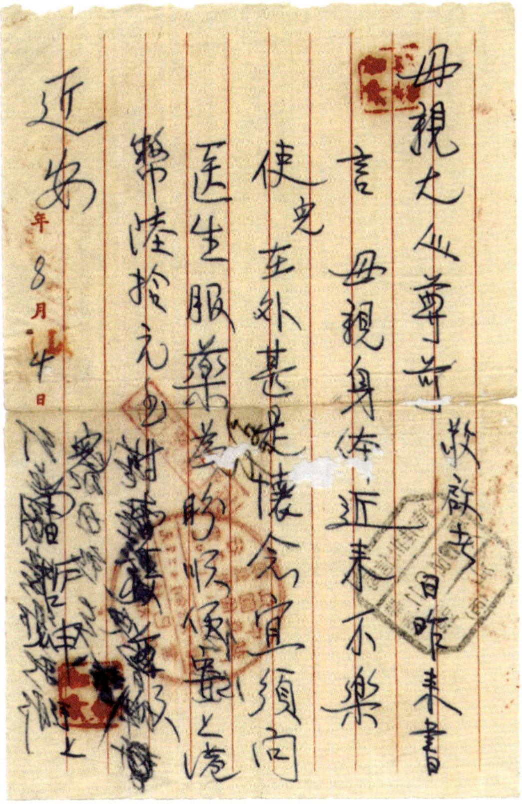
母親大人尊前 敬啟者 日昨來書
言 母親身体近來不樂
使兒在外甚是懷念 宜須向
醫生服藥 茲盼順便寄上之港
幣陸拾元正
近安
年 8 月 4 日

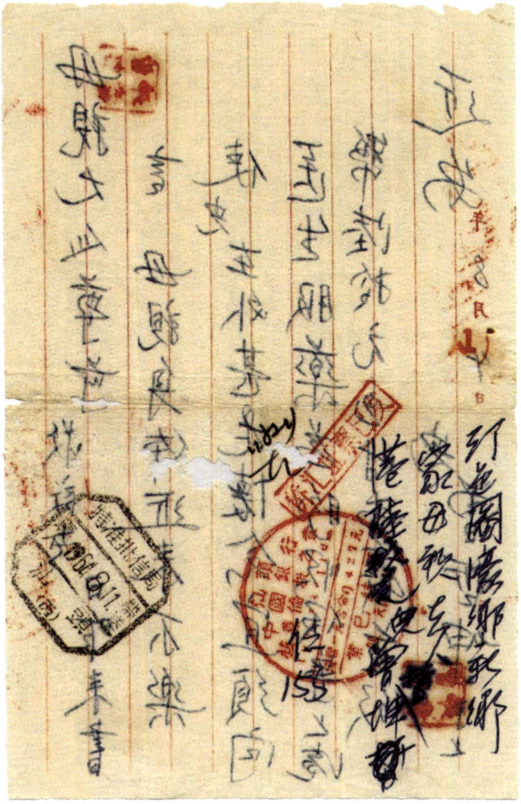

1964 年 9 月 1 日曾哲坤寄澄海图濠新乡社母亲

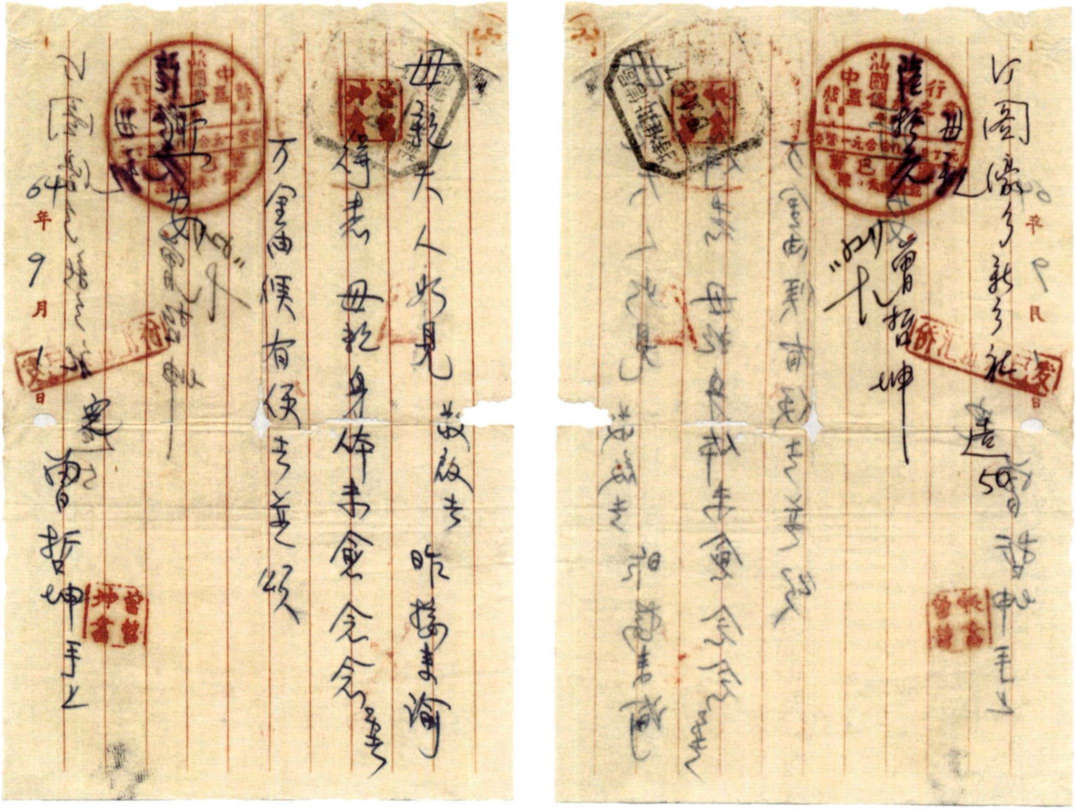

1964年10月曾哲坤寄澄海图濠新乡社母亲

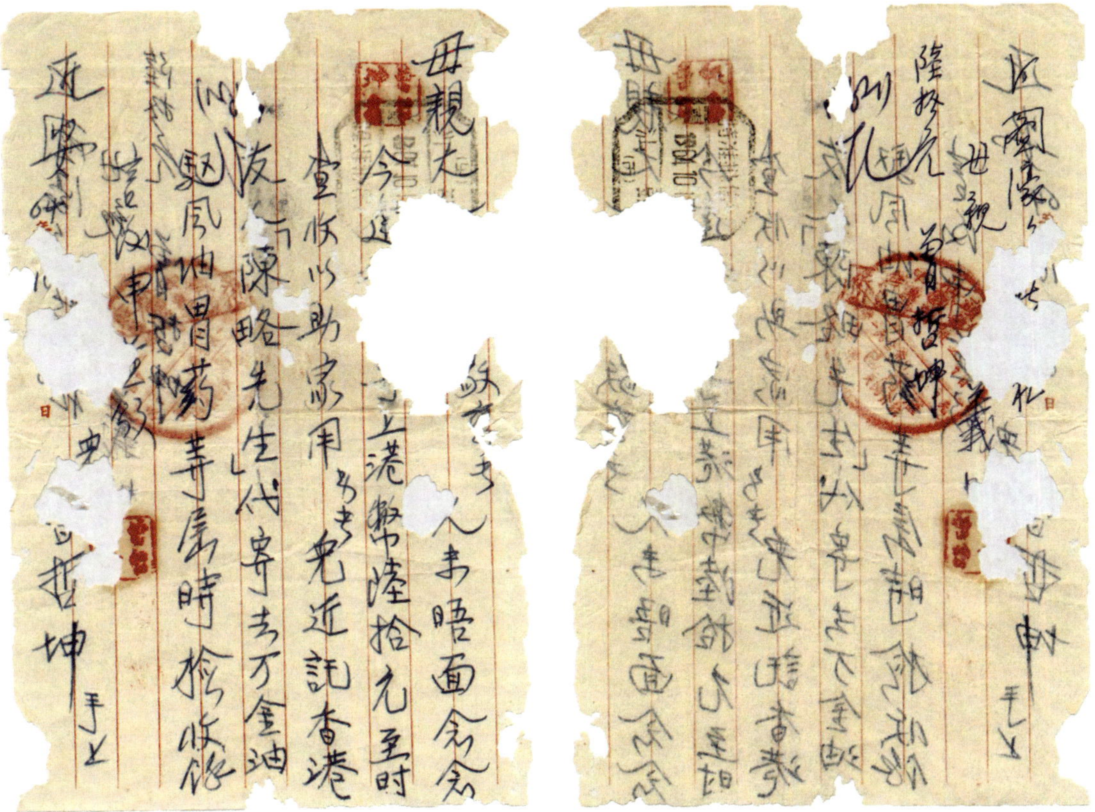
母親大人
今逢[illegible]人來唔面念念
[illegible]上港幣陸拾元至时
查收以助家用 另者 兒近託香港
[illegible]陳略先生代寄去万金油
[illegible]風油胃藥等屆時檢收[illegible]
[illegible]
近安
兒 哲坤 手上

1964 年 11 月 9 日曾哲坤寄澄海图濠新乡社母亲

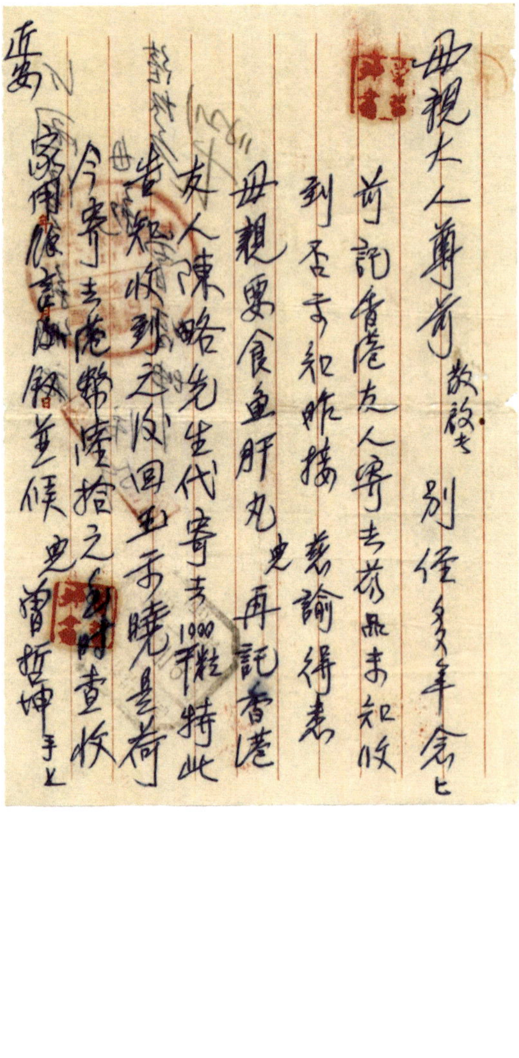

母親大人尊前 敬啟者 別後多年念念
前託香港友人寄去參茸未知收
到否未知昨接 慈諭得悉
母親要食魚肝丸 兒再託香港
友人陳略先生代寄去1000粒 特此
告知 收到之後回玉示 曉是荷
今寄去港幣壹拾元 到時查收
家用 添醫 敘並候
近安 兒曾哲坤手上

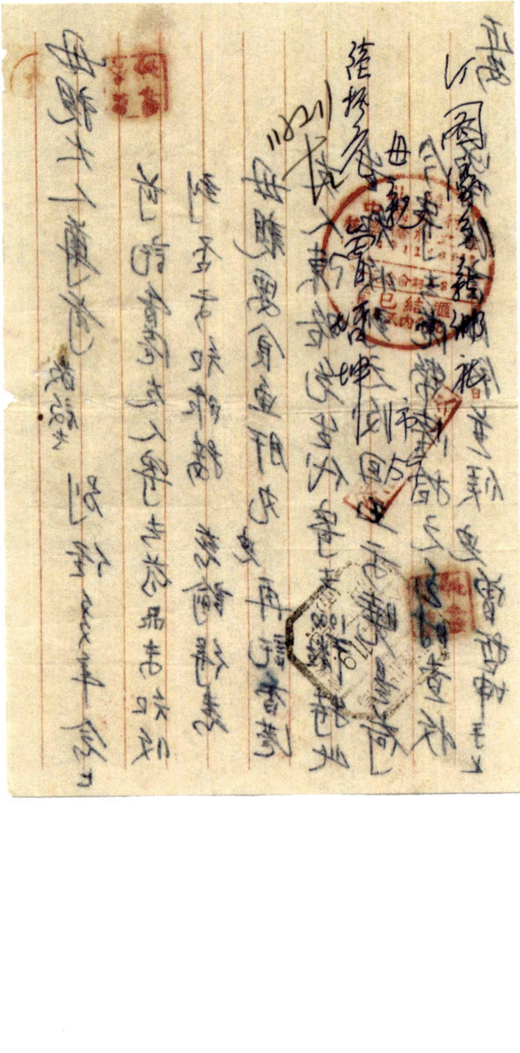

1964年12月2日曾哲坤寄澄海图濠新乡社母亲

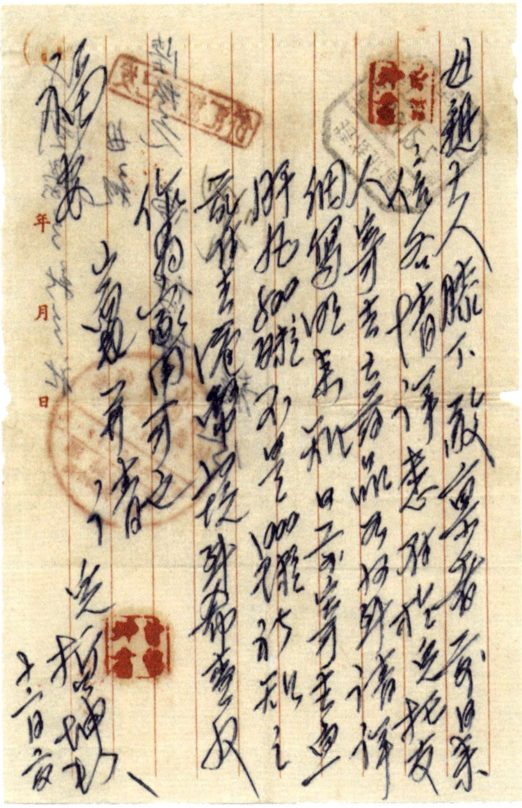

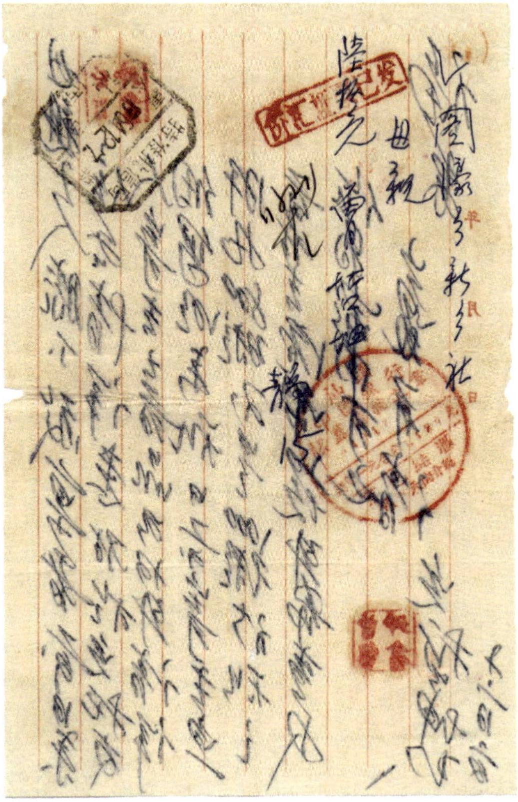

1965 年 1 月 12 日曾哲坤寄澄海图濠新乡社母亲

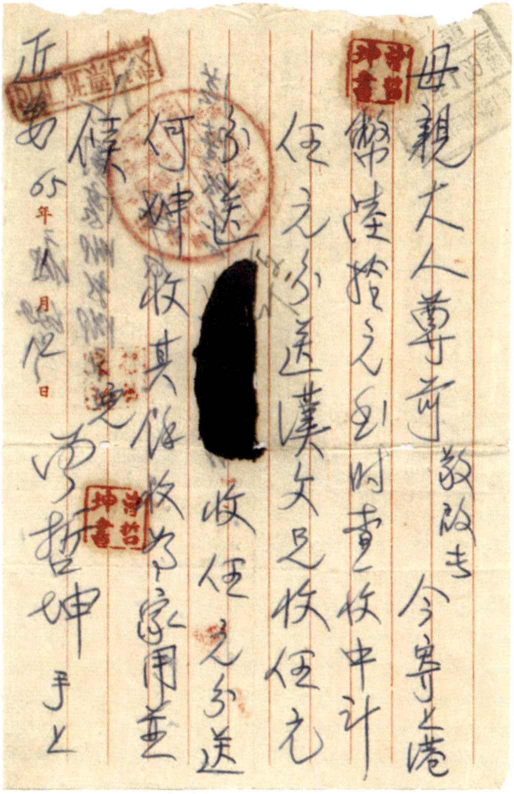

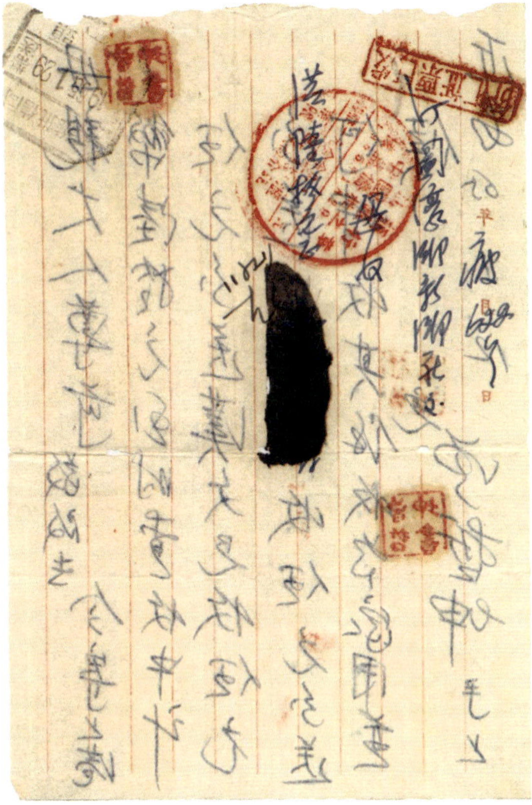

1965年2月16日曾哲坤寄澄海图濠新乡社母亲

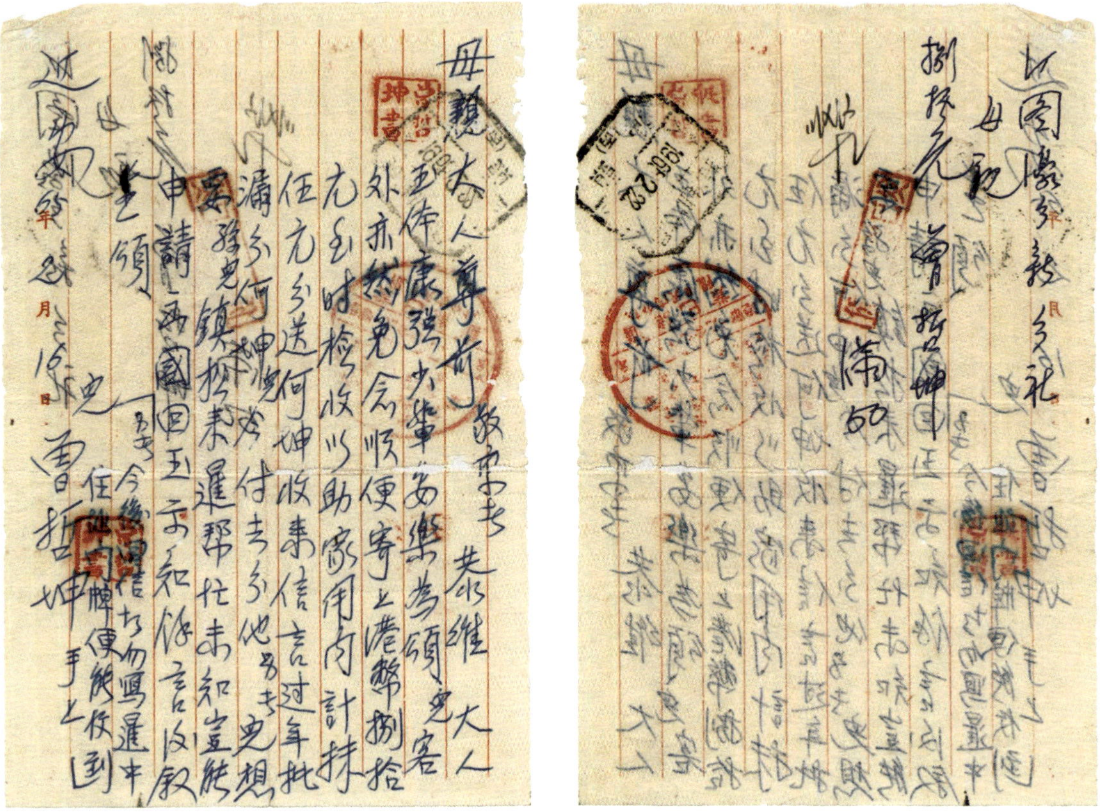
母亲大人尊前 敬禀者 恭维 大人
玉体康强 少辈安乐为颂 儿客
外亦然 免念 顺便寄上港币捌拾
元 到时检收 以助家用 内计抹
任元分送何坤收 来信言过年批
满分何坤 [illegible] 付去分他 另去 儿想
要孙儿镇扬来暹帮忙 未知宜能
申请否 两国回玉字和 信言及叙
今后 [illegible]信 仍写暹中 任进 [illegible] 便能收到
[illegible] 之领
此 [illegible]
1965年2月16日 儿 曾哲坤 手上

1965 年 3 月 30 日曾哲坤寄澄海图濠新乡社母亲

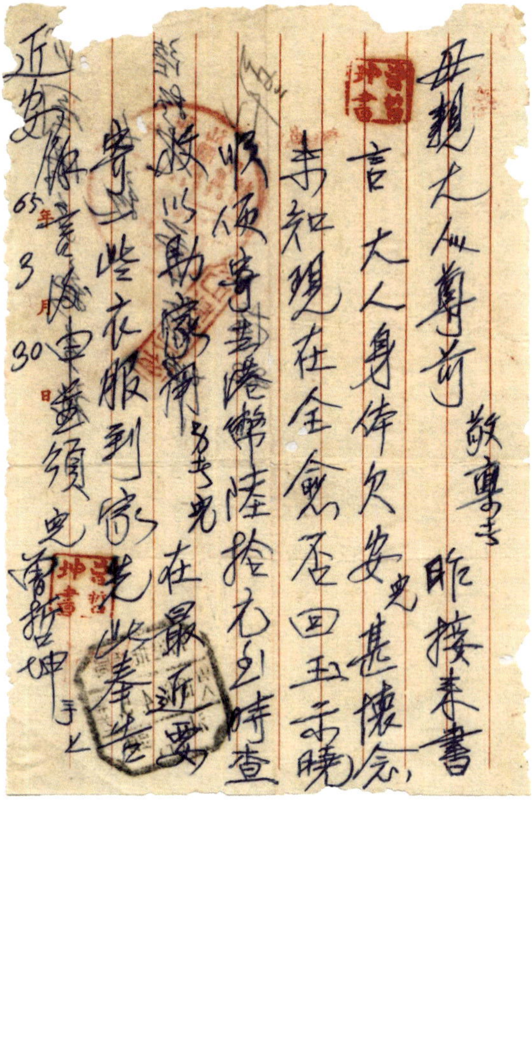
母親大人尊前 敬禀者 昨接来書
言 大人身体欠安 兒甚懷念，
未知現在全愈否 回玉示曉
收候寄去港幣陸拾元 到時查
收 以勤家用 兒 在最近要
寄一些衣服到家 兒 此奉告
近安 兒 曾哲坤 手上

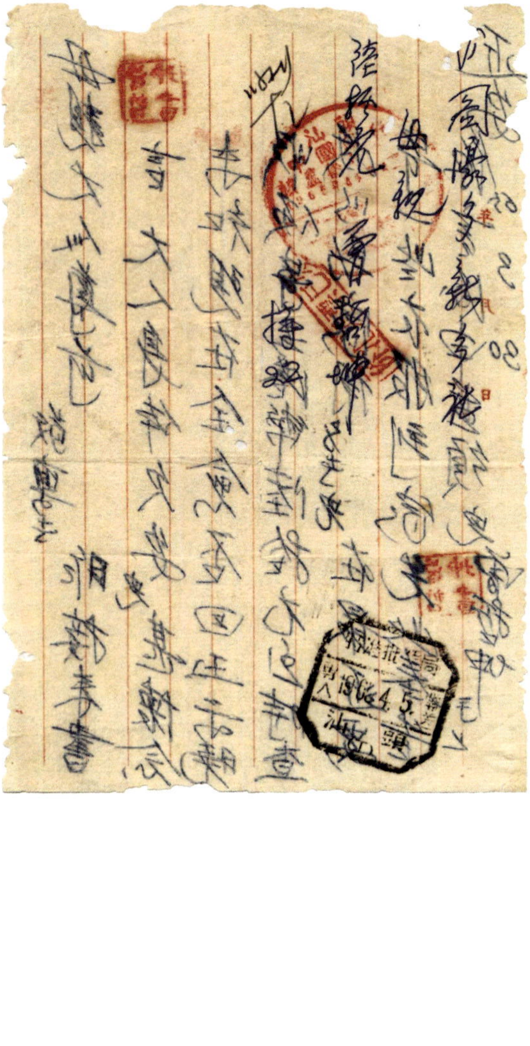

1965 年 5 月 11 日曾哲坤寄澄海图濠新乡社母亲

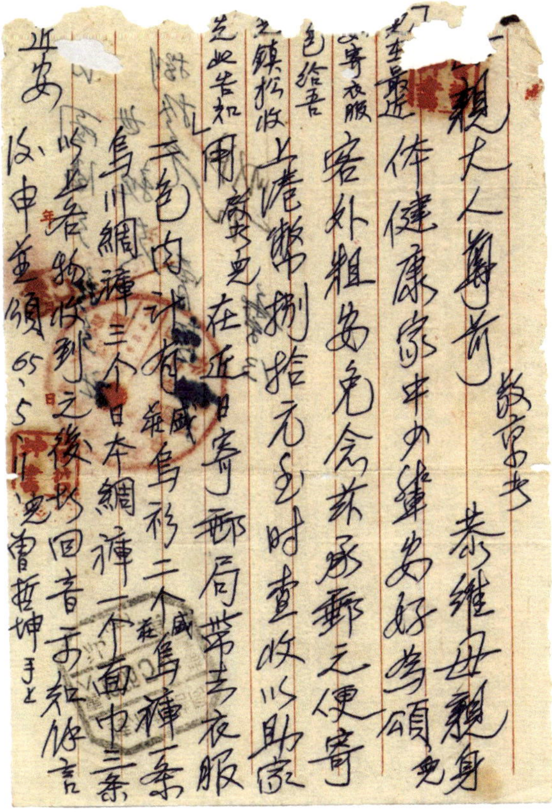
母親大人膝前 敬禀者
恭維母親身体健康，家中少律安好為頌。兒客外粗安，免念。茲承郵之便寄上港幣捌拾元正，时查收以助家用。兒要在近日寄郵局帶去衣服一包，內計有：威莊烏衫二个，威莊烏褲一条，烏川綢褲三个，日本綢褲一个，面巾三条。以上各物收到之後，祈回音示知，餘言後申，並頌
近安
65、5、11 兒曾哲坤手上
兒本最近寄衣服一包給吾兒鎮松收，兒此告知

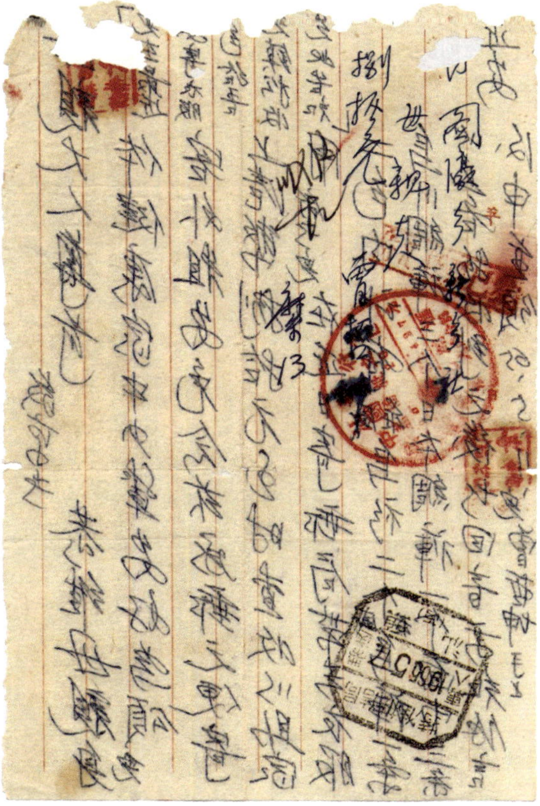

1965 年 7 月 13 日曾哲坤寄澄海图濠新乡社母亲

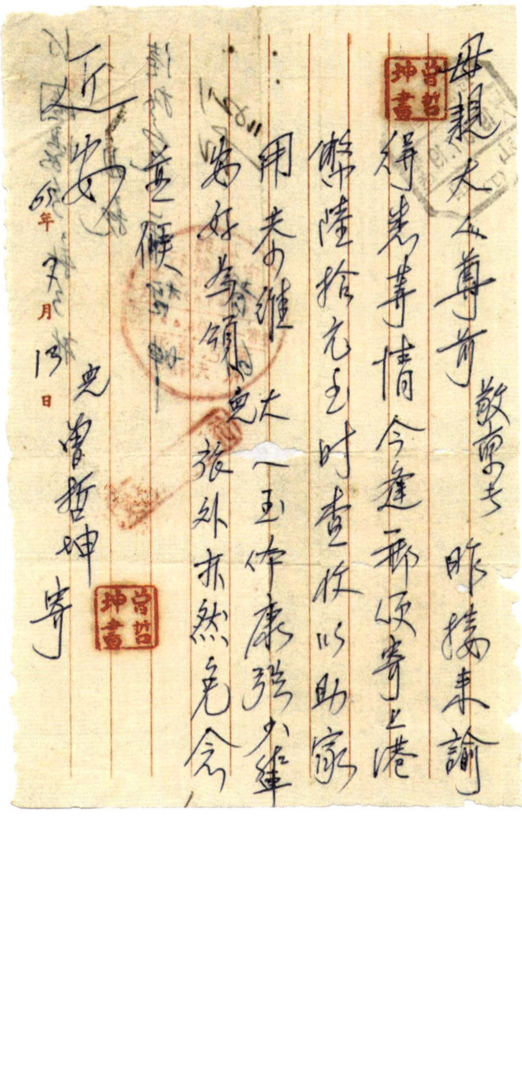
母親大人尊前 敬禀者 昨接來諭
得悉壽情 今逢郵便寄上港
幣陸拾元 至时查收 以助家
用
並候
近安
兒曾哲坤 寄
65年7月13日

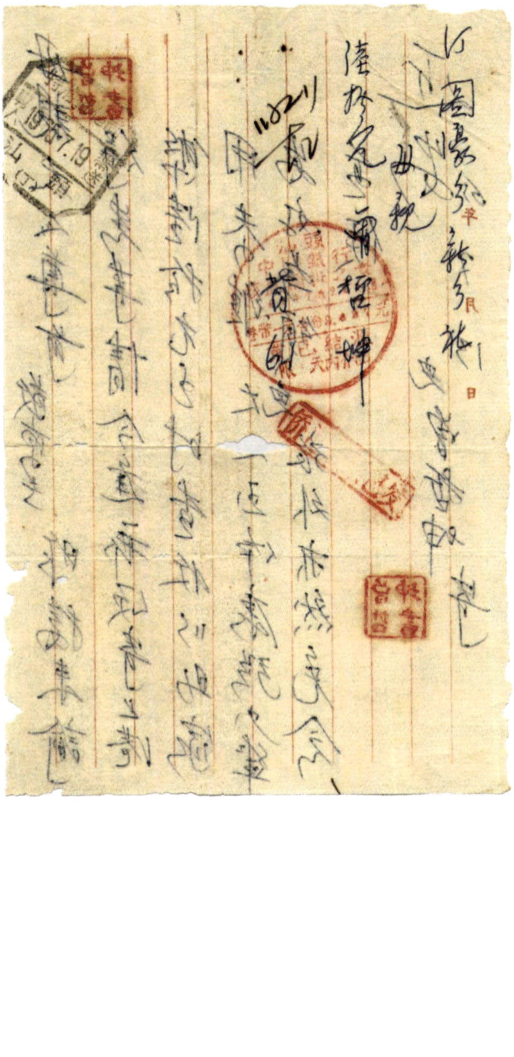
澄海图濠乡新乡社
母親
曾哲坤

1965年8月31日曾哲坤寄澄海图濠新乡社母亲

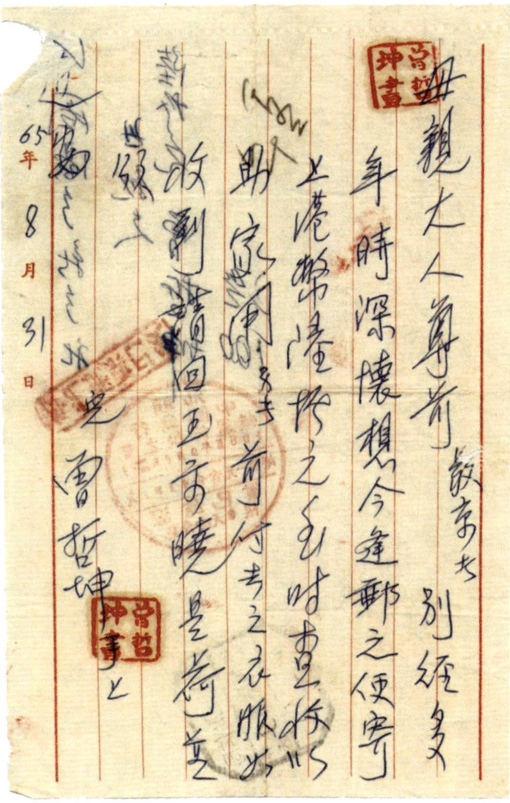

1965 年 9 月 21 日曾哲坤寄澄海图濠新乡社母亲

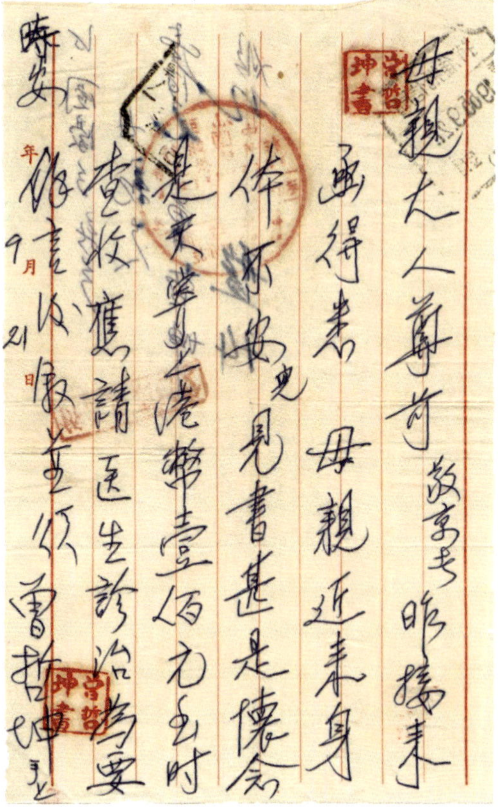
母親大人尊前 敬稟者 昨接來
函得悉 母親近來身
体不安也 見書甚是懷念
是兒寄上港幣壹佰元正 时
查收 應請医生診治為要
餘言後叙 並候 曾哲坤 手上
時安
年 9 月 21 日

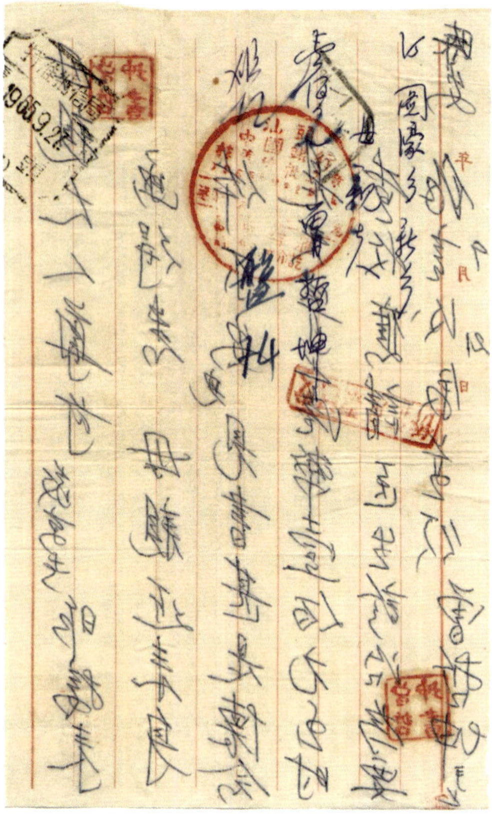

1965 年 11 月 9 日曾哲坤寄澄海图濠新乡社母亲

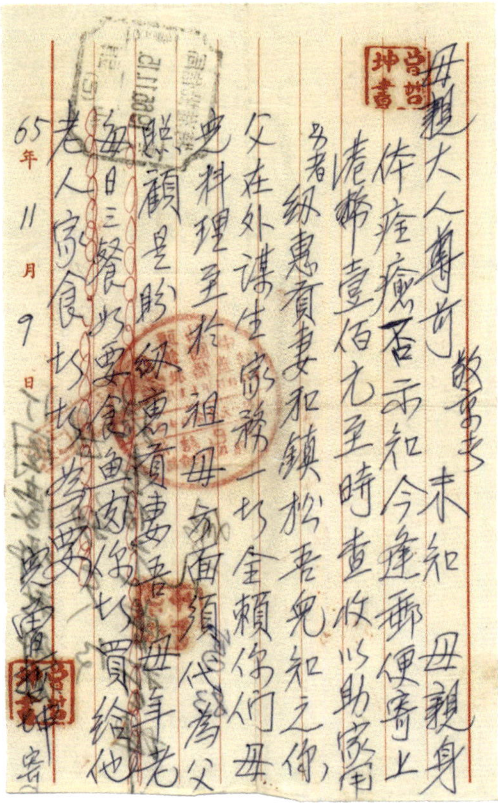
母親大人尊前 敬稟者 未知母親身体痊愈否示知 今逢郵便寄上港幣壹佰元至時查收以助家用
又者 級惠賣妻和鎮松吾兒知之 你父在外謀生家務一切全賴你們 母也料理 至於祖母方面須代為父照顧 是盼 級惠賣妻 吾母年老 每日三餐必要食魚肉 你們要買給他老人家食 切切為要
兒曾哲坤寄
65年11月9日

1965 年 12 月 15 日曾哲坤寄澄海图濠新乡社母亲

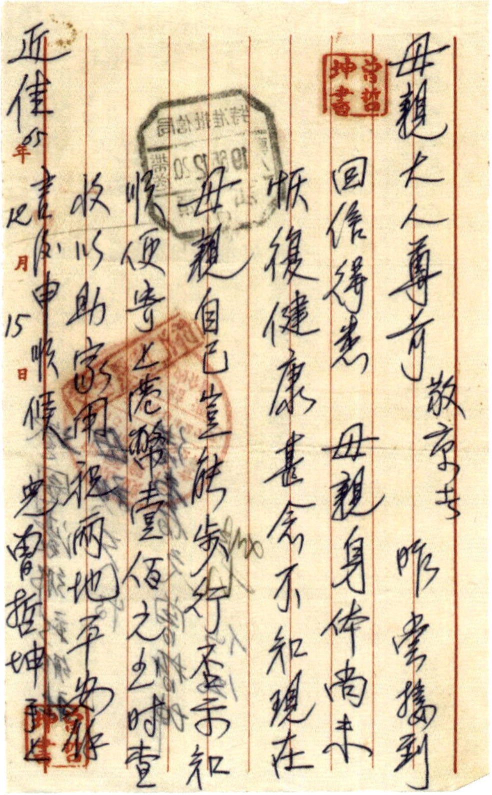
母親大人尊前 敬禀者 昨曾接到
回信得悉 母親身体尚未
恢復健康甚念不知現在
母親自己是能步行否未知
順便寄上港幣壹佰元至时查
收以助家用 祝兩地平安
書信申收候 儿曾哲坤上
近佳 65年12月15日

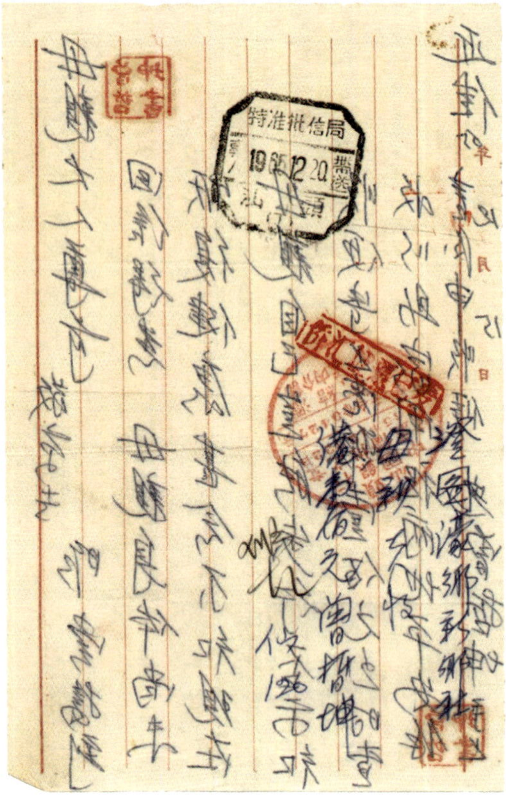

1966 年 1 月 4 日曾哲坤寄澄海图濠新乡社母亲

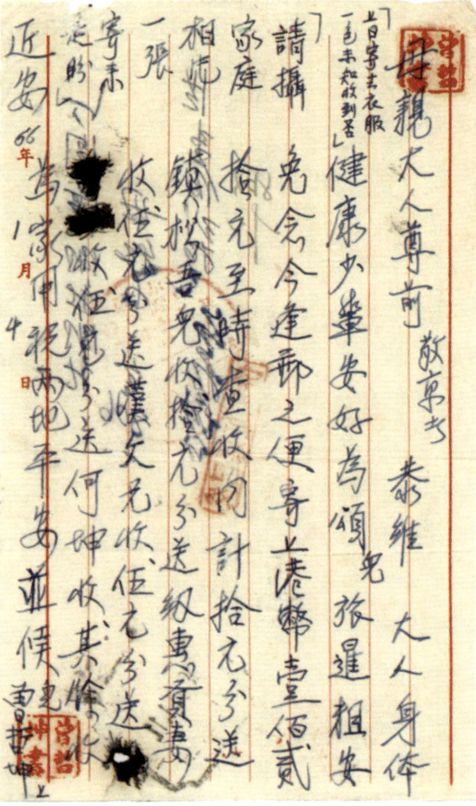

母親大人尊前 敬稟者 恭維 大人身体
「上日寄去衣服一包未知收到否」健康少華安好為頌 兒旅暹粗安
請攝 兒念今逢新年之便寄上港幣壹佰貳
家庭 拾元至時查收內計拾元分送
相片 鍾松吾兒收拾元分送級惠資惠
一張 收伍元分送葉父兄收伍元分送
寄來 送盼 [illegible]姪[illegible]分送何坤收其餘[illegible]
近安 為家用祝兩地平安 並候 兒曾哲坤上
66年1月4日

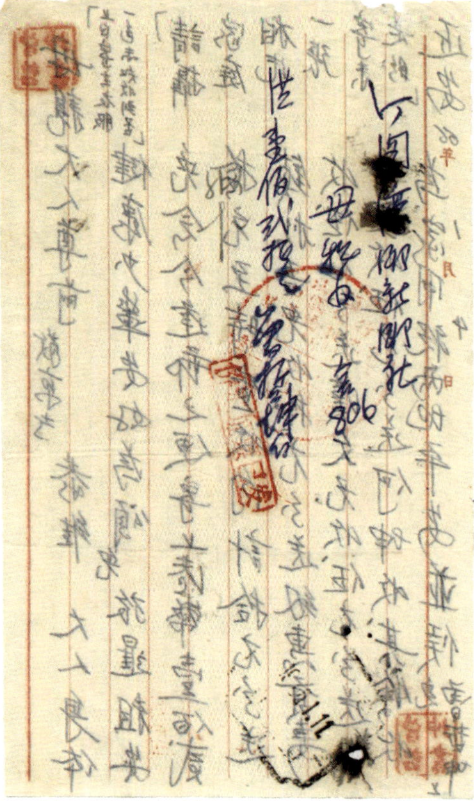

1966 年 1 月 25 日曾哲坤寄澄海图濠新乡社母亲

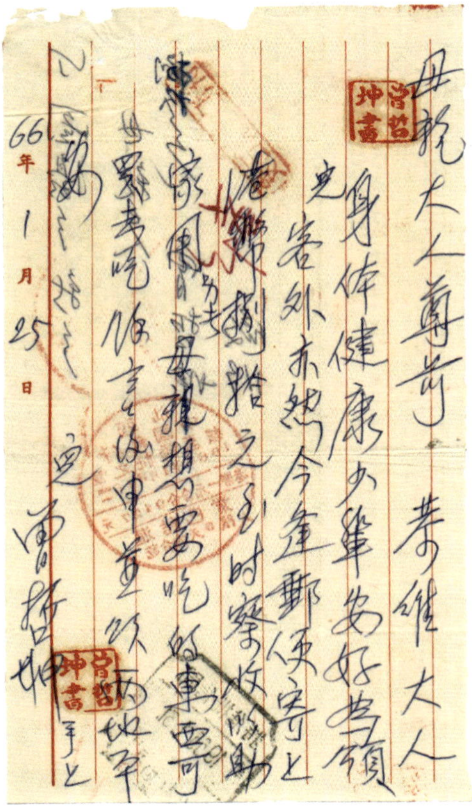

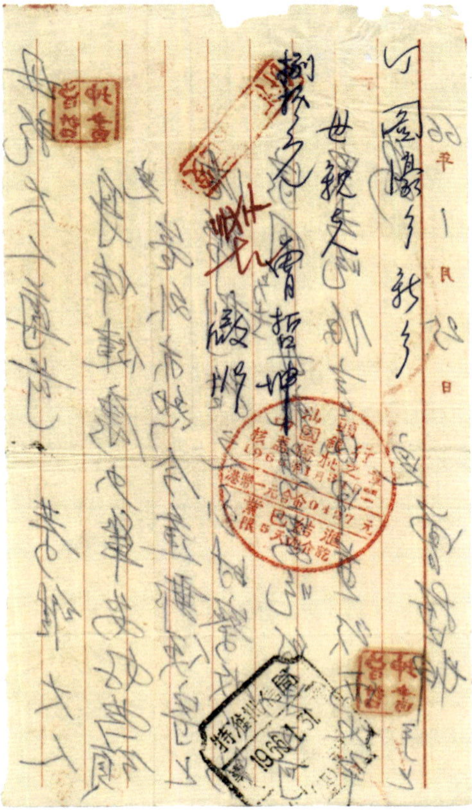

1966年4月5日曾哲坤寄澄海图濠新乡社母亲

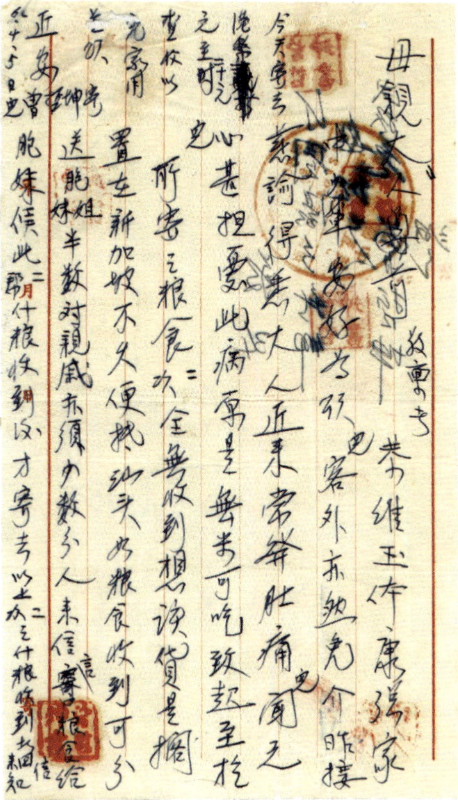

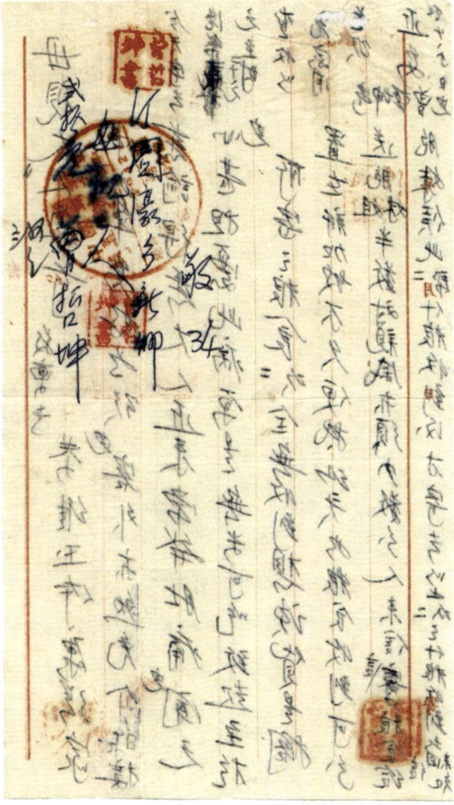

1966 年 4 月 13 日曾哲坤寄澄海图濠新乡社母亲

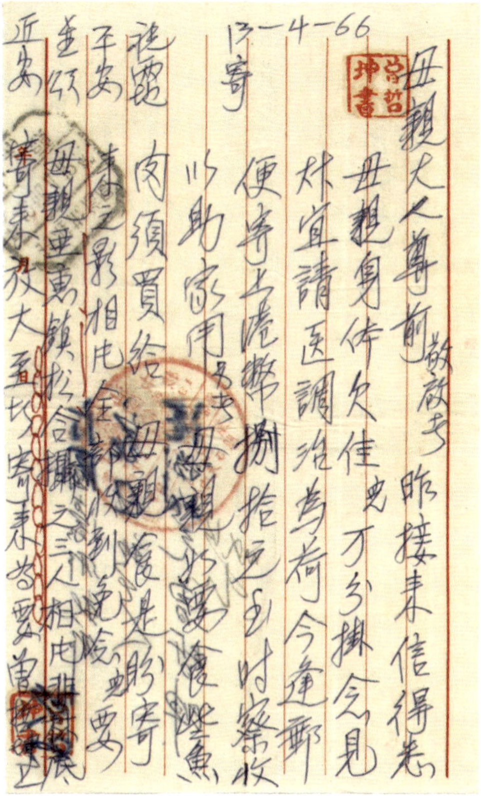
13-4-66

母親大人尊前敬啟者 昨接来信得悉
母親身体欠佳 更不分掛念 見
信宜請医調治為荷 今逢郵
便寄上港幣捌拾元 到时察收
以助家用 另者 母親如要[illegible]魚
[illegible] 肉須買給[illegible] 是影寄
平安 弟之影相也[illegible]要
並候 母親亜惠鎮松合攝之三人相也[illegible]
近安 哥来見 及大嫂[illegible]寄来[illegible]要 曾[illegible]寄

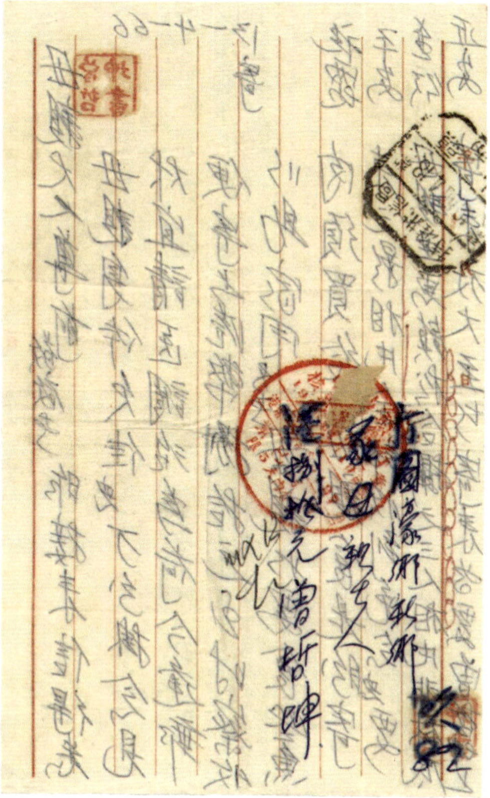

1966 年 5 月 17 日曾哲坤寄澄海图濠新乡社母亲

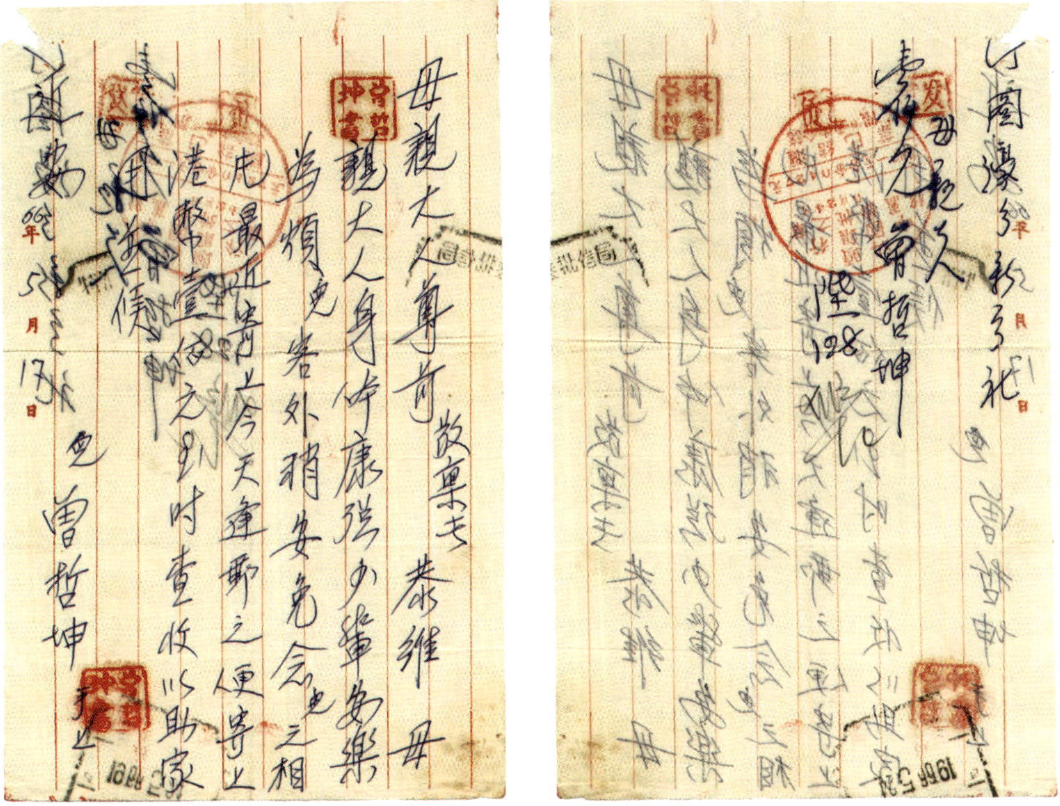
母親大人尊前 敬禀者 恭維 母
親大人身体康強 少筆安樂
為頌 兒客外稍安免念也 之相
兒最近寄上今天逢郵之便寄上
港幣壹佰元之到时查收以助家
[illegible]
兒 曾哲坤 手上
66年5月17日

1966 年 6 月 14 日曾哲坤寄澄海图濠新乡社母亲

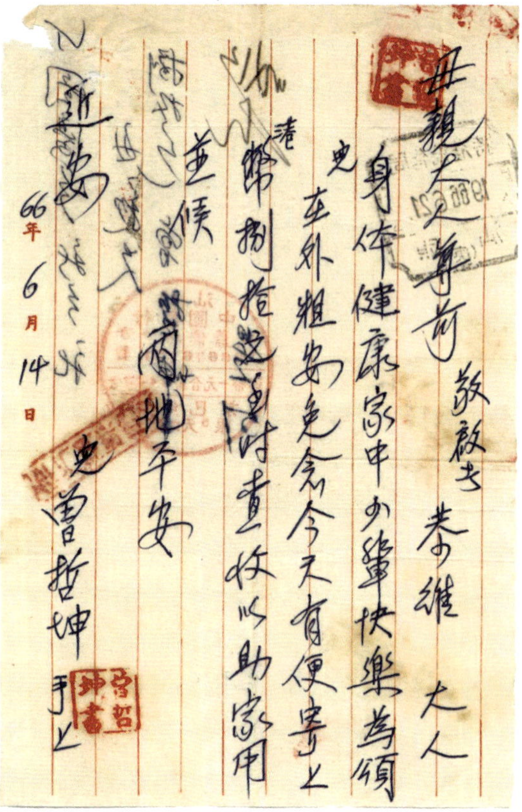
母親大人尊前 敬啟者
身体健康家中如筆快樂為頌
兒在外粗安免念今天有便寄上
港幣捌拾元查收以助家用
並候 平安
66年6月14日
兒曾哲坤 手上

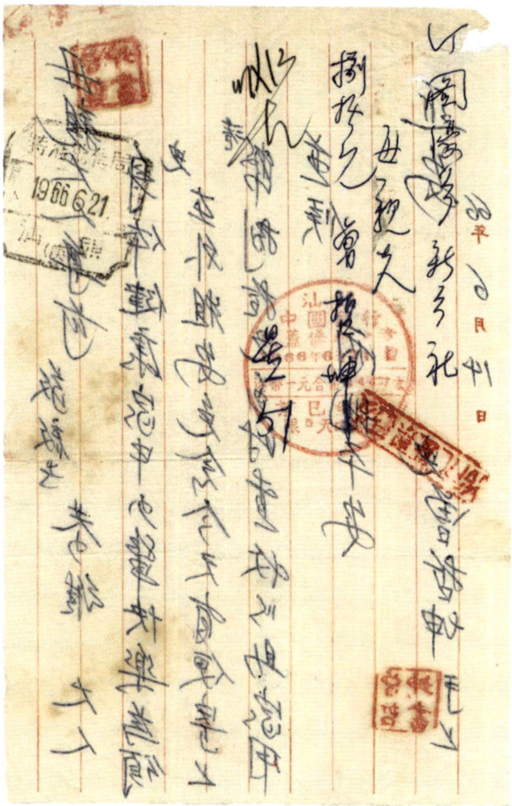

1966 年 7 月 20 日曾哲坤寄澄海图濠新乡社母亲

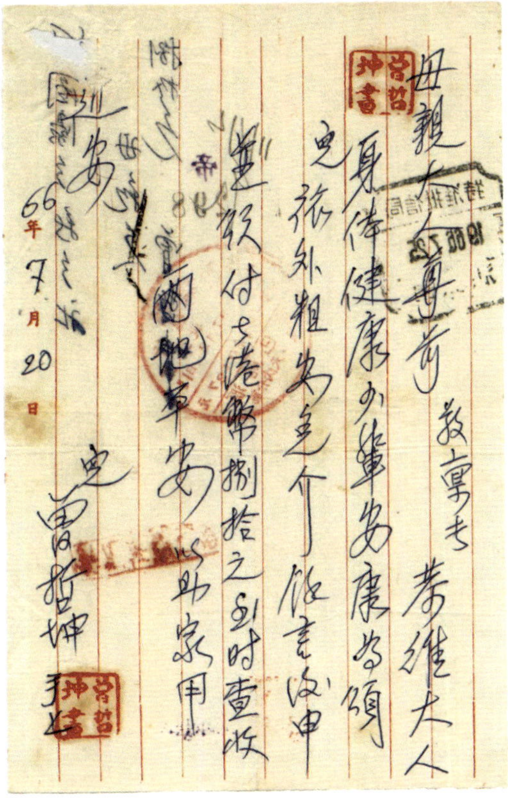

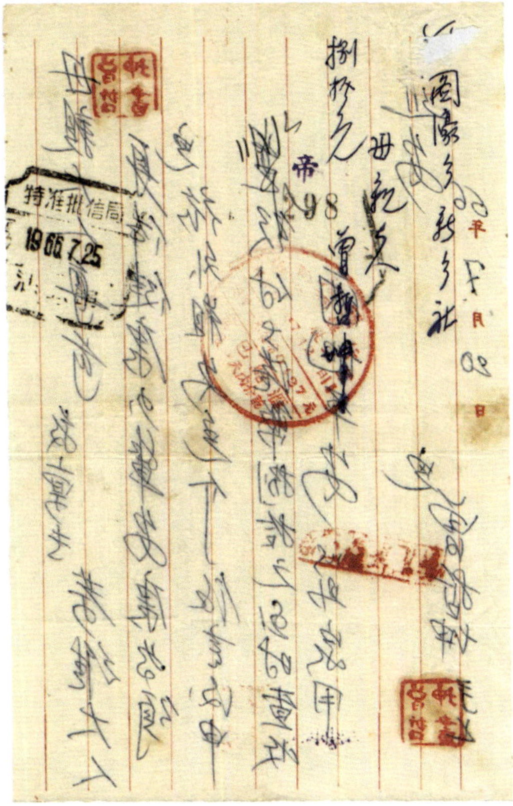

1966 年 9 月 14 日曾哲坤寄澄海图濠新乡社母亲

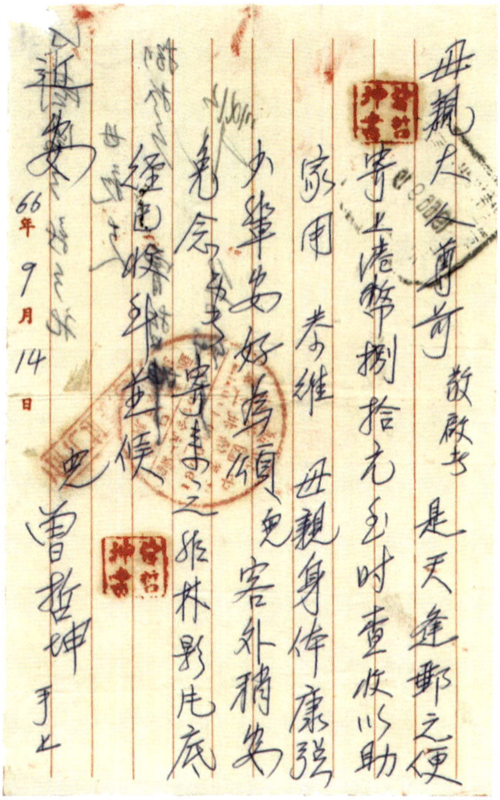

母親大人尊前 敬啟者 是天逢郵之便寄上港幣捌拾元正 时查收以助家用 恭維 母親身体康强 少筆安好為頌 兒客外稍安免念 多多寄来之作林影先底 经已接到 并候 近安 兒 曾哲坤 手上

66年9月14日

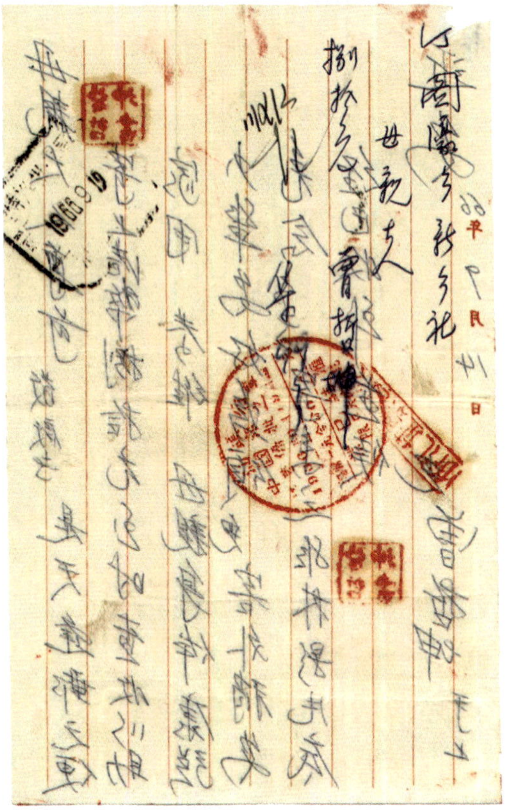

1966 年 11 月 30 日曾哲坤寄澄海图濠新乡社母亲

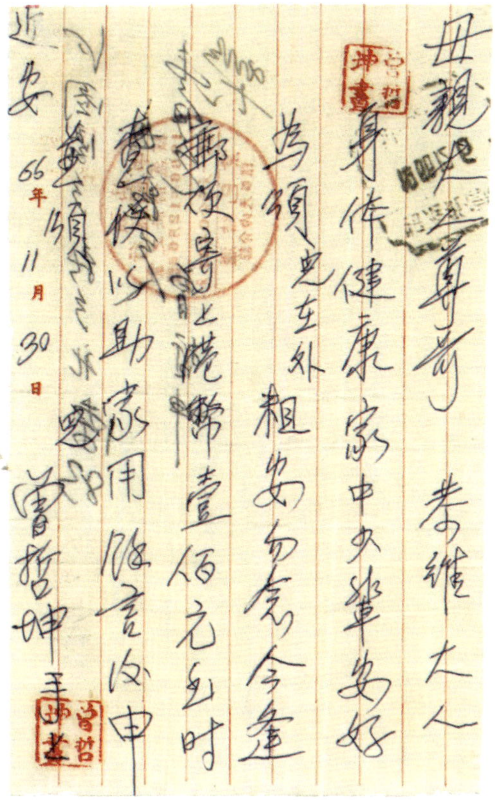

母親大人尊前 孝維大人
身体健康家中大小平安好
為領兒在外 祖母安否今逢
郵便寄上港幣壹佰元至时
查收以助家用
近安
66年11月30日
曾哲坤

1967年1月25日曾哲坤寄澄海图濠新乡社母亲

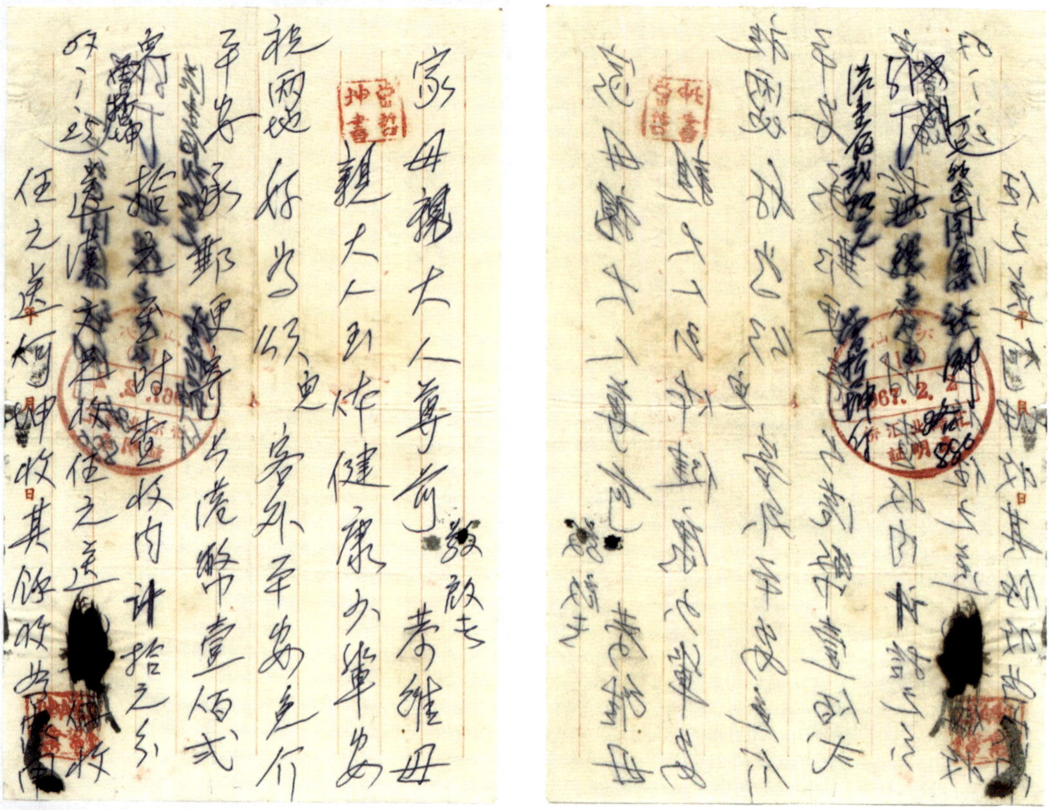

1967 年 1 月 30 日曾哲坤寄澄海图濠新乡社母亲

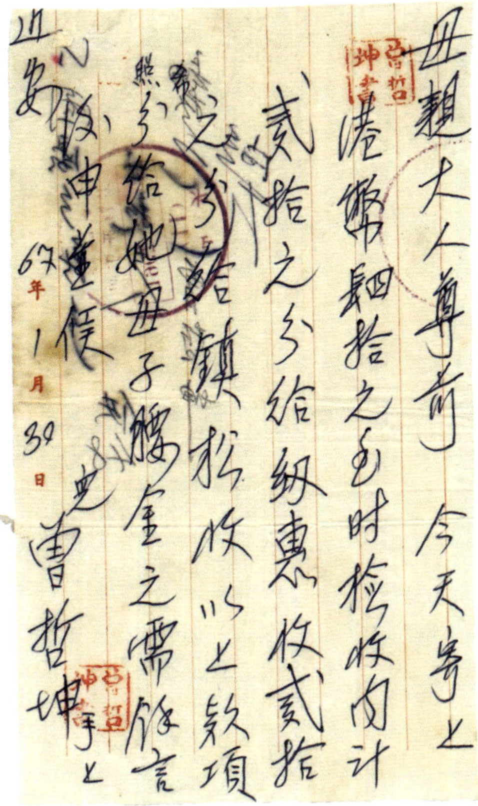
母親大人尊前 今天寄上
港幣捌拾元正 時請收內計
貳拾元分給級惠收貳拾
元分給鎮松收 以上款項
希照分給她母子膳金之需 餘言
後申 並候
近安
兒 曾哲坤 手上
67年1月30日

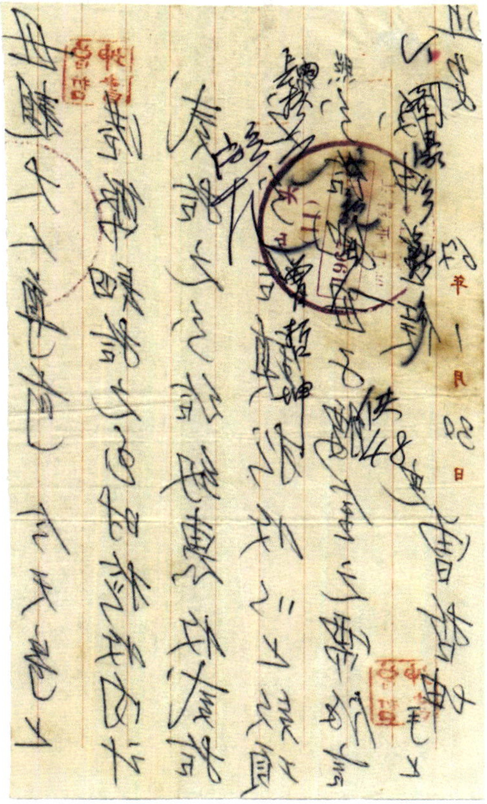

1967 年 4 月 25 日曾哲坤寄澄海图濠新乡社母亲

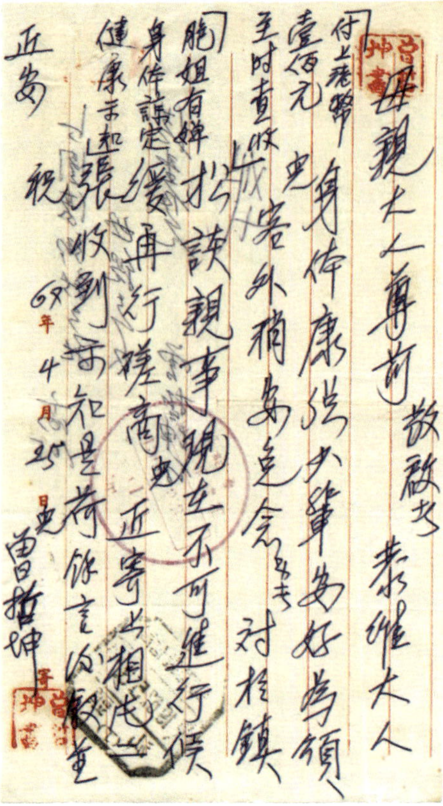

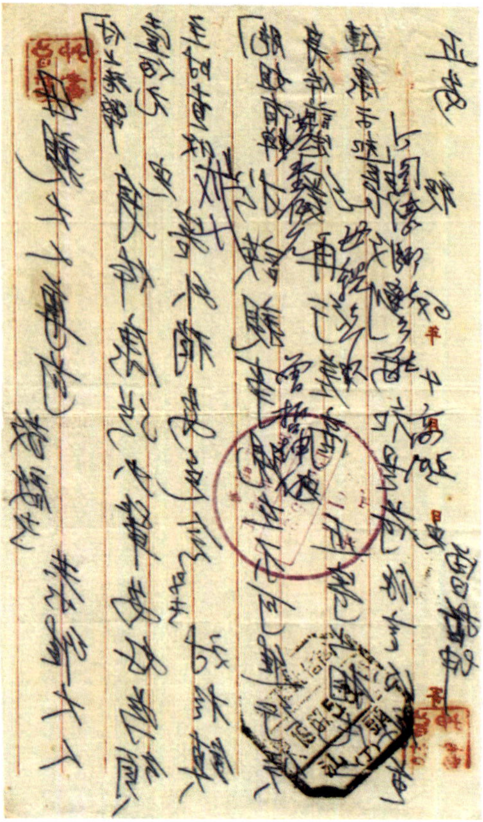